57

98,–

RAINER SCHÖNHAMMER

Psychologisches Führungstraining und die Mentalität von Führungskräften

WIRTSCHAFTSPSYCHOLOGISCHE SCHRIFTEN
der Universitäten München und Augsburg
Herausgeber: Prof. Dr. Arthur Mayer, Prof. Dr. Hermann Brandstätter

Band 10

Psychologisches Führungstraining und die Mentalität von Führungskräften

Eine theoretische und empirische Studie über Perspektiven auf die menschlichen Beziehungen in der Hierarchie

Von

Rainer Schönhammer

DUNCKER & HUMBLOT / BERLIN

CIP-Kurztitelaufnahme der Deutschen Bibliothek

Schönhammer, Rainer:
Psychologisches Führungstraining und die Mentalität von Führungskräften: e. theoret. u. empir. Studie über Perspektiven auf d. menschl. Beziehungen in d. Hierarchie / von Rainer Schönhammer. — Berlin: Duncker und Humblot, 1985.
(Wirtschaftspsychologische Schriften; Bd. 10)
ISBN 3-428-05658-2

NE: GT

Gedruckt 1985 bei Werner Hildebrand, Berlin 65
Printed in Germany

ISBN 3-428-05658-2

Für Nina

Vorwort

Wissenschaftliche Betrachtungen psychologischen Führungstrainings zielen oftmals in erster Linie auf die – mehr oder minder verklausulierte – Präsentation der Konformität der Autoren. Konformität kann bedeuten: Präsentation angestrengten Kopfzerbrechens über (branchen-anerkannte) „Probleme" von psychologischem Führungstraining. Konformität kann aber auch bedeuten: Präsentation unverbrüchlicher Distanz zum je schon „durchschauten" Dienst an einer menschenfeindlichen Ausbeutungsmaschinerie. Beide (bitter verfeindeten) Konformismen mögen jeweils ‚von Herzen' kommen oder als ‚Eintrittskarte' für verschiedene Berufsszenerien kalkuliert sein. Ein saubermännisches Naserümpfen über Spielarten des hier nicht weiter zu betrachtenden moralischen Erlebens von Führungsforschern liegt dem Verfasser – dessen Vermutungen getrost auch als Geständnis aufgefaßt werden können – fern. Wohin weist dann aber der erhobene Zeigefinger? – Gesagt werden soll: Neugier gegenüber dem Gegenstand „psychologisches Führungstraining" ist alles andere als ein selbstverständliches Attribut der Forschungspraxis; das Bemühen, sich Neugier für den Gegenstand zu erhalten, muß im Gegenteil einer Reihe von Selbstverständlichkeiten, die als Basis weiteren Forschens gelten, widerstehen.

Der Gegenstand „psychologisches Führungstraining" wird im empirischen Teil dieser Arbeit (in erster Linie) durch die Augen von Teilnehmern zur Kenntnis genommen: Führungskräfte wurden vor ihrer Teilnahme nach ihren Erwartungen und danach nach ihren Erlebnissen gefragt. Die Entscheidung für dieses Vorgehen hat ihre Geschichte (1.); die Entscheidung, intensive Gespräche mit Führungskräften zu führen, hatte andererseits Konsequenzen für die weitere Entwicklung der Fragestellung, die keineswegs geplant waren (2.).

zu 1.) Ausgangspunkt dieser Arbeit war die Beschäftigung mit Leitertraining in der DDR. Die Überlegungen zu Zielen, Mitteln und Erfolgskontrollen des Leitertrainings führten zu Mutmaßungen über Erwartungshaltungen der (potentiellen) Teilnehmer. Das Interesse, Führungstraining durch die Erhebung von Erwartungen als Aneignungsprozeß zu erfassen, wurde durch die Beschäftigung mit dem Leitertraining initiiert – und lenkte (angesichts der Erhebungsmöglichkeiten) zugleich das Interesse von diesem Gegenstand ab. In der Anlage dieser Arbeit kam der Analyse des Leitertrainings in der DDR so ‚nur' der Status eines Exkurses zu; Anregungen, die diese Analyse für die theoretische und empirische

Beschäftigung mit psychologischem Führungstraining und der Mentalität von Führungskräften in der Bundesrepublik mit sich gebracht hat, werden allerdings auch außerhalb dieses Exkurses sichtbar werden.

zu 2.) Mit dem Begriff „Mentalität" ist eine zweite Modifikation der Fragestellung dieser Arbeit benannt: die Beschäftigung mit Teilnehmererwartungen als Zugang zur Erfassung von Trainingswirkungen führte zu Reflexionen, die diese Forschungsfrage gewissermaßen umstülpten: was verraten Erwartungen und Erlebnisberichte von Teilnehmern am Führungstraining über deren Mentalität? Diese Modifikation der Fragestellung bedeutet im Unterschied zur ersten keinen Gegenstandswechsel; auch wurde hier nicht eine Fragestellung durch eine andere verdrängt, sondern eher der Akzent der Aufmerksamkeit bezüglich der Wechselbeziehungen von Training und subjektiver Orientierung verlagert. Der hier für die subjektive Orientierung benützte Begriff erscheint erläuterungsbedürftig: „Mentalität" ist in der wissenschaftlichen Psychologie nicht gerade ein üblicher Begriff. In welchem Sinne er in dieser Arbeit gebraucht wird, macht eine relativ späte Passage des theoretischen Teils dieser Arbeit kenntlich (3.2.); dem soll hier nicht vorgegriffen werden.

Der Hinweis auf den Punkt der Arbeit, an welchem der Begriff „Mentalität" definiert oder besser: ‚eingekreist' wird, sei Anlaß zu einigen Erläuterungen zum Aufbau der Arbeit: Perspektiven auf die menschlichen Beziehungen in der Hierarchie sind ebenso Inhalt von Trainingskonzepten wie sie Inhalt subjektiver Orientierungen von Führungskräften sind. Der Rahmen solcher Perspektiven wird im 2. Kapitel durch eine Skizze verschiedener theoretischer bzw. praktischer Aspekte der „Führungsaufgabe: menschliche Beziehungen in der Hierarchie" (2.1.1.) abgesteckt. Vorausgeschickt werden dieser systematischen Skizze einige Schlaglichter auf ebenso verbreitete wie kurzschlüssige (die Orientierung von Teilnehmern ausklammernde) Betrachtungsweisen von psychologischem Führungstraining (1. Kapitel). Den Ausführungen zur Führungsaufgabe folgen Ausführungen (2.1.2.) zu verschiedenen Aspekten von Trainingskonzepten einschließlich Gepflogenheiten der Trainingsevaluation; den Endpunkt bildet das Aufgreifen der Beschäftigung mit Teilnehmererwartungen in der Literatur bzw. die Forderung zur intensiveren Eruierung derartiger Erwartungen. Nach einem Exkurs zum Leitertraining in der DDR (2.2.) wird auf der Grundlage prinzipieller Überlegungen zur Frage der Relation von (angewandter) Psychologie und ihrem Gegenstand, dem reflexiven Subjekt, nach begrifflichen Wegweisern für eine Psychologie gefragt, die „Wahrheit und Relativität des reflexiven Subjekts" (3.2.) gewärtigt; in diesem Zusammenhang wird der Begriff „Mentalität" eingeführt. Nähere Bestimmungen folgen in den anschließenden Abschnitten. Was hier über „Denken, Fühlen und Selbstwert" (3.2.1.) sowie über „Kontrolle und Moral" (3.2.2.) ausgeführt wird, ist neben den Ausführungen zu „Führungsaufgabe:

menschliche Beziehungen in der Hierarchie" (2.1.1.) konstitutiv für die als begriffliche Rekonstruktion der „Typologie der Anpassung" (Presthus) vorgetragene Reflexion der „Mentalität von Führungskräften" (3.3.).

Die analytische Trennung von ‚Führungsaufgabe', ‚Training', ‚Relation der Psychologie zu ihrem Subjekt/Objekt' und ‚Mentalität' sowie deren sukzessive Behandlung in den Kapiteln zwei und drei bedeutet nicht, daß die Konzipierung des Subjekts, wie sie im 3. Kapitel vorgenommen wird, nicht schon in den Argumentationen des 2. Kapitels zum Tragen käme.

Daß die Akzente der Fragestellung sich im Kontakt mit der Empirie verschoben haben, wurde oben schon festgehalten. Wie das Wechselverhältnis von „Theorisieren" und „Aufsuchen der Empirie" sich näher gestaltete, wird im 4. Kapitel berichtet. Dort findet sich neben Hinweisen auf das Prozedere (4.2.) eine Fokussierung der theoretischen Ergebnisse (4.1.) auf die Interpretationen von Interviews im 5. Kapitel.

Diese Arbeit wurde im Herbst 1983 als Dissertation an der Ludwigs-Maximilians-Universität München vorgelegt.

Meinem Doktorvater Prof. Dr. L. v. Rosenstiel gilt mein besonderer Dank für zwei Dinge, die schwerlich in eine Rangfolge zu bringen sind: wissenschaftliches Interesse und Anregungen für den Inhalt meiner Arbeit einerseits und das tätige Interesse an der Gewährleistung meiner materiellen Existenz seit Beginn meiner Arbeit an der Dissertation andererseits. In beiden Hinsichten bin ich in hohem Maße auch Prof. Dr. R. Oerter verpflichtet, als dessen Mitarbeiter ich in großzügigster Freistellung von anderen Aufgaben die Fertigstellung meiner Arbeit besorgte. Auch Prof. Dr. A. Krapp statte ich für seine Anregungen für meine Arbeit und sein Interesse an meiner materiellen Existenz herzlichen Dank ab.

Den jeweils betroffenen Mitarbeitern der Personalabteilungen jener Firmen, deren Mitarbeiter meine Interviewpartner sind/waren, danke ich für ihren Beitrag zum Zustandekommen der Interviews.

Die (anonymen) Interviewpartner spielen – nolens volens – eine zentrale Rolle in dieser Arbeit. Ihnen gilt mein Dank.

Frau Sonja Hauser danke ich für ihre kompetenten Dienste bei der Korrektur von Manuskript und Fahnen.

Inhaltsverzeichnis

Abbildungsverzeichnis

Tabellenverzeichnis

1. Führungstraining zwischen Herrschaftsvorwurf und Scharlatanerieverdacht

Psychologisches Führungstraining sieht sich zwei gegensätzlichen – sich wechselseitig aufhebenden – Einwänden ausgesetzt: auf der einen Seite wird der Vorwurf erhoben, psychologische Unterweisungen für Führungskräfte seien ein raffiniertes Mittel zur Stabilisierung von Herrschaft bzw. zur Effektivierung von Ausbeutung, auf der anderen Seite wird im Namen der Institutionen, die ihr leitendes Personal psychologisch trainieren lassen, die Frage aufgeworfen, ob nicht letztlich die gut honorierten Trainer die einzigen Nutznießer solcher Art von Führungsweiterbildung seien. Ohne noch auf die Klärung der Frage abzuzielen, welcher der beiden Vorwürfe auf die letztlich stichhaltigere Begründung verweisen kann, ob kritische Distanz zu psychologischem Führungstraining also wegen seiner Wirksamkeit oder eher umgekehrt wegen seiner Wirkungslosigkeit angezeigt ist, soll in diesem Kapitel zunächst schlaglichtartig dargestellt werden, wie sich die unterschiedlichen Formen der Kritik vortragen. Dabei werden beiderseits Schwächen in der Argumentation aufgezeigt. Auf diese Weise wird ein erster Hinweis auf Chrakteristika der ideellen und materiellen Ökologie von psychologischem Führungstraining gegeben. Eine systematische Untersuchung der Kennzeichen dieses Umfelds folgt im anschließenden Kapitel. Dieses zunächst schlaglichtartige und dann systematische Eingehen auf Umfeldcharakteristika von Training verfolgt, wie einleitend bereits erwähnt, ein doppeltes Ziel: zum einen soll auf diesem Wege begründet werden, warum es wünschenswert erscheint, die Erwartungen von Trainingsteilnehmern stärker als bislang üblich in die Erforschung von psychologischen Unterweisungen für Führungskräfte einzubeziehen, zum anderen sollen damit zugleich wesentliche Einflußgrößen für diese Erwartungen kenntlich gemacht werden.

Die folgende Darstellung dieses Kapitels enthält insofern eine systemvergleichende Perspektive als der ‚Herrschaftsvorwurf' anhand einer aus der DDR stammenden Kritik an Managementtraining im Kapitalismus sowie einer Kritik eines Autors aus der Bundesrepublik an Leitertraining im realen Sozialismus vorgestellt wird. Der ‚Scharlatanerieverdacht' kann nicht in entsprechender Komplementarität dargestellt werden, da er gewissermaßen ein ‚Privileg' einer spezifischen Sparte der hiesigen Öffentlichkeit darstellt; allerdings ergeben sich Hinweise, daß auch für Fürsprecher des Trainings in der DDR ein gewisser Druck hinsichtlich der Rechtfertigung der Nützlichkeit des „Verhaltenstrainings für Leiter" existiert.

1.1. Der Herrschaftsvorwurf: Führungspsychologie als Macht- bzw. Ausbeutungsinstrument

Der Vorwurf, die hiesige Führungspsychologie bzw. psychologisches Managementtraining seien Instrumente zur Stabilisierung bzw. Effektivierung des kapitalistischen Systems, wird im folgenden durch die Argumentation eines DDR-Autors belegt, dessen Spezialgebiet die Kritik der „bürgerlichen Psychologie" ist. Entsprechende Kritiken finden sich natürlich auch bei bundesrepublikanischen Autoren einerseits und bei jenen Vertretern der Sozialpsychologie in der DDR andererseits, die sich in den letzten 15 Jahren theoretisch und praktisch um die Entwicklung von Programmen des „Verhaltenstrainings für Leiter" bemüht haben (vgl. dazu 2.1. bzw. 2.2.).

In dem 1980 erschienenen Band „Bürgerliche Psychologie in der BRD" schreibt Horst Kühn: „Die Erkenntnisse der Sozialwissenschaften, speziell der Psychologie, wurden u.a. im Betrieb zunehmend zur Vervollkommnung der Leitungsfunktionen, des Managements, in der Produktion genutzt, weil der Kampf um höchste Profite die Nutzung aller brauchbaren wissenschaftlichen Erkenntnisse objektiv notwendig macht ... Deshalb werden entsprechende Techniken an Industriemanager vermittelt ... Das Training mit diesen Techniken soll zum besseren Funktionieren der Führung der kapitalistischen Großbetriebe im Interesse der Verbesserung der Verwertungsbedingungen des Kapitals gegen die Interessen der Arbeiterklasse beitragen. Es sollen bei den Managern manipulative Fähigkeiten und Fertigkeiten herausgebildet werden, die es ihnen ermöglichen, die Arbeitenden über ihre objektiven Interessen hinwegzutäuschen" (S. 41 f.). In dieser Argumentation vollzieht sich ein zunächst kaum merklicher Bruch: anfangs ist von der *objektiven Notwendigkeit* der Nutzung *brauchbarer* Ergebnisse der Wissenschaft die Rede; das Managementtraining wird in diesem Sinne in die Argumentation eingeführt, womit der Schluß naheliegt, die mit ihm verbundenen manipulativen Intentionen, von denen anschließend die Rede ist, würden als realisiert betrachtet[1]; andererseits ist in der zweiten Hälfte des

---

[1] Dieser Gesichtspunkt wird durch folgende Aussage von Kühn/Junghänel unterstrichen: „Unter den gegenwärtigen Bedingungen der ‚allseitigen Krise' ... kann das kapitalistische Herrschaftssystem nur noch weiter existieren, wenn es seine herkömmlichen Herrschaftsformen und -techniken immer weiter ergänzt und vervollkommnet. Das ist von entscheidender Bedeutung für die Steuerung der gesellschaftlichen Prozesse und Kräfte im Herrschafts- und Profitinteresse der Monopole ... Deshalb kommen die staatsmonopolistischen Instanzen nicht mehr

Zitats nur noch davon die Rede, was das Managementtraining leisten *soll*, von der *bloßen Intention* also, die Kühn mit dem Training verbunden sieht. Im weiteren macht er dann deutlich, daß ihm die Verwirklichung der genannten Intention höchst zweifelhaft erscheint: „Es steht auf einem anderen Blatt, daß die selbstkritische Betrachtung der entsprechenden Untersuchungen zum Managementtraining die analysierenden Wissenschaftler nicht befriedigen kann. So werden oft nur geringe Unterschiede im tatsächlichen Verhalten der Manager vor und nach dem Training festgestellt ..." (Ebenda). Vorläufig läßt sich also festhalten, daß Kühn einerseits durch Managementtraining vermittelte manipulative Kompetenzen als „objektive Notwendigkeit" darstellt, andererseits aber konstatiert, diese Notwendigkeit sei (zumindest bislang) mit der Realität nicht in Einklang zu bringen. Das kritisierte System ist damit gewissermaßen doppelt ‚geschlagen': es ist nicht nur gesagt, daß das System „objektiv" auf Inhumanität angewiesen ist – „... Manipulierung soll die arbeitenden Menschen ... zu außengesteuerten willenlosen Objekten machen" (Ebenda S. 40) – sondern auch, daß dies de facto nicht funktioniert. Folgendermaßen referiert Kühn die Begründung, die die von ihm bereits genannte „selbstkritische Betrachtung" enthalten soll: „Man erkannte: Dort wo die Werktätigen das Rollenspiel des verbindlichen, ‚humanen', kontaktfreudigen, wohlwollenden Vorgesetzten nicht mitspielen, sondern von vornherein von der objektiven Interessenlage und Funktionsverteilung von Manager und Werktätigen ausgehen, wo die Klassenunterschiede und -interessen nicht verkleistert werden können, nützt auch das Bemühen des rollenspielenden Managers der ‚Humanrelations' nichts. Er fällt in sein seiner tatsächlichen Funktion im kapitalistischen Betrieb besser entsprechendes autoritäres Verhalten zurück" (Ebenda, s. 43). M. a. W.: Manipulation ist in Situationen, in denen sich potentielle Opfer eines Gegensatzes bewußt sind, zumindest stark erschwert. Diesem Aspekt der genannten Aussage ist kaum zu widersprechen.[2] Es bleibt offen, in welchem Ausmaß Kühn eine weniger kritische Stellung potentieller Opfer und damit mögliche Erfolge manipulativer Managementtechniken als gegeben ansieht.

---

ohne neue Herrschaftstechniken aus. Zu ihnen sind ‚Regulierung' und ‚Manipulation' zu rechnen. Ihr effektiver Einsatz setzt die Mithilfe der Psychologie voraus ..." (1980, S. 161). Bemerkenswert ist im übrigen, daß die Autoren kapitalistische Krisen nicht nur als Situation sehen, die psychologische „Herrschaftstechniken" unverzichtbar machen, sondern die nämlichen Krisen (5 Seiten später) auch umgekehrt als Anlaß für den Ersatz des von ihnen als typische psychologische „Herrschaftstechnik" angesehenen human-relations-Konzepts durch „schärfere Methoden" betrachten: „Natürlich konnten auch mit den unter dem Konzept der ‚Human-relations' entwickelten Methoden die antagonistischen Klassengegensätze nicht aufgehoben werden. Im Gegenteil, in Zeiten der Rezession bestand immer die Tendenz, sie zugunsten schärferer Methoden aufzugeben, was auch gegenwärtig noch voll gültig ist" (Ebenda, S. 166).

[2] Nebenbei sei jedoch angemerkt, daß die Formulierung von Kühn in ihrer Kenn-

In welcher Beziehung die dargestellte, zwiespältig akzentuierte Bewertung von Managementtraining und human-relations-Konzept zu anderen Einschätzungen von deren Funktion und Praktikabilität steht, wird weiter unten (1.2. u. v. a. 2.1.) deutlich werden; hier soll zunächst eine aus West-Berlin stammende Kritik am „Verhaltenstraining für sozialistische Leiter" Gegenstand der Betrachtung werden.

In seiner Dissertation „Individuum und Gesellschaft - Kritische Analyse ausgewählter Themen der Sozialwissenschaft der DDR" (1977) setzt sich Sven Lind unter anderem mit den theoretischen Grundlagen des Leitertrainings anhand der Formulierungen von G. Vorwerg (1971) und M. Vorwerg (1971 a und 1971 b) auseinander. Lind kritisiert hier zunächst die funktionalistische Einseitigkeit des von den Vorwergs verwendeten Rollenkonzepts, das auf „maximale Disponibilität des Individuums" ausgerichtet sei, das „das völlige Aufgehen des einzelnen in die ihm zugewiesenen Funktionskomplexe" postuliere, „indem es u.a. bestimmte Mechanismen, wie den der Rollendistanz, die einer vollständigen Integration ... entgegenstehen, ... weder begrifflich noch inhaltlich enthält" (S. 210). Diese theoretische Ausrichtung auf optimale Funktionalisierung des Individuums verrät nach Linds Ansicht „die Absicht, diesen Bereich der sozialen Theorie zur besseren Handhabung und Manipulierung im praktischen Alltagsgeschehen funktional zu durchdringen, d.h. die Rollenmodelle werden unter dem Aspekt ihrer späteren praktischen Verwertbarkeit für die Führungs- und Gruppentätigkeit konzipiert - ihre Instrumentalisierung ist somit von vornherein eingeplant" (Ebenda, S. 211). Die Notwendigkeit zur Ausarbeitung einer derartigen „utilitaristischen Sozialtechnologie" sieht Lind im Gefolge der geringen Erfolge der Erziehungsbemühungen gemäß dem „sozialistischen Menschenbild" gegeben: „Die vielseitigen Bemühungen, die Menschen in der DDR nach bestimmten Leitbildern zu formen, sie zu

---

zeichnung des Konflikts zwischen Vorgesetzten und Untergebenen der Darstellung in der von ihm angegebenen Quelle (Autorenkollektiv Wissenschaftspsychologie: Materialistische Wissenschaft und Psychologie, 1975), die sich wiederum auf Hoepfner (1973) und Gebert (1972) bezieht, nicht exakt folgt. Dort heißt es: „Man mußte erkennen, daß die Verhaltensweisen von Führungskräften nicht nur von den Erwartungen der Vorgesetzten geprägt werden, sondern auch von den Rollenerwartungen der Untergebenen, so daß plötzlich veränderte Verhaltensweisen zu starken Rollenkonflikten führen, die das Beibehalten dieses im Rollenspiel trainierten Verhaltens in realen Konfliktsituationen unmöglich machen. Um einen ausreichenden Transfer gewährleisten zu können, so meint man jetzt, müßten die Lehrziele des Trainings stärker gestützt werden auf eine Analyse des individuellen Verhaltens vorher und der Anforderungen innerhalb der Organisation und müßten in Zusammenarbeit mit den Betroffenen erstellt werden (vgl. Hoepfner 1973, 267). Bei der Untersuchung der Determinanten des Transfers kommt Gebert zu dem Ergebnis, daß weder ein alleiniges Training des Top-Managers noch ein Training nur der Führungskräfte nachgeordneter Ebenen der Hierarchie sinnvoll ist. Statt dessen müssen die Veränderungen der Führungsspitze und der jeweiligen Untergebenen einbezogen werden" (Autorenkollektiv Wissenschaftspsychologie, 1975, S. 299).

‚neuen, sozialistischen Menschen' zu erziehen, wurden mit geringem Erfolg schon zur Etablierung der Sozialwissenschaften kontinuierlich unternommen, durch diese hingegen wurden die Methoden und Instrumentarien der Verhaltens- und Einstellungsänderung verfeinert; die auf sozialwissenschaftlichen Erkenntnissen beruhenden Techniken der Manipulation ersetzen zunehmends die ineffizienten und schematischen Masseneinwirkungen (Agitation und Propaganda)" (Ebenda, S. 211 f.).

Die Realisierung der Intention mit Hilfe sozialwissenschaftlicher Kenntnisse, „die Menschen in der DDR nach bestimmten Leitbildern zu formen", ist nach der Ansicht von Lind vor allem durch das „Verhaltenstraining für Leiter" gewährleistet. Eine Bestätigung für diese Ansicht sieht er in den Aussagen von M. Vorweg zum Rollenspiel (vgl. 2.2.3.) als Mittel des Trainings: „Eine von Vorweg angeführte sozialpsychologische Technik ist das Rollenspiel, das sich für diesen Fall besonders eignet, weil es die Interdependenzen der sozialen Beziehungen durch ihren spielerischen Charakter vollauf erlebbar macht ... Das sozialpsychologische Training (Verhaltensänderung) ist somit das Vehikel der individuellen Verhaltenskorrektur und -anpassung, das, vorerst hauptsächlich nur für Leiter in der Volkswirtschaft der DDR konzipiert, Endstufe einer bruchlosen Entwicklung von der theoretischen Erörterung des Rollenmodells bis hin zur praktisch anwendbaren Verhaltenstechnologie darstellt" (Ebenda, S. 212 f.).

Allerdings läßt Linds abschließende Bemerkung hinsichtlich des „Programms der sozialen Manipulierung, das in sich wegen fehlender Homogenität recht widersprüchlich strukturiert ist" (Ebenda), deutlich werden, daß Linds eigene Argumentation nicht frei von Widersprüchen ist, denn einerseits sieht er eine geringe Wirksamkeit der Erziehungsmittel „Agitation und Propaganda", und andererseits spricht er jenen Rollenkonzepten, denen er analog „eine ideologisch bedingte Realitätsferne" attestiert, durchaus Wirksamkeit in der Realität zu: „Die von den gesellschaftlichen Widersprüchen abstrahierenden Rollenkonzepte zeichnen sich durch eine ideologisch bedingte Realitätsferne aus, die zwar Raum für Projektionen idealen Verhaltens – und auch deren teilweiser Realisierung durch Verhaltenstraining – zulassen, als relevante Bestandteile eines theoretischen Zusammenhanges einer Analyse der sozialen Verhältnisse durch die ideologische Beschränktheit sich jedoch nicht eignen" (Ebenda, S. 215).

Ein Vergleich der Argumentationen von Kühn und Lind läßt eine Komplementarität erkennen, die an die Spiegelbildlichkeit von „Feindbildern" im außerwissenschaftlichen Urteil in Ost und West erinnert, wie Bronfenbrenner (1961) sie beschrieben hat (vgl. Nicklas u.a., 1978, S. 361 ff.; Ostermann/Nicklas, 1976, S. 33 f.; Thomae, 1974, S. 161). In beiden Einschätzungen wird die Intention, mit Hilfe von psychologischem Führungstraining systematisch zu manipulieren, als in der Logik des

Systems liegend und das Training als brauchbares Mittel für dieses Ziel dargestellt; auf der anderen Seite wird jedesmal – wenn auch nicht mit völlig sich entsprechenden Begründungen – konstatiert, die genannte Intention sei mit einem markanten Realitätsverlust verbunden. Beide Aspekte liegen zwar insofern auf einer Linie, als sich die Systemkritik in der Nennung der ‚bösen Absicht' ebenso formulieren läßt wie im Verzeichnen der ‚Widerständigkeit' der gesellschaftlichen Wirklichkeit gegen diese Absicht; bezogen auf die qua Systemkritik vorgetragene Kritik des Managementtrainings bedeutet der zweite Gesichtspunkt, die ‚Widerständigkeit' der Subjektivität gegen Manipulation, jedoch eine zumindest partielle Relativierung: ein an der Wirklichkeit vorbei konstruiertes „Herrschaftsinstrument" Führungspsychologie, das nicht greift, kann quasi als exkulpiert betrachtet werden.

Diese Brüchigkeit der Argumentation weist auf ein grundsätzliches Problem in der Beschäftigung mit psychologischem Führungstraining hin: es scheint wenig fruchtbar, bei der Bewertung der Effekte von solchen Unterweisungen vermutete oder tatsächlich belegbare *Intentionen* von mächtigen Auftraggebern zum zentralen Gesichtspunkt zu erheben; auch ein von „den Herrschenden" noch so sehr gewünschter Mechanismus manipulativer Kontrolle gehorcht eben Gesetzen, die in diesem Wunsch keineswegs beschlossen sind. Dies ist trivial, aber offenkundig (innerhalb wie außerhalb der Wissenschaft) nicht selbstverständlich. Will man zu einer realistischen Einschätzung manipulativer Prozesse gelangen, so ist es kaum zu umgehen, näher an diese Prozesse selbst bzw. die in sie involvierten Personen ‚heranzutreten'. Daß dabei Vermutungen der Beteiligten über grundsätzliche, gewissermaßen systemimmanente Zwecksetzungen von psychologischem Führungstraining sich als bedeutsam erweisen können, ist auf der anderen Seite durchaus plausibel.

Abschließend soll noch eine Besonderheit des „Verhaltenstrainings für sozialistische Leiter" hervorgehoben werden, die in der obigen Gegenüberstellung am Rande kenntlich wird. Wie im zweiten Kapitel noch eingehend zu belegen sein wird, ist mit dem Leitertraining in der Tat ein Erziehungsauftrag bzw. -anspruch verbunden, der im Kontext des in der DDR propagierten „sozialistischen Menschenbildes" steht. Die Implikationen dieses Umstands werden sich als wesentlich für die Bemühung um eine Differenzierung von hiesigem Managementtraining und Leitertraining in der DDR erweisen.

1.2. Der Scharlatanerieverdacht: ‚Warenprüfung' auf dem Trainingsmarkt

Während der – als moralisch verwerflich betrachtete – *Nutzen* von psychologischem Führungstraining Ausgangspunkt der im letzten Abschnitt aufgeführten Vorwürfe war, kommen nun Einwände zur Sprache, die im Gegenteil die *Nutzlosigkeit* von Managementtraining als Problem erscheinen lassen. Wie in der Überschrift angedeutet, werden Zweifel an der Brauchbarkeit von Führungstraining hierzulande zumeist im Rahmen von Kommentaren zu dem „unüberschaubaren Angebot" (Engelking, 1981, S. 354), dem sich die nachfragenden Firmen gegenübersehen, geäußert. Eine analoge Begutachtung kann selbstverständlich für Trainingsveranstaltungen in der DDR nicht aufgefunden werden; entsprechend fehlen dort auch die zu den Zweifeln gegenüber der Tauglichkeit komplementären marktschreierischen Anpreisungen. Allerdings finden sich in Berichten von Psychologen-Kongressen der DDR aus der jüngeren Vergangenheit Äußerungen, die die Effekte des Leitertrainings überschwenglich loben – so spricht etwa Kossakowski (1980, S. 23) im Zusammenhang mit der psychologischen Unterweisung von Leitern über „real existierende Potenzen der Psychologie" – neben Feststellungen, die verdeutlichen, daß diese Effekte von den für den Einsatz von Psychologen verantwortlichen Stellen in relativ geringem Ausmaß nachgefragt werden. M. und G. Vorwerg (1980, S. 63) berichten, daß von den 250 ausgebildeten Trainern in der DDR 1979 nur 10% regelmäßig trainierten, wobei sie neben Leitern auch noch andere Populationen, wie etwa Lehrer, zu betreuen hatten. In Hinweisen wie diesem könnte ein Anzeichen dafür gesehen werden, daß den Psychologen in der DDR Zweifel hinsichtlich der Nützlichkeit von psychologischem Leitertraining ebenso geläufig sind wie den Anbietern von Managementtraining hierzulande (vgl. auch 2.2.3. und 2.2.4.).[3]

Bemerkenswert bezüglich der Situation in der Bundesrepublik ist zunächst, daß Zweifel an der Nützlichkeit von Führungstraining kein hinreichender Grund für einen entsprechend sparsamen Einsatz zu sein scheinen. Seit Jahren wird von einer sich als Anwalt der Wirtschaft verstehenden Sparte des Journalismus immer wieder die Frage nach Sinn und Unsinn von Managementtraining aufgeworfen, wobei diese Frage ihr Gewicht gerade daher bezieht, daß nach wie vor mit enormem Kostenaufwand von einschlägigen Kursangeboten Gebrauch gemacht wird; etwa: „Alljährlich geben die Unternehmen in der Bundesrepublik einige hundert Millionen Mark für Führungstraining und Mitarbeitermotivationen aus – ohne durchschlagenden Erfolg" (manager magazin 8/1982, S. 75; vgl. manager magazin 1/1975, S. 86 ff.). Gelegentlich werden solche Feststellungen zum Anlaß für die Forderung, Managementtraining strengen Kosten-Nutzen-Analysen zu unterziehen, wobei allerdings – ganz abgesehen

[3] G. Vorweg u.a. (1980) konstatieren, „Training kooperativen Verhaltens, wie es mit den von uns ausgearbeiteten Trainingsmethoden möglich ist", sei „eine Methode, die in unseren Bildungseinrichtungen noch mehr Aufmerksamkeit verdiente, als sie bisher in der Praxis erfährt" (S. 203).

von dem Problem, überhaupt einen Einfluß auf das Handeln der Führungskräfte nachzuweisen (vgl. dazu 2.1.2.4.) - offen bleibt, welche Veränderung(en) betriebswirtschaftlicher Parameter zum Maßstab für die Qualität des Trainings erhoben werden soll(en) (Dokument und Analyse 6/1982, S. 40; vgl. Axmacher, 1974, S. 194 f.). Weit häufiger werden Zweifel an der Brauchbarkeit des Trainings für die Firmen aber mit Klagen über den „unüberschaubaren Markt" verbunden; etwa: „Mit zunehmendem Bildungsbedarf auf den Führungsetagen steigt zwar das Seminarangebot, die Transparenz des Marktes schwindet dadurch jedoch immer mehr" (Wirtschaftswoche, 26/1982, S. 46). Bei solchen Klagen bleibt allerdings meist außer acht, daß die Unklarheiten des Angebots nicht völlig losgelöst von der Frage nach Klarheit bzw. Unklarheit der Bedarfserhebung bzw. -darstellung diskutiert werden können (vgl. Gebert/v. Rosenstiel, 1981, S. 199 f.; Hoepfner, 1973, S. 267; Stocker-Kreichgauer, 1978, S. 171 u. 178 ff.; siehe auch 2.1.2.4.). Naheliegender als die Reflexion dieses Zusammenhangs scheint für die Ankläger der Schritt von der Klage über mangelnde Transparenz des Marktes zu der Anprangerung eines Mangels an Seriosität bei einem Teil der Anbieter zu sein; etwa: „In der Bildungsbranche selbst macht das Wort vom Unterholzkämpfer, Scharlatan und Wunderheiler die Runde, ab und zu ist auch schon mal die Rede von dem als Trainer verkleideten Bildungsschreck. Sie leben im Schatten der seriösen und etablierten Institute und Trainer, kassieren aber nicht selten die höchsten Honorare" (Wirtschaftswoche, 26/1982, S. 47). Oder: „Nach Einschätzung des Kölner Psychologen und Seminartrainers Dr. Wolfgang Saamann sind insgesamt kaum 500 der 3000 Seminarveranstalter qualifiziert; die in Stuttgart beheimatete Aktion Bildungsinformation e.V. schätzt den Anteil der Unseriösen auf rund 70 Prozent" (Management Wissen 4/1983, S. 18).

Als Kronzeugen der Klagen über mangelnde Seriosität auf dem Markt für Führungstraining dürfen in einschlägigen Veröffentlichungen diejenigen fungieren, die offenkundig erkannt haben, daß lautstarkes Anklagen des „Halbdunkels" der Branche den Ankläger selbst bzw. dessen Seriosität durchaus ins rechte Licht zu versetzen vermag. In diesem Zuge werden dann *grundsätzliche Probleme* wie das der Erfolgskontrolle (vgl. 2.1.2.4.) zu Symptomen der Scharlatanerie erklärt; etwa: „Immer wieder stellen seriöse Trainer fest, daß enorme Beträge gezahlt werden, ohne daß ein meßbares Ergebnis dabei herauskommt" (Wirtschaftswoche, 26/1982, S. 47).[4] Die

[4] Es läßt sich feststellen, daß umgekehrt der u.a. durch solche Darstellungen erzeugte Druck, „meßbare Ergebnisse" vorzuweisen, um sich auf dem Markt behaupten zu können, angesichts sowohl der wissenschaftlichen Probleme einer angemessenen Evaluierung als auch des Desinteresses der als Großabnehmer auftretenden Firmen (vgl. Neudecker o.J.) eine Zwickmühle für Seminaranbieter darstellt; aus dieser Zwickmühle wählen sie mitunter tatsächlich einen ‚halbseidenen' Ausgang. Als Beispiel zunächst ein Zitat aus einem (Glanzpapier-)Prospekt eines

verheerenden Schäden, die angeblich von unseriösen Kollegen angerichtet werden, schildern manche professionellen Trainer, die öffentlich fordern, „die Spreu vom Weizen zu trennen", in veritablen Schreckgemälden: „Managementtraining als Entertainment durchzuführen, macht die Overhead-Show im Training und den Ego-Trip des Trainers nicht nur zu einem besonders teuren Vergnügen; sie führt auch zu einer Weiterbildungseinstellung, bei der die Lethargie der Mitarbeiter letale Folgen für das Unternehmen hat" (Stiefel, 1982, S. 37; vgl. Ders. 1982 a).

Wie bereits angedeutet, sollte bei einer (hier nicht angestrebten) Gesamtbewertung des Marktes für psychologisches Führungstraining in der Bundesrepublik nicht aus dem Auge verloren werden, daß die Erscheinungen auf der Angebotsseite im Zusammenhang mit der Bestimmtheit oder Unbestimmtheit der Nachfrage stehen (vgl. auch Schönwälder, 1976, S. 35 f.). Und hier scheint zu gelten, daß viele Weiterbildungsverantwortliche sich mangels anderer Kriterien[5] eben von Trainings-Anbietern das ‚verkaufen' lassen, was sie selbst glauben, wiederum an die Führungskräfte ‚verkaufen' zu können: „Die in Organisationen für die Schulung von Führungskräften Verantwortlichen stehen unter einem

Trainingsinstituts: „Wie sich die ... Lehrsysteme des Instituts ... in der Praxis bewähren, unterstreichen die verblüffenden Ergebnisse der experimentellen Erfolgskontrollen nach Abschluß der jeweiligen Ausbildungsmaßnahme. Die folgenden Beispiele aus unserer Alltagspraxis stehen für viele ähnlich attraktive Resultate bei anderen Problemlösungen für öffentliche und private Auftraggeber. Um die vereinbarte Geheimhaltungspflicht gegenüber unseren Kunden zu gewährleisten, beschränken wir uns bei der Präsentation der Fallbeispiele auf einen kleinen Teil der erfaßten Daten und auf eine allgemeine, neutrale Darstellung ohne konkrete Namensnennung." Anschließend finden sich in dem Prospekt einige beeindruckende graphische Darstellungen. Diese öffentliche Selbstdarstellung des Instituts, das hier auch „ohne konkrete Namensnennung" bleiben soll, steht in drastischem Gegensatz zu der Schilderung, die der Institutsleiter dem Verfasser im persönlichen Gespräch gab: seine Abnehmer waren, in der überwiegenden Mehrzahl, bislang weder an Evaluationen interessiert, noch ermöglichten sie ihm für die in *einem* Ausnahmefall (auf seinen Wunsch) gestattete Kontrollerhebung in befriedigendem Umfang Zugang zu subjektiven und objektiven Daten!

[5] Wittwer (1982) konstatiert, „daß in den Unternehmungen kaum schriftlich fixierte Weiterbildungsziele bzw. -konzepte vorliegen. Nach einer Untersuchung des Instituts der Deutschen Wirtschaft verfügen nur 13% der befragten Unternehmen über ‚vollständige oder größtenteils vorhandene' schriftliche Weiterbildungsrichtlinien. In allen anderen Unternehmen sind entsprechende Richtlinien nur z.T. oder überhaupt nicht vorhanden. Annähernd 30% der Unternehmen erklärten, über keine schriftlich fixierten Richtlinien zu verfügen und auch nicht zu beabsichtigen, solche aufzustellen. Aber auch wenn schriftliche Weiterbildungsrichtlinien oder Stellungnahmen der Unternehmensverbände vorliegen, ist damit noch nicht garantiert, daß diese auch etwas aussagen. Denn eine Vielzahl entsprechender Erklärungen weist den gleichen Informationswert auf, durch den sich die folgende Aussage auszeichnet: ‚Ziel der Erwachsenenbildung der Wirtschaft ist es, der arbeitspraktischen, der geistig-theoretischen und der sozial-moralischen Ermächtigung des Menschen so zu dienen, daß er die Möglichkeiten der Gütererstellung, der Güterverteilung zum Nutzen und Segen der Gesellschaft nutzt'" (S. 46).

gewissen Aktualisierungsdruck. Man kann einen Ansatz nicht immer wieder andienen: es ist wichtig, auf dem jeweils neuesten Stand der (amerikanischen) Forschung zu sein" (Neuberger, 1982, S. 194; 1983; vgl. Neudecker, o.J.). Verkaufsdenken und Orientierung am Zeitgeist scheinen also kein Privileg der Trainer zu sein (Wiswede, 1981, S. 179; vgl. Stocker-Kreichgauer, 1978).[6]

Wie ebenfalls bereits angedeutet, verlagert die Konzentration auf Klagen über Mangel an Seriosität bzw. Wissenschaftlichkeit auf seiten eines Teils der Trainer (vgl. Lefton/Buzzota, 1980; Dorst, 1981), auch wenn dies nicht als wenig seriöse Form der Eigenwerbung intendiert ist, das Problem insofern, als die Organisationspsychologie ihrerseits das Feld bislang im wesentlichen den Praktikern überlassen hat, also diesbezüglich kaum konkrete Kriterien liefert: „Die Psychologie der Verhaltensmodifikation in Organisationen ist ein weites Feld, da sie als Spezialfall der Lernpsychologie und der pädagogischen Psychologie angesehen werden darf... Auf der anderen Seite ist das ganz Spezifische, das in der Psychologie der Verhaltensmodifikation in Organisationen erarbeitet wurde, recht mager... Offensichtlich dominiert in diesem Feld die Praxis gegenüber der Theorie" (v. Rosenstiel, 1980, S. 92 f.; vgl. Engelking, 1981, S. 356). In der innerwissenschaftlichen Diskussion ist auf Basis dieser selbstkritischen Einsicht eine Problemverlagerung vom *Inhalt des Trainings* auf die Frage der *Trainer-Qualifikation* in geringerem Ausmaß zu verzeichnen; gleichwohl wird auch hier immer wieder das Problem der Trainerausbildung in den Mittelpunkt des Interesses gerückt, um dann im Zusammenhang mit der Frage nach Ausbildungsinhalten das Fehlen systematischer Konzepte konstatieren zu müssen, sprich: (ausdrücklich oder nicht) feststellen zu müssen, daß man dem zweiten Schritt, der *Anwendung* von Trainingskonzepten, größeres Interesse entgegenbringt als dem ersten Schritt, der *Er- bzw. Ausarbeitung* der Konzepte; hieran scheint sich übrigens im Verlauf der letzten knapp 20 Jahre kaum etwas geändert zu haben.[7]

---

[6] In den firmeninternen Einladungsschreiben zu einem der Seminare, deren Teilnehmer im Zuge der vorliegenden Untersuchung interviewt wurden (vgl. Kap. 5), heißt es, nachdem in groben Zügen das Seminarprogramm geschildert wurde, lapidar: „Diese Instrumente tragen den Geboten sowohl des Zeitgeistes wie der Effektivität Rechnung. Anwenden werden Sie sie selber müssen. Ich glaube aber, es lohnt sich auf jeden Fall, sich mit ihnen auseinanderzusetzen."

[7] 1981 formuliert Engelking: „Die Durchführung von Training ist nicht unbedingt die Domäne wissenschaftlich ausgebildeter Psychologen und Pädagogen, sondern auch Betätigungsfeld in anderen wissenschaftlichen Disziplinen ausgebildeter Personen und vieler Berufspraktiker (erfolgreiche Verkäufer, Führungskräfte, Industriemeister usw.). Nur einige wenige privatwirtschaftliche Institutionen befassen sich mit der Ausbildung von Trainernachwuchs; im universitären Bereich spielt die Ausbildung von Trainern – selbst im Psychologie-oder Pädagogikstudium – noch eine untergeordnete Rolle. Sie entspricht nicht der tatsächlichen quantitativen und qualitativen Bedeutsamkeit, die der Veränderung beruflichen Verhaltens in der Arbeitswelt zukommt. Das hängt sicher auch mit der vorerwähnten mangelnden

Abschließend kann festgehalten werden, daß die verbreiteten Argumente des ‚Scharlatanerieverdachtes' am Gegenstand des Verdachts vorbeizielen. Auch der ‚Herrschaftsvorwurf', soweit er in diesem Kapitel zur Sprache kam, erwies sich als unzutreffend. Damit soll auf der anderen Seite nicht gesagt sein, beide Einwände seien aus der Luft gegriffen; dies dürften die Details der obigen ‚Schlaglichter' auf das Umfeld psychologischen Führungstrainings deutlich gemacht haben. Beide Einwände werden im weiteren also nochmals aufzugreifen sein.

Bezogen auf die Erwartungen von (potentiellen) Teilnehmern weist das bis hierher Dargestellte auf erste Orientierungsgesichtspunkte hin. Im anschließenden zweiten Kapitel wird systematisch auf den Zusammenhang von Organisationsziel, Organisationsstruktur und psychologischem Führungstraining eingegangen.

---

allgemeinen theoretischen Fundierung zusammen, die in der Praxis eher den Charakter der Zufälligkeit und Beliebigkeit zeigt" (S. 358). Bereits 1964 (engl. Orig.) stellten Bradford, Gibb und Benne (dt.: 1972) fest: „Mit der Ausbreitung des Interesses an T-Gruppen und Laboratoriumstraining – in verschiedenen Formen und unter vielfältigen Bezeichnungen – ist auch die Nachfrage nach Personen, die zur Durchführung derartiger Erziehungsveranstaltungen kompetent sind, ständig gewachsen. Unter diesen Bedingungen besteht die eindeutige und doppelte Gefahr, daß Personen, die fachlich unzureichend ausgebildet oder von ihrer Persönlichkeitsstruktur oder Motivation her ungeeignet sind, dieser Nachfrage entsprechen. Ohne die Supervision kompetenter und ethisch verantwortlicher Trainer können T-Gruppenerfahrungen für die Teilnehmer schädigend sein. Und die T-Gruppenmethoden werden diskreditiert, wenn sie, die sie anwenden, vernünftigen methodischen und ethischen Normen nicht gerecht werden. Hinzu kommt die Tatsache, daß ein bewährtes Programm für die Ausbildung professioneller Trainer noch nicht existiert und daß sich noch keine akademische Institution der Entwicklung eines solchen Programms ohne Vorbehalte gewidmet hat. Die Situation wird weiterhin kompliziert durch die interdisziplinären Anforderungen wirksamen T-Gruppentrainings. Welche Kombinationen von Theorie, Fachwissen und sozialen Fertigkeiten für professionelle Trainer am wichtigsten sind, ist einfach noch nicht völlig klar; auch könnten sich die meisten erfahrenen Trainer heute nur schwer über die detaillierte Beschaffenheit eines idealen Trainerausbildungs-Programms einigen" (S. 429 f.).

2. Menschliche Beziehungen in der Hierarchie und psychologisches Training für Führungskräfte (Leiter)

Im ersten Kapitel wurde u.a. gezeigt, daß recht eindeutige Vorstellungen über die Ziele von Führungstraining neben offenkundigen Zielunklarheiten bestehen: einerseits scheint alles klar zu sein: Führungstraining dient der Manipulation der jeweils Untergebenen – andererseits scheint alles unklar zu sein: die Verantwortlichen wissen nicht, was sie den Führungskräften ihrer Firmen beibringen lassen sollen.[1] Der begrifflichen Eingrenzung von Führungstraining ist, wie man ebenfalls im ersten Kapitel sah, mit dem Deuten auf moralisch verwerfliche Absichten wenig gedient. Sinnvoll erscheint es, demgegenüber zu fragen, welchem Zweck ‚Führen' *auf welche Weise* ein Mittel ist bzw. sein soll.[2] Derart wird man nicht nur dem Inhalt des Manipulationsvorwurfs näher kommen, sondern auch eher sehen können, ob die wechselnden ‚Moden' des Führungstrainings ein ‚roter Faden' durchzieht.

Der Bestimmung der Führungsaufgabe und ihrer Beziehung zum Training für die gesellschaftlichen Verhältnisse hierzulande folgt ein umfangreicher Exkurs, der analog Leitertätigkeit und Leitertraining in der DDR analysiert; vor der Abhandlung von Führungsaufgabe und Training in der DDR wird ein kurzer Abschnitt über spezifische methodische Probleme der DDR-Forschung bzw. des Systemvergleichs eingeschoben.

2.1. Führung und Training

2.1.1. Führungsaufgabe: Menschliche Beziehungen in der Hierarchie

Während Aussagen zur Frage, was *„richtiges Führen"* sei, oft einen eher ‚blumigen', d.h. unbestimmten Charakter haben, – man betritt hier das Terrain von „Führungs*stil*forschung" und „Führungs*philosophie*"[3] –, fallen *Definitionen* der Führungsaufgabe, wie sie sich in Lehrbüchern der Betriebs-

---

[1] Beide Gesichtspunkte müssen sich nicht unbedingt widersprechen; man könnte sie auch in der Relation Ober- und Unterziel bzw. Zweck und Mittel sehen.

[2] Der systemtheoretische Ansatz, mit dem Hinrichs (1978) und im Anschluß Stocker-Kreichgauer (1978) versuchen, betriebliche Weiterbildung überhaupt (also auch Training im Hinblick auf spezifische fachliche Fertigkeiten) begrifflich zu erfassen, erscheint in Bezug auf das Führungstraining als zu unspezifisch.

[3] Auf die weitgehenden Vermischungen und Verwechslungen von „Führungslogik, -theorie, -technologie und -philosophie", insbesondere auf den meist *verdeckten* Gebrauch von Werturteilen weist Steinle (1978, S. 37 f.) nachdrücklich hin.

wirtschaftslehre finden, zumeist ähnlich lapidar wie die folgende aus: „Führung ist ein von Personen (Führer) auf Personen (Geführte) gerichteter Prozeß der Verhaltensbeeinflussung (Kommunikation) zur Erreichung bestimmter Ziele ... Führung oder Leitung entsteht durch die personale Trennung von Entscheidung und Ausführung und umfaßt den Vorgang der Willensdurchsetzung" (Kupsch/Marr, 1981, S. 612). Unter den Zielen von *Unternehmungen,* die mit Hilfe des Mittels Führung erreicht werden sollen, spielt die Gewinnerzielung eine herausragende Rolle.[4] Die Trennung von Entscheidungen im Sinne des Unternehmensziels und Ausführung der getroffenen Entscheidungen realisiert sich in größeren Organisationen über eine *Hierarchie* von Führungskräften mit unterschiedlichen Entscheidungsbefugnissen einerseits und unterschiedlicher Zuweisung von ausführender Tätigkeit andererseits (vgl. Abb. 1–3).

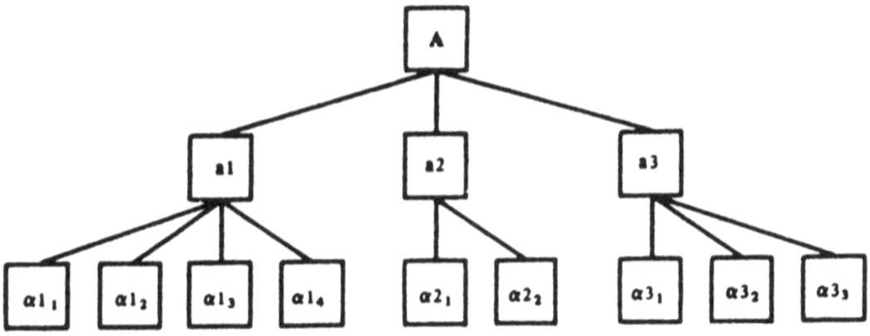

Abb. 1: Beispiel einer hierarchischen Pyramide (v. Rosenstiel u.a., 1979, S. 21)

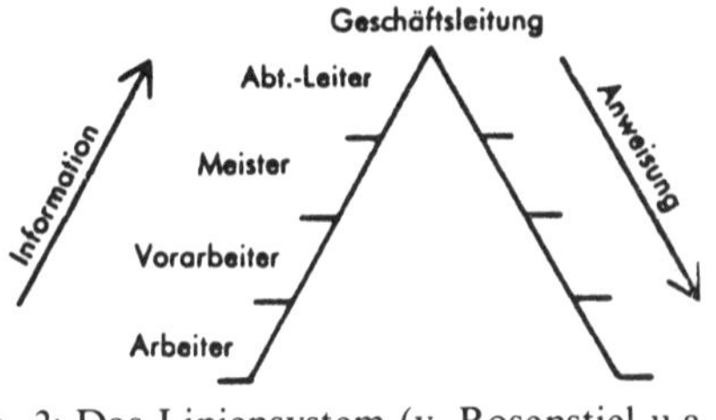

Abb. 2: Das Liniensystem (v. Rosenstiel u.a. 1979, S. 22)

---

[4] Als Ergebnisse einer in ihren Methoden nicht unumstrittenen Zielforschung führten Hauschild/Gemünden (1980, S. 430 f.) folgende Ziele der Unternehmung an „(a) das Streben nach Gewinn, dabei bleibt weitgehend offen, wie dieser Gewinn definiert ist. (b) Streben nach Größe und Wachstum ... (c) Streben nach Wahrung oder Erreichung eines technischen Leistungsprofils ... (d) Streben nach Konstanz mit den Bezugsgruppen der Umwelt und den Interaktionspartnern innerhalb der Organisation ..." (vgl. auch Grochla, 1980, S. 41 f.). Die Dominanz betriebswirtschaftlicher Zielstellungen gegenüber volkswirtschaftlich begründeten Zielen wurde im Zusammenhang mit der Debatte um die Humanisierung der Arbeit als problematisch erkannt (v. Rosenstiel, 1980 a; Frese, 1979, S. 70; Holler/Tully, 1981, S. 47; Weitzig, 1979).

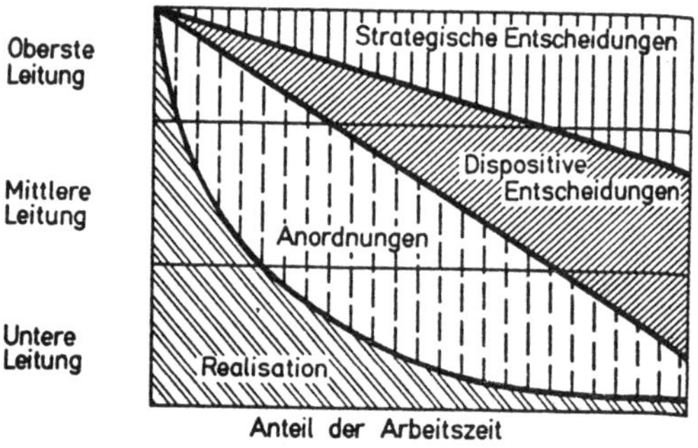

Abb. 3: Das Verhältnis zwischen Entscheidungs- und Realisationstätigkeit in Abhängigkeit von der hierarchischen Ebene (Grochla, 1980, S. 66)

Die Frage, welche Motive die Personen auf den verschiedenen Stufen der Hierarchie einschließlich der untersten, nur noch ausführenden, dazu bewegen, ihre Aufgaben zu erfüllen, war und ist explizit oder implizit eine der zentralen Fragen der Organisationswissenschaften (vgl. Etzioni, 1961). Man könnte diese Frage auch so formulieren: wie funktioniert die „Willensdurchsetzung" bei offenkundiger Abwesenheit unmittelbaren Zwangs? Die Fragen nach Motivation und Führung verhalten sich komplementär zueinander. Hier soll nun nicht ein Abriß all dessen gegeben werden, was an ebenso facetten- wie widerspruchsreichen Deskriptionen und Explikationen des Phänomens Führung angeboten wurde und wird (siehe hierzu z.B. Irle, 1970; Neuberger, 1976; Steinle, 1980; Wunderer/Grunwald, 1980; v. Rosenstiel, 1981); hier geht es vielmehr darum, eine grobe Systematik der menschlichen Beziehungen in der Hierarchie zu skizzieren; exemplarisch werden dabei einige Ansätze benannt werden. Wie an der Formulierung „menschliche Beziehungen in der Hierarchie" zu sehen ist, steht das Interesse an Hinweisen auf psychologisch relevante Aspekte der – weithin vernachlässigten (vgl. Bosetzky, 1980, S. 136; Nieder, 1980, S. 196) – Machtbeziehungen in Unternehmen/Organisationen bei dieser Skizze Pate. In diesem Kapitel steht bei der Betrachtung der Führungsaufgabe als Teil der menschlichen Beziehungen in der Hierarchie eine ‚Außenansicht' bzw. die Objektivität der Relationen im Vordergrund; die ‚Innenansicht' bzw. die subjektive Sicht der Führungskräfte wird im 3. Kapitel (3.3.) näher ins Auge gefaßt, was nicht bedeutet, daß diese ‚Innenansicht' nicht auch als konstitutiv für die Objektivität der Interaktion in der Hierarchie betrachtet würde.

2.1.1.1. Unterordnung

Die Organisationswissenschaften haben das Phänomen Führung meist von vorneherein unter dem Gesichtspunkt behandelt, wie sich das Ergebnis der Führungstätigkeit für die Unternehmung verbessern läßt (vgl. Klis, 1970, S. 33 f.). Dies gilt nicht für Webers „klassischen" Ansatz der Organisationsforschung (vgl. Luhmann, 1968; Prewo u.a., 1973, S. 169 ff.; Neuberger, 1977, S. 22 ff.): Weber (1964; Orig. 1921) ging es in der Betrachtung der Akzeptanz von Aufgabenzuweisungen in Organisationen zentral um die Frage der Legitimität von Herrschaft. Sein Erkenntnisinteresse bestand dabei in der begrifflichen Fassung von Idealtypen (1. Teil, 3. Kap. und 2. Teil, 9. Kap.). Er gelangte zur Darstellung der Bürokratie als rationalster Form der Herrschaft. Hier soll von Webers Überlegungen zur zweckrationalen kapitalistisch/bürokratischen Ordnung lediglich der Gesichtspunkt hervorgehoben werden, daß Bürokratisierung als gleichbedeutend mit der Ausschaltung von sich dem Kalkül entziehenden Gefühlselementen erscheint: „Die bürokratische Herrschaft bedeutet sozial im allgemeinen: ... die Herrschaft der formalistischen *Unpersönlichkeit:* sine ira et studio, ohne Haß und Leidenschaft, daher ohne ‚Liebe' und ‚Enthusiasmus', unter dem Druck schlichter *Pflicht*begriffe; ‚ohne Ansehen der Person', formal gleich für jedermann ..." (ebenda, S. 166; Hervorhebungen im Orig.).[5]

Die ebenfalls als „klassisch" geltenden Theoreme F. W. Taylors (1911) sind im Unterschied zu Webers Theorie unmittelbar unternehmerischen Effektivierungsbestrebungen entsprungen. Taylors Ausgangspunkt ist die Frage, wie das Individuum zu einer Aufgabenerfüllung gebracht werden kann, die die Kosten-Nutzen-Relation für das Unternehmen verbessert. Die Frage, inwieweit Taylor dabei die Motivation der Individuen berücksichtigt bzw. aus dem Auge verliert, beantworten Prewo, Ritsert und Stracke (1973) folgendermaßen: „Obgleich eine breit ausgeführte Motivationstheorie bei Taylor fehlt, war er dennoch überzeugt, einen Mechanismus zu kennen, der die Synchronisation individueller Motivationen und organisatorischer Leistungsimperative ideal bewirken würde: Das Prinzip des strengen Leistungslohns soll alle auftretenden Satisfaktionsinteressen der Organisationsmitglieder generalisiert abfinden und sie so gegenüber der Organisation neutralisieren. Die Generalisierung von Befriedigungsmöglichkeiten trennt danach gleichsam den Motivationsbereich vom Performationsbereich ein für

[5] Über Karriere in der Hierarchie stellt Mannheim (1964; Orig. 1930) in Anschluß an Weber fest: „Der Mensch, der sie erstrebt, ist keinen Überraschungen ausgesetzt: er kann mit Erfolgsgrößen rechnen, die auf ihn sozusagen warten; er hat nur darauf zu achten, daß alle etwas störend wirkenden Irrationalitäten seines Lebens nach Möglichkeit ausgeschaltet werden, daß er womöglich in allen seinen Handlungen im Sinne des geebneten Weges der Beamtenkarriere lebt. Auch hier wirkt also die Struktur des sozialen Raumes, in dem Karriereerfolg möglich ist, sowohl darin, was den Sekuritätscharakter, als auch in allem, was den Rationalisierungscharakter betrifft, auf den Menschen, der diese Art des Erfolges erstrebt, zurück. Der Menschentypus gleicht sich im Gesamthabitus den Forderungen und besonderen Strukturbedingungen des sozialen Raumes, in dem er sich zu bewähren hat, an ... das Streben nach rationierten Erfolgsgrößen im Gebiete der Karriere (schaltet) den Sinn für das ‚imprévu' aus" (S. 664 f.).

allemal ab, womit die qua ... Funktionsbeziehung zwischen ‚task and bonus' abgefundene Arbeitskraft im Arbeitsprozeß selbst tatsächlich nur noch als normierbare Potenz unter organisatorischer Kontrolle in Erscheinung tritt" (S. 157 f.). Wie die Autoren betonen, sollte man gegen diese Vorstellungen von Taylor nicht moralisierend zu Felde ziehen[6], sondern schlicht konstatieren, daß sie unzutreffend sind (Ebenda, S. 155): Taylors Ausblendung menschlicher Strebungen aus dem Geschehen in der Organisation selbst ist rein *fiktiv*. Ohne die entscheidende Bedeutung des ‚Anreizes', der mit Lohn bzw. Gehalt gegeben ist[7], in Frage zu stellen, kann man Taylor hier entgegen-

---

[6] Der moralisierenden Kritik an Taylor bzw. dem ‚Geist', den sein Name symbolisiert, insbesondere vom sozialistischen Standpunkt aus, ist Kurt Lewin in seiner Schrift „Die Sozialisierung des Taylorsystems" bereits 1920 mit dem Argument entgegengetreten, hier würden privatwirtschaftlicher Zweck und psychologisches Mittel in unzulässiger Weise identifiziert. Es muß allerdings angemerkt werden, daß Lewin sich nur zur Analyse von Arbeitsmethoden sowie zur Eignungsdiagnostik in diesem Sinn äußert, nicht jedoch zu den hier angesprochenen Formen der Entlohnung (vgl. 2.3.).

[7] Entsprechend der Marxschen Formulierung (1972, S. 181 ff.) sind die Arbeitenden, die „ihre Haut zu Markte tragen", meist ja tatsächlich im doppelten Sinne frei: als Rechtssubjekte einerseits und von anderen Einkommens- bzw. Subsistenzquellen andererseits. Analog: „Maslows Aussage, daß der Mensch sehr wohl vom Brot allein lebe, nämlich dann, wenn er keins hat, verdeutlicht in paradoxer Weise, was gemeint ist" (v. Rosenstiel, 1980, S. 280). Zur Führungsaufgabe hat Marx sich übrigens nur in abstrakter Weise geäußert; abgesehen von Aussagen, die sich auch auf andere als kapitalistische Unternehmen beziehen lassen (siehe hierzu 2.2.2.), finden sich bei ihm eher globale Darstellungen des „despotischen" Charakters kapitalistischer Leitung: „Mit der Kooperation vieler Lohnarbeiter entwickelt sich das Kommando des Kapitals zum Erheischnis für die Ausführung des Arbeitsprozesses selbst, zu einer wirklichen Produktionsbedingung. Der Befehl des Kapitalisten auf dem Produktionsfeld wird jetzt so unentbehrlich wie der Befehl des Generals auf dem Schlachtfeld ... Mit der Masse der gleichzeitig beschäftigten Arbeiter wächst ihr Widerstand und damit notwendig der Druck des Kapitals zur Bewältigung dieses Widerstands. Die Leitung des Kapitalisten ist nicht nur eine aus der Natur des gesellschaftlichen Arbeitsprozesses entspringende und ihm angehörige besondere Funktion, sie ist zugleich Funktion der Ausbeutung eines gesellschaftlichen Arbeitsprozesses und daher bedingt durch den unvermeidlichen Antagonismus zwischen dem Ausbeuter und dem Rohmaterial seiner Ausbeutung. Ebenso wächst mit dem Umfang der Produktionsmittel, die dem Lohnarbeiter als fremdes Eigentum gegenüberstehn, die Notwendigkeit der Kontrolle über deren sachgemäße Verwendung. Die Kooperation der Lohnarbeiter ist ferner bloße Wirkung des Kapitals, das sie gleichzeitig anwendet. Der Zusammenhang ihrer Funktionen und ihre Einheit als produktiver Gesamtkörper liegen außer ihnen, im Kapital, das sie zusammenbringt und zusammenhält. Der Zusammenhang ihrer Arbeiten tritt ihnen daher ideell als Plan, praktisch als Autorität des Kapitalisten gegenüber, als Macht eines fremden Willens, der ihr Tun seinem Zweck unterwirft. Wenn daher die kapitalistische Leitung dem Inhalt nach zwieschlächtig ist, wegen der Zwieschlächtigkeit des zu leitenden Produktionsprozesses selbst, welcher einerseits gesellschaftlicher Arbeitsprozeß zur Herstellung eines Produkts, andrerseits Verwertungsprozeß des Kaptials, so ist sie der Form nach despotisch ... sobald sein Kapital jene Minimalgröße erreicht hat, womit die eigentlich kapitalistische Produktion erst beginnt, so tritt er jetzt die Funktion unmittelbarer und fortwährender Beaufsichtigung der einzelnen Arbeiter und Arbeitergruppen selbst wieder ab an eine besondere Sorte von Lohnarbeitern. Wie eine Armee militärischer, bedarf eine unter dem Kommando desselben Kapitals zusammenwirkende

halten, daß kein noch so ausgeklügeltes Lohnsystem die Individuen für die Dauer der Arbeitszeit in Maschinen zu verwandeln vermag.

Die Ausblendung von Gefühlen der Individuen aus der Organisation (Weber) bzw. die Vorstellung von der finanziell abgefundenen Individualität (Taylor) (vgl. die schematische Darstellung Abb. 4, die wie alle folgenden analogen Darstellungen einen *Ausschnitt aus der Hierarchie* darstellt) sind zunächst *theoretische* Fiktionen bzw. *Idealisierungen*[8]; dies heißt aber nicht, ihnen entspräche nicht ein Sachverhalt in der Wirklichkeit, im Gegenteil: mit Sicherheit für den von Weber festgehaltenen Gesichtspunkt, aber wohl auch für Taylors Ideal gilt, daß sie ein in Unternehmen (die für Weber als Sonderform der Bürokratie gelten) oft schon *vor* ihren Konzepten *praktiziertes* Ideal formuliert haben; ihre Konzepte – insbesondere das Taylorsche – mögen dann massiv zur systematischen Ausbreitung entsprechender Maximen der Unternehmensführung beigetragen haben. Das Individuum bleibt in dieser Vorstellung quasi jenseits des Zusammenhangs der Unternehmung, in den es sich begibt, um dort eine festgelegte Aufgabe zu erfüllen; dies mag mit dem Bewußtsein der Legitimität der eingegangenen Verpflichtung (Weber) oder lediglich mit der Erwartung einer monetären Belohnung (Taylor) verbunden sein.

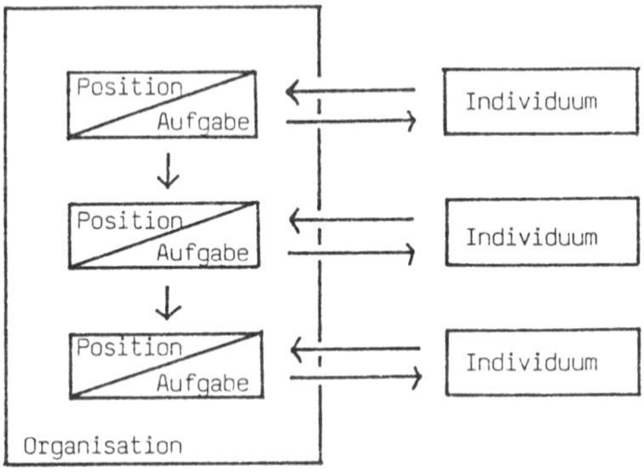

Abb. 4: Schema I: ‚Saubere Scheidung' von Individuum und Hierarchie

In der *Theorie* ist ein derartiger *mechanisierter* bzw. *rationalistischer Idealismus* unbefriedigend, da er offenkundig von einem ‚Sachverhalt' abstrahiert, der aus dem Alltag der Organisation nicht hinausexpediert werden kann, auch wenn die Organisationsmitglieder selbst ihre Emotionen als Störungen des Arbeitsablaufs erachten (vgl. Müller/Hill, 1980, S. 157); in der

Arbeitermasse industrieller Oberoffiziere (Dirigenten, managers) und Unteroffiziere (Arbeitsaufseher, foremen, overlookers, contre-maîtres), die während des Arbeitsprozesses im Namen des Kapitals kommandieren. Die Arbeit der Oberaufsicht befestigt sich zu ihrer ausschließlichen Funktion" (Marx, 1972, S. 350 f.).

[8] Vgl. auch die strikte Analogie von Führung und militärischen Strukturen bei Marx (Fußnote 7).

Praxis führt eine derartige Konzeption deshalb zu jenen *Reibungsverlusten*, die gemäß solchen organisationstheoretischen Überlegungen ein Ding der Unmöglichkeit sein sollten: „Die Überbetonung der physischen Komponenten des Verhaltens menschlicher Aktionsträger und die weitgehende Vernachlässigung der psychischen Determinanten der Leistungsbereitschaft begünstigten die Erscheinungen der informalen Organisation; diese Vernachlässigung kann eine Reduzierung der Leistungsbereitschaft und damit verbunden der Leistungsfähigkeit trotz vorhandener Anlagen zur Folge haben. Daher müssen die psychischen Bestimmungsgrößen der Leistungsbereitschaft menschlicher Aktionsträger ebenfalls bei der Bildung von Aktionseinheiten und insbesondere bei der Strukturierung des gesamten Systems berücksichtigt werden" (Grochla, 1980, S. 52). Die Entdeckung des „Menschen als Aktionsträger" vollzieht sich hier ausdrücklich unter dem instrumentellen Gesichtspunkt (vgl. Allerbeck, 1977, S. 17). Hier kann zunächst festgehalten werden, daß das Ausklammern der Individualität aus dem Geschehen *im* Unternehmen offenkundig Ergebnisse zeitigt, die der optimalen Erfüllung der betriebswirtschaftlichen Ziele entgegenstehen.

Dieser Gesichtspunkt markiert *logisch* die Erweiterung der Perspektive der Führungsaufgabe auf die Psyche der Untergebenen; menschliche Bedürfnisse, insbesondere Bedürfnisse im Kontext zwischenmenschlicher Beziehungen, werden als Bestandteil der betrieblichen Interaktion erkannt. *Historisch* gelten die vielzitierten Hawthorne-Studien (Roethlisberger/Dickson, 1939) als Beginn eines sozialpsychologischen Zugangs zur Organisation.[9]

Das aufkommende Interesse an den *menschlichen Beziehungen* in der Hierarchie führt zur Rezeption bzw. Neukonzeption einer Vielzahl theoretischer Ansätze, die teils mehr den Aspekt der Bedürfnisse bzw. Motive (siehe hierzu v. Rosenstiel, 1975), teils mehr den Interaktionsprozeß selbst, thematisieren (vgl. Argyle, 1972, S. 262 ff.). Unter spezifischen organisationswissenschaftlichen Betrachtungsschwerpunkten finden derartige Ansätze Eingang in Konzepte des Organisations- bzw. Betriebsklimas (siehe v. Rosenstiel u.a., 1982), der Führungsaufgabe bzw. -rolle (Lukasczyk, 1960; Neuberger, 1976), sowie der Arbeitszufriedenheit (Neuberger, 1974; Bruggemann u.a., 1975).

2.1.1.2. Unterordnung und Menschlichkeit

Noch bevor auf Details der menschlichen Beziehungen in der Hierarchie bzw. ihrer organisationspsychologischen Abhandlung eingegangen worden

---

[9] Dieses Datum kann jedoch nicht zugleich als Punkt aufgefaßt werden, der die ‚Erledigung' des Taylorismus markiert. Grundzüge des Taylorismus existieren nicht nur *neben*, sondern z.T. auch *in* moderneren (sozialwissenschaftlich inspirierten) Maximen der Unternehmensführung fort (vgl. Holler/Tully, 1981, S. 60).

ist, kann ein prinzipielles Problem verdeutlicht werden, das mit dem Interesse an den „human-relations“ bzw. ihrer Berücksichtigung im Kontext der Führungsaufgabe (z.B. als Kohäsionsfunktion sensu Lukasczyk, 1960) auftritt: Es besteht die Gefahr, den Individuen und ihrer Interaktion zwar so etwas wie ‚Heimatrecht‘ in der Organisation zuzubilligen, dabei aber zu übersehen, daß die Trennung von menschlichem und funktionalem bzw. formellem Aspekt der betrieblichen Interaktion eine analytische ist, also nicht ‚reine Menschlichkeit‘ neben der Hierarchie hervorbringt. Schema II (Abb. 5) macht kenntlich, daß ein Versuch, einen ‚rein menschlichen Aspekt‘ der Führungsaufgabe zu hypostasieren, im Grunde die als unhaltbar erkann-

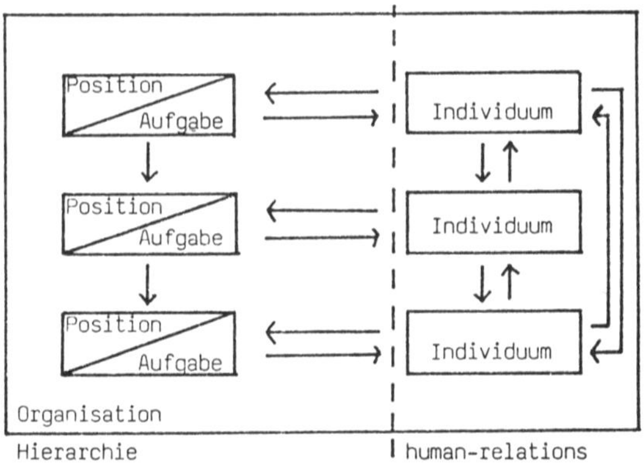

Abb. 5: Schema II: Unterordnung und Menschlichkeit

te Scheidung einer Hierarchie von Funktionsträgern von deren ‚Menschlichkeit‘, wie sie Schema I (Abb. 4) zeigte, nicht überwindet. Eine derartige Verselbständigung der menschlichen Beziehungen gegenüber der Hierarchie kann kaum die Entfremdung („alienation“) von der Berufstätigkeit, die die Väter der human-relations-Bewegung wie Mayo (1946) beklagten (und bekämpfen wollten), überwinden. Der oben dargestellte mechanistische bzw. rationalistische Idealismus wäre so nur gegen eine neue *Fiktion,* die sich als *humanistischer Idealismus* bezeichnen ließe, ausgetauscht.[10] Die Betrachtung der Führung als menschliche Beziehung *statt* als Mittel für den Zweck des Betriebes (Zaleska, 1976, S. 148) ist ebenso irreell wie die Ausklammerung der menschlichen Beziehungen aus der Betrachtung der Hierarchie. Auch hier soll die Kennzeichnung der Vorstellung der Relationen von Individuen und Hierarchie als *Idealismus* wiederum nicht besagen, diese Vorstellung

[10] Auch ausgesprochen informelle Beziehungen von Betriebsangehörigen – insbesondere erotische Beziehungen – sind Beziehungen im Kontext der Hierarchie, was u.a. darin zur Geltung kommen dürfte, daß mitunter der Status die wahrgenommene Attraktivität zu erhöhen vermag.

könnte nicht praxiswirksam werden bzw. würde es nicht. Im Gegenteil: Die Propagierung dieser Vorstellung ist der Kern dessen, was sich als „human-relations-Trick" (v. Rosenstiel, 1974, S. 114) bezeichnen läßt.

Der Vorwurf der „ideologischen Belastetheit" (Groskurth, 1981, S. 198; vgl. Gebert/v. Rosenstiel, 1981, S. 18 f.) wird gegenüber den human-relations-Idealen mit dem Argument geltend gemacht, die oben dargestellte Abstraktion von Interaktionen von Individuen und Hierarchie werde vorgenommen, um das „Auffangen von Unzufriedenheit und ‚Entfremdung'" (Groskurth, 1981, S. 198) zu ermöglichen, ohne de facto etwas zu verbessern; Irle formuliert: „Die Quasi-Theorien der ‚Human Relations' mancher verhaltenswissenschaftlich orientierter Berater in Industrie und Wirtschaft erregen den Verdacht, daß es sich um nichts als Rechtfertigungs-Ideologien handele. Man sagt zum Beispiel nicht, die Eigenschaften von Entscheidungs-Hierarchien, von Machtverhältnissen müßten geändert werden, sondern die Arbeitnehmer müßten das Gefühl oder das Bewußtsein erhalten, daß ihr Urteil wichtiger sei, daß sie als Mitarbeiter ernst genommen würden und so fort, und das alles im Konjunktiv: Man versucht offenbar ein Als-Ob-Erlebnis hervorzurufen" (Irle, 1975, S. 39).

Eine künstliche Trennung der menschlichen Beziehungen von der Hierarchie kann als Psychologisierung[11] betrachtet werden. Wird diese Psychologisierung in der instrumentellen Absicht vorgenommen, so ‚glückliche Kühe' aus den Mitarbeitern zu machen, die sich erfolgreicher ‚melken' lassen, so muß von der Absicht zu manipulieren gesprochen werden (v. Rosenstiel u.a., 1982, S. 137 u. 134; Neuberger, 1977, S. 43 ff.). Wie bereits im ersten Kapitel (1.1.) deutlich wurde, wäre es aber problematisch, eine Manipulationsabsicht in dieser Richtung bereits mit einer wirkungsvollen Manipulationsstrategie[12] gleichzusetzen, da ein propagiertes „Als-Ob" ‚reiner Mitmenschlich-

---

[11] Nach Kroner (1980) ist die „Gefahr des Psychologismus" gegeben, „wenn die Psychologie als die weitestentwickelte Wissenschaft verstanden wird, die das Wesen nichtpsych(olog)ischer Sachverhalte am besten beschreibt oder erklärt und die zu einer schärferen Einsicht in die wirklichen sozialen Probleme befähigt ... Die Unangemessenheit zeigt sich daran, daß psychologische Forschung die Bedingungsvielfalt sozialer Sachverhalte auf individuelle oder psychologische Variablenzusammenhänge *verkürzt*, damit von den wahren und tieferliegenden (gesellschaftlichen, ökonomischen) Ursachen *ablenkt* und sie *entpolitisiert*" (S. 379; Hervorhebungen im Orig.). Solche mahnenden Hinweise sollten allerdings nicht zur Legitimation der reziproken Verabsolutierung der aufgeführten gesellschaftlichen und ökonomischen Ursachen werden. Ein derartiger Objektivismus vermag sozialen Phänomenen – wie z.B. menschlichen Beziehungen in der Hierarchie – ebensowenig gerecht zu werden wie der Subjektivismus, der Psychologisierung auszeichnet (vgl. Oerter, 1982; Groskurth, 1975, S. 263 ff.). Bei Arbeitgebern scheint der Ideologieverdacht einseitig auf die *Soziologie* konzentriert zu sein (Bergmann, 1982, S. 401).

[12] Dem allgemeinen Sprachgebrauch folgend definieren v. Rosenstiel/Neumann (1982) „Manipulation" folgendermaßen:

„1. Der Beeinflussende übt den Einfluß *bewußt* und um des *eigenen Vorteils* willen aus.

keit' bei den Untergebenen, die in der Regel eine starke Interessengebundenheit des Handelns ihrer Vorgesetzten (im Hinblick auf das Firmenziel oder die eigene Karriere) vermuten[13], „oftmals mit allerhand Skepsis aufgenommen" (Wiswede, 1981 a, S. 228) wird. Ein weiteres Hindernis für den Erfolg einer Psychologisierung der Beziehungen in der Hierarchie als Manipulationstaktik dürfte in der Weckung weitergehender Ansprüche bei den Untergebenen liegen.[14]

Das eben erwähnte Mißtrauen von Untergebenen gegenüber menschlicher Zuwendung durch ihre Vorgesetzten bildet nicht nur eine erhebliche Barriere für den Erfolg einer Manipulation durch Verteilung von ‚Streicheleinheiten' (vgl. 3.1.2.3.), sondern kann als integraler Bestandteil der menschlichen Beziehungen in der Hierarchie angesehen werden (der durch „human-relations" als ‚Masche' vielleicht sogar eher zugenommen hat; vgl. Luhmann, 1973, S. 14 f.); und Mißtrauen ist andererseits durchaus nicht auf die Beziehung zu Vorgesetzten beschränkt, sondern als Begleiterscheinung der Konkurrenz ein allgemeines Phänomen (Zündorf, 1981). Angesichts eines auf diese Weise kräftezehrenden Umgangs (Wiswede, 1981 b, S. 113)[15] sind Bestrebungen

---

2. Der Beeinflussende übt diesen Einfluß *ohne Rücksicht* auf den Vorteil des Beeinflußten aus.

3. Der Beeinflussende wählt bewußt Techniken, die vom Beeinflußten *nicht* oder nur *teilweise durchschaut* werden können.

4. Der Beeinflußte behält das Gefühl, über sein Urteil oder seine Handlung *frei entschieden* zu haben (obwohl er tatsächlich beeinflußt wurde)" (S. 34; Hervorhebungen im Orig.). Siehe auch den Abschnitt „Menschenkenntnis und Manipulation" (3.1.2.3.).

[13] Daß der Mensch im Berufsalltag meist nicht „im Mittelpunkt" steht, wird – auch für die Betroffenen – durch gegenteilige Beteuerungen bzw. Absichtserklärungen zu feierlichen Anlässen eher unterstrichen als verdeckt (Yaneklovich, 1981, S. 191).

[14] So konstatiert etwa Kubicek (1982) – „Mit den psychologischen Strategien begeben sich die Unternehmer aber auf ein schwieriges Feld, weil sie auf Bedürfnisse eingehen und Veränderungen einleiten (müssen), deren Entwicklung sie nicht vollkommen steuern und kontrollieren können" (S. 150) – nachdem er zunächst drastisch formuliert hatte: „Die Ziele der Psychologisierungsstrategie bzw. des Einsatzes neuer Management- und Führungstechniken lassen sich thesenartig wie folgt zusammenfassen: Sie zielen auf eine mehr oder weniger direkte Beeinflussung des Leistungs- und Sozialverhaltens des einzelnen Beschäftigten ab und sollen neue Leistungsreserven durch Motivation, Identifikation sowie Eigeninitiative und Selbstkontrolle im Sinne verinnerlichter Ziele erschließen. Sie sollen Lücken im hierarchischen Steuerungs- und Kontrollsystem schließen bzw. produktivitätshemmende Folgen verringern. Sie sollen durch Betonung von individueller Freiheit, von Transparenz und Gerechtigkeit die bestehenden Wirtschaftsstrukturen und Klassengegensätze verschleiern" (Ebenda, S. 149).

[15] Vgl. Gebert (1981): „Für die rivalisierenden Parteien bedeutet dies das Erfordernis von Abwehrbereitschaft in Permanenz, und eben dies ist eine Form von Dauerbelastung. Die Aufrechterhaltung von Verteidigungsbereitschaft in Permanenz gegenüber Bedrohungen aus dem interpersonalen Bereich dürfte einer der stärksten – wenngleich meist uneingestandenen – Stressoren in der Arbeitswelt sein. Dabei darf vor allem nicht nur an die ‚großen' Rivalitäten bzw. ‚großen' Verteilungskonflikte um Budgets und Positionen gedacht werden. Abwehrbereitschaft kann zum tragenden

verständlich, mit Hilfe psychologischer Beratung bzw. Unterweisung Wege zu weisen bzw. gewiesen zu bekommen, wie man ‚überflüssiges Mißtrauen' abbauen kann. Auf die sich hier anschließenden Fragen wird weiter unten eingegangen; hier soll nur betont werden, daß es verfehlt wäre, Bemühungen in dieser Richtung a priori als Moment einer ideologischen Propagierung von human-relations-Idealen zu verdammen: der psychologische Zugang zu Phänomenen menschlicher Interaktion in der Hierarchie ist keineswegs per se eine Psychologisierung.

Die Spaltung des Individuums in Funktionsträger und Mensch bzw. seine Anerkennung als Subjekt *neben* seinem Dasein als Objekt von Anweisungen seiner Vorgesetzten ist sicher auch schon vor dem Aufkommen der human-relations-Bewegung praktiziert worden – etwa in dem, was mit der Metapher vom *‚väterlichen Führen'* umschrieben wird: eine klare Subjekt-Objekt-Relation und zugleich herzliches Eingehen auf die Subjektivität des Objekts der Anweisungen – eine Subjektivität, der so in der Tat eher *kindliche* Dimensionen zugemessen werden.

2.1.1.3. Unterordnung und/oder Partizipation

Das Ernst-Nehmen des Untergebenen als Subjekt könnte demgegenüber bedeuten, sein Handeln nicht auf das bloße Ausführen von Anordnungen zu beschränken: Partizipation an Entscheidungen. Das Stichwort Partizipation umreißt allerdings keineswegs ein klares Modell des gemeinsamen Handelns der Inhaber unterschiedlicher Positionen der Hierarchie; ja es kann nicht

---

Stil der täglichen Interaktion werden ..." (S. 141). Vgl. auch Ottomeyer (1977): „Der Zwang zum Mißtrauen gegenüber der Inszeniertheit und Rollenhaftigkeit des fremden Verhaltens jedoch, der vom Widerspruch zwischen Gebrauchswertstandpunkt und Tauschwertstandpunkt in die Zwischenmenschlichkeit der Tauschpartner hineingetragen wird, macht aus diesem Vorgang des Abtastens eine endlose Spirale oder ein Faß ohne Boden, in dem ein stabiles Gefühl dafür, wer ich eigentlich bin und wie die anderen zu mir stehen, beständig zu versinken droht. Jede Identität, die mir von dem anderen zurückgespielt wird, muß ich als Täuschungsmanöver hinterfragen" (S. 75). „Eine der zwischenmenschlichen Hauptregeln, die das Überleben in den kapitalistischen Konkurrenzbedingungen sichert, ist das Sich-nicht-in-die-Karten-schauen lassen ... Diese zwischenmenschlichen Zwänge gelten ... insbesondere für solche Leute, welche dieselben Sprossen der Karriereleiter erklimmen wollen. Das Wissen um meine Schwächen, persönlichen Gefühle und Sentimentalitäten ist unter kapitalistischen Konkurrenzbedingungen eine gefährliche Waffe in der Hand des anderen, deren Aushändigung ich im Sinne meiner Selbsterhaltung unbedingt verhindern muß ... Intimschutz: ‚Pokerface' bzw. ‚Maske des liebenswürdigen Scheins' ... Die Träger des Pokerface stellen sich sozusagen tot gegenüber den listig einfühlsamen Instrumentalisierungsversuchen ihres Tauschpartners und Konkurrenten" (Ebenda, S. 84 f.). Das *Privatleben* (vgl. Kruse, 1980) – als Gegenstand der Selbstdarstellung und als Gegenstand des Interesses am anderen – gewinnt eine eigentümliche Präsenz in den menschlichen Beziehungen in der Hierarchie; eine Präsenz, die oft gerade in seiner ostentativen Ausblendung besteht. Vgl. hierzu die Perspektive der Austauschtheorie auf die „Selbsteröffnung" (Huesmann/Levinger 1976; Piontkowski, 1976, S. 167 ff.).

einmal die Rede davon sein, mit dem Stichwort Partizipation sei ein einigermaßen klares Diskussionsfeld benannt, da Partizipation einerseits im Zusammenhang mit der Frage des Führungs*stils* von Vorgesetzten und andererseits als *gesellschaftspolitische,* d.h. auch arbeits- bzw. tarifrechtliche Problematik diskutiert wird. Gemeinsam scheint den unterschiedlichen Zugängen zur Partizipationsproblematik lediglich die Überzeugung, *daß* das Dasein als *Subjekt* eine *Wechselseitigkeit* der Beziehungen *nicht nur jenseits* der hierarchischen Aufgabenverteilung einschließen sollte (vgl. Schema III, Abb. 6).

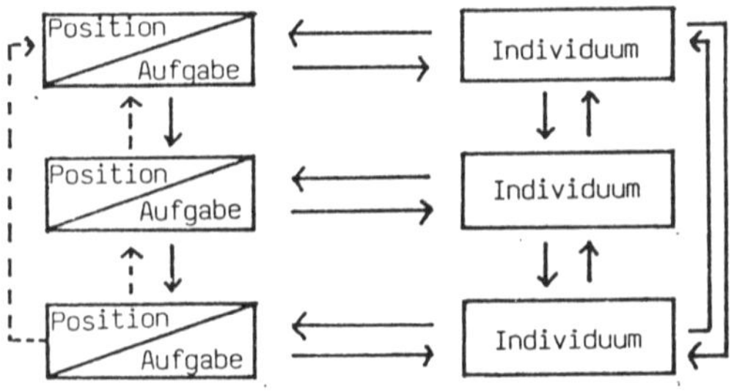

Abb. 6: Schema III: Intersubjektivität als Partizipation?

Ein ‚Aufweichen' strikter hierarchischer Über- und Unterordnungsbeziehungen kann einerseits mit einem umfassenden Wandel der gesellschaftlichen Werte in den letzten Jahrzehnten in Verbindung gebracht werden[16], andererseits aber mit dem Bestreben, die Effektivität der Unternehmung zu steigern. Letzteres wird u.a. daraus verständlich, daß nicht selten „die aus der sozialen Abhängigkeit geborene Tendenz, sich auf die Wünsche des Vorgesetzten einzustellen, die Überhand über sachliche Kriterien der Arbeitsleistung" (Lössl, 1972, S. 450) gewinnt (vgl. Ghiselli/Brown, 1955, S. 476). Daß Unternehmensleitungen primär eine Steigerung der Effektivität bezwecken (Wilpert, 1980, S. 239; Dickson, 1982), berechtigt zwar zu Skepsis gegenüber

---

[16] Pausenberger (1972) gibt z.B. folgende Charakterisierung des Wandels gesellschaftlicher Werte: „Die Unternehmung steht als offenes System in einem ständigen geistigen Austausch mit der Umwelt und ist gezwungen, den praktizierten Führungsstil dem dominierenden Menschenbild der Gesellschaft und den Lebensbedingungen des einzelnen (relativer Wohlstand, vermehrte Freizeit) anzupassen. Die gegenwärtige Autoritätskrise der Gesellschaft und die Demokratisierungspostulate wirken sich auf den betrieblichen Führungsstil ebenso aus wie das höhere Ausbildungsniveau, das gestiegene Selbstbewußtsein und die zunehmende Verantwortungsbereitschaft der Mitarbeiter" (S. 176 f.). Vgl. hierzu auch Ingleharts Unterscheidung von materialistischer und postmaterialistischer Einstellung (z.B. Inglehart, 1980). Derzeit scheint eine Gegenströmung zu einer demokratischen bzw. partizipativen Orientierung des Führungsprozesses in Gang zu kommen (Laufer, 1983); nach Gebert (1983, S. 13) könnte die derzeitige Lage auf dem Arbeitsmarkt auch zu einem merklichen Schwund postmaterialistischer Werte v.a. bei Untergebenen führen.

deren partizipativen Orientierungen, sollte jedoch nicht von der Analyse der jeweiligen Innovationen abhalten. Immerhin sind die ‚Beweise', in denen das Management mitunter eine Garantie für eine Leistungssteigerung durch Partizipation vermutet, in der Regel höchst wackelige Analogien zu Studien, die außerhalb des betrieblichen Milieus durchgeführt wurden; am prominentesten ist hier eine Studie von Lewin und Mitarbeitern (1939; vgl. Gebert/v. Rosenstiel, 1981, S. 170 ff.). Die Möglichkeit, daß Partizipationsangebote zumindest partiell von den Untergebenen in ihrem Sinne genützt werden können, sollte nicht von vorneherein ausgeschlossen werden.

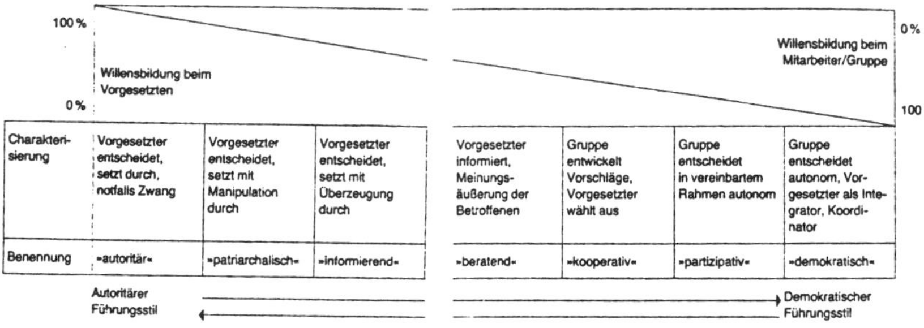

Abb. 7: Führungsstilvarianten nach Tannenbaum (zit. nach Steinle 1978)

Das weitverbreitete Schema von Führungsstilvarianten von Tannenbaum (zitiert nach Steinle, 1978, S. 162) offenbart allerdings eine begriffliche Unschärfe, die – beabsichtigt oder nicht – dem Tatbestand der Schönfärberei nahekommt. Die qualitative Identität, die das quantitative Kontinuum impliziert, hält der Überprüfung nicht stand: In welcher Weise liegt etwa beim „informierenden" Stil die Willensbildung beim Mitarbeiter; was hat die Erlaubnis zur Meinungsäußerung mit Partizipation zu tun? Es erscheint berechtigt, wenn Pateman (1970) in diesem Zusammenhang von „Pseudo-Partizipation" spricht: „Unterhalb (der) Ebene gegenseitiger Einflußnahme, schreibt Pateman, ist keine Partizipation mehr möglich. Situationen, in denen die Arbeitnehmer zwar umfassende Erklärungen zu den Entscheidungen bekommen, die aber allein durch das Management getroffen werden, nennt Pateman ‚Pseudo-Partizipation'. Die Wortwahl ‚Pseudo' zeigt ihre Auffassung, daß das Ziel solcher Erklärungen darin liegt, die Arbeitnehmer zu einer Zustimmung zu den Managemententscheidungen zu bewegen, und daß eine solche Vorgangsweise eigentlich manipulativ ist. Es kann lediglich als Versuch angesehen werden, den Arbeitnehmern glaubhaft zu machen, daß sie mitbestimmen, obwohl das in der Wirklichkeit nicht der Fall ist" (Wall/Lischeron, 1980, S. 77; vgl. Klis, 1970, S. 30; Heinen, 1981, S. 891).

Die Rede vom übermächtigen ‚Sachzwang' dürfte eine wichtige Rolle bei der als „beratend" oder „informierend" apostrophierten „Partizipation" spielen. Die Ausübung von Macht[17] über die Untergebenen wird mit dem ‚Argument' vom Sachzwang als jenseits der persönlichen Verantwortung des Machtausübenden liegend dargestellt (vgl. Portele, 1981, S. 52 f.; Preglau, 1980, S. 157).

Als Folge partizipativer Führung wird die Bildung vertrauensvoller Beziehungen zwischen Vorgesetzten und Untergebenen angesehen (Lilge, 1980, S. 65; Gibb, 1972, S. 317 ff.). Wie folgende längere Ausführung von Gibb verdeutlicht, wird dies allerdings mitunter mehr beschworen als plausibel gemacht: „Wer nach der partizipativen Technik verfährt, wird im allgemeinen offene und freie Kommunikations- und Entscheidungsprozesse entwickeln. Im Extremfall spielt jede Planung sich in oder vor der Gruppe ab. Die Gruppe trifft selbst alle Entscheidungen. Maximale Kommunikation von Gefühlen und Wahrnehmungen zu allen für die Bewegungen und Fortschritte der Gruppe relevanten Fragen durchfließt das System. Der Führer ermutigt zu spontanem Handeln, verleiht seinen eigenen Gefühlen und Wahrnehmungen ungezwungen Ausdruck und ermöglicht durch sein Handeln einen optimalen Datenfluß innerhalb des Systems. Die Interdependenz wird erreicht durch Interaktion bei hoher Akzeptierungsbereitschaft, Zielbildung von innen und maximaler Freiheit der Datenverarbeitung. Die Organisation wird so frei und informell, wie das herrschende Vertrauensklima, ihre Größe und andere relevante Faktoren es gestatten. Formale Merkmale der Kommunikationssysteme und der Verteilung von Verantwortlichkeit zwischen den Rollen ergeben sich eher aus den Erfordernissen von Koordination und Datenfluß als aus den Erfordernissen von Kontrolle, Mißtrauen, Macht oder List" (1972, S. 322). Bemerkenswert ist zunächst die Diktion: Partizipation ist eine *Technik,* ein Mittel zum Zweck. Wird die Möglichkeit, daß die Teilhabe an Entscheidungen zu erheblichen Veränderungen des vorausgesetzten Zwecks führt, in diesem Verständnis von Partizipation hinreichend Gegenstand der Reflexion?[18] – Was wird im einzelnen über die Attribute der „partizipativen Technik" mitgeteilt? Die wohlklingenden Formulierungen vermeiden eine präzise Bestimmung: die Entscheidungs- und Kommunikationsprozesse seien „im allgemeinen" offen und frei – also nicht immer (Frage: wann und wann nicht?); „im Extremfall", erfährt man, spiele jede Planung sich in oder vor der Gruppe ab – also nicht

---

[17] Fragwürdig muß auch das Prinzip des zunächst als vielversprechend betrachteten (z.B. Clajus, 1970) Harzburger Modells erscheinen, Delegation von Entscheidungen zu postulieren, zugleich aber Selbstverantwortung durch ein akribisches System von Kontrollen zu unterlaufen (zur ausführlichen Darstellung und Kritik von diesen und anderen Führungsmodellen, die Anspruch auf einen partizipativen Charakter erheben, siehe Steinle, 1978). Von einer reziproken, d.h. symmetrischen sozialen Beziehung, die für jede Seite gleiche Rechte und Pflichten mit sich bringt (Lilge, 1980, S. 64), kann hier keinesfalls gesprochen werden.

[18] Gerade das wäre aber in Betracht zu ziehen, wenn die Formel vom ‚Menschen im Mittelpunkt' etwas anderes als eine euphemistische Leerformel sein soll.

immer (Frage: wie häufig ist dieser „Extremfall", was ist der Unterschied zwischen „in" und „vor", wer hat das jeweils ‚letzte Wort'?); zu den „relevanten Fragen" durchfließe maximale Kommunikation das System – also nur an ausgewählten Punkten (Frage: wer trifft die Auswahl?); weiter unten heißt es, die Organisation werde so frei und informell als möglich, wobei u.a. das „Vertrauensklima", also eine andere Umschreibung für den nämlichen Sachverhalt, als Bedingung figuriert – soweit erzeugt die Harmonie sich also selbst (Frage: worin bestehen die „anderen relevanten Bedingungen"?); schließlich wird versichert, die Struktur der Verantwortlichkeiten (Hierarchie?) sei „eher" eine Frage von Gesetzmäßigkeiten der Datenübermittlung – also spielen Kontrolle etc. durchaus noch eine Rolle (Frage: welche?). Die von Gibb gezeichnete Idylle kann also nicht verhehlen, daß eine tatsächliche Wechselseitigkeit der Beziehungen von Vorgesetztem und Untergebenen durch die „Technik" der Partizipation nicht intendiert wird. Die „kreiskausale Wechselbeziehung zwischen Partizipation/Kooperation und Vertrauen", wie Lilge (1980, S. 65) sie im Auge hat (vgl. Abb. 8), scheint also in der Gefahr zu stehen, stillschweigend eine Überstrapazierung des „Beitrags" seitens des Vertrauens zu bemühen.

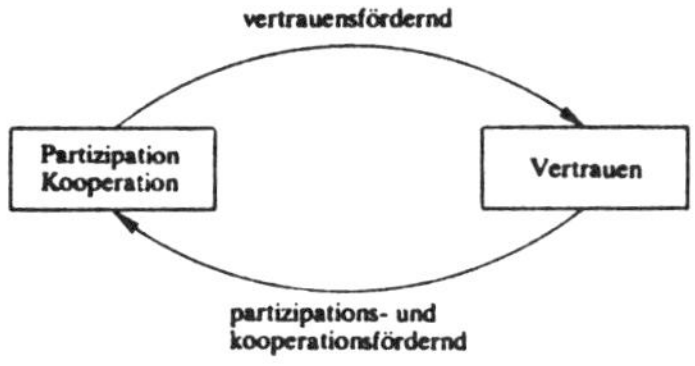

Abb. 8: Kreiskausale Wechselbeziehung zwischen Partizipation/Kooperation und Vertrauen (Lilge, 1980, S. 65)

Zudem stellt sich die Frage, ob eine ernstgemeinte Form der Partizipation nicht auch schon für sich, also ohne relativ bald Vertrauen an die Stelle von Mißtrauen setzen zu helfen, ein erstrebenswertes Ziel ist.[19] Ein Ziel, das eventuell einer soliden institutionellen Absicherung bedarf (vgl. v. Rosenstiel u.a., 1979, S. 153 f.). Man kann weiter fragen, ob die Einführung partizipativer Formen des Führens nicht zunächst im Gegenteil eine Steigerung des Mißtrauens bei einem Teil der Untergebenen hervorrufen könnte.[20]

[19] Vgl. den Hinweis von Udris (1981), ein Mangel an Partizipation sei ein entscheidender Stressor in der heutigen Arbeitswelt; die Tatsache, daß Untergebene teils gar nicht an Partizipation interessiert sind, darf dabei nicht übersehen werden, obgleich dieses Desinteresse nicht im Widerspruch zur erstgenannten Feststellung stehen muß.

[20] Vgl. folgende Überlegung von Luhmann zum Prozeß der Vertrauensbildung: „Störanfälliger werden kann er (der Prozeß der Vertrauensbildung; Anm. d. Verf.) übrigens auch durch zu viel Wissen, nämlich dann, wenn die Beteiligten auch noch wissen oder sich gegenseitig unterstellen, daß der Prozeß dem Aufbau von Vertrauen

In diesem Zusammenhang ist eine Untersuchung von Zand erwähnenswert, die von dem Gedanken geleitet ist, analog zum Teufelskreis sich wechselseitig verstärkenden Mißtrauens müßte es möglich sein, einen sich spiralenförmig aufbauenden Austausch von Vertrauen zu initiieren. Ausgangspunkt der Arbeit von Zand (1977) sind einerseits die Definition vom Vertrauensverhalten als einem Tun, das die eigene Verwundbarkeit steigert (nach Deutsch, 1962), und andererseits die Überlegungen, die Gibb im oben zitierten Aufsatz zum Übergang von Mißtrauen zu Vertrauen anstellt. Hervorzuheben ist, daß Zand zwar auf Basis dieser Überlegungen experimentell gearbeitet hat, aber bei seinen Experimenten keine direkte Prüfung der postulierten Verstärkungsspirale vornahm, sondern die Beziehung zwischen Vertrauen und der Qualität von Problemlösungen abklärte. Dennoch ließen die Ergebnisse z.T. Schlüsse auf die Realisierbarkeit von Vertrauensspiralen zu: „Ein unvorhergesehener Fall zeigte, wie schwer es für einen einzelnen sein kann, die Verstärkungsspirale auf eigene Faust zu durchbrechen, selbst dann, wenn er über formelle Machtposition verfügt. Die Rolleninstruktion für den Präsidenten sah vor, daß er von seinem Aufsichtsrat zu einer Steigerung der kurzfristigen Profite gedrängt wird. In einer der Mißtrauensgruppen versuchte nun der Präsident, seinen Abteilungsleitern Vertrauen entgegenzubringen; er gab zu Anfang der Sitzung bekannt, der Aufsichtsrat habe eine Profitsteigerung innerhalb eines Jahres verlangt und würde andernfalls seinen Rücktritt fordern. Dieser Versuch, Vertrauen zu zeigen, änderte nichts an dem Mißtrauen der Abteilungsleiter. In den Nachbesprechungen sagten sie, sie hätten diese Äußerung des Präsidenten so verstanden, als wolle er die Schuld an ihren Problemen auf den Aufsichtsrat abwälzen. Sein Verhalten steigerte also nicht ihr Vertrauen, sondern bestätigte ihr Mißtrauen ... Es scheint also nicht unbedingt Vertrauen zu erwecken, wenn jemand mißtrauischen anderen Personen Vertrauen bezeigt; tut man es dennoch, so ist man gut beraten, wenn man seine Verwundbarkeit in Grenzen hält" (Zand, 1977, S. 72 f.).[21]

Mißtrauen scheint also eine tiefsitzende Haltung der Individuen in der Hierarchie zu sein. Partizipation sollte daher nicht vom Vorhandensein einer (sich kontinuierlich ausweitenden) Vertrauensbasis abhängig gemacht werden, sondern Mißtrauen und Konfliktpotentiale als selbstverständlichen Ausgangspunkt nehmen.

Die Debatte um die *Institutionalisierung* der Mitbestimmung, die hierzulande z.B. in den 60er und Anfang der 70er Jahre geführt wurde (vgl. Lieser,

---

dient. Denn dann wird die Frage nach dem Wozu, die Frage nach dem Motiv unabweisbar, die sehr leicht in Mißtrauen umschlagen kann" (Luhmann, 1973, S. 46).

[21] Wenn auf Zands ‚Idee' der Vertrauensspiralen hingewiesen wird, ohne diesen wenig ermutigenden Befund zu erwähnen (Gebert, 1981, S. 144), so begibt man sich in die Gefahr, unrealistischem Wunschdenken Nahrung zu geben.

1972; Schneider/Kuda, 1969, S. 212 ff.; Nell-Breuning 1968 und 1969), enthielt im Unterschied zu vielen befürwortenden Abhandlungen eines mitbestimmenden Führungs*stils* weniger verschämte Hinweise auf grundsätzliche Konfliktpotentiale in Unternehmen. Daß die von Führungs„theorien“ vorgenommenen Harmonisierungen mit erheblichen Entstellungen und Vereinfachungen arbeiten, wurde immer wieder betont (z.B. Dahrendorf, 1957, S. 219; Irle, 1975, S. 39; v. Rosenstiel, 1981, s. 809 ff.). Im Kern handelt es sich bei den verfälschenden Darstellungen oftmals um Personalisierungen strukturell vorgegebener Konfliktpotentiale: persönliche Schwächen von Führungskräften werden als Hindernis für die Entfaltung eines harmonischen betrieblichen Miteinanders ausgegeben: alles, was es braucht, sind fähige ‚Menschenführer‘. In *dieser* Hinsicht macht es dann nur einen unwesentlichen Unterschied, ob die derart überhöhten Ansprüche an die Fähigkeiten von Führungskräften als Problem der Erbanlagen bzw. der „Führungspersönlichkeit“[22] oder als Katalog zu erlernender Kunstgriffe formuliert werden. Gegen die in verschiedenen Konzepten propagierten Verhaltensregeln läßt sich zumindest dreierlei vorbringen: 1. Der willkürliche Charakter der jeweils formulierten Desiderate – so spricht Neuberger (1980 a, S. 171) von atheoretischen Sammelsurien[23]; 2. die Verwirrung

[22] Die heute als unwissenschaftlich geltenden „Eigenschaftskonzepte“ der Führung – als ‚Stichtag‘ für den Wandel der Anschauung in den Reihen der zuständigen Wissenschaftler wird oft das Erscheinungsdatum einer Arbeit von Stogdill (1948) genannt – unterscheiden sich von „Verhaltenskonzepten“ nicht zuletzt in ihrer Funktion: erstere legitimieren hauptsächlich die Plazierung der Inhaber gehobener Positionen (vgl. Gebert/v. Rosenstiel, 1981, S. 146), letztere zielen auf individuelle Optimierung des Führungserfolgs. Als Eigenschaftskonzept, das zur Effizienzerhöhung beitragen will, kann das Kontingenzmodell von Fiedler (1967) aufgefaßt werden (Meleghy, 1980, S. 116). Weiss (1977) hebt übrigens hervor, mit der Frage vom Verhältnis von Führung und Eigenschaften sei ein Konfliktpunkt zwischen alltäglicher und wissenschaftlicher Psychologie (siehe hierzu auch Kap. 3 dieser Arbeit) benannt: „Rückblicke auf das Thema ‚Führung‘ streifen in der Regel beide Wege der Forschung. Jene Untersuchungen, die sich auf bloße Eigenschaften beschränkten, kommen nicht gut weg. Die Rückblicke sind an diesem Urteil nicht unschuldig. Sie erwecken im Leser ein gewisses Gefühl der Unbegreiflichkeit: warum, so muß sich der Leser fragen, waren frühere Generationen so uneinsichtig und merkten nicht, daß verschiedene Situationen verschiedene Anforderungen stellen und deshalb jeweils unterschiedliche Persönlichkeitseigenschaften bedingen? Die hier aufgeworfene Frage nach der Uneinsichtigkeit ist auch heute noch aktuell, weil viele Leute an der Vorannahme festhalten, es müsse eindeutige Führereigenschaften geben. Die Bereitwilligkeit, mit der Ausführungen über hypnotische Fähigkeiten der einen oder andern historischen Berühmtheit aufgenommen werden, zeugt deutlich von einem Festhalten an der Eigenschaftshypothese. Damit ist ... ein ... Beispiel eines möglichen Konfliktpunktes zwischen alltäglicher und wissenschaftlicher Psychologie angedeutet“ (S. 48 f.).

[23] Die verschiedenen ‚Schulen‘ von Führungsstil-‚Philosophen‘ bieten sich wechselseitig genügend Angriffsflächen für Auseinandersetzungen, die keineswegs unter Verzicht von ‚harten‘ Daten ausgetragen werden müssen (siehe z.B. Blake/Mouton, 1982; Hersey/Blanchard, 1982). Mit welcher Unreflektiertheit in der Führungsstil-‚Szene‘ alles aufgegriffen wird, was nur irgendwie im Kontext von

(Bergler, 1982, S. 487), die für den Praktiker aus dem widersprüchlichen Nebeneinander von ,Wunschzetteln' für ideales Führungsverhalten resultieren muß; 3. die Relativierung von partizipativen Ansätzen durch die Propagierung eines je nach Situation optimalen Stilelements[24], wie sie z.B. Schreyögg (1980, S. 170 ff.) Fiedler (z.B. 1967, 1979) als zynisch und reaktionär vorwirft.

Die Stellung der Vorgesetzten selbst zur Mitbestimmung scheint ambivalent zu sein. Einerseits halten Führungskräfte nur wenig von paritätischer Mitbestimmung (Rosenkind, 1981), andererseits sehen sie ihre eigenen Mitspracherechte als zu gering an (Witte u.a., 1981, S. 14 f.; Hartmann u.a., 1973). Einen markanten Widerspruch zwischen der Befürwortung der „Delegation von Verantwortung" einerseits und der Bevorzugung von Alleinentscheidung andererseits weisen Pross/Boetticher (1971; S. 79 ff.) in ihrer Untersuchung nach. Nieder (1980) stellt fest: „Die meisten wissen um die Notwendigkeit eines partnerschaftlichen Führungsstils[25], auch wenn ihnen unklar ist, worin er im einzelnen besteht. Ihr Bewußtsein ist aber häufig noch von einer eher elitären Einstellung geprägt, die in den Qualitäten der Führungsperson allein den eigentlichen und wesentlichen Motor von Veränderungen sieht und die davon ausgeht, daß man zur Führungskraft geboren sein muß und daß Führung nicht erlernbar ist" (S. 195).

Erfolg zu stehen scheint, beleuchtet auch das „Japan-Phänomen" (Berg, 1980; vgl. Lim, 1982).

[24] „Situative Führung bedeutet die Berücksichtigung aller Situationsfaktoren bei der Wahl des Partizipationsgrades" (Müller/Hill, 1980, S. 161). „Zeitdruck", der zum „Geschäftsleben" gehört, wird z.B. als mit zu hohem „Partizipationsgrad" eher inkompatibel angesehen (Ebenda, S. 145) – Partizipation wird mit der Formel vom „situativen Führen" tendenziell in ein Geschenk des Schicksals verwandelt: „... ist auch die Delegation eine Frage des Maßes. So verstandene Führung ist nicht eine sture Delegation oder einfach eine Tendenz zu immer weitergehender Delegation. So verstandene Führung ist, wenn sie optimal gehandhabt wird, eine *situative Führung,* die vom Thema, von der zur Verfügung stehenden Zeit und auch von der momentanen Disposition der Gesprächspartner abhängt. Ohne situatives Einfühlungsvermögen kann nicht gut geführt werden. Aus der Praxis wissen wir, daß dieses situative Einfühlungsvermögen in vielen Fällen seitens der Vorgesetzten, aber auch seitens der Mitarbeiter, fehlt. Im Kern ist jeder Akt der Führung ein Einzelfall, der sich kaum wiederholt" (Hess, 1978, S. 214 f.; Hervorhebungen im Orig.). (Zur Kritik der Darstellung verschiedener ,Grade' der Partizipation siehe oben).

[25] Aus Personalabteilungen schallt es Führungskräften ja nicht selten so oder ähnlich entgegen: „Auch die Öffentlichkeit interessiert sich heute dafür, wie Vorgesetzte und Mitarbeiter miteinander umgehen. Die Art und Weise, wie geführt wird, ist deshalb nicht mehr in erster Linie eine Privatangelegenheit der einzelnen Führungskraft" (aus einer Broschüre „Betriebspsychologie" der Personalabteilung der Firma Siemens, S. 19). Die Führungskräfte werden also von ihren Personalabteilungen in die Pflicht genommen, was natürlich nicht unbedingt bedeuten muß, daß die Personalabteilungen wüßten, wofür – sieht man mal vom gefälligen öffentlichen (zeitgeistgemäßen) Erscheinungsbild des Hauses ab (vgl. Fußnote 6/Kap. 1).

Grundsätzliche Züge der menschlichen Beziehungen in der Hierarchie bzw. verschiedene Sichtweisen und Ansätze der verändernden Einwirkung auf diese Beziehungen hat das Bisherige umrissen. Daß die Mehrzahl der Führenden die menschlichen Beziehungen in der Hierarchie aktuell in der Doppelrolle als Vorgesetzter *und* Untergebener erleben, darf dabei nicht vergessen werden (vgl. Hofstetter, 1980).[26] Zu untersuchen ist nun die Frage, welcher Art der Einfluß ist, der mit Führungstraining auf diese Beziehungen genommen werden soll bzw. de facto genommen wird.

2.1.2. Führungstraining, Individuum und Hierarchie

Führungstraining wird weithin als Folge bzw. Mittel der Psychologisierung der Beziehung von Vorgesetzten und Untergebenen betrachtet. Verschiedene Gesichtspunkte dieser kritischen Einschätzung wurden bisher bereits angesprochen. Hier soll nun zunächst die Frage erörtert werden, ob ein *‚Ansetzen' am Individuum,* wie es das Training impliziert, grundsätzlich mit einer *Verschleierung der hierarchischen Machtbeziehungen* gleichbedeutend sein *muß*. Die Antwort auf diese Frage lautet im Prinzip: Nein, sowenig Psychologie per se Psychologisierung ist (vgl. Fußnote 11). Dieses Postulat soll nun für den speziellen Fall Führungstraining erläutert werden. Es wird hier wohlgemerkt nicht postuliert, die Möglichkeit der Psychologisierung sei ausgeschlossen; vorläufig werden auch keine Feststellungen über die *tatsächlichen* Gepflogenheiten getroffen. Diese Klarstellung erscheint, auch wenn sie wiederum (vgl. 1.1.) lediglich eine Trivialität ausspricht, erforderlich, da strukturelle bzw. die gesamte Organisation betreffende Veränderungen besagtem ‚Ansetzen' am Individuum in z.T. verblüffender Naivität entgegengehalten werden. Eine solche Entgegensetzung ist in zweifacher Hinsicht ein Fehlschluß: 1. ist keineswegs ausgeschlossen, daß nicht auch strukturelle bzw. die gesamte Organisation betreffende Änderungen zur Verschleierung von für bestimmte Individuen nachteilhaften Verhältnissen beitragen können; 2. fallen strukturelle Veränderungen nicht vom Himmel, sondern werden von Individuen gemacht bzw. umgesetzt (und auch kodifizierte Partizipationsmöglichkeiten setzen keineswegs automatisch einen „aufrechten Gang" (sensu Bloch) an die Stelle der verbreiteten „Radfahrer-Haltung"; vgl. Däumling, 1981; Dorst, 1981 a); wie sich dieses Machen zum Haben von Macht verhält, ist eine ganz andere Frage, die im Zusammenhang mit Veränderungsbemühungen natürlich von nicht zu vernachlässigender Bedeutung ist. Der erste Aspekt weist auch auf die Fragwürdigkeit der Vorstellung hin, die Verbindung von Trainingsmaßnahmen mit strukturverändernden Maßnahmen der sogenannten Organisationsentwicklung (OE) sei so etwas

[26] Vgl. auch die Forderung Geberts (1983, S. 16), Führungskräfte bedürften der Diskursfähigkeit ‚nach unten' und der Zivilcourage ‚nach oben'.

wie eine Garantie für Veränderungen, die etwa als emanzipatorisch umschrieben werden könnten (vgl. Gebert, 1980, S. 288 f.; Ders., 1972, S. 196 ff.; Hartmann, 1982, S. 488). Harmonisierungstendenzen werden ja der OE nicht nur von Kritikern vorgeworfen (Schienstock/Müller, 1978, S. 377), sondern kommen im unverbrüchlichen Optimismus von Protagonisten der OE schlagend zum Ausdruck[27]. Faucheux u.a. (1982) weisen darauf hin, daß der „US-Import" OE etwa den norwegischen Ansatz der „industriellen Demokratie", der Konfliktpotentiale nicht in vordergründig harmonisches Miteinander auflöst, nicht einbezieht (S. 348). Zudem betonen sie, daß beispielsweise die am Individuum ‚ansetzende' Sozialpsychoanalyse, wie sie etwa in Frankreich z.T. Eingang in die Praxis der Organisationspsychologie gefunden habe, eher als die OE ein kritisches Potential beinhalte (S. 360 f.). Zusammenfassend läßt sich zunächst festhalten: der formale Ansatzpunkt von Veränderungsstrategien (Individuum versus Struktur) sagt noch nichts über das, was für die menschlichen Beziehungen in der Hierarchie resultiert. *Bekenntnisse* zum ‚Ansetzen' am Individuum respektive der Struktur mögen zwar als Bekenntnis zu Systemerhaltung bzw. -veränderung *gemeint* sein, diese Gleichsetzung findet jedoch *keine* Begründung in der Logik des Verhältnisses von Subjektivität und Objektivität (vgl. 3.2.).

Die Klarstellung von Mißverständnissen über die *Form* „Training" wäre jedoch ihrerseits mißverstanden, wenn sie als Präjudiz über irgendeinen Trainings*inhalt* aufgefaßt würde. Daß etwa Trainingsinhalte, die dem Ziel dienen sollen, die „Kunst der Menschenführung" zu vermitteln, von dem oben aufgewiesenen ideologischen Charakter dieser Zielsetzung geprägt sein werden, ist zu vermuten. Solche naheliegenden Vermutungen sollten aber wiederum von Überlegungen über mögliche Effekte geschieden werden (vgl. 1.1.).

Im weiteren soll zunächst exemplarisch auf zweifelhafte Aspekte eines allgemein zugänglichen und offenkundig erfolgreich vermarkteten Trainingsprogramms hingewiesen werden. Anschließend kommen Versuche zur

---

[27] „Obwohl eine solche Absicht naiv und unrealistisch sein mag, sind sozialwissenschaftliche Berater – jedenfalls soweit es die Autoren dieses Buches betrifft – in der Regel Optimisten" (French/Bell, 1977, S. 97). Als optimistische Beschwörungsformel mutet dann auch die Formulierung an, die die Autoren an das Ende ihres Buches gesetzt haben: OE „ist nicht etwas, das verordnet werden kann, sondern ein gemeinsamer Prozeß von Menschen, die gemeinsam ihre Leistungsfähigkeit verbessern, indem sie ihre gemeinsamen Ziele verfolgen" (S. 239). „Ihre gemeinsamen Ziele" kann man sicher nicht verordnen; diese ‚Einsicht' sollte aber nicht dazu ins Feld geführt werden, an die Stelle der Beschäftigung mit gegebenen Zieldivergenzen die Hoffnung zu setzen, der eigene Optimismus könne durch seine epidemische Verbreitung unter den Organisationsmitgliedern die nicht verordenbare Ziel-Identität auf dem Wege der Prophezeiung ins Leben rufen. Aktuelle Standortbestimmungen von hiesigen Befürwortern bzw. Praktikern der OE haben zwar streckenweise auch beschwörenden Charakter, werden aber in merklich gedämpfterem Tonfall vorgetragen (Trebesch, 1983; Wächter, 1983).

Sprache, im betrieblichen Bereich anwendbare Interaktionstrainingsprogramme im Wissen um die Relativität ihrer Wirkung theoretisch zu fundieren und in die Praxis umzusetzen. Es folgen ohne Anknüpfung an eine spezifische Veranstaltung weitere programmatische und methodische Gesichtspunkte, die mit unterschiedlicher Gewichtung in den verschiedensten Trainingsveranstaltungen zum Tragen kommen.[28] Schließlich wird angesicht der Frage nach der Erfolgskontrolle resümiert, welche Ziele und Strategien des Führungstrainings vorliegen.

2.1.2.1. „Effektives Führungstraining" (Gordon)

Das Führungstraining des amerikanischen Unternehmensberaters T. Gordon wird in zahlreichen Ländern von lizensierten Trainern angeboten; hierzulande wird dieses Training regelmäßig in der einschlägigen Publizistik annonciert. Im Prospekt wird die Zielsetzung des Trainings folgendermaßen formuliert: „Durch die heutigen Leistungsanforderungen werden Vorgesetzte vor die Aufgabe gestellt, sowohl Motivation, Verantwortung, Initiative, Zuverlässigkeit, Zufriedenheit ihrer Mitarbeiter auf eine kostensparende Weise zu verbessern. Deshalb wird die Zahl jener, die ihre Mitarbeiter am Entscheidungsprozeß beteiligen wollen und die dafür ausschlaggebenden Techniken dringend benötigen, immer größer. Das Gordon-Führungstraining lehrt diese Techniken und befähigt Vorgesetzte, sie in der Praxis erfolgreich anzuwenden." Die *Beteiligung* der Mitarbeiter am Entscheidungsprozeß wird als *Technik* des Vorgesetzten gekennzeichnet (vgl. 2.1.1.3.); wie man weiter erfährt, sei die Anwendbarkeit dieser Technik nicht auf die Beziehung zu Mitarbeitern beschränkt: „Durch Reaktionen von GFT-Absolventen sehen wir unsere Annahme bestätigt, daß der Kursinhalt und die Art, wie er von den Trainern vermittelt wird, Vorgesetzte dazu veranlaßt, die neu erworbenen Techniken in allen ihren Beziehungen - bei ihren Kindern, Ehepartnern, Eltern, Freunden und Bekannten - anzuwenden. Anstatt einer Handvoll Theorien für den Arbeitsplatz eignen sich die Teilnehmer neue Fähigkeiten im Umgang mit allen Menschen an." Abgesehen von der *universellen Anwendbarkeit* der versprochenen Techniken wird auch noch ein positiver Effekt für die *Identität des Trainierten* versprochen: „Anstatt einmal die Rolle des Chefs, dann wieder die des Freundes usw. spielen zu müssen, handelt der GFT-Absolvent mit der Zeit ganzheitlich und erlebt sich als Einheit." Nachdem so ein gewissermaßen psychohygienischer Vorteil in Aussicht gestellt wurde, erhält der Interessent noch die Versicherung, das Training impliziere *keinerlei ‚Psychoterror'*: „Das GFT ist ein Weiterbil-

[28] Wie sich im 5. Kap. zeigen wird, werden auf diesem Weg wesentliche Anknüpfungspunkte für die Erwartungs- bzw. Erfahrungsberichte der interviewten Trainingsteilnehmer eingeführt. Hier von den spezifischen Programmen, die von den Interviewten besucht wurden, auszugehen, erlaubte die Materiallage nicht (vgl. Kap. 4).

dungskurs und keine Einzeltherapie oder Selbsterfahrungsgruppe. Die Teilnehmer werden keiner Selbstentblößung oder offener, persönlicher Kritik ausgesetzt, die sie in Verlegenheit bringen oder ihre Gefühle verletzen könnte. Das GFT wird nie als bedrohlich empfunden, und es ist weder ‚psychoanalytisch' noch ‚therapeutisch'." Anders als bei vielen anderen öffentlich angebotenen Trainingsprogrammen, die durch analoge Anpreisungen um Kunden werben, läßt sich im Falle des Gordonschen Programms eine Veröffentlichung zur Beantwortung der Frage konsultieren, wie die angeführten Versprechungen eingelöst werden sollen.[29]

In seinem Buch „Manager Konferenz - Effektives Führungstraining" schildert Gordon (1982), S. 22) die ‚normale' Beziehung von Vorgesetzten und Untergebenen als von „Argwohn, Mißtrauen, Feindseligkeit, Unterwürfigkeit, passivem Widerstand, Unsicherheit" gekennzeichnet. Als Erklärung für diesen Zustand bietet er an: „Solche vorgegebenen negativen Reaktionsmuster sind den Menschen zur zweiten Natur geworden. Sie haben sie als Kinder gelernt" (Ebenda). Daß zumindest die Bereitschaft zu einem Interagieren wie dem geschilderten im Laufe der Entwicklung erworben wurde, erscheint plausibel; legt die Charakterisierung als „zweite Natur" aber nicht nahe, daß die *Deformationen* von menschlichen Beziehungen *in der Hierarchie* eben primär eine *Spätfolge verfehlter Erziehungsprozesse* seien? Daß so implizit eine Idealisierung von „Führen" vorgenommen wird, verdeutlicht folgende Schlußfolgerung, die Gordon nach einer weiteren Auflistung negativer Untergebenenverhaltensweisen (von Trotz über Lächerlichmachen der Autoritätsfigur, Lügen, Klatschen, Speichelleckerei bis zu Krankheit) aufführt: „Führen heißt noch nicht, ein Führer zu sein, da Führer nicht automatisch von den Mitgliedern ihrer Gruppe geachtet und akzeptiert werden. Wenn Führer also wirklich diese Rolle gegenüber der Gruppe erfüllen und einen positiven Einfluß auf die Mitglieder ausüben wollen, müssen sie bestimmte Techniken und Methoden lernen" (Ebenda, S. 24).

Die zitierten Aussagen, die Grundlagen der „Philosophie" des Trainings von Gordon bilden, sind nicht nur von theoretischer Relevanz oder Irrelevanz: als Präliminarien zu den in Aussicht gestellten Techniken lenken sie die Aufmerksamkeit auf ‚häßliche Erscheinungen' der Beziehung von Vorgesetztem und Untergebenen, um zugleich die Pathologie dieser Beziehungen als der Natur der Beziehung im Grunde wesensfremd darzustellen: auf dieser Basis ist dann ‚einleuchtend', daß „bestimmte Techniken und Methoden" die leider nicht nur zur Entfaltung gebrachte Harmonie herstellen können.

---

[29] Die ‚großen' Führungsstil-Philosophen, die meist auch erfolgreiche Trainingsunternehmer sind, haben die Grundgedanken ihrer Trainingsprogramme natürlich in aller Regel publiziert; es soll hier also nicht behauptet werden, das „Effektive Führungsprogramm" sei die einzig greifbare Publikation im Kontext eines marktgängigen Führungstrainings.

Wenn Gordon im weiteren auch von einem der Führungsaufgabe selbst innewohnenden *„Dilemma"* spricht, so meint er damit doch einen Konflikt, der dieser *Harmonie keinen Abbruch* tut - sofern sich die Führungskraft nur als *kunstfertig* genug erweist: „Die Kunst besteht darin zu lernen, ein Gleichgewicht zwischen den Bedürfnissen beider Seiten herzustellen, so daß sowohl die Vorgesetzten wie auch die Mitarbeiter den Führer für tüchtig halten. Wie jeder weiß, der einmal in einer solchen Organisation gearbeitet hat, ist das keine leichte Aufgabe. Denn die Bedürfnisse der Organisation richten sich in erster Linie auf wachsende Produktivität und Wirtschaftlichkeit, während die Gruppenmitglieder durch ihre Bedürfnisse häufig motiviert sind, diesem Druck nach höherer Produktivität und Wirtschaftlichkeit Widerstand zu leisten" (Ebenda, S. 28). Was Führungskräfte nach Gordon zum Beherrschen dieser Kunst außer „Flexibilität oder Fingerspitzengefühl" (Ebenda, S. 29) und größerer „Ehrlichkeit in der Kommunikation" (Ebenda, S. 30) - wachsen Ehrlichkeit und Fingerspitzengefühl direkt proportional? - brauchen, ist vor allem „eine gerechte Methode (oder die jeder-gewinnt-Methode) zur Lösung von Bedürfniskonflikten" (Ebenda): „Da die traditionellen Verfahren in unserer Gesellschaft so dominieren, erscheint den meisten Menschen die jeder-gewinnt-Methode im ersten Moment neu und fremdartig - sie können sie mit ihrer Erfahrung nicht vereinbaren. Dennoch haben die meisten mit diesem Verfahren mehr Erfahrung als sie glauben. Zwei Kinder geraten in Konflikt über die Frage, was sie spielen sollen. Melanie möchte mit dem Puppenhaus spielen, Michele mit den Spielautos. Jede versucht vergeblich, die andere zu überreden (sie zu ‚besiegen'). Schließlich bietet Michele eine Lösung an: ‚Ich spiel mit dir ‚Haus', wenn du jetzt ‚Autos' mit mir spielst, solange es draußen noch hell ist. Wenn es dunkel wird, gehen wir in mein Zimmer und spielen bis zum Abendbrot ‚Haus', in Ordnung?' Melanie denkt eine Sekunde nach und sagt dann: ‚In Ordnung.' Das ist die jeder-gewinnt-Methode! Kinder machen ständig von ihr Gebrauch. Sie wird wahrscheinlich schon verwendet, solange es Kinder gibt" (Ebenda, S. 180 f.). Es folgt ein Beispiel, das demonstriert, daß auch Eltern bei Campingausflügen oder sonstigen Gelegenheiten nach den Regeln Gordonscher Weisheit verfahren; überhaupt: „Offensichtlich haben die meisten Menschen beträchtliche Erfahrungen mit der jeder-gewinnt-Methode" (Ebenda).

Wenn der Mensch letztlich scheinbar doch zur Harmonie neigt, obgleich Gordon seine „zweite Natur" zunächst recht düster gezeichnet hat, so fragt sich: „Warum kommt sie dann so selten in der Beziehung zwischen Vorgesetzten und Untergebenen zum Tragen?" (Ebenda). Gordon meint, „wir kommen kaum an dem Schluß vorbei" (Ebenda, S. 182), daß das mit der *Macht* des Vorgesetzten über den Untergebenen zu tun hat. Daraus folgert er: „Die jeder-gewinnt-Methode ... setzt also voraus, daß ein Führer, der in der Regel mehr Macht als die Gruppenmitglieder besitzt, sich dazu verpflichtet, sie nicht zu verwenden" (Ebenda). Ein von Gordon approbierter Vorgesetzter löst die Konflikte zwischen dem Unternehmensziel und dem Widerstand der Untergebenen folgendermaßen: „Du und ich, wir haben einen Bedürfniskonflikt. Ich achte deine Bedürfnisse, aber ich darf auch meine nicht vernachlässigen. Ich will von meiner Macht dir gegenüber keinen Gebrauch machen, so daß ich gewinne und du verlierst, aber ich kann auch nicht nachgeben und dich auf meine Kosten gewinnen lassen. So wollen wir in gegenseitigem Einverständnis gemeinsam nach einer Lösung suchen, die ebenso deine wie meine Bedürfnisse befriedigt, so daß wir beide gewinnen" (Ebenda, S. 182). Hier wird offenkundig ein strukturell vorgegebener Konflikt, der ausdrücklich als solcher eingeführt worden ist, in ein ‚jeder hat andere Bedürfnisse, und daher müssen wir alle nachgeben' umdefiniert, wobei kein Zweifel darüber gelassen wird, in welcher Richtung die Konfliktlösung de facto zu laufen hat. Die wohlkalkulierten *„Ich-Aussagen"* muten so weniger als Ehrlichkeit denn als *Heuchelei* an (vgl. Abb. 5: Schema II). Dieser „Schlüssel zur Führungseffektivität", „die Fähigkeit, Menschen zu beeinflussen, ohne von der eigenen Macht Gebrauch zu machen" (Ebenda, S. 18), setzt bei den Untergebenen allerdings eher *Naivität und Gutgläubigkeit* als *Argwohn und Mißtrauen,* die eingangs als ‚Normalzustand' dargestellt wurden, voraus: das vordergründige „Du und Ich" von Vorgesetztem und Untergebenem ist nicht ohne weiteres mit symmetrischen Beziehungen im Kinderspiel oder beim Picknick zu verwechseln. Das Training von „Ich-Aussagen", dem im Gordonschen Programm (auch laut Klappentext) eine zentrale Bedeutung beigemessen wird, tritt in der Tat, wie im Prospekt versprochen, keinem Trainingsteilnehmer zu nahe – mit der vorstellbaren Folge, daß die antrainierten „Ich-Aussagen" ohne große Ich-Nähe respektive Glaubwürdigkeit über die Lippen kommen (vgl. Probleme des Feed-back; 2.1.2.3.4.).

Ein weiteres Trainingselement, dem bei Gordon ein hervorragender Stellenwert eingeräumt wird, ist das sogenannte *„aktive Zuhören"*: es geht dabei grob gesagt darum, daß die alltägliche Gewohnheit, anderen Leuten das Wort abzuschneiden, weil man glaubt zu wissen, worauf diese hinaus wollen, durch Einüben eines abwartenden, eventuell nachfragenden (z.B. bei offenkundigen Diskrepanzen von verbaler und non-verbaler Äußerung) Gesprächsstils durchbrochen werden soll. Einschlägige Übungen sind Bestandteil fast aller Trainingsveranstaltungen, die es sich zum Ziel gesetzt haben, Kommunikation in den verschiedensten Bereichen des gesellschaftlichen Lebens zu verbessern (siehe z.B. die Artikel in Fittkau u.a., 1980). Ein positiver Effekt solcher Übungen ist durchaus vorstellbar: eine gewisse Erleichterung des Informationsflusses und damit in einem gewisen Ausmaß Vermeidung von Mißverständnissen sowie von daraus resultierenden Reibereien. Zu Recht wird aber immer wieder vor einer Überbewertung der Auswirkungen mangelnder kommunikativer Fähigkeiten bzw. vor einer Reduktion von Konflikten auf Kommunikationsstörungen gewarnt (Bornemann, 1967, S. 95 f.; Neubauer, 1981, S. 273). Bei Gordon wird „aktives Zuhören" als Methode zur Herstellung „arbeitseffektive(r) und gleichzeitig harmonische(r) Beziehungen" (Klappentext) zu Untergebenen angepriesen. Damit wird die ‚Leistungsfähigkeit' dieser Kommunikationshilfe sicher überstrapaziert. Führen so erweckte Hoffnungen zu einem übermäßigen Einsatz, d.h. zu einer Ritualisierung der „Technik", dürften Kommunikationspartner eher mißtrauisch als vereinnahmt werden (Neuberger, S. 1980, S. 115).

2.1.2.2. Interaktionskompetenz (Sader u.a.; Semmer/Pfäfflin)

Das zuletzt angesprochene Üben „aktiven Zuhörens" kann zu dem gerechnet werden, was Sader u.a. (1976 a) als Interaktionskompetenz gefaßt haben. Etwas griffiger als die Autoren selbst formuliert Engelking (1981) im Anschluß an Sader u.a.: *„Interaktionskompetenz* besteht zunächst aus der Fähigkeit des beruflich Tätigen, die eigene Position innerhalb von Interaktionsprozessen *wahrzunehmen* und die Wirkung seines Verhaltens auf die Interaktionspartner zu beurteilen (*Reflexivität,* auch Empathie), um Störungen des Interaktionsgeschehens überhaupt erkennen zu können" (S. 355; Hervorhebungen im Orig.). Sader u.a. weisen in aller Deutlichkeit darauf hin, daß sie „persönliche bzw. gesellschaftliche Determinanten wie z.B. Gesetze, Machtstrukturen, die an Arbeitsplätzen oft von durchschlagender Bedeutung für Interaktionsprobleme sind" (1976 a, s. 23) aus ihrem Konzept der Interaktionskompetenz ausklammern. Ein weiterer damit zusammenhängender Punkt: ihr Konzept von Interaktionskompetenz „berücksichtigt nicht die Interaktionsinhalte, sondern bleibt auf die Interaktionsform beschränkt" (Ebenda); Inhalte finden erst in der Trainingspraxis (für die individuelle Transferplanung) Berücksichtigung. Gegenüber einem Trainingskonzept wie dem Gordonschen, das Machtprozesse virtuell zum Verschwinden bringt, ist ein derart reduzierter Anspruch sicher begrüßenswert: es wird angestrebt, die Interaktionskompetenz in engen Grenzen zu verbessern, ohne unrealistische Versprechungen über die Beseitigung von Konflikten zu machen. Für eine Reihe von Übungen, wie z.B. die Kommunikationsübungen im Zusammenhang mit dem bereits kurz erläuterten „aktiven Zuhören" ist eine derartige Trainingspraxis wohl auch problemlos ins Werk zu setzen. Die Wahrnehmung der eigenen Position innerhalb von Interaktionsprozessen gestaltet sich jedoch keineswegs immer derart problemlos, quasi technisch, wie z.B. bei den Übungen des „kontrollierten Dialogs" oder ähnlichem. Eine etwaige Relativierung der bisherigen Wahrnehmung der eigenen Position im Interaktionsgeschehen stellt bereits in der künstlichen Situation eines Trainingsseminars eventuell eine erhebliche Herausforderung für den Betroffenen dar. Wie Sader u.a. selbst formulieren, reduziert sich der Erwerb von Interaktionskompetenz nicht auf den Erwerb von Fertigkeiten, sondern ein derartiger Lernprozeß involviert auch die Einstellungen und Wertungen des Lernenden: „Bei der Verbesserung der Interaktionen spielen Einstellungen zu ihrer Bedeutung und Funktion im Alltag eine wesentliche Rolle. Wir zählen dazu den Willen, sich für die Verbesserung von Interaktionen zu engagieren (und dabei die Möglichkeiten weder überzubewerten noch zu unterschätzen). Weiter gehören unter anderem dazu die Bereitschaft, *Konstanten der eigenen privaten Alltagstheorie in Frage zu stellen,* die Rücksicht auf die emotionale Situation bei anderen (und bei sich selbst)" (1976 a, S. 19; Hervorhebungen d. Verf.). Als weitere Dimension der Interaktionskompetenz sprechen Sader u.a. das „emotional-affektive Gefüge" an, also konkret z.B. die Angst, sich durch bestimmte Äußerungen angreifbar zu machen (Ebenda, S. 19). Beide Dimensionen verdeutlichen, wie schwer es ist, die oben angesprochenen Interaktionsinhalte und damit auch Machtprozesse aus dem Kontext der Interaktionskompetenz auszuklammern, wie dies die Intention von Sader u.a. ist: *in der Gestalt von Einstellungen, Wertungen und - im Zusammenhang damit -* (vgl. 3.2.) *auch Ängsten sind soziale Bezüge (wie u.a. Machtprozesse) im Training präsent.* Hinsichtlich der Art und Weise, in der sich das Individuum mit ihnen arrangiert, werden sie auch explizit oder implizit thematisiert werden - ob man will oder nicht.

Daß Prozesse der Selbstreflexion bzw. -einsicht wünschenswert sind, kommt bei Sader u.a. zwar zum Ausdruck, wird dann aber durch Aussagen wie - „gruppendynamische Techniken sollen nicht der Selbsterkenntnis dienen, sondern der Verbesserung von Interaktionskompetenz" (Ebenda, S. 54) - konterkariert. Nachdem Sader u.a. selbst die Bedeutung von Einstellungen, Wertungen und Affekten im Kontext von Interaktionskompetenz hervorgehoben haben, muß es verwundern, daß sie die (partielle) Bedingtheit von Interaktionskompetenz durch die genannten Eigenheiten der Person wieder zirkulär in die Folge von Interaktionsschwierigkeiten auflösen: „Die Konzentration auf die individuelle Teilnehmer*persönlichkeit* ist zwar gruppendynamisch möglich. Wir verzichten auf diesen Zugang, denn: - ein beachtlicher Teil persönlicher Probleme erweist sich bei näherem Hinsehen als durch Interaktionsschwierigkeiten mitbedingt; - es kann nicht unser primäres Ziel sein, Individuen umfassend zu ändern oder zu therapieren, sondern ihre Interaktionsfertigkeiten sollen verbessert werden" (Ebenda, S. 31, Hervorhebung im Orig.). Führt hier eine Animosität gegen das ‚Psycho-Milieu' von Sensitivy-Gruppen zu Restriktionen des angestrebten ‚Psychologisierens', die den eigenen Forderungen zuwiderlaufen? Oder spüren die Autoren, daß die Reflexion auf die Reflexion des interagierenden Individuums auf sich selbst und andere die ‚saubere' Trennung von Form und Inhalt der Interaktion als unhaltbar erweisen würde?

In ihren „Setzungen" für ein Trainingsprogramm verteidigen die Autoren das Prinzip des „Hier und Jetzt" gegen den Vorwurf der Flucht in eine insulare Welt; zugleich plädieren sie dafür, „mit Rücksicht auf die Realisation des Gelernten im Alltag" Außenbezüge in Form von Rollenspielen in das Training einzubeziehen: „Diese zentrale gruppendynamische Technik ist geradezu konzipiert, um Probleme aus dem Alltag im ‚Hier und Jetzt' bearbeiten zu können" (Ebenda, S. 35) (zu Rollenspiel und ‚Hier und Jetzt' siehe 2.1.2.3.). Umgekehrt wird auch die Bedeutung einer individuellen Transferplanung hervorgehoben (Ebenda, S. 37). Ganz im Sinne der Betonung der Relevanz von Einstellungen, Werthaltungen und Emotionen für die Aneignung von Interaktionskompetenz sehen Sader u.a. in den „Erwartungen und Einstellungen der Teilnehmer entscheidende Prädikatoren für einen konkreten Trainingserfolg" (Ebenda, S. 40). Konkret sehen sie verschiedene hinderliche Einstellungen und Erwartungen[30], ohne Möglichkeiten zu benennen, wie wirkungsvoll darauf eingegangen werden könnte; Gleichwohl plädieren sie dafür, nicht nur „Aufgeschlossene" zu trainieren, sondern auch solche, die ohne eigenes Interesse von ihren Vorgesetzten zu den Trainingsgruppen abgeordnet werden.

Teils zustimmend, teils kritisierend haben Semmer/Pfäfflin (1970) an das „Grundkonzept" von Sader u.a. angeknüpft. Semmer/Pfäfflin ging es um die Ausarbeitung eines Trainingskonzepts speziell für das betriebliche Milieu, allerdings nicht für Führungskräfte: Semmer/Pfäfflin konzipierten ein Interaktionstraining für *Betriebsräte.* Es kann jedoch gleich vorweggenommen werden, daß die Spezifik des Adressatenkreises bzw. die spezifische Stellung dieses Adressatenkreises in der bzw. zu der Hierarchie im Trainingskonzept selbst fast keinerlei Niederschlag findet.

Semmer/Pfäfflin, die Gruppendynamik für eine „Sackgasse" (1978, s. 23) halten, konfrontieren vorliegende Trainingsprogramme mit der Frage „individuell oder strukturell" (siehe oben), wobei sie zu dem nicht verwunderlichen Ergebnis gelangen: eher („zu") individuell (Ebenda, S. 23 ff.)! Diesen Befund ergänzen sie um ihr Bekenntnis „zu der Ansicht, daß im dialektischen Verhältnis von Individuellem und Strukturellem dem Strukturellen eindeutig die Priorität zukommt. Zwar ist für strukturelle Veränderung individuelles Verhalten nötig. Individuelle Emanzipation kann jedoch letztlich erst mit und im Gefolge dieser strukturellen Veränderung entstehen, sie kann im Einzelfall nur in engen Grenzen über das jeweils strukturell Vorgegebene hinausweisen. Effektivierung von Sozialverhlten kann daher politische Wirksamkeit nur im Rahmen kollektiven, strukturellen politischen Kampfes erhalten" (Ebenda, S. 23). Diesen Kampf, wie er im Rahmen der Gewerk-

[30] „Therapeutische Erwartungen sind ebenso hinderlich wie die Überzeugung, angewandte Gruppendynamik sei schlimme Manifestation einer degenerierten Gesellschaft. Weiter ist wichtig, daß die Teilnehmer zu eigenen Verhaltensänderungen bereit sind und nicht bloß an Regeln für die Leitung anderer denken. Schließlich ist die Haltung ‚Hier will ich was erleben' genauso dysfunktional wie die Einstellung ‚Erst mal abwarten und zugucken' oder eine unrealistische Einschätzung der Möglichkeiten und Intentionen der Trainer" (Sader u.a., 1976 a, S. 40 f.).

schaftsbewegung geführt wird, wollen die Autoren durch ihr Trainingsprogramm unterstützen. Allerdings sprechen Semmer/Pfäfflin an anderer Stelle dem Training auch eine begrenzte Möglichkeit, „verfestigte Positionen aufzubrechen", ab und postulieren, psychologisches Training könne lediglich zur effektiveren Vertretung bestehender Positionen beitragen[31]; da sich die Autoren in Übereinstimmung mit den Zielen der Gewerkschaft sehen, ist eine derartige „konservative" Fixierung in ihren Augen ohne weiteres mit ihren emanzipatorischen Grundüberzeugungen vereinbar (Ebenda, S. 15 f.)

Das „Grundkonzept" von Sader u.a. (1976 a) loben Semmer/Pfäfflin wegen des beschränkten Anspruchs, der dort formuliert wird. - „Aber auch bei ihnen ist u.E. die Verselbständigung des Emotionalen noch zu stark, das ‚Hier-und-Jetzt-Prinzip' wird explizit aufrechterhalten, die Zielsetzung ist noch immer zu global, die Trainerrolle ist eher unklar" (Ebenda, S. 31). Hatte sich bereits bei Sader u.a. gezeigt, daß die reduzierte Einbeziehung „des Emotionalen" die von den Autoren selbst genannten Bestimmungsstücke von Interaktionskompetenz in uneinsichtiger Weise separiert, so wird auch von Semmer/Pfäfflin die Relevanz etwa „sozialer Ängste" ausdrücklich hervorgehoben, um dann zu betonen, diese Ängste sollten im Training nicht thematisiert werden: „Es läge nahe, solche Probleme vorrangig zu thematisieren, die Ängste verbalisieren, also die emotionalen Probleme selbst zum Gegenstand eines Trainings zu machen. Und das wird in vielen gruppendynamischen Trainings auch gemacht. Wir haben bereits mehrmals betont, daß das bei uns eine eher untergeordnete Rolle spielt. Wir meinen, daß bessere Beherrschung der entsprechenden Handlungen die Streßresistenz erhöht" (Ebenda, S. 118). Sie begründen dieses Vorgehen durch einen Verweis auf das Streßmodell von Lazarus (1966): Angst ist die Folge des Fehlens einer adäquaten Strategie zur Bewältigung der bedrohlichen Situation. Die Schlußfolgerung, die Semmer/Pfäfflin im Anschluß an die Verhaltenstherapie aus diesem Modell ziehen, ist ebenso plausibel wie trügerisch: die unangenehme Zuwendung zu den Prozessen der Angst erübrigt sich durch Vermittlung von Handlungsfertigkeiten, die es erlauben, Situationen zu bewältigen. Damit wird nicht nur der mögliche Effekt diverser „social skills" im Hinblick auf die objektiv mögliche Situationsbewältigung tendenziell überschätzt, sondern auch und vor allem die subjektive ‚Blockierung' bzw. Rigidität und damit der Widerstand gegen eine tatsächliche Erweiterung des Handlungsrepertoires erheblich unterschätzt.[32] Im Zusammenhang mit Problemen des Feed-back im Training wird bei Semmer/Pfäfflin kenntlich, daß sich ihr Ideal des mechanischen Einübens von Fertigkeiten in der propagierten

[31] Die einzelnen Kritikpunkte (Ebenda, S. 23 ff.) von Semmer/Pfäfflin an bestehenden Trainingsprogrammen schwanken zwischen den zwei Polen: das Training ist schlecht, weil es a) (reaktionär) wirkt und b) überhaupt nicht wirkt (vgl. Kap. 1.).

[32] Zum relativen Nutzen, der solchen Programmen sicher nicht abzusprechen ist vgl. v. Rosenstiel (1980, S. 117 f.).

Konsequenz kaum durchhalten läßt (z.B. S. 174 ff.), womit auch die von ihnen angestrebte ,unpsychologische' Trainerrolle relativiert ist. Vom *Konzept* her ist allerdings festzuhalten, daß der hier vertretene „Ansatz zum Training sozialer Fertigkeiten" „a-sozial" (sensu Graumann, 1969) im Sinne der Reduktion der handelnden Subjekte auf sich mehr oder weniger effektiv „Verhaltende" ist, denn mit dem expliziten Bestreben, die sozialen Ängste selbst nicht zum Thema werden zu lassen, ist eben nicht nur „das Emotionale" ausgeklammert. Daß sich das verhaltenstheoretische Programm von Semmer/Pfäfflin mit dem Untertitel „ein handlungstheoretischer Ansatz" vorstellt, mag durch die Einbeziehung des theoretischen Konzepts von Hacker (1973) und der Überlegungen von Volpert (1969) zum sensumotorischen Lernen gerechtfertigt sein, führt aber doch ein wenig in die Irre. Die Durchführbarkeit eines solchen Programms ist jedoch immer bereits ein menschliches Handeln, das mehr umschließt als es der enge Horizont behavioristischer Theoreme ,erlaubt' (vgl. Seeger, 1977, S. 112 f.); ein Handeln, das auch von dem auf sehr abstraktem Niveau verbleibenden (Hackerschen) Modell von sich in Rückkoppelungsschleifen vollziehenden Handlungen nur höchst unbefriedigend ,abgebildet' wird; wider Willen machen Semmer/Pfäfflin das kenntlich, indem sie ihre eingangs gestellte Forderung nach einer Reduktion der Rolle des Trainers auf einige klar umrissene Regeln nach und nach relativieren, um schließlich dessen *Sensibilität* zu reklamieren (Semmer/Pfäfflin, 1978, S. 151 ff.).

Die sozialpsychologische Situation in der Hierarchie bringen Semmer/Pfäfflin nur am Rande ihres „Ansatzes" zur Sprache. Bezogen auf die gruppendynamischen Ziele Offenheit, Spontaneität, Echtheit und Vertrauen urteilen sie: „Solche Ziele sind u. E. überall da nicht vertretbar, wo echte Abhängigkeitsverhältnisse oder Interessengegensätze herrschen. In solchen Situationen muß man oft taktieren und bewußt planen, und dabei muß man sich auch über Gefühle (wie z.B. des Ärgers oder auch der Rührung) hinwegsetzen können" (Ebenda, S. 26). Diese Überlegung hat sicher ihre Berechtigung, weist in ihrer Absolutheit jedoch einen höchst problematischen Weg: muß die bewußte Abwehr pseudo-harmonischer Verwässerung grundsätzlicher Gegenläufigkeit von Interessen tatsächlich mit beständigem verdeckten Lavieren und intrigantem Kleinkrieg gleichbedeutend sein?[33]

---

[33] Der Argumentation bezüglich des Beispiels, das Semmer/Pfäfflin anführen, um ihre These zu stützen, kann man jedenfalls beipflichten, *ohne* eine solche grundsätzliche Ausrichtung zu verfechten: „Als Beispiele seien etwa genannt: Gefühle der Rührung bei einem Betriebsrat, dem ein Vertreter der Geschäftsleitung anschaulich schildert, unter welchem Druck er seinerseits von seiten der ,Konzernmutter' steht. Der Betriebsrat kann sich von diesen Gefühlen nicht leiten lassen, selbst wenn ihm klar ist, daß sein Gegenüber nicht als Individuum verantwortlich gemacht werden kann, sondern strukturellen Zwängen unterworfen ist. Seine Interessen zwingen ihn, sich darüber hinwegzusetzen" (Ebenda).

Trotz der nicht zu übersehenden Unterschiede machen sowohl die Argumentation von Sader u.a. (1976 a) als auch die Vorstellungen von Semmer/Pfäfflin (1978) deutlich, daß Interaktionstraining mit Betriebsangehörigen die Sozialpsychologie der menschlichen Beziehungen in der Hierarchie nur schwerlich auszuklammern vermag; m.a.W.: die diese psycho-soziale Situation kennzeichnenden Einstellungen, Wertungen und Affekte holen das Training in der einen oder anderen Form ein, wenn die genannten Aspekte der Mentalität gegenüber der ‚technischen' Seite des Trainings von Interaktionskompetenz vernachlässigt werden.

2.1.2.3. Verschiedene Trainingsformen und Methoden

Nach Engelking (1981, S. 355) sind die derzeit im betrieblichen Bereich durchgeführten Trainingsveranstaltungen meist dem „Verhaltenstraining" zuzurechnen, also einem Vorgehen, das, wie bei Semmer/Pfäfflin, das Repertoire des Handelnden mit Hilfe von Verstärkungslernen um fest umschriebene Verhaltensweisen erweitern soll. Engelking stellt fest, daß diese Trainingsform allerdings oft mit Elementen aus dem Bereich des Sensitivity-Trainings und der Encounter-(Begegnungs- und Erfahrungs-)Gruppen vermischt sei: „Die Übergänge sind verschwommen" (Ebenda). In den letzten Jahren sei diese Mischung noch verstärkt um Prinzipien der Transaktionsanalyse ergänzt worden. Nach A. B. Weinert (1981, S. 250) soll das Interesse an gruppendynamischen Verfahren in den letzten Jahren allerdings rückläufig sein.

Die Grundprinzipien der genannten Trainingsformen und jeweils mögliche bzw. nötige Einwände sollen hier nun kurz gestreift werden:

— Wie im Zusammenhang mit den Vorstellungen von Semmer/Pfäfflin zum Interaktionstraining bereits kenntlich gemacht, wird vom behavioristischen Konzept her die Frage der Verbesserung von Interaktionen auf ein Problem des verfügbaren Verhaltensrepertoires reduziert. Durch entsprechende Konditionierung sollen dysfunktionale Verhaltensweisen aus diesem Repertoire eliminiert und umgekehrt funktionale Verhaltensweisen sowie die Fähigkeit, sie im richtigen Moment einzusetzen, neu erworben werden. Das so grob gekennzeichnete Prinzip behavioristischer Einflußnahme wurde nicht zuletzt aus pragmatischen Beweggründen bezüglich der Lernprinzipien vielfach ergänzt, wobei die wissenschafts- und gegenstandstheoretischen Grundkonzepte der behavioristischen „Gründerväter" z.T. weitgehend relativiert wurden. Insbesondere wurde in verschiedener Weise versucht, Verhalten mit der Tatsache des Bewußtseins, das besagte „Väter" des Behaviorismus zu einem Un-gegenstand der Psychologie erklärt hatten, in Verbindung zu bringen, weil man *praktisch* auch als Behaviorist mit dieser Tatsache konfrontiert ist. Die daraus resultierenden Widersprüche können hier nicht diskutiert werden. Ein im Zusammenhang des hier Besprochenen erwähnenswerter Vertreter eines ‚aufgeklärten' Behaviorismus ist Bandura, der mit seinem Konzept des Modell-Lernens (1976) erheblichen Einfluß auf die Gestaltung von Programmen des Verhaltenstrainings hatte. Das im Modell-Lernen zentrale Nach- bzw. Miterleben des Handelns anderer in bestimmten Situationen (z.B. im Rollenspiel) markiert bereits einen Berührungspunkt zum Sensitivity-Training. Als überdauernde ‚Erfindung' des Behaviorismus kann die Betonung der Notwendigkeit des *Übens* von in bestimmten Situationen ungewohnten Handlungsweisen gesehen werden, obgleich eine derartige (didaktische) Überzeugung natürlich weder logisch noch historisch behavioristische Theoreme voraussetzt.

— Bei den Sensitivity- bzw. den Encounter-Trainingsgruppen, die schwerer voneinander abzugrenzen sind (und hier auch nicht näher differenziert werden sollen), wird das Augenmerk vor allem auf das intensive Vergegenwärtigen der Interaktionssituation bzw. der bei den Beteiligten relevanten Haltungen und Gefühle gerichtet. Die theoretischen Grundlagen dieser auch als „Laboratoriumsmethode" (Benne u.a., 1972) bezeichneten Trainingsformen sind diffus (vgl. W. Geißler, 1980). Historisch und personell ist ihre Propagierung mit der human-relations-Bewegung verbunden. Die Reklamierung demokratischer Ideale für diese Form des Trainings ist immer wieder ein Kernpunkt von Auseinandersetzungen um diese Formen des Trainings gewesen (Fittkau, 1974, S. 52; Theis, 1976; Buluschek, 1978; Theis, 1979; Minsen, 1981; K. Geißler, 1981). Verknüpft mit der Frage grundlegender Werthaltungen ist auch die Hervorhebung einer Verbindung der Aktionsforschung[34] mit Formen der Laboratoriumsmethode. Mit ihrer Selbstdarstellung als „Therapie für Normale" (Benne, 1972, S. 151 f.) setzen sich diese Trainingsformen in besonderem Maße den Vorwürfen im Sinne der Kritik des „Psychobooms" (Bach/Molter, 1976; vgl. Pohl, 1980; siehe auch 3.1.2.2.) aus. Eines der wesentlichen Prinzipien der Durchführung ist die Konzentration auf das Geschehen im „Hier und Jetzt" der Trainingsgruppe. Dies ist, wie oben u.a. an Aussagen von Semmer/Pfäfflin deutlich wurde, zugleich ein zentraler Kritikpunkt gegenüber diesen Trainingsgruppen. Dem Programm der *Sensibilisierung* für innere und äußere Prozesse in der aktuellen Situation wird von den Kritikern vorgehalten, hier werde dazu angehalten, jenseits der konkreten Alltagsprobleme die *eigene Gefühlswelt in ritualisierender Weise zu überhöhen.* Daß die Aufforderung zur offenen wechselseitigen Darstellung des Erlebens der Situation – „mutual trust and openness" (Bass/Barrett, 1972, S. 377) – ein auf den Alltag nur in beschränktem Ausmaß übertragbares Handeln herausfordert, kann sicher nicht bestritten werden (vgl. Gebert, 1972, S. 172); auch dürften Ritualisierungen ‚gefühlvoller' Mitteilungen (siehe auch unten zum Feed-back) nicht selten sein. Letzteres muß aber nicht unbedingt als Beweis der Abwegigkeit des

[34] Zur Aktionsforschung siehe auch das 4. Kap.

Ziels aufgefaßt werden, sondern kann im Sinne dieses Ziels als Hinweis auf die *Schwierigkeit des „Auftauens"* aufgefaßt werden. Eine gegenläufige Kritik warnt vor Encounter-Gruppen, weil die dort angestrebte Unmittelbarkeit des Erlebens - zumindest für einen Teil der Teilnehmer - eine *zu große emotionale Belastung* mit der Gefahr, ernsthafte Störungen auszulösen, darstelle (Argyle, 1972, S. 401 f.; vgl. Kruse, 1980, S. 182 f.). Bestrebungen, das „Hier-und-Jetzt-Prinzip" mit einer größeren Nähe zu Alltagssituationen zu verbinden, bestehen beispielsweise in der Reproduktion von alltäglichen Interaktionen im Rollenspiel (vgl. Sader u.a. oben; siehe den Absatz zum Rollenspiel unten); eine größere Alltagsnähe des „Hier und Jetzt" kann auch durch das gemeinsame Training ganzer Arbeitsgruppen intendiert werden (Benne, 1972, S. 157), wobei zu bedenken ist, daß auf diese Art die Hemmschwellen des angesprochenen „Auftauens" heraufgesetzt werden bzw. Eröffnungen im Training später tatsächlich zum Material von Intrigen werden können (vgl. v. Rosenstiel, 1974, S. 114; Shepard, 1972, S. 422 ff.; siehe auch die Fußnote 15 dieses Unterkapitels).

— Die Transaktionsanalyse (Berne, 1970), die die Freudsche Topik von Es, Ich und Über-Ich (z.B. 1971) mit der Tatsache der Asymmetrie der Eltern-Kind-Interaktion in vereinfachender Weise zu einem allgemeingültigen Interaktionsmodell verknüpft, ermöglicht, vielfältige Situationen nach einem einfachen und plausiblen Schema psychologisierend zu deuten: jedem der Interaktionspartner ist ein Eltern-, ein Erwachsenen- sowie ein Kindheits-Ich zu eigen; diversen Interaktionen lassen sich auf dieser Grundlage verschiedene sich eventuell überlagernde Dominanz- bzw. Äquivalenzbeziehungen zwischen den drei Ich-Ebenen der Beteiligten unterlegen. Eine Sammlung von Anwendungen auf Beispiele aus dem betrieblichen Bereich findet sich bei R. Rüttinger (1980). Eine gewisse Verdeutlichung von Ungleichgewichten und Spannungen in Interaktionen ist bei aller Zurückhaltung gegenüber der Metaphorik der Bestimmung der Interaktionsebenen nicht zu leugnen. Im Unterschied zu Verhaltenstraining und Laboratoriumsmethode handelt es sich bei der Transaktionsanalyse um ein reines Interpretationsverfahren.

Neben grundsätzlich unterschiedlichen Trainingsformen bzw. -„schulen", die, wie erwähnt, in der Praxis eklektizistisch verknüpft werden, lassen sich verschiedene methodische Elemente von Trainingsveranstaltungen benennen, die in Kursen mit verschieden akzentuierter grundsätzlicher Ausrichtung gleichermaßen ihren Platz gefunden haben; die theoretische Legitimation, aber auch die praktische Verwendung können jedoch sehr verschieden sein. Als verbreitete methodische Elemente sollen nun 1.) theoretische Unterweisung, 2.) Fallmethode, 3.) Rollenspiel und 4.) Feed-back gestreift werden.

2.1.2.3.1 Theoretische Unterweisung

Bei Darstellungen von Trainingsformen und Techniken wird das Referieren durch den Trainer meist skeptisch beurteilt: die Vermittlung von Wissen über relevante Aspekte des Führungsprozesses biete keinerlei Gewähr für eine Veränderung des Handelns (Gebert/v. Rosenstiel, 1981, S. 206 f.). Diese Feststellung kann sich auf prinzipielle Befunde bezüglich des Zusammenhangs von Einstellung und Handeln (z.B. Benninghaus, 1976) sowie auf Ergebnisse von Untersuchungen der Effekte von Führungstraining stützen. Wie unten noch zu sehen sein wird, sind aber auch die Belege für die Wirksamkeit anderer Methoden nicht unbedingt überzeugend. Von daher scheint die Einschätzung der Bedeutung des ‚Theoretisierens' durch den Trainer zunächst auf das Kriterium Plausibilität zurückverwiesen. Auf dieser Ebene kann man argumentieren: auch wenn die durch theoretische Unterweisungen bewirkten Einsichten keine hinreichende Bedingung für eine Veränderung von Handeln sind, so können sie doch eine nicht unwesentliche Rolle für die Motivation von Verhaltensänderung spielen; dabei dürfte es allerdings sehr auf den *Inhalt* der vermittelten Einsicht ankommen: ‚Theoretisieren' kann bedeuten, einen Schatz mehr oder weniger interessanter Theorien und Befunde auszubreiten, es könnte aber auch bedeuten, durch die Analyse bestimmter Aspekte der menschlichen Beziehungen in der Hierarchie zentrale Orientierungen der Hörer in überzeugender Weise anzugreifen. Das Anliegen, Führungskräfte von der Wünschbarkeit bestimmter Orientierungen zu überzeugen, steht sicher auch in der Praxis des ‚Theoretisierens' in Trainingsveranstaltungen im Vordergrund; allerdings sind Überzeugungsstrategien oftmals auf recht vordergründige Effekte reduziert: „Man kann nun in derartigen Schulungssituationen nicht selten beobachten, daß der psychologisch ausgebildete Trainer das klassische Experiment von Lewin et al. (1939) zu den Auswirkungen des autokratischen, demokratischen und laisser-faire Führungsstils in didaktisch höchst kompetenter Weise referiert, dadurch bei den Geschulten nicht unwesentliche ‚Aha-Erlebnisse' auslöst und sodann, in dieser Phase gesteigerter Sensibilisierung, den demokratischen Führungsstil propagiert und zugleich – um den Transfer auf die ‚back-home' Situation wahrscheinlicher zu machen – Gruppenarbeit anregt, in der an konkreten Beispiel-Fällen aufgezeigt werden soll, wie das bisherige Führungsverhalten in ein demokratisches transformiert werden kann. Es wird dabei nicht problematisiert, daß die *Subjekt-, Umgebungs-, Handlungs- und Erlebnisrepräsentanz* dieses Experiments für die Führungssituation in der Organisation nicht gegeben ist ..." (Gebert/v. Rosenstiel, 1981, S. 172 f.; Hervorhebungen im Orig.). Veränderungsenthusiasmus, der durch Gleichnisse der geschilderten Art hervorgerufen wird, vermag nur kurzfristig die Gepflogenheiten des eigenen Interagierens in der Hierarchie zu beschämen; bliebe der Referent bei seinen Überzeugungsversuchen näher an der beruflichen Wirklichkeit der Teilnehmer, so wäre wohl der analytische Aufwand größer, die ,Moral von der Geschichte' weniger eingängig, wären ergo die Teilnehmer weniger begeistert - aber vielleicht ein wenig durch eine sie tatsächlich betreffende Einsicht tangiert.

Theoretische Überzeugung ist übrigens wohl auch im Kontext der handlungsorientierten Elemente der Trainingsveranstaltungen stets präsent: neben sachlichem ,Theoretisieren' beim Auswerten von Übungen steht die Darstellung der methodischen Überzeugungen des Trainers, die er in der einen oder anderen Form den Teilnehmern nahebringt, um ihnen die vorgeschlagenen Übungen plausibel zu machen. Greif z.B. geht so weit, die verschiedenen „gruppendynamischen Trainingsprogramme ... als Treatment zur Vermittlung der Ideologie der gruppendynamischen Schulen (zu) bezeichnen" (1976, S. 334). Semmer/Pfäfflin sehen es als integralen Bestandteil ihres Verhaltenstrainings an, auch über die verwendeten Methoden sowie die eigene Kritik an anderen Methoden zu sprechen (1978, S. 114 f.). Sader u.a. sehen die Transparenz des methodischen Konzepts als essentiell für gruppendynamische Einübung von Interaktionskompetenz an (1976 a, S. 54).

Die theoretische Unterweisung kann auf verschiedene Weisen erfolgen. Die verbreitetste Methode ist der Vortrag unterstützt durch audiovisuelle Techniken (Stocker-Kreichgauer, 1978, S. 186 f.; A. B. Weinert, 1981, S. 246). Die mit der Vortragstechnik verbundene Passivität der Teilnehmer wird sowohl aus grundsätzlichen pädagogischen Erwägungen als auch im Hinblick auf Eigenheiten des spezifischen Publikums bei Führungstraining problematisiert: „... long hours of unremitting lectures are a daunting enough test of concentration even for undergraduates, let alone for managers and others who left formal education behind them some years ago. Where you have such an audience and they are attending a more general management course of the kind that organisations send people on for refresher or development training, there is no surer way of losing their interest than to present them with a series of formal lectures" (Flechter, 1980, S. 310). Techniken der Selbstinstruktion (Stocker-Kreichgauer, 1978, S. 181) spielen bei Führungstraining kaum eine Rolle; die Aktivität der Teilnehmer in den theoretischen Kursabschnitten wird hier meist durch eingeschobene Diskussionsphasen zu erreichen versucht (Ebenda, S. 191; vgl. Kowalewski, 1980, S. 371).

2.1.2.3.2. Fall-Analyse

Gegenstand solcher Diskussionsphasen können Fälle sein, deren Problematik in der Vortragsphase abstrakt behandelt wurde. Die Bearbeitung der Fälle wird oft zunächst individuell oder in Kleingruppen vorgenommen. Als Ziel der Fall-Methode wird genannt: „Sie soll die Einsicht in das Problematische aller komplexen Führungsaufgaben wecken, die keine eindeutigen Lösungen kennen. Ein weiterer Vorteil ist, daß sie den Teilnehmer zum Finden der relevanten Daten, zur Trennung des Wichtigen von Nebensächlichem und zur Urteilsbildung fast ebenso zwingt wie der ,reale Fall' in der Praxis. Andererseits kennt die Case Method nicht die existentiellen Pressionen der Praxis (wenn auch die zeitlichen bei entsprechendem Zeitdruck) und erlaubt die Distanznahme. Manche Teilnehmer sind überhaupt nur über Fallbeispiele zur aktiven Mitarbeit zu bringen" (Arndt u.a., 1968, S. 109; vgl. Bass, 1960, S. 371 f.).

2.1.2.3.3. Rollenspiel

Das Rollenspiel, das Moreno (z.B. 1959) in den 20er Jahren unter ausdrücklicher Reflexion auf die Katharsis der griechischen Tragödie in die Psychotherapie eingeführt hat, ist als Element gruppendynamischer Trainingsveranstaltungen auf die Vergegenwärtigung von Empfindungen gerichtet (zur Darstellung der historischen Entwicklung und der verschiedenen Techniken siehe Schützenberger, 1975). Im behavioristisch orientierten Training hat das Rollenspiel explorative (Feststellung von Defiziten im verfügbaren Verhaltensrepertoire) und in erster Linie übende Funktion (Semmer/Pfäfflin, 1978, S. 45). Teils werden auch beide Ziele zugleich verfolgt.[35]

Das Rollenspiel als Hilfsmittel zur Vergegenwärtigung der seelischen Prozesse bei alltäglichen Interaktionen konfrontiert den Ausgangszustand nicht von vorneherein mit einer eindeutigen konkreten Handlungsalternative, sondern soll die Wahrnehmung der eigenen Rolle in der Interaktion verbessern und zur Übernahme der Perspektive des Partners anleiten; so soll zugleich die *Sensibilität* für eigenes und fremdes Empfinden einerseits und die *Reflexivität* andererseits gefördert werden (Kamphaus, 1980). Abseits der Sanktionsgefahren der Alltagssituationen soll auch zu *experimentierendem* Handeln ermutigt werden (vgl. Stocker-Kreichgauer, 1978, S. 189). Ergebnis von Rollenspielen könnte demnach die Veränderung von Einstellungen und Werthaltungen sein (Bass, 1960, S. 216 f.). Als Prozeß der „aktiven Selbständerung" ist eine derartige Steigerung der Reflexivität, wie Schülein betont, „an das Engagement des ganzen Subjekts" gebunden, läßt „sich nicht technisch herstellen" (1981, S. 945): „Das bedeutet, daß ihre Aneignung ein krisenhafter Prozeß ist, weil er sich immer wieder gegen den eigenen status quo (und dessen Tendenz zur funktionalen Selbststabilisierung) wenden muß. Dabei werden zwangsläufig liebgewonnene Vorurteile und Naivitäten ruiniert, was vor allem anfangs eine erhebliche psychosoziale Belastung darstellt" (Ebenda). Angesichts der massiven *Barrieren gegen eine nicht bloß funktionelle* (sprich: taktische) *Selbstreflexion*[36] fordert Groeben (1982), daß

[35] Sader stellt fest, das Rollenspiel gebe die Gelegenheit, „gesellschaftliche Mechanismen in einer Art von Probehandeln erlernen zu können, was bereits beim Spiel der Kinder deutlich ist. Dieser Gesichtspunkt spielt bei der betriebspsychologischen Anwendung die Hauptrolle" (1969, S. 225).

[36] Vgl. Schülein (1981): „Funktionale Selbstreflexion steht unter dem Primat der Handlungskonstituierung, nicht der Wahrheit. Dadurch wird Wirklichkeit idealisiert

„das Rollenspiel im psychologischen Experiment weiterentwickelt wird zu einer Methode der Selbsterkenntnis“ (S. 132).

Das Rollenspiel als direktes Mittel zur Erweiterung des Verhaltensrepertoires zielt dagegen auf die Vermittlung eines als Ideallösung einer Problemsituation angesehenen Verhaltens ab: „Bevor man das Rollenspiel verwenden kann, muß man eine Liste der sozialen Probleme aufstellen, denen der Trainingsteilnehmer zu begegnen hat, und feststellen, mit welchen sozialen Techniken sie am besten zu bewältigen sind. Die Liste der Probleme kann man zusammenstellen, indem man Praktiker nach ‚kritischen Ereignissen‘ befragt und sie bittet, Beispiele für peinliche Situationen zu geben, die ihnen begegnet sind. Flanagan (1961) sammelte 40 kritische Ereignisse, die er verwendete, um Industriemanager in Führungsfertigkeiten zu trainieren“ (Argyle, 1972, S. 391). Als Kriterium für die Entscheidung über die hier unterstellte „beste Art zur Bewältigung von Problemsituationen“ (Ebenda, S. 392) nennt Argyle pauschal die Ergebnisse der Führungsstilforschung. Zur Durchführung teilt Argyle mit: „1. Der Trainer hält einen Vortrag und veranstaltet eine Diskussion über die sozialen Fertigkeiten, die gelernt werden sollen. Damit kann eine Demonstration über die Vorführung eines Films verbunden sein, damit Vorbilder zur Imitation vorhanden sind. 2. Eine Reihe von Situationen oder Problemen werden von den Trainingsteilnehmern abwechselnd durchgespielt. Jede sollte sorgfältig vorbereitet werden ... Für das Führungstraining erhalten der Trainingsteilnehmer und diejenigen, die die komplementären Rollen spielen, eine kleine Fallstudie ... Sie können verschiedene Teile der Hintergrundinformation erhalten; handelt es sich um ein Personalgespräch, so erfährt der Vorgesetzte nicht den Grund für das unbefriedigende Verhalten des Arbeiters. Das Rollenspiel kann zwischen

---

und diese Idealisierungen sind hoch besetzt, gerade weil sie ein praktisches Überleben im Alltag gewährleisten. Ihre Kosten werden dagegen übersehen und verleugnet. Daher können wir verzerrte Wahrnehmungen und defiziente Handlungen bei anderen meist besser erkennen. Wir sehen den Splitter im fremden Auge sehr viel besser als den Balken im eigenen, weil wir den für völlig normal halten und weil es zur Absicherung eigener Schwächen unter diesen Vorzeichen nötig ist, sich gegen fremde Identität abzugrenzen. Daraus ergeben sich Konsequenzen: Interaktionsprozesse werden häufig geprägt von subjektiven Strategien, die eigene Wirklichkeit zu verteidigen (was meist einschließt, die fremde madig zu machen)“ (S. 944). Vgl. auch Aschenbach (1981): „Erhebliche Schwierigkeiten sind dabei allerdings – ähnlich wie beim Abgewöhnen liebgewordener oder lange eingeschliffener Gewohnheiten – insbesondere in zwei Fällen erwartbar: nämlich, wenn es um das Infragestellen von Prinzipien oder Lebensorientierungen als identitätsbildenden ‚Fixpunkten‘ in unserem Leben geht. Denn wer läßt sich schon gerne in seine Prinzipien hineinreden und wer ändert – beim in unserer Gesellschaft üblichen Streben nach Sicherheit und bei der in unserer Gesellschaft üblichen Angst vor dem Unsicheren – schon gerne sein Leben? Verständlich wird dies im Falle der Prinzipien, weil sie das als nicht weiter begründungsbedürftige oder zu hinterfragende, sondern als selbstverständlich erachtete Fundament abgeben, auf dem unser Handeln, Meinen aufruht. Mit dem Hinterfragen solcher Prinzipien aber können ‚ganze Welten zusammenstürzen‘, nämlich die, deren Begründungsanfänge sie bilden“ (S. 88 f.).

fünf und dreißig Minuten dauern, je nachdem, wieviel Zeit verfügbar ist und welche Fertigkeit gelehrt werden soll" (Ebenda, S. 392 f.). Anschließend erhalten die Rollenspieler Rückmeldung vom Trainer und auch von Gruppenmitgliedern. Für Trainingsteilnehmer, die nicht aktiv am Rollenspiel, das Argyle für die „effektivste Methode zum Training sozialer Fertigkeiten" (Ebenda, S. 397) hält, beteiligt sind, wird ein Lerneffekt nach dem Prinzip des Modell-Lernens (Bandura, 1976) angenommen.

Die durch das Rollenspiel angestrebte Lebensnähe stellt sich natürlich immer nur in Ansätzen ein; die unvermeidliche Diskrepanz zur realen Alltagssituation kann zu Abwehrhaltungen bei den Teilnehmern führen: „Role playing has its disadvantages. It may be seen as immature, illegitimate and irrelevant" (Bass/Barret, 1972, S. 378; vgl. A. B. Weinert, 1981, S. 249; Stocker-Kreichgauer, 1978, S. 189; Kowalewski, 1980, S. 374).

2.1.2.3.4. Feed-back

Rückmeldungen ergänzen beide der genannten Formen des Rollenspiels. Während es in dem einen Fall darum geht, dem Übenden mitzuteilen, ob und wie sein Verhalten vom intendierten Soll-Wert abweicht, geht es im anderen Fall eher um die Mitteilung, welche Empfindungen und Überlegungen das Spiel-Handeln bei den anderen Anwesenden auslöst. Die möglichst objektive Rückmeldung des Ist-Wertes des Verhaltens läßt sich durch Videoaufzeichnungen perfektionieren.

Feed-back muß sich keineswegs auf das Handeln in Rollenspielen beschränken. Auch das ‚natürliche' Interaktionsverhalten in der Trainingsgruppe wird Gegenstand von Feed-back, wobei Einschränkungen auf spezifische Aspekte des Handelns vorgenommen werden können. *Gerade für Führungskräfte* gilt Feed-back über ihr Handeln als besonders wünschenswert, da Untergebene in aller Regel offene Kritik des Vorgesetzten scheuen (Hofstetter, 1980, S. 168 f.); durch die Rückmeldung über ihr Handeln im Trainingsseminar könne ihnen beispielsweise deutlich gemacht werden, welche Autonomiebeschränkungen sie ihren Mitarbeitern u.a. nonverbal angedeihen lassen (Gebert, 1981, S. 150).

Nicht zuletzt wegen der vorstellbaren Belastung, die kritische Rückmeldungen mit sich bringen, wurden und werden immer wieder *Regelkataloge für optimales Feed-back* aufgestellt. Wie Lehmenkühler u.a. (1976, S. 114 f.) zeigen, sind diese willkürlich zusammengestellten Gebotslisten nicht nur untereinander, sondern z.T. auch in sich *widersprüchlich.* Auf verschiedene Weise geht es in diesen Regelkatalogen zumeist um zwei Zielstellungen, die zu einer möglichst fruchtbaren Abstimmung gebracht werden sollen: die Kritik soll einerseits nicht vernichten und andererseits nicht ins Unverbindliche abgleiten. Beides wird u.a. dadurch zu erreichen versucht, daß aufgefordert wird, den *subjektiven Charakter* der Rückmeldung herauszustreichen. Diese Maxime für das Feed-back-Geben wird von Lehmenkühler u.a. positiv beurteilt (Ebenda, S. 121); die Autoren weisen jedoch auch auf die hier liegende Gefahr der *Ritualisierung* hin: „... der Geber solle klar sagen, daß es sich nur um seinen Eindruck, sein Gefühl handele, was er da ausdrücke. Bei einer oberflächlichen, nur die äußeren Forderungen der Regel erfüllenden Anwendung kann dies schnell verkommen zu stereotypen Redewendungen: ‚Ich finde ...', ‚Ich habe das Gefühl, daß ...' (bis schließlich alle Informationen in dieser Form gegeben werden: ‚Ich habe das Gefühl, es ist jetzt fünfzehn Uhr' als Antwort auf die Frage nach der Uhrzeit ist eine treffendere Selbstkarikierung aus einem Training)" (Ebenda, S. 115). Zusammenfassend urteilen Lehmenkühler u.a. (1976): „Es ist schwierig, Feedback zu geben, und es ist schwierig, Feedback entgegenzunehmen. Außerdem mag der eine ein Feedback noch so gut formulieren und es wird trotzdem nicht ankommen oder negative Wirkungen haben, wenn der andere es nicht hören will oder überall Anspielungen sieht, und umgekehrt: der andere mag noch so bereit sein, etwas über sich zu hören und wird trotzdem nichts davon haben, wenn der eine nur verschwommene Globalurteile liefert. Feedback ist also eine zweiseitige Angelegenheit, und das scheint in der Literatur nicht immer durch, zumindest verschwinden die Ratschläge für den Empfänger meist gegenüber dem Umfang der Regeln für den Geber" (S. 122 f.). Als gleichwohl verbreiteten Ratschlag für den Empfänger einer Rückmeldung nennen die Autoren die Regel, man solle sich nicht sofort verteidigen; nach Lehmenkühler u.a. kann das Äußern einer Abwehr u.U. für eine sinnvolle Verarbeitung der Kritik aber tunlicher sein als eine vordergründige Akzeptanz (Ebenda, S. 123).

Angesichts der Probleme, die für ein optimales Feed-back bereits im *Training* gegeben sind, ist es nicht verwunderlich, daß Versuche, ein feed-backgebendes oder -forderndes Verhalten *im Alltag* zu realisieren, auf extreme Schwierigkeiten stoßen (Ebenda, 126 ff.; Sieland, 1978; Giernalczyk/Koschek, 1978).

Abschließend sei erwähnt, daß die *Teilnehmer* nach den Erfahrungen von Lehmenkühler u.a. *vor allem negatives Feed-back erwarten;* das veranlaßt die Autoren zu fragen: „Ist die Ursache dafür darin zu suchen, ‚daß man die T-Gruppen vom Hörensagen als einen Ort kennt, wo man lernt, indem man ‚seine Seele entblößt' oder durch Feedback ‚fertiggemacht' wird' (Bradford, 1972, S. 173) oder denken wir alle so schlecht von uns, daß wir eigentlich nur erwarten, Negatives über uns zu hören" (Ebenda, S. 125).

2.1.2.4. Evaluation

Einer Darstellung der *Erfolgskontrolle* von Führungstraining sollte eigentlich eine eindeutige Bestimmung von *Zielen* und *Mitteln* vorausgegangen sein. Letzteres vermochte das bisher Ausgeführte *nicht* zu leisten:

— zu Beginn des Abschnitts 2.1.2. wurde der in der Wissenschaft mit Ausdauer geführte Streit, ob dem Training als solchem ein eindeutiger immanenter Zweck (Anpassung der Individuen an das System) eigen sei, aufgegriffen; die Zurückweisung der Vorstellung, die Konzentration auf das Individuum im Training erlaube diesbezüglich eine klare Entscheidung, hat zur Bestimmung des Ziels von Training nur *negativ* beigetragen, hat nur eine unhaltbare Deduktion des Ziels aus dem Mittel abgewiesen;

— das anschließend aufgegriffene „effektive Führungstraining", das sich Effizienz qua Vermittlung von „Techniken" der Beteiligung aufs Panier geschrieben hat, erwies sich als wenig sublime Anleitung zur *imaginären Substitution* hierarchischer Machtbeziehungen durch den Gestus mitmenschlicher Fairneß; Mittel zur Realisierung dieses Ziels ist das Training einmal durch Überzeugung von der vertretenen Ideologie sowie durch die Anleitung zu einer entsprechenden Selbstdarstellung gegenüber den Untergebenen; eine Evaluation könnte hier zunächst eruieren, ob die Ideologie angekommen ist und eine entsprechende Selbstdarstellung nach dem Training mehr oder weniger gut beherrscht wird; weiterhin wäre zu prüfen, ob das theoretisch und praktisch Gelernte in den Alltag übertragen wird; nicht zuletzt wäre aber zu überprüfen, welche Effekte damit bei den Untergebenen ausgelöst würden.

— im weiteren wurde deutlich, daß die Zielformulierungen von Trainingsmaßnahmen im betrieblichen Bereich keineswegs diese Eindeutigkeit haben müssen: das Ziel, die *Interaktionskompetenz* von Führungskräften zu erhöhen, zielt selbstverständlich auch ab auf die menschlichen Beziehungen, ist in dieser Abstraktheit aber keineswegs identisch mit der realitätsverleugnenden Tendenz der human-relations als Ideologie; so wenig in Interaktionskompetenz ein eindeutiges Ziel im Hinblick auf das alltägliche Umgehen der Vorgesetzten mit den Untergebenen ausgesprochen ist, so wenig gaben die konkreten Trainingsstrategien, die zur Erhöhung der Interaktionskompetenz beitragen sollen, diesbezüglich Aufschluß (die Analyse verschiedener Strategien zur Veränderung von Interaktionskompetenz wies auf Probleme rein ‚technischer', also Einstellungen, Werthaltungen und Affekte ausklammernder, Intervention hin); im Abschnitt zum Rollenspiel wurde ein Autor zitiert, der als konkreten Inhalt von Interaktionskompetenz von Führungskräften die Orientierung an den Ergebnissen der Führungsstilforschung nannte, womit aber angesichts des bunten und widersprüchlichen Spektrums einschlägiger ‚Forschungsergebnisse' (vgl. 2.1.1.3.) nur scheinbar eine konkrete Orientierung aufgewiesen wird.

Gegenüber dem verbreiteten Phänomen mangelnder Eindeutigkeit der Formulierung von konkreten Zielen von Führungstraining (vgl. Schönwälder, 1976; Neudecker, o.J.) läßt sich andererseits die Gewißheit festhalten, daß „Relevanz des angestrebten Verhaltens für die Ziele des Unternehmens, das ja auch im Regelfall Kostenträger der Veranstaltungen ist" (Engelking, 1981, S. 356) erwünscht wird. Das Problem liegt also in der Transformation dieses Oberziels in klare Unterziele.[37] So belehrt z.B. der psychologische Dienst der Firma Siemens die Führungskräfte des Hauses in einem firmeninternen Prospekt folgendermaßen über eindeutige Verhaltensregeln spezifischer Führungsstile: „Sie geben ein klares Ziel für die Entwicklung des Führungsverhaltens und ermöglichen eine leichte Bewertung des Verhaltens von Führungskräften. Sie bringen jedoch beim Umsetzen in die Praxis einige Schwierigkeiten mit sich: - sie führen nicht zwingend zu höherer Effektivität - sie sind häufig schwierig oder unmöglich in die Praxis umzusetzen - sie können Führungskräfte, die sie nicht anwenden können, verunsichern und Schuldgefühle erzeugen - sie können dazu führen, daß höhere Führungskräfte den Eindruck erwecken, das eine zu predigen und das andere zu tun - sie können Unzufriedenheit aufbauen über Verhältnisse, die vielleicht nicht geändert werden können." Die Interaktionskompetenz von Führungskräften scheint unter eindeutigen Verhaltensregeln also eher zu leiden. Es scheint so, als hätte man mit spezifischen „Als-obs" (‚reine Menschlichkeit', konkrete Formen von Pseudo-Kooperation; siehe 2.1.1.2. und 2.1.1.3.) nicht die besten Erfahrungen gemacht. Die Alternative, die angeboten wird, ist „Flexibilität", m.a.W.: *immer das Richtige tun - was immer das gerade sei.* Dies ist auch das wesentliche Kennzeichen des oben bereits erwähnten „situativen Stils". Schuldgefühle, die aus dem Abweichen von konkreten Verhaltensregeln resultieren, werden durch diese Botschaft sicherlich nicht induziert, allerdings um den Preis der permanenten Sorge, man könne sich als Führungskraft als nicht flexibel genug erweisen! Interaktionskompetenz erscheint so gerade als nicht spezifiziertes Ziel verlockend: „Menschenführer" müssen eben gut mit Menschen umgehen können. So verlockend die Ausstattung der Führungskräfte mit speziellen ‚Maschen' ist, weshalb jede als Neuerung vorstellig gemachte Stil-Idee sich des Interesses sicher sein kann (vgl. 1.2.), so gewiß ist die Ernüchterung angesichts der bleibenden Reibungen in den menschlichen Beziehungen in der Hierarchie. ‚Mit-Menschen-umgehen-können' ist demgegenüber ein Ziel, das sich nicht an der Realität der Führungsinteraktion blamieren kann. Blamieren kann sich bei diesem Ziel letztlich *nur* die einzelne Führungskraft.[38] Insofern könnte man das globale Ziel Interaktionskompetenz als *ideologisch* bezeichnen. Andererseits

[37] Als mehr oder weniger „latentes Ziel" (Schönwälder, 1976, S. 76) dürfte neben dem Trainingsinhalt von den Personalabteilungen der Firmen (neutral formuliert) Kontaktpflege bzw. (martialisch formuliert) die Herausbildung eines ‚Korps-Geistes' reflektiert werden (vgl. Axmacher, 1974; Holler/Tully, 1981, S. 49).

[38] In Sachen „Menschenführung" sehen arrivierte Führungskräfte denn auch immer wieder von neuen einen großen Lernbedarf des Nachwuchses; Arndt u.a. (1968) zitieren eine Emnidumfrage, aus der dies hervorgeht; Witte u.a. (1981) berichten dies als Ergebnis einer neueren eigenen Untersuchung.

schließt das Ziel in seiner Abstraktheit, wie an der obigen Darstellung (2.1.2.2. und 2.1.2.3.) kenntlich wurde, auch das Anregen und Provozieren selbstkritischer Reflexionen des eigenen Agierens im Machtgefüge des Unternehmens ein; insofern hat das Ziel Interaktionskompetenz durchaus auch einen *antiideologischen* Aspekt.

Dem Ziel, die Führungskräfte auf ihre Pflicht, „gute Menschenführer" zu sein bzw. zu werden, hinzuweisen, kann alles, was in dem Ruf steht, irgendwie „die Kunst, mit Menschen umzugehen" befördern zu können, als Mittel zugeordnet werden. Die Evaluation des Beitrags irgendeines Trainings zu dieser „Kunst" ist so gut wie unmöglich (vgl. Schönwälder, 1976, S. 8 f.; Engelking, 1981, S. 358).[39] Gleichwohl oder vielleicht gerade deshalb ist die Klage über mangelnde Evaluation des Transfers von Trainingseffekten in den beruflichen Alltag ein so unermüdlich diskutiertes Thema (vgl. Will, 1982).

Für die verschiedenen Formen der Evaluation, die nun kurz skizziert werden, finden sich in der Literatur verschiedene Benennungen und Einteilungen, die im wesentlichen auf eine Differenzierung nach 1.) den unmittelbaren Trainingseffekten, 2.) der Übertragung dieser Effekte auf die alltägliche Situation (Transferkontrolle im engeren Sinn) und 3.) nach letztendlichen Auswirkungen auf die Erreichung der Unternehmensziele hinauslaufen (vgl. Stocker-Kreichgauer, 1978, S. 194 f.; Truskie, 1982; A. B. Weinert, 1981, S. 251). Einige Vertiefungen zu im folgenden angeschnittenen Fragen finden sich im 4. Kap.

Zu 1.) Hier werden wiederum vorwiegend zwei Aspekte untersucht: a) die Zufriedenheit der Teilnehmer und b) der praktische und/oder theoretische Lerneffekt. Die *Zufriedenheit* wird zumeist am Ende des Trainingsprogramms durch das Ausfüllen eines Seminar-Beurteilungsbogens durch die Teilnehmer und/oder eine „Auswertungs-Diskussion" von Teilnehmern und Trainer erhoben. Es besteht weithin Einigkeit darüber, daß solche Zufriedenheitserhebungen wenig über die tatsächliche Qualität des Trainings aussagen; andererseits dürfte diese Art von Erhebung die verbreitetste Evaluationsmethode darstellen (Engelking, 1981, S. 358; Hoepfner, 1973, S. 267).

---

[39] Es sei nicht übergangen, daß (in Unkenntnis dieses Lamentos?) die bloße Tatsache der Nachfrage nach gruppendynamischer Führungsschulung manchen Befürwortern der Gruppendynamik umgekehrt bereits als hinreichender Erfolgsnachweis für Gruppendynamik überhaupt gilt: „Die illusionäre Atmosphäre der Gruppe ist nur die Kehrseite der erleichterten Situation. Sie ist *nicht* unsere Alltagsrealität, aber in ihr kann und soll etwas gelernt werden, welches unter Bedenken der Umstände der Alltagsrealität selbst zugute kommt. Hier können Haltungen und Werte eingeübt werden, aus denen dann bessere Verantwortungsfähigkeit resultiert (und das Management würde nicht oft genug in entsprechende Trainings geschickt, wenn es nicht effektive Folgen hätte)" (K. Thomas, 1982, S. 40; Hervorhebung im Orig.). Vergleiche hierzu auch die Einschätzung westlicher Managementtrainings durch Sozialwissenschaftler in sozialistischen Ländern (2.2.2. und 2.2.3.).

Erhebungen des *Lerneffekts* erfolgen zumeist durch den Vorher-/Nachher-Vergleich von Wissens- und Einstellungs- aber auch Persönlichkeitsfragebögen. Als Erhebung von Lerneffekten hinsichtlich praktischer Fertigkeiten sind Prä-/Post-Vergleiche auf Basis systematischer Beobachtungen im Training denkbar, werden aber wegen des hohen Aufwands bzw. wegen des Unwillens der Trainer, Beobachter in ihrem Seminar zuzulassen, so gut wie nicht durchgeführt (Sieland, 1976, S. 193). Bei Fragebogenerhebungen zur Veränderung von Einstellungen und Verhaltensabsichten liegt das entscheidende Problem neben der vieldiskutierten Fragwürdigkeit von Schlüssen von Einstellungen auf Verhalten (vgl. Benninghaus, 1976; Sieland/Schäubele, 1976, S. 148 ff.) vor allem in der kategorialen Vorgabe der Antworten, die die meist verwendeten geschlossenen Fragen auszeichnet: die Ergebnisse zeigen so zwar (oftmals statistischen Gütekriterien genügend), daß sich etwas verändert hat, bei der Interpretation des Zusammenhangs zwischen den Antworten auf die einzelnen Fragen aber werden willkürliche Zusatzannahmen erforderlich (vgl. Sieland, 1976, S. 174 ff.; Meyer, 1977; Gebert, 1972; Argyris, 1980; Berthold u.a. 1980).

Es liegt eine Vielzahl von einschlägigen Erhebungen zu mehr verhaltenstheoretisch bzw. mehr gruppendynamisch orientierten Verfahren vor, die meist positive Ergebnisse aufweisen. Viele von diesen Erhebungen wurden an anderen Populationen als Führungskräften durchgeführt; z.T. wird dabei allerdings ausdrücklich mit einer Übertragung der Ergebnisse auf Führungskräfte geliebäugelt (insbesondere, wenn die Untersuchungen bei Wirtschafts-Studenten durchgeführt werden). Direkte Vergleiche zwischen gruppendynamisch und verhaltenstheoretisch orientierten Trainingstypen sind selten, wegen der verschiedenen Zielsetzungen aber auch kaum in einer Weise durchzuführen, die beiden Seiten gleichermaßen gerecht wird (Braune u.a., 1979; Klapprott, 1980). Für die Situation der Evaluation gilt in dieser Hinsicht, was analog auch für empirische Erfolgsnachweise konkurrierender Therapie-Schulen festgehalten wurde: den jeweils (von Trainern) favorisierten Verfahren wird durch die Kontrolluntersuchungen lediglich eine in ‚facts and figures‘ vorweisbare Legitimation verliehen, die die ‚Konkurrenz‘ kaum je zu überzeugen vermag (Butollo, 1980).

Zu 2.) Hier geht es um die Erhebung des Transfers im engeren Sinn: wie wirkt sich das im Training Gelernte im Handeln der Führungskraft aus? Die Form, in der dies am häufigsten erhoben wird, sind wiederum schriftliche Befragungen der ehemaligen Trainingsteilnehmer in verschiedenen zeitlichen Abständen vom Training. Die eben angedeutete Problematik des Erhebungsverfahrens gilt natürlich auch hier; im Unterschied zu Befragungen im unmittelbaren Anschluß an die Trainingsveranstaltungen sind hier Fragen über tatsächliches Handeln möglich, wobei sich natürlich das Problem der Aufrichtigkeit in besonderem Maße stellt. Befragungen von

Kollegen und Untergebenen können dieses Bild vervollständigen.[40] Beobachtungen des Handelns ‚in vivo' werden kaum zur Transferkontrolle eingesetzt; der Aufwand wäre hier erheblich. Solche Beobachtungen werden noch am ehesten im Rahmen von Organisationsentwicklungsprogrammen durchgeführt, sind aber auch hier eher die Ausnahme als die Regel (vgl. Gebert, 1980, S. 291).

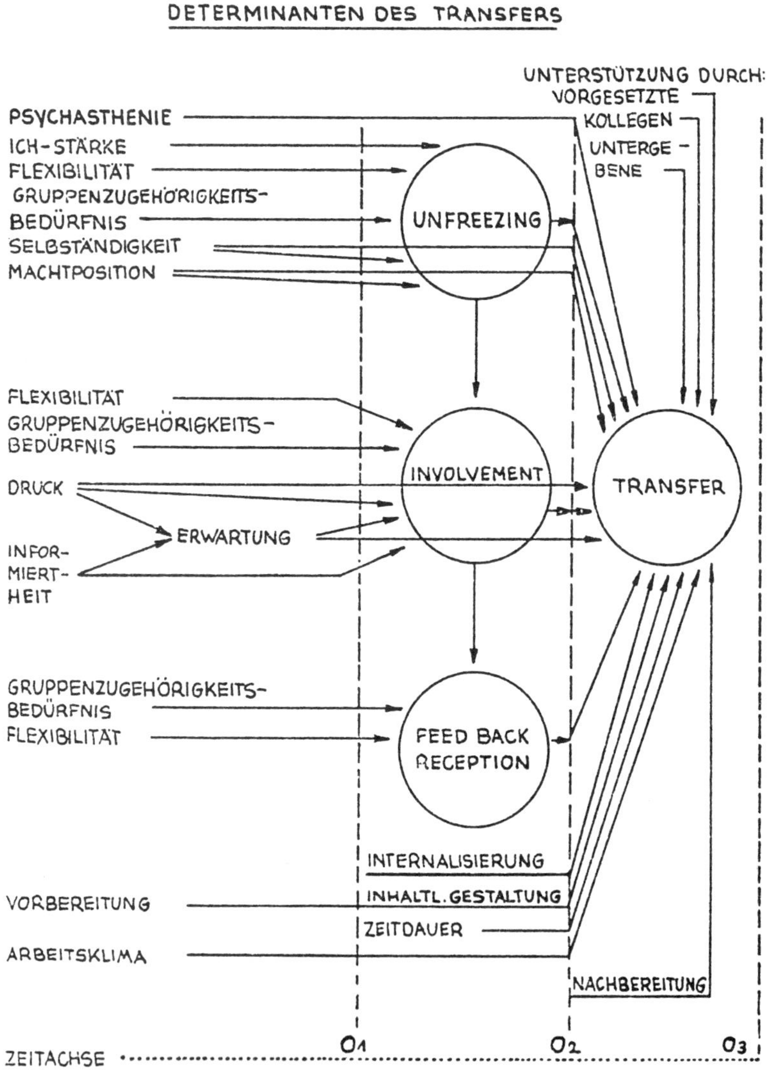

Abb. 9: Determinanten des Transfers (Gebert, 1972, S. 192).

[40] Zu Schwierigkeiten der Interpretation solcher Erhebungen vgl. Allerbeck (1977).

Die Determinanten des Transfers, die Gebert für gruppendynamische Verfahren aus den ihm vorliegenden Erhebungen erschlossen hat (siehe Abb. 9), reichen von Kennzeichen der Person des Trainierten über Charakteristika der Arbeitssituation bis zu Vorbereitung, inhaltlicher Gestaltung des Trainings und Nachbereitung. Diese Zusammenstellung ist natürlich von der Willkür der zugrundeliegenden Fragebogen-Verfahren geprägt; außerdem muß bedacht werden, daß einzelne Untersuchungen versuchen, jeweils verschiedene Determinanten als bedeutend aber auch z.T. als *un*bedeutend darzustellen. Fleishman und Harris (1972) z.B., die den starken Einfluß des Verhaltens des Vorgesetzten des Trainierten hervorheben, weisen dem Training selbst nur eine untergeordnete Rolle zu (S. 247). Verschiedene Determinanten respektive damit verknüpfte Probleme des Transfers werden in den Trainingsveranstaltungen selbst teils angesprochen, um den Transfer zu verbessern (vgl. Sieland/Schäuble, 1976, S. 154 ff.).

Zu 3.) Diese Art der Kontrolle, die Prüfung des Effekts für das Ziel des Unternehmens, umgeht zwar Probleme, die im Erforschen des Effekts von Training auf das unmittelbare Handeln der Führungskräfte liegen, ohne jedoch den geringsten inhaltlichen Anhaltspunkt dafür zu besitzen, ob und inwieweit Kriterien, wie sie mit betriebswirtschaftlichen Kenngrößen oder Zufriedenheitswerten in Abteilungen gegeben sind, tatsächlich im Zusammenhang mit Trainingseffekten stehen (vgl. Stocker-Kreichgauer, 1978, S. 196 f.).

Die Betrachtung der Evaluation von Führungstraining hat einen desolaten Zustand der praktizierten Erfolgskontrolle offengelegt: es fehlen klare Zielsetzungen für das Training und damit Maßstäbe für die Evaluation; aber auch eine nur einigermaßen *informative* Erfassung von Trainingsergebnissen haben bisherige Evaluationsansätze nicht hervorgebracht. Es verwundert daher nicht, daß die einzige Gewißheit bezüglich der Auswirkungen von Führungstraining die ist, daß da überhaupt ‚etwas' passiert; die Hoffnung, daß damit „Verkrustungen" aufgebrochen würden (Wiswede, 1981, S. 179), könnte trügen. Immerhin steht ja fest, daß in großem Maßstab zufriedene Teilnehmer die Seminare verlassen, denn die allseits praktizierten Zufriedenheitsabfragen halten ja nur in dieser Hinsicht erfolgreiche Trainer im Brot. – Und ob Zufriedenheit ein verläßlicher Indikator für den Abbau von Verkrustungen ist, darf wiederum bezweifelt werden.

2.1.2.5. Erwartungen von Trainingsteilnehmern

Die Erwartungen von Trainingsteilnehmern zählen zu den ‚anerkannten' Determinanten des Trainingserfolgs bzw. des Transfers. Hier soll zunächst dargestellt werden, wie die Bedeutung dieser Erwartungen gesehen wird. Die sich anschließende Frage lautet: wie wird mit diesen Erwartungen umgegangen bzw. welche Vorschläge liegen für den adäquaten Umgang vor? Es wird dabei deutlich werden, daß die intensive inhaltliche Auseinandersetzung mit den Erwartungen von Vorgesetzten gegenüber Führungstraining eine Alternative zu den üblichen, wenig informativen Evaluationen von solchen Veranstaltungen darstellt.

Daß bestimmte Erwartungen dem Erfolg von Trainingsveranstaltungen hinderlich sein können, wurde oben bereits angesprochen (2.1.2.2.; Fußnote: 30). Insbesondere wird angenommen, Mißerfolgserwartungen könnten sich im Sinne einer ‚self-fulfilling prophecy' bestätigen. Letztes erscheint plausibel, müßte aber inhaltlich gefüllt werden; wenn Praktiker diese These vertreten, ohne den ins Feld geführten Prozeß zu konkretisieren (vgl. Neudecker, o.J.), drängt sich der Verdacht auf, daß so in erster Linie von einer kritischen Würdigung des im Training Gebotenen abgelenkt werden soll, nach dem Motto: ‚Auch ein exzellentes Angebot kann nichts fruchten, wenn ...'[41] – Was dabei unter den Tisch fällt: vielleicht ist die Beurteilung eines Konzepts gar nicht sinnvoll, wenn sie die Relation seines Inhalts zu negativen Erwartungen ausklammert!

Vorliegende Sichtweisen der Teilnehmererwartungen werden im folgenden anhand von vier praxisorientierten Aufsätzen diskutiert; es handelt sich dabei um Kowalewsky (1980), Becker (1980), Hoepfner (1973) und Fletcher (1980).

Die „innere Situation" von Trainingsteilnehmern zu Beginn einer Veranstaltung schildert Kowalewsky (1980) folgendermaßen: „Das eigene Führungsverhalten ist für keinen Vorgesetzten eine harmlose, neutrale Angelegenheit, sondern stets ein Bereich voller Ungewißheit und Spannung, Hoffnung und Enttäuschung. Es ist kein Sachproblem, sondern ein hochgradig persönlich gefärbter Teil des eigenen Lebens. Am Anfang eines Seminars wird daher die innere Situation der Teilnehmer durch folgende Faktoren geprägt: a) Das Selbstbild des eigenen Führungsverhaltens ist unsicher – oft kompensatorisch positiv überhöht. b) Die Abwehr gegenüber dem Training ist stark. Die Teilnehmer sind in Verteidigungsposition – vor allem angesichts der Frage: ‚Warum gerade ich ...' c) Das Vorwissen ist sehr groß. Es gibt keinen Vorgesetzten, der noch nie etwas über Menschenführung gehört hat. d) Führungskräfte stehen unter starkem Druck – von oben, von unten und seitlich. Diese Anspannung wird in das Seminar hineingetragen" (S. 363f.). Die geschilderten Aspekte liegen auf verschiedenen Ebenen: Während a) einen Persönlichkeitszug kennzeichnet und sich d) auf die prinzipielle Situation von Vorgesetzten bezieht, ist mit b) die unmittelbare Einstellung zum Training angesprochen; das Vorwissen, (c), das hier eingeht, ist

[41] Neben dem Bedürfnis zu einer solchen Generalabsolution mag auch umgekehrt die Hoffnung eine Rolle spielen, durch den erfolgreichen Appell an die Aufgeschlossenheit der Teilnehmer den Erfolg der Veranstaltung so gut wie gesichert zu haben (z.B. Kohn/Parker, 1972).

wohl weniger im Sinne von Kenntnisreichtum, sondern eher im Sinne bereits existierender Präferenzen bzw. Ambivalenzen bezüglich diverser Führungsphilosophien zu verstehen; in diese Orientierungen gehen natürlich das eigene Selbstbild sowie Spannungen der Alltagssituation wiederum ein (vgl. Steinle, 1980, S. 303 ff.).

Eine genauere Kennzeichnung der unmittelbar auf das Training gerichteten Erwartungen liefert Becker (1980) für den Fall eines gruppendynamischen Trainings für Vorgesetzte *und* Untergebene: „Viele Vorgesetzte fürchten sich. Sie fürchten sich weniger vor dem Psychologen, sondern vor dem gemeinsamen Training mit ihren Mitarbeitern. Sie haben Angst, den Erwartungen der anderen oder ihrer eigenen Rolle nicht zu entsprechen. Sie fürchten Machtverlust. Wir sehen: nicht nur bei den unterstellten Mitarbeitern, sondern auch bei den Vorgesetzten sind Ängste im Spiel: die Angst zu versagen, vielleicht auch die Angst, vorgeführt zu werden, die Angst, sich zu blamieren. Andererseits ist der Wunsch da, anderen zu imponieren, Macht auszuüben“ (S. 875). In anderer Form sind die genannten Ängste und Hoffnungen gewiß auch für Trainingsveranstaltungen aktuell, die *nur* von Führungskräften besucht werden.

Hoepfner (1973) spricht von „relevanten Einstellungen bzw. Motive(n)“, deren sich die Teilnehmer „nicht immer bewußt“ seien: „Solche Motive sind z.B. Furcht vor dem Wechsel, Angst vor dem Unbekannten, die Weigerung, sich selbst als so inkompetent zu sehen, daß man Training ‚nötig hat‘ usw.“ (S. 268; vgl. auch Gibb, 1972, S. 198 ff.).

Die speziell auf Psychologen als Trainer/Seminarleiter gerichteten Erwartungen klassifiziert Fletcher (1980) so: „(a) ‚You are going to psychoanalyse me‘. (b) ‚You read people's minds'. (c) ‚Psychologists are ivory-tower academics‘. (d) ‚Psychologists are management lackeys‘ (and/or ‚Do-gooders‘). (e) ‚They never tell you the truth about what they are doing and why‘“ (S. 316). Der zuerst angesprochene Aspekt kennzeichnet die verbreitete *Assoziation aller Psychologie mit Therapie.* Wie Fletcher meint, ist diese Assoziation mit einer negativen Wertung verbunden. Diese Sicht wird durch eine oben (2.1.2.1.) zitierte Passage aus dem Werbeprospekt des Gordon-Trainings gestützt, denn sicher nicht ohne irgendeinen Erfahrungswert als Rückhalt wird dort verkündet: ‚garantiert nicht therapeutisch!‘ Andererseits findet sich in der Literatur aber auch die gegenteilige Einschätzung, „Ersatz-Therapie“ sei eine positive Erwartung von Teilnehmern an Führungskräfteschulungen (Gebert, 1972, S. 168). Jenseits des unmittelbaren Zusammenhangs mit dem Thema Führungstraining kann vermutet werden, daß psychisches Leiden ein Führungskräfte nicht nur in hohem Maße betreffendes Problem, sondern auch daß die Frage der Therapie eine für Führungskräfte in noch höherem Maße als für andere Kreise der Bevölkerung heikle Frage[42] darstellt (Hofstetter, 1980, S. 71 f. u. 153 f.; vgl. manager magazin 9/82, S. 95 ff.).

Die von Fletcher als zweite Erwartung genannte Befürchtung – „You read people's minds" – kommentiert er: „The second one is typical of the rather defensive reaction many people have, based on the notion of the psychologist as some kind of magician; it implies almost total ignorance of what is involved in the study of psychology. Amazingly, even well-educated and successful people sometimes come out with this kind of misapprehension" (S. 316). Der defensive Charakter dieser Erwartung von Trainingsteilnehmern ist sicher nicht zu leugnen, es kann aber vermutet werden, daß diese Erwartung auch mit der Hoffnung verknüpft ist, durch das Training gewissermaßen zum *Zauberlehrling in der gefürchteten Kunst* zu werden (vgl. 3.1.2.2. und 3.1.2.3.). Nach dem Urteil des ehemaligen Management-Trainers Pestalozzi scheint diese Ambivalenz der Erwartungen sich tatsächlich in Seminar-Angeboten zu reflektieren: „Ein Beispiel dafür sind die Seminare zur Körpersprache, bei denen es darum geht zu erlernen, den anderen zu übertölpeln und sich selbst zu verstecken, anstatt sich selbst transparent zu machen, um dann anständig miteinander umzugehen" (Pestalozzi, 1982, S. 62).

Der Vorwurf des Elfenbeinturm-Akademikertums (c) ist gleichbedeutend mit der *Leugnung praktischer Relevanz* (siehe auch hierzu 3.1.2.2.); Fletcher hält diesen Vorbehalt für besonders unter Führungskräften der niedrigeren Hierarchiestufen verbreitet.

Die Ansicht, Psychologen seien *Parteigänger des Managements* statt der Untergebenen (d), ist nach Fletcher eine vor allem bei Gewerkschaften verbreitete Kritik; daß diese Ansicht auch beim Gros der nicht gewerkschaftlich orientierten Führungskräfte – da jedoch als positives Urteil[43] – verbreitet ist, ist durchaus vorstellbar.

Die Einschätzung, psychologisches Tun kaschiere grundsätzlich die wahren Absichten (e), berührt sich mit der Erwartung, der Psychologe sei in der Lage, die eigenen Hintergedanken ‚zu lesen' (b). Psychologen werden hier also als *Spezialisten für Manipulation* gesehen. Dieses Erwartung kann mit Befürchtungen aber wiederum auch Hoffnungen bezüglich einer Erweiterung des eigenen Repertoires an verfügbaren Machtinstrumenten verknüpft sein.

Bezogen auf eine Systematik denkbarer Erwartungshaltungen (Tab. 1), die zur eigenen Orientierung im Zuge der Vorbereitung zu den vom Verfasser geführten Interviews mit Teilnehmern an Führungstraining erstellt wurde, wären die geschilderten Erwartungen im wesentlichen in den Zellen 3a und

---

[42] Das Phänomen des „Psychobooms" (Bach/Molter, 1976; Pohl, 1980; vgl. auch 3.1.2.2.), das ein Bekenntnis zum subjektiven Leiden impliziert, scheint Führungskräfte also nicht in nennenswertem Umfang erfaßt zu haben.

[43] Vergleiche den einseitigen Ideologieverdacht von Arbeitgebern gegenüber der Soziologie (Fußnote 11 in diesem Unterkapitel).

	Gleichgültigkeit gegenüber Wirksamkeit und Wirkungsweise psychologischen Trainings (pT) (a)	Interesse an Wirksamkeit und Wirkungsweise psychologischen Trainings (pT) (b)
Interesse an positiven zwischenmenschlichen Beziehungen (1)	etwa: eine günstige Gelegenheit, anderen näher zu kommen (vergleichbar einer Tagung beliebigen Inhalts oder einem Betriebsausflug) (1a)	pT ist wertvoll für mich und andere (Verbesserung des Klimas in der Abteilung bzw. der ganzen Organisation) (1b)
Konzentration auf die eigene Person (Bedürfnisse anderer werden unmittelbar weder positiv noch negativ einbezogen (2)	etwa: immerhin eine Gelegenheit, aus dem alltäglichen Trott herauszukommen (2a)	pT bietet mir fachmännischen Rat für meine psychischen Probleme (vergleichbar einer Psychotherapie) (2b)
Instrumentelles Interesse im Sinne einer 'Konkurrenzmentalität' (3)	etwa: zwar halte ich nichts davon, aber man muß mitmachen, wenn man weiterkommen will; eventuell kann man sich da profilieren; aber auch: man kann 'schlecht aussehen' (3a)	pT vermittelt mir das 'know-how', wie man andere 'in den Griff' bekommt; aber auch: pT birgt die Gefahr, daß meine verborgenen Absichten (im Hinblick auf andere) durchschaut werden (3b)

Tabelle 1: **Systematik denkbarer Erwartungshaltungen**

3b einzuordnen.[44] Die Rolle von Therapie scheint nach dem Gesagten durch die naive Sicht gemäß Zelle 2b kaum abgedeckt.

In derselben Reihenfolge, in der die Perspektiven der zitierten Autoren auf die Erwartungen wiedergegeben wurden, wird nun auf ihre jeweiligen Schlußfolgerungen für die Gestaltung des Trainings eingegangen.

Zum Umgang mit den gemäß seiner oben zitierten Schilderung von ihm als problematisch angesehenen Teilnehmererwartungen meint Kowalewsky (1980): „Daraus lassen sich die Anforderungen an die Methode ableiten: ... Die Methoden müssen ein unmittelbares Mitmachen der Teilnehmer ermöglichen. Sie müssen daher flexibel sein und Spaß machen. Die Beschäftigung mit diesen Problemen darf nicht zu schwer fallen. Die Abwehr muß durchbrochen werden; das Seminar muß einen gewissen anregenden Schwung haben" (S. 365). *Wie* das geforderte Durchbrechen der Abwehr gelingen soll,

[44] Die von Sader u.a. (1976 a) für den Erfolg gruppendynamischen Trainings als hinderlich erachteten Erwartungen (Fußnote 30) lassen nur die Zellen 1b und 3a (der Tab. 1) unberührt; 3a dürfte von ihnen aber nur ‚vergessen' worden sein.

geht auch aus den weiteren methodischen Anregungen Kowalewskys nicht klar hervor; die Forderung selbst wird im weiteren nochmals wiederholt – „Die anfänglichen Hemmungen und Empfindlichkeiten der Teilnehmer müssen berücksichtigt werden – also: von Abwehr zu Offenheit"; außerdem gelte es, ein „Gefühl der Realisierbarkeit" zu vermitteln (S. 368); abschließend wird allerdings die Forderung erhoben, der Trainer müsse neben profunden Kenntnissen von Führungsproblemen und psychologischen Methoden noch und vor allem folgende dritte „Qualität" aufweisen: „Dieser dritte Faktor ist entscheidend. Er geht über theoretische und methodische Kenntnisse weit hinaus. Der Trainer sollte eine sehr genaue Kenntnis der Probleme, genauer: des Tagesablaufs der Führungskräfte haben, die er ausbildet. Dafür braucht er eine intensive emotionale Zuwendung, ja geradezu eine Identifizierung mit seinen Teilnehmern. *Er muß sie lieben*" (S. 376; Hervorhebung d. Verf.).

Becker (1980) fordert angesichts der von ihm erwähnten Ängste: „Gruppendynamische Übungen haben hier eine wichtige Funktion. Durch sie können Machtansprüche ebenso wie die vorhandenen Ängste reduziert werden, und zwar ohne daß jemand dabei das Gesicht verliert. Im Gegenteil: durch das gegenseitige Sich-kennen-lernen unter Einbeziehung der Beziehungsebene, unter Berücksichtigung etwa bestehender Abhängigkeiten, ja gerade durch Aufarbeiten unterschwellig bestehender Hemmungen oder schwelender Konflikte wird eine ungezwungene Kommunikation erst möglich. In diesem Zusammenhang kommt der Meta-Kommunikation eine besondere Bedeutung zu (Auswertung des Gesprächsverlaufs und der Hintergründe)" (S. 875 f.). Die *Angst, das Gesicht zu verlieren,* die Becker hier ins Spiel bringt, löst er allzu unvermittelt in ein „Im Gegenteil ... wird eine ungezwungene Kommunikation erst möglich" auf. Letzteres mag das Ergebnis des Prozesses sein, das dem Trainer natürlich von Anbeginn des Seminars vor Augen steht; der Teilnehmer hat angesichts des Rührens an „unterschwellig bestehende Hemmungen" etc. zunächst eben Angst – das Gesicht zu verlieren. Die vorhandenen Ängste werden also in erster Instanz *nicht reduziert, sondern aktualisiert* (vgl. Gebert, 1972, S. 167 f.). Wenn man dies für einen sinnvollen Weg hält, dem Teilnehmer Einsichten zu vermitteln, wie dies bei Becker der Fall zu sein scheint, sollte man sich nicht scheuen, dies auch zu vertreten (vgl. Leavitt, 1979, S. 199).

Hoepfner (1973) schließt an die oben zitierte Auflistung von Abwehrhaltungen an: „Wenn solche Kräfte die Reaktion von Individuen auf ein Trainingsprogramm negativ beeinflussen, so sollte man versuchen, sie zu schwächen und/oder Gegenkräfte einzusetzen" (S. 268). Konkret schlägt er vor: „Angst vor dem Neuen oder der eigenen Unvollkommenheit wird verhindert, indem man den Trainierten emotionale Unterstützung und Sicherheit gewährt. Es erscheint zweckmäßig, zu jedem Zeitpunkt Änderungen nur auf ein Teilgebiet zu beschränken, und auf anderen Teilgebieten Stabilität und

Sicherheit zu betonen ... Dies könnte dazu beitragen, daß ein Manager seine Mängel eher als ein Problem sieht, das in Angriff genommen und gelöst werden kann, und nicht jede Aufforderung zur Teilnahme an einem Trainingskurs als Angriff auf den Wert seiner Person betrachtet" (S. 268). Die vorgeschlagene *Strategie des ,peu à peu'* sieht auf den ersten Blick einleuchtend bzw. praktikabel aus, läßt jedoch außer acht, daß die *Verunsicherung zentraler Einstellungen* eines Individuums, sich *nicht* ohne weiteres in das Bild von Persönlichkeits-Teilgebieten mit einem nach Belieben portionierbaren Gesamtbedarf nach Stabilität und Sicherheit fügt. Weiter empfiehlt Hoepfner: „Weiterhin sollten Feedback-Informationen über das bisherige Verhalten eines Managers ... möglichst detailliert sein und sich weitgehend auf Erwähnung des tatsächlichen Verhaltens beschränken, anstatt sofort Rückschlüsse auf Persönlichkeitsmerkmale und Motive des Handelnden zu ziehen ... Der Abteilungsleiter ist dann eher Berater und Helfer als Beurteiler ... er gewährt Unterstützung, statt zusätzlich zu bedrohen" (ebenda). Hier liegt das Problem in der Frage, was „Erwähnung des *tatsächlichen* Verhaltens" genau meint, denn der Verzicht auf die Attribuierung von Persönlichkeitsmerkmalen zu bestimmten Handlungen heißt keineswegs, daß es harmlos für den Betreffenden sein muß, wenn man ihm mitteilt, wie man sein Tun sieht; „tatsächliches Verhalten" jenseits von Sinn- und damit immer auch Wertbezügen als bloße Beschreibung von *Grob- und Feinmotorik* dürfte Hoepfner kaum meinen. Und: ist die Reflexion auf eigene Motive nicht auch (oder gerade) präsent, wenn die Motive zum heiklen Thema erklärt werden, zum Nicht-Thema, das dann indirekt immer wieder berührt wird. Schließlich kommt Hoepfner auf eine „positive Gegenkraft" zu sprechen: „Als positive Gegenkraft gegen die Furcht vor dem Neuen oder die Furcht, eigene Mängel eingestehen zu müssen, kann der mögliche Erfolg des Management-Trainings wirken. Das Training kann dem einzelnen helfen, seine fachliche Kompetenz und seine Persönlichkeit zu entwickeln, und dadurch auch seinen Erfolg in der Organisation steigern. Um solche Gegenkräfte zur Wirkung zu bringen, müssen diese erwünschten Folgen einer Führungsausbildung dem Betroffenen deutlich und möglichst konkret dargestellt werden" (Ebenda). Der *Rekurs auf den Erfolg,* den die Teilnehmer in ihrem weiteren Berufsleben ansteuern, ist eine problematische Maßnahme zur Bekämpfung der Furcht der Führungskräfte, *da diese Furcht ja ohnehin die Kehrseite des Karrierestrebens ist* (vgl. 3.3.). Die Führungskräfte ,heiß zu machen' auf die Perspektive einer souverän reüssierenden Managerpersönlichkeit, affirmiert genau die Haltung, die sie eine mögliche Blamage so angstvoll erleben läßt.

Fletcher (1980), dessen Darstellung des Psychologen-Bildes von Managern oben zitiert wurde, nimmt die Nennung der Erwartungen zum Anlaß für Tips, wie man als Psychologe vor Führungskräften ,seinen Mann stehen' kann: „Involvement and participation of students in the course generally, ... is a good safety-valve ... The other thing he can do to dispel any unfavourable or mistaken ideas about psychologists is to project himself and his discipline appropriately. For example, if he is faced by a no-nonsense, down-to-earth group of managers then they are more likely to listen what he says and take note of it if he can convince them by the style and content of his teaching that he is equally rooted in reality (as pointed out earlier, studies as closely relevant to the situation of the audience help in this respect). One aspect of this is his own appearence – if he walks in looking like the stereotype academic, then anyone with the ‚ivory-tower' image of psychologists will feel confirmed in his view. Unfortunately, some audiences (or parts of them) seem less inclined to listen to a teacher who they perceive as being ‚not one of us'. If the tutor is really concerned about persuading the students of the validity of his views, theories findings, etc., he will have to think about whether he will go down better dressed in a fashion likely to be more consistent with that of his audience" (S. 317 f.). Die Bemühung um eine erfolgversprechende *Inszenierung* der gebotenen Psychologie (einschließlich der richtigen Wahl von Garderobe und persönlicher Selbstdarstellung) ist verständlich[45]; die Gefahr ist, daß diese *Inszenierung zum Selbstzweck* wird. Das von Fletcher angesprochene *„Sicherheitsventil"* des Einbezugs der Seminarteilnehmer – ausdrücklich weist er auch anfänglicher Abfrage von Teilnehmererwartungen diese Funktion zu – dient jedenfalls nicht unbedingt der Sicherung eines möglichst intensiven Eingehens auf die Situation der Teilnehmer. Fletcher gibt übrigens keinen Hinweis, wie den Vorstellungen von den geheimen Mächten der Psychologie begegnet werden soll – Respekt implizieren diese Erwartungen ja ...

Taktischen Charakter mißt Wittwer (1981, S. 74 f.) übrigens der Mehrzahl von betriebsinternen Erhebungen von Bildungswünschen zu: man wolle seitens der Personalabteilungen nicht wirklich Interessen *eruieren,* sondern lediglich die eigene „Mitarbeiterorientierung" *demonstrieren.* Speziell für das psychologische Führungstraining kann nach den oben referierten Aussagen über die Teilnehmererwartungen bzw. -mentalität festgehalten werden, daß eine Präzisierung des Bildes wohl nur zu erreichen ist, wenn heikle Fragen aus Erhebungen solcher Erwartungen nicht ausgeklammert werden; die Bereitschaft, solche Fragen zu berühren, ist in der Erforschung von Führungstraining aber nicht eben groß (vgl. Schönwälder, 1976; Humm, 1978; Reppel, 1980; Maurer, 1982).

Zusammenfassend kann festgehalten werden: Die Erwartungen von Führungskräften gegenüber Trainingsveranstaltungen sind, gemäß den refe-

---

[45] Nicht unerwähnt soll der folgende dramaturgische Ratschlag bleiben: „In planning the course it is sometimes useful to try introducing material into the early sessions that will challenge existing beliefs and disconfirm some ‚commonsense' notions and expectations. If you can do this early on, it will help break down any tendency to think ‚Well, I could have told you that', which is a not unknown phenomenon. Asking the students to say what they would expect the findings from such-and-such a study to be before revealing them and showing how they do not conform to expectations can provide a salutary lesson" (Fletcher, 1980, S. 317).

rierten Aufsätzen, von Hoffnungen und Ängsten getragen. In diesen Hoffnungen und Ängsten machen sich neben der beruflichen Situation Vorstellungen über Einflußmöglichkeiten der Psychologie geltend. Dem Umgang mit diesen Erwartungen wird von Praktikern starke Aufmerksamkeit entgegengebracht; dabei dürfte das Interesse, die eigene Veranstaltung ,über die Bühne zu bringen', eine erhebliche Rolle spielen; darin eingeschlossen bzw. ein eigenständiges Phänomen ist die Sorge, das Trainingsgeschehen könnte tatsächlich eine zu starke Irritation für die vorgängigen Haltungen der Teilnehmer bedeuten; eine (bruchlose) Überleitung von Abwehr in konstruktive Mitarbeit wird gefordert, ohne daß klar würde, wie diese Transformation vollbracht werden soll.

Erwartungen/Mentalität/Situation	Trainerstrategie
Kowalewsky (1980)	
- unsicheres,(oft) überhöhtes Selbstbild - Abwehr ('Warum gerade ich?') - Vor-Führungswissen (Voreingenommenheit) - Druck von allen Seiten	- Ermöglichen von: Mitmachen, Spaß, Durchbrechen von Abwehr, Offenheit - durch: 'richtigen' Schwierigkeitsgrad, Flexibiltät, Gefühl der Realisierbarkeit - 'Muß' für Trainer: Identifikation und Liebe
Becker (1980)	
- Machtverlust - Rollenabweichung - Versagen,Vorgeführt-werden, Blamage - Imponieren - Macht ausüben	- gruppendynamisches Offenlegen von Beziehungen, Konflikten, Abhängigkeiten, Hemmungen - ungezwungene (Meta-)Kommunikation ohne Angst vor Gesichtsverlust
Hoepfner (1973)	
- unbewußte Angst vor Unbekanntem, Wechsel - unbewußte Weigerung,Inkompetenz zu erkennen	- Sicherheit vermitteln, nur Teilgebiete ändern - Ansprechen von Verhalten vs. Ansprechen von Persönlichkeit und Motiven - Hinweis auf möglichen Erfolg: Kompetenz und Persönlichkeit
Fletcher (1980)	
- Psychologie = Psychoanalyse - Psychologie = Durchschauen - Psychologie = rein akademisch - Psychologie = managementhörig - Psychologie = hinterhältig	- Einbeziehung und Anpassung

Tabelle 2: **Teilnehmererwartungen in der Sicht von Praktikern**

Eine intensive Exploration von Erwartungen gegenüber Führungstraining sowie des Erlebens der Einflußnahme im Training bzw. der Verarbeitung dieses Erlebens erscheint demnach aufschlußreich für das ,Etwas', was

Führungstraining bewirkt, sein zu können; indirekt könnten sich so auch Hinweise auf die faktischen Strategien von Trainern ergeben.

Eine derartige Exploration von Erwartungen impliziert, wie oben deutlich wurde, ein grundsätzlicheres Erfassen der Sicht der beruflichen Situation sowie der Vorstellungen über Einflußmöglichkeiten der Psychologie.

2.2. Exkurs: Leitung und Leitertraining in der DDR

2.2.1. Methodische Zwischenbemerkung

Im ersten Kapitel wurde an jeweils einem ausführlich zitierten Literaturbeispiel aus der hiesigen bzw. der Sozialwissenschaft der DDR die Spiegelbildlichkeit der Kritik an Führungs-/Leitertraining als (in der jeweils anderen Gesellschaftsordnung) manipulativem Instrument der Systemstabilisierung belegt. Die Analyse der Argumentation erwies in beiden Fällen die Unhaltbarkeit der Deduktion der angeprangerten Wirkung aus (tatsächlichen oder vermuteten) Absichten von Auftraggebern. Die grobe Skizze der menschlichen Beziehungen in der Hierarchie und die Kenntnisnahme einer Reihe grundlegender Aspekte von Führungstraining haben bislang (2.1.) für die hiesigen Verhältnisse konkrete Anhaltspunkte hinsichtlich der tatsächlichen Probleme im Zusammenhang mit Führungstraining gegeben. Dies mündete in das Vorhaben, Erwartungen von Teilnehmern zu explorieren; der zur verbreiteten Gewohnheit gewordenen Verbindung wenig informativer Fragebogenerhebungen mit dem Lamento über mangelnde Transferkontrolle wird auf diesem Wege – ohne jeden Anspruch auf ein ‚rundes' Bild – eine Absage erteilt. Wenn zunächst Besonderheiten der Führungsaufgabe und des Führungstrainings in der DDR zur Sprache kommen, wird damit nicht nur zur Verkleinerung einer Lücke im hiesigen Bild von der angewandten Psychologie in der DDR beigetragen[1], sondern auch eine Reflexion des Verhältnisses von Individuum und System angeregt, die für die weitere Beschäftigung mit hiesigem Führungstraining und Haltungen hiesiger Füh-

---

[1] Bei DDR-Forschern, die sich mit den dortigen Leitungsprozessen befassen wie Glaeßner(1977, S. 194 u. 234), Glaeßner/Rudolph (1978, S. 51), Belwe (1979), Himber (1980), Klein (1983), Hof (1983) und auch Graf (1983) findet die Anwendung der Sozialpsychologie in der Leiterfortbildung höchstens knappe Erwähnung. In Veröffentlichungen, wo die Sozialpsychologie der DDR Gegenstand wird, bleibt die Darstellung sozialpsychologischer Leiterfortbildung, soweit sie sich überhaupt findet, ebenfalls knapp bzw. unbefriedigend; neben bereits zitierten und noch zu zitierenden sind hier z.B. Autorenkollektiv Wissenschaftspsychologie (1975, S. 306 f.), Schunter-Kleemann (1980), Lemke (1980) und Wolf (1981) zu erwähnen. Auch in den zu Anfang der 70er Jahre extensiv betriebenen pädagogischen Forschungen über die Erwachsenen- und Weiterbildung in der DDR wird das Thema psychologisches Leitertraining ausgespart (siehe z.B. Anweiler, 1971 und 1978; Siebert, 1970 und 1979; Hettwer, 1976; Niehuis, 1973).

rungskräfte fruchtbar gemacht werden kann (siehe insbesondere 2.2.4. und 3.3.).

Ohne hier grundsätzliche Schwierigkeiten des Vergleichs kultureller oder gesellschaftlicher Systeme in befriedigender Weise auch nur andeuten zu können (siehe hierzu z.B. Boesch/Eckensberger, 1969; Thomae, 1972; Liegle, 1980; Strümpel, 1980), sei kurz auf einige methodische Fragen der Beschäftigung mit den Verhältnissen in der DDR eingegangen.

Die interdisziplinäre sogenannte DDR-Forschung, die in der Zeitschrift „Deutschland-Archiv" über ein Diskussionsforum verfügt, löste sich in den 70er Jahren von dem wenig erhellenden Verfahren, den Verhältnissen in der DDR mit den hiesigen Maßstäben zu begegnen und befriedigt Identität oder Differenz zu konstatieren; demgegenüber wurde verstärkt die immanente Auseinandersetzung mit den Gegebenheiten in der DDR gefordert (z.B. Straßburger/Zimmermann, 1976; vgl. Niehoff, 1982). Eine solche Immanenz schließt Vergleiche der verschiedenen Gesellschaftssysteme natürlich nicht aus und muß auch nicht in Widerspruch zu theoretischen Konzepten stehen, die irgendeine Form von Konvergenz der Systeme als möglich erachten (vgl. Bendix, 1960; Bell, 1975), obwohl Konzepte, die globale Erscheinungen und/oder Entwicklungen postulieren, selbstverständlich die Gefahr einer defizitären Wahrnehmung implizieren (Thomae, 1977, S. 127). Das Gebot zu einer immanenten Beschäftigung ist aber selbst nicht unproblematisch, wenn es 1. in einen Relativismus mündet, der kritische Stellungnahmen per definitionem zu von außen an die spezifischen Verhältnisse herangetragenen erklärt (so bei Clees, 1978, z.B. S. 202ff.) oder wenn es 2. die Augen davor verschließen läßt, daß Vergleiche nicht nur am Ende der isolierten Untersuchung beider Seiten stehen, sondern natürlich auch in den Erkenntnisprozeß jeweils bereits eingehen können, ohne daß dieser dadurch wertlos würde (vgl. Liegle, 1980, S. 199). Im Fall der vorliegenden Untersuchung wird in verschiedener Hinsicht an das, was bislang über menschliche Beziehungen in der Hierarchie und über Training von Führungskräften gesagt wurde (2.1.), angeschlossen werden, ohne daß damit die hiesigen Verhältnisse zu der Elle gemacht werden, an der gemessen zu werden die DDR sich gefallen lassen muß.

Der Ost/West-Vergleich wird in großem Ausmaß in Ökonomie und Politologie vorgenommen – und zwar von beiden Gesellschaftssystemen aus. Die westlichen Forschungen stützen sich dabei neben den offiziellen Selbstdarstellungen nach innen und außen, Gesetzestexten, Problemaufrissen der dortigen Wissenschaften, sogenannten „harten" statistischen Daten u.a. auch auf (von dortigen Stellen vorgenommene) Erhebungen von Einstellungen der dortigen Bevölkerung. Die mangelnde Verläßlichkeit von Ergebnissen von Untersuchungen der zuletzt genannten Art wird von den hiesigen DDR-Forschern immer wieder hervorgehoben: „Die Besonderheit der Interviewsituation in der DDR liegt darin, daß die negative Sanktionierung systemkritischer Äußerungen in anderen Betrieben auf das Interview ausstrahlt, die sozialistischen Normen und Werte mit einem hohen Maß von Verbindlichkeit ständig propagiert werden und sich bei entsprechenden Fragen als ungefährliche Antworten geradezu anbieten" (Messing, 1978, S. 29; vgl. Voigt, 1973). Ludz sah nicht nur ein solches „Ausstrahlen" auf die Erhebungen, sondern auch eine belehrende Funktion der mit „enormem Aufwand" (Ludz, 1980, S. 187) betriebenen Untersuchungen selbst: „..., daß in der empirischen Sozialforschung der DDR die psychologisch-pädagogische Komponente, dem herrschenden politischen System entsprechend, sicherlich stärker im Vordergrund steht als etwa in der empirischen Sozialforschung in der Bundesrepublik" (Ebenda, S. 186). Die postulierten Funktionen, „die Herrschenden zu informieren und die Beherrschten zu kontrollieren, manipulieren und mobilisieren" (Ebenda, S. 198)[2], sind allerdings kaum zugleich realisierbar. Nach Messing (1973, S. 30) wird versucht, die zuerst aufgeführte Informationsfunktion durch Untersuchungen mit besonders zurückhaltendem Interviewverhalten einzulösen; solche Untersuchungen würden dann meist nicht veröffentlicht[3]. Andererseits kann aber nicht behauptet werden, es würden keinerlei von den gesellschaftlichen Idealen abweichende Ergebnisse veröffentlicht; dies wird z.B. an den Diskussionen in der DDR veröffentlichter Untersuchungen zur Arbeitszufriedenheit bei Jugendlichen durch Jaide (1977) und zu Berufswahl und Berufslenkung durch Hille (1977) deutlich, obgleich auch diese Autoren von einer starken Tendenz zur „Verheimlichung empirischer Befunde" (Jaide/Hille, 1977, S. 17) ausgehen. Nach Hille (1981) muß deshalb versucht werden,

---

[2] Der komplementäre Vorwurf findet sich bei den bereits im 1. Kap. zitierten DDR-Autoren Kühn/Junghänel (1980): „Nehmen wir beispielsweise die Demoskopie, die vor allem der Kontrolle von Manipulationsergebnissen dient ... Es gibt kein pädagogisch-politisches, wirtschaftspolitisches bzw. innenpolitisches Ereignis in der BRD von einiger Bedeutung, bei dem die Einstellungen von Bevölkerungsschichten zu kalkulieren sind, bei dem nicht die Hilfe der Demoskopie genutzt wird. Die wichtigsten Befragungsergebnisse und Auftraggeber für die Befragungen werden zumeist geheimgehalten oder verspätet veröffentlicht. Die veröffentlichten Befragungsergebnisse machen jedoch ihren Charakter deutlich genug. Es werden z.B. untersucht: die Popularität bzw. Massenwirksamkeit von Spitzenpolitikern, die an ihnen geschätzten oder abgelehnten Persönlichkeitseigenschaften, damit gewünschte Eigenschaften gemanagt werden, die Wirkung erzielen, so geschehen bei Adenauer, Erhardt, Brandt und wahrscheinlich auch bei Schmidt und Kohl. Besonderes Interesse finden die politischen Einstellungen, Lesebedürfnisse, die gesellschaftliche Organisiertheit Jugendlicher und weiterer Bevölkerungsschichten. Immer wieder werden die Einstellungen zu aktuellen politischen Ereignissen, Situationen usw. ermittelt: zum Terrorismus und seinen Ursachen, zu den Beziehungen zwischen BRD und DDR usw." (S. 162).

[3] Voigt veröffentlichte nach seinem Überwechseln in die BRD Ergebnisse einer derartigen Studie über „Montagearbeiter in der DDR" (1973). Die Ergebnisse weichen insgesamt starkt vom Ideal einer „sozialistischen Arbeitseinstellung" ab (siehe insbesondere S. 159 f.).

durch Kombination heterogener Materialien „mosaikartig ein möglichst umfassendes wissenschaftlich fundierbares und annähernd zutreffendes Bild von der Situation der Bevölkerung in der DDR“ (S. 194) zu gewinnen. In diesem Zusammenhang ist der Umstand zu erwähnen, daß sich Arbeitssoziologie und -psychologie in der DDR keineswegs auf rein idealisierende Darstellungen beschränken (vgl. Ludz, 1980, S. 231), auch wenn solche Darstellungen z.T. prägend für Argumentationsstränge werden (vgl. Schönhammer, 1981).

Die Verknüpfung von systemvergleichenden Untersuchungen mit dem Ziel, die Über- oder Unterlegenheit einer individualistischen bzw. einer kollektivistischen Weltanschauung zu beweisen, ist weit verbreitet (vgl. Liegle, 1972, S. 8; Ho, 1979); solche ‚Beweise‘ werden dabei meist in der (vermuteten oder tatsächlichen) Übereinstimmung/Abweichung der Individuen mit/von der jeweiligen Weltanschauung gesehen; ein derartiges Vorgehen übersieht, daß mit solchen Feststellungen weder die Realitätsangemessenheit der jeweiligen Anschauung noch die Gründe, warum Individuen sich zu ihnen bekennen, erfaßt sind.[4]

2.2.2. Leitertätigkeit: menschliche Beziehungen in der Hierarchie

Leitung wird vom „Wörterbuch der Ökonomie/Sozialismus“ gefaßt als „gesellschaftliches Verhältnis, das ein notwendiges Moment der jeweiligen Klassen- und Machtverhältnisse ist“ (1979, S. 558). Im Anschluß an diese Feststellung wird allerdings keine nähere Bestimmung der Machtverhältnisse in den Betrieben der DDR gegeben, sondern Leitung abstrakt aus Arbeitsteilung deduziert: „Die Leitung vermittelt zweck- und richtungsbestimmend die Tätigkeit der Menschen. Die Leitung ist in der Wirtschaft eine den Erfordernissen des arbeitsteiligen Reproduktions- bzw. Arbeitsprozesses entspringende und ihm zugleich innewohnende objektive Funktion, die die Zielsetzung, Koordinierung und Kontrolle aller an dem betreffenden arbeitsteiligen Prozeß Beteiligten umfaßt“ (Ebenda). Hier und an analogen Stellen in anderen DDR-Publikationen zum Thema Leitung wird auf Aussagen von Marx zum Thema Kooperation verwiesen: „Alle unmittelbar gesellschaftliche oder gemeinschaftliche Arbeit auf größerem Maßstab bedarf mehr oder minder einer Direktion, welche die Harmonie der individuellen Tätigkeiten vermittelt und die allgemeinen Funktionen vollzieht, die aus der

[4] Bronfenbrenners auf eigenen Erhebungen basierender Vergleich der Sozialisation in den USA und der UdSSR bestätigt seine Vermutung, die Kinder in der UdSSR hätten eine sozialere, idealistischere Lebensauffassung (Bronfenbrenner, 1972, S. 70 ff.; vgl. Ders., 1981, S. 243 f.).Hille dagegen sieht in der DDR-Realität erhebliche Abweichungen vom Erziehungsziel „Sozialistische Persönlichkeit“ (1981, S. 185 u. 193). Beide Befunde müssen sich nicht unbedingt widersprechen: neben der Differenz UdSSR/DDR könnten auch Alters- und damit Erfahrungsdifferenzen der jeweiligen Stichproben eine Rolle spielen.

Bewegung des produktiven Gesamtkörpers im Unterschied von der Bewegung seiner selbständigen Organe entspringen. Ein einzelner Violinspieler dirigiert sich selbst, ein Orchester bedarf des Musikdirektors" (Marx, 1972, S. 350). Die Spezifik der Leitungstätigkeit in den Betrieben der DDR allerdings werde vom Charakter der Gesellschaftsordnung bestimmt, da Leitung eine „untrennbar mit dem Eigentum an Produktionsmitteln" verknüpfte „Teilfunktion des Reproduktionsprozesses" sei (Wörterbuch der Ökonomie/Sozialismus, 1979, S. 558). Die Spezifik der Leitertätigkeit in der DDR wird mithin – „Im Sozialismus ändert sich mit der ökonomischen Basis und der Übernahme der gemeinsamen Eigentümerfunktion auch das Subjekt der Leitung" (G. Vorweg u.a., 1980, S. 135) – darin gesehen, *daß das Objekt der Leitung hier zugleich deren Subjekt sei:* „Im Sozialismus verwirklichen die Werktätigen die sozialistische Demokratie, indem sie die Leitung der Gesellschaft selbst übernehmen" (Ebenda).

Einerseits wird also die *Emanzipation* der Objekte von der Hierarchie postuliert, andererseits wird Hierarchie als quasi *technische Notwendigkeit* jedweder Kooperation ausgegeben.[5] Bekanntlich löst sich dieser Widerspruch praktisch dadurch, daß die Werktätigen in Gestalt der Leiter, denen sie untergeordnet sind, mit ihren eigenen Interessen – „den objektiven gesellschaftlichen Interessen der Arbeiterklasse" – konfrontiert werden: „Der sozialistische Leiter ist in unserer Gesellschaft als Beauftragter der Arbeiterklasse tätig und erfüllt seine Funktion, indem er die objektiven gesellschaftlichen Interessen der Arbeiterklasse und aller anderen Werktätigen der sozialistischen Gesellschaft mit Hilfe der Führungsfunktion realisieren hilft" (M. Vorweg, 1973, S. 154). *Insofern* ist der „Beauftragte von Partei und Regierung" (Ebenda) also den Objekten seiner Tätigkeit nicht über- sondern untergeordnet.

Vor dem Hintergrund der so doppelt legitimierten[6] Hierarchie (vgl. Abb. 10) bleibt die Frage nach den *faktischen Partizipationsmöglichkeiten* in den

[5] Siehe auch folgenden Versuch, die „Natürlichkeit" von Hierarchie zu beweisen: „Die Führungsfunktion ist dem gesellschaftlichen Lebensprozeß der Menschen immanent. Sie entsteht auch spontan überall dort, wo nicht formell ein Leiter eingesetzt wird. Die täglichen Erfahrungen liefern dafür viele Beispiele. In sozialpsychologischen Laboruntersuchungen ... konnte das ebenfalls nachgewiesen werden. Der eingesetzte Einzelleiter, z.B. in einer Arbeitsbrigade, oder der Lehrer in einer Schulklasse, ist eine formelle Institutionalisierung der Führungsfunktion. Die Tatsache, daß sich die Führungsfunktion unter bestimmten Bedingungen auch spontan, in informeller Weise herausbildet, und sei es auch nur in Ansätzen und mit geringer zeitlicher Erstreckung, ist der beste Beweis dafür, daß sie kooperativen Prozessen bzw. Gruppentätigkeiten, die auf ein gemeinsames Ziel hin unternommen werden, tatsächlich immanent ist und nicht von außen her in soziale Wechselwirkungen hineingetragen werden muß" (G. Vorwerg u.a., 1980, S. 134).

[6] Zur Kritik (von verschiedenen gesellschaftspolitischen Positionen aus) des legitimatorischen Ausschlachtens der formell veränderten Eigentumsverhältnisse vgl. u.a. Sombart (1955, S. 1016 f.), Neumann (1971, S. 135), Gaitanides (1976, S. 95) und Vogt (1979, S. 382) und Stirn (1980), S. 50 ff.).

Betrieben der DDR von Interesse. Ausgehend von der Darstellung des sogenannten „Prinzips der Einzelleitung“ soll versucht werden, die tatsächlichen Rahmenbedingungen der Beziehungen von Leitern und Untergebenen in Umrissen greifbar zu machen; dabei wird deutlich werden, daß gesamtgesellschaftliche Regelungen durchaus auch konkrete Auswirkungen auf die menschlichen Beziehungen in der Hierarchie der DDR-Betriebe haben – wenn auch nicht in der offiziell propagierten Weise.

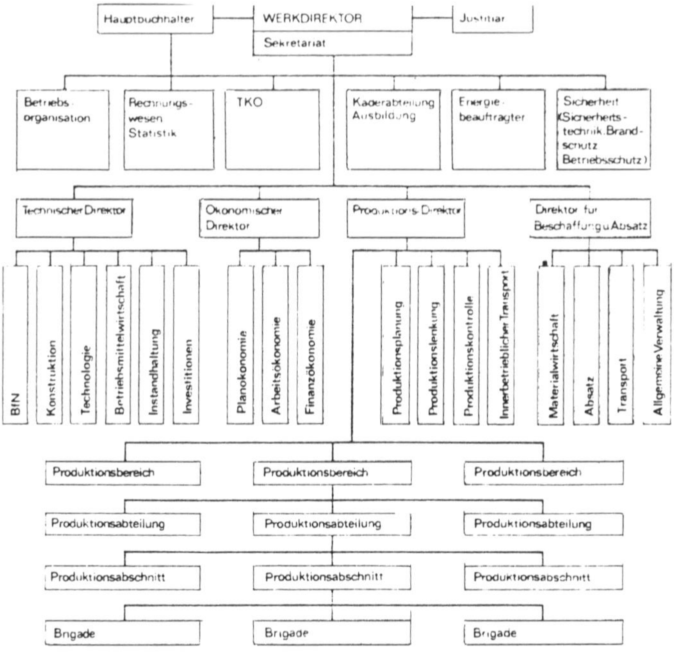

Abb. 10: Struktur eines volkseigenen Betriebes (nach Friedrich, 1975)

Das „Prinzip der Einzelleitung“ wird auch als „Prinzip der persönlichen Verantwortung“ umschrieben und im Sinne der oben zitierten Stellen als Erfordernis kooperativer Prozesse dargestellt; weiter wird im „Wörterbuch der Ökonomie/Sozialismus“ zur Einzelleitung ausgeführt: „Bei der Ausübung ihrer Funktion stützen sich die Leiter auf die Kenntnisse und Erfahrungen, auf die Bewußtheit und Disziplin der Werktätigen. Dieses Prinzip schließt folglich die Werktätigen von der Leitung nicht aus, sondern setzt ihre Mitarbeit für eine qualifizierte Einzelleitung direkt voraus“ (S. 561). Die Beteiligung der Geleiteten, von der hier die Rede ist, scheint jedenfalls nicht gleichbedeutend mit einer verbrieften Einflußnahme auf Entscheidungen; dies ist auch an den einschlägigen Bestimmungen des Arbeitsgesetzbuches der DDR erkennbar; zur Verantwortung des Betriebsleiters bzw. leitender Mitarbeiter mit engeren Verantwortungsbereichen heißt es dort: „(1) Der Betriebsleiter hat das Betriebskollektiv rechtzeitig über die Erfordernisse zur Erfüllung der Aufgaben des Betriebes und über besondere Probleme zu informieren. Dabei sind die politischen und ökonomischen Zusammenhänge zu erläutern und die Fragen der Werktätigen zu beantworten. Der Betriebsleiter hat die Initiativen der Werktätigen auf die Lösung der Schwerpunktaufgaben zu lenken und über die besten Lösungswege mit den Werktätigen zu beraten. (2) Der Betriebsleiter ist verpflichtet, vor den Werktätigen des Betriebes Rechenschaft zu legen, insbesondere über den Stand der Erfüllung der geplanten Aufgaben" (Arbeitsgesetzbuch, 1980, S. 13, § 19). Von einer Partizipation, die eine tatsächliche Einflußnahme auf die Entscheidungen sicherstellt, kann hier nur schwerlich die Rede sein.[7] Im Sinne der oben (2.1.1.3.) geführten Kritik an der Etikettierung eines lediglich informierenden oder beratenden Führungsstils als Partizipation muß auch hier von *„Pseudo-Partizipation"* gesprochen werden. Daß immerhin diese Orientierung auf die Untergebenen gesetzlich verpflichtend gemacht ist und nicht, wie hierzulande, lediglich Bestandteil mehr oder weniger unverbindlicher firmeninterner Führungsrichtlinien, könnte als gewisser Fortschritt für die Untergebenen gewertet werden; allerdings sind diese Richtlinien so unbestimmt formuliert, daß ein sehr großer Auslegungsspielraum bleibt. Im „Handbuch für die sozialistische Leitertätigkeit" heißt es dann auch: „Allerdings sollte man auch nicht die Augen davor verschließen, daß die Teilnahme des Kollektivs an der Leitung und Planung gewisse Grenzen hat: Notwendigkeit zur Geheimhaltung, begrenzte Zeit zur Entscheidungsvorbereitung, Qualifikationsstand usw. Mitunter werden jedoch künstliche Grenzen gezogen, wenn Geheimniskrämerei betrieben wird, obgleich im konkreten Fall nichts geheim zu halten ist" (Leiter-Kollektiv-Persönlichkeit, 1979, S. 72).

In der Praxis scheint die Verpflichtung der Leiter zur Beratung mit den Untergebenen oftmals von beiden Seiten aus nicht allzu ernstgenommen zu werden; dies kommt in Ermahnungen wie der folgenden zum Ausdruck: „Bei den Kollektivmitgliedern muß das Gefühl aufkommen, daß sie nicht nur dann gerufen werden, wenn eine schwierige Situation im Betrieb zu meistern und deshalb ihre Aktivität besonders gefragt ist. Das Kollektiv muß vielmehr erleben, wie es vom Leiter planmäßig mit allen wichtigen Leitungsproblemen

[7] Zur ausführlichen Darstellung der Möglichkeiten und Grenzen der Mitbestimmung in volkseigenen Betrieben (VEB) der DDR siehe Belwe (1979, S. 168 ff.). Belwe resümiert: „Die im volkseigenen Betrieb in der Einzelleitung und der persönlichen Verantwortung des Betriebsdirektors bei gleichzeitiger Mitwirkung aller Betriebsangehörigen wirksam werdende Form des ‚demokratischen Zentralismus' setzt einer nachhaltigen Einwirkung auf betriebliche Entscheidungen unverändert enge Grenzen: In die Einzelleitung als konkreter Ausformung der zentralistischen Komponente des Prinzips des ‚demokratischen Zentralismus' kann unter gegebenen Bedingungen nicht eingegriffen werden" (Ebenda, S. 220 f.).

vertraut gemacht wird und daß diese Einbeziehung in die Leitungstätigkeit nicht nur eine bloße Pflichterfüllung, sondern vielmehr politische Arbeit und ein echtes Bedürfnis des Leiters ist, die Hilfe seiner Mitarbeiter zu erbitten und anzunehmen. Durch solches Leiterverhalten entwickeln sich die Leiter-Kollektiv-Beziehungen positiv. Das Kollektiv entwickelt sich in der Weise, daß es nicht nur seine eigenen Aufgaben erfüllt, sondern anderen Kollektiven zum Vorbild wird" (J. Neumann, 1981, S. 136). Wo es darum geht, bei den Untergebenen das *Gefühl* des Ernstgenommenwerdens zu erzeugen, treten die verbrieften Rechte der Untergebenen hinter der Fähigkeit des Vorgesetzten, durch einen geschickten „Leitungsstil" (Ebenda; vgl. Wochnik, 1975, S. 533) dieses Gefühl zu erzeugen, zurück. Das Fehlen der Institutionalisierung des Einflusses der Untergebenen macht aber die Vermittlung eines entsprechenden „Als-ob" nicht nur erforderlich, sondern zugleich zu einer kaum lösbaren Aufgabe, da die Untergebenen diesbezüglichen Avancen ihrer Vorgesetzten entsprechend skeptisch begegnen (vgl. 2.1.1.2. und 2.1.1.3.). Das angestrebte Gefühl der Untergebenen ist ja keineswegs Selbstzweck, sondern dient der „Motivierung der Kollektivmitglieder" (Neumann, 1981, S. 136): „Als Leiter von Kollektiven werktätiger Menschen arbeiten sie vertrauensvoll mit ihren Mitarbeitern zusammen, gewinnen und begeistern sie für die Verwirklichung der Planaufgaben ..." (Wörterbuch der Ökonomie/Sozialismus, 1979, S. 557). Bevor der Gesichtspunkt der von Leitern in der DDR geforderten Befähigung zur begeisternden und vertrauensvollen Führung von Untergebenen weiter verfolgt wird, ist im Zusammenhang mit der Frage der Partizipation kurz auf die Rolle der Gewerkschaft in der DDR einzugehen.

Im § 18 des Arbeitsgesetzbuches der DDR (1980) heißt es zu den grundsätzlichen Pflichten des Leiters: „Er hat mit der Gewerkschaft, der Freien Deutschen Jugend und anderen gesellschaftlichen Organisationen im Betrieb eng zusammenzuarbeiten" (S. 13). In § 20 wird dazu näher ausgeführt: „(1) Der Betriebsleiter hat die Vorschläge und Stellungnahmen der Betriebsgewerkschaftsorganisation und ihrer Organe, der Freien Deutschen Jugend und anderer gesellschaftlicher Organisationen im Betrieb auszuwerten. Über die Verwirklichung der Vorschläge ist Rechenschaft zu legen. Können Vorschläge nicht oder erst zu einem späteren Zeitpunkt verwirklicht werden, ist das zu begründen" (Ebenda).[8] Gewerkschafter in der DDR konstatieren so voll Stolz: „Die freie gewerkschafliche Betätigung in der materiellen Produktion ist für uns eine Selbstverständlichkeit. Kein Plan, keine betriebliche Regelung, kein Gesetz in unserem Staat, das die Belange der Werktätigen

[8] Die Verpflichtung gegenüber Vorschlägen und Anliegen des einzelnen Untergebenen lautet demgegenüber: „(2) Der Betriebsleiter hat Vorschläge und Anliegen der Werktätigen auszuwerten und für die Verbesserung der Arbeit zu nutzen. Für die Bearbeitung der Vorschläge und Anliegen der Werktätigen gelten die Rechtsvorschriften über Eingaben" (Arbeitsgesetzbuch, 1980, S. 13, § 20/2).

betrifft, sind denkbar ohne die Zustimmung der Gewerkschaften" (Töpfer, 1980, S. 110). Wie die zitierte Passage des § 20 des Arbeitsgesetzbuches zeigt, ist die Durchsetzung betrieblicher Entscheidungen jedoch keineswegs abhängig von der Zustimmung der Gewerkschaft. Dies stellt für die Gewerkschaft in der DDR jedoch kein Problem dar, da sie ihren Beitrag zur „konkreten Machtausübung durch die Arbeiterklasse" ohnehin in ihren „täglichen Aktivitäten zur Steigerung der Leistungskraft der Volkswirtschaft" (Deutschland, 1981, S. 195) sieht; der FDGB (Freier Deutscher Gewerkschaftsbund) versteht sich also primär als Stütze für die Aufgabe der Leiter, „die geplanten Aufgaben des Betriebes zu erfüllen und gezielt zu überbieten" (Arbeitsgesetz, 1980, S. 13, § 18). Konkret kommt der in den Betrieben stark präsente FDGB (knappe 9 Mio. Mitglieder) (siehe Abb. 11, zur Struktur) dieser Aufgabe vor allem durch Organisierung des „sozialistischen Wettbewerbs" nach; Bestandteil des „sozialistischen Wettbewerbs" sind z.B. die sogenannten „Gegenpläne", die nicht wie der Name suggeriert, Interessen der Arbeitenden *gegen* die Vorgaben des staatlichen Planes geltend machen, sondern Selbstverpflichtungen der Arbeitenden zur *Übererfüllung* der Planvorgaben darstellen (siehe z.B. Hummel/Land, 1979, S. 353).

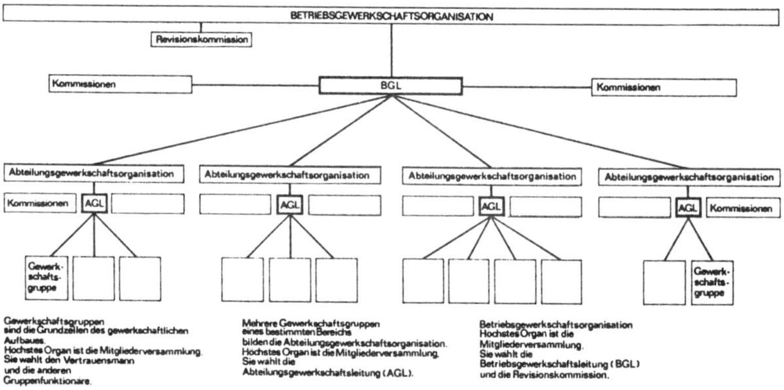

Abb. 11: Die Struktur der Betriebsgewerkschaftsorganisationen des FDGB (nach Friedrich, 1975).

Gutmann urteilt über die vom FDGB exekutierte Mitbestimmung: „Diese Art der ‚Mitbestimmung' ist ein Instrument zur Optimierung der von anderen zu treffenden Entscheidungen und der Planausführung. Sie ist nicht dazu gedacht, konkurrierende Willensbildung der Belegschaften gegenüber dem Willen der politischen Spitzengremien und der wirtschaftsleitenden Organe hinsichtlich der Ziele des Wirtschaftens zu ermöglichen" (Gutmann, 1981, S. 145). Allerdings kann nicht ohne weiteres davon ausgegangen werden, daß dieses Ziel dergestalt auch zu realisieren ist. Die unablässigen Leistungsappelle bewirken eher eine Distanzierung der Angesprochenen, die Bahro folgendermaßen umschreibt: „Wenn die gesellschaftlichen Organisationen ins Schlepptau des staatlichen Leitungssystems geraten und hauptsächlich dessen Funktionen ... verstärken helfen, können sie die Werktätigen nicht für die Lösung der aktuellen Widersprüche ... mobilisieren. Dann weichen die subjektiven Energien aus ihnen zurück“ (Bahro, 1980, S. 151).[9]

Ohne dieses Phänomen im Rahmen der vorliegenden Arbeit näher analysieren zu können, muß an dieser Stelle eine Erscheinung erwähnt werden, die das Bild der massiven Geltendmachung der staatlichen Ziele gegenüber den Arbeitenden durch die Leitenden relativiert: die Methoden der staatlichen Planung bzw. der Durchsetzung der vorgegebenen Planziele führen dazu, daß Betriebe oftmals versuchen, durch falsche Angaben gegenüber den staatlichen Stellen, die sogenannte „Politik der weichen Pläne“ (Gutmann, 1981, S. 151), in den Genuß von Prämien bzw. anderen günstigen Ausgangsbedingungen für die weitere Produktion zu gelangen (vgl. Bernholz, 1975, S. 180; Damus, 1973, S. 230 f.).[10] Die „Politik der weichen Pläne“ impliziert eine *Komplizenschaft über die Stufen der Hierarchie hinweg:* „Alle Betriebsangehörigen vom Handlanger bis zum Genossen Direktor sind deshalb aus Eigeninteresse darauf bedacht, ein möglichst leicht erfüllbares bzw. leicht übertreffbares Plansoll bzw. eine möglichst niedrige Norm zu erhalten“ (Peters, 1980, S. 160).[11] Diese Praxis führt zu einer Ausweitung des Systems staatlicher Kontrollen (Ebenda, S. 161), die, wie Bahro feststellt, den inkriminierten Zutand jedoch nicht überwinden, sondern zur Herausbildung einer Mischung von Subalternität und Verantwortungslosigkeit beitragen (Bahro, 1977, S. 18 f.; vgl. Bahro, 1980 a). Die wie die Betriebsgewerkschaft analog zur betrieblichen Hierarchie strukturierte Betriebsparteiorganisation (vgl. Abb. 12, nächste Seite) scheint in dieser Hinsicht keine Ausnahme zu bilden (vgl. Bendix, 1960, S. 487 ff.).

Die Aufgabe des Leiters, seine Untergebenen zu motivieren, zerfällt in zwei in gewisser Hinsicht miteinander unvereinbare Teilaufgaben: einerseits ist der Leiter dazu angehalten, durch Appelle an die sozialistische Arbeitsethik den „subjektiven Faktor“ zu maximalem Arbeitseinsatz anzuhalten

---

[9] Angesichts dser Forderung der polnischen Arbeiter nach einer unabhängigen Gewerkschaft konstatierte Jiri Pelikán im Herbst 1980: „Diese Forderung stellt den tiefsten Einbruch in das System des sowjetischen Modells des Sozialismus dar, in dem die Gewerkschaften einen Transmissionsriemen der regierenden kommunistischen Partei darstellen“ (1980, S. 8; vgl. Fetscher, 1980).

[10] Dies ist einer der wesentlichen Anlässe für die immer wieder aufkommenden Reformdiskussionen in den Ländern mit staatlicher Planwirtschaft; vgl. entsprechende Anzeichen nach dem jüngsten Führungswechsel in der UdSSR.

[11] Eine in der DDR veröffentlichte Darstellung solcher Manipulationen liegt mit Dettenborn/Seidel (1974) vor.

(„Ideologie als Produktivkraft")[12]; diese Appelle sind zugleich Bestandteil der langfristigen Aufgaben, die Untergebenen zu „sozialistischen Persönlichkeiten" zu erziehen[13]; andererseits werden diese wenig fruchtbaren Appelle[14] durch die Ratschläge der Leitungswissenschaft im Rahmen der WAO (Wissenschaftliche Arbeitsorganisation) ergänzt. Diese Ratschläge reichen von Hinweisen auf die richtige Dosierung der „materiellen Anreize" bis zur Diskussion verschiedener „Leitungsstile" (siehe z.B. Leiter-Kollektiv-Persönlichkeit[15], 1979, S. 318 ff. u. 378 ff.). *Die Hoffnung, durch verschiedenste Leitungstechniken den „subjektiven Faktor" dahin zu bringen, wohin ihn die propagierte Idealisierung der Arbeit nicht bekommt*[16]*, impliziert ein reges Interesse*

---

[12] Die Diskrepanz zwischen den Ausführungen von Marx zur Arbeit und der in den sozialistischen Ländern propagierten Arbeitsethik, die eher einer vorbürgerlichen bzw. frühkapitalistischen Verklärung der Arbeitsamkeit nahe komme, betonen u.a. Fetscher (1967, S. 293), Mansilla (1973, S. 249 ff.), Hellpach (1954, S. 122) und Marcuse (1964, S. 231 ff.).

[13] Siehe z.B. Pöhlmann/G. Vorwerg (1979): „Der Leiter muß die aus den ökonomischen und sozialen Verhältnissen abzuleitenden gesellschaftlichen Anforderungen so an das Kollektiv vermitteln, daß die Differenz zwischen gesellschaftlich erforderten Verhaltensweisen und bereits vom Kollektiv verinnerlichten Verhaltensweisen immer geringer wird. Ausgangspunkt der Erziehung ist das zur Zeit vom Kollektiv verinnerlichte Normensystem; Ziel der Erziehung die Verinnerlichung gesamtgesellschaftlicher Verhaltensanforderungen" (S. 67). „Die zwischenmenschlichen Beziehungen werden im Laufe der weiteren Entwicklungen der sozialistischen Gesellschaft immer weniger durch ‚Zwang' reguliert. Es ist ein Merkmal sozialistischer Persönlichkeiten und Kollektive, daß sich jeder Werktätige freiwillig und bewußt der objektiv notwendigen Arbeitsdisziplin unterordnet" (Ebenda, S. 69).

[14] Bahro resümiert in seiner Dissertation die in Intensivinterviews (mit Vertretern der technischen Intelligenz in den VEB) erhaltenen Aussagen zur Akzeptanz solcher Appelle dahingehend, „... daß hier durch eine überholte massenpolitische Praxis ein psychischer Widerstand aufgebaut wird, der – wenn man die Logik dieser Studie akzeptiert – nicht durch ‚noch mehr Überzeugungsarbeit' zugunsten eben dieser Praxis überwunden werden kann, deren disfunktionaler Effekt er ist" (Bahro, 1980, S. 171).

[15] Eine eingehendere Analyse dieses „Handbuches für sozialistische Leiter" hat Himber (1980) vorgelegt.

[16] Der Pädagoge Neuner formuliert diese Hoffnung folgendermaßen: „Wenn wir gemeinsame Arbeiten, kollektive Vorhaben organisieren, so nutzen wir, vielfach unbewußt, diesen Zusammenhang. Wir stellen dem einzelnen und dem Kollektiv Aufgaben; wir loben und tadeln, und wir vermeiden es dabei, uns immer an die allgemeinsten ideologischen Ideen, an die ‚sinngebenden Motive' zu wenden, sondern wir appellieren auch an solche Motive, wie an die Freude an der Tätigkeit, an gemeinsamer Kraftäußerung, an Wetteifer, Ehrgeiz, materieller Interessiertheit, ohne sie den höheren ‚sinngebenden' gegenüberzustellen. Und das ist richtig und notwendig; denn in der Tätigkeit selbst muß die allgemeine, sinngebende Idee zunehmend bewußt gemacht und immer mehr vertieft werden. Gemeinschaftliche Vorhaben, deren Sinn durch grundlegende Ideen unserer Weltanschauung bestimmt werden, führen dazu, wenn sie erfolgreich verlaufen, daß das ‚sinngebende Motiv' vielfach unmerklich mehr und mehr ins Bewußtsein eingeht, als Überzeugung bekräftigt und schließlich als Motiv für weitere Aktivitäten, für ein aktives Verhalten im Sinne der Überzeugung wirksam wird" (Neuner, 1980, S. 220). Siehe in diesem Zusammenhang die Kritik der „Trennung von Motiv und Zweck", die Rammstedt (1979) in *beiden*

an westlichen Managementtechniken (Lauterbach, 1973, S. 53 ff.; Beyer u.a., 1970, S. 323 ff.; Himber, 1980). Man vermutet hinter diesen Techniken nicht nur manipulative Absichten – die man anprangert[17], sondern man nimmt auch an, daß diesen Absichten Erfolg beschieden ist – den man gerne kopieren möchte; gelegentlich wird sogar argumentiert, ein tatsächlich erfolgreicher Einsatz sei letztlich nur im Sozialismus möglich (z.B. M. Vorweg, 1971 d; siehe unten). Als Ausweis des Erfolges dieser Techniken gilt sozialistischen Sozialwissenschaftlern u.a. die Tatsache, daß diese Techniken im Westen in Gestalt gut dotierter Aufträge von Unternehmen nachgefragt werden: „... sammelte die Sozialpsychologie in den kapitalistischen Ländern, vor allem in den USA, in ihrer mehr als 50jährigen Geschichte große Erfahrungen in der Organisation der angewandten Forschung, in der Bereitstellung der notwendigen technischen Mittel und des Instrumentariums. Es wäre unrichtig, diese Erfahrungen in Bausch und Bogen zu verwerfen. Die angewandte Sozialforschung in den USA ist, wie bekannt, zum überwiegenden Teil unmittelbarer Auftragsforschung und kann nur dadurch bestehen, daß sie bestimmte Resultate liefert" (Andrejewa, 1979, S. 9). So gewagt diese Schlußfolgerung nach dem oben Ausgeführten (1.2. und 2.1.2.) erscheinen muß, so zweifelhaft sind auch die Erfolge, die man den eigenen Leitern bei einem Beherrschen entsprechender Techniken in Aussicht stellt: wie etwa soll es die „richtige" Taktik des *Informierens* der Untergebenen bewirken, daß sich eine von *„Akzeptieren* und *Identifizieren"* gekennzeichnete Einstellung gegenüber den gestellten Aufgaben breit macht (G. Vorwerg, 1973, S. 145); wie sollen „verbal-kommunikative Verhaltens-

---

Systemen als kritisierbar erachtet: „Und erst mit der Trennung von Motiv und Zweck wird es auch möglich, vom Einzelnen zu verlangen, motivational am Zweck des Ganzen zu partizipieren in Absehung eigener Interessen; dies ist der leitende Gedanke bei der Aktualisierung des subjektiven Faktors in der DDR; dies steckt hinter den Engagementaufrufen für das soziale Ganze durch die sozialwissenschaftliche ‚Neue Rechte' ... Aber solche Bindung von Zweck und Motiv läßt sich so kaum knüpfen; denn der beschworene Zweck des sozialen Ganzen kann nur schwerlich als identisch mit den individuellen Zwecken dargestellt werden, rekurriert er doch notwendigerweise zugleich auf die Trennung" (S. 282).

[17] Vgl. hierzu auch die Kritik an den hiesigen Projekten zur „Humanisierung der Arbeitswelt": „Die bürgerliche Ergonomie orientiert im Interesse der Kapitalverwertung auf begrenzte arbeitsgestalterische Maßnahmen, die in Verbindung mit raffinierten Formen und Methoden der Menschenführung die Leistungsfähigkeit und das Wohlbefinden der Arbeiter erhalten und erhöhen sollen, um aus der Arbeitskraft einen größeren Nutzen zu erzielen. Kapitalistische Humanisierung der Arbeit dient unter Anwendung von Erkenntnissen der Ergonomie dazu, den Kapitalverwertungsprozeß noch effektiver zu machen und das sich stärkende Bewußtsein der Arbeiter in den kapitalistischen Ländern über ihre ökonomische und soziale Lage im monokapitalistischen Staat systematisch zu schwächen" (Macher, 1981, S. 262). Oese sieht in der hiesigen Humanisierungsforschung eine Verbindung von Harmoniebewußtsein mit Taylorismus (Oese, 1983, S. 37). Zur Kritik der Adaption des Taylorismus in den sozialistischen Staaten siehe Traub (1976) und Arndt (1976); zur zeitweisen Idealisierung der Kybernetik in der DDR sieht Koester (1971).

weisen ..., die durch Gründlichkeit und guten emotionalen Kontakt zwischen den Kommunikationspartnern gekennzeichnet sind", eine positive Einstellung zum sozialistischen Wettbewerb bewirken (Frindert/Gentner, 1979, S. 50)?

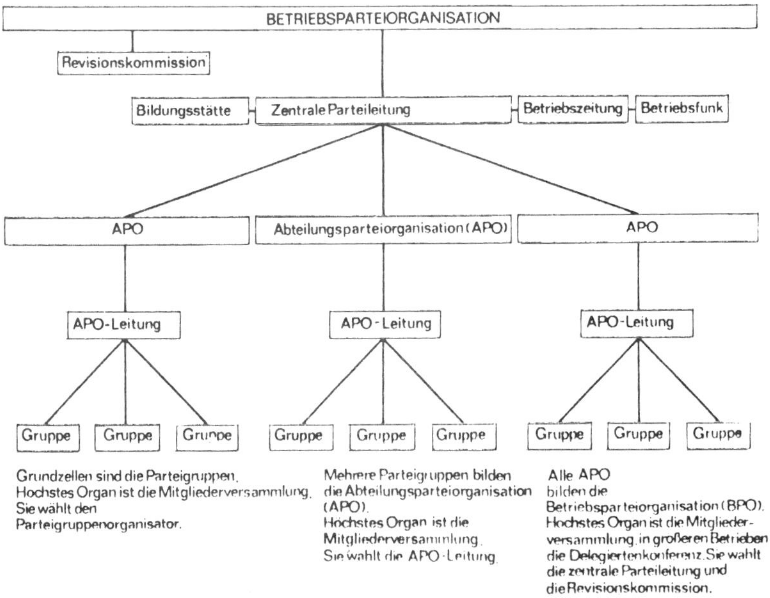

Abb. 12: Die Struktur der Betriebsparteiorganisation der SED (nach Friedrich, 1975)

Nicht von ungefähr wird in der „Leitungswissenschaft" über den „teilweise nicht voll befriedigenden Stand der Vervollkommnung der Arbeit der Leiter" (Ladensack, 1981, S. 105), den Mangel eines „Fundamentes an konkreten Kriterien, Maßstäben und Bestlösungen bei der Leitertätigkeit" (Ebenda, S. 112) geklagt: Daß die erwünschte „Begeisterung" der Untergebenen durch die vorgegebene Hierarchie einschließlich der institutionalisierten ideologisch/moralischen Appelle nicht hervorgebracht wird (siehe Abb. 13, Schema IV), führt zu *überhöhten Ansprüchen an die Fähigkeiten des Leiters*[18] bzw. an die diesen Fähigkeiten zur Seite stehenden Leitungswissenschaften[19]. *So wird die „Kunst der Menschenführung" auch in den Ländern des*

[18] Der pathogene Charakter solcher Beanspruchung wurde übrigens von der klinischen Psychologie in der DDR von jeher relativ deutlich benannt (z.B. Dummer, 1968, S. 116; Böttcher, 1975, insbes. S. 159; Thom, 1981, S. 49).

[19] In diesem Sinn werden „konkrete Formulierung von Gesetzmäßigkeiten der Leitung" vermutlich ewig ein bloßes Desiderat bleiben: „Die Wechselbeziehungen zwischen dem Leitungssubjekt und dem Leitungsobjekt, die Beziehungen innerhalb und zwischen den Leitungssubjekten bilden in ihrer Gesamtheit die spezifischen

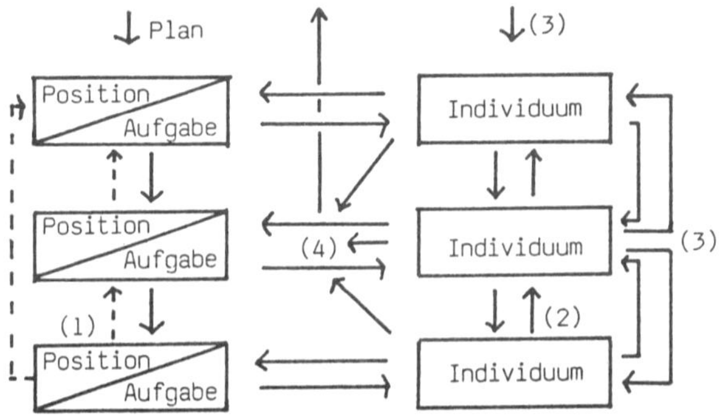

(1) Partizipationsmöglichkeiten
(2) „mitmenschlicher" Leitungsstil als Motivationsmittel
(3) offizielle bzw. allseitige Appelle an den „subjektiven Faktor"
(4) Komplizenschaft in der „Politik der weichen Pläne"

Abb. 13: Schema IV: Hierarchie, Leitungsstil und doppelte Loyalität

realen Sozialismus zu einem Ideal, an dem sich die Vorgesetzten messen lassen müssen: „Leitungstätigkeit in der sozialistischen Gesellschaft ist gleichsam eine Legierung aus Wissenschaft und Kunst" (Schtscherbizki, 1981, S. 174). Für das Beherrschen dieser Kunst hält die Leitungswissenschaft nicht zuletzt die *„Begeisterung" der Leiter selbst* für erforderlich, da hohes „gesellschaftliches Verantwortungsbewußtsein eine übergreifende Rolle als motivational-volitive Komponente" (Ladensack, 1979, S. 108) spiele. Nach Pöhlmann/G. Vorweg (1979) muß der „Rolle der politischen Vorbildwirkung des Leiters nicht nur unter dem Gesichtspunkt der eigenen Persönlichkeitsentwicklung, sondern unter dem seiner Rolle als Erzieher von Kollektiven eine größere Bedeutung beigemessen werden. Solche Maßnahmen, wie die marxistisch-leninistische Weiterbildung der Leiter, tragen dieser Forderung zwar Rechnung, es wird jedoch notwendig sein, die politisch-ideologische Haltung der Leiter im gesamten Leitungsprozeß stärker zu entwickeln" (S. 70).

Erweist sich so „Begeisterung" für die Ziele des sozialistischen Staates als das A und O der wissenschaftlichen Arbeitsorganisation, so ergibt sich neben der Frage, wie man aus den Bewerbern für Vorgesetztenpositionen diejenigen auswählt, die diesbezüglich Bewährung erwarten lassen (B. Weinert, 1975, S. 431; M. Vorwerg/G. Vorwerg, 1980, S. 85; vgl. Sontheimer/Bleek, 1979, S. 152ff.), auch die Frage, ob es denn andere Methoden der Herstellung

Gesetzmäßigkeiten der Leitung der sozialistischen Wirtschaft, die Untersuchungsgegenstand der Leitungswissenschaft sind. Über das Wesen und die konkrete Formulierung von Gesetzmäßigkeiten der Leitung gibt es noch keine einheitlichen Auffassungen" (Wörterbuch der Ökonomie/Sozialismus, 1979, S. 563).

der gewünschten Einstellung gibt als einschlägige Appelle, die offenkundig nicht in befriedigender Weise zu wirken scheinen.

2.2.3. Leitertraining

Das „Ansetzen“ an der Person des Leiters durch das Leitertraining basiert nach dem eben Ausgeführten auf problematischen bzw. überhöhten Ansprüchen an die Leitertätigkeit, wobei der Identifikation mit den Zielen des sozialistischen Staates sowohl auf Seiten des Subjekts als auch auf Seiten des Objekts der Leitertätigkeit zentrale Bedeutung beigemessen wird. Der zuerst genannte Gesichtspunkt - die überhöhten Ansprüche - weist eine deutliche Analogie zum Interesse westlicher Unternehmen an Führungstraining auf (siehe z.B. den Schluß von 2.1.1.3. und den Anfang von 2.1.2.4.). Die hierzulande geführte Debatte Führungstraining oder/und Organisationsentwicklung (die genaugenommen einen Denkfehler enthält; siehe 2.1.2.) findet in der DDR keine Parallele, eine Kritik der strukturellen Basis der Leitertätigkeit findet in der dortigen Leitungswissenschaft keinen Raum[20]: „In unserer Gesellschaft, die sich vom System her zu einer echten sozialistischen Gemeinschaft bekennt und in der alle Voraussetzungen für eine psychologisch angemessene Beziehung zwischen den Menschen bestehen, in der Macht und Einfluß *objektiv* (im Vergleich zur imperialistischen Gesellschaft) durchaus neu verteilt sind - und zwar durch eine politische Aktion, die politische Revolution -, in dieser Gesellschaft dient Training der effektiven Gestaltung solcher Beziehungen zwischen den Menschen, daß sie glücklich und frei wirken können. Insofern haben wir einen Vorteil, der unserem Training eine politische Verpflichtung auferlegt, die wir in der Förderung unserer Gesellschaft sehen“ (M. Vorwerg, 1971 d, S. 73, Hervorhebung im Orig.).

Das Ziel „Reserven“ des „subjektiven Faktors“ zur Erreichung von Produktivitätserhöhungen zu mobilisieren, ist im übrigen fester Bestandteil

---

[20] Bahros „Plädoyer für schöpferische Initiative“ (1980), das eindringlich die mangelnden Partizipationsmöglichkeiten in den Betrieben der DDR kritisiert, wurde mit folgender Begründung (dokumentiert in Bahro, 1980, S. 230—232) von der TH „Carl Schorlemmer“/Leuna-Merseburg als Dissertation abgelehnt (nachdem bereits drei positive Gutachten - u.a. von Hiebsch - vorlagen): „Eine falsche Ausgangsbasis wurde auch gewählt für die Darstellung der Arbeitsteilung und ihrer Überwindung. Statt der horizontalen, interdisziplinären wurde die vertikale in den Mittelpunkt gestellt. Die Spezifik der sozialistischen Arbeitsteilung wurde nicht herausgearbeitet. Vielmehr wurde die Arbeitsteilung unter unseren Bedingungen so dargestellt, als sei sie weitgehend vom Kapitalismus übernommen ... Es wird der verfassungsmäßige Grundsatz des demokratischen Zentralismus angezweifelt, negiert. Der demokratische Zentralismus soll nach der Dissertation teilweise beseitigt werden. Z.B. wird behauptet, die Verfügung läge nur bei den Verwaltungsorganen. Das ist völlige Negierung des Wesens der sozialistischen Demokratie. Die vielfältigen Möglichkeiten der Werktätigen zur Mitwirkung werden nicht genannt. Das Problem wird in politisch verantwortungsloser Weise dargestellt. Es fehlen dem Verfasser die Grundkenntnisse des wissenschaftlichen Kommunismus und des sozialistischen Staatsrechts“ (S. 231).

der Selbstdarstellung der Psychologie der DDR[21]; der formelle Verweis auf die unterschiedliche Gesellschaftsordnung ist in der Regel alles, was zur Abgrenzung von analogen Absichten in den kapitalistischen Ländern vorgebracht wird[22]; speziell für das Leitertraining formuliert Schnecke (1971): „Eine grundlegende Abgrenzung zu methodisch ähnlich gearteten Vorgehensweisen kapitalistischer Management-Schulen ist in den gesamtgesellschaftlichen Verhältnissen der sozialistischen Gesellschaftsordnung begründet. So ist allein auf der Grundlage der sozialistischen Produktionsverhältnisse die reale Möglichkeit gegeben, mit Hilfe von Trainingsprogrammen eine Optimierung der menschlichen Kooperation zum Vorteil der Gesellschaft und des einzelnen durchzuführen. Derartige Versuche unter kapitalistischen Produktionsverhältnissen können nur eine Manipulation des einzelnen und ganzer Gruppen mit dem Ziel der Erhaltung des systemeigenen Grundwiderspruchs darstellen" (S. 131). Das Ziel der Sozialpsychologie in der DDR, in deren Arbeitsbereich das Leitertraining fällt, beschreibt G. Vorwerg (1979) demgegenüber: „Ziel ist die Beherrschung und die Verbesserung aller subjektiven Faktoren der sozialistischen Kooperation zur Erhöhung der Arbeitsproduktivität zum Wohle des Menschen. Die allgemeine Aufgabe des Sozialpsychologen im Betrieb besteht also in der Hilfe bei der Entwicklung des sozialistischen Bewußtseins, der Entwicklung der sozialistischen Persönlichkeit, in der Erhöhung der Kollektivität der Arbeitstätigkeit, also in der Erhöhung der Leistungsfähigkeit von Produktions-, Leistungs-, Forschungs- und Verwaltungskollektiven" (S. 20; vgl. Dies., 1975; Dies., 1971; Pöhlmann, 1979; Frindert/Bohm, 1975; Hiebsch, 1973).

Zur Erfüllung dieser Aufgabe auf Methoden des Führungstrainings kapitalistischer Provenienz zurückzugreifen, liegt, wie bereits erwähnt, für die Sozialpsychologen in der DDR deshalb nahe, weil sie dazu neigen, die tatsächlich durch Führungstraining bewirkten ökonomischen Erfolge – ohne verläßliche Belege[23] – enorm hoch einzuschätzen; dies zeigte nicht nur der gewagte Rückschluß von der Nachfrage nach Training durch kapitalistische Unternehmen auf dessen Effekte, dies wird auch deutlich, wenn aus Auseinandersetzungen um die Evaluation von Führungstraining-Programmen (vgl. 2.1.2.5.) einseitig eine Erfolgsmeldung mit dem Kommentar herausgegriffen

[21] Zu den Selbstdarstellungs-Problemen der Psychologie in der DDR bzw. zu dem Problem der Akzeptanz der Psychologie durch den sozialistischen Staat siehe unten.

[22] Zur Kritik von über diesen formellen Gesichtspunkt hinausgehenden Bemühungen in der Arbeitspsychologie der DDR (z.B. Hacker, 1980) siehe Schönhammer (1981).

[23] Es hat den Anschein, als sei das (im Verhältnis zur sozialistischen Planwirtschaft) relative Florieren der kapitalistischen (insbesondere US-amerikanischen) Ökonomie zusammen mit der Bereitwilligkeit kapitalistischer Unternehmen, Geld für Führungstraining auszugeben, den Sozialpsychologen im realen Sozialismus bereits Qualitätsbeweis genug.

wird, das folgende Zitat sei nur eins „von vielen möglichen“: „Im Jahre 1964 war eine erstaunliche Gewinnsteigerung zu verzeichnen – in einem Ausmaß, das die Gesellschaft in ihrer zehnjährigen Geschichte noch nicht erlebt hatte. Dieser Gewinn stand ganz und gar im Gegensatz zur Stagnation im Hotelgewerbe ...“ (Beckard, 1970, S. 263). Ohne den Anflug einer Problematisierung wird von M. Vorwerg an dieser Stelle, die von Beckard auf 225 000 Dollar bezifferte trainingsbedingte Kosteneinsparung wiedergegeben. M. Vorwerg (1971 d) kommentiert: „Das Training als Mittel, die Profitgier zu befriedigen, verdient durchaus unsere Aufmerksamkeit, weil es unter diesem Gesichtspunkt ein für den Imperialismus systemstabilisierendes Element ist. Effektivität sozialen Verhaltens kann aber, wie wir wissen, nur wirklich in vollem Maße erreicht werden, wenn die Produktionsverhältnisse so beschaffen sind, daß der Nutzen der gesellschaftlichen Produktion auch gesamtgesellschaftlicher Nutzen ist“ (S. 70). Anschließend betont M. Vorwerg, daß die in Aussicht gestellte Möglichkeit zu höherer Effektivität allerdings erst durch entsprechende Anstrengung Wirklichkeit werde: „Da in der DDR von den ökonomischen Bedingungen her diese Möglichkeit gegeben ist, ist es unsere Sache, eine wirksame Wirklichkeit daraus zu machen. Sozialistische Produktionsverhältnisse für sich und abstrakt genommen, garantieren noch nicht die optimale Ausnutzung unseres Vorteils. Dazu braucht es unsere Anstrengung“ (Ebenda). Teil dieser Anstrengung sei das Bemühen um einen optimalen „Leitungsstil“: „Und zu dieser Anstrengung gehört auch das Bemühen um interpersonale Beziehungen, die sozialistischer Art sind und die (mit oder ohne Training!) eben gelernt werden müssen. Es hängt letztlich auch vom psychologisch richtigen Verhalten eines jeden Leiters bei uns ab, ob und wie schnell wir mit der Kraft der werktätigen sozialistischen Gemeinschaft die ökonomische Klassenschlacht der technischen Revolution gewinnen. Insofern ist Verhaltenstraining auch bei uns Mittel im ökonomischen Klassenkampf“ (Ebenda). In diesen Ausführungen deutet sich bei aller Entschiedenheit des Argumentationsduktus eine Zwiespältigkeit an: Psychologie bietet sich zwar als Mittel dafür an, den „subjektiven Faktor“ optimal auf die Erfordernisse sozialistischer Produktionsverhältnisse einzustimmen – und darf insofern offizieller Billigung gewiß sein – aber die Natur des Mittels Psychologie erregt auch den Verdacht, den Objektivitätsanspruch der zu vermittelnden Weltanschauung relativieren zu können[24]; im obigen Zitat

---

[24] Die Formulierungen Langes in einem Aufsatz über „Einstellungs- und Verhaltensänderung als Aufgabe der Sozialpsychologie für die Entwicklung sozialistischer Persönlichkeiten“ (1971) machen deutlich, wie stark die Bemühungen von Psychologen in der DDR sind, dem Verdacht der inhaltlichen Beliebigkeit bzw. dem Verdacht der übermäßigen Betonung der Subjektivität (vgl. Voigt, 1975, S. 139 ff.) entgegenzutreten: „Wir wissen, daß sich sozialistische Einstellungen nicht spontan herausbilden. Bekanntlich sind die entscheidenden Voraussetzungen für die Herausbildung und Entwicklung sozialistischer Einstellungen die Aneignung des Marxismus-Leninismus, praktische Erfahrungen im Kampf der Arbeiterklasse und eine

deutet sich dies in der umgekehrten Relativierung des Mittels – „mit oder ohne Training" – an. An anderer Stelle wird dieser Legitimationsdruck spürbarer: „Die psychologisch unseren Lebensauffassungen angemessenere Arbeitsatmosphäre fördert ihrerseits die *bewußte* Disziplin von Leitern und Mitarbeitern und verleiht so der Initiative der Werktätigen den gesellschaftlichen Charakter, den wir als sozialistisches Schöpfertum bezeichnen. Das sind freilich Zielstellungen, die wir mit allen Formen der Qualifizierung und mit der politischen Arbeit anstreben. Insofern ist Verhaltenstraining überhaupt nichts Besonderes. Die Besonderheit besteht lediglich darin, daß wir hier eine Methode haben, durch die dieses Ziel verhältnismäßig rasch und psychologisch effektiv erreichbr wird. Ein Trainingsprogramm erzielt in 10 bis 12 mal 90 Minuten angestrebte Verhaltensformung und Persönlichkeitsstabilisierung, wie sie mit anderen Qualifikationsformen überhaupt nicht oder in wesentlich größeren Zeiträumen erzielt werden können. Darin liegt das Besondere des Trainings, und von hierher melden wir den Anspruch an, diese Qualifikationsmethode in größerem Umfange in unserer Gesellschaft anzuwenden" (M. Vorwerg, 1973, S. 155; Hervorhebung im Orig.).

2.2.3.1. Methoden des Leitertrainings

Wie nun soll das Leitertraining seine zentrale Aufgabe, die Identifikation von Leiter und Geleiteten „mit ihren gesellschaftlichen Aufgaben und damit ... mit ihren objektiven Interessen" (Salz, 1971, S. 157; vgl. Belitz, 1971, S. 103) zu intensivieren bzw. beschleunigt hervorzubringen, erfüllen? Bei den verwendeten Methoden des Leitertrainings lassen sich prinzipiell zwei grundlegende Richtungen unterscheiden, die jedoch von Psychologen in der DDR nicht ausdrücklich voneinander abgehoben, sondern beide unter Training „effektiver sozialer Verhaltensweisen" subsumiert werden (G. Vor-

---

bewußte Identifizierung mit den Interessen der Arbeiterklasse. Der Marxismus-Leninismus soll als Wissenschaft angeeignet werden. Deshalb hat die Überzeugungsbildung und Einstellungsänderung unter sozialistischen Bedingungen im Unterschied zur Meinungsbildung unter imperialistischen Verhältnissen *nicht* den Charakter der Manipulation; denn hier kommt es darauf an, richtige Einstellungen zu erzeugen, d.h. solche, die mit der objektiven Realität übereinstimmen" (Lange, 1971, S. 11 f.; Hervorhebung im Orig.). „Die sozialistische Persönlichkeit identifiziert sich mit den Interessen der Arbeiterklasse. Ihre Einstellungen sind also durch die sozialistische Weltanschauung und die Gebote der sozialistischen Moral inhaltlich bestimmt. Diese weltanschauliche Position der sozialistischen Persönlichkeit bestimmt natürlich auch ihre Orientierung in der objektiven Realität, deren Klassenbestimmtheit. Es wäre also falsch, den inhaltlichen und formalen Aspekt der sozialen Einstellungen einander entgegenzusetzen. Man kann aber beide Komponenten bei der Analyse voneinander trennen" (Ebenda, S. 14). In diesem Zusammenhang kann auch die von jeher starke Sensibilität von Psychologen sozialistischer Länder für das Problem der Psychologisierung gesehen werden (z.B. Hiebsch/M. Vorwerg, 1980, S. 34 ff.; Leont'ev, 1967, S. 25 f.).

werg/M. Vorwerg, 1980, S. 62).[25] Einerseits wird eine Reihe von Programmen zum Training bestimmter Fertigkeiten angeboten, wie z.B. Kurse für überzeugendes Argumentationsverhalten (z.B. Ecke, 1971) oder Kurse zur Überwindung von Redeangst (z.B. Kaftan, 1971) – erstere entsprechen hiesigen Rhetorikkursen (und fallen wie diese ganz aus den Betrachtungen in dieser Arbeit heraus), letztere entsprechen den in 2.1.2.2. und 2.1.2.3. behandelten verhaltenstherapeutischen Programmen (und beziehen sich auch explizit auf die behavioristische Theoriegrundlage; siehe auch M. Vorweg, 1971 b, S. 68)[26]. Die zweite grundlegende Richtung – auf die hier im weiteren eingegangen werden soll – zielt auf Änderung von Einstellungen, Werthaltungen und soll letztlich eine über partielle Verhaltensaspekte hinausgehende „Technik der Persönlichkeitsformung" (G. Vorwerg u.a., 1980, S. 203) sein. Von beiden Richtungen scheint letzterer zunehmend größere Bedeutung beigemessen zu werden: „Gegenwärtig konzentriert sich die Forderung auf solche Prozesse wie Attribuierung, Interpretation und Selbstkontrolle, weil das persönlichkeitspsychologisch sehr relevante Grundprozesse des interpersonalen Verhaltens sind und wir mit den bisher verfügbaren Beeinflussungsmethoden (z.B. Training) menschliches Verhalten am effektivsten durch *Bewertungsänderungen* modifzieren können" (G. Vorwerg/M. Vorwerg, 1980, S. 61; Hervorhebung d. Verf.). Konkrete Methode ist bei beiden Ausrichtungen vor allem das Rollenspiel, das im Falle der verhaltenstherapeutischen Programme oder Programmelemente zur Exploration von Verhaltensdefiziten und zur Einübung das Repertoire ergänzender Verhaltensweisen dient (siehe 2.1.2.3.); welche Aufgabe dem Rollenspiel im anderen Fall zugewiesen wird, soll nun dargestellt werden.

---

[25] Ein formelles Unterscheidungsmerkmal des Leitertrainings gegenüber dem westlichen Führungstraining ist seine Überschaubarkeit: In der seit 1957 aufgebauten Sozialpsychologie der DDR (seit 1962 Ausbildung in Sozialpsychologie in Leipzig und Jena) wurde auf Anregung von Hiebsch 1968 mit theoretischen und praktischen Untersuchungen zum Training begonnen. Die seither veröffentlichten Arbeiten sind leicht zu überblicken. Standardisierte Trainingsprogramme sind den ausgebildeten Trainern (Diplompsychologen mit Zusatzausbildung) zugänglich (hierzulande allerdings nur qua Erwähnung in einigen neueren Publikationen bekannt); zudem liegt ein eher skeptisch beurteiltes (Klema, 1973) Selbsttrainingsprogramm für Leiter vor. Jüngst berichtete Kossakowski (1983, S. 113) von einem Trainingskonzept zur Psycho-Prophylaxe für neurotisch gefährdete Leiter, das im betrieblichen Gesundheitswesen angesiedelt sei. Als nicht speziell psychologische Methode wird übrigens nach Lauterbach (1973) die Fallmethode seit 1965 zur Weiterbildung von Leitern eingesetzt.

[26] Neben Gesprächstherapie ist Verhaltenstherapie auch in der klinischen Psychologie der DDR nach wie vor favorisiertes Vorgehen (siehe z.B. Rösler/Regel, 1980, S. 116 f.). Zur neueren Auseinandersetzung mit dem Selbstkontrollbegriff der Verhaltenstherapie siehe Strauss/Dummer (1981). In der Sozial- und Persönlichkeitspsychologie der DDR, die sich seit der 2. Hälfte der 70er Jahre vermehrt um eine tätigkeitspsychologische Fundierung bemüht (M. Vorwerg/Schröder, 1980; Schröder/M. Vorwerg, 1978), findet sich u.a. ein Versuch der Überwindung eines behavioristischen Selbstkontrollbegriffs bei Schier (1980).

Eine ausführliche *Diskussion der Wirkungsweise von Rollenspielen im Zusammenhang mit dem Ziel der Einstellungsänderung* findet sich bei M. Vorwerg (1971 b). Ausgehend von Rubinsteins (1959) Theorie des Spiels versucht M. Vorwerg dort, den Einsatz von Rollenspielen im Leitertraining theoretisch zu fundieren. Fundamental ist dabei das, was M. Vorwerg als „Doppelcharakter des Spiels" (1971 b, S. 8) bezeichnet: „Das Spiel ist eine der bedeutsamsten Erscheinungen des Lebens, eine sozusagen nutzlose und gleichzeitig notwendige Tätigkeit" (Rubinstein, 1959, S. 723). Auf das Leitertraining angewandt: „Das Ergebnis des Handelns im Spiel hat keinerlei Konsequenzen - weder positive noch negative - für eine reale Praxis, die das Spiel imitiert. Insofern ist es für die abgebildete Praxis *nutzlos.* Dies hat aber für die Ausbildung von Führungsfähigkeiten und -fertigkeiten gerade einen nicht zu unterschätzenden Vorteil. Die Unverbindlichkeit der spielerischen Situation ermöglicht probierende Handlungen, deren praktische Konsequenzen nicht immer überschaubar sind und die im Ernstfalle aus diesem Grunde besser unterlassen werden" (M. Vorwerg, 1971 b, S. 8 f.; Hervorhebung im Orig.). Die Möglichkeit, diese „nutzlose Praxis" als Modell für reale Situationen zu nutzen, mache die von Rubinstein erwähnte „Notwendigkeit" des Spiels aus. Weiterhin sei „eben wegen des spielerischen Charakters der für eine reale Analyse einer psychologischen Situation notwendige innere Abstand leichter zu gewinnen" (Ebenda, S. 10). Dies scheint plausibel (vgl. 2.1.2.3.). M. Vorwergs Interpretation von Rubinsteins Aussage, im Spiel entfalle die „in der praktischen menschlichen Tätigkeit mögliche Aufspaltung zwischen Motiv und dem direkten Ziel der Handlung des Subjekts" (Rubinstein, 1959, S. 725), scheint demgegenüber eher das Resultat eines wenig realistischen Wunschdenkens zu sein. Zunächst charakterisiert M. Vorwerg *instrumentelle Unaufrichtigkeit als Bestandteil der menschlichen Beziehungen in der Hierarchie* (in den Betrieben der DDR): „Sehr oft werden im praktischen Handeln - auch in unserer Gesellschaft - Handlungen durch Nebenresultate angeregt, entspringen Aktivitäten aus anderen als vorgegebenen Motiven und walten autoritätsgebundene Rücksichten in der Begegnung mit den Menschen. In einer solchen sozialpsychologischen Situation ist zur Bereinigung der kollektiven Atmosphäre die Fähigkeit der Leiter notwendig, solche Zweckverschiebungen des Handelns bei sich und ihren Mitarbeitern zu durchschauen, sie ernsthaft zu beseitigen. Solche utilitaristische Bedingtheit des Handelns beschränkt die Schöpferkraft der Werktätigen, untergräbt ihr Vertrauen in die sozialistische Demokratie und erzieht Heuchler" (M. Vorwerg, 1971 b, S. 11). An diese Schilderung unaufrichtigen Handelns in der Realität schließt er an: „Die Fähigkeit der Menschen, naiv und motivgetreu zu handeln, kann am besten im Spiel geübt werden. Im Training kann man die psychologische Schockwirkung sehr gut beobachten, wenn jemand durch die Aufgabe des Rollenspiels zum Beispiel, *die keine Zweckverschiebung zuläßt,* da im Spiel wegen seines unernsten Charakters *keine Voraussetzungen dazu gegeben sind,* gezwungen wird, im genannten Sinne naiv und motivgetreu zu handeln oder zu entscheiden. Wir haben erlebt, daß die Betroffenen vor sich selbst erschrocken sind, wie sie gewissermaßen nackt vor ihrer Gruppe standen" (Ebenda; Hervorhebungen d. Verf.). Unbestritten *kann* in der Spielsituation schlagartig manche Gewohnheit fragwürdig werden; die Formulierung allerdings, daß das Rollenspiel keine Zweckverschiebung *zulasse,* muß aber als Ausdruck einer *Verwechslung von Wunsch und Wirklichkeit* angesehen werden: der „unernste Charakter des Spiels" hindert doch die Spieler keineswegs, sich mit Hintergedanken zu befassen – vom *Zwang zur Naivität* kann also keine Rede sein.[27] Gerade wer im Alltag gewöhnt ist, Motive vorzuschützen, wird auch bei Spielsituationen die Gefahr einer ungünstigen Selbstdarstellung antizipieren und auf Möglichkeiten sinnen, wie er einer Entblößung zu entgehen vermag. Zudem soll die Rollenspielsituation ja möglichst realistisch sein, um das Erleben und Reflektieren der Beteiligten und Zuschauer zu fesseln. Nicht umsonst kommt M. Vorwerg im selben Aufsatz auf die Notwendigkeit einer vertraulichen Atmosphäre zu sprechen: Der Erfolg einer Selbstbild/Fremdbild-Konfrontation im Rollenspiel „hängt von der in der Trainingsgruppe herrschenden Atmosphäre ab; sie soll vertraulich sein, und es muß die Regel beachtet werden, derzufolge Äußerungen (verbaler und handelnder Art) eines Spielers während des Trainings in der Trainingsgruppe bleiben muß. Niemand hat das Recht, *außerhalb* der Trainingsgruppe in irgendeiner Weise davon zum Schaden der betreffenden Person Gebrauch zu machen" (Ebenda, S. 16; Hervorhebung im Orig.).

Von Optimismus getragen ist auch die von M. Vorwerg vorgenommene Unterscheidung von Fiktion und „Quasifiktion", die letztlich beinhaltet, daß Rollenspiellösungen, die auf eine *Lösung* von Problemen innerhalb der menschlichen Beziehungen in der Hierarchie in DDR-Betrieben abzielen, im Unterschied zu solchen Lösungen in kapitalistischen Verhältnissen *realistisch* sind: „Dazu müssen *echte* Fiktionen von *Quasi*fiktionen unterscheiden werden. Wir wollen im Sinne unseres Spielbegriffes von Fiktionen sprechen, wenn real Mögliches als wirklich genommen wird, wenn also zum Beispiel ein Konflikt zwischen einem den Aufgaben nicht mehr gewachsenen kaufmännischen Direktor eines Betriebes und dem für die Planerfüllung auch im Bereiche des Absatzes verantwortlichen Werkdirektors des Betriebes von zwei Personen gespielt werden, die beide diese Funktionen nicht innehaben. Von Quasifunktionen wollen wir dagegen in den Fällen sprechen, in denen real Unmögliches als wirklich genommen wird, wenn also zum Beispiel der Konflikt zwischen einem imperialistischen Staat, der als Aggressor auftritt und einer Volksbefreiungsbewegung dadurch gelöst werden soll, daß deren

[27] Vgl. demgegenüber M. Vorwergs Konstatieren „mehrfach vernetzter reflexiver Ebenen" z.B. bei „Mißtrauen, Minderwertigkeitsgefühle(n) u.a." (1975 a, S. 11).

vermeintliche Hauptverantwortliche im Rollenspiel durch Wechsel ihrer Rollen den Konflikt lösen sollen. Tatsächlich hat der Pionier des Psychodramas in der Psychotherapie, J. L. Moreno, dem seinerzeit amtierenden amerikanischen Präsidenten ernsthaft vorgeschlagen, in einem Rollenspiel mit Ho-chi-Minh durch Rollenwechsel den Vietnamkrieg zu beenden. Eine Quasifiktion wäre auch die Beilegung eines Konfliktes um die Mitbestimmung zwischen einem Betriebsrat und einem Manager durch Rollenspiel" (Ebenda, S. 21 f. Hervorhebungen im Orig.).[28] Lösbar sind Konflikte in der Hierarchie der DDR-Betriebe deshalb durch Rollenspiele bzw. die in Rollenspielen erwerbbare Kompetenz, weil sie per definitionem Resultat einer falschen Einstellung zu einer zu bejahenden Struktur – nicht etwa von dieser Struktur nahegelegter Unaufrichtigkeit – sind. Nach Binting u.a., die die Sozialpsychologie der DDR vom marxistischen Standpunkt aus kritisieren, machen die von M. Vorwerg und auch anderen genannten Konfliktbeispiele deutlich, „daß es hier nicht um die inhaltliche Lösung von Konflikten und ihren Ursachen geht" (1976, S. 49).

Die *Absicht*, mit dem Rollenspiel Einstellungsänderungen in der genannten Richtung zu bewirken (vgl. M. Vorwerg, 1971 a, S. 66 und 69 f.), mag man mit Lind (1977; siehe 1.1.) als *manipulativ* bezeichnen. Es ist jedoch nicht zu sehen, wie diese Einstellungsänderung unter Umgehung der bewußten Kontrolle der Adressaten – im Training bei den Leitern, später bei den Geleiteten – vollzogen werden soll. Im Gegenteil kann vermutet werden, daß mit dem Trainingsbesuch diesbezüglich eine erhöhte Sensibilität anzutreffen ist. Zudem hat die Einstellungsänderungsbemühung im Rollenspiel, in der Rückmeldung[29] und den Diskussionen um optimalere Lösungen, wie ein von Salz (1971, S. 167 ff.) ausführlich dokumentiertes Trainingsszenario um den „Hochschulabsolventen Krause", dem u.a. „politische Initiative fehlte", belegt, einen stark moralisch-appellativen Charakter, was zwar als aufdringlich betrachtet werden kann, jedoch *nicht gerade eine erfolgsversprechende Manipulationsstrategie* darstellt. Damit steht das Leitertraining in

---

[28] Im unmittelbaren Anschluß führt M. Vorwerg seine Argumentation im Sinne des ‚Scharlatanerieverdachts' (vgl. 1.2.) fort, womit er sich in Widerspruch zu seinem „Profitgier"-Argument, das zu Beginn von 2.2.3. zitiert wurde, setzt: „Das Training mit derartigen Quasifunktionen führt bestenfalls zum Lernen von Verhaltensweisen, die *außerhalb* der Trainingssituation, in realen Situationskonstellationen, *nicht* adäquat eingesetzt werden können. Damit würde im Training aber eine Erweiterung des Konfliktraumes der betreffenden Personen geschaffen, die ihrerseits wieder neue quasifiktive Situationen zu deren Beilegung nötig machen ... usw. Es ist das ein Kreislauf, an dem nur der Trainer verdient" (M. Vorwerg, 1971 b, S. 11; Hervorhebungen im Orig.).

[29] Eine ausführliche Abhandlung der individuellen Redaktion auf „soziale Rückmeldung" von Schwarz (1975) thematisiert verschiedene Formen des Widerstandes gegenüber vom Selbstbild des Adressaten abweichenden Rückmeldungen, ohne jedoch auf konkrete Trainingssituationen und -probleme einzugehen.

seiner Durchführung vor eben jenem Problem, dem seine Einführung Abhilfe verschaffen sollte.

Mit allem bisher Gesagten soll übrigens keineswegs betritten werden, daß Rollenspiele für Leiter z.B. Selbstbildkorrekturen hervorbringen können, die zu ihrem eigenen bzw. zum Vorteil ihrer Umgebung sein können; jenseits der sich vielleicht im folgenden Zitat andeutenden Idealisierung des Rollenspiels (im oben kritisierten Sinn) ist M. Vorwerg (1971 a) also nicht unbedingt zu widersprechen, wenn er konstatiert: „Dank der erlebbaren Interdependenz sozialer Beziehungen im Rollenspiel haben wir bei dessen richtiger Anwendung die Möglichkeit, die soziale Erlebnisfähigkeit der Trainingsteilnehmer, ihr aufmerksames Verhalten gegenüber den Mitmenschen und vor allem ihre Fähigkeit zu schulen, das Verhalten anderer richtig zu verstehen und in die eigenen Handlungen sinnvoll einzubeziehen. Das Rollenspiel schafft die ‚Freiheit', aus dem eigenen begrenzten Verhaltensinventar ‚herauszutreten' und zwingt zugleich zur disziplinierten Orientierung des Handelns an den Maßstäben einer fremden sozialen Konstellation. Es erweitert so die eigenen Bezugssysteme, und darin besteht seine größte persönlichkeitsbildende Kraft ... Neben dem sachlichen Ertrag, der dabei für den Kooperationseffekt bzw. für die Kooperationsfähigkeit der Trainingsteilnehmer eintritt, wollen wir auch nicht unterschätzen, daß solches Training zur psychischen Gesundheit einzelner Menschen und ganzer Kollektive beitragen kann" (S. 69 f.).

Zu den Erfahrungen mit Widerständen im Training führt M. Vorwerg (1971 b) aus: „Die Spieler haben aus unterschiedlichen Gründen die Tendenz, ... ‚aus dem Felde' zu gehen. Der Trainer muß dies durch Einsatz der dafür gelernten Techniken verhindern. Er kann dabei freilich in arge Bedrängnis geraten. Häufig werden von einzelnen Trainingsteilnehmern in für sie persönlich kritischen Situationen Argumente vorgebracht, die nicht mehr mit psychologisch-sachlichen Erläuterungen zu entkräften sind; es ging das einmal bis zu dem Vorwurf, wir wollten mit imperialistischen Methoden die Moral der sozialistischen Leiter unterwandern. In solchen Fällen hängt dann natürlich sehr viel von der Einstellung der Leitungen der Einrichtungen ab, in denen das Training durchgeführt wird. Die psychologisch relevanten Techniken zur Meisterung solcher Situationen lernt der Übungsleiter während seiner Ausbildung" (S. 34). Der einzige hier konkretisierte „Fall" von Widerstand argumentiert quasi vom offiziellen Standpunkt aus gegen das Aufweichen der Weltanschauung und Moral durch die psychologische Methode; auch wenn die tatsächlichen Motive für diesen Angriff auf den Trainer hier natürlich nicht geklärt werden können, so läßt sich doch mit Sicherheit feststellen, daß hier ein *wunder Punkt* der psychologischen Bemühungen um die sozialistische Moral durch den Teilnehmer treffsicher aufgespürt wurde – und: man kann sich vorstellen, daß es äußerst heikel wäre, wenn ein Trainer eine offensive Selbstdarstellung eines Teilnehmers als „sozialistische Persönlichkeit“ als „Widerstand“ deuten wollte.

2.2.3.2. Evaluation

Die Aussagen zur Erfolgskontrolle von Leitertraining sind nicht einheitlich. G. Vorwerg u.a. (1980) berichten: „Mit allen aufgeführten Trainingsprogrammen wurden bei Prä-Post-Kontrollen signifikante Verbesserungen in den angezielten Verhaltensbereichen und den diesen zugrundeliegenden kognitiven Strukturen ermittelt. In allen Fällen wurden auch Änderungen der Wertorientierung festgestellt, die in veränderten Einschätzungen, Bewertungen, Orientierungen im Sinne des sozialistischen Erziehungszieles als positive Veränderung gedeutet werden können. Darüber hinaus gelingt es, mit allen Trainingsprogrammen positive Veränderungen in den Verhältnissen von Selbstbild, Fremdbild und Wunschbild im Hinblick auf die trainierten Verhaltensweisen zu erzielen, die in der Regel statistisch signifikant gesichert werden konnten“ (S. 211). Dagegen heißt es bei G. Vorwerg und M. Vorwerg (1980): „Ein schwieriges Problem war bisher die exakte Erfolgsmessung, die nicht nur von der theorieorientierten und exakt definierten sowie genau operationalisierten Trainingszielbestimmung und der zuverlässigen diagnostischen Erfassung des Trainingsgegenstandes abhängt, sondern vor allem auch ein kompliziertes meßtheoretisches Problem ist. Viele Programme der letzten Jahre, die auch von Psychologen in der Praxis eingesetzt worden sind, weisen in diesem Punkt Mängel auf“ (S. 63). Diese Divergenz der Aussagen der nämlichen Autoren – die erste in der überarbeiteten Neuauflage des Lehrbuchs der Sozialpsychologie, die zweite in einem Kongreßreferat – soll hier nicht weiter gedeutet werden. Daß vorweisbare Erfolge in Sachen Training mit erheblichen methodischen Problemen verbunden sind, wurde ja weiter oben (2.1.2.4.) bereits diskutiert. Hier sollen die eben zitierten Aussagen nur um einige Informationen ergänzt werden. Die in den vorliegenden Veröffentlichungen mitgeteilten Evaluationen nutzen fast routinemäßig den INR (Introversion/Neurotismus/Rigidität)-Fragebogen von Böttcher (z.B. Krause, 1971; Belitz, 1971; Salz, 1971; Klema, 1973; Alberg/Schmidt, 1980). Auch andere Persönlichkeitstests (z.B. Wartegg-Zeichentest bei Eckė, 1971) werden genutzt. Z.T. werden auch Verhaltensänderungen im Trainingsverlauf erhoben (z.B. Belitz, 1971). Salz (1971) nimmt einen Vergleich von Prä/Post-Differenzen im Selbstbildnis der Leiter und im Fremdbild der Leiter (aus der Perspektive der Mitarbeiter) vor, deren Ergebnis (keine Veränderung im Fremdbild, Verbesserung des Selbstbildes in Annäherung an das Fremdbild) sie allerdings nicht ohne Willkür als positives Trainingsergebnis interpretiert. Erwähnenswert ist auch der Umstand, daß versucht wurde, auf Basis der persönlichkeitsdiagnostischen Daten, die vor und nach Trainingsveranstaltungen gewonnen wurden, eine *Optimierung der Zuweisung* von Person und Treatment zu erreichen (U. Geißler, 1975; Koch,

1973); die erzielten Ergebnisse wurden aber offenkundig nicht praxiswirksam.

Das Verfahren zur Erfolgsmessung, das G. Vorwerg/M. Vorwerg (1980) in Anschluß an ihre oben zitierte Mängelrüge empfehlen, die „lineare Prä-Post-Analyse" von Lander (1979), ist als *formale* Vorgabe weit davon entfernt, inhaltlichen Problemen der Evaluation einen Lösungsweg zu weisen. Die an der nämlichen Stelle hervorgehobenen Anwendungsbeispiele von Schmidt und Alberg, deren ausführliche Darstellung sich in unveröffentlichten Dissertationen findet, können, soweit das aus späteren Veröffentlichungen zu ersehen ist (Schmidt, 1979; Alberg/Schmidt, 1980), nicht befriedigen, wenn Evaluation in einem inhaltsreichen sozialpsychologischen Sinn angezielt wird: weder Schmidts Ideentest zur Erfolgskontrolle eines Trainings zur Denkbeweglichkeit noch Albergs experimentelles Matrixspiel zur Erfolgskontrolle eines Trainings zur Verhandlungstätigkeit weisen in diesem Sinne eine Perspektive, so daß beide Autoren selbst fordern: „Für die Trainingsprogramme zur Effektivierung von Leiterverhalten wurde der Trainingseffekt empirisch nachgewiesen, die Frage der Kontrolle der Praxiswirksamkeit des Lernerfolges muß Gegenstand weiterführender Untersuchungen sein. Das erfordert eine enge Zusammenarbeit mit den betrieblichen Weiterbildungseinrichtungen und den Einrichtungen, in denen die Trainierten tätig sind. Auch sind für diese Aufgaben methodische Vorarbeiten in stärkerem Maße notwendig" (Alberg/Schmidt, 1980, S. 213). Weiterhin fordern die Autoren ein verstärktes Eingehen auf Personvariablen des Trainers und der Teilnehmer sowie auf Methodenvariablen. Im Zusammenhang mit den Personvariablen der Teilnehmer gelangen sie dabei zu einer theoretisch wie praktisch bemerkenswerten Forschungsperspektive: „Alle bisherigen Überlegungen beziehen sich auf die Weiterentwicklung des Trainings als einer Methode zur Verhaltensänderung. Künftig soll das Training jedoch zunehmend auch als eine Forschungsmethode in der Persönlichkeitspsychologie nutzbar gemacht werden. Im Training werden psychische Regulationsmechanismen von interpersonellem Verhalten gezielt verändert. Damit bietet es die Möglichkeit, diese Regulationsmechanismen in ihrer Genese zu untersuchen" (Ebenda, S. 214). Am Rande sei hier darauf hingewiesen, daß G. Vorwerg/M. Vorwerg (1980, S. 58) eine Überführungsforschung analog zur Ingenieurwissenschaft für die Psychologie fordern (auf diesen Aspekt wird im 3. Kap. eingegangen).

2.2.4. An Stelle einer Zusammenfassung: Subjekt, gesellschaftliche Anforderungen im „realen Sozialismus" und Psychologie

Entfremdung läßt sich nicht per Dekret abschaffen. Dies kommt bei Leont'ev zum Ausdruck, wenn er zur „subjektiven Überwindung der Entfremdung der Arbeit" anmerkt: „Die Beseitigung der *ökonomischen* Entfremdung löst dieses Problem keineswegs automatisch; im Gegenteil, unter diesen Bedingungen erhält es erstmalig einen realen Sinn als subjektives, *psychologisches* Problem" (1967, S. 24; Hervorhebungen im Orig.). Richtig an dieser Feststellung ist sicher, daß die Beseitigung objektiver Schranken für ein Sich-Geltung-Verschaffen der Subjektivität der Arbeitenden im Arbeitsleben diesen Prozeß selbst nicht ersetzt (vgl. Portele, 1981, S. 46f.). Bezogen auf die oben geschilderten Verhältnisse in der DDR wäre Leont'evs Feststellung allerdings mißverständlich, da die Aufhebung des Privateigentums an Produktionsmitteln keineswegs die objektive Schranke, die in Gestalt reduzierter Partizipationsmöglichkeiten einer Entfaltung der Subjektivität im Arbeitsleben entgegensteht, beseitigt hat. Im *Ideal* der sozialistischen Gesellschaft kommt dieser Entfaltung wesentliche Bedeutung zu: „Das Ziel besteht ... darin, alle Werktätigen unseres Landes zu gemeinsamen Aktionen bei der planmäßigen und bewußten Gestaltung ihrer Lebensbedingungen und Lebensbeziehungen zu befähigen und produktiv zu organisieren. Der Zweck dieser Bewegung ist es, die allseitige und freie Entwicklung der Individuen zu sichern. Realisiert wird das als kompetentes Verhalten" (G. Vorwerg/M. Vorwerg, 1980, S. 56). *Real* reduziert sich dieser Anspruch, wie oben zu sehen war, auf die Forderung an die Individuen, sich mit den gegebenen Verhältnissen zu *identifizieren;* die Fortsetzung des eben angeführten Zitats bestätigt dies: „Kompetentes Verhalten ist also die zweckmäßige Beherrschung von Lebensbedingungen und Lebensbeziehungen durch die Individuen einer Gesellschaft, indem sie in die Lage versetzt werden, einen jeweils gesellschaftlich geforderten und individuell möglichen Anteil an der Realisierung ihrer Subjektfunktion zu leisten, und, indem sie bereit und in der Lage sind, sich in gesellschaftlich progressive soziale Bindungen zu begeben (Organisationen, Institutionen), die die Durchsetzung der Subjektfunktion der Individuen ermöglichen" (Ebenda). Daß dabei – unter gegebenen Umständen – im Gegenteil Beschränkungen der Gestaltungsmöglichkeiten von den Subjekten akzeptiert werden müssen, wird durchaus – neuerdings verstärkt[30] – ausgesprochen, allerdings nicht ohne die

---

[30] Vgl. auch M. Vorwerg (1980): „Fordert die Gesellschaft, in Sonderheit die sozialistische, von jedem ihrer Mitglieder mit Nachdruck und subjektiv häufig als Zwang erlebter Verbindlichkeit ein wohldefiniertes Maß an Fähigkeiten und Fertigkeiten. So stehen die Individuen der sozialistischen Gesellschaft in einem objektiv bedingten Widerspruch. Einerseits sind sie in ihren Entfaltungsmöglichkeiten durch die Begrenzungen der gesellschaftlichen Verhältnisse, die in einer Übergangsperiode nicht ideale Verhältnisse sein können, eingeschränkt. Andererseits und zugleich aber zwingt dieselbe Gesellschaft mit Notwendigkeit und um den Preis ihrer weiteren Entwicklung, die die individuellen Entfaltungsmöglichkeiten ihrerseits erweitert, die Individuen zur Erweiterung ihrer Persönlichkeit. Dies geschieht häufig genug entgegen der subjektiven Vorstellungen dieser Individuen" (S. 18). Diese Formulierungen bestätigen – vergleicht man sie mit den obigen Zitaten des Autors aus den frühen 70er Jahren – die Diagnose von Lemke (1980, S. 123), in den letzten Jahren seien reale

Behauptung, die in Rede stehenden Schranken würden zunehmend abgebaut: „Die sozialistische Gesellschaft bietet von ihrer Struktur her prinzipiell die Möglichkeiten, diese Prozesse zu leiten und dabei den Spielraum für Selbständigkeit und Integration ständig zu erweitern. Allerdings geschieht das immer nur im Rahmen der Möglichkeiten und der Notwendigkeiten der Gesellschaft. Dies sei ausdrücklich betont, weil sonst utopische Vorstellungen über Autonomieansprüche des Individuums in unserer Gesellschaft entstehen. Die Individuen entwickeln sich folglich in der sozialistischen Gesellschaft, weil sie und indem sie ihre Persönlichkeit unter ständig sich vergrößernde Anforderungen an die Leistungsfähigkeit und das Tätigkeitsniveau der Personen stellt" (Ebenda, S. 57).

Nach allem bisher zu den menschlichen Beziehungen in der Hierarchie von DDR-Betrieben Ausgeführten läßt sich die These formulieren, daß die *Appelle,* sich mit den vorgegebenen Aufgaben *zu identifizieren,* nicht nur keine positive Voraussetzung für die Überwindung von Entfremdung darstellen, sondern *Entfremdung* in Form von innerer *Distanz* und äußerer Aquieszenz gegenüber den Aufgaben in großem Umfang *hervorbringen.* Bahro hat dies als „organisierte Verantwortungslosigkeit" (1977, S. 19) umschrieben. Der These von einer „nahezu beispiellosen Auslösung alles Privaten und der persönlichen Freiheit" (Bendix, 1960, S. 32) ist damit insofern widersprochen, als die hier vertretene These von der inneren Distanzierung behauptet, daß die – unwidersprochen penetrante – Aufforderung zur *Identifikation* mit einem Gemeinwesen, das den Individuen gleichwohl als *fremde Macht* (im Betrieb u.a. in Gestalt der Leiter) gegenübertritt, gerade einen intensiven *Rückzug ins Privatleben* provoziert.[31] In der

---

gesellschaftliche Widersprüche und Konfliktfelder verstärkt in der Sozial- und Persönlichkeitspsychologie der DDR erwähnt worden.

[31] Siehe hierzu z.B. die Eindrücke von G. Gaus (Die Zeit vom 11.9.81): „... hat die Bevölkerung der DDR sich eingerichtet in den ihr gesetzten Gegebenheiten. Sie läuft nicht den ganzen Tag bedrückt oder aufsässig mit der geballten Faust in der Tasche umher. Die Menschen in der DDR haben eine hohe Fähigkeit entwickelt, ihren Ausweg aus gesellschaftlich-politischer Überforderung in private Nischen zu organisieren ... Was die Nischengesellschaft angeht, so werden die Pragmatiker in der Staatspartei der DDR wohl den Stabilisierungsfaktor zu schätzen wissen, der in der relativen Staatsferne der Nischen liegt. Viele Lebensgewohnheiten in der DDR wirken in westdeutschen Augen auf seltsam anrührende Weise – nicht altfränkisch, nicht antiquiert, am ehesten läßt sich formulieren: vorkriegsmäßig-bürgerlich. ... Ohne Zweifel sind auch von solchen Bürgern der DDR, die mit der SED wenig im Sinn haben, viele von der herrschenden Partei initiierte und bestimmte Entwicklungen soweit mitvollzogen worden, daß sie inzwischen Selbstverständlichkeiten sind, nach deren Ursprung kaum noch gefragt wird. Die Wertbegriffe der DDR-Bevölkerung sind im Hinblick auf das Regime eine Mischung aus – bewußtem wie unbewußtem – Distanzverhalten und Eingetauchtsein" (S. 16). Wie man sich weithin in Planvorgaben und Prämiennormen eingerichtet hat, wurde oben schon deutlich; dieses Sich-Einrichten in Distanz zu den offiziellen Ansprüchen thematisiert auch Deinert (Die Zeit vom 25.3.83) in einer Besprechung von I. Böhme „Die da drüben – sieben Kapitel DDR": „Mit einer Fülle von Metaphern und Bildern erklärt Irene Böhme den ‚Bundis' die

von Presthus formulierten Typologie der Anpassung, auf die später noch genauer einzugehen sein wird (3.3.), ausgedrückt würde das bedeuten[32]: Resultat der Identifikationspropaganda in Verbindung mit den realen Gegebenheiten dürfte in größerem Umfang die *Indifferenz* der Angesprochenen sein. Diese Orientierung andererseits lediglich als „Zählebigkeit" des „Überbaus" gegenüber der „Basis" zu interpretieren (wie z.B. Althaus, 1979, S. 80), verschließt nicht nur die Augen vor den Realitäten der „Basis" im realen Sozialismus, sondern setzt auch die Tatsache einer Abweichung der faktischen Einstellung der Bürger in den sozialistischen Ländern vom Ideal der „sozialistischen Persönlichkeit" ohne einsichtige Begründung mit der Vorstellung bürgerlicher ‚Überbleibsel' gleich; damit wird aber versäumt, die Möglichkeit in Betracht zu ziehen, daß es sich bei der angedeuteten Distanz um eine *Mentalität sui generis* handelt, die gleichwohl Analogien zu Haltungen aufweist, die auch in den kapitalistischen Ländern vorfindbar sind.

Die *Psychologie*, die verspricht, eine Einstellungsformung in der offiziell gewünschten Richtung zu unterstützen, hat offenkundig mit *Skepsis aus beiden Richtungen* zu kämpfen: auf der einen Seite sehen sich die Psychologen genötigt zu betonen, daß sie nicht Subjektivismus propagieren (vgl. Herrmann, 1976, S. 140 ff.), daß sie also im Grunde nichts anderes als die allgemeine Erziehungsaufgabe exekutieren, auf der anderen Seite verstärken sie gerade damit den Verdacht seitens der Bevölkerung, die Aktivitäten von Psychologen reduzierten sich auf Belehrung und Kontrolle in Sachen „sozialistische Moral".[33] Vielleicht ist dies der Grund dafür, daß, wie Ergebnisse

Schatten- und Sonnenseiten, mit denen der Plan die ‚Zonis' umhegt ... ‚Rußland ist groß und der Zar ist weit'. ‚Das wirkt sich aufs Lebensgefühl aus: Zeit braucht der Mensch. Er nimmt sich soviel er bekommen kann. So geschieht es, daß der DDR-Bürger dem vom Business geprägten Westbürger lethargisch und passiv erscheint, während er eigentlich die schmalen Vorzüge seines Gesellschaftssystems genießt'. So wird der Plan jedem DDR-Bürger vertraut wie eine zur Familie gehörende Kuh, die nur als Zahl für den Steuerberater existiert".

[32] Bahro (1980, S. 143) bezieht sich auf diese Typologie, ohne allerdings Näheres über seine Sicht der Ausprägung der verschiedenen Typen in der DDR mitzuteilen.

[33] Das heikle Verhältnis von Psychologie und „sozialistischer Moral" wird u.a. an folgenden Ausführungen klinischer Psychologen in der DDR deutlich: „In der psychotherapeutischen Einflußnahme soll z.B. beim Patienten eine Verbesserung der Lebens- und Selbstgestaltung, der Handlungstätigkeit, der Möglichkeit zu befriedigender Konfliktbewältigung unter Berücksichtigung genereller Leitkategorien des sozialistischen Menschenbildes und spezieller normativer Aspekte erreicht werden. Gegenstand der Psychotherapie sind also nicht die Erziehungsziele oder Persönlichkeitsideale selbst, sondern ... solche Störcharakteristika im kognitiven, emotionalen und motivationalen Bereich, die einen produktiven Aneignungsprozeß erschweren oder unmöglich machen" (Rösler/Regel, 1980, S. 113; vgl. Starke/Weise, 1979). Siehe auch Helm (1981): „Manche mögen annehmen, daß sich Persönlichkeitsentwicklung und -verwirklichung unter unseren gesellschaftlichen Möglichkeiten schon von selbst einstellen werden. Andere neigen vielleicht zu der Meinung, daß der kollektive Arbeitsprozeß und das Arbeitskollektiv es schaffen werden, daß Teilnahme an Frei-

einer (inhaltsanalytisch ausgewerteten) offenen schriftlichen Befragung von 2000 Leitern in der UdSSR nach ihren Weiterbildungsbedürfnissen zeigen, psychologischem Training von Leitern in sozialistischen Ländern wenig Interesse entgegengebracht wird: „Die überwiegende Mehrheit der Leiter geht auf den Bereich der sozialpsychologischen Aspekte der Leitung nicht ein. Nur in einem Fragebogen wird die Notwendigkeit des Kennenlernens dieser Aspekte direkt erwähnt. ... Daraus ergibt sich die Notwendigkeit einer breitangelegten Propagierung sozialpsychologischer Kenntnisse, die für die Verwirklichung der wissenschaftlichen Organisation der Arbeit und der Leitung so wichtig sind“ (Bogomolowa/Zyganowa, 1979, S. 97 f.).

Abschließend sei eine Antithese der kritisierten DDR-Psychologen gegen Kritik „bürgerlicher Ideologen“ in Betracht gezogen: „Bürgerliche Ideologen unterstellen uns häufig Konformität und Unterdrückung der Individualität, sozusagen als ideologisches Gegenstück zum Individualismus ihres eigenen Denkens. Die Alternative zum konformen Individualismus der bürgerlichen Gesellschaft ist nicht individueller Konformismus, sondern die dialektisch widersprüchliche Einheit von Selbständigkeit, Initiative, Freiheit der Individuen und ihrer nur in Gemeinschaft, also gesellschaftlich möglichen Realisierung“ (G. Vorwerg/M. Vorwerg, 1980, S. 56). Die in dieser Arbeit vorgetragene Kritik zielte gerade darauf, daß die Sozialpsychologen der DDR die *konkrete* Dialektik ihrer gesellschaftlichen Verhältnisse in ihrer Betrachtung durch idealisierende Argumentationen weitgehend ausblenden[34]; die Problematik von Kritiken, die einen *praktischen* Beitrag der

---

zeitzirkeln oder Bildungsvermittlung usw. dazu erheblich beitragen könnten. Dies alles ist sicher wichtig, aber reicht es wirklich aus? Geschieht hier nicht vieles willkürlich und nach ganz subjektivem Ermessen? Ich meine, daß die Psychologie hier ihre speziellen Aufgaben haben sollte, wenn es darum geht, zur Persönlichkeitsförderung durch Verbesserung der zwischenmenschlichen Beziehungen, durch Entwicklung des solidarischen Denkens und Handelns im Sinne des sozialistischen Humanismus beizutragen. Hier geht es ganz konkret um eine systematische, psychologisch fundierte Mittelgestaltung. Ohne nun selbst in illusionäre Auffassungen über die Verbesserung der menschlichen Gesellschaft durch Psychotherapie zu verfallen, möchte ich feststellen, daß auch die Forschungsbefunde der Psychotherapie hier anregend wirken könnten ... Die Befähigung zu größerer Selbsttransparenz und offener Auseinandersetzung mit sich selbst, zu größerer Selbständigkeit im Urteilen und in der Normenbildung, zu größerer Selbstachtung und zur Akzeptierung anderer sollten im Sinne der Persönlichkeitsförderung und -verwirklichung systematisch und methodisch gelehrt werden und nicht der Zufälligkeit überlassen bleiben. Hier liegen bisher nicht genügend beachtete oder noch nicht ausdiskutierte Aufgaben für die Schul- und Familienerziehung, für die Leitungsarbeit, für den Umgang mit und in Arbeitskollektiven usw., denn es gehört heute zu dem gesicherten Bestand psychologischer Erkenntnisse, daß zwischenmenschliche Beziehungen in ihrer besonderen Qualität sehr unterschiedliche Auswirkungen auf die Persönlichkeitsentwicklung, auf die Leistung und auf eine zufriedene Lebensgestaltung haben“ (S. 163 f.).

[34] Die allgemeinen Betrachtungen über die Dialektik von Individuum und Gesellschaft (siehe z.B. Thom, 1978), die in der Psychologie in den sozialistischen Ländern angestellt wurden und werden, haben dieser unzweifelhaft gewisse Vorzüge

Sozialpsychologen der DDR zur „Unterdrückung der Individualität" sehen (wie z.B. Lind, 1977; siehe auch 1.1.), wurde dabei aufgewiesen; so erscheint das *Utopia,* das G. Vorwerg (1979) im folgenden Zitat entwirft, auch *eher als unfreiwillige Glosse auf ein höchst undialektisches Ideal der Nützlichkeit angewandter Sozialpsychologie für den Sozialismus denn als furchterregendes Programm psychologischer Gehirnwäsche:* „Während es für bestimmte Teile eines solchen Sozialplanes schon gute Erfahrungen gibt, etwa für die Planung der Arbeitskräftestruktur oder die Arbeits- und Lebensbedingungen, ist besonders die Seite, die für den Sozialpsychologen bedeutsam ist, noch völlig unterentwickelt: Es handelt sich um die konkrete Planung - mit Kennziffern - der Entwicklung von Kollektiven, der Entwicklung der einzelnen Persönlichkeiten, also etwa ihrer Einstellung zur Arbeit, ihrer Einstellung zur Sowjetunion, ihrer Einstellung zur aktiven Solidarität im antiimperialistischen Kampf, ihrer Normen bezüglich der Arbeitsdisziplin usw." (S. 26).

---

gegenüber der über weite Strecken „a-sozialen" (Graumann, 1969) westlichen Psychologie eingetragen (vgl. Thomae, 1977 a, S. 7 f.; Thomae/Feger, 1969, S. 152 ff.; Oerter, 1982). Eine detaillierte Aufarbeitung von Positionen der sowjetischen Psychologie hat Kussmann (1974) vorgelegt; wie Kussmann herausarbeitet, ist das Werk von Leont'ev (1977, 1980) gegenüber dem von Rubinstein (1959, 1972) in einem dialektischen Sinn das differenziertere (vgl. Kussmann, 1971). Siehe auch die Aufarbeitung der sowjetischen Psychologie durch den Kreis um Holzkamp (z.B. 1973 a; Holzkamp-Osterkamp, 1978, insbes. S. 115 ff.). Erwähnenswert ist an dieser Stelle, daß die Sozialpsychologen um M. Vorwerg neuerdings eine Fundierung der in dieser Arbeit dargestellten Trainingskonzepte durch die Motivationstheorie von Holzkamp-Osterkamp ins Auge fassen (Alberg/Schmidt, 1980, S. 156 ff.).

3. Psychologie, Subjektivität und Umwelt: Führungstraining als angewandte Psychologie – Führungskräfte als Psychologen

Psychologisches Führungstraining, soweit es sich bis hier darstellte, ist ein Konglomerat heterogener Maximen, die das Handeln von Vorgesetzten beeinflussen sollen; Bestandteile und Struktur des Konglomerats sind keineswegs einheitlich. Psychologie als Wissenschaft ist für Führungstraining sicher nur ein Konstituens neben anderen, das zudem oftmals insofern inferiore Bedeutung haben dürfte, als die Wissenschaft eher als Steinbruch für einen an außerwissenschaftlichen Maßstäben ausgerichteten Eklektizismus zu dienen scheint denn als Orientierungsmaßstab. Die Feststellung außerwissenschaftlicher Maßstäbe findet sich in Übereinstimmung mit zahllosen fachinternen und -externen Aussagen bzw. Klagen – die z.T. mit einer skeptisch stimmenden Routiniertheit (vgl. 1.2. und 2.1.2.4.) vorgetragen werden. Der *Inhalt* der außerwissenschaftlichen Maßstäbe ist allerdings weniger problemlos zu bestimmen: die Rede von einer „sozial-pazifierende(n) Funktion" (Wittwer, 1982, S. 115) hilft, wie sich zeigte, nicht recht weiter, da selbst da, wo diese Funktion mehr oder weniger klar das Oberziel für die Nachfrage nach Training für Führungskräfte bildet, die Frage nach dem *Wie* damit noch keineswegs beantwortet ist; unleugbare Tendenzen von Auftraggebern zur Favorisierung personalisierender Konfliktdarstellung bzw. -aufarbeitung mögen zwar ohne weiteres eine Bevorzugung psychologischer Helfer gegenüber soziologischen Beratern begründen – obwohl dies eine ungerechtfertigte Ineinssetzung von Psychologie und Psychologisierung bedeutet (vgl. 2.1.2. sowie Fußnote 11 in 2.1.) – stellen aber eher ein negatives Kriterium für die Wahl der Trainingsmethode dar; die Darstellung von Evaluation, Teilnehmererwartungen und Überlegungen von Praktikern zum Umgang mit diesen Erwartungen (2.1.2.4. und 2.1.2.5.) hat Hinweise darauf eingebracht, daß das Erzeugen von Zufriedenheit bei den Teilnehmern faktisch ein bedeutendes Kriterium für die Trainingsgestaltung ist. Letzteres könnte man auch so formulieren: Bei der theoretischen und praktischen Aufbereitung von Psychologie im Führungstraining scheint man sich tatsächlich (vgl. 1.2.) oft mehr um die Frage zu bekümmern, wie der Kundschaft das Gebotene schmeckt, als darüber nachzusinnen, welche Effekte das Verdaute für den seelischen und sozialen Stoffwechsel zeitigt.

Trotz dieser eigentümlichen Akzentuierung, die die Anwendung von Psychologie im Führungstraining u.a. auszuzeichnen scheint, soll zunächst auf prinzipielle Gesichtspunkte der Anwendung von Psychologie eingegangen werden. Ausgehend von der abstrakten Fragestellung, was Umsetzung von Theorie in Praxis bedeutet, werden in diesem Kapitel Konsequenzen der Besonderheit des Gegenstands der Psychologie für die Relation von Theorie und Praxis diskutiert; diese Diskussion, die u.a. den Versuch einschließt, die Begriffe von Menschenkenntnis, Manipulation und deren Beziehung zueinander zu erhellen, mündet in ein erneutes Aufwerfen der Frage nach der Besonderheit des Gegenstands der Psychologie bzw. der Frage nach einer angemessenen Konzipierung von Subjektivität. Zur Rechtfertigung der Zirkularität dieses Vorgehens kann nur auf seine Durchführung verwiesen werden. Im Ergebnis führen die folgenden Überlegungen unter Einbeziehung der obigen Skizze der menschlichen Beziehungen in der Hierarchie (2.1.1.) zu einem kategorialen Rahmen, der – wenn auch nicht allein – die Perspektive für die anschließende Deskription und Interpretation der subjektiven Orientierung von Führungskräften hinsichtlich ihrer Aufgabe und Führungsfortbildung bestimmt (siehe hierzu v.a. das 4. Kap.). Ausdrücklich sei hier nochmals klargestellt, daß die nun folgenden theoretischen Überlegungen ebenso wie das bisher Dargestellte in der vorliegenden Gestalt Resultat der Wechselbeziehung von ‚Theoretisieren' und Interpretation des empirischen Materials sind und nicht etwa den fertigen Zugang zur Interpretation oder gar zur Datenerhebung bildeten.

3.1. Anwendung von Psychologie und Subjektivität

3.1.1. Theorie und Praxis

Die Formel, nichts sei so praktisch wie eine gute Theorie – von Psychologen ‚ihrem' Lewin, ansonsten aber auch dem Revolutionär Lenin zugeschrieben – kennzeichnet nur ‚eigentlich' eine Selbstverständlichkeit, denn sie ist ja gewissermaßen aus der Defensive gesprochen. Die populäre Gegenposition, die durch diese Formel entkräftet werden soll, ist paradigmatisch – und zum geflügelten Wort geworden – in Mephistopheles theoriefeindlichem Verdikt ausgedrückt: „Grau, teurer Freund ist alle Theorie, und grün des Lebens goldener Baum" (Goethes Faust, 2038 f.).

An dieser Stelle soll nun nicht die umfangreiche allgemeinwissenschaftstheoretische Literatur zum Thema Theorie und Praxis auch nur ansatzweise referiert und diskutiert werden. Bevor direkt auf Probleme der Anwendung psychologischer Theorie eingegangen wird, sei lediglich eine bestechend klare Reflexion Kants „Über den Gemeinspruch: Das mag in der Theorie richtig sein, taugt aber nicht für die Praxis" (1793) eingeschoben, die übrigens auch zum Thema „Alltagstheorie" aufschlußreiche Anknüpfungspunkte bietet (vgl. 3.1.2.5.). Kants Argumentation zur Stützung der nicht ganz selbstverständlichen Selbstverständlichkeit der Bedeutung „guter Theorie“ für die Praxis soll hier ungekürzt und ohne Paraphrasierung vorgestellt werden.

„Man nennt einen Inbegriff selbst von praktischen Regeln alsdann *Theorie,* wenn diese Regeln als Prinzipien in einer gewissen Allgemeinheit gedacht werden, und dabei von einer Menge Bedingungen abstrahiert wird, die doch auf ihre Ausübung notwendig Einfluß haben. Umgekehrt heißt nicht jede Hantierung, sondern nur diejenige Bewirkung eines Zwecks *Praxis,* welche als Befolgung gewisser im Allgemeinen vorgestellten Prinzipien des Verfahrens gedacht wird. Daß zwischen Theorie und Praxis noch ein Mittelglied der Verknüpfung und des Überganges von der einen zur anderen erfordert werde, die Theorie mag noch so vollständig sein, wie sie wolle, fällt in die Augen; denn zu dem Verstandesbegriffe, welcher die Regel enthält, muß ein Actus der Urteilskraft hinzukommen, wodurch der Praktiker unterscheidet, ob etwas der Fall der Regel sei oder nicht; und da für die Urteilskraft nicht immer wiederum Regeln gegeben werden können, wonach sie sich in der Subsumtion zu richten habe (weil das ins Unendliche gehen würde), so kann es Theoretiker geben, die in ihrem Leben nie praktisch werden können, weil es ihnen an Urteilskraft fehlt: z.B. Ärzte oder Rechtsgelehrte, die ihre Schule gut gemacht haben, die aber, wenn sie ein Consilium zu geben haben, nicht wissen, wie sie sich benehmen sollen. – Wo aber diese Naturgabe auch angetroffen wird, da kann es doch noch einen Mangel an Prämissen geben; d.i. die Theorie kann unvollständig und die Ergänzung derselben vielleicht nur durch noch anzustellende Versuche und Erfahrungen geschehen, von denen der aus seiner Schule kommende Arzt, Landwirt oder Kameralist sich neue Regeln abstrahieren und seine Theorie vollständig machen kann und soll. Da lag es dann nicht an der Theorie, wenn sie zur Praxis noch wenig taugte, sondern daran, daß *nicht genug* Theorie da war, welche der Mann von der Erfahrung hätte lernen sollen, und welche wahre Theorie ist, wenn er sie gleich nicht von sich zu geben und als Lehrer in allgemeinen Sätzen systematisch vorzutragen im Stande ist, folglich auf den Namen eines theoretischen Arztes, Landwirts und dergleichen keinen Anspruch machen kann. – Es kann also Niemand sich für praktisch bewandert in einer Wissenschaft ausgeben und doch die Theorie verachten, ohne sich bloß zu geben, daß er in seinem Fache ein Ignorant sei: indem er glaubt, durch Herumtappen in Versuche und Erfahrungen, ohne sich gewisse Prinzipien (die eigentlich das ausmachen, was man Theorie nennt) zu sammeln und ohne sich ein Ganzes (welches, wenn dabei methodisch verfahren wird, System heißt) über sein Geschäft gedacht zu haben, weiter kommen zu können, als ihn die Theorie zu bringen vermag. Indes ist doch noch eher zu dulden, daß ein Unwissender die Theorie bei seiner vermeintlichen Praxis für unnötig und entbehrlich ausgebe, als ein Klügling sie und ihren Wert für die Schule (um etwa nur den Kopf zu üben) einräumt, dabei aber zugleich behauptet: daß es in der Praxis ganz anders laute; daß, wenn man aus der Schule sich in die Welt begibt, man inne werde, leeren Idealen und philosophischen Träumen nachgegangen zu sein; mit Einem Wort, daß, was in der Theorie sich gut hören läßt, für die Praxis von keiner Gültigkeit sei. (Man drückt diese oft auch so aus: dieser oder jener Satz gilt zwar in thesi, aber nicht in hypothesi.) Nun würde man den empirischen Maschinisten, welcher über die allgemeine Mechanik, oder den Artilleristen, welcher über die mathematische Lehre vom Bombenwurf so absprechen wollte, daß die Theorie davon zwar fein ausgedacht, in der Praxis aber gar nicht gültig sei, weil bei der Ausübung die Erfahrung ganz andere Resultate gebe als die Theorie, nur belachen (denn wenn zu der ersten noch die Theorie der Reibung, zur zweiten die des Widerstands der Luft, mithin überhaupt nur noch mehr Theorie hinzu käme, so würden sie mit der Erfahrung wohl zusammen stimmen)“ (zitiert nach der Reclam-Ausgabe, 1974, S. 118 ff.; Hervorhebungen im Orig.).

3.1.2. Psychologie und Psychotechnik

Die praktische Umsetzung von Psychologie soll hier Psychotechnik heißen, auch wenn im allgemeinen Sprachgebrauch mit Psychotechnnik eher so etwas wie „mechanistischer“ Umgang mit Menschen assoziiert wird, der dann auch gar nicht psychologischer Provenienz sein muß, wie das etwa beim Taylorismus der Fall ist (vgl. v. Rosenstiel, 1980, S. 5 f.). Die Frage, ob so verstandene Psychotechnik bzw. Psychotechnologie Wissenschaft sei, findet bejahende (Ebenda) und auch verneinende Antworten (Herrmann, 1979). Im Anschluß an die obige Argumentation Kants ist festzustellen, daß die angewandten ‚Fächer‘ der Psychologie als Ausdruck eines „nicht genug Theorie“ der „theoretischen Abteilungen“ aufgefaßt werden können, also durchaus als Wissenschaft anzusprechen sind; in Anlehnung an Gebert/v. Rosenstiel (1981, S. 165) kann zudem festgehalten werden, daß es für Vertreter der angewandten Psychologie weniger auf den Titel, mit dem sie sich schmücken können, als auf Klarheit über ihre Aufgabe ankommt (vgl. auch Franke, 1978, S. 337 ff.).

Der „embryonale Zustand“ der Psychotechnik wurde und wird immer wieder konstatiert (z.B. Irle, 1975, S. 505; vgl. auch Laucken, 1977, S. 145); m.a.W.: es fehlt an Techno*logie,* die es erlauben würde, künftige Praktiker Anwendung im Sinne von Kants „Actus der Urteilskraft“ *üben* zu lassen.[1]

[1] C. Vorwerg/M. Vorwerg beklagen bezüglich der psychologischen Forschungsprogramme in der DDR einen Mangel an „Überführungsforschung“; im Fortgang des folgenden Zitats verlagern sie allerdings das Problem auf eine Frage der Ausbildung; in anderem Zusammenhang wurde auf eine derartige Problemverschiebung bereits eingegangen (vgl. 1.2.): „Ein Hauptproblem der Nutzung verfügbarer psychologischer Erkenntnisse, und das gilt nicht nur für die Nutzung bei der Leitung sozialer Prozesse, besteht in der Überführung solcher Erkenntnisse in effektives menschliches Handeln. Neben der Tatsache, daß bei uns kaum Überführungsforschung betrieben wird, besteht die Besonderheit darin, daß es keine Spezialisten im eigentlichen Sinne dafür in unserer Gesellschaft gibt. Leiter sind in der Regel keine Psychologen, und die Psychologen sind in der Regel nicht mit Leitungsbefugnissen und Entscheidungskompetenz ausgestattet. Es gibt Ingenieure für Fertigungstechnik und für Ökonomie und vieles andere mehr, aber es gibt sie nicht für die Überführung *psychologischer* Erkenntnisse in die Praxis. Das erklärt die in der Regel undefinierte Rolle des Psychologen in vielen Bereichen unserer Gesellschaft. Vor allem halten wir das für ein Ausbildungsproblem und ein Problem der politischen Erziehung unserer Studenten. Auch die Weiterbildung der bereits in der Praxis tätigen Psychologen war bisher mehr auf die Vermittlung von neuem Grundlagenwissen orientiert. Das ist außerordentlich wichtig. Es bleibt aber wirkungslos, wenn nicht zugleich auch die Voraussetzung für ihre Anwendungen vermittelt werden. Und in diesem Zusammenhang halten wir die häufig vorgebrachte Kritik für richtig, derzufolge psychologische Publikationen für Nichtpsychologen in nicht genügender Anzahl und Qualität vorhanden sind. Mit Entscheidungsbefugnissen ausgestattete Leiter können nur solche Vorschläge von Psychologen aufgreifen und durchsetzen, von denen sie selbst überzeugt sind. Dazu

Schick (1977, S. 11 f.) bezweifelt aus diesem Grunde, ob die Psychologie Hilfen für „die Unterweisung ihrer selbst", also für die Didaktik der Psychologie geben könne. Hieran wird bereits die Begrenztheit der in der Klage über mangelnde Reife psychologischer Technologie implizierten Analogie zur Anwendung von naturwissenschaftlichen Erkenntnissen deutlich: in der Psychologiedidaktik sieht sich die Qualität des Lehrens einer Wissenschaft in besonderer Weise auf die Qualität der Wissenschaft selbst zurückverwiesen; m.a.W.: Mängel der didaktischen Form können unmittelbar mit Mängeln des stofflichen Inhalts im Zusammenhang stehen. Diese Pikanterie der Psychologiedidaktik trifft allerdings noch nicht den Kern der Differenz von angewandter Naturwissenschaft und angewandter Psychologie. Weiter führt die Analyse einer in den letzten Jahren immer häufiger gestellten Forderung: die Psychologie müsse sich als Bedingung ihrer Anwendung auf das, was als „Alltagstheorie", „Laientheorie", „naive Verhaltenstheorie" etc. bezeichnet wird, einlassen.

3.1.2.1. Psychologie und Alltagsmenschen: Der Adressat der Psychologie als („naiver") Psychologe

Sader (1979) fordert im Kapitel „Führungsverhalten" seines Lehrtextes zur „Psychologie der Gruppe": „Die Gesellschaft hat einen Anspruch darauf, daß die von ihr finanzierten Reflexionsbeamten ihre Ergebnisse verständlich und, soweit das geht, in verwendbarer Form zur Verfügung stellen. Dazu gehört, daß wir unsere Informationen, Hilfestellungen und Strukturierungen, wo immer möglich, auch jeweils unter dem Stichwort anbieten, unter dem es von praktisch 100% der Bevölkerung gesucht wird: Wenn wir die *naive* oder *Laientheorie* über unseren Forschungsgegenstand (...) völlig ignorieren, werden wir kaum eine Chance haben, uns in unserer Gesellschaft verständlich zu machen" (S. 165; Hervorhebungen im Orig.). Hoyos fordert im Zuge seiner Beantwortung der Frage „Lassen sich Theorien sicheren Verhaltens in praktische Sicherheitsarbeit umsetzen?" (1982): „Es muß mehr als bisher versucht werden, die ‚naiven Verhaltenstheorien' unserer Gesprächspartner zu erkennen und unsere eigene Argumentation auf sie abzustimmen. Andere Disziplinen, wie z.B. die Pädagogische Psychologie, sind uns dabei mit gutem Beispiel vorangegangen" (S. 33).

Auf Lauckens „Naive Verhaltenstheorie" (1974), die die zitierten Forderungen wesentlich angeregt hat, wird weiter unten noch einzugehen sein (siehe 3.1.2.4.). Hier sollen zunächst die genannten Forderungen als

---

müssen wir uns ihnen verständlich machen. Zugleich aber sollte niemand erwarten, daß eine größere und bessere populärwissenschaftliche psychologische Literatur diese Probleme ohne Überführungsforschung lösen würde. In der Physik oder Chemie würde auch keiner erwarten, daß aus der Lektüre populärwissenschaftlicher Literatur neue Erkenntnisse zu produktionswirksamen Technologien entstehen" (G. Vorwerg/M. Vorwerg, 1980, S. 58; Hervorhebung im Orig.).

solche reflektiert werden. Der Gedanke, Wissenschaft dürfe sich im Hinblick auf ihre Anwendung nicht damit begnügen, sich „wegzuheben“, sondern habe dabei die Subjektivität ihrer Adressaten in Betracht zu ziehen (vgl. auch Groeben/Scheele, 1977, S. 132 ff.), ist vergleichbar mit der Grundidee jeder Didaktik: der Bemühung, die Form des Mitzuteilenden mit den Voraussetzungen des Lernenden abzustimmen. Bei genauerem Hinsehen wird jedoch offenbar, daß ein Bemerken mangelhafter Kenntnisnahme der Subjektivität zwar von Problemen bei der Anwendung bzw. der Vermittlung psychologischer Theorie initiiert sein kann, in der Konsequenz aber über diese hinausweist - zum theoretischen Konzept selbst: *eine Wissenschaft vom Subjekt, die beim Anwenden ihrer Resultate darüber stolpert, daß ihr Forschungsobjekt ein Subjekt ist, wird sich fragen müssen, was sie eigentlich erforscht hat.* Hier schließen eine Reihe von Fragen an. Bevor diese formuliert und diskutiert werden, wird zunächst versucht, das gegebene Wechselverhältnis von Psychologie und Alltagsmensch in einigen wichtigen Zügen zu konkretisieren. Dabei geht es nicht darum, im Überblick zu referieren, was bislang mit verschiedenen Akzentuierungen über das alltägliche Reflektieren eigener und fremder Subjektivität und Handlung erarbeitet wurde[2]; ausschnittsweise wird zu einschlägigen Befunden und Betrachtungsweisen später Stellung genommen werden. Hier soll das Augenmerk auf Reflexionen der Alltagsmenschen über die Psychologie selbst und die „Verarbeitung“ dieser Reflexionen durch die Psychologie gerichtet werden.

3.1.2.2. Alltagspsychologien und Psychologie

Alltägliche Konzepte über Psychologie bzw. deren Relevanz wären nach einem terminologischen Vorschlag von Groeben/Scheele (1981, S. 17) als „subjektive Meta-Theorie“ zu fassen; in dieser Arbeit wurden solche Konzepte unter dem Stichwort der Erwartung von Teilnehmern an psychologi-

[2] Laucken stellt seiner „Analyse und Konstruktion der naiven Verhaltenstheorie“ (1974, S. 57 ff.) einen systematisierten Überblick über vorangegangene Forschungen zur Alltagspsychologie voran (S. 27 ff.), bei dem allerdings Abgrenzungsbemühungen zum eigenen Forschungsvorhaben stark im Vordergrund stehen. Lantermann (1980), der bei Laucken ein angemessenes Eingehen auf die Arbeiten zur Attribution vermißt (S. 83), gibt selbst unter der Überschrift „Interpersonale Wahrnehmung“ einen Überblick über Arbeiten zu „Impliziten Persönlichkeitstheorien“ und „Attribution in der interpersonalen Wahrnehmung“ (S. 79 ff.). Speziell zur Attribution siehe auch Heckhausen (1980, S. 441 ff.; Herkner, 1980 a). Eine kritische Aufarbeitung von Heiders „Psychologie der interpersonalen Beziehungen“ (1977) und Laucken (1974), aber auch eine Bezugnahme auf Beiträge von symbolischen Interaktionismus und Ethnomethodologie finden sich bei v. Cranach u.a. (1980, S. 35 ff. und 64 ff.). Eine ausführlichere kritische Würdigung des ethnomethodologischen Ansatzes bietet Keupp (1976, S. 116 ff.) neben einer kritischen Perspektive auf die Attributionstheorie (S. 110 ff.). Einen Überblick über verschiedene Aspekte der Alltagspsychologie gibt Schneewind (1982, S. 1-44). Siehe auch 3.2.

sches Führungstraining bereits aufgegriffen (2.1.2.5.). Der Vorschlag von Groeben/Scheele markiert, daß es sich bei den Erwartungen gegenüber Psychologie um so etwas wie eine alltägliche Wissenschaftstheorie handelt.

In einem Aufsatz über „Sozialforschung und Alltagserwartung" mutmaßt Fietkau (1981, S. 29) „drei prototypische Formen der Aufnahme psychologischer Befunde": 1.) bei Übereinstimmung mit den Alltagserfahrungen würde gegen die Befunde der Vorwurf der Trivialität erhoben; 2.) Befunde, „die einen Aussagebereich betreffen, über den keine Alltagserfahrungen vorliegen", würden positiv aufgenommen, wenn der Gegenstandsbereich dem Alltagsmenschen wichtig erscheint, andernfalls würden sie als „Prototyp einer Forschung im Elfenbeinturm erachtet"; 3.) Befunde schließlich, die der Alltagserfahrung widersprächen, hätten seitens des Alltagsmenschen „große Skepsis" und „Suche nach Fehlern z.B. im methodischen Vorgehen" zur Folge.

Insgesamt ist zu dieser Systematik zu sagen, daß sie eine Besonderheit der Aufnahme psychologischer Befunde gar nicht erfaßt; die drei bzw. vier vorgestellten Beziehungen wären so bei jeder Wissenschaft denkbar (vgl. Zetterberg, 1980). Da der Autor seine Systematik auch nicht mit Beispielen aus dem Bereich der Psychologie exemplifiziert, kann hier nur in pauschaler Weise Stellung genommen werden. Gegenüber der Ausführung zum dritten Punkt etwa soll hier grundsätzlicher Zweifel artikuliert werden: daß der Alltagspsychologe seine Skepsis gegenüber bestimmten Befunden durch Suche nach methodischen Fehlern absichere, erscheint als Projektion innerwissenschaftlicher Gepflogenheiten auf das Verhältnis Psychologie/Alltagspsychologie. Wahrscheinlicher erscheint eine Zurückweisung mit dem Argument: „graue Theorie!"[3] Der Elfenbeinturm-Vorwurf kam bereits in 2.1.2.5. als Erfahrung eines vor Managern dozierenden Psychologen zur Sprache; ebenso wie der Vorwurf, Trivialitäten zu produzieren, zielt er auf die Irrelevanz der Psychologie.[4] Dieser Vorbehalt ist sicher teils nicht ganz ungerechtfertigt, teils könnte er aber auch der Immunisierung gegen Gesichtspunkte von psychologischen Aussagen dienen, die durchaus nicht ohne Bedeutung

---

[3] Vgl. folgenden Erfahrungsbericht von Schlee (1981) „In meinen ersten Fortbildungsveranstaltungen mit der üblichen Referat-Diskussions-Didaktik habe ich es immer wieder erlebt, daß mich Lehrer um Rat für bestimmte Unterrichtsprobleme fragten. Sobald ich versuchte, durch konkrete Hinweise oder allgemeine theoretische Erörterungen zu helfen, bemühten sie sich, mir nachzuweisen, daß dieses graue Theorie wäre und sich in ihrer Praxis nicht bewähre. Nicht durch praktische Erprobung, sondern per Diskussion und Konsensbildung kamen die teilnehmenden Lehrer zu der Überzeugung, daß „die Theorie" zwar allgemein schon richtig sein könne, aber im konkreten Fall nicht weiterhelfe. Nicht selten kam es daher anstatt zu Problemlösungsversuchen zu Rechthabereien. Die Lehrer erschienen mir deshalb oft als borniert und widerspenstig gegenüber theoretischen Überlegungen ..." (S. 1).

[4] Siehe hierzu auch die Hinweise für eine ‚überzeugende' Seminarstrategie durch Fletcher (1980) in Fußnote 45/2.1..

für die eigenen Vorstellungen sind (vgl. Görlitz, 1981; Weiss, 1977, S. 56). Der unter 2.) verzeichnete einzige positive Fall wird kaum greifbar; über mögliche psychologische Inhalte könnte hier nun spekuliert werden. Insgesamt ist mit den Aussagen von Fietkau jedoch das Bild eines die Psychologie eher abwertenden Alltagspsychologen gezeichnet: der Alltagstheoretiker erscheint als der wissenschaftlichen Theorie weitgehend feindlich gesonnen.

Die populären Vorstellungen über die Psychologie scheinen durch das eben Referierte nur partiell charakterisiert. Wenn Thomas (1982, S. 552, vgl. 1983) mitteilt, in der betriebspsychologischen Praxis tätige Psychologen hätten damit zu kämpfen, daß ihre psychologisch laienhaften Gesprächspartner „sich oft selbst für den besten aller denkbaren Psychologen" hielten, weshalb es so schwierig sei, diesen die Psychologie zu „verkaufen", so deutet er auf einen wichtigen Gesichtspunkt des Verhältnisses von Laien und Psychologen hin: Psychologie wird weithin gar nicht als „Theorie", sprich praxisfern, wahrgenommen, sondern als Kunstfertigkeit. Kunstfertig zu „psychologisieren" ist eine Qualität, die Alltagsmenschen sich ausdrücklich zubilligen, was allerdings nicht ausschließt, daß den professionellen Psychologen hierin eine besondere - überlegene - Kompetenz zuerkannt wird (vgl. Fürntratt, 1969). „Psychologisieren" steht hier für Menschenkenntnis, für Durchschauen.[5] Diese Vorstellung wurde bereits als Bestandteil der Erwartungen gegenüber Führungstraining aufgeführt. Die Verbindung dieser Vorstellung mit Ängsten und Machtphantasien erscheint plausibel: von Menschenkenntnis ist es nicht weit zur Manipulation (siehe 3.1.2.3.). Hieran schließen sich dann Vorstellungen von geheimen Mächten der Psychologie an, die eine vom Opfer unbemerkte Gehirnwäsche erlauben sollen[6]; wie Langner (1981) in einer Untersuchung über Vorstellungen bezüglich der Wirkmechanismen „tiefenpsychologischer" Werbung belegen konnte, sind diese Vorstellungen allerdings in ihren Konkretisierungen höchst widersprüchlich: obwohl Befragte z.B. an angeblich *unmerkliche* Mechanismen glauben, sehen sie zugleich sich selbst als immun dagegen an.

Neben der Vorstellung, die Psychologie liefere wirksame Instrumente für ein Durchschauen und Beeinflussen von Mitmenschen, wird die Psychologie auch als Hilfe für Selbsterkenntnis erachtet, wobei ein mehr oder weniger ausgeprägtes Bedürfnis nach Therapie psychischen Leidens eine Rolle spielen kann. Nicht zuletzt dieser Aspekt hat zu einer verbreiteten Rezeption

---

[5] Kempf/Aschenbach (1981 a, S. 17 f.) machen für diese Vorstellung über die Potenzen der Psychologie nicht zuletzt das Operieren der Psychologie mit „latenten Dimensionen" etc. verantwortlich; sie exemplifizieren das u.a. an der zirkulären Beziehung von Intelligenztestwerten und der Verwendung des Konstrukts Intelligenz.

[6] Wie in den populären Darstellungen Packards (z.B. 1964, S. 268 ff.) verschwimmen hierbei oft die Grenzen von Psychologie, Psychopharmakologie und gar Psychochirurgie.

psychologischer Literatur unter Alltagspsychologen geführt (vgl. v. Cranach u.a., 1980, S. 44)[7]; im unmittelbaren Zusammenhang mit einer „Konsumhaltung" gegenüber den diversen Therapieformen ist dieses Phänomen als „Psychoboom" (Bach/Molter, 1976) gekennzeichnet und von anderen als „Ersatz für Ideologie" (z.B. Pohl, 1980, S. 372) gebrandmarkt worden. Ohne diesen Gesichtspunkt hier vertiefen zu können, sei angemerkt, daß die Kritik solcher Phänomene sicherlich zurecht vor einer Haltung warnt, die in der Psychologie bzw. der Anwendung von Psychologie auf die eigene Person einen Universalschlüssel für die Lösung von Problemen sieht (vgl. Zillmer, 1980, S. 216 f.), daß die Bemühung um eine Selbstreflexion bzw. Selbsterfahrung des Individuums eine solche Haltung allerdings keineswegs notwendig impliziert, auch wenn „Psychologismus"-Kritiker nicht selten diesen Eindruck erwecken.[8] Im Hinblick auf die Überstrapazierung der Potenzen der Psychologie berührt sich übrigens die oben als kritisierbar bezeichnete, intellektuell aktiv sich der Psychologie zuwendende Haltung mit der von Psychologen als „Pillenerwartung" o.ä. gekennzeichneten passiven Heilserwartung gegenüber der Psychologie.

Wachsendes Interesse an psychologisch angeleiteter Selbsterkenntnis ist allerdings nicht gleichbedeutend mit einem Verdrängen der verbreiteten Abwertung psychischen Leidens als „Abweichung" (vgl. Keupp, 1976; Smith, 1979).[9]

Auch unabhängig von den Erscheinungen im engeren Umkreis des sogenannten „Psychobooms" sind Konzepte der Psychologie von Alltagsmenschen teils in großem Maßstab rezipiert worden; man denke nur an den Begriff „Streß", der ja nicht nur den Wortschatz, sondern – wenn gewiß auch mehrdeutig – das alltägliche Denken beeinflußt hat. Groeben/Scheele (1981, S. 7) sprechen hier von „abgesunkenem Kulturgut" und erläutern das Gemeinte am Begriff der Motivation, „der heutzutage allen Schülern geläufig ist, insbesondere auch in der Objektrolle: Schüler haben sozusagen das didaktische Recht, von Lehrern motiviert zu werden". Das Subjekt spaltet sich in diesem Falle in den „subjektiven Theoretiker", der der „objektiven Theorie" teilhaftig ist, und in ein Objekt, dessen Steuerbarkeit Inhalt der „objektiven Theorie" ist; der Erfolg des „gesetzmäßigen" Vorgangs der Moti-

[7] Vgl. Jacobi (1971): „Heute hat jeder Mensch zahlreiche Probleme. Das heißt aber keineswegs, daß er seelisch krank ist. Nein! Das heißt nur, daß er sich im Leben nicht auskennt, daß er sich, seine Mitmenschen und die Welt nicht versteht. Darum interessiert er sich immer brennender für Psychologie, darum werden psychologische Bücher wie heiße Semmeln gekauft, darum sind Vorträge über Psychologie zum Bersten voll" (S. 7).

[8] Siehe hierzu das im Abschnitt zum Rollenspiel (2.1.2.3.) über Möglichkeiten und Probleme von Selbstreflexion Ausgeführte.

[9] Stumme (1975) sieht allerdings in den Klagen über Vorurteile der Bevölkerung hinsichtlich psychischen Leidens ein ‚Ablenkungsmanöver' von Mißständen der psychiatrisch-therapeutischen Praxis.

vierung könnte somit davon abhängen, daß der Schüler als „subjektiver Theoretiker“ *entscheidet*, daß seiner Sicht dieser *Determiniertheit* seiner selbst genüge getan worden ist. Eine solche „Wiederbegegnung“ der Psychologie mit ihrer eigenen Popularisierung enthält, wie Görlitz (in etwas anderem Kontext) anmerkt, in der Tat „eine bizarre Nuance“ (1981, S. 65). – Ob manches psychologische Konzept sich derart zur Unkenntlichkeit oder zur Kenntlichkeit gebracht sieht, ist eine Frage, die hier offen bleiben soll.

Zusammenfassend läßt sich festhalten: die hier aufgegriffenen (theoretischen oder praktischen) Urteile von Alltagsmenschen über Psychologie sind weitgehend von einer Überhöhung oder Abwertung der Psychologie gekennzeichnet, die Vertreter der wissenschaftlichen Psychologie jedesmal zurückweisen würden. Die Darstellung erhebt keinen Anspruch auf Vollständigkeit; es sei auch betont, daß es lediglich um ein Festhalten von Phänomenen ging, deren Erklärung hier nicht angestrebt wurde; die aufgeführten Einstellungen werden demnach auch nicht, und sei es bloß implizit, zu „Natureigenschaften“ alltäglichen Reflektierens über die Psychologie erklärt.

3.1.2.3. Exkurs: Menschenkenntnis und Manipulation

Die von Alltagspsychologen oftmals hoch bewertete Kompetenz in Sachen Menschenkenntnis scheint nach Befunden von Kremers (1960) durch das Studium der Psychologie nicht gefördert zu werden. Rokita (1981) ist sich sicher, „daß psychologische Laien mit großer Erfahrung im Umgang mit Menschen vielen auf ihre Methoden fixierten Psychologen in praktischer Menschenkenntnis weit überlegen sind“ (S. 660).

Thomae/Feger (1969) grenzen die Psychologie klar von der „Kunstfertigkeit“ der Menschenkenntnis ab, deren Bedeutung für viele darin liege, „‚die Daumenschraube eines jeden finden‘ helfen, wie der spanische Jesuitenpater B. Gracian in seinem ‚Handorakel der Weltklugheit‘ (1647) die Kunst der Menschenkenntnis umschrieb ...: ‚Weiß man, welches für jeden der wirksame Anstoß sei, so hätte man den Schlüssel zu seinem Willen. Man muß nur auf die allererste Sprungfeder oder das primum mobile in ihm zurückgehen, welches aber nicht das höchste seiner Natur, sondern meistens das niedrigste ist: denn es gibt mehr schlechte als wohlgeordnete Gemüter in der Welt. Jetzt muß man zuvörderst sein Gemüt bearbeiten, dann ihm durch ein Wort den Anstoß geben, endlich mit seiner Lieblingsneigung den Hauptangriff machen; so wird unfehlbar sein freier Wille schachmatt‘ (Gracian, Aphorismus 26). Die Psychologie als Wissenschaft will nicht mit dieser Art von ‚Kunstfertigkeit‘ im Umgang mit Menschen wetteifern“ (S. 1).

Zu einer diametral entgegengesetzten Beurteilung der Bedeutung von Menschenkenntnis gelangt Allport (1971). Allport gilt Menschenkenntnis in erster Linie als Zug der „toleranten Persönlichkeit“: „Fragen wir, warum Menschenkenntnis zu Toleranz führt. Ist vielleicht der Grund, daß jemand, der einen anderen Menschen richtig erkennt, sich nicht ängstlich und unsicher fühlen muß? Da er das, was er wahrnimmt, genau versteht, fühlt er sich voll Vertrauen, wenn nötig, unwillkommene Berührungen vermeiden zu können. Seine realistische Wahrnehmung verleiht ihm die Fähigkeit, Streit zu vermeiden und seine Beziehungen befriedigend zu lenken. Dagegen kann ein Mensch ohne diese Fähigkeit der Geschicklichkeit im Umgang anderen nicht trauen. Er muß auf der Hut sein, Fremde nach Kategorien einteilen und auf sie als Masse reagieren. Da ihm die feinere Kraft zur Unterscheidung fehlt, begnügt er sich mit Stereotypen. Wir wissen nicht, was eigentlich die Grundlage der Menschenkenntnis ausmacht. Vielleicht ist sie das Gesamtergebnis von sicherer Familienumgebung, ästhetischer Sensitivität und hohen sozialen Werten. Für unsere Absichten genügt es festzuhalten, daß, wie immer sie entstehen mag, sie in Persönlichkeiten mit ethnischer Toleranz ein hervorragender Zug zu sein scheint“ (S. 436). In der geschilderten Form erscheint das Bild der von Menschenkenntnis getragenen Beziehungen der „toleranten Persönlichkeit“ wenig realistisch: „realistische Wahrnehmung“ mag zwar helfen, Mißverständnisse zu vermeiden, befähigt aber doch z.B. nicht per se zum Vermeiden von Streit. Die Fähigkeit zum „Lenken“ von Beziehungen bzw. die „Geschicklichkeit im Umgang mit anderen“ scheint andererseits mehr dem von Thomae/Feger angesprochenen Ideal der Dominanz als dem der Toleranz zugehörig zu sein.

Bereits Hegel polemisierte übrigens gegen „kleinliche Menschenkennerei, welche anstatt des Allgemeinen und Wesentlichen der menschlichen Natur vornehmlich nur das Partikuläre und Zufällige vereinzelter Triebe, Leidenschaften usw. zum Gegenstand ihrer Betrachtung mache“ (Enzyklopädie I, § 140, Zusatz; Suhrkamp Werkausgabe, Bd. 8, 1970, S. 278). Aber auch er maß der Menschenkenntnis eine praktische Bedeutung bei: „Für das Leben ist diese Kenntnis allerdings nützlich und nötig, besonders in schlechten politischen Zuständen, wo nicht Recht und Sittlichkeit, sondern Eigensinn, die Laune und Willkür der Individuen herrschen, – im Felde der Intrigen, wo Charaktere nicht auf die Natur der Sache sich stützen, vielmehr durch pfiffig benutzte Eigentümlichkeiten anderer sich halten und durch dieselben ihre zufälligen Zwecke erreichen wollen“ (Enzyklopädie III, § 377, Zusatz; Suhrkamp Werkausgabe, Bd. 10, 1970, S. 10).

Man könnte es also geradezu als den Begriff von Menschenkenntnis ansprechen, daß jemand, der sie besitzt, „sich nichts vormachen läßt“, daß der „Menschenkenner“ vordergründiges Tun bzw. Sich-Geben „durchschaut“, weil nach seiner Erfahrung bestimmte Handlungsweisen mit einer gewissen Verläßlichkeit mit anderen als den vordergründigen Absichten verbunden sind, daß der „Menschenkenner“ überhaupt unter der „Oberfläche“ der Handlungen ein „System“ aufspürt. Die zuletzt gebrauchte Umschreibung benennt ein Ziel, das den Bemühungen der *Psychodiagnostik* übrigens keineswegs fremd ist, auch wenn sie ihre Zuweisung von manifestem Handeln und ‚unterlegten' Ausprägungen von Persönlichkeitsdimensionen, -faktoren o.ä. mit anderen Methoden als der Alltagspsychologe fundiert oder zumindest vorgibt zu fundieren; die verwendeten mathematischen Methoden und das Zugrundelegen einer großen Zahl von Versuchspersonen dürfen ja nicht darüber hinwegtäuschen, daß die Verbindungen von ‚Wesen und Erscheinung' in der Sache meist auf die alltäglichen Eigenschaftskonzepte zurückgehen (vgl. Krapp, 1979; Semin, 1981)[10]: die Fassung des ‚Wesens' als „Konstrukt" spricht dabei für die Skepsis gegenüber der nach den Regeln der methodischen Kunst gesicherten Deutung. Die zuerst genannte Umschreibung von Menschenkenntnis – „sich nichts vormachen lassen" – weist über das Ziel des Zurückführens von Handlungen auf grundlegende Eigenschaften insofern hinaus, als die Formulierung eine gewisse Feindlichkeit im Umgang miteinander impliziert; im Sinne des von Hegel geschilderten Nutzens der Menschenkenntnis zur Bewahrung vor Täuschungsmanövern, bei Gracian im umgekehrten, offensiven Sinn – Menschenkenntnis als Schutzschild vor bzw. als effektives Instrument von Manipulation.

Manipulation als undurchschaubare Beeinflussung, die den Beeinflußten in dem Gefühl läßt, frei entschieden zu haben (siehe die Definition von v. Rosenstiel/Neumann, 1982, Fußnote 10 in 2.1.), soll durch Menschenkenntnis ermöglicht werden, insofern diese das „primum mobile" des Opfers offenbare, dessen Kenntnis es erlaube, den freien Willen schachmatt zu setzen. Gracian vermutet die „allererste Springfeder" im „niedrigsten" der menschlichen Natur. Betrachtet man zeitgenössische Auflistungen von Manipulationstechniken (z.B. Neuberger, 1980, S. 77 ff.; Leavitt, 1979, S. 186 ff.) unter dem Gesichtspunkt, welcher Art die „Springfedern" sind, auf die dabei rekurriert wird, so zeigt sich, daß die Anweisungen zum geschickten Umgang mit einem unterstellten Bedürfnis nach *Anerkennung* der Person stark im Vordergrund stehen.[11] Mit verschiedensten taktischen Varianten, die zwi-

---

[10] Vgl. auch die umgekehrte Überlegung von Kempf/Aschenbach (1981 a) in Fußnote 5 dieses Kapitels; beide Einflußrichtungen müssen sich übrigens nicht ausschließen.

[11] Zu mehr formellen Tips für ‚siegreiches Argumentieren' sei hier nur auf eine Bemerkung „Aus dem Wörterbuch des Unmenschen" (Sternberger u.a., 1970) verwiesen: „Der geschulte Redner ist niemals zu widerlegen. Denn das Ergebnis der Schulung ist die Beharrlichkeit des unbemerkten oder absichtlichen Vorbeiredens an jedem Einwand, eine Fähigkeit, die von ihren Bewunderern für Dialektik gehalten wird. Gegen diesen Geschulten helfen nur gute Laune (aber sie muß es auch wirklich sein), beschränkte Redezeit und unerschütterliches Bestehen auf ihre Einhaltung. Gegenüber dem geschulten Verkäufer tut es der Kauf oder die Flucht aus dem Laden. Einfacher ist es mit dem geschulten Werbefachmann, weil dieser zumeist aus dem abstellbaren Radioapparat vernommen wird" (S. 133).

schen Gewähren und Verwehren von Anerkennung schwanken, versuchen Manipulationstechniken, das Opfer ,weich' zu machen.[12] Die hier einfließende Menschenkenntnis erweist sich als äußerst abstraktes Urteil. Die Konkretisierung der „Kunst" reduziert sich dabei auf ein Aufspüren von Gesichtspunkten, auf die sich der Ehrgeiz potentieller Opfer jeweils besonders konzentriert. M.a.W.: Der „Menschenkenner weiß um die Eitelkeit" – in diesem weiten Sinn – seiner Mitmenschen und sucht ihre jeweiligen Spielarten aufzuspüren, um sie durch Schmeicheleien bzw. Kränkungen für seine Ziele zu gewinnen.[13] Wenn diese „Weisheit", mehr oder weniger originell verpackt, in einer nicht verebbenden Flut von Gebrauchsanweisungen für den „Umgang mit Menschen" feilgeboten wird, so finden sich zwar meist augenzwinkernde Hinweise auf die Amoralität von Manipulation[14], die Relativität der postulierten Wirkungen der gegebenen Emp-

---

[12] Die bereits diskutierte Fruchtbarmachung der „human-relations-Idee" als ,Glückliche-Kühe-Politik' (2.1.1.2.) läßt sich hier unschwer einordnen.

[13] Ein solches Vorgehen läßt sich sehr wohl von „Überzeugungen" unterscheiden (vgl. Schneider, 1978, S. 16), ohne in eine vage und moralisierende Argumentation verfallen zu müssen, wie Klis (1970, S. 88) es unterstellt. Auf die Eitelkeit seiner Mitmenschen zu bauen riet Hérault de Séchelles in seiner „Théorie de l'Ambition" 1788 u.a. folgendermaßen: „Es kommt weniger darauf an, Sätze zum Überreden und Überzeugen herzurichten, als darauf, sein Gerät auf die Gefühle und Vorstellungen seiner Zuhörer einzustellen. Im ersten Fall könnten sie den schönen Reden misstrauen, im zweiten dagegen werden sie mechanisch gerade das wollen, was man selbst will, und einen zu befehlen glauben, während sie einem gehorchen" (zit. nach der deutschen Ausgabe von 1929, S. 35). Stolz auf ein Beherrschen der Kunst des ,Einwickelns' ist übrigens, wie schon 1588 Montaigne ausführte, einem Erfolg nicht unbedingt zuträglich: „Davon habe ich viele spaßige Beispiele erlebt. Die Hereingefallenen waren Leute, die ihren Stolz darin sehen, ihre Aussagen immer so zu drehen, wie es für die Verhandlungen, die sie gerade führen, vorteilhaft ist, und wie es den Fürsten, mit denen sie sprechen, gut eingeht; denn da die Umstände, denen sie ihre Ehrlichkeit und ihr Gewissen unterordnen, sich immer wieder ändern, müssen auch ihre Aussagen fortgesetzt umgestaltet werden: so kommt es, daß sie denselben Gegenstand einmal als grau und einmal als gelb darstellen müssen, vor dem einen so, vor dem anderen so; und wenn nun der Zufall will, daß die Hörer die verschiedenartigen Auskünfte weitererzählen, was nützt dann diese schöne Kunst? Außerdem verwickeln sie sich leicht in Widersprüche, wenn sie einmal nicht genau achtgeben; denn wer kann die vielen verschiedenen Abwandlungen, die sie demselben Tatbestand gegeben haben, alle im Gedächtnis behalten? Manche meiner Zeitgenossen fanden es erstrebenswert, in den Ruf zu kommen, daß sie sich so schön vorsichtig ausdrücken können, sie merken nicht, daß, wenn einer in dem Rufe steht, seine Aussagen zu färben, der Betrug nicht wirken kann" (zit. nach Reclam-Ausgabe 1980, S. 44).

[14] Vgl. folgende Ausführungen von Correll (1976): „Interessant ist in diesem Zusammenhang mit Adler die Möglichkeit, einem Menschen, der seine Minderwertigkeit gar nicht als solche empfindet, diese künstlich bewußt zu machen, ihn dadurch zu einem zielgerichteten Streben in eine bestimmte Richtung erst zu motivieren. Führungspsychologisch läßt sich dies dadurch erreichen, daß der Führungsauftrag dem zu Führenden so erklärt wird, daß er durch den Vollzug der betreffenden Maßnahme seine eigene, vorher bewußt gewordene Minderwertigkeit kompensieren könne. Ein klassisches Beispiel dafür findet sich in den meisten Tragödien Shakespeares, beginnend etwa bei Othello, der durch seinen massiven Minderwertigkeitskomplex seiner Frau Desdemona gegenüber ein leichtes Werkzeug für die Rache-

fehlungen wird jedoch, wie Neuberger (1980, S. 83) zurecht feststellt, „bisweilen großzügig übersehen". Der Grund für die Relativität eines manipulationswirksamen Umgangs mit anderen liegt nicht zuletzt in der „Springfeder" Anerkennungsbedürfnis selbst: „Zwar ist soziale Mensch vor allem ein anerkennungssüchtiges Wesen, das leicht auf jedes Lob hereinfällt. Aber gerade weil es ihm soviel bedeutet, ist er auch sehr mißtrauisch" (Zimmer, 1982, S. 61).[15] Auf das verbreitete Mißtrauen gerade gegenüber der Zuwendung durch Vorgesetzte wurde bereits hingewiesen (2.1.1.2. und 2.1.2.1.).[16] Mißtrauen mag zwar dem Manipulator die Beeinflussung besonders wünschenswert erscheinen lassen, macht sie aber schwierig, wenn nicht unmöglich (Vgl. Klis, 1970, S. 108). Im Falle des Verhältnisses von Vorgesetztem und Untergebenem heißt das Versagen der Manipulation allerdings nicht unbedingt, daß der Untergebene sich den Wünschen des Vorgesetzten verweigern wird: der Untergebene kann sich seinerseits, eingedenk seiner umfassenden beruflichen Abhängigkeit vom Vorgesetzten (vgl. Ghiselli/Brown, 1955, S. 476), taktierend dem (vermeintlich durch eine unbemerkte Beeinflussungstechnik reüssierenden) Chef fügen. Sollte dieser Vorgesetzte sich selbst mit einem gewissen Stolz als skrupellos manipulierender Machiavellist (Geis, 1979; vgl. Geulen, 1977, s. 471) sehen, so mag das nicht nur die taktische Reserve des Untergebenen forciert haben; in einer unwill-

gelüste des seinerseits frustrierten Jago (der nicht befördert wurde) wird, bis hin zu Macbeth, der erst durch die ‚führungspsychologische' Behandlung durch seine Frau zu einem alles überragenden Machtstreben gebracht wird, indem Lady Macbeth seine Männlichkeit anzweifelt und diese sozusagen an die Königswürde bindet. ... Wie erwähnt, muß der Führungsinhalt durch solche Maßnahmen nicht notwendig verfälscht werden, sondern er muß lediglich so erklärt werden, daß der Angesprochene diese Maßnahme als Weg zur Befriedigung seines Geltungsstrebens auffassen kann. Es wird sich dadurch gar nicht mehr vermeiden lassen, daß eine primäre Zuwendungsmotivation entsteht, so daß sich dieser Mensch überhaupt nicht mehr zurückhalten läßt, sondern mit ganzer Kraft nach dem Vollzug der Maßnahme strebt. Andererseits liegt auf der Hand, daß durch eine gewissenlose Anwendung solcher Maßnahmen das Führungsgeschehen in eine bedenkliche Nähe zur Manipulation rücken würde. Allerdings liegt wohl die Unterscheidung zwischen Führung und Manipulation mehr im Bereich der ethischen Grundeinstellung der einzelnen Führungskraft, von der wir erwarten dürfen, daß sie genügend Stabilität besitzt, um in solchen Gefahren standhaft zu bleiben" (S. 16 f.). Beachtenswert ist in diesem Kontext auch, daß in einem populär gehaltenen Reader über „Führung – Theorien und Ergebnisse" (Kunczik, 1972) – zu welchem anderen Zweck als dem zweifelhafter Erbauung von Führungskräften? – den Ergebnissen der Führungswissenschaft Auszüge aus Aristoteles' „Über Herren und Sklaven" und Machiavellis „Der Fürst" („Ein Fürst darf sich daher um die Schande der Grausamkeit nicht kümmern ...") vorangestellt sind.

15 Ob der „soziale Mensch" per se ein „anerkennungssüchtiges Wesen" ist, kann bezweifelt werden (siehe hierzu 3.2.1.2.). Hier geht es jedoch lediglich um die Dialektik des manipulativen Taktierens gegenüber einem als gegeben unterstellten Anerkennungsbedürfnis.

16 Zum Phänomen eines reziproken Verhältnisses von Macht und Einfluß vgl. Leavitt (1979, S. 198) und Moscovici (1979, insb. S. 76 ff.); vgl. die Rede von den „Kosten" von Machtverhalten (Heckhausen, 1980, S. 298 f.).

kürlichen Dialektik bestätigte der Stolz des „Manipulators" in diesem Fall das Credo, daß Eitelkeit blind für tatsächliche Absichten machen kann.

3.1.2.4. Psychologische Forschung im ‚Wettstreit' mit der reflexiven Subjektivität von Alltagsmenschen

Nachdem zunächst vom zunehmenden Interesse der Psychologie für die Alltagspsychologie die Rede war und vor dem Exkurs über „Menschenkenntnis und Manipulation" dann Urteile von Alltagspsychologen über die Wissenschaft Psychologie thematisiert wurden, soll nun nach wissenschaftlichen Ausführungen zur *Differenz* von wissenschaftlicher und alltäglicher Psychologie gefragt werden.

Es ist kaum möglich, diese Differenz als Differenz von Inhalten zu formulieren; wollte man z.B. das Vorliegen esoterischer Fragestellungen zum wesentlichen Unterscheidungsmerkmal erklären, ließe man damit außer acht, was eben am Beispiel der Differentiellen bzw. Diagnostischen Psychologie kenntlich wurde: die enge Verknüpfung der vorwissenschaftlichen mit den wissenschaftlichen Fragestellungen (Heider, 1977, S. 14 ff.).

Die Differenzierung von wissenschaftlicher und alltäglicher Psychologie ist also auf formelle Gesichtspunkt verwiesen; diese formellen Gesichtspunkte werden gemeinhin als Methode bzw. Methodologie bezeichnet. Die Frage lautet m.a.W.: worin unterscheidet sich der Gebrauch des Verstandes, wenn Psychologen und Alltagsmenschen über die Subjektivität nachdenken?

Eine an den Gepflogenheiten der akademischen Psychologie gemessen konventionelle Antwort auf diese Frage gibt *Laucken* (1974). Bevor darauf eingegangen wird, soll jedoch eine Anmerkung zu der von ihm selbst de facto in seiner Untersuchung der „Naiven Verhaltenstheorie" verwendeten Verfahrensweise vorgeschaltet werden.

Laucken strebt, wie er es formuliert, eine „Rahmentheorie" (24 ff.) der „naiven Theorie" an. Dies bedeutet, daß er alles in „Begriffen der Alltagssprache" (S. 25) *Formulierbare* als eine Theorie, eben seine „Rahmentheorie", faßt. Daß Laucken dabei auf Kontradiktorisches stößt, kann keineswegs verwundern, ist mit dem Namen seines Forschungsvorhabens doch die *Sprache* in den Status einer *Theorie* versetzt. Es soll hier nicht gesagt werden, es sei ein abwegiges Unternehmen, die Voraussetzung, die alltägliches *Nachdenken* über Subjektivität in den *Ausdrucksmöglichkeiten* der Alltagssprache hat, zu untersuchen (siehe hierzu Gadamer, 1960, S. 361 ff.); dies ist aber etwas anderes als die von Laucken tatsächlich vorgelegte Beschäftigung mit einer Auswahl „naiver" Verhaltenstheoreme (vgl. Bosshardt, 1981, S. 63). Die hier benannte Verwechslung von Sprache und Theorie, bei der Laucken sich übrigens auf den von ihm leichthin ‚abgehakten' (Ebenda, S. 31 ff.) Heider (1977, S. ö29 ff.) berufen könnte, dürfte konstitutiv für zwei grundlegende Mängel sein, die seiner Untersuchung zurecht vorgehalten werden: für die zu abstrakte Strukturierung des alltäglichen Wissens durch Laucken, die z.B. Witzel (1981, S. 701 ff.) moniert, sowie für den Eklektizismus bezüglich des überhaupt an alltäglichen Theoremen Aufgegriffenen, der Lantermann (1980, S. 83) zu der Bemerkung veranlaßt, „die faszinierenden Flußdiagramme können u.E. nicht darüber hinwegtäuschen, daß sich Laucken stark im Spekulativen bewegt und somit die ‚naive Verhaltenstheorie' von Laucken eher als ‚naive Verhaltenstheorie von Laucken' zu interpretieren ist".[17]

Die hier als tieferer Grund dieser Mängel benannte Verwechslung von Sprache und Theorie durch Laucken führt übrigens auch zu unangemessenen Einwänden Lauckens (1974, S. 27 ff.) gegen anderwärtige Forschungen über Alltagswissen. Darauf kann im Rahmen dieser Arbeit jedoch nicht eingegangen werden. Es sei hier nur noch erwähnt, daß Laucken, der neuerdings von „umgangspsychologischem Handlungswissen" (1982, S. 95) statt „naiver Verhaltenstheorie" spricht, inzwischen eine schematische Untergliederung der Alltagstheorie in eine Hierarchie von Grundwissen, Funktionswissen, Regelwissen, Herstellungswissen und Fallwissen vorgenommen hat (Ebenda), an seinem Konzept der „Rahmentheorie" aber offenkundig festhält (Ebenda, S. 101).

Jenseits des (Irr-)Wegs, auf dem Laucken der „naiven Verhaltenstheorie" nachspürt, liegt seine Differenzierung von wissenschaftlicher und alltäglicher Psychologie. Orientiert an den Maßstäben des „hypothetisch-deduktiven Erklärungsmodells" (Laucken, 1974, S. 21), konzentriert sich Lauckens Unterscheidung auf die Frage, ob die „Analyse formal-konstruktiver Merkmale der naiven Verhaltenstheorie" (Ebenda, S. 183 ff.) zum Aufzeigen ähnlicher Möglichkeiten der empirischen Überprüfung führt, wie sie nach diesem Modell für wissenschaftliche Theorien gefordert werden. Eine Strukturierung wissenschaftlicher Aussagen im Sinne einer Nichtaussagenkonzeption von Theorie, die verkürzt und bildlich ausgedrückt die eindeutige Anbindung theoretischer Kernaussagen an überprüfbare Statements nicht ‚einklagt' (vgl. Groeben/Westmeyer, 1975, S. 71 ff.; Seeger, 1977, S. 69 ff.; Haußer/Krapp, 1979, S. 63 ff.; Groeben, 1982, S. 133 f.), zieht Laucken dabei nicht in Betracht.[18] Laucken kommt zu dem wenig überraschenden

[17] Vgl. auch die Kritik von v. Cranach u.a. (1980): „Und welcher Alltagsmensch ist eigentlich gemeint? Ein Bauer im Frutigental und ein Staatsanwalt in Frankfurt werden vielleicht recht verschiedenen alltagspsychologischen Konzepten zustimmend folgen können; die Umwelt des Befragten, sein Werdegang und seine Tätigkeit, um nur einige Faktoren zu nennen, könnten seine Antwort mitbestimmen. – Einstweilen erscheint Lauckens wissenschaftliche Darstellung der naiven Verhaltenstheorie ebensowenig abgesichert wie es der Autor für die Alltagspsychologie annimmt" (S. 45).

[18] Lauckens diesbezüglich neuerdings differenziertere Sicht (1982, S. 92) führt jedoch nicht zu einer expliziten Kritik des ursprünglichen Vorgehens.

Ergebnis, daß die „naive Verhaltenstheorie" den Gütekriterien, die er in Anschlag bringt, nicht zu genügen vermag; den Vorwurf des „formal-konstruktiv" prädeterminierten Dogmatismus bzw. Opportunismus, den Laucken damit gegen das reflexive Subjekt des Alltags erhebt, versüßt Laucken durch das kaum originelle Lob, die Immunisierung gegen Überprüfungen sei geradezu eine conditio sine qua non für das Überleben in einer komplexen Wirklichkeit: „Die naive Verhaltenstheorie erwies sich als ein äußerst taugliches Instrument, wenn es darum geht, sich in einem bestimmten Wirklichkeitsausschnitt rasch zu orientieren. Wissenschaftliche Theorien, ganz besonders, wenn man sie im alltäglichen Lebensvollzug zur Anwendung bringen will, scheitern vor dieser Aufgabe, es sei denn, man schöpft ihre ‚Wissenschaftlichkeit' im Verlauf der Anwendung nur sehr unvollständig aus, doch ist dann dieses sich im Zustand der aktuellen Anwendung befindliche kognitive Orientierungssystem bezüglich seiner Vagheit und Plastizität der naiven Verhaltenstheorie nicht überlegen. Mit anderen Worten: Wissenschaftlich-psychologische Theorien, die dem strengen Kriterium des empirischen Wertes genügen (was sich notwendigerweise in einer bestimmten formal-konstruktiven Eigenart solcher Theorien niederschlägt), sind untauglich – unter Beibehaltung der sie damit auszeichnenden ‚Wissenschaftlichkeit' –, ihrem Besitzer als Instrumentarium zur Steuerung sozialer Interaktionsvorgänge dienlich zu sein. Es ist zu vermuten, daß es kaum möglich sein wird, Theorien zu konstruieren, die sowohl dem Ziel Prognosesicherheit und -genauigkeit als auch dem der raschen Lagekodierung und Situationsverarbeitung gerecht werden. Das heißt: In bestimmten Gebrauchszusammenhängen sind Theorien der naiv-psychologischen ‚Bauart' notwendig und unersetzlich" (Ebenda, S. 223). Diese aus der Vorurteils- bzw. Stereotypenforschung sattsam bekannte Dialektik von Erkenntnis, Scheuklappen und Überleben in einer komplexen Wirklichkeit (z.B. Bergler/Six, 1972)[19], impliziert nicht nur eine funktionalistische Reduktion alltäglichen Reflektierens (vgl. Ulich, 1982, S. 131 ff.), sondern stellt auch bei dieser eingeschränkten Perspektive eine einseitige Betrachtungsweise dar (vgl. Horkheimer, 1963), obgleich diese Vorstellung zweifellos eine gewisse Plausibilität für sich in Anspruch nehmen kann (vgl. 3.1.1.).

Nicht weniger problematisch als die gewissermaßen *schulterklopfende wissenschaftliche Überheblichkeit* der von Laucken vorgenommenen Bewertung des „Gebrauchswerts" der „naiven Verhaltenstheorie" (1974, S. 212 ff.) ist sein *naiver Glaube an gegebene methodische Prozeduren zur Förderung des empirischen Gehalts wissenschaftlicher Theorien* (vgl. auch 1977, S. 145), ein Glaube, der es erfordert, die Augen vor dem Spektrum potentieller und praktizierter Legitimationsmöglichkeiten für entscheidende Weichenstellungen und Details empirischer Fundierungen (siehe Lauckens eigene Unter-

[19] Laucken bezieht sich nicht ausdrücklich auf einschlägige Konzepte.

suchung) zu verschließen (vgl. Groeben/Scheele, 1977, S. 72 ff.). Die aus den Erfordernissen jedweder Praxis deduzierte Notwendigkeit der Beschränktheit alltäglichen Reflektierens impliziert übrigens eine seltsame Koexistenz von „naiver" und wissenschaftlicher Theorie: die Wissenschaft überwindet Schranken der Erkenntnis, um der jenseits der überwundenen Barrieren verbliebenen Menschheit (vgl. Rüppel, 1979, S. 286) mitzuteilen, sie sei zwar beschränkt, würde durch Belehrung aber doch nur Schaden nehmen.[20] Aus der Perspektive der konstruktivistischen Wissenschaftstheorie der Erlanger Schule etwa (z.B. Toebe u.a., 1977; Janich, 1981) könnte diese von Laucken postulierte „Aufgabenteilung" von ‚theoretischer' und ‚praktischer' Theorie als Bestrebung, die Wissenschaft gegen Überprüfung zu immunisieren, interpretiert werden.

Eine grundsätzlich andere Differenzierung von wissenschaftlicher und alltäglicher Theorie des Verhaltens oder Handelns hat in der jüngsten Vergangenheit der Sozialpsychologie *Kruglanski* (1982; 1980) vorgelegt, der sich ebenso wie Laucken auf das Werk des kritischen Rationalisten Popper (1966) beruft. Zentral ist für Kruglanski der „Fallibilismus" Poppers, also die Gewißheit, keine Ausnahme sei endgültig beweisbar. Verkürzt formuliert, gelangt Kruglanski auf dieser Basis zu dem Urteil, daß der ebenso wie der wissenschaftliche Erkenntnisprozeß im Aufstellen und Überprüfen von Hypothesen bestehende *Laien-Erkenntnisprozeß* bezüglich der Annäherung an die Wahrheit *keineswegs grundsätzlich hoffnungsloser* sei als dies bei wissenschaftlichen Bemühungen der Fall ist: „All unser Wissen ist voreingenommen und potentiell fehlerhaft. Diese Eigenschaften des Wissens stehen in scharfem Gegensatz zu der vorher erwähnten These des Laien-Irrationalismus. Denn diese These geht ja davon aus, daß zwar die Laien-Miniprozesse oft zu voreingenommenen oder irrigen Schlüssen führen, jedoch normative Alternativen als bekannt vorauszusetzen sind, die die Möglichkeit solcher Voreingenommenheiten und Fehler aufheben oder verringern" (Kruglanski, 1982, S. 152). Die im Zuge der Formulierung der Laien-

---

[20] Am Rande sei auf eine Rezeption Lauckens „naiver Verhaltenstheorie" in der DDR durch Clauss (1980) hingewiesen. Nach einer bemerkenswert unkritischen Wiedergabe von Lauckenschen Vorstellungen gelangt Clauss zu folgendem Ergebnis, das mit dem hier Festgehaltenen kaum vereinbar scheint: „... muß der Zusammenhang zwischen beiden Ebenen der Theoriebildung erhalten bleiben und möglichst systematisch vertieft werden. Dies kann prinzipiell auf zwei Wegen geschehen: indem man bei wissenschaftlichen Untersuchungen einerseits ausgeht von Aussagen der naiven Verhaltenstheorie, indem man andererseits durch Publikationen und populärwissenschaftliche Öffentlichkeisarbeit Einfluß zu nehmen sucht auf eine Korrektur unberechtigter, falscher, irreführender, überlebter naiv-psychologischer Annahmen und Schlußweisen. Beides ist zeitaufwendig und nur auf lange Sicht erfolgversprechend. Unsere marxistische Auffassung vom wünschenswerten Verhältnis von Wissenschaft und Leben, von Theorie (hier im Sinne wissenschaftlicher Theorie) und Praxis (im Sinne alltäglichen Handelns) bietet gute Ansatzpunkte, auf dieses Fernziel zu orientieren" (S. 86).

Erkenntnistheorie vorgetragene prinzipielle Kritik an der kognitionspsychologischen Eruierung von „Miniprozessen“ - diese ließen sich sämtlich in das Aufstellen und Prüfen von Hypothesen auflösen - soll hier nicht diskutiert werden (vgl. hierzu Gadenne, 1983; siehe 3.2.1.2.).

Die Relativierung der methodischen Überlegenheit von Wissenschaft wirft die Frage nach dem Wert bzw. der Legitimation wissenschaftlicher Tätigkeit auf; Kruglanski betont, sein Konzept ziele nicht auf eine Abwertung von Wissenschaft: „Ganz im Gegenteil glaube ich, daß die Wissenschaft eine wichtige Institution ist, die sich der Konstruktion von ‚Wirklichkeit‘, wie wir sie kennen, widmet; sie ist eine Institution, die menschliches Leben und Handeln wesentlich beeinflußt. Aufgabe des Wissenschaftlers ist es, neues Wissen zu produzieren. Dies ist seine Funktion in der Gesellschaft, sozusagen sein einzigartiger Verantwortungsbereich. Zu diesem Zweck weist er neue Problembereiche auf, entwickelt neue Begriffssprachen und überprüft seine Theoriebildungen sorgfältig gegenüber anderen Arten von Wissen. Dies ist eine höchst bedeutsame Aufgabe, die größtes Talent und Fleiß erfordert. Ich glaube nicht, daß ihre Würde in irgendeiner Weise durch diese Unbestimmtheitsthese beeinträchtigt wird“ (Kruglanski, 1982, S. 160). Die Verbindlichkeit dieser Unbedenklichkeitsbescheinigung für die ‚Würde‘ der Wissenschaft kann über die Unbestimmtheit der Charakterisierung nicht hinwegtäuschen. Andererseits bietet Kruglanskis Konzept durchaus Anhaltspunkte für eine vielleicht nicht unbedingt für den Forschungsbetrieb schmeichelhafte, aber realistische bzw. substantielle Analyse von Wissenschaft. Kruglanski will nämlich mit seiner Kritik der Erforschung von „Miniprozessen“ durchaus nicht der sozialpsychologischen Analyse von Erkenntnisprozessen entgegentreten; zudem bieten die von ihm diskutierten „Bremsmechanismen“[21] für die Suche nach Alternativhypothesen überlegenswerte Gesichtspunkte auch für die Frage: was bedeutet es für *Erkenntnis,* wenn sie als *Beruf* betrieben wird. Im Berufscharakter scheint ja in der Tat - folgt man Kruglanski - der entscheidende Unterschied von wissenschaftlicher und alltäglicher Theorie bzw. Erkenntnissen zu bestehen. Denn: Genesis und Geltung[22] werden bei Kruglanski - und hier wird der Einfluß Kuhns (1973) deutlich spürbar - ausdrücklich im Zusammenhang gesehen.

Auf die von Kruglanski genannten „Brems-Mechanismen“ einschließlich ihrer Relevanz für die Wissenschaft wird weiter unten noch kurz einzugehen sein (3.2.1.2.). Hier sei lediglich eine andeutungsweise Reflexion von

---

[21] Hier nennt Kruglanski die „epistemische Autorität der Hypothesenquelle“ und den „motivationalen Zustand des Erkennens“, welchen er in a) das „Bedürfnis nach Struktur“, b) die „Furcht vor Ungültigkeit“ und c) das „Bedürfnis nach Schlußfolgerungsresultaten“ („Wunschdenken“) unterteilt (1982, S. 153 f.; siehe hierzu 3.2.1.2.).

[22] Zu Genesis und Geltung bzw. wissenschaftstheoretischen ‚Erledigungen‘ dieses Problems siehe auch Mannheim (1952).

‚Erkenntnis als Beruf‘ angeschlossen: „Reflexionsbeamte“, wie Sader (1979, S. 165) die Rolle des Wissenschaftlers in unserer Gesellschaft umschreibt, zu sein, bedeutet idealtypisch, auf Basis der Freiheit unmittelbarer Abhängigkeit von besonderen Interessen im Rahmen der „Freiheit von Forschung und Lehre“ der „Sache“ auf den Grund gehen zu können; diese idealtypische Charakterisierung kann die unterschiedliche Situation von Wissenschaftlern gegenüber Alltagsmenschen durchaus erhellen, bleibt aber gleichwohl eben idealtypisch, d.h. bei aller Chance zur intensiven, von Befangenheit *relativ* freien Reflexion bleibt ein Forschen „sine ira et studio“ ein Ideal, gegen das Zweifel angemeldet werden können: „... dürfte auch das künftige Handeln von Psychologen wohl kaum so ausfallen, wie eine noch so rational begründete normative Methodologie dies vorschreiben mag. Dies hieße, den irrationalen Glauben an die Vernunft, von dem Popper spricht, dann doch überstrapazieren. Das Handeln der Psychologen wird – so steht es nach aller Erfahrung zu erwarten – mindestens ebensosehr beispielsweise nach wissenschaftlichen Moden, nach Karriereinteressen, nach institutionellen Zwängen und nach anderen Gesichtspunkten erfolgen, die meines Erachtens notwendige Gegenstände einer hinreichend vollständigen Theorie von Wissenschaften sind“ (Herrmann, 1977, S. 68)[23]. So verstandene wissenschafts-

[23] Vgl. in diesem Zusammenhang auch Feyerabends provokante Forderung, die Trennung von Staat und Kirche um die Trennung von Staat und Wissenschaft zu ergänzen (1983, S. 385); die Begründung dieser These erfolgt weitgehend in Analogie zu Kruglanskis zentralen Aussagen: „Der Grund für diese Sonderbehandlung der Wissenschaft ist natürlich unser kleines Märchen: Wenn die Wissenschaft eine Methode gefunden hat, die ideologisch verseuchte Ideen in wahre und nützliche Theorien verwandelt, dann ist sie eben keine bloße Ideologie, sondern ein objektiver Maßstab für alle Ideologien. Sie fällt dann nicht unter die Forderung der Trennung von Staat und Ideologie. Doch das Märchen ist, wie wir sahen, falsch. Es gibt keine spezielle Methode, die den Erfolg gewährleistet oder wahrscheinlich macht. Die Wissenschaftler lösen Probleme nicht darum, weil sie eine Wünschelrute besitzen – die Methodologie oder eine Theorie der Rationalität –, sondern weil sie sich mit einem Problem lange Zeit beschäftigt haben, weil sie nicht gerade dumm sind (was heutzutage, wo fast jeder Wissenschaftler werden kann, freilich schon recht zweifelhaft ist), und weil die Exzesse einer wissenschaftlichen Schule fast immer durch die Exzesse einer anderen ausgeglichen werden“ (S. 387 f.) „Kein Wissenschaftler wird zugeben, daß Abstimmungen auf seinem Fachgebiet eine Rolle spielten. Tatsachen, Logik und Methodologie entscheiden allein – das erzählt uns das Märchen. Doch wie entscheiden die Tatsachen? Welche Funktion haben sie beim Erkenntnisfortschritt? Man kann Theorien nicht aus ihnen ableiten. Man kann auch kein negatives Kriterium angeben, z.B. gute Theorien seien widerlegbare Theorien, denen aber noch keine Tatsache widerspricht. Ein Falsifikationsprinzip, das Theorien ausscheidet, weil sie nicht mit den Tatsachen übereinstimmen, würde die gesamte Wissenschaft beseitigen müssen (oder zugeben müssen, daß große Teile von ihr nicht widerlegbar sind)“ (Ebenda, S. 388). „So haben die Wissenschaftler sich selbst und alle anderen über ihr Geschäft getäuscht, aber ohne einen wirklichen Nachteil zu erleiden: sie haben mehr Geld, mehr Autorität, mehr Sexappeal als sie verdienen, und die primitivsten Methoden und lächerlichsten Ergebnisse auf ihrem Gebiet sind mit einer Aura umgeben. Es ist Zeit, sie in ihre Grenzen zu verweisen und ihnen eine bescheidenere Stellung in der Gesellschaft zu geben“ (Ebenda, S. 389 f.).

psychologische Überlegungen sind nach Schneewind (1977 a) darin „besonders delikat, daß die Psychologie mit ihren eigenen Mitteln sich auf sich selbst bezieht“ (S. 24). Mit Kruglanski gesprochen wäre eine solche „Selbstanwendung“ (vgl. Groeben/Scheele, 1977) allerdings nicht in erster Linie ein Problem des In-Sich-Kreisens *psychologischen* Denkens, sondern vielmehr ein Problem des ‚Sich-Bremsens‘ des *Denkens.*

Wenn Wissenschaftler selbstkritisch ihre „Bemühungen als methodisch hochstilisierte (und von diesen nicht prinzipiell unterschiedliche) Alltagsbemühungen“ (Aschenbach, 1981, S. 155) betrachten[24], so kann zwar berechtigterweise von einem „gnoseologischen Relativismus“ gesprochen werden, wie Acham (1980, S. 166) das tut, die Gleichsetzung dieses Relativismus mit „der Leugnung der Möglichkeit eines rationalen Diskurses ... unter Einbeziehung empirischer Erkenntnisse, da ja deren Charakter selbst in höchstem Maße disparat sei“ (Ebenda), erscheint jedoch nicht zwingend. Man könnte im Gegenteil fragen, ob ein solcher Relativismus einem rationalen Diskurs nicht sogar förderlich sein könnte. In diesem Sinne argumentiert u.a. auch Argyris in seiner Schrift „Inner Contradictions of Rigorous Research“ (1980)[25], wo er für eine Orientierung am Konzept der Aktionsforschung plädiert (vgl. auch Kap. 4.).

So wenig die Relativierung wissenschaftlicher Methodologie eine Aufforderung darstellt, das Nachdenken und Argumentieren einzustellen – wiederum eher das Gegenteil! –, so wenig impliziert diese Relativierung die Behauptung von Inkompetenz der Wissenschaft in Sachen Kritik vorwissenschaftlicher Auffassungen. Die Behauptung einer solchen Inkompetenz ist ja vielmehr mit Auffassungen verbunden, die die Dignität psychologischer Methodologie und Wissenschaftssprache als inkompatibel mit alltäglichem Nachdenken über Subjektivität erachten (z.B. Lauckens obiger Vergleich des „Gebrauchswerts“ wissenschaftlicher und „naiver“ Theorie; vgl. auch Wolf, 1979, insb. S. 128 und 168). Psychologie, die ihre eigenen unreflektierten „Selbstverständlichkeiten“ (vgl. Weiss, 1977, S. 54) stärker hinterfragt, könnte sowohl an Kompetenz als auch an moralischer Berechtigung zur Kri-

---

[24] Um die Reflexivität des Alltagsmenschen zu betonen, wird mit Kelly (1955) auch die komplementäre Identifikation vorgenommen: der Mensch als solcher sei bereits Wissenschaftler (vgl. Moscovici, 1975; Little, 1972). – Eine solche „Ehrung“ des reflexiven Alltags-Subjekts erscheint letztlich ebenso überflüssig wie die komplementäre „Degradierung“ der Wissenschaft: wenn die Grundlage für die Identifikation klar ist, gibt es keinen Grund, durch derartige Taufakte sämtliche Differenzen zu verwischen.

[25] Bezüglich der Überlegungen Feyerabends stellt Argyris übrigens fest, er sehe Feyerabend „asking for new alternatives rather than to ignore method“ (1980, S. 178), während Acham (1980, S. 190) postuliert, „Feyerabends methodologischer Dadaismus“ sei nur „der grelle Reflex“ einer allgemeinen Tendenz zur „Mystagogie“, wie sie von den antiintellektualistischen Wegbereitern des Nationalsozialismus her bekannt sei; – ein Angriff, der angesichts der analytischen Bemühung Feyerabends wenig seriös anmutet.

tik alltäglicher „Selbstverständlichkeiten" gewinnen (Portele, 1980 und 1981; vgl. auch den Aufsatz „Der gut informierte Bürger" von Schütz (1972; S. 85 ff.)).

3.1.2.4.1. ‚Botschaften' der Wissenschaft an ihre Zeitgenossen und -Werte

Mit der Frage, ob bzw. inwieweit die Wissenschaft alltägliches Denken und Tun kritisieren kann, darf oder soll, ist eine ebenso fundamentale wie permanente Streitfrage der modernen Sozialwissenschaften angesprochen: das Postulat der Werturteilsfreiheit von Wissenschaft. Irle z.B. hofft, „daß die Studenten dieses Lehrbuch bescheiden werden (wenn sie es nicht schon sind) und als Akademiker nicht versuchen, andere zu lehren, was sie wollen sollen, sondern nur, was sie wollen können, ... Wissenschaftler, die in ihrer Rolle als Wissenschaftler andere Staatsbürger lehren wollen, welche Rangfolge von Zielen diese als verbindlich erklären sollen, usurpieren die Rolle eines Priesters oder eines Weisen. Über die Zukunft unserer Welt haben alle Bürger dieser Welt zu entscheiden" (1975, S. 509). Graumann/Willig (1983) dagegen sprechen davon, die Analyse von Werten sei nicht zuletzt aufgrund von Fehlinterpretationen des Wertfreiheitspostulats vernachlässigt worden (S. 378); sie „vermuten, daß die empirische und theoretische Analyse von Werthaltungen (einschließlich Genese, Wandel und Funktion) als spezifische Form menschlicher Motivation bei der Lösung einiger drängender Probleme unserer Zeit ebenso wie bei der Klärung einiger Grundfragen unseres Faches von Nutzen sein kann" (Ebenda, S. 379). In der Tat ist es nicht einsichtig, warum Werte oder Ziele nicht Gegenstand von Analysen werden sollen; sowenig der alltägliche Verstand auf die Reflexion von Mitteln bzw. „Aufwands-/Ertragsverhältnissen", wie Irle sich ausdrückt, beschränkt ist, sowenig braucht dies für den wissenschaftlich angestrengten Verstand gelten. Andererseits ist auch die wissenschaftliche Analyse von „Aufwands-/Ertragsverhältnissen" nicht davor gefeit, *alles andere als bescheiden zu sein – z.B. durch die Konstruktion eines „wertfreien" Homunkulus, der* – nach Maßgabe des gedanklichen Horizonts des Forschers – *der Menschheit zeigt, was in ihr steckt* („was sie wollen können")[26], z.B. durch Überhöhung der methodischen Richtlinien des eigenen Tuns, wie sie an der herablassenden Würdigung der „naiven Verhaltenstheorie" sichtbar wurde. Ein „Einmischen" der Wissenschaft in die Beurteilung von Werten vollzieht sich de facto ohnehin, wie Graumann/Willig (1983) zurecht hervorheben: „Die von Psychologen üblicherweise angestrebte Beschränkung auf Deskription und Explikation mag zwar exkulpieren, verhindert aber nicht, daß ihre Aussagen, soweit sich diese auf deskriptive Anteile von Wertsystemen beziehen, bestehende Werturteile ‚bestätigen' bzw. ‚korrigieren'" (S. 379).

[26] Zum Aufweis der impliziten Menschenbilder „wertfreier Wissenschaft" siehe z.B. Toebe u.a. (1977), Holzkamp (1973).

Insgesamt kann festgehalten werden, daß die Überzeugung, es sei „auch aus erfahrungswissenschaftlicher Perspektive nicht unvernünftig, sich mit Normen auseinanderzusetzen" (Gebert/v. Rosenstiel, 1981, S. 175), an Boden zu gewinnen scheint. Und insofern ein Psychologe dabei einsichtige Analysen (man könnte auch sagen: Kritiken) zu erarbeiten vermag, ist er weiter von „der Rolle eines Priesters" entfernt als mancher, der „wertfreie" Befunde über das Menschenmögliche offenbart. Der ‚Vater' des Postulats der Wertfreiheit, Max Weber, war jedenfalls kein Gegner intensiver Befassung mit Werten: „Und damit erst gelangen wir zu der letzten Leistung, welche die Wissenschaft als solche im Dienste der Klarheit vollbringen kann, und zugleich zu ihren Grenzen: wir können – und sollen – Ihnen auch sagen: die und die praktische Stellungnahme läßt sich mit innerer Konsequenz und also: Ehrlichkeit ihrem *Sinn* nach ableiten aus der und der letzten weltanschauungsmäßigen Grundposition – es kann sein, aus nur einer, oder es können vielleicht verschiedene sein –, aber aus den und den anderen nicht. Ihr dient, bildlich geredet, diesem *Gott und kränkt jeden anderen,* wenn Ihr Euch für diese Stellungnahme entschließt. Denn Ihr kommt notwendig zu diesen und diesen letzten inneren sinnhaften *Konsequenzen,* wenn Ihr Euch treu bleibt. Das läßt sich, im Prinzip wenigstens, leisten. Die Fachdisziplin der Philosophie und die dem Wesen nach philosophischen prinzipiellen Erörterungen der Einzeldisziplinen versuchen, das zu leisten. Wir können so, wenn wir unsere Sache verstehen (was hier einmal vorausgesetzt werden muß), den Einzelnen nötigen, oder wenigstens ihm dabei helfen, sich selbst *Rechenschaft zu geben über den letzten Sinn seines eigenen Tuns.* Es scheint mir das nicht so sehr wenig zu sein, auch für das rein persönliche Leben. Ich bin auch hier versucht, wenn einem Lehrer das gelingt, zu sagen: er stehe im Dienst ‚sittlicher' Mächte: der Pflicht, Klarheit und Verantwortungsgefühl zu schaffen, und ich glaube, er wird dieser Leistung um so eher fähig sein, je gewissenhafter er es vermeidet, seinerseits dem Zuhörer eine Stellungnahme oktroyieren oder suggerieren zu wollen" (Max Weber, „Wissenschaft als Beruf"; Vortrag, 1919; in 1968, S. 608; Hervorhebungen im Orig.).

3.1.2.4.2. ‚Botschaften' der Wissenschaft an ihre Zeitgenossen und – deren Verstandeskräfte

Die ausführliche und differenzierte Auseinandersetzung von Groeben/Scheele (1977, insb. S. 122 ff.) mit Problemen von Werturteilen bzw. Wertkritik kann hier nicht wiedergegeben werden; hier sei lediglich ein Gesichtspunkt aus ihren „Argumente(n) für eine Psychologie des reflexiven Subjekts" herausgegriffen, dessen praktische Bedeutung für Veränderungsprozesse von den Autoren hervorgehoben wird. Gemeint ist ihre Applikation des „Brücken-Prinzips": „Sollen impliziert Können" (Albert, 1971). Für Groeben/Scheele impliziert dieses Prinzip, daß ihr Ziel, „nicht-rationale Manifestationen der Reflexivität" zu kritisieren, nicht unumschränkt gilt:

„selbstverständlich kann man an das subjektive Kognitionssystem eines Individuums hinsichtlich der Validität seiner Reflexionen nur solche Ansprüche stellen, die auf der Grundlage des dem Individuum zur Verfügung stehenden bzw. möglichen Wissens sinnvoll sind" (1977, S. 69). Anschließend konstatieren die Autoren, „auch unter Berücksichtigung der damit thematisierten Beschränkung der Rationalitätsmöglichkeiten des Alltagstheoretikers wird an den reflexiven Kognitionssystemen unter Theorieaspekten dennoch genügend zu kritiseren sein" (Ebenda). Die Kritik führe dann mit „konstruktiver Dynamik" zur „Verbesserung der Alltagsrationalität" (Ebenda, S. 70). Das „Konstrukt Rationalität", das Groeben/Scheele dabei im Auge haben, betrachten sie ausdrücklich als „noch nicht fixiert", also offen für wissenschaftliche Weiterentwicklungen. Das entscheidende Problem liegt offenkundig in der mit „Können" indizierten Beschränkung alltäglicher Rationalität: woher weiß die Psychologie, wo der Alltagsmensch ‚nicht mehr mitkommt', und wie ‚bringt man ihn weiter', wenn man gravierende ‚Patzer' aus der Kritik ausklammert. Hinsichtlich des ersten Aspekts sei hier lediglich auf die fundamentale Schwierigkeit hingewiesen, die darin liegt, empirisch feststellbaren Denk*ergebnissen* eindeutig ein spezifisches *kognitives System* zuzuweisen, das *nur* diese, aber keine anderen Resultate *ermögliche;* m.a.W.: ein Fehlschluß etwa muß dem Subjekt, das ihn macht, von seinem „kognitiven System" zwar ermöglicht worden sein, eine *Notwendigkeit* des Fehlschlusses läßt sich aus seiner Exitenz jedoch nicht ableiten. Groeben/Scheele selbst weisen darauf hin, daß z.B. die durch entwicklungspsychlogische Reifungstheorien vorgegebenen „Könnens"-Maßstäbe keineswegs verläßliche Kriterien für pädagogisches Handeln abgeben (Ebenda, S. 168; vgl. Brandstädter, 1980, S. 142; F. E. Weinert, 1979). Bezüglich der Relation von ‚Begrenzung der Kritik durch ‚Können'' und ‚Verbesserung des ‚Könnens' durch Kritik' fällt den Autoren ebenfalls das Unbefriedigende ihrer Vorgabe auf: „es ist selbstverständlich legitim und unter Rationalitätsperspektive sogar anzustreben, von seiten der wissenschaftlichen Theorie zunächst zu erproben, ob sich diese Kapazität des Alltagstheoretikers hinsichtlich der Differenziertheit/Dimensionen seiner subjektiven Theorie nicht (z.B. durch Lehre etc.) verbessern läßt. Eine (vorläufig) endgültige Grenzfestlegung setzt solche konstruktiven Rückkoppelungsprozesse natürlich voraus" (Ebenda, S. 108 f.). Hier erhebt sich natürlich auch die Frage: wenn die angestrebte Verbesserung ausbleibt, woher weiß man dann, daß die „Kapazität" des Alltagstheoretikers dafür verantwortlich ist; könnten nicht auch die bemühten Verbesserungsmethoden mangelhaft sein? Skurril wird die Situation, wenn Groeben/Scheele in diesem Zusammenhang die angesprochene Grenze vom Alltagssubjekt auf die Wissenschaft ausweiten: „... die subjektiven Theorien müssen den objektiven angeglichen werden können, ohne daß damit die *kognitive Kapazität des Alltagspsychologen* überschritten wird. Es ist also zu prüfen, wieviel Dimensionen z.B. subjektive, naive Theorien maximal aufweisen – und dieser Umfang ist unter dem Aspekt des Austausches von wissenschaftlichen und naiven Theorien zusammen mit der Grundlage des ,Sollen impliziert Können' dann auch die *eindeutige, quantitativ präzise Grenze für die Komplexität und Differenziertheit wissenschaftlicher Theorien*" (Ebenda, S. 108; Hervorhebung im Orig.). Sollen Theorien ,primitiver' gemacht werden als sie sind, und zwar genauso ,beschränkt' wie der Alltagsverstand? Ist letzterer dann fähig, sie zu verstehen? Lernt er so dazu? Sollten, wie zuvor ausgeführt, jedoch „die (vorläufig) endgültigen Grenzfestlegungen" dennoch lehrend in Zweifel gezogen worden sein? Wie verträgt sich das mit der Sicht, die Grenzfestlegung sei gerade die Bedingung der Lehre? – Wie man sieht, bringen Groeben/Scheele ihr Bemühen um eine „konstruktive Dynamik" der „Verbesserung der Alltagsrationalität" durch ihr Einbringen des „Brücken-Prinzips": „Sollen impliziert Können" bzw. durch ihre Interpretation dieses Prinzips in arge Bedrängnis. Dieses Dilemma erklärt sich daraus, daß dieses Prinzip von ihnen in einer Weise eingeführt wird, die ihr (inzwischen prominentes) *„Selbstanwendungs-Postulat"* (mit dem sie etwa das Menschenbild des Behaviorismus durch die Reflexion, die ihm immanent ist, ad absurdum führen) *,halbiert':* soll die Psychologie das, was sie über das Subjekt sagt, auch auf sich beziehen, dann fragt sich, wie bei einem begrenzten „Können" des Alltagspsychologen die Psychologen darüber hinaus sein können; sind die Psychologen aber über den Alltagspsychologen hinaus, müßte der nach der angegebenen Logik – mit welchen Schwierigkeiten auch immer – hinterherkommen können, wäre das „Können" also per se ein Implikat des „Sollens".

Auf die dargestellte Schwierigkeit in der Argumentation bei Groeben/ Scheele wurde aus mehreren Gründen ausführlicher eingegangen:

1.) wird hier deutlich, daß selbst Psychologen, deren ausdrückliches Forschungsprogramm eine Psychologie vom reflexiven Subjekt (sowohl auf der Forscher- als auch auf der Gegenstandsseite) ist, mit der unvorsichtigen Verwendung von Kategorien wie der der „kognitiven Kapazität" die Relation zwischen Forschungs- und Alltagssubjekt in die ursprüngliche Schieflage zurückversetzen;

2.) wird mit dem unterstellten Ausgangspunkt der dargestellten Überlegungen vor Augen geführt, daß ja in der Tat die Gewißheit des Psychologen, daß sein Gegenstand ein reflexives Subjekt ist, keineswegs bedeutet, Psychologen könnten nicht gelegentlich oder meistens den Eindruck haben, der Alltagsmensch könnte ihre Belehrung („Sollen") nötig haben;

3.) weist das argumentative Dilemma hinsichtlich der Grenzziehung des „Könnens" bei den unzweifelhaften Schwierigkeiten psychologischer Interventionen darauf hin, daß hinsichtlich des Brückenschlags von „Ist" zum „Sollen" neben dem „Können" noch eine weitere Bedingung auf ihre

Disponiertheit zu befragen wäre: *das Wollen* (dessen faktische Bedeutung wurde ja schon in 2.1.2.5. und 3.1.2.2. sichtbar; vgl. auch Portele, 1978);

4.) schließlich reflektiert sich bei Groeben/Scheele in hervorstechender Weise die eingangs (3.1.2.1.) erwähnte Problematik, die die anwendungsbezogene Reflexion der Psychologie auf die Subjektivität ihrer Adressaten in sich birgt: im Bedenken ihrer Anwendungsmöglichkeiten ist die Psychologie auf Grundfragen ihrer Konzipierung des Gegenstands zurückverwiesen.

3.1.2.5. Selbstreflexion der Psychologie in ihrer Reflexion auf den Alltagspsychologen – oder: Anwendungsforschung als Grundlagenforschung

Bereits mehrfach war in dieser Arbeit von Einseitigkeiten des behavioristischen Konzepts die Rede (vgl. 2.1.2.2. und 2.1.2.3.); dabei ging es weniger um „die mittlerweile fast schon zur Pflichtübung gewordene Distanzierung von der S-R-Psychologie“ (Seeger, 1977, S. 19) als um den Hinweis, daß auch behavioristisch orientierte Trainer mehr bzw. anderes tun als ihr Konzept bzw. ihre scheinbar perfekt standardisierten Programme zur Darstellung bringen.[27] Der eben zitierte Autor und neben ihm z.B. auch Bromme/Hömberg (1976 u. 1981) fordern von dieser Annahme ausgehend grundsätzlich Therapie- bzw. Anwendungsforschung weniger fixiert auf die jeweils vordergründig verwendeten Interventions*konzepte* zu betreiben und sich stattdessen mehr dem tatsächlichen *Handeln der Praktiker* zuzuwenden: „Eine Analyse des Praktikerbegriffsystems und ein Vergleich mit wissenschaftlichen Begriffen bildet nicht nur die Möglichkeit einer systematischen Effektivierung und besserer Ausbildung, sondern hätte Konsequenzen für die Theoriebildung selbst. Die Praktikerhandlungen und das von ihnen entwickelte Begriffssystem wird Gegenstand wissenschaftlicher Untersuchungen nicht nur, um es zu verbessern, sondern um daraus Rückschlüsse für die Theorien selbst zu ziehen; dies gilt solange wie die Praxis der arbeitenden Psychologen vermuten läßt, daß die von ihnen benutzte Alltagspsychologie bzw. das von ihnen erzeugte Technologie-Begriffssystem, mit dem sie ihre Handlungen steuern, gegenstandsadäquater ist als die verfügbaren psychologisch-wissenschaftlichen Theorien“ (Bromme/Hämberg, 1976, S. 78 f.).[28,29] Nach dem bisher in diesem Kapitel Ausgeführten sollte

---

[27] Damit ist implizit der Vorstellung Holzkamps (1972) widersprochen, die Psychologie hätte zuerst *inadäquaterweise* den Menschen als *Marionette* konzipiert, um dann das falsche Konzept im nachhinein durch seine Applikation im Dienste der Mächtigen *real* werden zu lassen.

[28] Es sei an dieser Stelle an die oben (3.1.1.) zitierten Ausführungen Kants über ein „nicht genug an Theorie“ und das implizite Wissen des Praktikers erinnert.

[29] Speziell zur Relevanz der Alltagstheorien von Praktikern der Arbeits- und Organisationspsychologie siehe Gebert/v. Rosenstiel (1981, S. 167), v. Rosenstiel (1980, S. 51) und A. Thomas (1982, 1983).

„gegenstandsadäquater" aber zugleich bedeuten (bzw. bedeutet de facto), daß die Praktiker in ihrer je persönlichen Mischung von Theoriehintergrund und eigener Alltagspsychologie auf ihren *Gegenstand als Subjekt* mit *eigener* Psycho*logie* und auch *eigenem Urteil* über die *professionelle* Psychologie reflektieren; dabei ist natürlich offen, inwieweit dieses Reflektieren (problemlos) explizierbar ist. Es kann vermutet werden, daß in die komplexen Verstehensprozesse auch Erfahrungen des Psychologen eingehen, die von diesem selbst – zumindest in der aktuellen Situation – nicht unbedingt in ihrer Relevanz analysiert sein müssen. Das Programm einer psychologischen Anwendungsforschung als Grundlagenforschung könnte beinhalten, sich um ein Verstehen dieser Verstehensprozesse zu bemühen, um so den Prozeß der Intervention erklären zu können[30]. Es ist hier nicht der Ort, ein derartiges Forschungsprogramm näher zu betrachten. Hier sollte lediglich angedeutet werden, in welcher Weise Anwendungsforschung in der Psychologie konstitutiv für fundamentales psychologisches Wissen werden kann.

In einem weniger komplexen Sinn wird in dieser Arbeit die Untersuchung von Teilnehmererwartungen gegenüber Führungstraining als Mosaikstein zu einer Phänomenologie der subjektiven Orientierung dieser Population betrachtet: die Teilnehmererwartungen werden also nicht lediglich als günstige oder ungünstige Bedingung für den Trainingserfolg gesehen; das Interesse für die Wechselwirkung von Führungstraining und subjektiver Orientierung (Mentalität) von Führungskräften ist auf die Exploration dessen, was dabei überhaupt vor sich geht, gerichtet.

Die Bemühung um Offenheit bei diesen Explorationsvorhaben kann nach Dafürhalten des Verfassers nicht gleichbedeutend mit einer theoretischen bzw. konzeptuellen tabula rasa sein; theoretische Vorannahmen gehen in die Erhebung, Deskription und Interpretation des empirischen Materials ein (was – wie bereits mehrfach betont – rückwirkende Modifikationen im Falle dieser Arbeit nicht aus-, sondern einschließt). Dies betrifft den Rahmen, in dem Führungstraining stattfindet, also die Führungsaufgabe, sowie Trainingskonzeption selbst (siehe Kap. 1 und 2). Dies betrifft aber auch die Subjektivität der Führungskräfte. Der zuletzt genannte Aspekt wurde in den bisherigen Ausführungen dieses Kapitels neben dem Aufgreifen konkreter Erwartungen von Alltagspsychologen an die Psychologie (3.1.2.2. u. 3.1.2.3.) in sehr abstrakter Weise angesprochen.

Im wesentlichen ging es bislang darum zu belegen, daß es überhaupt sinnvoll ist, von der reflexiven Subjektivität des Untersuchungsobjekts auszugehen (es zeigte sich dabei aber auch, daß eine derartige Überzeugung vor Abwegen keineswegs schützt). In abstrakter Weise wurde in diesem Zusammenhang für eine den „Selbstverständlichkeiten" der psychologischen Wissenschaft gegenüber selbstkritische Haltung plädiert, die andererseits die Grundlage einer kritischen Auseinandersetzung mit ‚Selbstverständlichkei-

---

[30] Zum Verhältnis Verstehen/Erklären siehe das 4. Kap.

ten' von Alltagspsychologen – einschließlich deren Werthaltung – bilden sollte. Dies unterstellt *beiderseits rationale Subjekte und zugleich Schranken von Rationalität.* Eine systematische Perspektive auf Einflußgrößen, die bei der konkreten Betrachtung reflexiver Subjektivität nicht außer acht gelassen werden sollten, wird im folgenden Abschnitt angedeutet.

3.2. Mentalität: Wahrheit und Relativität des reflexiven Subjekts

In der Psychologie ist gegenwärtig die Bezeichnung „handlungstheoretische Betrachtung" die gebräuchlichste Umschreibung für Betrachtungsweisen, die den Gegenstand der Psychologie als aktiv mit der Umwelt sich auseinandersetzendes Subjekt auffassen. Die Wechselbeziehung zwischen Subjekt und Umwelt wird dabei als transaktional (z.B. Lantermann, 1980, S. 11 ff.) bzw. dialektisch (z.B. Eckensberger, 1982, S. 22 ff.) angesehen: „Durch die Verwirklichung seiner Ziele verändert der Mensch die Umwelt, welche ihrerseits wiederum seine Ziele verändern kann" (Ebenda, S. 24).[31]

In diesem Sinne ‚handlungstheoretisch' können Studien natürlich völlig unabhängig davon sein, ob sie ausdrücklich Handlungsprozesse untersuchen oder das Augenmerk auf ‚rein' subjektive (= ‚innere') Phänomene konzentrieren. Wenn die Subsumtion des eigenen Forschens unter die handlungstheoretische Perspektive keine unverbindliche Versicherung bleiben soll, wird die Bezogenheit von Person und Umwelt dann aber am beleuchteten Gesichtspunkt der Person herauszuarbeiten sein.[32] Ein Atomismus, wie er der Einstellungsforschung weithin zu eigen war (vgl. Meinefeld, 1980; Oerter, 1970), verträgt sich trotz des postulierten konativen Aspekts von Einstellungen kaum mit einem handlungstheoretischen Zugang.[33] Umgekehrt sind aber – um beim Beispiel der Einstellungsforschung zu bleiben – auch kognitive und affektive ‚Komponenten' von Einstellungen einer handlungstheoretischen Analyse nicht unzugänglich. Eine größere Anzahl von ‚Komponenten', die bei einer handlungstheoretischen Konzipierung der Person in Betracht kommen, zeigt das abgebildete Modell menschlichen Handelns (siehe Abb. 14).

[31] Die erkenntnis- und wissenschaftstheoretischen Probleme, die diese Sicht mit sich bringt, kann man sich u.a. dadurch vergegenwärtigen, daß man sie in den Begriffen Kausalität und Finalität formuliert (vgl. v. Cranach u.a., 1981, S. 25 f.). Siehe in diesem Zusammenhang die von Oerter vorgeschlagene Lösung des „Dilemma(s) der zwei Realitäten" (1982).

[32] Analog wird hier die Betrachtungsweise der Umweltpsychologie aufgefaßt, von der Graumann ja auch hofft, sie möge „keine eigene neue Disziplin im Sinne einer Bindestrich-Psychologie werden" (1976, S. 25).

[33] Auch das Einbeziehen normativer Variablen (z.B. Ajzen/Fishbein, 1978, Orig. 1973) ist noch keine Gewähr dafür, daß der *Zusammenhang* von Individuum und Umwelt reflektiert wird (siehe die Kritik an Ajzen/Fishbein in Lantermann, 1980, S. 105 f.; vgl. E. R. Smith, 1982).

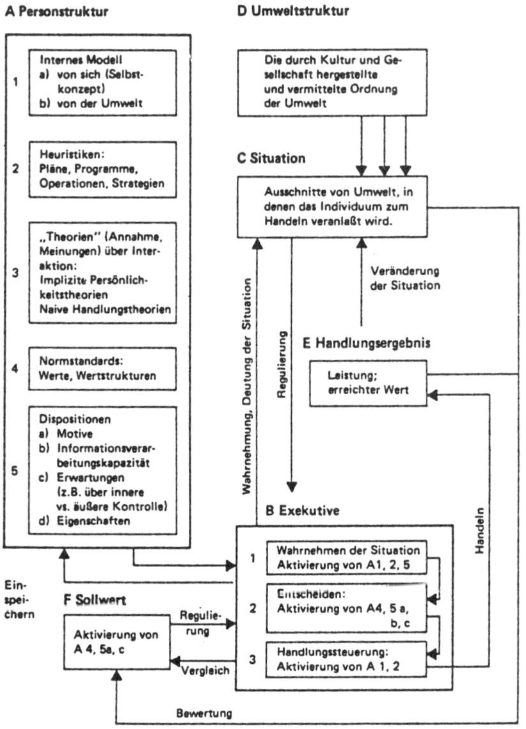

Abb. 14: Ein vereinfachtes Modell menschlichen Handelns (Oerter, 1982 a, S. 619)

In der Organisations- und insbesondere in der Führungspsychologie stecken handlungstheoretische Ansätze noch in den Anfängen.[34] Hier sollen zwei Versuche genannt werden, den Gesichtspunkt „naiver Handlungstheorien" (Kasten 3 in Abb. 14) für die *Führungspsychologie* fruchtbar zu machen. Einmal ist das Neubergers „Entwurf einer ‚Alltagstheorie der Führung'" (1980 a, S. 161 ff.; vgl. 1982 bzw. 1983). Neuberger versucht, sich hier der Alltagstheorie von Führungskräften durch ein Raster anzunähern, das er aus

[34] Vgl. v. Cranach u.a. (1981): „In der Arbeits- und Betriebspsychologie sind Handlungstheorien zuerst praktisch verwendet worden; allerdings blieb ihr Einsatz bisher vorwiegend auf solitäre, wiederholte Arbeitstätigkeiten in einem institutionell fest vorgegebenen Rahmen beschränkt. Wir nehmen an, daß sich der Anwendungsbereich stark ausweitet, wenn wir die Gesichtspunkte der Interaktionen, der innengerichteten Anpassung und der sozialen Kontrolle einbeziehen. So könnte sich eine Arbeitspsychologie entwickeln, die, wie es ja auch sein sollte, interaktive und intellektuelle Tätigkeiten wie die der Führung und Verwaltung, aber auch der Beratung (von der Berufs- und Erziehungsberatung bis zur ärztlichen Ordination) mit umfaßt" (S. 283).

drei Dimensionen (a) „‚soziale' Situation", b) „‚objektivierte' Situation", c) „Ziele von Einflußversuchen" mit insgesamt neun Kategorien (a) Sympathie, Motivation, Fähigkeit; b) Aufgabenstruktur, Belastung, Abhängigkeit, Sanktionsgewalt; c) Zufriedenheit, Leistung) bildet. Die Zuordnung der Kategorien zu den Dimensionen bzw. die Differenzierung der Dimensionen selbst ist nach Neubergers eigenen Worten nicht frei von Willkür. Auf einzelne der in diesem Versuch verwendeten Kategorien wurde bereits eingegangen (2.1.1. und 2.2.2.); teilweise kommen diese Kategorien in 3.3. zur Sprache. Insgesamt kann jedoch festgehalten werden, daß die resultierenden 512 möglichen Führungssituationen sicherlich Bezugspunkte von Alltagstheorien der Führung darstellen können, aber noch keine hinreichende Abbildung der Logik alltäglicher Theorien von Führung erlauben; diesbezüglich dürfte eine derartige Rasterkonstruktion grundsätzlich überfordert sein, da es ja nicht zuletzt darauf ankommt, wie die im Raster unterstellten Kategorien von den Alltagstheoretikern mit Bedeutung gefüllt bzw. argumentativ verknüpft werden.

W. Neubauer betitelt die Veröffentlichung einer neueren Untersuchung „Dimensionale Struktur der impliziten Führungstheorie bei Vorgesetzten" (1982). Er betont, er könne „keine präzise Erwartung" (S. 2) hinsichtlich der Struktur einer solchen Theorie formulieren. Die Untersuchung selbst besteht in der fragebogenmäßigen Erhebung und faktorenanalytischen Auswertung von Haltungen von Vorgesetzten[35] gegenüber erwartungsgemäßen und nicht-erwartungsgemäßen Mitarbeitern; das zentrale Ergebnis: „Faktorenanalysen brachten das Ergebnis, daß die implizite Führungstheorie bezüglich der erwartungsgemäßen Mitarbeiter durch die Dimensionen ‚Entscheidungsspielraum bei verminderter Kontrolle', ‚Mitwirkung bei Führungsaufgaben' sowie ‚freundschaftliche persönliche Beziehungen in formeller Art', jedoch gegenüber nicht-erwartungsgemäßen Mitarbeitern durch die Dimensionen „enge Kontrolle', ‚bewußte Ablehnung informeller persönlicher Kontakte' sowie ‚Beschränkung auf inferiore Tätigkeiten' charakterisiert ist" (S. 9 f.).

W. Neubauer sieht sich auf Basis dieses Befunds, den er nicht ansteht, als Beschreibung von impliziter Führungstheorie anzusprechen, zu folgender Mahnung veranlaßt: „Negative Konsequenzen ergeben sich aus der beschriebenen impliziten Führungstheorie der Vorgesetzten ... deshalb, weil die Kategorisierung von Mitarbeitern in Verbindung mit der impliziten Annahme überdauernder Persönlichkeitsmerkmale nach Art der ‚self-fulfilling prophecy' zu einer Zementierung von Verhältnissen führt, die besonders bei nicht-erwartungsgemäßen Mitarbeitern eine Weiterentwicklung im Beruf

[35] In vergleichbarer Weise verfuhren bereits Eden/Leviatan (1975) und Weiss/Adler (1981); diese Untersuchungen ließen sich die Daten, für das, was auch hier jeweils „implicit leadership theory" genannt wird, von Studenten ‚liefern'.

mehr oder weniger blockieren. Umso wichtiger ist es daher, in entsprechenden Fortbildungsveranstaltungen für Vorgesetzte solche Barrieren zu überwinden" (Ebenda). Diese Sicht der Handlungswirksamkeit implizierter Annahmen über Mitarbeiter ist in der Organisationspsychologie keine Neuerung: daß implizite Menschenbilder – am prominentesten sind hier McGregors (1960) „Theorie X" und „Theorie Y"[36] – als ‚self-fulfilling prophecy' wirken können[37], ist organisationspsychologisches Lehrbuchwissen (v. Rosenstiel, 1980, s. 50 f.).

Die von W. Neubauer angesprochene Notwendigkeit, implizite Führungstheorien im Rahmen von Fortbildungsveranstaltungen zu korrigieren, sei hier als Anknüpfungspunkt an die in dieser Arbeit bereits verschiedentlich angesprochenen Schwierigkeiten bei derartigen Veränderungsbemühungen genommen (siehe vor allem 2.1.2.2., 2.1.2.3., 2.3.2.5. und 3.1.2.2.). Von Psychologen oder ihren Auftraggebern als korrekturbedürftig eingestufte Alltagstheorien sind durch Nachhilfe seitens der Psychologie nicht so einfach korrigierbar wie dies gelegentlich von auf den kognitiven Aspekt der Alltagstheorie konzentrierten Psychologen eingeschätzt wird (z.B. Kraak, 1968; Genser, 1977; Tennstädt, 1981; Wahl, 1981 und 1982). Die Formulierung „kognitiver Aspekt von Alltagstheorie" mag paradox klingen; gemeint ist damit eine Einsicht, die bereits in der genannten Komponentenaufschlüsselung von „Einstellung" enthalten ist: affektive bzw. motivationale Prozesse tangieren die Wissensbestände des Alltagstheoretikers – und natürlich auch des berufsmäßigen Theoretikers (vgl. 3.1.2.4.). Für die in der „Personstruktur" des oben abgebildeten Handlungsmodells aufgeführten ‚Komponenten' bedeutet dies: die analytische Trennung verschiedener Aspekte sollte nicht dazu führen, daß die Schnittpunkte und damit Einflußwege der verschiedenen ‚Komponenten' reflexiver Subjektivität vernachlässigt werden, bergen

[36] Folgende Beschreibung gibt v. Rosenstiel (1980): „Die Theorie X ist in erster Linie wie folgt kennzeichenbar: – Der Mensch hat einen angeborenen Widerwillen gegen die Arbeit und versucht, sich vor ihr zu drücken; – deshalb müssen die meisten Menschen kontrolliert werden und somit fremdbestimmt ihren Beitrag zum Erreichen der Organisationsziele leisten; – der Mensch möchte Verantwortung vermeiden und bevorzugt es daher, von anderen geführt zu werden; er hat wenig Ehrgeiz und wünscht in erster Linie Sicherheit. Die Theorie Y sieht demgegenüber so aus: – Der Mensch sieht in der Arbeit ein wichtiges Feld seiner Selbstverwirklichung; – wenn er sich mit den Zielen der Organisation identifiziert, ist Kontrolle von außen überflüssig, weil Selbstkontrolle und eigene Initiative von ihm entwickelt werden; – nicht die finanziellen Anreize sind für ihn entscheidend, sondern die Befriedigung seiner Ich-Bedürfnisse und seines Strebens nach Selbstverwirklichung; Einfallsreichtum, Kreativität und Verantwortungsfreude sind weit verbreitete Eigenschaften, die jedoch in den meisten Organisationen kaum aktiviert werden" (S. 50 f.).

[37] Wie die Auseinandersetzung mit Zands ‚Idee' der „Vertrauensspiralen" im 2. Kap. (2.1.1.3.; u.a. Fußnote 21) zeigte, scheint es eine Eigenart sich selbsterfüllender Prophezeiungen zu sein, daß sie bei der Vergiftung der zwischenmenschlichen Beziehungen wesentlich ‚reibungsloser' funktionieren als (wenn überhaupt) bei deren Entspannung (vgl. auch Fußnote 27 in 2.1.).

diese Einflußwege doch nicht zuletzt *Grenzen* reflexiver Subjektivität; als reflektierte könnten diese Grenzen – zumindest partiell – sich als überwindbare Schranken erweisen. Wie anschließend gezeigt werden wird, macht die Verdeutlichung bestimmter in der „Personstruktur" feststellbarer Verknüpfungen auch das in der „Umweltstruktur" und der „Situation" Stehen der Person kenntlich; das in diesen Verknüpfungen existierende Ganze ist es, was in dieser Arbeit als *„Mentalität"* bezeichnet wird.[38]

3.2.1. Denken, Fühlen und Selbstwert

3.2.1.1. Denken und Fühlen versus Denken oder Fühlen

Angesichts der „kognitiven Wende" in der psychologischen Theoriebildung wies Thomae bereits 1968 auf die reduktive Tendenz kognitiver Theorien (S. 73 ff.) bzw. daruf hin, daß „kognitiv" und „motivational" eine notwendige Differenzierung von Aspekten, nicht aber von Gegenständen bezeichne (S. 219). Neuerdings werden Mahnungen in dieser Richtung – wenn auch mehr von emotional als von motivational die Rede ist – vermehrt artikuliert (Heller, 1980; Ulich, 1982; die Aufsätze in Mandl/Huber, 1983, insb. Lantermann, 1983; Schiefele/Prenzel, 1983; Oerter, 1983).

---

[38] Die Anregung, den Begriff Mentalität aufzugreifen, verdankt der Verfasser einer nichtveröffentlichten sozialgeographischen Zulassungsarbeit (Bowakow, 1982). In der zeitgenössischen psychologischen Literatur konnte eine ausdrückliche Stellungnahme zum Begriff Mentalität lediglich bei Hiebsch/Vorwerg (1980 a) ausgemacht werden (vgl. Feil/Schönhammer, 1983). Nach Hiebsch/Vorwerg wäre die Erforschung der „als Mentalität in Erscheinung tretende(n) Denk- und Verhaltensgewohnheiten" (S. 54) Aufgabe einer „gesellschaftlichen Psychologie": „Dabei sind solche Fragen zu klären, wie die nach der Stellung der gesellschaftlichen Psychologie in der Struktur des gesellschaftlichen Bewußtseins, also ihr Verhältnis zum sogenannten Alltagsbewußtsein, zur Ideologie und zu anderen Formen des gesellschaftlichen Bewußtseins. Solche Fragen können vom Standpunkt der Psychologie aus nicht geklärt werden; sie sind Fragestellungen philosophischer Art. ... Der Wortgebrauch, wonach die ‚Mentalität' von Bevölkerungsgruppen in diesem Zusammenhang als ‚Psychologie' dieser Bevölkerungsgruppe bezeichnet wird, bedeutet nicht, daß die Psychologie als Wissenschaft dieses Phänomen auch klären müßte. Mit den Mitteln der Psychologie lassen sich gesellschaftliche Erscheinungen überhaupt nicht erklären, Vielmehr ist sie eine der wichtigsten Aufgaben der Soziologie. ... Trotzdem hat die Psychologie natürlich Zugang zu diesen Phänomenen. ...: Für die Psychologie ist es wichtig, daß und wie sich Menschen derartige – als Mentalität in Erscheinung tretende – Denk- und Verhaltensgewohnheiten aneignen und wie die Auseinandersetzung der Menschen mit der gegenständlichen und sozialen Umwelt durch die Besonderheit derartiger Mentalitäten reguliert wird. Die ‚gesellschaftliche Psychologie' interessiert demnach als psychologisches Phänomen, das verhaltensregulierend wirkt, z.B. in Form von Einstellungen. Hierbei wird sie als gesellschaftliche Erscheinung jedoch vorausgesetzt und nicht weiter erklärt" (Hiebsch/Vorwerg, 1980 a, S. 33 f.). Diese Abgrenzung deckt sich nicht mit der in dieser Arbeit vertretenen handlungstheoretischen Perspektive; zur Sensibilität von Psychologen in sozialistischen Ländern gegenüber tatsächlichen oder vermeintlichen Psychologismen vgl. Fußnote 24 in 2.2. sowie 2.2.4..

Die von Thomae (1968) angesprochene Aspektdifferenzierung berührt sich, wie oben bereits angedeutet, mit den für Einstellungen postulierten ‚Komponenten', deren Inhalt und Relation jedoch kaum je näher herausgearbeitet wurden (Meinefeld, 1980; vgl. Oerter, 1970). In einer theoretisch und erhebungsmethodisch u.a. an Kelly (1955) orientierten Arbeit zur „Anatomie von Einstellungen" bemüht sich Klapprott (1975) um eine Differenzierung der affektiven und kognitiven Komponente, indem er die affektive Komponente mit verschiedenen Aspekten des Bewertens (z.B. Skepsis und Begeisterung) und die kognitive mit Merkmalen von Beschreibung (wie Differenzierungsgrad, Begriffsschärfe etc.) identifiziert. Diese Zuordnung bleibt deshalb unbefriedigend, weil mit ihr Kognitionen zum beliebigen Anhängsel an Bewertungen werden; die Rede von ‚Komponenten' von Einstellung wäre dann jedenfalls zumindest mißverständlich. Die Gleichsetzung von Affekt und Bewertung findet sich – in weniger differenzierter Form als bei Klapprott – in einer Vielzahl einschlägiger Arbeiten.

Offenkundig bereitet es erhebliche Schwierigkeiten, beide Aspekte getrennt festzuhalten, ohne ihre Bezogenheit in der Einheit des Gegenstandes aus dem Blick zu verlieren. In der Geschichte der Psychologie zeigen sich nicht umsonst zwei Lager, die das Problem durch komplementäre Über-/Unterordnungsbeziehungen von Denken und Fühlen ‚lösen' (vgl. Ulich, 1982); daß beidemal auf Beobacht- bzw. Erlebbares verwiesen werden kann, bestätigt die Mangelhaftigkeit beider Positionen.[39]

Bedeutet die Vermutung, Fühlen und Denken stünden in einer intimen Wechselbeziehung, den Verzicht auf rationale Auseinandersetzung?[40] Wird so nicht der ‚Rationalisierungsverdacht' universell, und argumentative Auseinandersetzung damit obsolet? Auf solche Fragen ließe sich mit der Gegenfrage antworten, ob der Wahrheit mit einem Glaubensbekenntnis zur Absolutheit der Rationalität gedient ist. Daß ein erkenntnistheoretischer Relativismus andererseits praktisch einem rationalen Diskurs förderlich sein kann, wurde bereits angedeutet (3.1.2.4.). Welche Folgen ein genaueres Fassen der Bezogenheit von Denken und Fühlen für eine wünschbare Gestalt von Diskurs haben könnte, wäre im Sinne der vorliegenden ersten

[39] Weiterführende Forschungen auf diesem Gebiet werden von Lantermann (1983) angekündigt, wobei nicht ganz klar wird, welche Bedeutung Prozesse des Verstehens und Einfühlens in solchen Forschungen haben sollten.

[40] Etwa im Sinne von Hegels Polemik gegen den gesunden Menschenverstand: „Indem jener sich auf das Gefühl, sein inwendiges Orakel, beruft, ist er gegen den, der nicht übereinstimmt, fertig; er muß erklären, daß er dem weiter nichts zu sagen habe, der nicht dasselbe in sich finde und fühle; – mit anderen Worten, er tritt die Wurzel der Humanität mit Füßen. Denn die Natur dieser ist, auf die Übereinkunft mit anderen zu dringen, und ihre Existenz nur in der zustande gebrachten Gemeinsamkeit der Bewußtsein(e). Das Widermenschliche, das Tierische besteht darin, im Gefühle stehenzubleiben und nur durch dieses sich mitteilen zu können" (Hegel, Phänomenologie des Geistes, Vorrede; Suhrkamp Werkausgabe Bd. 3, 1970, S. 64 f.).

Ansätze zu einer modernen Moralpsychologie (Kempf/Aschenbach, 1981; Brandstädter, 1981; Portele, 1981; Groeben, 1982) zu reflektieren.

An dieser Stelle sollten grundsätzliche Fragen, die der Zusammenhang von Denken und Fühlen für die Psychologie und ihr Nachdenken über ihren Gegenstand sowie über dieses Nachdenken selbst mit sich bringt, lediglich benannt werden. Wenn anschließend ein spezifischer Aspekt des Zusammenhangs von Denken und Fühlen etwas näher ausgeführt wird, so erfolgt dies nicht in der Art einer Ableitung aus der prinzipiellen Wechselbeziehung, sondern als Aufgreifen bestimmter Phänomene. Diese Erscheinungen werden weder als begrüßenswert noch als unveränderbar dargestellt werden. Die eben gemachten allgemeinen Anmerkungen zu Denken und Fühlen sollten u.a. verständlich machen, daß die folgenden Überlegungen mißverstanden wären, wollte man sie als Gegeneinander-Ausspielen der ‚Standpunkte' „Denken" und „Fühlen" auffassen.

3.2.1.2. Attribution: Denk-System oder System-Denken?

Attributionsprozesse wurden seit dem Erscheinen von Heiders „Psychologie der interpersonalen Beziehungen" (dt. 1977) im Jahre 1958 intensiv erforscht. Mit einer scholastisch anmutenden Akribie wurde dabei eine Sammlung von „Miniprozessen", wie Kruglanski (1982) die Forschungsresultate bezeichnet, erstellt (vgl. Herkner, 1980). Der Ausgangspunkt zu dieser Forschung liegt in folgender Überlegung Heiders: „Es gibt also zwei Faktoren, die die Auswahl einer akzeptierbaren Attribution determinieren: 1. die Begründung muß zu den Wünschen der Person passen, und 2. das Datenmaterial muß plausibel von der Begründung abgeleitet sein. Das erste bezieht sich auf die affektive Bedeutung eines Ereignisses. Gesucht ist diejenige Begründung, die persönlich akzeptierbar ist. Für gewöhnlich ist das eine Begründung, die uns schmeichelt, uns in günstigem Licht erscheinen läßt und durch die Attribution von einer zusätzlichen Kraft durchdrungen ist. Der zweite Faktor ist der der ‚Rationalität' bei einer jeglichen ‚Rationalisierung'. Das, was als akzeptierbare Ursache ausgewählt wird, ist nicht einfach irgend etwas, das zu den persönlichen Bedürfnissen und Wünschen des Lebensraums paßt. Es muß auch zu den kognitiven Erwartungen hinsichtlich der Verbindung zwischen Motiven, Einstellungen, Verhaltensweisen usw. passen. Es muß in das System der naiven Psychologie passen; je naheliegender die Rationalisierung ist, um so mehr wird sie diesem System entsprechen" (Heider, 1977, S. 203). Die doppelte Begründung für Attributionen, die Heider hier postuliert, erscheint zunächst in beiden Teilen plausibel. Die Ausführung des zweiten Aspekts, der „Rationalität" bzw. Plausibilität, enthält jedoch eine folgenschwere Unterstellung: plausibel ist, was „in das System der naiven Psychologie" paßt. Wie aber ist dies System gebaut? Hierauf Antworten zu suchen, schickte Heider seine Schüler in die

Experimentierzimmer: „Es ist wahrscheinlich richtig anzunehmen, daß der Faktor der Plausibilität eine größere Allgemeinheit hat als der Faktor der persönlichen Akzeptierbarkeit, der den mehr projektiven Teil der Attribution repräsentiert, da er mit den Bedürfnissen, Wünschen und Werten der attribuierenden Person in Verbindung steht. Wenn man also den Faktor der Plausibilität untersuchen will, dann kann man den projektiven Faktor reduzieren, indem man die Versuchsperson in eine Situation stellt, die sie mit einer gewissen Gleichgültigkeit betrachten kann" (Ebenda, S. 203 f.). Ein derart universelles Muster naiven Psychologisierens soll beispielsweise sein, daß man externe Ursachen-Attributionen für das eigene Verhalten und interne für das Verhalten anderer Personen bevorzuge (Jones/Nisbett, 1971). Wie dieser Befund auch zustandegekommen sein mag: er beweist nichts anderes als die *Plausibilität beider* Arten der Attribution. Und ob man nun auf gängige Begründungen für Sieg und Niederlage im Fußballsport (Graumann/Willig, 1983, S. 63) auf die eigenen Erfahrungen als „naiver Psychologe" oder den wissenschaftlichen Befund einer Tendenz zu externaler Attribution von Mißerfolgen und internaler bei Erfolgen (vgl. Snyder u.a., 1980) verweist: der Aspekt der (Selbst-)Gefälligkeit gibt den Ausschlag dafür, welches der möglichen Begründungsmuster präferiert wird.

Heider hat demnach mit der zitierten Überlegung zweierlei getan: er hat auf den Zusammenhang von Wunsch und Denken hingewiesen (und dabei betont, „für gewöhnlich" stehe da Selbstgefälligkeit im Vordergrund), er hat aber auch die Idee propagiert, das Denken über Gründe menschlichen Tuns sei per se auf bestimmte ‚Spurrillen' festgelegt. Letzteres gilt es von dem Umstand zu unterscheiden, daß der ‚Stand des Nachdenkens' eines Individuums ‚über sich und die Welt' in der aktuellen Situation, in der das Individuum eine Ursachenzuschreibung vornimmt, natürlich Einfluß darauf hat, welche der *denkbaren* Begründungen *für dieses Individuum* die plausiblere (und nicht nur die wünschbarere) ist. Die jeweils gegebene Plausibilität, man könnte auch sagen ‚subjektive Stimmigkeit', ist bei Kruglanski (1980; vgl. 3.1.2.4.) als „Bedürfnis nach Struktur" gefaßt; dieses Bedürfnis sieht Kruglanski am Werk, wenn das Individuum nicht weiter nach Alternativhypothesen sucht. Komplementär kann die „Furcht vor Ungültigkeit"[41] nach Kruglanski jederzeit die Suche nach vielleicht verläßlicheren Alternativhypothesen wieder in Gang setzen. Wenn andere Personen in den Beurteilungsakt involviert sind, kommt zusätzlich möglicherweise das ins Spiel, was Kruglanski (1982) die „episthemische Autorität der Hypothesenquelle" nennt (vgl. Gachowetz/Schiepke, 1982). Gegenüber dem von Heider initiierten Forschungsprogramm haben diese Kruglanskischen Überlegungen

[41] Vgl. Bannisters (1977) Versuch der Darstellung der Einheit von Angst und Ungewißheit im Sinne der „personal construct"-Psychologie Kellys (1955).

den Vorzug, Plausibilität – auch jenseits wechselnder ‚Vordergrund'-Motive bzw. -Wünsche – als etwas Veränderliches begreifbar zu machen. Eine Unzahl von Forschungen im Anschluß an Heider zeichnet im Gegenteil sowohl ein starres ‚Denk-System'[42] als auch ein auffällig hohes Maß an Beliebigkeit bzw. Willkür aus.[43]

Wenn *Selbstgefälligkeit* nach dem eben Gesagten auch keineswegs die einzige Form der motivationalen bzw. emotionellen Richtungsweisung für Denk- bzw. Attributionsprozesse ist, so scheint dieses Bedürfnis doch in der alltäglichen Selbst- bzw. Fremdreflexion eine erhebliche Rolle zu spielen. Das oben angeführte Muster „has been labeled that of ‚selfserving' attributions because the person accepts credit for success but refuses the blame for failure" (Baumeister, 1982, S. 17). Selbstwertdienliche Begründungsmuster werden aber auch im Zurückweisen des „credit for success" gesehen, wenn man unterstellt, das Individuum schreibe sich nur deshalb einen Erfolg nicht zu, weil es glaubt, auf diese Weise dem Aufkommen überhöhter Ansprüche an seine Leistungsfähigkeit, also der erhöhten Gefahr künftiger Blamagen, entgegentreten zu müssen; in diesem Falle wird von „gegendefensiven" Attributionen gesprochen (Ebenda; vgl. Schwarzer/Schwarzer, 1981; Frey/Benning, 1983, S. 172). Zusammen mit anderen Kalkulationen ließe sich diese Weise der Selbstreflexion bzw. -darstellung unter das subsumieren, was gemeinhin als ‚falsche Bescheidenheit' bezeichnet wird.

Heider ist gewiß nicht zu widersprechen, wenn er annimmt, es gäbe solche Situationen, bei denen der Bewertungsaspekt bezüglich der eigenen Person bzw. der Aspekt des Vergleichs ihres Wertes mit anderen Personen eine zentrale, und solche Situationen, bei denen dies eine weniger zentrale Rolle spiele; man denke nur an „Publikumsangst" (Schwarzer, 1983, S. 135) oder das Phänomen der Peinlichkeit (Semin/Thomas, 1982). Andererseits spricht vieles dafür, daß der in Angst vor Bewertung implizierte *Wunsch nach Anerkennung* (vgl. Graumann/Willig, 1983, S. 64 ff.) für die Selbstreflexion auch jenseits unmittelbarer Bewertungssituationen von fundamentaler Bedeutung ist. Das sogenannte „öffentliche Selbst" dürfte in diesem Sinne konstitutiv auch für das „private Selbst" sein (vgl. Vallacher, 1980, S. 5), obgleich damit natürlich nicht gesagt ist, beide „Selbste" gingen ineinander auf; hier liegt auch einiger Spielraum für die theoretische oder/und praktische Selbtdefinition der Person (vgl. Carver/Scheier, 1981, S. 307 ff.; Scheier/Carver, 1980). Solche Überlegungen sind keineswegs neu: Oerter (1982 b) weist z.B. auf das von Cooley (1922) bereits in den zwanziger Jahren

[42] Dieses ‚Denk-System' muß, wie man an Laucken (1974) sieht, nicht unbedingt mit dem von Heider aus philosophischen Gründen favorisierten ‚System-Prinzip' der „Balance" (vgl. Oerter, 1970, S. 20 ff.) orientiert sein (zur Perspektivenverengung, die dieses Prinzip im Hinblick auf eine Phänomenologie der „naiven Psychologie" mit sich bringt, vgl. Graumann/Métraux, 1977, S. 49 f.).

[43] Vgl. auch die Kritik F. E. Weinerts (1978) an Hofer/Dobrik (1978).

vorgelegte Konzept des „looking-glass-self" hin; Wicklund/Frey (1980) sprechen im Hinblick auf die Konstitution des Selbstbildes von einer starken Analogie zum Konzept des „Über-Ich" (S. 48); auch Enzle (1980, S. 127) bezieht sich ausdrücklich auf Freud.

Befunde und Überlegungen wie die eben dargestellten veranlassen Frey/Benning (1983, S. 179 ff.), „von dem Selbst als defensivem Wesen" zu sprechen. Diese Umschreibung erscheint phänomenologisch zutreffend, birgt jedoch die Gefahr, das benannte Phänomen zu einer ‚Natureigenschaft' interagierender Individuen zu hypostasieren. Hier setzt ja auch berechtigte Kritik am symbolischen Interaktionismus und der Ethnomethodologie an.[44] Daß der *enorme subjektive Aufwand für Selbstdarstellungsbemühungen* (nach außen und innen) nicht per se eine Folge von Interaktion ist, sondern eine kulturspezifische Erscheinung darstellt, vermutet z.B. Baumeister (1982): „The importance of self-presentational concerns may well be culturally relative. As has frequently been observed, a distinguishing feature of our society is that individuals look outside of themselves, rather than looking inward, to find the criteria of their worth. The predominant political and religious ideologies of the West, from Christianity to Marxism, define the meaning and purpose of an individual's life by his or her relation to entities that are external to the individual, whether these be a god, a means of production, a humanitarian ‚cause', or whatever. These reflect the basic attitude that a person alone is in a permanent state of evaluative dependence on external entities" (S. 22). (Vgl. auch Oerter u.a., 1977; Zuckermann, 1979; Pligt, 1981; Mummendey u.a., 1982).

Der sichtbar gewordene ‚Kampf um den Selbstwert', der sich gleichermaßen kognitiv und emotional geltend macht, muß also nicht als grundsätzliche Folge von Gesellschafts- und damit Normbezogenheit des Individuums angesehen, sondern kann vielmehr als Folge der Orientierung an historisch bzw. kulturell spezifischen Normen betrachtet werden[45]: warum soll es ein Naturgesetz der Gesellschaft bzw. der Identitätsbildung sein, daß die Individuen sich gegenseitig auf den *Beweis des Werts* ihrer Person ‚scharf machen' (vgl. 3.1.2.3.); sind nicht Formen wechselseitiger Anerkennung von Individualität denkbar, die nicht mit der ständigen Sorge, ‚schlecht auszusehen', verknüpft sind? Solche Fragen werden übersehen, wenn man Modelle von Selbstkonzept und Umweltkonzept konstruiert, die einerseits formelle Ab-

---

[44] Zur Darstellung und Kritik beider Ansätze kann hier nur auf Mertens/Fuchs (1978, S. 56 ff.), Keupp (1976) sowie v. Cranach u.a. (1981, S. 64 ff.) verwiesen werden (vgl. auch Gebert/v. Rosenstiel, 1981, S. 21 f.).

[45] Diese Relativität von Normen wird, wie u.a. Brandstädter (1977, S. 329 ff.) und Ulich (1982, S. 131) ausführen, durch die funktionalistische Betrachtungsweise verdeckt (diese ist z.B. der oben kritisierten Darstellung des „Gebrauchswerts" der „naiven Verhaltenstheorie" bei Laucken immanent (siehe 3.1.2.4.)).

straktionen darstellen, andererseits aber das „Selbstwertgefühl" als wesentliches Konstituens enthalten (Epstein, 1979; vgl. Filipp, 1979 a).

3.2.2. Kontrolle und Moral

Bevor die Überlegungen zu „Wahrheit und Relativität des reflexiven Subjekts" auf Aspekte der Mentalität von Führungskräften hin konkretisiert werden, sollen noch kurz zwei psychologische Forschungsfelder zur Sprache kommen, an deren Gegenstandsbereichen sowie wissenschaftlicher Bearbeitungsweise wichtige Aspekte des Zusammenhangs von Subjektivität, Werten und Umwelt sichtbar werden können; beide Forschungsfelder fassen sich unter die Frage, wie das Individuum die *Verantwortung* für sein Tun sieht, zusammen: Kontrolle und Moral.

3.2.2.1. Subjektive Sicht von Kontrolle: Auto- versus Heteronomie

Die subjektive Sicht von Kontrolle wird hier anknüpfend an das Konzept „locus of control" (Rotter, 1954) behandelt. Dabei wird nicht auf die „Soziale Lerntheorie" (eine Erwartungs x Wert-Theorie) eingegangen, in deren Kontext das Konzept „locus of control" bei Rotter steht; diese Lerntheorie spielt bei der überwiegenden Mehrzahl der vielen mit diesem Konzept operierenden Untersuchungen faktisch keine Rolle (Mielke, 1982, S. 15 f.; Oesterreich, 1981, S. 275 ff.; Meyer, 1982, S. 64). Geht es bei einschlägigen Untersuchungen meist um die Zuordnung bestimmter Populationen zu einer eher externalen bzw. internalen Kontrollüberzeugung, so soll hier die Differenzierung als solche thematisiert werden. Diese Differenzierung überschneidet sich mit fundamentalen Fragestellungen wie Freiheit versus Determinismus, Kausalität versus Finalität und Autonomie versus Heteronomie (vgl. Niketta, 1982). Die genannten analogen Fragestellungen sind gewiß in einer Unzahl philosophischer Abhandlungen profunder reflektiert als die Rottersche Unterscheidung bei ihm oder den vielen forschenden Anwendern dieser Unterscheidung. Hier wird die „locus of control"-Forschung auch nicht in erster Linie wegen der Aussagekraft ihrer „Theorie" oder ihrer Befunde, sondern wegen der sich in dieser Forschung selbst reflektierenden Werthaltung aufgegriffen.

Die Frage, ob man Kontrolle ausübe oder kontrolliert werde, steht im Zusammenhang mit den oben (3.2.1.) angesprochenen Gesichtspunkten der kausalen Attribution. Der wesentliche Unterschied liegt darin, daß die „locus of control"-Forschung den wahrgenommenen Ort der Kontrolle als „generalisierte Erwartungshaltung" und damit primär als differentialpsychologisch relevantes Konstrukt auffaßt. Daneben wird neuerdings mehrfach betont, daß die Unterscheidung internal/external in Verbindung mit Kontrolle Mißverständnisse birgt: es ist sehr wohl vorstellbar, daß Ursachen internal attribuiert werden, ohne daß dies mit der Vorstellung von

Kontrolle durch das Subjekt verbunden ist (Mielke, 1982; Meyer, 1982). Die bekannten Arbeiten von Weiner u.a. (1971) waren nach Carver/Scheier (1981, S. 190 f.) auch ausdrücklich als Kritik des Rotterschen Konzepts gedacht. Hier soll, da später (4.1.) darauf zurückzukommen sein wird, nur noch erwähnt werden, daß die Kategorie des Unbewußten neben der von Weiner u.a. im Anschluß an Heider in diesem Kontext eingefügten Begabung bzw. Fähigkeit bei der Attribuierung internaler aber nichtkontrollierbarer Ursachen eine Rolle spielen kann. Diese weitergehenden Differenzierungen (vgl. auch Jung, 1980, S. 188 ff.) können für die in diesem Abschnitt angestrebte Diskussion des Konzepts „locus of control" jedoch beiseite gelassen werden.

Mielke resümiert ihr Referat von Forschungsbefunden (vgl. hierzu auch Krampen, 1982) über Unterschiede zwischen Personen mit interner und externer Kontrollüberzeugung folgendermaßen: „Die Untersuchungsergebnisse zum ‚locus of control'-Konstrukt stärken die Auffassung, daß es sich bei diesem Persönlichkeitsmerkmal um die Unterscheidung zwischen selbstbestimmten, aktiven und unbeirrbaren Personen, die ihre eigene ‚Linie' einhalten einerseits und stärker auf soziale Reize achtende, passive und gegenüber Einflüssen von außen eher zugängliche Personen andererseits handelt" (Mielke, 1982, S. 36). In dieser Einschätzung der Ergebnisse der Unzahl einschlägiger Fragebogenuntersuchungen schwingt eine moralische Wertung mit; dramatischer bringt Lefcourt (1982) diese Wertung zum Ausdruck: „Though most of the research discussed in the previous sections lacks the dramatic quality so obvious in Milgram's research, it lends support to the contention advanced earlier that internal locus of control can operate as a bulwark against the unquestioning submission to authority. Insofar as the researcher is a legitimate authoritiy, and defiance against his often demeaning requirements can be taken as the readiness to resist authoritarian dictates, there is some encouragement for discussing locus of control as pertinent to the Eichmann and Calley cases. If these individuals had remained able to question the commands and legitimacy of their superior officers, they might not have been the infamous ‚collaborators' that they did in fact become; and, if they had perceived themselves as responsible actors rather than as externally controlled pawns, they might have been more questioning and consequently more resistant to the dictates and persuasions of others" (S. 58).

Rotter selbst hat in jüngerer Zeit „Einige Probleme und Mißverständnisse beim Konstrukt der internen versus externen Kontrolle der Verstärkung" (dt. 1982) thematisiert; u.a. nimmt er hier zur „‚guter Kerl – schlechter Kerl'-Dichotomie" Stellung: „Das dritte Problem bei der Konzeptualisierung ist das Eindringen der ‚guter Kerl – schlechter Kerl'-Dichotomie. Trotz der Befürchtungen und sogar Warnungen vor dem Gegenteil nahmen manche Psychologen vorschnell an, daß es gut ist, intern zu sein und schlecht, extern zu sein. Dies mag natürlich in gewissem Sinn zutreffen, aber das Problem liegt dann in der Annahme, daß alles Gute charakteristisch ist für Interne und alles Schlechte charakteristisch für Externe. Interne sollen danach liberaler, sozial befähigter, besser angepaßt, effizienter usw. sein. Unsere früheren Untersuchungen zeigten keinerlei Beziehung zwischen ‚Locus of control' und politischem Liberalismus oder Konservatismus. Ich glaube nicht, daß sich diese Sachlage geändert hat, obwohl es neuerdings eine stärkere Tendenz gibt, daß Leute, die sich selbst als politisch radikal bezeichnen, externe Items unterstützen. Aber abgesehen von den Besonderheiten des einen oder anderen Tests gibt es keine logische Begründung, irgendeine Beziehung anzunehmen" (S. 51). Was Rotter hier bezüglich der Befundlage klarstellt, kann nicht besonders überraschen, wenn man sich vergegenwärtigt, daß das *Aufbegehren* gegen bestimmte Verhältnisse, das in politischem Radikalismus impliziert ist, es nahelegt, daß vorgängig eine unliebsame *Abhängigkeit* von eben diesen Verhältnissen perzipiert wurde[46]. Sich dagegen gewissermaßen als ‚Herr der Lage' zu sehen, scheint mit einer konservativen Haltung durchaus vereinbar zu sein. Sich als ‚Herr der Lage' zu sehen, muß übrigens nicht unbedingt eine realistische Haltung sein: „Aber es muß auch eine Grenze der persönlichen Kontrolle geben. Es kann schon eine Reihe von Leuten geben, die das Gefühl haben, daß sie mehr Kontrolle ausüben, als die Realität ihnen in Wirklichkeit zugesteht, und sie können später dann Opfer eines starken Traumas werden (oder sind es schon geworden), wenn sie entdecken, daß sie solche Dinge wie Autounfälle, Versagen der Gesellschaft, Seuchen usw. nicht kontrollieren können" (Ebenda, S. 52). Rotters Bemerkung bezieht sich auf ein *Extrem* an unrealistischer Kontrollüberzeugung. Zu fragen ist allerdings, ob nicht bereits ein ‚normales' Maß an internaler Kontrollüberzeugung bereits eine gewisse Realitätsverleugnung impliziert. Rotter bejaht dies, wenn er auf Untersuchungen hinweist, „die vermuten lassen, daß es für Internale typisch ist, Mißerfolge und unerfreuliche Erfahrungen zu verdrängen" (Ebenda). Mielke hebt hervor, daß es keineswegs unproblematisch ist, daß interventionsorientierte „locus of control"-Forscher sich auf die Veränderung Externaler[47] konzentrieren: „Überhöhte Erwartungen der eigenen Kontrollmöglichkeiten scheinen dagegen sozial nicht auffällig und auch nicht therapiebedürftig zu sein"

---

[46] Diese Überlegung relativiert Hohners Interpretation, der von ihm berichtete Befund, „daß aktives betriebspolitisches und gewerkschaftliches Engagement mit einer eher internalen Ursachenzuschreibung hinsichtlich betriebspolitischer Sachverhalte einhergeht" (1982, S. 144), sei „plausibel" und „theoretisch konsistent". Auf empirischer Ebene wird diese Interpretation Hohners durch einen Teil der in Hohner und Walter (1981) berichteten Befunde relativiert.

[47] Der „Externale" und der „Internale" sind in der einschlägigen Forschung (vgl. oben) die gebräuchlichen Kürzel für Personen, die Kontrolle external bzw. internal attribuieren.

(Mielke, 1982, S. 41).[48] Oesterreich (1982, S. 265 ff.) spielt drei mögliche Hintergründe für einen internalen „locus of control" – 1. Die Person verfügt über hohe Fähigkeiten; 2. die generelle (Lebens-)Situation der Person ist besonders günstig; 3. die Person hat unrealistische Erwartungen – anhand vorliegender Untersuchungsbefunde durch und gelangt zu dem Ergebnis, für die Zuordnung bestünden „erhebliche Unsicherheiten" mit der Konsequenz „divergente(r) Möglichkeiten der Anwendung": „Die im LC-Konzept implizit enthaltene Abstraktion von Hintergründen der LC-Einstellungen erscheint also nicht sinnvoll" (Oesterreich, 1981, S. 268).[49]

Der Verdacht einer unrealistischen Selbstdarstellung der sogenannten Internalen kommt auch zum Ausdruck, wenn entsprechende Befunde im Hinblick auf die soziale Erwünschtheit der sie hervorbringenden Antworttendenz relativiert werden (Spector, 1982, S. 485). Wenn *Internalität sozialer Norm entspricht,* so ist eine verfälschende Darstellung der Kontrollüberzeugung vorstellbar; ebenso ist es aber vorstellbar, daß die sozial wünschenswerte Art der Selbst*darstellung* eine ihr gemäße Weise der *Wahrnehmung* der eigenen Person bzw. ihrer Kontrollmöglichkeiten hervorgebracht hat. Beidemal könnte man von Konformität sprechen, einer *Konformität,* deren Inhalt die Darstellung (bwz. Wahrnehmung) der eigenen *Unabhängigkeit* ist. Die hier konstatierte *Dialektik von Internalität und Konformität (d.h. Externalität)* klingt auch in einem Befund von Collins (1982, S. 154 f.) an, der bei einer Untergruppe von Internalen einen „Radarsinn" wie bei Riesman's (1956) außengerichtetem Charaktertyp feststellt.

---

[48] In diesem Zusammenhang kann gefragt werden, ob das Konzept kognitiver Depressionstherapie von Beck (1979) nicht mit einem unrealistischen Optimismus in Sachen individueller Kontrollmöglichkeiten operiert. Hohner und Hoff (1983), die einerseits fordern, Kontrollüberzeugungen vor dem Hintergrund realer Kontrollmöglichkeiten zu bewerten, postulieren andererseits eine „psychohygienische Funktion" von „realitätsfernen Kontrollattributionen"; die Abgrenzung ‚schlechter' und ‚guter' Kontrollwahrnehmungsverzerrungen bleibt bei Hohner und Hoff allerdings etwas vage: „Geringe Übereinstimmungen können höchstens dann, wenn es sich um zeitlich und inhaltlich begrenzte Situationen handelt, in manchen Fällen als psychohygienisch funktionell bewertet werden. Sind solche Diskrepanzen jedoch systematischer Natur, dann können Störungen des individuellen Wohlbefindens und/oder der Handlungsfähigkeit vorliegen" (S. 37). Was ist das Prinzip von Verzerrungen der Kontrollwahrnehmung, die einerseits „psychohygienisch funktionell" sein sollen, denen andererseits aber ein „systematischer" Charakter abgesprochen wird? Was genau bedeutet andererseits die Formulierung: „können Störungen ... vorliegen?" Eine weitere Präzisierung des hier verwendeten Begriffs von Psychohygiene erscheint also wünschenswert.

[49] Am Rande sei ein Zweifel an der Fruchtbarkeit von Oesterreichs eigenem Kontrollkonzept angemeldet. Wird nicht einer letztlich inhaltsleeren Teleologie der Kontrolle das Wort geredet, wenn alles menschliche Tun auf „Kontrollstreben" zurückgeführt wird: „Allgemein gesagt wird mit der Annahme des Kontrollstrebens behauptet, daß um des zukünftigen Handelns willen gehandelt wird, also zielgerichtet gehandelt wird, um auch in der Zukunft weiterhin zielgerecht handeln zu können" (1981, S. 209). – Leben, um zu planen?

Analoge Überlegungen lassen sich für andere Kontrollkonzepte, wie etwa das von de Charms (1968; 1976) anstellen (vgl. Calder/Staw, 1980); besonders naheliegend ist das, wenn diese Konzepte – mehr oder weniger explizit – als Eigenschaftskonzepte formuliert bzw. verwendet werden. Averill's Kontrollmodell (1973) z.B., dem Braukmann/Filipp (1981) prozeßorientierte Qualitäten bescheinigen, wird von Kobasa (1979; vgl. Kobasa u.a., 1982) in ein Persönlichkeitsmodell, das des *„hardy personality type"*, eingebracht: „... persons, who experience high degrees of stress without falling ill have a personality structure differentiating them from persons who become sick under stress. This personality difference is best characterized by the term hardiness" (1979, S. 3). Betrachtet man die Eigenschaften, die Kobasa ihrem widerstandsfähigen Persönlichkeitstyp zuweist, so zeigt sich eine prekäre Beziehung zwischen dem angenommenen Kontrollbewußtsein und der Bereitschaft, sich auf äußeren Wechsel einzustellen: „Hardy persons are considered to possess three general characteristics: a) the belief that they can control or influence the events of their experience, b) an ability to feel deeply involved in or committed to the activities of their lives, and c) the anticipation of change as an exciting challenge to further development" (Ebenda). Ein derartiges Kontrollbewußtsein dürfte tatsächlich weitgehend immun gegen einen „passive and reactive view" sein, weil reaktives Tun von der ‚dynamischen Persönlichkeit' des „hardy type" zielstrebig in Kontrolle umdefiniert zu werden scheint. Die Bedenken, die hier aufkommen, werden durch Befunde, die den Zusammenhang von „locus of control" und „erlernter Hilflosigkeit" (Seligman, 1979) betreffen, verstärkt; Niketta (1982) resümiert seine Durchsicht: „Faßt man die Ergebnisse der vorliegenden Experimente zusammen, kann mit aller Vorsicht gefolgert werden, daß Externe eher Symptome erlebter Hilflosigkeit zeigen als Internale. Bei fortdauernder Unkontrollierbarkeit scheint aber die erlebte Hilflosigkeit bei Personen mit interner Kontrollüberzeugung stärker zu sein. ... Möglicherweise fallen ... Interne ihrem eigenen Attributionsstil zum Opfer, wenn sie bei ‚objektiv' nicht gegebener Kontrolle weiterhin Kontrolle wahrnehmen, daß aber dann die Wahrnehmung fehlender Kontrolle zu dem ... Umschwung führt" (S. 98; vgl. Spector, 1982, S. 492; vgl. auch die Wiedergabe des Typ-A-Selbstbildes bei Matthews, 1982, S. 297).

Es kann also vermutet werden, daß ein konsequentes Umdefinieren einer in vieler Hinsicht vom einzelnen gewiß nicht kontrollierbaren Wirklichkeit letztlich nicht so gesunderhaltend wirkt wie Kobasa es glauben machen will. Unbestritten ist dabei, daß der „hardy type" in der Wirklichkeit anzutreffen ist. Ebenso unbestritten war ja auch oben die Faktizität einer (nach der Befundlage nicht zuletzt in der weißen amerikanischen Mittelschicht) verbreiteten internalen Kontrollüberzeugung; fragwürdig erschien der Realitätsgehalt dieser Überzeugung, die sich im Gegenteil als Wunsch nach Konformität des eigenen Selbstbildes mit einer gewichtigen sozialen Norm verstehen läßt. In der Terminologie Freuds ausgedrückt: in der internalen Kontrollüberzeugung könnte eher der Ausdruck eines starken *„Über-Ichs“* gesehen werden als die *„Ich-Stärke“*, die sich mit dieser Überzeugung *darstellt.*[50] Von daher wäre auch eine Gleichsetzung von interner Kontrollüberzeugung mit „Selbstverantwortlichkeit“ (Schneewind, 1982 a) kritisch zu hinterfragen. Im Bewußtsein von Heteronomie gleichwohl Verantwortung für das eigene Tun zu gewinnen – das von Oerter (1983)[51] jüngst auch Psychologen ins Gedächtnis gerufene „Programm“ des Existenzialismus (vgl. auch Neuberger, 1982 bzw. 1983) – ist gegenüber der Überzeugung internaler Kontrolle sicher der auf den ersten Blick weniger geradlinige Weg, möglicherweise aber der verantwortungsvollere. In diesem Sinne ist wohl auch Portele zu verstehen, wenn er konstatiert: „Autonomie ist kein bequemer Zustand“ (1978, S. 168; vgl. 1981).

Trotz oder besser gerade wegen der aufgeführten Einwände gegen das „locus of control“-Konzept sind seine Kategorien (unter Einbeziehung der oben angedeuteten attributionslogischen Klärungen/Ergänzungen) für eine Phänomenologie des Sich-Zurechtfindens der Subjektivität in unserer sozialen Wirklichkeit von Wert, wenn dabei im Auge behalten bzw. überhaupt ins Auge gefaßt wird,

— daß Kontrollüberzeugungen jeweils vor dem Hintergrund der faktischen Einflußmöglichkeiten bzw. Abhängigkeiten gesehen werden sollten,

---

[50] Von dieser Überlegung ausgehend, ließen sich pikanterweise Brücken von der internalen Kontrollüberzeugung zur „autoritären Persönlichkeit“ sensu Adorno u.a. (1950) schlagen; dieser „autoritären Persönlichkeit“ sehen ja Kontroll-Forscher ihre jeweiligen Vorstellungen von internaler Kontrolle entgegengesetzt; de Charms (1968, 1976) etwa will ausdrücklich der Bildung „autoritärer Persönlichkeiten“ durch die Vermittlung von „origin“-Bewußtsein entgegenwirken (analog zur Unterscheidung Internalität/Externalität unterscheidet de Charms „origin“ und „pawn“); vgl. auch im Kontrast dazu Ausführungen von Adorno an einem anderen Ort: „Wogegen der durch seine Gesundheit erkrankte Menschenverstand am empfindlichsten sich sträubt, die Vormacht eines Objektiven über die einzelnen Menschen, in ihrem Zusammenleben so wie in ihrem Bewußtsein, das läßt täglich kraß sich erfahren. Man verdrängt jene Vormacht als grundlose Spekulation, damit die Einzelnen die schmeichelhafte Täuschung, ihre mittlerweile standardisierten Vorstellungen wären die im doppelten Sinn unbedingte Wahrheit, bewahren können vor dem Verdacht, es sei nicht so“ (Negative Dialektik, 1973, S. 295). „Der Vormacht des Allgemeinen ins Auge zu sehen, schädigt psychologisch den Narzißmus aller Einzelnen und den demokratisch organisierter Gesellschaft bis zum Unerträglichen“ (Ebenda, S. 306). Vgl. auch die Tendenz, ‚Opfer‘ bzw. Benachteiligte abzuwerten, die Lerner (z.B. 1975) im Kontext des Glaubens an die „gerechte Welt“ („jeder ist seines Glückes Schmied“) feststellen konnte. Eine in diesem Zusammenhang ebenfalls bemerkenswerte (aber von „locus of control“-Forschern nicht vertieft erforschte) Zwiespältigkeit liegt in dem Befund der Externalität von Personen mit machiavellistischer Orientierung (z.B. Lefcourt, 1982, S. 57; Krampen, 1980); ein Zwiespalt liegt hier offenkundig vor, da Machiavellismus für eine aktive Rolle in Beziehung zu Kontrolle steht.

[51] Vgl. übrigens die Berührungspunkte des hier zu internaler Kontrolle Ausgeführten mit der Diskussion des Freiheitsbegriffs im Sinne der Kategorie „abstrakter Valenz“ an dieser Stelle (Oerter, 1983, S. 308 ff.).

— daß internale Kontrollüberzeugungen, insofern sie dem „Kampf um den Selbstwert" untergeordnet sind, durchaus in Korrespondenz mit der Distanzierung von Kontrollmöglichkeiten stehen können (vgl. 3.2.1.1.),
— daß eine Untersuchung der Art, wie Individuen diese gegenläufigen Kontrollüberzeugungen ausbalancieren, also möglicherweise aufschlußreicher für Erhellung von Identität ist als die Erhebung, durch welches prozentuale Mischungsverhältnis von Internalität und Externalität sich verschiedene Individuen (Populationen) auszeichnen[52],
— daß Individuen Kontrolle nicht nur bei sich, sondern auch bei anderen wahrnehmen und daß sie hierdurch Auskünfte über ihr Menschenbild bzw. ihre Bereitschaft zu reziprokem Reflektieren geben; Auskünfte, die wiederum in Zusammenhang mit der spezifischen sozialen Situation von Urteilendem und Beurteiltem zu sehen sind.

3.2.2.2. Moral - Maßstab für Werturteile

Für die Anerkennung des Individuums spielt, wie man sehen konnte, seine Konformität mit den in der Gesellschaft vorherrschenden Werten eine erhebliche Rolle. Delikaterweise ist in unserer Gesellschaft Nonkonformismus ein solcher Wert; dies läßt sich u.a. an der (in Alltag und Forschung) positiven Beurteilung einer internalen Kontrollüberzeugung ablesen. Mit der Dialektik von Konformität und Nonkonformität ist das diffizile Terrain moralischer Urteilsprozesse und ihrer Verwobenheit in unmittelbare und übergeordnete Handlungsziele berührt. Dieses Gebiet soll hier nicht ausführlich in allgemeiner Weise behandelt werden. Im anschließenden Abschnitt über die Mentalität von Führungskräften und in den Interpretationen im empirischen Teil werden Konkretisierungen dieser Beziehungen aufgegriffen. An dieser Stelle sollen Perspektiven des moralischen Urteilens

---

[52] In dieser Hinsicht ist auch die von Hoff und Hohner (z.B. 1982) vertretene kategoriale Differenzierung von Kontrollüberzeugungen, insbesondere die von den Autoren hervorgehobene Markierung eines „interaktionistisch-flexiblen" Kontrollbewußtseins, für sich genommen wenig hilfreich. Wie die Autoren in einer neueren Veröffentlichung (1983) zu Recht mehrfach betonen, „wäre ... die entscheidende Frage, *wie* denn das Zusammenspiel von eigenen Kräften und äußeren Bedingungen, Anforderungen oder Möglichkeiten" (S. 18; Hervorhebungen im Orig.) gesehen wird. Angesichts dieser Überlegung ist es nicht ganz verständlich, warum die Autoren der abstrakten Markierung von Kontrollvorstellungen als „interaktionistisch-flexibel" einen so hohen wissenschaftlichen Wert beimessen, wie sie es tun, und letztlich den so markierten Vorstellungen auch jenseits des „Wie" ihres „interaktionistisch-flexiblen" Inhalts einen positiven lebenspraktischen Wert attestieren (Hohner/Hoff 1983). Eine weitere von Hohner (z.B. 1983) vertretene Differenzierung von Kontrollüberzeugungen - „persönliche Kontrolle" („ich") vs. „Kontrolle des einzelnen" bzw. „control ideology" („man", „der einzelne") - ist bei unbestreitbarem heuristischen Wert problematisch, insofern sie den Blick für den ideologischen Charakter auch der erstgenannten Subkategorie („ich") verdecken könnte. Wiederum ist man eher auf den Kontext (bzw. das „Wie") von „ich" und „man" verwiesen, wenn eine befriedigende Interpretation von Kontrollvorstellungen vorgenommen werden soll.

eingeführt werden, die sich in den späteren Konkretisierungen wiederfinden werden. Für diese Kennzeichnung von Perspektiven moralischen Urteilens wird auf die Kohlbergschen Stufen der Moralentwicklung zurückgegriffen. Die von Kohlberg in diesem Konzept implizierte Entwicklungslogik (wobei der Plural hier eher angebracht wäre; vgl. Kärn, 1978) ist für die Vergegenwärtigung vorfindbarer Perspektiven nicht ohne Belang. Sobald man sich über Verknüpfungen dieser Perspektiven bei erwachsenen Menschen (und nur um solche geht es ja in dieser Arbeit) Gedanken macht, gerät man in Konflikt mit dieser Logik, die grundsätzlich ein *nicht-reversibles Fortschreiten von Stufe zu Stufe* postuliert. Abgesehen von einem kurzen ‚Seitenhieb' wird dieses Problem aber ausgeblendet. Zunächst werden jedoch die Perspektiven/Stufen in der Formulierung von Kohlberg/Turiel (1971) bzw. 1978) unter Verzicht auf Paraphrasierung in einem längeren Zitat wiedergegeben.

„I Stufe 0: vormoralische Stufe

Versteht keine Regeln und unterscheidet nicht nach gut und böse gemäß Regeln und Autoritäten. Was Spaß macht und spannend ist, ist gut; was mit Schmerz oder Angst verbunden ist, ist böse. Hat keine Vorstellung von Verpflichtung, Sollen, Müssen, auch nicht vermittelt durch externe Autoritäten, sondern läßt sich ganz von Können und Wollen leiten.

II vorkonventionelle Phase

In dieser Phase nimmt das Kind kulturelle Regeln ebenso auf wie Etikettierungen nach gut/böse und richtig/falsch, interpretiert diese Etiketten aber entweder aufgrund der physischen oder hedonistischen Konsequenzen seiner Handlungen (Bestrafung, Belohnung, Zuwendung) oder gemäß der physischen Macht derer, die die Regeln und Etiketten aufstellen. Diese Phase teilt sich in zwei Stufen:

Stufe 1: Die Orientierung an Bestrafung und Gehorsam. Ob eine Handlung gut oder böse ist, hängt ab von ihren physischen Konsequenzen und nicht von der sozialen Bedeutung bzw. Bewertung dieser Konsequenzen. Vermeidung von Strafe und nichthinterfragte Unterordnung unter Macht gelten als Werte an sich, nicht vermittelt durch eine tieferliegende, durch Strafe und Autorität gestützte Moralordnung (letzteres entspricht Stufe 4).

Stufe 2: Die instrumentell-relativistische Orientierung. Eine richtige Handlung zeichnet sich dadurch aus, daß sie die eigenen Bedürfnisse – bisweilen auch die Bedürfnisse anderer – instrumentell befriedigt. Zwischenmenschliche Beziehungen erscheinen als Markt-Beziehungen. Grundzüge von Fairneß, Gegenseitigkeit, Sinn für gerechte Verteilung sind zwar vorhanden, werden aber stets physisch oder pragmatisch interpretiert. Gegenseitigkeit ist eine Frage von ‚eine Hand wäscht die andere', nicht von Loyalität, Dankbarkeit oder Gerechtigkeit.

III konventionelle Phase

In dieser Phase gilt es als Wert an sich, ungeachtet unmittelbarer und offensichtlicher Konsequenzen den Erwartungen der Familie, der Gruppe oder der Nation zu entsprechen. Diese Einstellung bedeutet nicht nur Konformität, sondern auch Loyalität gegenüber der sozialen Ordnung und den Erwartungen einzelner Personen;

man rechtfertigt die bestehende Ordnung, tritt aktiv für sie ein und identifiziert sich mit den sie tragenden Personen oder Gruppen. In dieser Phase lassen sich zwei Stufen unterscheiden:

Stufe 3: Orientierung an personengebundener Zustimmung oder ‚guter Junge / nettes Mädchen'-Modell. Richtiges Verhalten ist, was anderen gefällt oder hilft und ihre Zustimmung findet. Diese Stufe ist gekennzeichnet durch ein hohes Maß an Konformität gegenüber stereotypen Vorstellungen von mehrheitlich für richtig befundenem oder ‚natürlichem' Verhalten. Häufig wird Verhalten nach der Absicht beurteilt: ‚Es meint es gut' wird zum ersten Mal wichtig. Man findet Zustimmung, wenn man ‚nett' ist.

Stufe 4: Orientierung an Recht und Ordnung. Autorität, festgelegte Regeln und die Aufrechterhaltung der sozialen Ordnung bilden den Orientierungsrahmen. Richtiges Verhalten heißt, seine Pflicht tun, Autorität respektieren, und für die gegebene soziale Ordnung um ihrer selbst willen eintreten.

IV postkonventionelle, autonome oder prinzipiengeleitete Phase

Diese Phase zeichnet sich aus durch ein erkennbares Bemühen, moralische Werte und Prinzipien zu definieren, die unabhängig von der Autorität der diese Prinzipien vertretenden Gruppen oder Personen und unabhängig von der eigenen Identifizierung mit diesen Gruppen gültig und anwendbar sind. Diese Phase teilt sich in zwei Stufen:

Stufe 5: Die legalistische oder Sozialvertrags-Orientierung. Im allgemeinen mit utilitaristischen Zügen verbunden. Die Richtigkeit einer Handlung bemißt sich tendenziell nach allgemeinen individuellen Rechten und Standards, die nach kritischer Prüfung von der gesamten Gesellschaft getragen werden. Man ist sich der Relativität persönlicher Werthaltungen und Meinungen deutlich bewußt und legt dementsprechend Wert auf Verfahrensregeln zur Konsensfindung. Abgesehen von konstitutionellen und demokratischen Übereinkünften ist Recht eine Frage persönlicher Wertsetzungen und Meinungen. Das Ergebnis ist eine Betonung des legalistischen Standpunktes, wobei jedoch die Möglichkeit von Gesetzesänderungen aufgrund rationaler Reflektion sozialen Nutzens nicht ausgeschlossen wird (im Gegensatz zur rigiden Aufrechterhaltung von Recht und Ordnung, wie sie für Stufe 4 charakteristisch ist). Außerhalb des gesetzlich festgelegten Bereichs basieren Verpflichtungen auf freier Übereinkunft und Verträgen. Dies ist die ‚offizielle' Moralauffassung der amerikanischen Regierung und Verfassung.

Stufe 6: Orientierung an allgemeingültigen ethischen Prinzipien. Das Recht wird definiert durch eine bewußte Entscheidung in Übereinstimmung mit selbstgewählten ethischen Prinzipien unter Berufung auf umfassende logische Extension, Universalität und Konsistenz. Diese Prinzipien sind abstrakt und ethischer Natur (die Goldene Regel, der Kategorische Imperativ), nicht konkrete Moralregeln wie etwa die Zehn Gebote. Im Kern handelt es sich um universelle Prinzipien der Gerechtigkeit, der Gegenseitigkeit und Gleichheit der Menschenrechte und des Respekts vor der Würde des Menschen als individueller Person" (Kohlberg/Turiel in Portele, 1978, S. 18 f.).

Daß diese Formulierung der Stufenfolge nicht mehr dem ‚neuesten Stand' der Kohlbergschen Selbstinterpretationen bzw. Revisionen entspricht (Kohlberg, 1976; vgl. Eckensberger/Reinshagen, 1980), wäre wegen der Funktion, die ihnen hier zugewiesen wird, keinerlei Problem; abgesehen davon geben auch die „Kohlberg-Spezialisten“[53] in neueren Publikationen noch immer diese Formulierung bzw. Paraphrasierung von ihr wieder (Bertram, 1980; Oser, 1981). Eckensberger/Reinshagen teilen über diese Revision mit: „Offiziell unterscheidet Kohlberg seit 1976 für *jede* der 6 Stufen eine A- und eine B-Unterstufe. Einerseits werden diese durch unterschiedliche ‚Wertorientierungen‘ gekennzeichnet, andererseits sollen sie unterschiedlich äquilibriert, d.h. unterschiedlich ‚reif‘ sein. Die *A-Substufe* ist jeweils durch eine Orientierung an der *normativen Ordnung* und an einem *Nützlichkeitsstandpunkt* gekennzeichnet, also an ‚Gegebenem‘; während die *B-Substufe* sich eher an dem orientiert, was durch einen selbst internal akzeptiert wird; sie enthält deshalb eine *Wertorientierung an der Gerechtigkeit* und eine Orientierung an einem *Ideal-Selbst*“ (1980, S. 85; Hervorhebungen im Orig.) Eckensberger/Reinshagen kommentieren: „Schwierigkeiten bereitet allerdings der logische Status dieser Unterstufen im Rahmen des gesamten Entwicklungsmodells“ (Ebenda). Nach Ansicht des Verfassers dieser Arbeit kann diese Revision auf relativ einfache Weise interpretiert werden; diese Interpretation zielt übrigens auch auf den Versuch von Eckensberger/Reinshagen, die Logik der Stufen spiralförmig abzubilden: erwachsene Individuen befinden sich in der Regel nicht auf einer bestimmten Stufe der moralischen Entwicklung in dem Sinne, daß ihnen „höhere“ Urteilsmuster nicht vertraut wären bzw. sie nicht auch mit den „niedrigeren“

---

[53] Am Rande sei auf die bemerkenswerte Tendenz bei entwicklungspsychologischen Moralforschern, sich zu Kohlberg-Forschern zu entwickeln, hingewiesen. Wie groß die Versuchung ist, den ‚Zirkus‘, der um Kohlbergs Gedankengut gemacht wird, zu glossieren bzw. zu ironisieren, kommt bei Brandstädter zum Ausdruck, wenn er feststellt: „Auf einem anderen Blatt steht freilich die Frage nach der Qualität des ‚rational-ethischen‘ Unterbaus seiner Theorie, für dessen Herleitung sich Kohlberg auf philosophisch-ethische Autoritäten wie Kant und Dewey beruft. Nun braucht man freilich nicht gleich die Ideen von Kant und Dewey zu verwerfen, um Kohlbergs Modell in Frage zu stellen“ (1980, S. 143). Die seltsame Autorität, die Kohlberg geworden ist, läßt sich u.a. daran ersehen, daß ein guter Teil von Überlegungen in Symposionsbeiträgen und Publikationen zur moralischen Entwicklung sich mit der Ent- bzw. Verrätselung von mehr oder weniger dunklen Einlassungen des ‚Meisters‘ beschäftigt – nicht selten angesichts von dessen physischer Präsenz. Ein weiteres Beispiel ist der Stolz, mit dem Eckensberger/Reinhagen (1980) davon berichten, es sei ihnen gelungen, der (nicht publizierten) Dissertation Kohlbergs habhaft zu werden; als Ergebnis des Quellenstudiums, das von den Autoren als Bedingung einer weiteren Urteilsbildung über Kohlbergs Konzept gesehen wird, erfährt man unter anderem, Kohlberg behandle im philosophischen Teil seiner Dissertation zunächst utilitaristische Theorien, „... fährt (kurz) mit Nietzsche fort, kommt zu Durkheim ...“ (S. 78). Solche Funde scheinen so aufschlußreich zu sein, daß man gar nicht mehr erfährt, was Kohlberg „(kurz)“ zu Nietzsche zu sagen hat! Ein letztes Beispiel für den Kult um Kohlberg ist der folgende Schlußsatz einer geistesgeschichtlich ausholenden tour d'horizon, mit der H. A. Hartmann eine neue Sammlung von Aufsätzen zur Moralentwicklung einleitet: „In einer pluralistischen Gesellschaft sollte der ethische Diskurs mit allen Argumenten, für alle Lebensbereiche und in allen sozialen Umwelten kontrovers, aber auch kommunikativ geführt werden. Daß mit Lawrence Kohlberg einer der ihren diese Diskussion wesentlich mitgestaltet, darf die Psychologie mit Stolz erfüllen“ (H. A. Hartmann, 1983, S. 24).

operieren könnten, erwachsene Individuen können sich abwechselnd von einer (instrumentalistischen) Nützlichkeitsorientierung und von einer (ethischen) Wertorientierung leiten lassen, sie können sogar beides zugleich und dabei auch noch (bzw. gerade darin) nach Konformität bzw. Konventionalität streben, erwachsene Individuen verfügen über eine erhebliche Flexibilität, mit der sie sich je nach sozialer und psychologischer Situation in und zwischen den Stufen bewegen (vgl. Oerter, 1978, S. 94 ff.). Es wird hier also postuliert: zumindest für den durchschnittlichen Erwachsenen sind die Stufen keine Stufen (im Sinne Kohlbergs), sondern ein zugleich verfügbares Repertoire von Perspektiven. Gleichwohl kann es natürlich ein interindividuell differierendes Maß an Identifikation mit Gehalten der einen oder anderen Perspektive geben (vgl. Abb. 19).

Daß die relative Beweglichkeit von Individuen zwischen verschiedenen Formen moralischen Urteilens von den Kohlberg-Stufen-Forschern nicht gesehen bzw. durch die zitierten (Sub-)Strukturierungsversuche verleugnet wird[54], mag der Grund dafür sein, daß das jedermann geläufige Phänomen der Heuchelei praktisch keinen Platz in ihren Überlegungen zur moralischen Entwicklung hat[55], daß eine konventionelle Orientierung z.B. ohne weiteres als Beleg für den Verzicht auf Nützlichkeitserwägungen genommen wird (Keller, 1980, S. 180 f.).[56] Relativ nahe an dieses Problem kommen

---

[54] Etwa wenn Eckensberger/Reinshagen (1980) durch ihr Bild von der Spirale plausibel zu machen suchen, daß „Rückfälle“ als „Fortschritt“ gelten können: Auf einer Wendeltreppe ist der Weg nach oben nun einmal gewunden!

[55] Wenn Ewert (1983) bezüglich Turiels (1977) Überlegungen zu Übergangsprozessen von Stufe zu Stufe feststellt: „Daß es bei diesen Kategorien von dem, was man tut und läßt, eine Grauzone von Vorurteil und Heuchelei gibt, ist ihm nicht verborgen geblieben“ (Ewert, 1983, Seite 136) – so ist nicht der Stufen-Forscher, sondern „der“ eingestufte Jugendliche das Subjekt des Satzes; und: daß typische Probleme Jugendlicher mit konventionellen Urteilen aus heuchlerischem Usus solcher Urteile resultieren, wird von Ewerts Gewährsmann an der erwähnten Stelle weder postuliert noch überhaupt erwogen. Immerhin geben aber die Ausführungen des Moralforschers Anlaß zu Ewerts (Miß-?) Verständnis von adoleszentem Hader mit Konventionen. Entgegen Turiels (1977; 1977 a) Überlegungen zum Übergangsprozeß überhaupt bzw. zu den Stufenmischungen, die solche Übergangsprozesse charakterisieren sollen, formuliert übrigens Kohlberg (1979) angesichts der Rückfälle Jugendlicher (von 4 nach 2) eine spezielle Übergangsstufe 4 1/2, deren empirischer Erhärtung eine Neufassung der Stufen-Operationalisierungen offenkundig dienlich war. Dieser theoretische und empirische Fortschritt hat dann denjenigen, der Gegenstand von Fußnote 54 war, wesentlich stimuliert.

[56] Vgl. die Bestimmung der Heuchelei und ihrer Beziehung zum Gewissen durch Hegel: „Was a) die *Heuchelei* betrifft, so sind in ihr die Momente enthalten: 1.) das Wissen des wahrhaften Allgemeinen, es sei in Form nur des Gefühls von *Recht* und *Pflicht* oder in Form weiterer Kenntnis und Erkenntnis davon; 2.) das Wollen des diesem Allgemeinen widerstrebenden *Besonderen,* und zwar 2.) als *vergleichendes* Wissen beider Momente, so daß für das wollende Bewußtsein selbst sein besonderes Wollen als Böses bestimmt ist. Diese Bestimmungen drücken das *Handeln mit bösem Gewissen* aus, noch nicht die Heuchelei als solche ... b) Böse aber und mit bösem Gewissen handeln ist noch nicht die *Heuchelei;* in dieser kommt die formelle Bestim-

Döbert/Nunner-Winkler (1978) in ihrem Aufsatz über „Performanzbestimmende Aspekte des moralischen Bewußtseins“: „In Daten zeigt sich ein klarer Trend: Probanden, die eine Übertretung begangen haben, beurteilen diese bei allen Items als ‚weniger schlimm‘ als Probanden, die etwas derartiges noch nicht gemacht haben. Im Lichte der Alltagserfahrung ist ein solches Ergebnis natürlich trivial, und es wäre überflüssig, solche Trivialitäten zu dokumentieren, wenn nur bei der Theorieentwicklung auf diesem Forschungsfeld solche Alltagserfahrungen in Rechnung gestellt würden. Das scheint jedoch nicht der Fall zu sein: Das Verhältnis Kompetenz/Performanz wird fast ausschließlich als ein Problem der Übersetzung von Urteil in Handeln behandelt. Eine solche Konzeptualisierung übersieht, daß in vielen Fällen Menschen nicht ihr Handeln an ihrem Urteil orientieren, sondern ihr Urteil an ihrem Handeln“ (S. 112). Die durch die Analogie zu den linguistischen Kategorien Kompetenz und Performanz bestimmte Perspektive der Überlegungen von Döbert/Nunner-Winkler scheint jedoch den Blick für die Spannweite von Motiven beim Operieren mit moralischen Kompetenzen zu versperren. *Motive* zu moralischem Tun lassen sich gewiß von der *Kompetenz* zu moralischem Urteil unterscheiden; wo *Urteilsfähigkeit* jedoch mit (innerer) *Überzeugung* identifiziert wird – und es ließe sich wohl zeigen, daß das bei allen, die (mehr oder weniger modifiziert) Kohlbergs Konzept vertreten, der Fall ist – bleibt die Trennung von Motiv und Fähigkeit eine *Fiktion,* die sich zwangsläufig in Inkonsistenzen der theoretischen Konzepte bzw. der Interpretation von Befunden niederschlägt.[57]

---

mung der Unwahrheit hinzu, das *Böse* zunächst für *andere* als *gut* zu behaupten und sich überhaupt äußerlich als gut, gewissenhaft, fromm u. dgl. zu stellen, was auf diese Weise nur ein Kunststück des Betrugs für *andere* ist. Der Böse kann aber ferner in seinem sonstigen Gutestun oder Frömmigkeit, überhaupt in *guten Gründen, für sich* selbst eine Berechtigung zum Bösen finden, indem er durch sie es für sich zum Guten verkehrt. Diese Möglichkeit liegt in der Subjektivität ...“ (Rechtsphilosophie, § 140; Suhrkamp-Werkausgabe Bd. 7, 1970, S. 266 ff.; Hervorhebungen im Orig.; 1.), 2.) ... ist im Orig. Alpha, ...).

[57] Lempert z.B., der einerseits bezüglich des Berufslebens (insbesondere von Führungskräften) Befunde instrumentalistischer Konventionsorientierung bzw. konformen Instrumentalismus referiert (1981) und andererseits den nämlichen Individuen, die sich im Berufsleben ‚nach der Decke strecken‘, eine potentiell andere (fortgeschrittenere) Privatlebens-Moral zuschreibt (s.a. 1982), formuliert trotz der hierbei implizierten motivationalen Einflüsse auf den *Einsatz* von *vorhandenen* Kompetenzen des moralischen Urteils: „Wie bei Kohlberg selbst geht es hier primär um die moralische Urteilsfähigkeit, nicht um weitere psychische Voraussetzungen moralischen Handelns wie die moralische Motivation ...“ (1981, S. 114). Habermas (1976) andererseits, der anschließend an Döbert/Nunner-Winkler (1975) die ‚Gradlinigkeit‘ von Entwicklungstheorien à la Kohlberg geradezu euphorisch begrüßt, setzt gemeinsam mit Döbert/Nunner-Winckler zugleich auf die Erklärungskraft der Psychoanalyse; wie sich zeigen ließe, bildet letztere dabei die ‚Hintertür‘ für die Integration von ‚verbotenen‘ Um- und Schleichwegen: Kohlbergs Theorie wird als Logik von Interessenentwicklung um den Verweis auf die interessierte Logik der (psychoanalytisch

Die Rolle, die Heuchelei in unseren Interaktionen spielt, hat der oben erwähnte Fritz Heider übrigens deutlich benannt, indem er konstatierte, „Erziehung im Rahmen der geltenden Konventionen beinhaltet die Erziehung zur formalen Heuchelei" (1977, S. 164). Ein Blick in die Romane eines Balzac oder Stendhal kann eine Vorstellung davon geben, zu welcher Virtuosität es Mitglieder unserer Kultur in dieser Kunst, die durchaus den Selbstbetrug einschließt, gebracht haben. Treffende Reflexionen hierzu hat bekanntlich auch der Philosoph Nietzsche (siehe u.a. Menschliches, Allzumenschliches, 1. Bd., 2. Hauptstück: „Zur Geschichte der moralischen Empfindungen") zu Papier gebracht. Ihm weist H. A. Hartmann (vgl. Fußnote 52) in seiner Hommage an Kohlberg - etwas verschämt - die Stufe 2 des moralischen Urteils zu, auf der ja ein Denken in Prinzipien (vgl. Eckensberger/Reinshagen, 1980) noch nicht verfügbar sein soll: „Friedrich Nietzsche (1844–1900) schließlich philosophierte ‚mit dem Hammer' (Götzendämmerung 1889) und doch mit-leidend, voluntaristisch-aggressiv und hedonistisch-lebensbejahend auf Kohlbergs Stufe 2 (wenn man sein Denken kognitivistisch reduziert)" (H. A. Hartmann, 1983, S. 24). Der Verfasser dieser Arbeit kennt die Dissertation Kohlbergs nicht; da Eckensberger/Reinhagen (1980), wie oben in Fußnote 52 erwähnt, zwar darauf hinweisen, daß Kohlberg „(kurz)" Nietzsche behandle, sich aber über den Inhalt dieser Behandlung ausschweigen, kann hier nur (was Kohlbergs Stellung dazu betrifft) kommentarlos auf eine Passage aus dem erwähnten Teil von „Menschliches Allzumenschliches" verwiesen werden: „*Die drei Phasen der bisherigen Moralität.* - Es ist das erste Zeichen, daß das Tier Mensch geworden ist, wenn sein Handeln nicht mehr auf das augenblickliche Wohlbefinden, sondern auf das dauernde sich bezieht, daß der Mensch also *nützlich, zweckmäßig* wird: da bricht zuerst die freie Herrschaft der Vernunft heraus. Eine noch höhere Stufe ist erreicht, wenn er nach dem Prinzip der *Ehre* handelt; vermöge desselben ordnet er sich ein, unterwirft sich gemeinsamen Empfindungen, und das erhebt ihn hoch über die Phase, in der nur die persönlich verstandene Nützlichkeit ihn leitete: er achtet und will geachtet werden, das heißt: er begreift den Nutzen als abhängig von dem, was er über andere, was andere über ihn meinen. Endlich handelt er, auf der höchsten Stufe der *bisherigen* Moralität, nach *seinem* Maßstab über Dinge und Menschen: er selber bestimmt für sich und andere, was ehrenvoll, was nützlich ist; er ist zum Gesetzgeber der Meinungen geworden, gemäß dem immer höher entwickelten Begriff des Nützlichen und Ehrenhaften. Die Erkenntnis befähigt ihn, das Nützlichste, das heißt den allgemeinen dauernden Nutzen dem persönlichen, die ehrende Anerkennung von allgemeiner dauernder Geltung der momentanen voranzustellen: er lebt und handelt als Kollektiv-Individuum" (Nietzsche Werke, Bd. I, S. 502 f.; Hervorhebungen im Orig.). Nietzsche verstand diese Phasen aber nota bene nicht so, daß nicht unmittelbare Nützlichkeitserwägungen auch mit höheren Prinzipien legitimiert würden - für Nietzsche war Heuchelei Thema! (vgl. 4.1.).

3.3. Zur Mentalität von Führungskräften

Denken, Fühlen und Werten des Individuums, kurz seine Mentalität, sind nach dem, was bisher ausgeführt wurde, in unserer Kultur stark auf den *Beweis* des *Werts des Individuums* hin orientiert, wobei die Vorstellung von

---

gefaßten) Motivation ergänzt und dergestalt durch ihre radikale Relativierung affirmiert! - Eine Inkonsistenz, die sich in den ausführlicheren (und hier nicht diskutierbaren) Explikationen von Habermas (1983) wiederfindet.

der *Kontrollmächtigkeit* des Subjekts ein wichtiges Kriterium zu sein scheint. Das reflexive Subjekt offenbart hier Blockaden seiner Reflexivität, die sich auch in psychologischen Forschungsprogrammen reflektieren. Ausdrücklich sei nochmals betont, daß damit nicht eine unausweichliche Determination des Bewußtseins postuliert wird: die dialektische Perspektive der Handlungstheorie (vgl. den Anfang von 3.2.) entspringt gerade der Unzufriedenheit über die Realitätsunangemessenheit sowohl idealistischer als auch materialistischer Modellvorstellungen. Die benannten Blockaden reflexiver Subjektivität sind übrigens auch nicht mit dem zu identifizieren, was in der Regel mit „Interessengebundenheit des Denkens" gemeint wird: mit dem Wissenssoziologen Karl Mannheim kann hier auf die „Brutalisierung der Tatbestände" hingewiesen werden, die ein (vulgär)marxistisches bzw. soziologistisches Kurzschließen von sozialer Situation bzw. ökonomischen Interessen mit bestimmten „Denkstilen" mit sich bringt[58]; die kulturelle Gebundenheit reflexiver Subjektivität läßt sich mit Mannheim treffender als „Engagiertsein" fassen (Mannheim 1964, S. 376 ff.).

Das in einem bestimmten Beruf stehende Individuum wird in seiner Reflexivität über das in 3.2. dargestellte hinaus im „objektiven Geist" der jeweiligen Subkultur engagiert sein; unmittelbare Interessen machen sich im Denken natürlich auch geltend - aber eben in diesem Rahmen. Vor dem Hintergrund dieser Überlegung wird manches „Entweder/Oder", das im Kontext der beruflichen Entwicklung des Individuums diskutiert wird, fragwürdig: das gilt z.B. auch für folgende Perspektive, der sich Scheller/Heil nach einer enttäuschenden Durchsicht der Konzepte beruflicher Entwicklung von Super (z.B. 1953) und Korman (z.B. 1967) zuwenden: „Gerade für den beruflichen Sektor dürften Modelle, die die Anpassung der internen Selbstmodelle an vorgegebene Situationen erklären, von größerem Wert sein als Modelle, die fortwährend Selbstverwirklichung von Individuen fordern, d.h. die Anpassung von Situtationen an Personen. Für die Realisierung dieser Forderung bietet ... die Berufswelt von heute ohnehin kaum mehr Gelegenheit. In der bisherigen Forschung hat das Selbstkonzept meistens den Status einer unabhängigen Variablen. Es spricht allerdings vieles dafür, den Beruf selbst als bedeutsame Determinante des Selbstkonzepts zu betrachten, anstatt weiterhin anzunehmen, daß berufliches Verhalten durch das Selbstkonzept bestimmt wird" (Scheller/Hail, 1979, S. 267). Die falschen Alternativen in der Erforschung der beruflichen Entwicklung/Sozialisation laufen letztlich immer auf idealistische oder materialistische Vereinfachun-

---

[58] Auch marxistisch orientierte Autoren stehen z.T. dem Reduktionismus, den etwa die Marxsche Kategorie der „Charaktermaske" impliziert, durchaus kritisch gegenüber. Dies gilt nicht nur für Psychologen wie Lorenzer (1974), sondern auch für Soziologen wie etwa Hack (1977; Hack u.a., 1979), der das, was er „subjektive Relevanzstrukturen" nennt, nicht als bloßes Anhängsel der sozio-ökonomischen Strukturen betrachtet (vgl. auch Ottomeyer, 1980).

gen hinaus. Eine eingehendere Darstellung bzw. Kritik verschiedener Ansätze soll hier unterbleiben (siehe z.B. Groskurth, 1979; Heinz, 1980; Hobbensiefken, 1980, S. 116 ff.; Mühlbauer, 1980, S. 319 ff.; Seifert, 1980; Volmerg, 1978, S. 26 ff.; Whitbourne/Weinstock, 1982, S. 223 ff.).

Nachdem im 2. Kapitel Aspekte der Führungsaufgabe bzw. der menschlichen Beziehungen in der Hierarchie skizziert wurden, soll hier nun die Phänomenologie der Subjektivität von Führungskräften interessieren. Wie bruchstückhaft das Wissen um die Mentalität von Führungskräften ist, läßt sich z.B. den Ergebnissen einer umfangreichen Literaturdurchsicht in der Dissertation von Hofstetter (1980; vgl. auch Hartmann u.a., 1973) entnehmen.[59] Hier wird auf die Beschreibungen zurückgegriffen werden, die *Presthus* in seiner „Typologie der Anpassung" (1962) vorgenommen bzw. zusammengetragen hat. Der phänomenologische Gehalt dieser Studie wird von v. Rosenstiel u.a. (1979, S. 80 f.; vgl. Gebert/v. Rosenstiel, 1981, S. 89) ausdrücklich hervorgehoben; daß es sich bei dieser Typologie um „keine systematische Theorie" (v. Rosenstiel u.a., 1979, S. 80) handelt, könnte u.a. konstitutiv für die Reichhaltigkeit der Deskription sein. Daß sämtliche der von ihm beschriebenen Typen in den Rängen von Führungskräften anzutreffen sind, hat Presthus nicht ausgeschlossen, obgleich ihm eine bestimmte (ungleichmäßige) Verteilung seiner Typen auf die Hierarchie plausibel erschien.

Zunächst werden im Anschluß die Typen kurz charakterisiert; nach der Kritik eines nach Ansicht des Verfassers unhaltbaren Versuchs, die Typen gewissermaßen mikro-soziologisch abzuleiten, wird eine begriffliche Rekonstruktion der Typen vorgenommen, die nicht auf eine Deduktion, sondern auf eine Systematisierung der Phänomenologie zielt; die Tragfähigkeit dieser vom Verfasser behaupteten Logik der Presthus-Typen wird sodann an verschiedenen Ausschnitten der Perspektiven von Führungskräften auf ihre Tätigkeit belegt.

Presthus unterscheidet den *„Aufsteiger"*, den *„Indifferenten"* und den *„Ambivalenten"*. Ersterer wird als ein Mensch beschrieben, der für seine Karriere sämtliche Rücksichten ‚opfert' – außer jenen natürlich, welche für das Vorwärtskommen erforderlich sind; der „Aufsteiger" bringe neben dem Willen zu Konformismus einerseits und autoritärer bis manipulativer Rücksichtslosigkeit andererseits auch gewisse ‚Qualitäten' wie Selbstdisziplin und soziale Sensibilität (im Sinne von Riesmans „Radarsinn" des Außengeleiteten) mit. Der „Indifferente", den Presthus für den häufigsten Typus hält, der vorwiegend auf den unteren Rängen der Hierarchie anzutreffen sei, steht

[59] Gerade auch die gesellschaftskritisch orientierte neuere Forschung zur beruflichen Sozialisation hat diesen Gegenstand sehr stiefmütterlich behandelt (vgl. Ottomeyer, 1980; 1977).

nach Presthus' Schilderung der Organisation mit Reserve gegenüber; materielle Sicherheit als Basis für eine Selbstverwirklichung im Privatleben sei das Ziel des „Indifferenten"; in diesem Interesse verstehe sich der „Indifferente" zwar zu Lippenbekenntnissen zu den Organisationszielen, sei jedoch nicht an Aufstieg und Taktik interessiert, was ihm zu einer Anpassung in Gelassenheit verhelfe. (Die zwei Subtypen, die Presthus hier einführt, sind genetisch, nicht aber phänomenologisch, von Interesse: der A-Priori-Indifferente und der frustrierte Aufsteiger). Der „Ambivalente" schließlich ist antibürokratisch eingestellt, strebt aber nicht, wie es der Indifferente tut, nach Selbstverwirklichung jenseits des Berufs; er leidet unter der Diskrepanz zwischen seinen professionellen und humanen Maßstäben und der Wirklichkeit der Organisation, insbesondere unter mangelhafter fachlicher und moralischer Qualifikation seiner Vorgesetzten; zugleich sorge sich der „Ambivalente" um seine eigene berufliche Karriere, was ihn zu Absichten von seinen Gütemaßstäben veranlasse, andererseits aber verbittere; daneben ermangele es dem „Ambivalenten" der beim „Aufsteiger" verzeichneten ‚Qualitäten'; der „Ambivalente" findet sich nach Presthus häufig in Stabspositionen bzw. in unteren Rängen der Hierarchie; der „Ambivalente" neige zwar zu neurotischer Beschäftigung mit sich selbst, könne aber auch Quelle von Innovationen für die Organisation sein.

Preglau greift die Deskription der Typen zustimmend auf, um dann zu urteilen: „Presthus selbst bietet, mit Ausnahme des Falles des Indifferenten, eine psychologische Erklärung der Anpassungstypen an. Mayntz hat in ihrem Nachwort diesen Psychologismus kritisiert und darauf hingewiesen, daß auch eine organisationsstrukturelle Erklärung der Anpassungsmuster möglich sei" (1980, S. 153). Diese Feststellung ist zumindest ungenau: 1.) bemüht Presthus selbst sich um eine sozialstrukturelle Zuordnung seiner Typen; 2.) knüpft Mayntz (1962) an diese Bemühungen in ihrem Versuch eines Vergleichs zwischen hiesigen und den von Presthus beschriebenen Verhältnissen in den USA in positiver Weise an;[60] 3.) zeiht Mayntz Presthus nicht des Psychologismus, sondern würdigt einerseits dessen interdisziplinären Zugang (S. 296 f.) und erklärt sich andererseits ausdrücklich für inkompetent bezüglich einer Beurteilung des psychologischen Aspekts (S. 300); 4.) regt Mayntz einige Ergänzungen der Typologie an: a) sie führt rein deskriptiv (und als deutsche Besonderheit) einen „braven Beamten" ein (S. 316), wobei unklar bleibt, ob es sich hierbei um einen Subtyp des „Aufsteigers" oder einen eigenständigen Typus handelt (S. 329); b) wird von Mayntz analog zum „braven Beamten" der „Adjudant", allerdings eindeutig als (nichtmanipulativer) Untertyp des „Aufsteigers", eingeführt; c) unter-

[60] Die Zusammenhänge von Mentalität, Beruf und sozialer Schichtung bleiben hier außerhalb der Betrachtung; vgl. hierzu auch Goldthorpe (1970 und 1971) und die Aufsätze in Kohn/Lüscher (1981).

scheidet Mayntz bezüglich des „Ambivalenten“ eine „strukturell bedingte von der psychologisch bedingten Variante“ (Ebenda), unterstellt damit ausdrücklich eine psychologische Erklärung als zutreffend für eine Teilpopulation. Wenn Mayntz schließlich kritisch anmerkt, daß „psychologische und sozialstrukturelle Faktoren nicht bei allen drei Typen im gleichen Maße zur Erklärung herangezogen“ (Ebenda) werden, so ist dies im genannten Kontext kaum als Psychologismus-Vorwurf deutbar.[61]

Nun zu der von Preglau selbst versuchten „organisationsstrukturellen Erklärung der Anpassungsmuster“. Am ausführlichsten fällt diese Erklärung für den „Aufsteiger“ aus. Ausgangspunkt der Erklärung ist die Annahme, ein Individuum, das in mittleren Rängen in die Organisation eintrete, werde dort erniedrigenden Erfahrungen ausgesetzt: „Damit wird (es) in seinem Selbstwertgefühl und seiner autonomen Moral erschüttert“ (Preglau, 1980, S. 154). Die Konsequenzen, die dies habe, formuliert Preglau in Anlehnung an ein Modell „soziodynamischer Rangstruktur“; auf dessen Wiedergabe kann hier verzichtet werden, da Preglau die dort postulierten ‚Hackordnungsgesetze‘ ohnehin soweit modifiziert, daß letztlich als Gesetz nur die Tatsache einer ‚Hackordnung‘ selbst übrigbleibt; deren Konsequenzen sieht Preglau so: „Rollenübernahme wird unter diesen Bedingungen zur Zwangsidentifikation. ... In Begriffen unseres Identitätskonzeptes heißt das: Mit der Zwangsintegration in vorgegebene Rollen erfolgt eine Reduktion des Individuums auf ‚Rollenidentität‘, wobei zugleich Erwartungen und Bedürfnisse des Individuums exkommuniziert bzw. (u.U.) vom Individuum verdrängt werden. Das verhindert ‚Rollendistanz‘ ebenso wie die Befriedigung eigener Bedürfnisse. Diese wirken unbewußt weiter. Das Individuum ist weder auf der Ebene des Rollenhandelns noch auf der seiner unbewußten Projektionen noch Herr seines Handelns. Die ‚Identitätsbalance‘ ist damit verloren und die Kommunikation (mit dem Aggressor, mit dem Außenseiter und mit sich selbst) unterbrochen“ (S. 154 f.). M.a.W.: das erniedrigte Individuum identifiziert sich angesichts der gegebenen Machtverhältnisse in der Hierarchie „mit dem Aggressor“ (i.e. dem Vorgesetzten), und so „lernt es dann von Alpha“ (i.e. dem Vorgesetzten) „die für Aufstieg und Erhalt kompensatorischer Entschädigung nötigen Verhaltensweisen: autoritäres Verhalten, Extroversion und pragmatisches Handeln: Der Angepaßte ist entstanden“ (S. 155).

Indifferenz sei demgegenüber Folge routinisierter Tätigkeiten und mangelnder Aufstiegschancen: „Eine autonome Identität wird hier angesichts fehlender kompensatorischer Befriedigung nicht durch Identifikation

[61] Natürlich ist es für das, was Preglau zeigen will, letztlich unerheblich, ob er sich dabei auf Mayntz berufen kann oder nicht. Die Richtigstellung von Preglaus Verweis erfolgt auch nur deshalb so ausführlich, weil sich in diesem Zuge ein Abriß der Mayntzschen Beurteilung/Ergänzung der Typologie einbringen läßt.

mit dem Aggressor, sondern durch Rückzug, Rollensegregation und ‚Privatisierung von Subjektivität' geopfert" (Ebenda).

Ambivalenz ist für Preglau einerseits Folge eines Widerspruchs wissenschaftlicher Sachlogik und marktkonformer Nutzung oder Nicht-Nutzung von Forschung; andererseits sei Ambivalenz Folge des Umstands, „daß in Stabsstellen eine durchgehende und unmittelbare Kontrolle der Mitglieder nicht möglich ist. Die Ambivalenz, die der Spezialist empfindet, ist Ausdruck dieser Widersprüche" (Ebenda).

Die Einwände gegen Preglaus Erklärung der Typologie sollen an das zuletzt Zitierte anknüpfen: es mag als Spitzfindigkeit erscheinen, wenn gegen den Gebrauch des Plurals – „Widersprüche" – eingewandt wird, als Widerspruch könne nur die erste der beiden Annahmen zur „organisationsstrukturellen Erklärung" des „Ambivalenten" betrachtet werden, es scheint jedoch symptomatisch für Preglaus Argumentationsweise zu sein, wenn Fehlen unmittelbarer Kontrolle hier ohne weiteres zum „Widerspruch" erklärt wird. Aber selbst wenn man Preglau diesen zweiten Widerspruch ‚schenken' wollte: die postulierte Deduktion erscheint nicht zwingend. Vielleicht aber klärt sich das als Un- bzw. Mißverständnis, wenn im Kontext die ausführliche Deduktion des „Aufsteigers" überdacht ist: hier scheint der Zwang zur Identifikation das entscheidende Argument zu sein. Nur: woran ersieht Preglau diesen Zwang? Sein ‚Hackordnungsmodell', das diesen Zwang beinhaltet, gilt für den Indifferenten gleichermaßen – die Aufstiegschancen sind eine gegenüber diesem Zwang nachgeordnete Bedingung. Eine Frage, die sich hier stellt, ist die nach der Wahrnehmung von Aufstiegschancen. Aber: Warum sollten selbst realistischerweise wahrgenommene Aufstiegschancen nicht dazu führen, daß „Privatisierung der Subjektivität" als erwägenswerte Alternative zum Aufstiegs-‚Hickhack' erscheinen könnte? Woran also sieht Preglau die Notwendigkeit andersgearteter Wirkungen der Hierarchie bzw. der Erniedrigung, die die Hierarchie für die Individuen bereithält? Eine Antwort, die sich anbietet: an eben den unterschiedlichen Formen der Anpassung. Damit aber wäre die Existenz der verschiedenen Formen schon der erschöpfende Grund für deren „organisationsstrukturelle" Notwendigkeit. Ambivalenz bedürfte damit natürlich auch keiner zwingenden Deduktion aus tatsächlichen oder vermeintlichen Widersprüchen.

Jenseits des Mangels an Schlüssigkeit in Preglaus Argumentation ist noch zweierlei kritisch hervorzuheben: 1.) Für einen Psychologismus-Kritiker bringt Preglau mit erstaunlicher Unbefangenheit simplifizierte psychoanalytische Kategorien als Hinweis auf die Ausschaltung willentlicher Handlungssteuerung in seine Deduktion ein. 2.) Die Verbindung von ‚Hackordnungs'-Soziologie und ‚Tiefen'-Psychologie hat schließlich die fatale Konsequenz, daß im Zuge der unbefriedigenden Erklärung der Ausgangspunkt selbst Schaden nimmt: die von Presthus lebensnah geschilderten Charaktere (nicht zuletzt der des „Aufsteigers") verflachen bei Preglau zu Abziehbildern.

Der zuletzt erhobene Vorwurf ist für den Verfasser nicht ohne Risiko, da auch hier eine begriffliche Rekonstruktion der Typologie von Presthus vorgenommen wird; auch diese Rekonstruktion abstrahiert natürlich von der schillernden Lebendigkeit, die allen drei Typen bei Presthus zukommt. Der Verfasser hofft jedoch, zeigen zu können, daß die nun zu thematisierende Logik der Presthus-Typen zur Systematisierung der vorliegenden Phänomenologie beiträgt, ohne sie auf einen (Anpassungs-)Schematismus wie den eben kritisierten zu reduzieren.

Um die Logik der Typologie von Presthus zu fassen, kann auf verschiedenste psychologische ‚Sprachspiele' zurückgegriffen werden, die allesamt – mit verschiedenen Akzentuierungen – Begrifflichkeiten für die Relation von Individuum und Anpassung ‚fordernder' Umwelt bereithalten. Alle diese Begrifflichkeiten definieren sich notwendigerweise letztlich in Ausdrücken der Alltagssprache. Implizit oder explizit spielen dabei die Begriffe „Können", „Wollen" und „Sollen" eine zentrale Rolle. Die hervorragende Rolle der beiden zuletzt genannten Begriffe im Kontext von Sozialisation/Anpassung bringt z.B. Portele (1978; in Anlehnung an Watzlawik u.a., 1969) mit dem Aufsatztitel „‚Du sollst das wollen!' Zum Paradox der Sozialisation" zum Ausdruck. Läßt man zunächst das Können außer acht und fragt sich nach typischen *Relationen von Sollen*[62] *und Wollen in der Typologie von Presthus,* so ergibt sich folgendes Bild:

— Der *„Aufsteiger"* will, was er soll, weil er glaubt, so untrüglich *seinen* Weg machen zu können: Karriere. Diese Dialektik läßt sich auch so ausdrücken: wer die ‚Welt erobern' will, muß sich deren Anforderungen unterordnen, darf nicht anecken; Unterordnung verbürgt Freiheit.[63]

---

[62] Das „Müssen" wird hier nicht in die Überlegung einbezogen: als unmittelbarer Zwang wäre es für die Anpassungsbedingung von Führungskräften kaum von empirischem Gehalt; als ‚starke' Form von ‚Sollen' ist es bereits erfaßt.

[63] Vgl. auch die folgende Wiedergabe der Befunde einer älteren amerikanischen Untersuchung (Henry, 1949) durch Thomae (1968): „Für Henry gilt das, was bei den meisten der von ihm untersuchten 100 Angestellten als ein Verhaltensmerkmal angetroffen wird, als Hinweis auf ein Kriterium der kritischen Rolle. Leistungsstreben, Aufstiegswille (mobility drive), willige Anerkennung der Autorität der Vorgesetzten, Organisationsgabe, Entscheidungsfreude bei kritischer Einschätzung der Situation, stabile Selbststruktur, Aktivität und (angepaßte, leistungsgerichtete) Aggression, Furcht vor Mißerfolg und hohe Realitätsorientierung werden als spezifische Charakteristika dieser Rollenträger genannt. Andererseits wird aber vermerkt, daß die in diesen ‚Persönlichkeitszügen' eingeschlossenen Erwartungen an das Verhalten der einzelnen Träger dieser Berufsrolle für die ganze amerikanische Mittelschicht verbindlich seien. Von hier stellt sich die Frage, ob es sich bei der Berufsrolle des leitenden Angestellten nicht in vieler Hinsicht um die des ‚angepaßten, tüchtigen Amerikaners' handelt. Die Spezialisierung des Anforderungskataloges erscheint Henry auf

— Der *„Indifferente"* handelt in dem Bewußtsein, daß es ein Sollen gibt, nach dem er sich richten muß, ob er will oder nicht, nach dem er sich vor allem auch dann richten muß, wenn er etwas anderes will als es das Sollen vorschreibt. Anders ausgedrückt: Unterordnung gilt ihm als ‚ärgerliche Tatsache', deren Anerkennung die Freiheit *neben* der Hierarchie verbürgt.

— Der *„Ambivalente"* schließlich will das Sollen wollen können, sein Ziel ist die Vereinbarkeit seiner Absichten/Überzeugungen mit den Anforderungen, auf welche er sich einläßt (oder anders: einlassen muß), die Feststellung der Diskrepanz von Wollen und Sollen bei gleichzeitigem Verzicht auf ‚offenen Widerstand' oder ‚Aussteigen' führt zu der oben wiedergegebenen Mischung aus Unterwerfung und Verbitterung/Trotz. In den Begriffen „Unterordnung" und „Freiheit" ausgedrückt: Freiheit und Unterordnung sollten ‚eigentlich' wechselseitig ineinander aufgehoben (im doppelten Wortsinn) sein.

Es zeigt sich, daß bei den drei unterschiedlichen Relationen von Wollen und Sollen das *Können* kaum auszuklammern ist:

— Der *„Aufsteiger"* sieht sich durch die subjektive Überwindung der Distanz zwischen sich und der Macht, mit der er konfrontiert ist, gewissermaßen als omnipotent an.[64]

---

dem Hintergrund einer angenommenen führenden Stellung dieser Berufsgruppe als Illusion. In Wahrheit werde die Gruppe der ‚leitenden Angestellten' nur den von der amerikanischen Gesellschaft gestellten Forderungen am meisten gerecht – vielleicht, so könnten wir sagen, indem sie viele dieser Forderungen als Chancen für sich umdeutet" (S. 561 f.). Zillmer (1980) sieht diesen „Glauben an die persönliche Chance" durch die verstärkte Popularisierung von Psychologie in den letzten Jahren gefördert: „Angesichts der Widersprüche zwischen weitverbreiteter Aufstiegsorientierung und den praktischen Schwierigkeiten, solche Zielstrebungen zu realisieren, wird die Aufgabe einer Verpflichtung jedes einzelnen auf den Glauben an seine persönliche Chance besonders dringlich. Psychologie kann bei dieser Aufgabe in verschiedener Weise nützlich sein. a) Psychologie bezieht sich in ihrer traditionellen Form explizit auf individuelle Vorgänge; ihr Grundansatz, ihre Methodik und ihre Theorie nehmen individuelles Verhalten zum Gegenstand ihrer Tätigkeit, und reduzieren selbst komplexe soziale Phänomene auf individuelle Phänomene. b) Die wichtigsten Instrumente der Psychologie, die Tests, stellen voor allen Inhalten ein Verfahren zur ‚Individualisierung' dar. Testergebnisse ermöglichen Identifikationen verschiedener Art: wer zum Beispiel einen selegierenden Test gut geschafft hat, kann den Weg ‚nach oben' seiner eigenen Fähigkeit, seiner Intelligenz etc. zuschreiben; ebenso wird der Durchgefallene auf sich selbst zurückgeworfen, er hat versagt, seine Fähigkeiten haben nicht ausgereicht (vgl. Hochschulzulassungstests). c) Die Muster individualisierender Interpretation auch sozialer Phänomene finden zunehmend publikumswirksame Verbreitung, zum Beispiel durch die Zeitschrift ‚Psychologie heute'. d) Psychologieunterricht für Schüler und in der Ausbildung verschiedener Berufe dürfte neben seiner wissensvermittelnden Funktion auch der Verbreitung ‚psychologisierender' Denk- und Sichtweisen zum Ziel haben" (S. 217).

[64] Vgl. die obige Diskussion des „hardiness type" (3.2.2.1.). Hofstetter erwähnt, daß in der Literatur von einem „Moses-Komplex" von Führungskräften die Rede ist (1980, S. 168). Im Kontrast zu Seligmans (1979) Konzept der „erlernten Hilflosigkeit" (zur Anwendung im betrieblichen Bereich siehe Frese; z.B. 1979) könnte man hier

— Der *„Indifferente"* sieht sein Können, seine Möglichkeiten zu aktiver Gestaltung der Welt stark eingegrenzt. Gerade so aber erhält er sich ein Bewußtsein von Souveränität.

— Der *„Ambivalente"* mutet sich viel zu, da er weder Unterordnung zu seiner Macht umdefiniert, noch seine Potenzen dort (frei) spielen läßt, wo übermächtige ‚Gegner' nicht zu erwarten sind: sein Können ist seine Bewährung - und Gegenstand von Zweifeln.

Das bisher Gesagte läßt sich in den oben (3.2.2.1.) behandelten Begriffen *internaler und externaler Kontrolle* folgendermaßen ausdrücken:

— Der *„Aufsteiger"* ordnet sich um seines Erfolges willen den external gesetzten Erfordernissen völlig unter, verhält sich wie ein Chamäleon, kann sich darin aber (nicht einmal völlig zu Unrecht) als souveräner Herr seines Tuns und Lassens betrachten: *„Internalität" qua „Externalität"*.[65]

— Der *„Indifferente"* sieht sich im Beruf externaler Kontrolle überantwortet; dieser fügt er sich sehenden Auges mit der Perspektive, jenseits des Berufs die Fäden in der Hand zu halten; er trennt also Bereiche internaler und externaler Kontrolle scharf voneinander ab: *„Internalität" neben „Externalität"*.

— Der *„Ambivalente"* sieht externale Kontrolle; seine Absichten müßten nach seiner Überzeugung - so oder so - damit in Einklang gebracht werden; Identifikation von Ich und Welt als Leiden an der Differenz: *„Internalität" versus „Externalität"*.

Was bringt die aufgezeigte Typo-Logie der Typen von Presthus? Nach Dafürhalten des Verfassers zweierlei: 1.) kann diese Logik den Zusammenhang von verschiedenen Phänomenen bei den Typen verständlich(er) machen; 2.) erlaubt es diese Logik, verschiedene Typiken von Sichtweisen/Zügen auch jenseits des Gesamtbildes eines idealtypischen „Aufsteigers" etc. festzuhalten; ihre Bestimmung ist nicht an das Auftreten anderer ‚obligatorischer' Züge/Sichtweisen gebunden.

ad 1.) Betrachtet man den Zusammenhang der verschiedenen Perspektiven des *moralischen Urteils* (3.2.2.2.) bei den verschiedenen Typen, so ergibt sich folgende Konkretisierung der Typo-Logie:

— Der *Pragmatismus* des *„Aufsteigers"* ist gekennzeichnet durch eine skrupellose *Instrumentalisierung* der eigenen Person und anderer für den

überspitzt von einer ‚*Anpassung in/zum Größenwahn*' bzw. ‚*professionellem Größenwahn*' sprechen. Zur Identifikationsbereitschaft (im Hinblick auf die Ziele der Organisation) von Führungskräften siehe auch Hartmann u.a. (1973) und Witte u.a. (1981).

[65] Daß mit Karriereerfolgen verstärkt ein internaler „locus of control" wahrgenommen wird, berichten Andrisani/Nestel (1976).

Erfolg: das Ziel der Unterordnung („Externalität") ist die Durchsetzung seines Willens zur Karriere („Internalität"). Dieser Instrumentalismus impliziert *Konformität* mit verschiedensten Konventionen bzw. Vorlieben/Urteilen von Vorgesetzten; dies verlangt wiederum ein hohes Maß an *Amibguitätstoleranz*[66], die ja geradezu konstitutiv für das in seiner Entäußerung heimische Wesen des „Aufsteigers" ist; *Inhalt des Konformismus* sind nicht zuletzt auch *„höhere" Werte,* wie das Bekenntnis zu *Individualismus* und Liberalität. Höchster Wert jedoch ist der eigene Erfolg. Diese *Ethik des Erfolgs* ist im Unterschied zu seinem *ethischen Konformismus* nicht instrumentell inszeniert, sondern Richtschnur des Handelns - Imperativ zur Instrumentalisierung anderer und auch der eigenen Person.[67]

— Der *Pragmatismus* des *„Indifferenten",* der Wollen und Sollen strikt trennt, liegt in der praktischen Unterordnung und *Lippenbekenntnissen* zu den external gesetzten Anforderungen zwecks Sicherung des *Residuums* internaler Kontrolle im Privatleben. Auch sein Pragmatismus impliziert also *Konformismus.* Diesen Konformismus sieht er als solchen. Vom Standpunkt seiner *‚Ethik der kleinen Freiheit'* erscheint ihm dieser verlogene Umgang mit einer verlogenen Welt jedoch gerechtfertigt.

---

[66] Presthus (1962) schildert diesen Zusammenhang folgendermaßen: „Die Wertbegriffe der Organisation werden vom Aufsteigenden internalisiert und auf diese Weise zu Aktionsprämissen. Dieser psychische Akt vermittelt ihm eine operationelle Geschicklichkeit: die Fähigkeit, trotz widerstreitender Alternativen und kontradiktorischer Zielsetzungen zu handeln. Hier muß ein Unterschied gemacht werden zwischen den Wertvorstellungen des Aufsteigenden und seinem Verhalten. Es könnte den Anschein haben, daß seine geringe Toleranz gegenüber Ungewißheit und seine Fügsamkeit gegenüber der Autorität den Aufsteigenden für das wendige Rollenspiel, das Großorganisationen fordern, unfähig machen. In einer demokratischen Gesellschaft beispielsweise muß der Aufsteigende den demokratischen Gleichheits- und Unparteilichkeitserwartungen huldigen, obgleich er der Meinung ist, daß die einen zur Führung, die anderen zum Gehorchen geboren sind. In der Regel ist er aber doch in der Lage, die jeweils angemessenen Rollen zu übernehmen, gleichviel, ob er sich mit den ihnen zugrundeliegenden Ideen identifiziert oder nicht. Indem er permissiven Autoritätsbeziehungen den Vorzug gibt, manipuliert er den demokratischen Konsensus und weiß sehr genau, daß es der Karriere nützlich ist, wenn man mit den ‚Leuten auskommt'. Ein solches Rollenspiel macht eine Art Scheinverhalten notwendig" (S. 176).

[67] Diese ‚Ethik des Erfolgs' ist in unserer Geselschaftsordnung ein (relativ) anerkannter Wert. D.h. der „Aufsteiger" kann, abgesehen von den anderen Gesichtspunkten seiner Selbstdarstellung, auch das Aufsteigertum selbst zu einem seiner Aushängeschilder machen. Hier ist eine erste Differenz zu den Anpassungsbedingungen in der DDR gegeben, wo nicht der Erfolg des Individuums, sondern das Arbeitsethos der offiziell klar präferierte Wert ist. Wie in 2.2.4. ausgeführt, gibt es zudem Anlaß zu der Vermutung, daß die in der DDR vorzufindende Verbindung von betrieblichen Strukturen und Identifikationspropaganda Distanz im Sinne von Indifferenz in besonderem Maße fördert. Die ‚Ethik des Erfolgs', die mit der Metapher vom Individuum, das seinen Weg macht, verknüpft ist, scheint (paradoxerweise) demgegenüber im Effekt Identifikation und Distanzlosigkeit zu fördern.

— Auch der *„Ambivalente"* kann als *Pragmatiker* angesprochen werden; er würde gerne nützliche Ideen in die Tat umsetzen. Da es aber darauf nicht in erster Linie ankommt, muß er sich sorgen, mit *Konventionen,* die er nicht billigt, *konform* zu sein. Seine *ethische Überzeugung,* daß er nur Anforderungen, die im akzeptabel erscheinen, nachkommen sollte, verletzt er damit beständig: er leidet unter einem für ihn nicht wollbaren Sollen, unter seinem Konformismus; zugleich fürchtet er, seine Konformität könnte ihr Ziel verfehlen.[68]

Auch wenn Prethus' Feststellung, der „Aufsteiger" neige zu gravierenden psychischen Störungen, deren Behandlung er wegen der Angst, Schwäche zu offenbaren, nach Möglichkeit umgehe, der „Indifferente" sei entfremdet, aber relativ „gesund", während der „Ambivalente" von einem ‚Grundpegel' neurotischer Angst gekennzeichnet sei, durch die vorgenommene Systematisierung an Plausibilität gewinnt, so wird diese Systematisierung nicht als Fundierung einer *Psychopathologie* aufgefaßt; auch jenseits psychopathologischer Termini bzw. dem Zum-Fall-Werden von Individuen wird deutlich, *was ‚ihre' Logik den Typen jeweils abverlangt.* Das bedeutet auch: das bekannte Problem eines Unterstellens ‚eigentlicher' Bedürfnisse, die einem nach eigener Auskunft zufriedenen Individuum entgegengehalten werden müßten, wenn man es trotz besagter Zufriedenheit der *„Entfremdung"* überführen will[69], kann durch ein Offenlegen der *Logiken des Arrangements*[70] umgangen werden. Welche Chancen und Probleme hier für eine psychologisch angeleitete Selbstreflexion bzw. -erfahrung liegen, zeigt

---

[68] Konformität, die in verschiedener subjektiver Dynamik allen drei Typen zukommt, kann natürlich wechselnde Bezugspunkte haben. Wesentliche (spannungs- und widerspruchsgeladene) Bezugspunkte für die Konformität von Führungskräften sind in dem Abschnitt „Führungsaufgabe: menschliche Beziehungen in der Hierarchie" (2.1.1.) festgehalten: Unterordnung (Individualität bzw. Emotionalität sind auszuklammern); Unterordnung und Menschlichkeit (idealisierender Einbezug der Individualität); Unterordnung und/oder Partizipation (Mitbestimmung und -gestaltung zwischen Taktik und Gesellschaftspolitik).

[69] Zu dem Problem des Befundes ‚unverbesserlich' zufriedene Probanden der Arbeitszufriedenheitsforschung vgl. Bruggemann u.a. (1975), Gebert/v. Rosenstiel (1981, S. 68 ff.), v. Rosenstiel (1980, S. 49), Wiswede (1980, S. 186 ff.).

[70] Nicht nur die amibguitätstolerante Inszenierung seiner Person durch den „Aufsteiger", sondern auch der distanzierte Konformismus des „Indifferenten" lassen das Ideal „ausbalancierter Identität" (Krappmann, 1969; siehe auch Preglau, 1980) samt „Rollendistanz" sowie „Frustrations- und Ambiguitätstoleranz" fragwürdig erscheinen (vgl. Ottomeyer/Scheer, 1976, S. 62 f.). Auch Lucke (1977), die in ihrer Diskussion von derartigen Konzepten zu dem Resultat gelangt: „Ich-Stärke ist ... geradezu ein Berufshindernis" (S. 247), übersieht in ihrer Kritik der Übertragung der genannten Identitätsideale auf das Berufsleben die Fragwürdigkeit der Gleichsetzung von „Balance"-Fertigkeiten und ‚gesundem' respektive ‚starkem Ich'. Die Funktionalität von Selbstinstrumentalisierung für das Bestehen im Berufsleben erfährt jedoch eine fatale Würdigung, wenn, wie dies bei Lucke geschieht, die Dysfunktionalität kritischer Selbstreflexion (im Status quo!) zum Argument gegen Bemühungen um ein (selbst-)kritisches Erstarken des Ich wird.

das, was oben zu Interaktionskompetenz bzw. verschiedenen Trainingsformen und Methoden (2.1.2.2. und 2.1.2.3., insbesondere den Abschnitt zum Rollenspiel; vgl. auch 2.2.3.1.), zu Erwartungen (2.1.2.5.; vgl. 3.1.2.1. und 3.1.2.2.) und ‚Verstandeskräften' (3.1.2.4.2.) ausgeführt wurde.

ad 2.) Die Logik einzelner Sichtweisen unabhängig vom Gesamtbild der jeweiligen Typen soll kurz an zwei Aspekten des Themas Leistung verdeutlicht werden: *Motivation und Streß*[71].

— Nach *Aufsteigerlogik* ist man um des Karriere-Erfolges willen intrinsisch motiviert ...; je unkontrollierbarer die beruflichen Anforderungen/Belastungen werden, desto mehr ist man Herr der Lage ...[72].

— *Indifferenz* ist fast ein Synonym für extrinsische Motivation; die Realität von Belastungen wird als notwendiges Übel *wahrgenommen.*

— Die (scheiternde) Bestrebung, Einklang von eigenen Gütemaßstäben und beruflichen Anforderungen zu erreichen, impliziert ein Schwanken zwischen intrinsischer, hohe Anstrengung in Kauf nehmender Motivation und extrinsischer Motivation in Verbindung mit belastender Angst, den äußerlichen Anforderungen zu genügen.

Eine weitere Ausführung von Perspektiven von Führungskräften bleibt dem empirischen Teil dieser Arbeit überlassen. Dort geht es allerdings nicht um eine Exemplifizierung der hier begrifflich präzisierend nachvollzogenen Typologie von Presthus: Ohne in ein starres Raster für Erhebung und Auswertung zu münden, hat die Analyse der „Typologie der Anpassung" Anregung für die Exploration und Interpretation gegeben; umgekehrt wurde diese Analyse in ihrer Formulierung durch die Interpretation der eigenen Daten (Interviews) geprägt.

Im anschließenden ‚Methodenkapitel' wird eine Fokussierung der Gegenstands- und Theoriediskussionen der ersten drei Kapitel auf die Fragen an die Empirie vorgenommen.

---

[71] Zu den wissenschaftlichen Konzepten der Motivation siehe Heckhausen (1980) und v. Rosenstiel (1975); zur wissenschaftlichen Behandlung des Streß siehe neben Gebert (1981) und Udris (1981) auch Schulz (1982) und Cooper (1981).

[72] Vgl. den „hardiness-type" (3.2.2.1.); vgl. auch folgende Blütenlese aus einer ‚Personality-Umfrage' (mit vollem Namen, Funktion und Konterfei) der Zeitschrift „Management Wissen" (4/83, S. 8 f.) bei ‚dynamischen Menschen' aus dem Wirtschaftsleben zum Thema: „Wie reagieren Sie auf Streß?": „Ich bin davon überzeugt, daß der Mensch den Streß braucht, um geistig und körperlich fit zu bleiben ...". „Nebenbei bemerkt, liebe ich das, was man so allgemein Streß nennt. Bei mir muß es rundgehen und immer was los sein. Gesunder Streß soll die Fitneß stärken. Gegen ungesunden Streß kann man was tun. Mir scheint, ich habe den Hebel gefunden, bei zu starker Streßbelastung die richtige Übersetzung zu wählen". „Das Wichtigste am Thema Streß aus meiner Sicht ist möglicherweise etwas ungewöhnlich: Viel Arbeit verursacht keinen Streß". „... meine ich, Streß ist zunächst etwas Gesundes. Er hält mich unter ‚Dampf', ich bleibe wach und aktiv. Ein kleiner Adrenalin-Ausstoß schützt mich auch vor Trägheit".

4. Aufsuchen der Empirie – Fragen und ihr Horizont

Den Horizont der Fragen an die Empirie hat im wesentlichen das bis hier Ausgeführte dargestellt. „Fragen“ steht dabei einmal für die Fragen, die in Interviews gestellt wurden; „Fragen“ steht aber auch für die deutende Auseinandersetzung mit den so erhobenen ‚Daten‘. Den Horizont der Fragen in extenso mitgeteilt zu haben, erscheint dem Verfasser einesteils als Handreichung, die das Verstehen seines sich in den Beschreibungen bzw. Interpretationen des 5. Kapitels dokumentierenden Verständnisses erleichtert, andernteils als Bringschuld für eine wissenschaftliche Auseinandersetzung über diese Interpretationen.[1] Daß der Horizont der Fragen in der dargestellten Form nicht der ‚unbefleckte‘ Ausgangspunkt des Aufsuchens der Empirie gewesen ist, sondern selbst das Ergebnis eines theoriegeleiteten ‚Gesprächs‘ mit der Empirie darstellt, wurde bereits mehrfach betont; dieses Vorgehen hat nichts mit einem nachträglichen ‚Zurechtbiegen‘ von Hypothesen, die man in gefälliger Weise auf die gewonnenen Daten ‚abstimmen‘ möchte, zu tun: hier dokumentiert sich der Horizont der Fragen, wie er zur Zeit der Niederschrift des theoretischen Teils (nach der intensiven Beschäftigung mit den Bandaufnahmen bzw. Transkriptionen und vor der Niederschrift der Interpretationen) sich gebildet hatte; das ist nicht zu verwechseln mit dem Aufstellen von Hypothesen.[2] Obgleich der Horizont der Fragen an die Empirie in der Auseinandersetzung mit der Empirie seine vorliegende

---

[1] Vgl. Heymann (1982, S. 160), Bromme/Hömberg (1981), Kohli (1978; S. 19), siehe Fußnote 3) dieses Kapitels.

[2] Die mehr oder weniger resolut vertretene Forderung, Theorie bzw. Hypothesen und auch Auswertungsschritte müßten *vor* Beginn der Interpretation bereits festliegen (Fischer, 1982, S. 186 ff.; Brunner, 1982, S. 204), bleibt zurecht nicht unwidersprochen (Hopf, 1979, S. 23 ff.; v. Cranach u.a., 1980, S. 108; Köckeis-Stangi, 1980, S. 358 ff.; Cicourel, 1970, S. 32 ff.; vgl. auch Huber/Mandl, 1982 a). Die Alternative muß keineswegs naiver Induktionismus sein – wie ihn z.B. Gerdes (1979 a, S. 6) mit seiner Forderung, ohne Hintergedanken zu beobachten, vertritt (vgl. Glaser/Strauss, 1979, Orig. 1965). Bei dem von der zeitgenössischen Schulpsychologie als ‚toter Hund‘ behandelten Wilhelm Dilthey, der neuerdings (in eher unqualifizierter Weise, s.u.) in methodischen Abhandlungen wieder Erwähnung findet (z.B. Laucken, 1982, S. 90; Brunner, 1982, S. 200 f.) war über das Verhältnis von Hypothese und Interpretation bereits größere Klarheit hergestellt als sie in vielen heutigen Auseinandersetzungen festzustellen ist: „Die beschreibende und zergliedernde Psychologie endigt mit Hypothesen, während die erklärende mit ihnen beginnt“ (1957, S. 175; Orig. 1894). Analog argumentiert (ohne ausdrückliche Bezugnahme auf Dilthey) übrigens Max Weber in seinem Aufsatz: „Über einige Kategorien der verstehenden Soziologie“ (1968, S. 436 f.; Orig. 1913). Zur neueren wissenschaftstheoretischen Diskussion der Beziehung von Theorie und Überprüfung siehe 3.1.2.4..

Gestalt gewonnen hat, wurde in den ersten drei Kapiteln auf jeglichen Rekurs auf das in der eigenen Untersuchung erhobene Material verzichtet. Diese Darstellungsweise erscheint sowohl einer intensiven und fruchtbaren Auseinandersetzung mit der Literatur als auch einer Zusammenhänge bewahrenden bzw. herausarbeitenden Interpretation der Interviews dienlich. Bei aller Bezogenheit sind der theoretische und der empirische Teil dieser Arbeit so doch äußerlich weitgehend eigenständig geblieben: der explizierte Horizont der Fragen an die Empirie kann als ‚Theoriearbeit' gelesen werden, deren Argumentation sich in ihrem ‚Gewicht' nicht von den eigenen Befunden abhängig macht, die Interpretationen der Interviews ergeben andererseits auch ohne die – gleichwohl als unabdingbar betrachtete (s.o.) – Explikation des Fragehorizonts einen Sinn, der auf Grundlage der umfangreichen Zitate aus den Interviews einer Überprüfung oder besser einer Auseinandersetzung zugänglich ist; auf explizite Rückverweise auf den theoretischen Teil wurde in den Einzeldarstellungen praktisch ganz verzichtet; explizit wird erst in den Abschnitten mit Überblickscharakter auf den theoretischen Teil rekurriert. Unlesbar bleiben ohne die in diesem (4.) ‚Klammerkapitel' gegebenen Erläuterungen lediglich die die Interpretationen ergänzenden graphischen Veranschaulichungen von Aspekten des subjektiven Bildes der menschlichen Beziehungen in der Hierarchie.

Über die Methode des Zugangs zur Empirie ist mit diesen Feststellungen zuvörderst gesagt: sie besteht im Einlassen auf die Inhalte des empirischen Materials. Nach dem Gesagten ist dabei klar: „Einlassen" heißt immer, das Material nach Maßgabe der Vor-Urteile, die die eigenen Fragen implizieren, zu sich ‚sprechen' zu lassen. Diese Vor-Urteile kann man nicht tilgen, aber man kann sich bemühen, sie zu explizieren; dies wurde ja eben mit anderen Worten bereits unterstrichen.[3]

Was bleibt zur Methode neben den aufgeführten abstrakten Feststellungen noch zu sagen? Erstens ist der Inhalt des Fragehorizonts zu konkretisieren; dies bedeutet eine Fokussierung der Ergebnisse der Kapitel 1—3 auf die Interpretation der Interviews. Zweitens ist etwas über das Prozedere beim Aufsuchen der Empirie mitzuteilen, wobei mit „Aufsuchen" sowohl Erhebung als auch Auswertung gemeint ist. Im Zusammenhang mit einem Aspekt der Fokussierung der theoretischen Ergebnisse ist u.a. eine Formalisierung zu erläutern, die die Interpretationen ergänzen wird: ein strukturiertes Projektionsfeld zur Abbildung subjektiver Sichtweisen von Kontrolle im Kontext der menschlichen Beziehungen in der Hierarchie. Drittens soll sowohl hinsichtlich der Prinzipien des gewählten Weges beim Aufsuchen der Empirie als auch im Hinblick auf einige methodische Detail-

[3] Siehe hierzu Gadamer, 1960, S. 250 ff.; die Formulierung dieser einleitenden Überlegungen zum „Methodenkapitel" lehnt sich insgesamt an Gadamers Explikation der Begriffe „Horizont" und „Frage" an.

fragen zum (Diskussions-),Stand der Kunst' (in knapper Form) Stellung genommen werden; hierbei wird auf Ausführungen in den vorstehenden Kapiteln verwiesen werden können; eine knappe Form ist die Stellungnahme in Gestalt von Thesen, die anschließend erläutert werden; diese Thesen werden in die Behandlung der beiden zuerst genannten Punkte eingestreut werden.

4.1. Fokussierung von Ergebnissen der Kapitel 1–3

Der Gegenstand der Untersuchung ist in erster Näherung Führungstraining. Was im ersten Kapitel in Form der Scharlatanerievorwürfe (1.2.) aufgegriffen wurde, erwies sich im 2. Kapitel (2.1.2.4.) weniger als Betrug am Kunden denn als marktgerechte Befriedigung der Nachfrage nach „des Kaisers neuen Kleidern". *Evaluationsbemühungen* haben andererseits mit einer Vielzahl methodischer Probleme zu kämpfen; die Rede von diesen Problemen hat fast schon den Charakter eines Kalauers, der – beabsichtigt oder nicht – die Aufmerksamkeit von den Blößen, die die Trainingsmoden beim Kunden lassen, ablenkt. Die psychologische Beschäftigung mit Führungstraining tut jedenfalls gut daran, nicht von einer fiktiven Kette: Ziel – Mittel/Bedingungen – Folgen/Nebenfolgen auszugehen, um dann – dem Fetisch der Effizienzkontrolle erliegend – weitgehend beliebige (aber nach den Regeln der Kunst aufbereitete) Daten vorzulegen, die schließlich mit der Klage über die Ungreifbarkeit der Variablen garniert werden. Die Beschäftigung mit Führungstraining tut gut daran, solche *Rituale* hinter sich zu lassen und naiv zu fragen: was passiert da eigentlich? In dieser Perspektive sind die Erwartungen von Teilnehmern und ihre Auffassung von dem, was da passiert ist, nicht die Randbedingung einer Erfolgskontrolle, sondern von zentralem Interesse. Diese Perspektive auf den Gegenstand Führungstraining beinhaltet ein Abstand-Nehmen von einer Geradlinigkeit, die ebenso konventionell wie fiktiv ist, zugunsten der Annäherung an ein vages Stück Wirklichkeit. Diese Perspektive beinhaltet auch eine Akzentverschiebung: nicht Veränderung und Kriterien hierfür stehen im Vordergrund, sondern die Mentalität[4], mit der Führungskräfte dem Training begegnen: größere Klarheit über diese Mentalität (und die Beziehung, die Training dazu hat) ist eine wesentliche Vorbedingung des Erfassens substantieller Veränderungen.

In der Referierung von Gepflogenheiten und Perspektiven der Evaluation von Leitertraining in der DDR (2.2.3.2.) wurde erwähnt, daß neben den auch dort selbstverständlichen Erfolgskontrollritualen und -idealen neuerdings eine heuristische Funktion (zugunsten persönlichkeitspsychologischer Fragestellungen) von Leitertraining gesehen wird.

---

[4] Zum Begriff Mentalität siehe die einleitenden Überlegungen in 3.2.

Zu einem unermüdlich diskutierten Problem ‚der Kunst' soll im Kontext des Gesagten festgehalten werden:

These 1: Die Nichtidentität von Einstellung und Verhalten sollte von Forschern, die sich mit Einstellung bzw. Mentalität beschäftigen, nicht zum Anlaß genommen werden, sich ein (schlechtes) Gewissen zu machen; im Gegenteil: dieses Faktum sollte als Anregung für ein vertieftes Reflektieren und Erfassen von Mentalität genommen werden; so können Konzept und Erhebungsverfahren der Einstellungsforschung transzendiert werden, ohne in den Glauben zu verfallen, der Objektivität könne man nur jenseits der Subjektivität habhaft werden. M.a.W.: Befragungsergebnisse gewinnen nicht schon deshalb, weil oder wenn man sie mit Beobachtungsergebnissen korreliert.

Erläuterung: Das bereits in 2.1.2.4. angesprochene ‚Problem der Nichtidentität'[5] findet oft defensive Antworten: es stimme zwar, daß ..., aber oft wäre eine Verhaltensrelevanz von Einstellungen doch unübersehbar ... (z.B. Nuttin, 1975, S. 152). Anstelle der defensiven Affirmation der Einstellungsforschung[6] sollte man es einmal mit offensiver Mentalitätsforschung versuchen, die sich durch den Idealismusverdacht nicht darin irre machen läßt, daß sie handelnde Subjekte am Schopfe hat. Diese wiederum thesenhafte Erläuterung möge hier genügen: das benannte Diskussionsfeld wird von Konventionen dominiert, die nicht sonderlich ideenreich propagiert werden.

Das, was über die *Erwartungen* von Führungskräften gegenüber psychologischem Training in der Literatur berichtet wird (2.1.2.5.), zeigt keine Resonanz des „Scharlatanerieverdachtes" bei der unmittelbaren Klientel der Trainer.[7] Der „Herrschaftsvorwurf" findet sich hier eher wieder – allerdings in charakteristischer Verkehrung: als Hoffnung auf potentiellen persönlichen Machtzuwachs mit der Angst, in irgendeiner Form Opfer der als ‚Geheimwaffe' eingeschätzten Psychologie zu werden, als Komplement; daneben scheinen auch ‚banalere' Karriereängste und -hoffnungen von einiger Bedeutung zu sein. Die Empfehlungen von Praktikern für den Umgang mit diesen als heikel eingeschätzten Teilnehmererwartungen schienen eher auf ein vorsichtiges Taktieren als auf ein Berühren der benannten Probleme hinzudeuten. Die „Adressatenorientierung" des Angebots wäre dabei nicht zu bestreiten – gegenüber dem Inhalt dieser Adressatenorientierung jedoch erscheint Skepsis geboten; allerdings impliziert eine derartige Skepsis beim Verfasser dieser Arbeit vor allem ein Interesse für das, ‚was da

---

[5] Vgl. auch die einleitenden Überlegungen in 3.2. und die dort erwähnte Literatur.

[6] Zur offensiven Propagierung der atomistischen Einstellungsforschung vgl. Thurstone/Chave (1978, Orig. 1929).

[7] Dies verwundert auf den ersten Blick schon deshalb, weil dieser Vorwurf, wie in 1.2. ersichtlich, ja in einer Sparte der Publizistik erhoben wird, deren primärer Kundenkreis Führungskräfte sind.

gespielt wird' (siehe Abb. 15). Dieses Interesse weist Berührungspunkte mit dem „Scharlatanerieverdacht" auf, ist mit diesem Verdacht jedoch nicht identisch – im Gegenteil: näher heranzutreten an das, ,was da gespielt wird', ist für den Verfasser ein Schritt in Richtung „Selbstreflexion der Psychologie in ihrer Reflexion auf den Alltagspsychologen" (3.1.2.5.). Ein vertieftes Verständnis auch dafür, wie Psychologie für Führungskräfte sich darbietet, hat sich der Verfasser bereits von der Kontaktaufnahme mit (zu trainierenden und trainierten) Führungskräften erhofft (in einem Fall der ,befragten Seminare' ergab sich allerdings eine Abrundung des Bildes durch dokumentierte Gespräche mit Trainer und Personalabteilungsmitarbeiter; s.u.: Zum Prozedere; 4.2.).

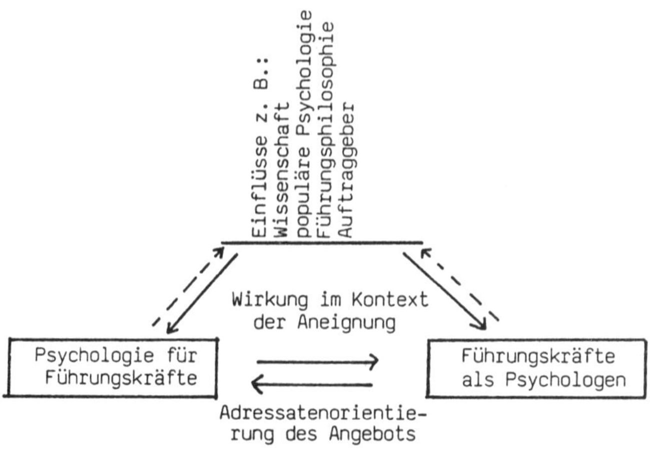

Abb. 15: Einflüsse und Wechselwirkung im Kontext psychologischen Führungstrainings

Aspekte möglicher Erwartungen an psychologisches Führungstraining wurden unter dem Gesichtspunkt prinzipieller populärer Perspektiven auf die Psychologie in 3.1.2.2. und 3.1.2.3. diskutiert. Rahmen für das Blickfeld von Führungskräften auf ihr Training ist andererseits das, was über „Führungsaufgabe: menschliche Beziehungen in der Hierarchie" (2.1.1.) mit den Unterpunkten: „Unterordnung" (2.1.1.1.), „Unterordnung und Menschlichkeit" (2.1.1.2.) sowie „Unterordnung und/oder Partizipation" (2.1.1.3.) gesagt wurde. Die kulturell relevanten Wertbereiche „Kontrolle" und „Moral" (3.2.2.) gewinnen in diesem Kontext besondere Relevanz und spezifische Ausprägungen (vgl. 3.3.). Wie 3.2.1. im Zusammenhang mit den einleitenden Überlegungen zu 3.2. verdeutlicht hat, sind entsprechende Wertausprägungen wirksame Hintergründe bzw. Momente von Urteils-/Attributionsprozessen. Letzteres könnte als Bestandteil des vom Verfasser vertretenen „Subjektmodells“ im Unterschied zur dargestellten „Gegenstands-Theorie“ (Heymann, 1980, S. 160) betrachtet werden. Das Ineinandergreifen beider Theorieaspekte wurde in den Überlegungen „Zur Mentalität von Führungskräften“ (3.3.) kenntlich.

Eine schematische Abbildung des subjektiven Bildes (von Führungskräften) der menschlichen Beziehungen in der Hierarchie ermöglicht die nun zu erläuternde Ergänzung der den Schemata I—IV (2.1.1. und 2.2.1.) zugrundeliegenden Veranschaulichungsweisen der menschlichen Beziehungen in der Hierarchie. Die Ergänzung betrifft den ‚Inhalt‘ des auf Position und Aufgabe bezogenen Individuums. ‚Gefüllt‘ wird das Individuum durch ein ausdifferenziertes Schema des „Ortes der Kontrolle“.

Was macht diese Ausdifferenzierung aus? 1.) Eine Unterscheidung von Internalität und Externalität muß, wie in 3.2.2.1. ausgeführt, mit Kontrolle bzw. Nicht-Kontrolle keineswegs zusammenfallen. 2.) Der Verfasser hält es nach Durchsicht der von ihm geführten Interviews für nützlich, neben Internalität/Externalität und Kontrolle/Nicht-Kontrolle (ausgedrückt durch Kontroll-Subjekt und Kontroll-Objekt) die Dimension bewußt/unbewußt einzuführen; das Argument für die Berücksichtigung der Unterscheidung bewußt/unbewußt bezüglich des Handelns von Individuen in der Hierarchie ist hier nota bene das Urteil der Führungskräfte (alias Alltagspsychologen) über Individuen (in der Hierarchie) – nicht das Urteil des Verfassers über das Un-/Unterbewußtsein der Führungskraft-Individualitäten.

Das „Individuum“ stellt sich gemäß dieser Ausdifferenzierung folgendermaßen dar (Abb. 16):

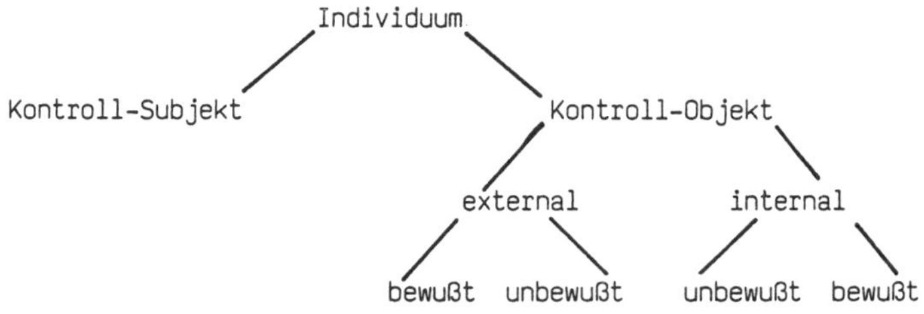

Abb. 16: Differenzierung von Kontroll-„Orten“

Als ‚Schubladen‘ von Eigenschaften des Individuums dargestellt läßt sich diese Differenzierung so darstellen (Abb. 17):

Kontroll- Objekt external bewußt	Kontroll- Objekt external unbewußt	Kontroll- Objekt internal unbewußt	Kontroll- Objekt internal bewußt	Kontroll- Subjekt

Abb. 17: Die Kontroll-Orte als ‚Schubladen‘

Eingeordnet in die Relation Individuum/Hierarchie ergibt sich damit Schema V (Abb. 18). Die Perspektiven auf die Relationen der Individuen lassen sich dergestalt ‚rein interindividuell‘, aber auch unter Einbeziehung von Aufgabe und Position darstellen. Es sei an dieser Stelle hervorgehoben, daß der Verfasser die formalisierten Darstellungsweisen konkreter subjektiver Bilder der Kontrolle durch Pfeilverbindungen zwischen den einzelnen Zellen *nur im Zusammenhang* mit einer textlichen Erläuterung für sinnvoll hält. Für die Ergänzung der Interpretation durch die formalisierten Darstellungen bedeutet dies praktisch: die Pfeilverbindungen, die kennzeichnen, wie der Interviewte den Verlauf von ‚Kontrollkräften‘ (in Anlehnung an die Lewinsche (z.B. 1968) Vektorpsychologie können diese Pfeilverbindungen als *‚subjektive Kontrollvektoren‘* bezeichnet werden) sieht, werden mit Nummern versehen; diese Nummern beziehen sich auf Schlüssel-(Para-)Phrasen bzw. Schlüsselbegriffe, die jeweils einen Überblick über die Darstellungen/Interpretationen der Interviews geben; diese Überblicksdarstellungen fungieren wiederum primär als Gedächtnisstütze bezüglich der jeweils voranstehenden intensiven Bemühungen um das Verständnis der Interviews; bevor näher auf die tabellarische Übersichtsdarstellungen eingegangen wird, sollen noch einige Bemerkungen zum Projektionsfeld der subjektiven Kontroll-Perspektiven angefügt werden.

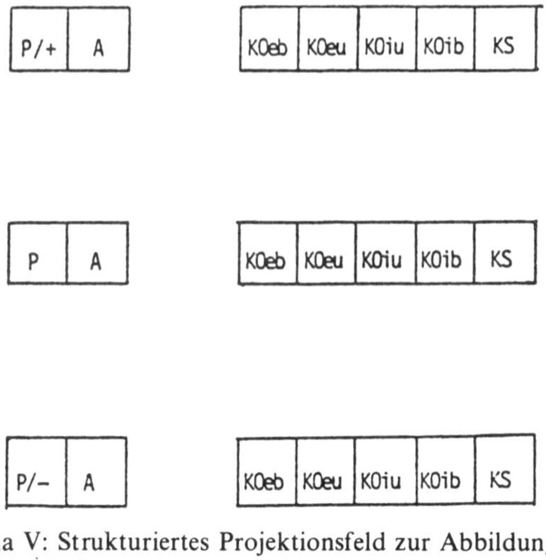

Abb. 18: Schema V: Strukturiertes Projektionsfeld zur Abbildung von Kontroll-Perspektiven im Rahmen der menschlichen Beziehungen in der Hierarchie („P“ steht für „Position“, „A“ steht für „Aufgabe“)

Das vorgeschlagene Schema erlaubt neben der differenzierten Darstellung der Perspektiven auf interindividuelle Beziehungen auch Differenzierungen in der Darstellung der Relation Individuum-Aufgabe/Position. Teils werden diese Möglichkeiten in den Abbildungen des 5. Kapitels herausgearbeitet werden. Bei den Darstellungen im 5. Kapitel wird immer die mittlere Position (soweit ohnehin nicht nur der Ausschnitt Aufgabe/Position-Individuum in Betracht kommt) diejenige sein, die die Szene in Blick nimmt. Auch Pfeile, die von anderen Individuen ausgehen, geben die Sicht dieses mittleren Individuums wieder; hier: die Perspektive auf die aktive Rolle der anderen. Drei Arten von Pfeilen werden benützt: 1.) Ununterbrochene Pfeile bilden die normale Darstellungsweise für die mitgeteilten Kontroll-Perspektiven. 2.) Unterbrochene Pfeile kennzeichnen Kontrollvektoren, die der Interviewte (mehr oder weniger deutlich) als vordergründige Darstellung (für andere) ausweist. 3.) Verschiedene Zweifelsfälle werden durch gepunktete Pfeile dargestellt.

Es leuchtet unmittelbar ein, daß das vorgeschlagene Schema die Möglichkeit zur (kontrastierenden) *Darstellung der nämlichen Relationen aus verschiedenen Perspektiven* bietet, daß das vorgeschlagene Modell also die Möglichkeit bietet, eine differenzierte Form von „Soziogramm" zu erstellen. Diese Möglichkeiten der im Rahmen der vorliegenden Forschungsarbeit gefundenen Darstellungsweise konnten in diesem Rahmen noch nicht erprobt werden; auf die vorstellbare Vielzahl von Anwendungsmöglichkeiten dieser Darstellungsweise kann hier nur pauschal hingewiesen werden – als konkreter Anwendungszusammenhang könnte „survey feedback" im Sinne der Organisationsentwicklung genannt werden (vgl. 2.1.2.). Am Rande sei auch bemerkt, daß die gewählte Darstellungsweise die Anschaulichkeit der Transaktionsanalyse (Berne, 1970; siehe 2.1.2.3.) enthält, ohne deren ‚brachial-psychologistischen' Züge anzunehmen; andererseits wird durch die gewählte Darstellungsweise auch den eigenen Forderungen an ein kritisch-reflektiertes Aufheben (im doppelten Wortsinn) des „Ort der Kontrolle"-Konzepts Rechnung getragen (siehe die abschließenden Bemerkungen von 3.2.2.1.).

Tatsächliche Anschaulichkeit gewinnt das vorgeschlagene Schema, wie bereits betont, erst als Ergänzung zu den Interpretationen des 5. Kapitels. Hier wird auch erst deutlich werden, welche praktische Potenz als (wechselseitiger) Perspektiven-Spiegel diesem Schema abgewonnen werden könnte. Einschränkend sei jedoch angefügt, daß die schematischen Darstellungen des 5. Kapitels auch kenntlich machen werden, daß im Detail der Darstellungen noch eine Reihe von Vagheiten zu beseitigen wären.

Neben dem Gesichtspunkt subjektiver Bilder der Kontrolle bildet das moralische Urteil der Führungskräfte einen Brennpunkt der Fragen bei Erhebung und Auswertung. Bezüglich der Einschätzung von moralischem Urteilen geht aus den Ausführungen in 3.2.2.2. und 3.3. hervor, daß dem Verfasser eine Dreiteilung in instrumentalistisches, konventionsorientiertes und ethisch-prinzipienorientiertes Urteil (in grober Analogie zu Kohlbergs Phasen) sinnvoll erscheint; die Vorstellung eines Sich-Ausschließens der verschiedenen Orientierungen wird allerdings nachdrücklich zurückgewiesen. Insbesondere die Ausführungen in 3.2.2.2. deuten an, daß Überlappungen in jeder Hinsicht ins Auge gefaßt werden sollten (siehe Abb. 19, vgl. S. 159 ff.); es wurde ebenfalls bereits angedeutet, daß Verbindungen keineswegs per se mit (heuchlerischem) Betrug oder Selbstbetrug identisch sein müssen; (ohne die Relevanz der in 3.2.2.2. zitierten Ausführung Nietzsches für die begriffliche Fassung von Diskurs hier ausführen zu können, sei auf die sich in Nietzsches Überlegungen andeutende Synthese von Instrumentalismus, Konventionalität und ethischer Autonomie hingewiesen). Paradigmatische Verknüpfungen verschiedener Orientierungen des moralischen Urteilens bei Führungskräften wurden in 3.3. im Rahmen der begrifflichen Rekonstruktion der „Typologie der Anpassung" von Presthus diskutiert.

Mit den Aspekten „Kontrolle" und „Moral" sind die entscheidenden Dimensionen der Darstellung des subjektiven Bildes der menschlichen Beziehungen in der Hierarchie benannt.

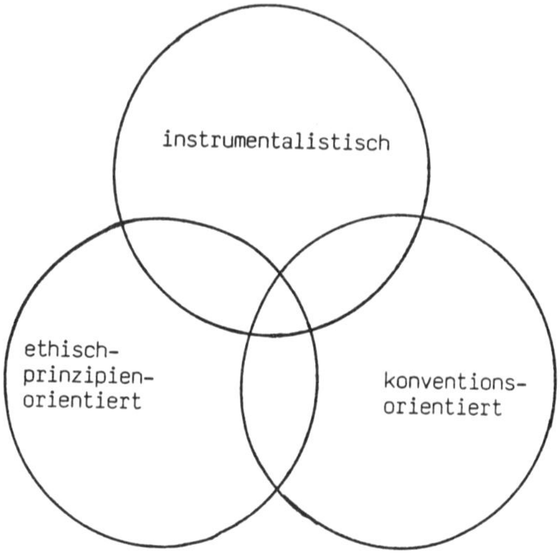

Abb. 19: Überlappungen von Orientierungen moralischen Urteilens

Thematisch ist der Horizont bei Eruierung dieses Bildes durch die Inhalte von 2.1.1. umrissen.

Die Dimensionen „Kontrolle" und „Moral" sind auch bezüglich der Eruierung von Antizipation/‚Nachhall' der Trainingssituation im subjektiven Bild bzw. des subjektiven Bildes der Psychologie vor und nach dem Training bestimmend; hier wird der Fragehorizont allerdings um die Dimension „Betroffenheit" („explizit/implizit") (vgl. 2.1.2.5.) erweitert. Thematisch ist der Horizont der Annäherung an das subjektive Bild von Trainingssituation und Psychologie durch die Inhalte von 2.1.2.3. vorgezeichnet.

Die genannten Themen und Dimensionen von Erhebung und Auswertung finden sich als tabellarische Gliederung der *Übersichtsdarstellungen* der Interpretationen wieder (siehe Tab. 3).

Tabelle 3: **Tabellarische Gliederung der Übersichtsdarstellungen in Kap. 5**

Dimensionen / Themen	Kontrolle	Moral	Betroffenheit	
			explizit	implizit
Menschliche Beziehungen in der Hierarchie im subjektiven Bild	X	X		
Trainingssituation/ Psychologie im subjektiven Bild	X	X	X	X

Die Übersichtsdarstellungen seien nicht als Auflistung durchgängiger Kategorien (etwa als Grundlage einer quantitativen Inhaltsanalyse, vgl. These 5) mißverstanden. Sie dienen, wie bereits betont, in erster Linie als Gedächtnisstützen. Das schließt ein, daß kein Wert darauf gelegt wurde, alle möglichen Zuordnungen von Schlüsselbegriffen zu Dimensionen auch vorzunehmen. Andererseits wurden den Erinnerungen zu den Themen „Streß“, „Emotionen“ und „Therapie“ feste Plätze jeweils in der Dimension Kontrolle zugewiesen, ohne daß dies in jedem Fall zu dem indizierten Inhalt paßt; bei allen ‚Unsauberkeiten‘ behalten die Übersichtsdarstellungen ihren Wert als systematische Gedächtnisstütze.

Die Differenzierung von expliziter und impliziter Betroffenheit dürfte einige Plausibilität beanspruchen können. Das Problem liegt in der *Explikation impliziter Betroffenheit* bzw. im Nachvollziehbar-Machen entsprechender Vermutungen des Verfassers. Dieses Problem ist zudem nicht auf den Gesichtspunkt impliziter Betroffenheit von Psychologie und Trainingssituation beschränkt: auch im Hinblick auf Kontroll- und Moral-Perspektiven auf die menschlichen Beziehungen in der Hierarchie wird ‚zwischen den Zeilen‘ gelesen werden. Die vom Verfasser getroffenen Entscheidungen bezüglich Erhebung, Auswertung und Darstellungen nehmen diesem Problem allerdings etwas von dem *Verdacht der Willkür,* der einschlägigen Kategorisierungen bei Fragebogenerhebungen, aber auch Auswerter-Ratings bezüglich des Vorliegens/Ausprägungsgrades von Aussagedimensionen in nicht-dokumentierten Intensivinterviews nicht ganz zu Unrecht anhaftet: für diese Arbeit wurden nicht nur Kontexte von Aussagen *erhoben,* die Schlüssen auf Implikate als Orientierung dienen können, sondern diese Kontexte werden im Rahmen der Interpretation auch extensiv *dokumentiert.*

Reliabilität und Validität bleiben dergestalt nicht auf harte und saubere Zahlen verwiesen (hinter denen die Insider – oft genug – eher eine „windelweiche“ bzw. nicht ganz lupenreine Auswertungspraxis vermuten), sondern sind reflexiv unmittelbar an der Interpretation der dokumentierten Aussagen überprüfbar. Eingeschränkt ist diese Unmittelbarkeit durch die Eigentümlichkeit des Verstehensprozesses, der durch Kontexte mitbestimmt ist, die die unmittelbar zitierten Passagen in verschiedener Weise überschreiten: das Ganze eines Interviews, der Längsschnitt einer Person, Querschnitte[8] durch die Interviews und darin und ‚daneben‘ der Horizont von theoretischen Vor-Urteilen. Diese Feststellung könnte dem Vorwurf der Mystifikation des Interpretationsprozesses ausgesetzt werden – diese Feststellung zeigt jedoch im Gegenteil die (im theoretischen Teil dieser Arbeit partiell schon eingelöste) Absicht des Verfassers an, den Prozeß der Interpretation transparent zu machen – und d.h.: eigene Vorverständnisse zu sehen und mitzuteilen (vgl. auch Wilson, 1982, S. 492 f. und 520 ff.).

Das Problem der Explikation impliziter Sinnstrukturen bzw. der Eruierung latenten Sinnes sei Anlaß zu mehreren Thesen zum ‚Stand der Kunst‘:

These 2: Der Explikation von latenten Sinnstrukturen werden unsinnige Fesseln auferlegt, wenn die Zustimmung (oder das Tun, vgl. These 1) des Subjekts, dessen Mentalität untersucht wird, zum Kriterium für die Validität der Explikation erhoben wird.

Erläuterung: 1.) Der Sinn, der aus Äußerungen des Subjekts erschlossen wird, muß keineswegs ausdrücklich gemeinter Sinn sein, um als Moment der Mentalität des Subjekts gelten zu können. Wie das konkreter zu verstehen ist, kann in Erinnerung an die Überlegungen zu Attribution bzw. zu Kontrolle im 3. Kapitel verdeutlicht werden: ein in der positiven Darstellung des eigenen Selbstwerts (einer Darstellung vor sich wie vor anderen) engagiertes Subjekt mag sein Denken im Dienst an diesem Ziel ‚verbiegen‘ – bewußte Berechnung muß das nicht sein, obgleich dem mentalen Prozeß die Intentionalität nicht abzusprechen ist; die hier vorliegende dialektische Beziehung könnte als nicht-kalkulierte Intentionalität bezeichnet werden. Die Validität einer derartigen Interpretation kann durch die Antwort auf die Frage, ob diese in sich gebrochene Intention vom Subjekt unmittelbar intendiert war, schlechterdings nicht geprüft werden; zum anderen vermag nicht einzuleuchten, daß die ‚Wahrheit‘ des latenten Sinnes von Attributionsprozessen an irgendeinem anderen Tun erwiesen werden muß (vgl. These 1).

2.) Daß sich in Äußerungen – oder Handlungen – von Subjekten Sinn dokumentieren kann, dessen Intentionalität nicht im Sinne des unmittel-

---

8 Diese Differenzierung der Termini Längs- u. Querschnitt entspricht, n.b., nicht entwicklungspsychologischer Terminologie.

baren Gemeint- bzw. Berechnet-Seins ‚funktioniert', ist für die „beschreibende und zergliedernde Psychologie" Wilhelm Diltheys (1957, Orig. 1894) ebenso klar gewesen wie für die „verstehende Soziologie" Max Webers, welchen die moderne Sozialwissenschaft – im Unterschied zu ersterem – nicht als dunklen Metaphysiker abtut. Eine interessante Passage aus Webers Aufsatz „Über einige Kategorien der verstehenden Soziologie" belegt nicht nur diese Behauptung, sondern weist auch auf die Rolle hin, die Zweckrationalität bei der Deutung eines nicht-zweckrationalen Tuns (im obigen Beispiel: nicht-kalkulierte ‚Denkverbiegung' im Dienste am Selbstwert) haben kann: „Die spezifische Evidenz des zweckrationalen Sichverhaltens hat natürlich nicht zur Folge, daß etwa speziell die rationale Deutung als Ziel soziologischer Erklärung anzusehen wäre. Bei der Rolle, welche ‚zweckirrationale' Affekte und ‚Gefühlslagen' im Handeln des Menschen spielen, und da auch jede zweckrational verstehende Betrachtung fortgesetzt auf Zwecke stößt, die ihrerseits *nicht* mehr wieder als rationale ‚Mittel' für andere Zwecke gedeutet, sondern nur als nicht weiter rational deutbare Zielrichtungen hingenommen werden müssen, – mag ihre Entstehung als solche dann auch weiterhin Gegenstand ‚psychologisch' verstehender Erklärung sein, – könnte man ebensogut das gerade Gegenteil behaupten". ... „Subjektiv sinnhaft auf die Außenwelt und speziell auf das Handeln anderer bezogen sind nun auch die Affekthandlungen und die für den Ablauf des Handelns, also indirekt, relevanten ‚Gefühlslagen', wie etwa: ‚Würdegefühl', ‚Stolz', ‚Neid', ‚Eifersucht'. Die verstehende Soziologie interessieren daran aber nicht die physiologischen und früher sogenannten ‚psychophysischen' Erscheinungsformen: Pulskurven z.B. oder Verschiebungen des Reaktionstempos und dergleichen, auch nicht die nackt psychischen Gegebenheiten, z.B. die Kombination der Spannungs-, Lust- und Unlustgefühle, durch die sie charakterisiert werden können. Sondern sie differenziert ihrerseits nach den typischen *sinn*haften (vor allem: Außen-)Bezogenheiten des Handelns, und deshalb dient ihr – wie wir sehen werden – das Zweckrationale als Idealtypus, gerade um die Tragweite des Zweck*irr*ationalen abschätzen zu können" (Weber, 1968, Orig. 1913; S. 429 f.; Hervorhebungen im Orig.). Die am Schluß von Weber postulierte Rolle der Rationalität bei der Deutung von Irrationalismen ist bis in aktuelle Veröffentlichungen zu Fragen der Textinterpretation – wenn auch fast immer ohne Bezug auf Weber – von zentraler Bedeutung für die Deutung von Deutungsprozessen: im Verfolgen von Inkonsistenzen in den Äußerungen des Subjekts sei der Interpret auf einer vielversprechenden Fährte zu (eventuell) latentem Sinn der Äußerungen (Kohli, 1978, S. 20; Soeffner, 1979 a, S. 349; Ballstaedt, 1982, S. 168; Leithäuser/Volmerg, 1979, insbes. S. 163 ff.; Hack u.a., 1979, S. 532 f.). Auch wenn dieser Gesichtspunkt – wie man sich an eigenen alltäglichen Interpretationsprozessen leicht vor Augen führen kann – gewiß eine wichtige Rolle für Schlüsse auf latenten Sinn spielt, dürfte das, was Mannheim (1964, Orig. 1921–1922) als „dokumentarischen Sinn" beschreibt, im Aufspüren von Inkonsistenzen nicht aufgehen, was ebenfalls durch eine Vergegenwärtigung eigener alltäglicher Interpretationsprozesse plausibel gemacht werden kann. Von Mannheims Überlegungen zum „dokumentarischen Sinn" sei hier nur eine Stelle zitiert, die die „Selbstanwendung" einer entsprechenden Interpretation reflektiert: „Es ist zugleich etwas Eigentümliches, daß wir unter Umständen in dieser Art der Interpretation auch *uns selbst* gegenüberstehen können. Die intentionale Ausdrucksinterpretation unserer eigenen Objektivationen bildet für uns kein Problem. Was wir durch einen Ausdruckssinn bekunden wollten, das war uns im Vollzuge in Selbstgegenwart originär gegeben, wir können es uns (sofern wir nicht vergessen haben) stets vergegenwärtigen. Was aber eine unserer Handlungen dokumentarisch bedeutet, das kann uns gerade so zum Problem werden, als stünde uns in unseren Objektivationen ein Fremder gegenüber. Kaum heben sich irgendwo die Ausdrucks- und die Dokumentinterpretation so scharf voneinander ab wie in diesem Grenzfalle der ‚Selbsterkenntnis'" (Mannheim, 1964, S. 109; Hervorhebungen im Orig.). Das bedeutet für eine Rückspeisung von Interpretationen an Befragte: *für die Befragten ist es nicht unbedingt leichter, eine Interpretation zu beurteilen als etwa für unbeteiligte Dritte* – in vorliegendem Fall: den Leser dieser Arbeit. Umgekehrt – das ‚rohe Ei' Selbstwert spielt bei den Interviews mit den Führungskräften eine wichtige Rolle – *dürften der Selbstinterpretation z.T. größere Barrieren gegenüberstehen als der Interpretation durch andere* (hier: den Autor, die Leser).

Diese Überlegung sollte übrigens dazu angetan sein, die Gefahr der *Selbstzufriedenheit* deutlich zu machen, die das ‚Zersägen' (bzw. dessen Nachvollzug) der Selbstdarstellung der Führungskräfte mit sich bringt; der Verfasser bittet jedenfalls, polemische Passagen der Interpretation nicht mit Arroganz, die eben jener Polemik auszusetzen wäre, zu verwechseln.

3.) Der in den letzten Jahren expandierende Forschungszweig der Explikation „impliziter" bzw. „subjektiver" Theorien (zur Literatur siehe auch das 3. Kapitel) schlägt sich mit Problemen (vgl. Aschenbach, 1981 b, S. 400 f.; Dann, 1981; Huber/Mandl, 1982 a: Gigerenzer, 1981; Tzeng/Tzeng, 1982) herum, die über weite Strecken *Scheinprobleme* sind; Scheinprobleme handelt sich diese Sorte von Forschungsprogramm durch ihren reduktionistischen Begriff der Beziehung von Kognition und Handeln ein (zur Kritik siehe 3.2.; vgl. auch Ulich, 1982, S. 44 und 1982 a). Daß erhobene „subjektive Theorien" (oft) „Epi-Phänomene" (Groeben/Scheele, 1980) darstellen, daß (oft) nicht „handlungsleitende", sondern „handlungsrechtfertigende" Reflexionen erhoben werden (vgl. Wahl, 1982), daß die Bewußtheit von Kognitionen sich interindividuell unterscheidet (Humpert, 1981) etc. – derartige „Probleme" sind nicht durch Verfeinerung der Methodik aus der Welt zu schaffen, sondern sollten Anlaß zum Überdenken der theoretischen Prämissen sein, eines fundamentaleren Überdenkens allerdings als es etwa in der Hierarchisierung von Wissenstypen (von „Fallwissen“ über Zwischenstufen bis zum „Grundwissen“) bei Laucken (1982) zum Ausdruck kommt.

Diese Hierarchisierung löst die theoretischen Probleme nicht, sondern lenkt auf dem Wege eines unendlichen Regresses von ihnen ab; unendlich wird dieser Regress auch bei einer endlichen Zahl von Hierarchiestufen durch die Beliebigkeit ihrer Bezogenheit: „Bei der Steuerung ein und derselben Handlung kann sowohl Kern- als auch Randwissen mitwirken, dies selbst dann, wenn beide Wissensbereiche sich logisch unstimmig zueinander verhalten“ (S. 108).

Als ‚Vermeidungsverhalten‘ gegenüber einer Revision des reduktionistischen Ausgangspunktes muten teils auch „Formalisierungs-Exzesse“ unter Rückgriff auf linguistische Kategorisierungen an (z.B. Schnotz, 1982; vgl. einen Teil der Aufsätze in Soeffner, 1979); das einzige, was damit expliziert wird, ist meist das (akribische) Formalisierungsverfahren selbst.

Die Überlegungen zu „kommunikativer Validierung“ (Groeben/Scheele, 1981; vgl. 1977) oder „Handlungsvalidierung“ (Wahl, 1982) von Explikationen „impliziter Theorie“ führen in Sackgassen; Lechler (1982) gibt einen Überblick zu praktizierten Versuchen „kommunikativer Validierung“; dieser Überblick weist ausdrücklich auf Probleme hin (S. 247 ff.), die die Begrenztheit des Paradigmas „subjektive Theorie“ schlagend demonstrieren (so ist ausdrücklich vom Problem „selbstwerterhaltender Rationalisierungen“ (S. 249) die Rede); Lechler nimmt dies allerdings nicht zum Anlaß, den ‚Schein-Charakter‘ der dargestellten Probleme zu explizieren.

These 3: Die Veränderung der Wirklichkeit im diskursiven Prozeß einer „Aktionsforschung“ mag als Validierung ‚höherer Ordnung‘ betrachtet werden – eine relative Gewißheit über die eigenen Urteile kann sie nicht ersetzen (wenn man sich nicht mit einer (methodischen) Utopie, die ihrerseits Relativität absolut setzt (und so weniger offen ist, als sie auf den ersten Blick erscheint), begnügen mag).

Erläuterung: Die Erläuterung dieser These impliziert die vorhergehende These und deren Erläuterung. Im übrigen: Die Chancen von Aktionsforschung in Organisations- (Gebert/v. Rosenstiel, 1981, S. 168; Dachler/Wippert, 1980, S. 97 f.) und Arbeitspsychologie (Schmale, 1983, S. 204 ff.) sollen mit dem Gesagten nicht heruntergespielt werden. Jenseits der polemischen Verdächtigung, die Aktionsforschung sei quasi wissenschaftsfeindliche Scharlatanerie (Lukesch/Zecha, 1978), sei hier darauf insistiert, daß auch ein Forscher, der „Aktion“ nicht für eine Welt jenseits der Wissenschaft hält, darauf angewiesen ist, sich seiner Urteile über das „Feld“, in dem er arbeitet, *für sich* (und das soll hier einschließen: auch mit Kollegen vom „Fach“) zu vergewissern; bei Köckeis-Stangl (1980, S. 357) etwa scheint dies nicht festgehalten zu werden; mangelnde Klarheit ist diesbezüglich auch Berger (1974) und teils auch Ritsert (1972) anzukreiden.

Daß das ‚Problem‘ Aktionsforschung im Kontext dieser Arbeit von Bedeutung ist, hängt nicht nur damit zusammen, daß „Veränderung“ im Thema Führungstraining (auf welche Weise auch immer) impliziert ist, sondern vor allem damit, daß die Ergebnisse der Interpretationen das Bedürfnis des Verfassers implizieren, in eine kritische Auseinandersetzung mit den Interviewten (und anderen Führungskräften, die womöglich im Prinzip nicht anders über die menschlichen Beziehungen in der Hierarchie zu reflektieren gewöhnt sind) einzutreten.

Nicht nur das Herausarbeiten impliziter Sinnstrukturen, sondern das Insgesamt der bisherigen Ausführungen zum Aufsuchen der Empirie hat zu tun mit dem momentanen Diskussionsstand bezüglich der Rolle der Hermeneutik in der modernen Sozialwissenschaft.

These 4: Man muß nichts von Hermeneutik verstehen, um sie zu betreiben. Man kann sogar mit ‚schwachen' Argumenten gegen sie polemisieren, ohne dem entraten zu können, was philosophische Hermeneutik zu beschreiben versucht. Wenn man etwas von Hermeneutik versteht, versteht man etwas von Verstehen – das Verstehen eines je konkreten Sinngebildes ist damit in keiner Weise befördert (höchstens insofern als man dann weiß, daß man sich auf das je konkrete Sinngebilde einlassen muß, daß man die ‚Wahrheit' nicht mit „Spießen und Stangen" aus ihm herauszwingen kann). Aktuelle Einlassungen zur Hermeneutik scheinen oft eher Auskunft über die Sozialpsychologie des Wissenschaftsbetriebes zu geben als einen Weg zur Beschäftigung mit der ‚Sache' zu markieren. Das ist bedauerlich, aber keine Katastrophe. Denn: man muß nichts von Hermeneutik verstehen, um ...

Erläuterung: 1.) Bereits in der Erläuterung (2) zu These 2 wurde auf alltägliche Verstehensprozesse rekurriert; auch die einleitenden Überlegungen zu Fragen und ihrem Horizont bzw. zu Vor-Urteilen, die sich an zu interpretierenden Aussagen abarbeiten, implizieren ein Urteil über die Identität wissenschaftlicher und alltäglicher Verstehensprozesse (vgl. auch Soeffner, 1979 a) – ebenso wie das Postulat, der wissenschaftliche Verstehensprozeß habe sich durch die Explikation seines ‚Gesprächs' mit dem Gegenstand auszuweisen. Eingangs war auch die Differenz von Verstehens- und Erklärungsprozessen angedeutet worden, wie sie von Dilthey und Weber klar und ohne einseitige Absolut-Setzung festgehalten wurde (vgl. Fußnote 2) dieses Kapitels[9]; diese Differenzierung könnte analog zu der zeitgenössischen

[9] Der zeitgenössische Versuch, die Differenz von Erklären und Verstehen in Analogie zu Computerprogrammen ‚wegzuerklären', geht offensichtlich in die Irre: „... wird durch diese Programme aber der Prozeß des Verstehens simuliert. Wenn somit das Verstehen grundsätzlich erklärbar wird, so wird damit der von Dilthey eingeführte Gegensatz von ‚Erklären' und ‚Verstehen' im dialektischen Sinne aufgehoben: Das sogenannte Verstehen als Prozeß der Bestimmung einer datenkonformen Schemakonstellation ist so gesehen ein Vorgang, in dem Hypothesenbildung, -überprüfung, -verwerfung, -neubildung usw. so eng miteinander verquickt sind, daß sie bei einem phänomenologischen Zugriff nicht mehr als abgrenzbare Prozeßkomponenten erkennbar sind. Umgekehrt läßt sich das Erklären eines Sachverhalts als systematische und kontrollierte Durchführung dessen begreifen, was in einem Verstehensprozeß weniger systematisch und weniger kontrolliert und in rascher Aufeinanderfolge stattfindet" (Schnotz, 1982, S. 234). Das Bild von der engen Verzahnung von

Differenzierung von „Exploration" und „Überprüfung" gesehen werden, wenn „Exploration" nicht einem verkürzten Verständnis bzw. einer verkürzten Praxis unterliegen würde, einer Praxis, die „Exploration" oftmals lediglich als ‚Stoffsammlung' zur Fragebogenkonstruktion betrachtet; Ergebnis sind dann letztlich Regelmäßigkeiten, die in ihrem Sinn unverstanden bleiben. Dies bedeutet aber gerade nicht, bei Auswahl von Variablen bzw. ihrer Operationalisierung spielten nicht Verstehensprozesse des Forschers eine Rolle. Diese Verstehensprozesse bleiben lediglich implizit (vgl. Hopf, 1979, S. 20). Dies haben neuere Aufarbeitungen der früheren Debatten (verbunden mit den Namen Berelson und Krakauer) um qualitative vs. quantitative Inhaltsanalyse u.a. hinlänglich deutlich gemacht (vgl. M. Dreher, 1981; Merten, 1981; Lisch/Kriz, 1978; Ritsert, 1972).

2.) Das Verstehen von Verstehen, also der Inhalt von Hermeneutik im engeren Sinn, ist wie alle Erkenntnistheorie der Erkenntnis nicht vorausgesetzt. Sozialwissenschaftler können ihre (impliziten) Verstehensprozesse also ohne weiteres durch die billige Denunziation von verstehendem Herangehen an die Gegenstände als allenfalls tauglich zur Gedichtinterpretation begleiten (z.B. Früh, 1981, S. 58 f.). Insbesondere was die Rezeption Diltheys angeht, ist festzustellen, daß sich auch seriösere Herangehensweisen wie die von Laucken (1982) haarsträubende Verkürzungen des Inhalts der „Ideen über eine beschreibende und zergliedernde Psychologie" (1957; Orig. 1894) leisten: wie in der genannten Schrift von Dilthey nachzulesen ist, kapriziert sich dessen Kritik an der Assoziationspsychologie weder auf die „Einzigartigkeit jedweder Lebenslage" (Laucken, 1982, S. 90), noch lehnt Dilthey gar mit diesem Argument ein Überprüfen von Annahmen über gesetzmäßige Zusammenhänge ab, wie Laucken zu unterstellen scheint. Ein weiteres Beispiel einer alles andere als befriedigenden Auseinandersetzung mit den Überlegungen Diltheys liefert Brunner (1982), der sekundiert vom „marxistisch-leninistischen Wörterbuch der Philosophie" von Klaus/Buhr (1972) befindet: „Ohne Vorverständnis ist kein Verstehen in diesem Zusammenhang möglich; einzelnes kann nur verstanden werden, wenn der ‚Zusammenhang des Ganzen' ... vorausgesetzt werden kann. Das Verständnis des Ganzen wiederum ‚wird nur über den Weg der Einzelverständnisse richtig ‚verstanden'' (Klaus u. Buhr, 1972, S. 474 f.). Verstehen ist nur innerhalb dieses *hermeneutischen Zirkels* möglich. Vertreter des Empirizismus glaubten, diesem Dilemma dadurch entgehen zu können ..." (Brunner, 1982, S. 201; Hervorhebungen im Orig.). – Hier scheinen zwei (von Klaus/Buhr) ‚richtig' gesetzte Anführungszeichen und die unumwundene Etikettierung von „Zirkel" als „Dilemma" bereits als hinreichende Würdigung oder besser:

Hypothesenbildung und -überprüfung trübt hier wohl den Blick dafür, daß der Prozeß der Hypothesenbildung durch diesen Regress nicht tangiert wird. Der Sprung von der Quantität in die Qualität erweist sich hier als irrationale Beschwörungsformel in der Terminologie des Computer-Zeitalters.

Erledigung der Hermeneutik aufgefaßt zu werden. Der Gerechtigkeit halber sei erwähnt, daß noch ein paar Zeilen mehr über Hermeneutik die zitierte Passage von Brunner umrahmen; allerdings haben auch diese Stellen stark den Charakter des Sich-Pikierens: das Vorführen blumiger Formulierungen des ‚toten Hundes' Dilthey scheint Brunner dort das Argumentieren zu ersetzen; dies wohlgemerkt in einem Abschnitt über „Erkenntnistheoretische Implikation" in einem Aufsatz über „Interpretative Auswertung". Die „elaborierten Interpretationssysteme", die Brunner dann der Hermeneutik gegenüberstellt, um „Objektivität und inhaltliche Validität um ein erhebliches Maß zu steigern" (Ebenda, S. 204 f.), zielen gerade auf an formalen Aspekten von Texten orientierte Abstraktionen vom Inhalt (vgl. Erläuterung (3) zu These 2). Daran kann man sehen, daß Unverständnis von Hermeneutik (in der Wissenschaft) doch (in Relativierung der These) die Grundlage für eine Behinderung von Gegenstandsverständnis bilden kann, insofern dieses Unverständnis mit der Orientierung an wissenschaftlichen Konventionen einhergeht, die äußerliche Exaktheit zum Fetisch machen, dem die Auseinandersetzung mit dem Gegenstand geopfert wird.

3.) Wenig sinnvoll erscheinen auch Abgrenzungsbemühungen einer psychologischen von einer soziologischen bzw. einer subjektiven von einer objektiven Hermeneutik. Die Wendung gegen eine „psychologische Hermeneutik" durch Hopf (1979, S. 22) bleibt am genannten Ort ohne Begründung; der neuerdings von Hopf (1982, S. 314 ff.) vorgelegte Versuch, Indikatoren (des Textes) für die Legitimität einer soziologischen Interpretation (Schluß auf Normen) zusammenzustellen, impliziert einen verkürzten Begriff der Gesellschaftsbezogenheit von Subjektivität (vgl. 3.2.); unbestritten bleibt dabei der Wert von methodisch-abstrahierenden Explikationen bzw. Inspektionen (sensu Blumer, 1979, Orig. 1969) durchgeführter Interpretationsprozesse – nur: wenn etwa die Erkenntnis, Ausdrücke von „Selbstverständlichkeiten" seien oft ein Hinweis auf den normativen (= sozialen) Charakter von Aussagen, in eine Interpretationsmaxime umgemünzt wird, steht die Explikation eines Teilaspekts vollzogener Auseinandersetzung mit Aussagen in der Gefahr, künftige Interpretationen um des methodischen Apriori willen in schmalspurige Bahnen zu weisen. Solche Verkehrungen von Verstehensprozessen in ‚Kochbuch'-Artikel sind jenseits des verkürzten Norm/Wert-Verständnisses der Autorin fatal.

Die Methodologie einer „objektiven Hermeneutik" von Oevermann u.a. (1979) findet ihren sachlogischen Rechtfertigungsgrund analog zu dem, was in der Erläuterung (1) zu These 2 über „nicht-kalkulierte Intentionalität" bzw. in Erläuterung (2) zur selben These über „dokumentarischen Sinn" gesagt wurde; allerdings trennen die Autoren latente Sinnstrukturen zunächst völlig von der (wie auch immer vermittelten) Intentionalität des Individuums, um sie dann über einen (nicht klar faßbar umgedeuteten) tiefenpsychologischen Begriff des Unbewußten wieder in der Subjektivität zu verankern. Dieser Umweg, den die Autoren u.a. auch für die Bedingung der Möglichkeit der marxistischen Konzeption des (falschen) Bewußtseins halten, verrät in seiner Distanzierung vom „Subjektivismus" eher ein Abgrenzungsbedürfnis innerhalb des Wissenschaftsbetriebes als Kenntnis des Bestandes von Überlegungen der philosophischen Hermeneutik (siehe hierzu Gadamer (1960), wo sich u.a. eine fundierte Auseinandersetzung mit Dilthey findet). Oevermann u.a. (1979) halten es für sinnvoll, „die praktischen Verfahren der objektiven Hermeneutik als Kunstlehre" (S. 392) zu inaugurieren (hierin formell auf ein nicht zufällig nie eingelöstes Desiderat traditioneller Hermeneutik rekurrierend), obgleich sie selbst konstatieren, „daß es sogar forschungspraktisch ungerechtfertigt und leichtsinnig sein könnte, auf die theoretische Explikation von Regeln oder Kompetenzen als Voraussetzung für eine Rekonstruktion des latenten Sinnes von Interaktionen zu ‚warten'. Maßstab der empirischen Triftigkeit von Kompetenztheorien – als aus solchen Regelexplikationen bestehenden Theorien – ist ja gerade die unabhängige, empirische Operativität der intuitiven Urteilskraft, die wir zugleich als Interpreten in Anspruch nehmen und den handelnden Subjekten selbst unterstellen. Daraus folgt aber auch, daß wir unserer intuitiven Urteilskraft als der auch für die Geltung von Kompetenztheorien zuständigen ‚letzten empirischen Instanz' stärker trauen sollten als den Explikationen von Kompetenztheorien selbst" (Ebenda, S. 388). So argumentieren die Autoren selbst in einer Richtung, die sich mit der obigen Kritik von Bemühungen um „Kunstlehre" bzw. ‚Kochbuch' berührt.

4.2. Zum Prozedere

Zum Vorgehen beim Aufsuchen der Empirie wurden im Bisherigen eine Reihe von Feststellungen gemacht, die hier nicht nochmals wiederholt werden sollen. Hier sollen nun einige Details des „qualitativen" bzw. „intensiven" Vorgehens bei Erhebung und Auswertung nachgetragen werden; auch eine nochmalige ausführliche Rechtfertigung eines als „qualitativ" apostrophierbaren Vorgehens soll hier unterbleiben (vgl. neben den bisherigen Ausführungen in diesem Kapitel auch 2.1.2.4., 2.1.2.5. sowie 3.1.2.5.). Gleichwohl sei hier eine These zur (als erledigt geltenden) Debatte „qualitativ vs. quantitativ" formuliert:

These 5: Der Gegensatz von qualitativem und quantitativem Vorgehen mag im Grund ein Scheingegensatz sein – angesichts der nach wie vor bestehenden Tendenzen, abzählbare Daten zu produzieren (statt bei entsprechenden Daten eventuell durch Zählen zusätzliche Informationen zu gewinnen), behält dieser Gegensatz bei allem Schein Hand und Fuß.

Erläuterung: 1.)
Zur einschlägigen Literatur siehe Erläuterung (1) zu These 4.

2.) Beispiele für problematische „Kompromisse“ von Quantifizierungs-Konventionen und qualitativer Inhaltsanalyse sind (neben vielen anderen) Charlton/Jungjohnann (1980), Haußer u.a. (1981) und Sepstrup (1981).

3.) Häufigkeiten spielen in den Auswertungen des 5. Kapitels praktisch keine Rolle; soweit von Häufigkeiten (in umgangssprachlichen Formulierungen) die Rede ist (etwa im Sinne von „Quasi-Statistiken“ sensu Barton/Lazarsfeld, 1979, Orig. 1953, S. 71 ff.), ist ihre deskriptive Relevanz vor dem Hintergrund der nicht-repräsentativen Stichprobe zu relativieren; auf eine quantitative Darstellung von Textmerkmalen der einzelnen Interviews wurde völlig verzichtet (vgl. Erläuterung (3) zu These 2, sowie Erläuterung (2) zu These 4); daß solche Textmerkmale im Verlauf der Auswertung aus heuristischen Gründen tabelliert wurden, steht auf einem anderen Blatt (s.u.).

Im einzelnen folgen nun: 1.) Anmerkungen zur ‚Eröffnung‘ des Feldes sowie zur Stichprobe; 2.) Anmerkungen zur Gestaltung der geführten Interviews; 3.) Hinweise auf Schritte der Auswertung des Materials und die Darstellungsweise der Daten im 5. Kapitel.

4.2.1. Zur ‚Eröffnung‘ des Feldes, zur Stichprobe

Mit der Bekundung des Interesses, die Erwartungen von Teilnehmern psychologischen Führungstrainings zu erkunden, nahm der Verfasser (unter Hinweis auf den formellen Aspekt: Dissertation und Name des Doktorvaters) im Frühjahr 1982 Kontakt mit Personalabteilungen von größeren Firmen im Münchner Raum auf; mit drei Firmen konnten zunächst mehr oder weniger feste Vereinbarungen getroffen werden; bei allen dreien konnten schließlich auch Erhebungen durchgeführt werden; alle drei werden in dieser Arbeit nicht namentlich aufgeführt. Eines der größten Unternehmen am Platz erteilte dem Verfasser eine aufschlußreiche Abfuhr: ein nicht-leitender Mitarbeiter der Personalabteilung teilte ihm bei einer ersten Kontaktaufnahme mit, er sehe keine Chance für eine solche Erhebung; daß es sich hier um ein zu heißes Eisen handle, gehe schon daraus hervor, daß man sich unlängst von einem externen Referenten für Führungstraining getrennt habe, der eine ausführlichere Erhebung dieser Art durchführen wollte. Das Nachhaken des Verfassers bei einem höhergestellten Mitarbeiter der Personalabteilung resultierte in mehreren Telefonaten, in deren Verlauf der Firmen-Psychologe dem Verfasser darlegte, es gebe empirische Arbeiten der angezielten Art wie Sand am Meer, weshalb es in jeder Hinsicht verdienstvoller sei, eine Literaturübersicht anzufertigen ...

Die Kontakte mit den drei prinzipiell aufgeschlossenen Firmen bzw. Personalabteilungen gestalteten sich in sehr verschiedener Weise – sowohl im Hinblick auf das aktuelle Mißtrauen gegenüber dem Vorhaben des Verfassers als auch im Hinblick auf die im Endeffekt davongetragenen ‚empirischen Früchte‘. In beiden Hinsichten am erfreulichsten waren die Beziehungen zu der Personalabteilung der Firma (Dienstleistungsbereich), der die Fälle A—J des empirischen Teils zuzuordnen sind (5.1.): nach Schilderung der Fragestellung (in groben Zügen) wurde das Plazet zur Untersuchung erteilt; der Verfasser erhielt die Teilnehmerliste zu einem Seminar, das in wenigen Wochen stattfinden sollte (nur Firmenmitglieder; Führungskräfte der unteren und mittleren Ebene; externer Referent); unter Berufung auf das Plazet der Personalabteilung und zugleich die eigene Unabhängigkeit sowie die Anonymität der Erhebung unterstreichend, kam es dann zur telefonischen Kontaktaufnahme mit den Führungskräften; in der Mehrzahl handelte sich der Verfasser bei diesen Kontaktaufnahmen Absagen („keine Zeit") ein; einige der vorgesehenen Teilnehmer stellten ein Gespräch nach dem Seminar in Aussicht; diese geringe Ausbeute war Anlaß zu einem 2. Anlauf (anläßlich des nächsten Seminars des nämlichen Referenten), der ergiebiger ausfiel; Termine zu Gesprächen nach dem Seminar wurden bei Gesprächen vor dem Training ins Auge gefaßt. Eine tatsächliche Kontaktaufnahme für das Interview/post scheiterte dann in 2 Fällen. Endergebnis: 7 Gespräche vor, 8 nach dem Training; davon 5 Personen prä und post. Die Abstände zwischen 1. und 2. Gespräch sind uneinheitlich; im einzelnen können die Zeitabstände den Falldarstellungen entnommen werden. Alle Gespräche fanden während der Dienstzeit in den Räumen der Firma statt. Die Personalabteilung ist nach Wissen des Verfassers nicht darüber informiert, mit welchen der Trainingsteilnehmer Gespräche geführt wurden. Zusätzlich konnten Gespräche mit einem Mitarbeiter der Personalabteilung und dem Trainer geführt werden, die wie die anderen Gespräche auf Tonband aufgezeichnet wurden.

Ein weniger liberales Verfahren wurde von der Firma/Personalabteilung (Metallverarbeitende Industrie) gewählt, der die unter 5.2. verzeichneten Fälle (K—M) zuzurechnen sind: nach einem längeren ‚Vorstellungsgespräch‘ des Verfassers bei dem verantwortlichen Mitarbeiter der Personalabteilung (das nicht mitgeschnitten wurde) wurden Befragung prä und post sowie Teilnahme am Training (wie oben: nur Firmenmitglieder, untere und mittlere Führungskräfte, externer Referent) selbst zugesagt. Die Befragungstermine wurden den Führungskräften von der Personalabteilung via Rundschreiben ‚empfohlen‘; Ergebnis war, daß der Verfasser im Laufe eines Tages 7 (!) dreiviertel- bis eineinhalbstündige Interviews zu führen hatte; wiederum in Dienstzeit und -räumen; die Teilnahme am Training wurde dem Verfasser eine Woche vor Beginn mit der Auskunft, Training bzw. Unterkünfte seien bereits überbelegt, abgesagt; dies geschah in Form einer mündlichen Mitteilung des Personalabteilungsmitarbeiters in dessen Dienstraum unter Anwesenheit der Sekretärin; bei einem Telefonat, das der Verfasser aus anderen Gründen einige Tage später mit der Sekretärin führte, teilte diese ihm mit, es seien einige Absagen eingegangen, die Teilnahme des Verfassers nunmehr also möglich; die Teilnahme wurde erneut vereinbart; bei einem Anruf (wegen einer Nachfrage bei der Sekretärin) unmittelbar vor Abreise zum Training wurde der Verfasser mit dem Chef statt der Sekretärin verbunden, was er zum Anlaß nahm, sich bei diesem für die letztendliche Einladung zu bedanken – was die letztendliche Ausladung bedeutete: die Sekretärin habe verkannt, daß trotz freigewordener Plätze eigentlich immer noch Überbelegung gegeben gewesen wäre. Weitere Vertröstungen im Hinblick auf spätere Trainingstermine mündeten schließlich in die Auskunft, über eine Einladung könne erst entschieden werden, wenn Zwischenergebnisse vorgelegt würden. Ein ‚listiges' Vorgehen wäre hier natürlich noch möglich gewesen, wurde aber aus verschiedenen Gründen verworfen. Gespräche nach dem Training waren nur in 5 der 7 Fälle möglich. Diese Termine waren wiederum durch die Personalabteilung vereinbart worden. Da mithin der Personalabteilung bekannt ist, wer interviewt wurde, wird zur Erschwerung der Lüftung der Anonymität der Befragten auf die Wiedergabe von zwei der fünf Fall-Längsschnitte verzichtet; zudem wird bei den Falldarstellungen nicht der jeweilige Zeitabstand zwischen Erst- und Zweitgespräch angegeben.

Im Falle der dritten kooperationsbereiten Firma/Personalabteilung wurde der Verfasser auf drei Führungskräfte verwiesen; mit allen fanden Gespräche vor dem Training statt; lediglich in einem Fall kam es zu einem Interview nach dem Training. Bei der für das 5. Kapitel gewählten Darstellungsweise, die die Fälle (anonym) den Firmen zuordnet, wäre bei einer Wiedergabe die Anonymität der Führungskräfte dieser dritten Firma nur in mangelhafter Weise gewährleistet. Die Darstellung des hier erhobenen Materials entfällt daher völlig.

Bei der Stichprobe, die den in dieser Arbeit dokumentierten Auswertungen A—E und K—M als Fall-Längsschnitte, F—J in Einzel-Aussagen zugrunde liegt, handelt es sich um untere und mittlere Führungskräfte[10] zweier größerer Firmen. Schulabschluß bildet bei dieser Stichprobe in vier Fällen die mittlere Reife, in neun Fällen das Abitur, sieben der Befragten sind Akademiker. Das Alter lag zwischen 29 und 55 Jahren. Eine nähere Charakterisierung der Stichprobe erscheint bei der Anlage von Erhebung, Auswertung und Darstellung nicht sinnvoll. Eine Zuordnung von Charakteristika der Personen zu den Falldarstellungen verbietet sich aus Gründen der Wahrung der Anonymität.

[10] Bei den Teilnehmern der drei angeführten Seminare handelte es sich ausschließlich um Personen männlichen Geschlechts.

Der vom Verfasser gewählte Weg zur Kontaktaufnahme mit Trainingsteilnehmern erschien aus praktischen Gründen naheliegend. Die Probleme, die dieser Weg mit sich bringt, sind, wie aus dem obigen hervorgeht, nicht unerheblich. Studien über psychologisches Führungstraining, die sich wie die vorliegende nicht auf vordergründige „Effektivitätskontrollen" beschränken, sind inhaltlich weniger auf die Zusammenarbeit mit Personalabteilungen angewiesen als es faktisch im Hintergrund der vorliegenden Arbeit der Fall war. Ergebnis der Erfahrungen im Feld, in das der Verfasser mehr oder weniger naiv hineingestolpert ist, ist die Überzeugung, daß es sinnvoll ist, schon beim Zugang zum Feld nach ‚Schleichwegen' neben den ausgetretenen Pfaden zu suchen.[11]

4.2.2. Zur Interviewgestaltung

Mutmaßungen über Erwartungen von (potentiellen) Teilnehmern an psychologischem Führungstraining wurden vor Eröffnung der Feldarbeit gemäß Tabelle (1) (s. 2.1.2.5.) festgehalten; diese Mutmaßungen bildeten die Grundlage für einen Gesprächsleitfaden; der Leitfaden wurde nach ersten Gesprächen bzw. nach neuen Anregungen, die das Studium der Literatur erbrachte, modifiziert, wobei die Gliederung, wie sie sich in der ‚endgültigen' Fassung (siehe Anhang I) zeigt, im Prinzip erhalten blieb; allerdings war auch die ‚endgültige' Fassung kein starres Schema der Gesprächsführung; da eine identische Gesprächsführung bei der Auswertung nicht unterstellt wird, ist diese Offenheit unproblematisch (vgl. Hack, u.a., 1979, S. 538 ff.; Riemann, 1979, S. 128 f.). Die Inhalte der Fragen sind direkt oder indirekt auf die Themen und Dimensionen bezogen, die in 4.1. (insbes. Tab. 3) festgehalten wurden. Was die Frage zur Psychotherapie im Leitfaden zu suchen hat, möge 2.1.2.5., 3.1.2.2. sowie 3.3. bzw. den Darstellungen im 5. Kapitel selbst entnommen werden. So, wie das während der Erhebungsphase fortgesetzte Literaturstudium Einfluß auf die Gespräche nahm, wurde es selbst partiell durch die Gespräche und ihren ‚Nachhall' gelenkt.

Der Gesprächsleitfaden spielte seine Rolle zur liberalen Strukturierung[12] lediglich bei den Gesprächen vor dem Training; eine Ausnahme bildeten die Gespräche danach, denen keine Interviews/prä vorausgegangen waren. Die Gespräche nach dem Training wurden eher im Sinne narrativer Interviews (vgl. Riemann, 1979, S. 128 f.; Wahl, 1981, 74 ff.; Hron, 1982, S. 129 f.) geführt, wobei prinzipiell darauf geachtet wurde, zu näherer Erläuterung von

---

[11] In diesem Zusammenhang ist auf die Nützlichkeit von Veröffentlichungen hinzuweisen, die Forschungs- als Erlebnisberichte offerieren; z.B. Liebow (1979) und K. Wahl u.a. (1982).

[12] Zur Gefahr der „Oberflächlichkeit" bei strenger ‚Leitfadenabhängigkeit' der Interviews vgl. Hron (1982, S. 135).

Erzählungen aufzufordern; eröffnet wurden diese Gespräche mit der Frage, woran sich der Gesprächspartner noch erinnere, was ihm besonders wichtig erschien, etc. Bezüglich des Trainings – dem Fokus dieser Erzählungen (vgl. Merton/Kendall, 1979) – ergab sich von Interview zu Interview (mit Teilnehmern des nämlichen Trainings) für den Interviewer eine mosaiksteinartige Ergänzung des Bildes. Dies blieb natürlich nicht ohne Einfluß auf die Ansatzpunkte und Formulierungen von Nachfragen. Auch wenn sich die Erzählungen um die Erlebnisse im Seminar rankten, blieben auch in den Interviews/post die menschlichen Beziehungen in der Hierarchie Thema.

Die Interviewdauer wurde jeweils durch die vorweg eingeräumten Termine bestimmt, wobei es allerdings in mehreren Fällen gelang, erheblich zu überziehen. Im Durchschnitt lag die Gesprächsdauer bei 1 Std. Alle Gespräche wurden vom Verfasser geführt.[13] Alle Gespräche wurden auf Band aufgezeichnet. Letzteres dürfte sich natürlich – in letztlich nicht eingrenzbarer Weise – auf die Darstellungen der Interviewten ausgewirkt haben. Die Vorzüge dieser Form der Erhebung sprechen nach Dafürhalten des Verfassers jedoch nachdrücklich für die Tonbandaufzeichnung. Ein grundsätzlicher Widerstand der Probanden, der diesbezüglich von Forschern weithin unterstellt wird, konnte nicht festgestellt werden (und wird auch von anderen, die sich in dieser Erhebungstechnik tatsächlich versucht haben, nicht berichtet; vgl. Hopf, 1982, S. 314; Hack u.a., 1979, S. 540; Kohli, 1978, S. 18; Thomae, 1968, S. 115).

Zum Problem des Mißtrauens der Interviewten bzw. unaufrichtiger (Selbst-)Darstellung eine letzte These:

These 6: Das Mißtrauen der Interviewten ist Teil der Empirie, der die Forschung sich anzunähern bemüht. Bestrebungen, eine „vertrauensvolle Atmosphäre" zu konstituieren, stoßen so nicht nur auf ‚natürliche' Grenzen, sondern bergen auch die Gefahr, die Aufmerksamkeit des Forschers auf eine ‚falsche' Richtung zu konzentrieren. Das Problem „Aufrichtigkeit" bzw. „Antworttendenz der sozialen Erwünschtheit" bleibt bei einer Erhebung durch offene Fragen und bei vollständiger Aufzeichnung von Antworten (und Nachfragen) nicht eine übermächtige Bedrohung des Forschungsprozesses: die Argumentationskontexte (einschließlich ihrer Inkonsistenzen) erlauben Interpretationen, die den Informationsgehalt wechselnder statistischer Verteilungen von Stereotypen bei weitem übersteigen. Ein Gedankenexperiment (durchzuführen nach Lektüre des 5. Kapitels) möge dies verdeutlichen: man versuche, sich die Gesprächspartner beim Ausfüllen einschlägiger Fragebögen bzw. die Ergebnisse solcher Befragungen auszumalen.

---

[13] Hierfür plädieren z.B. Ulich (1982a, S. 58) und Köckeis-Stangl (1980, S. 356); im Rahmen dieser Arbeit bestand schon rein praktisch keine Alternative zum ‚Selbermachen'.

Erläuterung: 1.) Gegen eine naive Propagierung von Vertraulichkeit im Interview wendet sich Ulich (1982 a, S. 49); trotz seiner Polemik gegen einen moralischen Idealismus in dieser Beziehung scheint er selbst nicht davor gefeit, die ‚technischen' Möglichkeiten der Vertraulichkeit im Interview seinerseits eher hoch zu veranschlagen; realistischer argumentiert Kohli (1978, S. 3). Im Kontext der Fragen Forschungsmoral und Vertrauen soll hier auch vor einer Idealisierung der Interviewten gewarnt werden, wie sie bei Protagonisten der Aktionsforschung zu beobachten ist (vgl. die Erläuterung zu These 3): Daß die Forschungs-Objekte Subjekte sind, ist kein einleuchtender Grund für das Fallenlassen kritischer Distanz; gegenüber einer Vielzahl von Forschungs-Subjekten - den lieben Kollegen - wahrt man ja auch kritische Distanz. Die Vertraulichkeit im Interview wird übrigens nicht umsonst als „echte" Vertraulichkeit eingefordert: die Übergänge zur Heuchelei sind fließend - selbst z.B., wenn das den Gesprächsfluß stützende „Hm, hm" oder „Ja, ja" des Interviewers nicht impliziten Einspruch übertüncht, bleibt dem Interviewer bei aller (wohl nicht ganz vermeidbaren) „Verkafferung" (als Umschreibung eines distanzlos-intensiven Kontaktes zum Feld; vgl. Cicourel, 1970, S. 70 f.) doch im ‚Hinterkopf' klar, daß er jenseits der Erhebungssituation eine kritische Distanz zum erhobenen Material einnehmen wird, daß die Vertraulichkeit einen zumindest vorübergehenden Charakter hat; das Ziel, die Auswertungsergebnisse an die ‚Ausgehorchten' zurückzuspeisen, könnte das schlechte Gewissen einer antizipierten Distanz mindern - gewinnt durch diese Funktion zugleich jedoch selbst eine (moralisch) zweifelhafte Qualität.

2.) Die Probleme mit der Aufrichtigkeit sind bei Fragebogenerhebungen in der Tat fundamental (vgl. Berkel, 1980, S. 31 ff.; siehe auch 2.1.2.4.). Was Kontexte demgegenüber (in nachvollziehbarer Weise) ‚ausplaudern' können, zeigt konkret das 5. Kapitel (vgl. Erläuterung (2) zu These 2). Auf diesem Wege verliert übrigens auch das Problem der Suggestivfrage (vgl. Richardson u.a., 1979) an Bedrohlichkeit. Eigene Befangenheit (vgl. Devereux, 1967) kann sich der Forscher z.T. mit Hilfe der Bandaufzeichnungen vor Augen führen.

4.2.3. Zu Auswertungsschritten und Darstellungsweise[14]

Ein Teil der Interviews/prä wurde bereits vor dem jeweiligen Interview/post intensiver bearbeitet (Versuche, einerseits den Tenor nach mehrmaligem Abhören in knappen Formulierungen zusammenzufassen, andererseits handschriftliche Transkription einzelner Passagen und Analyse der schriftlich festgehaltenen Argumentation); ein weiterer Teil wurde

[14] Hier geht es um die formelle Seite bzw. Historie von Auswertung und Darstellung; zum Inhalt siehe 4.1.

lediglich kurz vor dem zweiten Interviewtermin abgehört; ein dritter Teil wurde erst nach Abschluß der Erhebungsphase abgehört bzw. transkribiert. Nach Ende der Erhebungsphase wurden auch die ersten vollständigen Schreibmaschinen-Transkriptionen erstellt; diese wurden nur zum kleinsten Teil vom Verfasser selbst vorgenommen; da die Hoffnungen auf eine Finanzierung aus Förderungsmitteln sich zerschlugen, wurde die vollständige Schreibmaschinen-Transkription der Interviews unglücklicherweise zu einem Zeitpunkt abgebrochen, als zwar alle jene Interviews transkribiert waren, die aus der dem 5. Kapitel zugrundeliegenden Stichprobe letztlich herausfielen (vgl. 4.2.2.), nicht jedoch all jene, die im 5. Kapitel zum Gegenstand werden.

Die weitere Auswertung vollzog sich zunächst in einem Wechsel von Detailanalyse und Bemühungen, einen Überblick zu gewinnen, Vergleiche zu ziehen; parallel bzw. im Wechselspiel mit der Beschäftigung mit den Daten wurden weitere Anregungen in der Literatur gesucht. Abstrahierende Zwischenergebnisse bildeten Auswertungsaspekte und -dimensionen, wie sie in Anhang II und III wiedergegeben sind; diese mündeten schließlich in den durch die Themen und Dimensionen von Tab. 3 (s. 4.1.) benannten Perspektiven auf die Interviews. Ein weiteres Zwischenergebnis dieser Beschäftigung bildeten die Auswertungstabellen bzw. -raster, die in Anhang IV (a—d) wiedergegeben sind. Diese Auswertungshilfsmittel, in die Anregungen, wie sie von Hopf (1982) referiert werden (vgl. Becker/Geer, 1979; zur Problematik solcher Anregungen siehe Erläuterung (3) zu These 4), eingegangen sind, dienten bei einem neuerlichen Herangehen an die Interviews (teils Schreibmaschinen-Transkripte, teils handschriftliche Transkripte, teils nochmaliges Abhören) als Orientierungshilfe; die Umsetzung in Strichlisten wurde nicht von vorneherein ausgeschlossen, erwies sich aber in der Arbeit mit den Tabellen und Rastern als abwegig. Orientierungshilfe bedeutet: vorkommende Themen bzw. Aspekte („e“ steht für Selbstbild, „f“ für Fremdbild) wurden mit Seitenzahlen des Transkripts bzw. Bandlaufzahlen notiert; aufgefallene Querverbindungen wurden durch Pfeilverbindungen (kreuz und quer, insbes. bei d) festgehalten. Die resultierenden ‚Schlachtfelder‘ bildeten zunächst die Grundlage für „Kurzzusammenfassungen“ (pro Interview ca. eine Schreibmaschinenseite), die das Augenmerk wieder stärker auf den Gesamteindruck richteten. Ergänzt wurden diese Zusammenfassungen und Orientierungstabellen und -raster durch Projektion von Perspektiven der Befragten auf (Vorformen von) Schema V. Diese Bearbeitung wurde bei allen Interviews vorgenommen, bevor der theoretische Teil in seiner endgültigen Fassung niedergeschrieben wurde. In dieser Phase wurde eine Rückkoppelung mit unabhängigen Auswertern gesucht[15]: die Auswerter wurden

---

[15] Zu besonderem Dank ist der Verfasser hier seiner Schwester Dorle Gribl sowie Rudi Huber verpflichtet; weiterhin Lutz v. Rosenstiel, Erika Spieß und Martin

aufgefordert, Interviewtranskripte in der genannten Weise auf die Tabellen und Raster des Anhangs IV zu beziehen und sich zugleich ein zusammenfassendes Urteil zu bilden; zuvor war ihnen in groben Zügen der bisherige Forschungsprozeß erläutert worden; anschließend sollte festgestellt werden, ob Notationen und Zusammenfassungen des Verfassers die Zustimmung der Auswerter finden würden. Das eindeutigste Ergebnis dieses ‚Testballons' war die einhellige ‚Weigerung', mit den Tabellen und Rastern zu arbeiten; die Zustimmung zu den Zusammenfassungen war kaum problematisch, blieb allerdings wegen der fehlenden Verbindungen zu den unterstellten Interviewpassagen halbherzig. Neben einigen Anregungen im Detail war das Ergebnis dieser Rückkoppelung damit vor allem eine Bestärkung in der Entscheidung für *ausführliche Falldarstellungen.*[16]

Im Anschluß an die Niederschrift des theoretischen Teils wurde nach nochmaliger Kenntnisnahme des jeweiligen Interviews auf Grundlage der Kurzzusammenfassungen und Auswertungstabellen bzw. -raster und den (vorläufigen) Markierungen in Schema V, die Darstellungen bzw. Interpretationen von A—E und K—M (5.1. und 5.2.) in Form von Fallängsschnitten niedergeschrieben; erst vor diesem Schritt war die Entscheidung über die Beschränkung der Stichprobe (zu den Gründen siehe 4.2.2.) gefallen. Diese Interpretationen enthalten extensiv Zitate aus den Interviews. Die Funktion des Interpretations-Textes ist eine dreifache: erstens werden Hinweise auf nicht zitierte Teile des Interviews gegeben, zweitens wird der Inhalt der Zitate in knapper Form paraphrasiert und drittens wird dieser Inhalt kommentiert, wobei auch Hinweise auf andere Interviews gegeben werden; teils beschränkt sich der Kommentar auf pointierte Paraphrasen (wenn diese beim Leser den Eindruck erwecken: ‚Das steht doch ohnehin schon im Zitat' – haben sie ihr Ziel erreicht). Am Schluß der Interpretationen wird bei Interview/prä ein Gesamteindruck dieses Interviews wiedergegeben, bei Interview/post enthält dieser Gesamteindruck in der Regel Rückerinnerungen an das erste Gespräch. Bei verschiedenen Interviews wurden, was die Beschreibung und Kommentierung betrifft, verschiedene Schwerpunkte gesetzt, die vor dem Hintergrund der gesamten Darstellung zu sehen sind. Gleichwohl könnte sich für den Leser der nicht ungerechtfertigte Eindruck ergeben, wichtige Aspekte des zitierten Materials seien völlig übersehen worden; dies spricht für die Transparenz, die das extensive Zitieren mit sich bringt; das gleiche gilt für den eventuellen Eindruck einer „Überinterpretation". Der Vorwurf, hier

Stengel, die in ihrem Seminar die ‚Auswerter-Einweisung' und die Diskussionen von Auswertungen ermöglichten; ebenso Eva Dreher und Michael Dreher für Diskussionen über Auswertungsprobleme (vgl. auch E. Dreher, 1980).

[16] Das Für und Wider von Falldarstellungen soll hier – nach den bisherigen Ausführungen dieses Kapitels – nicht gesondert diskutiert werden (vgl. auch Traxel, 1974, S. 290 ff.; Köckeis-Stangl, 1980, S. 558 ff.).

walte eine allenfalls im Journalismus tragbare Beliebigkeit, wird in Kauf genommen.

Die Querschnitte (vgl. Fußnote 8 dieses Kapitels) in 5.1.6. und 5.2.4. wurden auf Grundlage der ausgeführten Fallinterpretationen vorgenommen; es wurde darauf verzichtet, bei den Querschnitten die jeweiligen Nummern von Schlüssel-Begriffen bzw. -(Para-)Phrasen der Überblicksdarstellungen zu verzeichnen. Der Querschnitt in 5.1.6. nimmt aus zwei Gründen eine besondere Stellung ein: 1.) werden hier systematisch Perspektiven (vor allem „Selbstinstrumentalisierung" (5.2.6.1.) und „Instrumentalisierung anderer" (5.1.6.2.)) herausgearbeitet, an die bei nachfolgenden Falldarstellungen und vor allem beim Querschnitt in 5.2.4. - zur Abkürzung der Argumentation - erinnert werden kann; zu betonen ist, daß diese Systematik ihre Überzeugungskraft im wesentlichen aus den Falldarstellungen A—E bezieht; Zitate aus den Fällen F—J bilden hier im unmittelbaren sowie im übertragenen Sinn Fußnoten zu den Querschnitten durch A—E (prä und post). 2.) werden diese Ergebnisse in 5.1.6. in Zusammenhang mit Aussagen des betroffenen Trainers sowie des für die Organisation des Trainings Verantwortlichen in der Personalabteilung gebracht. Auf diese Weise ergibt sich für das in 5.1. behandelte Training ein relativ anschauliches Bild. Die Falldarstellungen in 5.2. münden nicht in ein vergleichbar lebhaftes Gesamtbild; gleichwohl erschien es unabdingbar, sie einzubringen, weil sie Gegebenheiten offenbaren, die sich teils deutlich von den Daten in 5.1. abheben; dieser Zweck leidet übrigens nicht wesentlich durch die Weglassung zweier Fallängsschnitte (vgl. 4.2.2.).

Nutzen und Schwächen der tabellarischen Übersichtsdarstellungen sowie der schematischen Abbildungen der subjektiven Kontrollperspektiven wurden bereits in 4.1. erörtert.

5. Darstellung und Interpretation des erhobenen Materials

In diesem Kapitel werden Interviews, die mit Führungskräften vor und nach dem Besuch von Führungstraining geführt wurden, dargestellt und interpretiert. Bei den Gesprächsteilnehmern in 5.1. und 5.2. handelt es sich um Führungskräfte, die jeweils derselben Firma angehören; zugleich differenzieren 5.1. und 5.2. nach Seminartypen bzw. Trainern, auch wenn nicht alle Interviewten jeweils Teilnehmer derselben Veranstaltungen waren.

Eine Bemerkung zur Transkriptionsweise: kurze Pausen werden durch Punkte, längere durch Gedankenstriche angezeigt. Drei eingeklammerte Punkte weisen auf Auslassungen im Zitat hin. „Z" steht in den Transkriptionen für den Interviewer.

5.1. Führungskräfte der Firma I/Seminar I

Lediglich von einem Teil der zitierten Interviews liegen vollständige Schreibmaschinentranskripte vor. In diesem Fall wird nach Seitenzahlen des Transkripts zitiert (wenn dabei ein etwa dreiviertelseitiges ungekürztes Zitat mit S. X ff. zitiert wird, so liegt das an der verdichteten Tippweise der Zitate in diesem Kapitel); anderenfalls wird die Quelle durch Bandlaufzahlen des Tonbandmitschnitts markiert. Zusätzlich zu den Interviews mit Führungskräften wird in 5.1.5. auf Interviews mit dem Trainer und einem Mitarbeiter aus der Personalabteilung Bezug genommen.

5.1.1. Fall A

5.1.1.1. Prä[1]

Sein Interesse am Seminar kennzeichnet er eingangs ohne Umschweife als Wunsch, „Kunstgriffe" kennenzulernen, die es erlauben, „letzte Reserven der Mitarbeiter zu aktivieren". Zwar habe er auch bislang keine Schwierigkeiten als Führungskraft gehabt, aber man könne immer wieder Anregungen mitnehmen; so habe er in einem früheren Seminar den Tip erhalten, den Mitarbeitern zu ihren Geburtstagen zu gratulieren: „So etwas kostet nichts und

[1] Die Quellenangaben beziehen sich auf Bandlaufzahlen des Tonbandmitschnitts.

bringt etwas" (10 ff.). Später - bei der Frage, ob er sich einen positiven Einfluß des Seminars auf seine Durchsetzungsfähigkeit vorstellen könne - führt er näher aus, wie er derartige „Kunstgriffe" sieht:

A: „Auf meine Person bezogen habe ich nie Schwierigkeiten gehabt, mich durchzusetzen. Weil ich es immer auf die Tour versucht habe, den Leuten zu erklären, warum und weshalb das sein muß, ja, und da eben auf Vernunft gestoßen bin."

Z: „Das ist das probateste Mittel - ‚sachliche Notwendigkeit'?"
A: „Ja, ja."

Z: „Und Sie meinen, von daher ist das Seminar, und was Ihnen dort vermittelt wird, für Sie gar nicht so unmittelbar von Interesse?"
A: „Eine Änderung, eine Erleichterung vielleicht, wenn man auf gewisse Zusammenhänge hingewiesen wird. Im Kommunikationsverhalten usw. usf., eine Erleichterung, denn manchmal kann man jemand mit ein paar Worten, die gar nichts mit der Sache zu tun haben, die Dinge so günstig beeinflussen, daß eine gewisse Opposition, die manchmal vorhanden ist, die aber nicht schwerwiegend ist, daß die gar nicht erst aufkommt."

Z: „Das ist das, was Sie vorher mit ‚Trick' angesprochen haben?"
A: „Ja, eben Erleichterung der Führungstätigkeit. Denen das so zu verkaufen, oder noch besser so zu verkaufen, daß sie es gar nicht merken, daß sie letztlich doch in einem System drin sind ... Ich habe etwas gegen Manipulationstechniken, wenn sie im Negativen eingesetzt werden, aber so im Bereich des Positiven halte ich sie für durchaus praktikabel ... es ist nicht so, daß ich jemanden mit psychologischen Tricks dazu bewegen will, seine Meinung um 180° zu drehen, das ist nicht der Sinn einer solchen Übung. Aber, daß man hier gewisse Regularien aufeinander abstimmen kann und das positiv ausnützt. Also nicht Manipulation im negativen Sinne, die würde ich ablehnen."

Z: „Können Sie ein Beispiel nennen für eine Manipulation im positiven Sinne?"
A: „Aus dem Stegreif ist es schwierig, ein Beispiel zu nennen ——— (lange Pause) Was könnte man da anführen? ——— Ich habe also auch nach dem letzten Seminar versucht, eigentlich die Zusammenarbeit in der Gruppe etwas zu verstärken, also etwas füreinander einzutreten, denn man stößt immer wieder auf gewisse Schwierigkeiten, wenn jeder Mitarbeiter bis über beide Ohren mit Arbeit zugedeckt ist, und da seinen Bereich zu eng sieht. Und da habe ich in die Richtung gearbeitet - na ja, drei, vier Monate ist es jetzt, daß doch der eine mal sagt, wenn er merkt, der eine hat zwei oder drei dringende Fälle auf dem Tisch, daß er da eben auch mal sagt: ‚Jetzt gib das her, das machen wir jetzt miteinander'. Es geht darum, den Arbeitsanfall zu bewältigen. Daß man eine kameradschaftliche Atmosphäre erzeugt. Ich habe mir die Brüder zusammengenommen, und wir sind mal auf ein Bierchen gegangen. Dies ist so diese Manipulation, wie ich sie im positiven Sinne sehen würde; der private Kontakt ist wichtig, denn um so mehr sind sie auch bereit, für ihren dann besseren Freund in Anführungszeichen, mal was zu erledigen. Da ist also Motivation schon mal der Abend, wo man auf das Bierchen geht, der Kostenaufwand ist da sicherlich nicht sehr hoch, aber die Beeinflussung in der Richtung, da was rauszuholen, bringt also doch einiges."

Z: „Meinen Sie, daß das den Mitarbeitern nicht so ganz klar ist, daß es dabei darauf ankommt, daß eine höhere Leistung rauskommt?"
A: „Unser Verhältnis ist so, daß sie so einen Abend, wenn man mal auf ein Bierchen geht, ohne Hintergedanken schlucken. Das ist halt das, was ich unter ‚Trick' sehe, in

Anführungszeichen, ich bin mit dem Wort schon mal angeeckt, auch weil es negativ gesehen worden ist; aber in der positiven Art – bei dem Abend selber verfolge ich eigentlich noch nichts damit – aber es ist eben auf Langzeitwirkung abgestellt. Irgendwo soll es einen Sinn haben."

Z: „Glauben Sie, daß wenn man sich so vertraut gemacht hat mit Tricks, daß man dann auch eher gefeit ist davor, selber Opfer einer solchen Vorgehensweise zu werden?"
A: „Ich meine, die Seminare sind immer eine Woche der Selbstkritik. Das ist logisch."

Z: „Man paßt also mehr auf, was man selber macht, wie man sich verhält?"
A: „Ich komme immer auf die Qualität letztendlich zurück und in der Abteilung, in der ich bin, sieht man die Dinge dann zusätzlich vom Konzeptionellen her, und so viel Motivation oder zusätzliche Motivation ist da gar nicht erforderlich, weil man weiß, was erforderlich ist, und was gemacht werden muß. Ich muß sagen, ich habe mit den Vorgesetzten auch Glück in der Richtung, das ist ein angenehmes Zusammenarbeiten. Ich habe nicht den Eindruck, daß man hier gegängelt würde oder – mehr kollegial, deshalb muß man sich zu derartigen Fragen nicht erst Gedanken machen. Aber Seminare habe ich immer als selbstkritische Zeiten aufgefaßt. So ehrlich sollte man sich selbst gegenüber sein" (210 ff.).

Die „Tour", durch ‚Appellieren an die Vernunft', durch den Hinweis auf ‚Sachzwänge', zu führen, sieht er offensichtlich an die Bedingung geknüpft, die Mitarbeiter jenseits von Einsicht und „Vernunft" so zu beeinflussen, daß die Gefahr von ‚Unvernunft', von „Opposition" a priori ausgeschaltet wird. Das Prinzip der „Tricks", die das ermöglichen sollen, wird ausdrücklich als Vernebelung der Zweck-Mittel-Beziehung gekennzeichnet, in der Vorgesetzter und Mitarbeiter sich befinden. Das mögliche moralische Bedenken gegen ein solches Vorgehen thematisiert er im unmittelbaren Anschluß, indem er die Unterscheidung von Manipulation im negativen und Manipulation im positiven Sinn einführt. Die Charakterisierung von ersterer, negativer Manipulation, bleibt dabei abstrakt: „... daß ich jemand mit psychologischen Tricks dazu bewegen will, seine Meinung um 180° zu drehen ...". Die Abgrenzung zur Manipulation „im positiven Sinn" ist verschwommen: „Aber, daß man hier gewisse Regularien aufeinander abstimmen kann und das positiv ausnützt ...". Am Mechanismus der Beeinflussung scheint er keinen Unterschied festmachen zu können; hier ist der einzige Unterschied, daß das eine Mal offen von „Tricks" die Rede ist, während im anderen Fall euphemistisch „gewisse Regularien" an die Stelle der „Tricks" treten. Soweit wird also nur die unterschiedliche Wertung wiederholt, ohne sie zu begründen. Als Begründung für eine Unterscheidung von ‚guter' und ‚böser' Manipulation bleibt so nur das Ziel: „... und das *positiv* ausnutzt". Was man sich darunter vorzustellen hat, wird im folgenden nach kurzem Zögern konkretisiert: die Pflege der zwischenmenschlichen Kontakte der Arbeitsgruppe mit der (verdeckten) Absicht, potentielle Opposition gegen einen vermehrten Arbeitsdruck durch eine „kameradschaftliche Atmosphäre" zu unterlaufen. Dieser Umgang mit seinen Mitarbeitern erscheint ihm billig im doppelten Sinne des Wortes: legitim und kostengünstig (unter dem Gesichtspunkt eines Kosten-

Nutzen-Vergleichs). Die ausdrückliche Nachfrage, ob er glaube, den Mitarbeitern blieben seine Absichten verborgen, beantwortet er in der festen Überzeugung von deren Gutgläubigkeit: für diese sei das „Bierchen", auf das man geht, nicht Anlaß, über Hintergedanken zu spekulieren. Als Erklärung für diese von ihm angenommene Naivität der Mitarbeiter führt er den Umstand an, daß seine Hintergedanken eben *Hinter*gedanken sind: „... bei dem Abend selber verfolge ich eigentlich noch nichts damit", – Akten werden zum gemeinsamen Wirtshausbesuch nicht mitgenommen! Es muß offen bleiben, ob seine Mitarbeiter tatsächlich völlig frei von Mißtrauen gegenüber seinen Bemühungen um „Kameradschaftlichkeit" sind; der Verdacht drängt sich jedoch auf, daß die Gewißheit, mit der er von der Naivität der Mitarbeiter ausgeht, selbst nicht frei von Naivität ist, da er in seiner Erklärung die *Intention* zu täuschen bereits für die Gewähr ihres *Erfolges* zu nehmen scheint. Auf der anderen Seite ist seine Praxis der Täuschung der Mitarbeiter nicht mit Mißtrauen gegenüber den eigenen Vorgesetzten verbunden. Die diesbezügliche Nachfrage wird von ihm zunächst abschweifend (oder ausweichend?) mit der floskelhaft anmutenden Feststellung, Seminare seien „Zeiten der Selbstkritik", beantwortet; anschließend bekundet er, Mißtrauen gegenüber seinen Vorgesetzten sei bei der „konzeptionellen" Übereinstimmung und dem „Glück", das er mit ihnen habe, überflüssig. (Erfolgreiche) Täuschung seiner Untergebenen ist ihm eine Selbstverständlichkeit, die Vorstellung, ihm selbst gegenüber könnten analoge Absichten existieren, erscheint ihm abwegig (die Möglichkeit, er hege einen solchen Verdacht, bevorzuge aber, ihn zu verschweigen, erscheint wenig wahrscheinlich; er sieht sich wohl eher als gleichberechtigten und ‚eingeweihten' Partner bei dem Konzept, die Mitarbeiter im „positiven Sinn zu manipulieren" – über seine Rolle als Untergebener braucht er sich da „nicht erst Gedanken zu machen").

Sein Menschenbild bzw. sein Bild von der Interaktion im Betrieb ist so durch eine Asymmetrie zwischen ‚unten' und ‚oben' gekennzeichnet. Diese Asymmetrie schließt zwar eine Identität zwischen ihm und seinen Untergebenen insofern ein, als er sich nach ‚oben' so naiv gibt, wie er es sich bei denen ‚unten' wünscht, aber gerade darin nimmt er eine Aufteilung in Subjekt-Subjekt-Beziehungen ‚oben' und Subjekt-Täuschungsobjekt-Beziehungen nach ‚unten' vor (vgl. das Schema am Ende von 5.1.1.).

Seine Perspektive auf die Interaktion mit den Untergebenen ist auch bestimmend für seine Vorstellung vom *Transfer* des im Seminar Gelernten auf die Situation im Betrieb:

A: „Ich meine, man muß schauen, wie man die Dinge auf längere Sicht verwirklichen kann, und revolutionieren kann man sowieso nichts. macht auch einen schlechten Eindruck. So nach dem Motto jetzt, jetzt hat er was gehört und jetzt baut er alles um. Also die ersten 14 Tage, drei Wochen nach so einem Seminar passiert gar nichts. Und dann versucht man, das eine oder das andere in die Tat umzusetzen."

Z: „Also Sie machen das ganz bewußt, daß Sie erst einmal gar nichts machen?"
A: „Ja, da war man halt mal eine Woche weg, auf einem Seminar, und dann kann man mal schaun. Man würde von Gleichaltrigen sicher hin und wieder ein Lächeln ernten, wenn man das spürbar ändern würde. Während, wenn sie im Laufe der Zeit – unbemerkt von den anderen über die Bühne geht, und für gut befunden wird. So würde ich es bezeichnen. Aber so den Eindruck entstehen zu lassen, jetzt kommt er wieder mit neuen Ideen, und jetzt möchte er ..., das hat meines Erachtens gar keinen Sinn" (355 ff.).

Anregungen vom Seminar mitzubringen, die andere als solche erkennen, ist peinlich! Warum? Ist die bloße Tatsache, daß man überhaupt etwas dazulernen kann, bereits etwas, was andere nicht wissen sollten? Ist es speziell das Führen-Lernen, das sich nicht mit der Selbstdarstellung des souveränen, gereiften oder gar geborenen Führers verträgt? Oder wird hier die einleuchtende Sorge ausgedrückt, zutagetretende Hintergedanken seien eher schädlich als nützlich? Es hat den Anschein, die Propagierung „neuer Ideen" sei in zweierlei Hinsicht unangenehm bzw. erscheine ihm in zweierlei Hinsicht abwegig: einmal als Ausdruck mangelnder Souveränität, zum anderen wegen des hintersinnigen Inhalts der Ideen (auf den Untergebene vielleicht doch lauern?!).

Es ist für ihn übrigens selbstverständlich, die Teilnahme am Seminar auch unabhängig vom erfolgreichen Anwenden des eventuell Gelernten als Bedingung der eigenen *Karriere* zu betrachten; er nimmt an, von denen, die sich für die Teilnahme melden, würden ohnehin ja diejenigen ausgesucht, die für eine baldige Beförderung vorgesehen sind (170 ff.). Dieses (Selbst-)Bewußtsein mag mit dazu beitragen, daß er sich keine Sorgen macht, die Seminarteilnahme könnte womöglich Schwächen in seinen Führungsfähigkeiten zutagetreten lassen, und so eher von Nachteil für sein Vorwärtskommen sein; andererseits glaubt er, daß andere Teilnehmer durchaus – und wohl zu Recht – mit der Sorge in das Seminar gehen, sich Blößen zu geben (420 ff.).

Einen Effekt der Seminarteilnahme auf sein (Handeln im) *Privatleben* verspricht er sich nicht bzw. hält er nicht für wünschenswert, allerdings will er (dem Interviewer zuliebe?) einen solchen Effekt auch nicht unbedingt ausschließen:

A: „Was wollen Sie denn in der Familie oder im Privatleben groß umstellen, also revolutionieren? Denn Sie waren bis zu dem Zeitpunkt der Meinung, Sie machen es richtig; – aber das eine oder das andere. Ich meine, daß man zur Motivation der Kinder einmal ein zusätzliches Lob verteilen würde oder irgendsowas oder einmal weniger kritisch ist, sicher, solche Gedanken kommen einem bei Gelegenheit" (338 ff.).

(Denkt er über seine Kinder wie über seine Untergebenen oder über Untergebene wie Kinder?)

Psychotherapie sieht er ‚kulturkritisch' als modische Koketterie mit der eigenen Schwäche:

A: „Davon halte ich eigentlich nicht so viel; das ist amerikanisches System, wo keiner ohne Psychiater auskommt. Ich bin der Meinung, da wird ein bißchen übertrieben in der Richtung. Also, man sollte die Kirche beim Dorfe lassen. Und nicht irgendwelche Ausreden beim Psychiater suchen."

Z: „Sie halten das hauptsächlich für Ausreden?"
A: „Ja, überspitzt ausgedrückt schon. Sicher, in Einzelfällen kann es Erfolg haben, aber ich gehe da von meiner Person aus, und ich bin der Meinung, ich müßte ohne Psychiater auskommen. Ja, sicher, in gewissen Kreisen scheint es auch modern zu sein. In Amerika ist es modern, ich weiß es nicht, ob es erfolgreich ist. Ich möchte es mal offen lassen. Ich habe mich da nie näher mit befaßt." (100 ff.)

Ebenso wie die beiden vorherigen Absätze bezeugen diese Aussagen das Bewußtsein der eigenen Stärke bzw. das Bewußtsein von der Notwendigkeit dieses Bewußtseins.

Emotionen im Betriebsalltag sind für ihn gleichbedeutend mit „Unruhe bei den Mitarbeitern" (50 ff.). Solche Unruhe sieht er in den letzten Jahren vor allem bedingt durch anhaltende Bemühungen um Personalverknappung und die daraus resultierende Mehrbelastung des verbleibenden Personals. In diesem Zusammenhang charakterisiert er das Phänomen *Streß* folgendermaßen:

A: „Streß ist ein ständiges Unter-Druck-Arbeiten, und letztlich kein Land zu sehen, denn wenn man also meint, es käme wieder Land in Sicht, dann war es eben eine Fata Morgana. Also ständige Überbeanspruchung, die sich letztlich auch auf die Arbeitsleistung auswirkt und im weiteren Verlauf sicher auch auf den Gesundheitszustand."

Z: „Wie kann man das bewältigen, gibt es Strategien, die erfolgversprechend sind?"
A: „Wir haben auf einem Seminar über Streßbewältigung über einiges gesprochen, und sicherlich gibt es da einige Dinge, vom autogenen Training usw., aber das sind halt alles Geschichten, die auch noch zusätzliche Zeit in Anspruch nehmen und möglicherweise nur verstärkend wirken."

Z: „Meinen Sie, es gibt Personen, die besonders anfällig sind für Streß?"
A: „Ja sicher, wenn jemand mit keinem guten Nervenkostüm gesegnet ist, dann kommt er leichter ins Flattern als jemand, der eine dickere Haut hat." (80 ff.)

Auch wenn er hier auf Nachfrage unterschiedliche Konstitutionen und Streßfolgen in Zusammenhang bringt, so wird doch deutlich, daß beim Thema Streß für ihn weniger Besonderheit der Subjekte als die Anforderungscharakteristik der Situation im Vordergrund steht. Wie sich bei weiteren Gesprächspartnern noch zeigen wird, ist dies keineswegs selbstverständlich. Im Gegenteil scheinen Führungskräfte nicht selten das Thema Streß als ein Stichwort zur Darstellung der eigenen Leistungsfähigkeit bzw. -bereitschaft aufzugreifen. In diesem Zusammenhang soll abschließend noch eine Stelle des Interviews zitiert werden, in der der Gesprächspartner ‚witzelnd', aber mit einem ernsteren Unterton, darauf hinweist, daß sein Enthusiasmus für die Berufs- bzw. Führungstätigkeit Grenzen kennt:

A: „Auf einem Seminar wurde die Frage gestellt, was würden Sie tun, wenn Sie eineinhalb Millionen im Lotto gewinnen würden? Und da haben wir also festgestellt, wir sind ein einig Heer von Aussteigern. Aber das nur am Rande, sicher kommt man da auch wieder mal auf den Gedanken, man setzt also mehr als das Erforderliche ein an Arbeitskraft, an Energie, und wo kommt der Dank her, aber letztlich, glaube ich, sind das Randerscheinungen, die sich aber nicht negativ auswirken auf die Dauer" (380 ff.).

Der Gesprächspartner gibt sich als selbstbewußter (human-relations-) Machiavellist. Moralische Bedenken gegen seine Vorstellungen von einem effizienten ‚Steuern' (in einem für die Bildung von intrinsischer Motivation nicht unbedingt hinlänglichen Berufsleben) hat er gewissermaßen ‚abgehakt': ein ehrbares Ziel rechtfertigt eben jedes Mittel; daß er mit dieser offensiven (Selbst-)Darstellung gelegentlich aneckt (wohl bei anderen Führungskräften), macht ihm keinen Kummer. Die Bekundungen des Bewußtseins der eigenen Stärke erscheinen angesichts des ruhigen, gelassenen Gesprächsverhaltens im Interview insofern überzeugend, als wohl tatsächlich keine inneren Zweifel vorliegen: ‚Ich liege richtig' – scheint feste Überzeugung zu sein!

5.1.1.2. Post[2]

A: „Was ist hängengeblieben? – Es ist eigentlich in dem Seminar wieder bewußt gemacht worden, was man eigentlich intuitiv in dieser Form schon berücksichtigt hatte. Gewisse Anregungen hat man zusätzlich mitgenommen. Die Haupterkenntnis war eigentlich, daß belanglose Worte, manchmal so dahin gesagt, beim Empfänger oft ganz anders ankommen. Man überlegt sich vielleicht immer wieder einmal, was man sagt, oder wie man etwas sagt, speziell auch. Interessant war bei der ganzen Geschichte auch das Feedback, das bei diesem Seminar betrieben worden ist oder Feuerstuhl, wie das auch immer in den Seminaren vorher genannt worden ist, wir haben es also nicht so empfunden, das hing auch mit an der Zusammensetzung der Gruppe – es war eigentlich mit von Anfang an ein Klima, das zu einer Offenheit herausgefordert hat, die dann auch zustandekam, die uns eigentlich überrascht hat. Aber das war nicht vom Seminarinhalt her, sondern das war eine Erkenntnis, die wohl für dieses Seminar in besonderer Form gegolten hat. Von der Zusammensetzung her, da ist das ja schon losgegangen mit der Vorstellung. Da hat einer angefangen und hat da so ein bißl persönliche Dinge preisgegeben, und damit war das Eis gebrochen, und in dem Fahrwasser ist das auch so weiter gegangen."

Z: „Was heißt persönliche Dinge, aus dem Privatleben erzählen?"
A: „Ja aus dem Privatleben hat der da so mehr oder weniger seine Sorgen und Nöte dargelegt, und da ist eigentlich die Vorstellung nicht in dem üblichen Sinne gelaufen, so mit technischen Daten, sondern ein bißchen individueller. Wobei man also schon im vorneherein den einzelnen in der Gruppe schon ein bißl anders sehen konnte. Interessant die Geschichte mit dem Feed-back, ich hatte mich damals für die Geschichte als erster gemeldet (...) und da war also alles drin, von ‚kontaktfreudig' bis ‚arrogant'. Interessant für mich, aus welchen Indizien, möchte ich einmal sagen, hier diese Rückschlüsse gezogen werden – und werden können, wobei aber diese Äußerungen dann, das hat sich auch im Laufe des Seminars ergeben, aus welcher Ecke sie

[2] Die Quellenangaben beziehen sich auf Seitenzahlen des Schreibmaschinen-Transkripts. Interviewtermin etwa vier Monate nach Seminarbesuch.

auch immer kamen, eigentlich über den mehr ausgesagt haben, der derartige Bemerkungen fallen hat lassen. Obwohl also diese Zusammenhänge offensichtlich der ganzen Gruppe nicht so klar waren. Diese Rückschlüsse, das war also für mich interessant ... Ja, warum also der Betreffende gerade diese Bemerkung vom Stapel gelassen hat. Und eben auch ein Hinweis darauf, wie man in neuen Kontakten erst einmal versuchen muß, den irgendwo einzuordnen, und vom ersten Eindruck her ein bißl vorsichtig sein muß."

Z: „Sie meinen jetzt denjenigen, mit dem Sie geschäftlich in Kontakt treten?"
A: „Einmal so, ich den Kunden und daß ich also gewisse Angewohnheiten, die ich habe, vielleicht ein bißl in den Hintergrund dränge oder überspiele, um diese Eindrücke beim Kunden für meine Person nicht zu erwirken."

Z: „Also wenn Sie sagen, daß Sie ein bißl von den Eindrücken, die Sie so erwecken, verändern wollen, dann heißt das doch, ein bißl was war schon dran an dem Feedback?"
A: „Ja sicher, es ist viel drin gewesen, was zugetroffen hat, aber es waren auch sicher Dinge dabei, die gewisse Verhaltensweisen, es war ja nur der erste Tag vergangen, man war also am zweiten Tag gleich auf dem Stühlchen und – diese Meinungen, die die einzelnen hatten, die sind dann im weiteren Verlauf korrigiert worden (...) Es sind pauschal zusammengefaßt gewisse Dinge wieder bewußt gemacht worden, auch Dinge zur Sprache gekommen, auf die man selber keinen Wert gelegt hat, auf die aber Mitarbeiter Wert legen. Bloß einmal als Beispiel das Gratulieren zum Geburtstag ist mir persönlich höchst schnuppe, ob das jemand zur Kenntnis nimmt. Ich habe es dann einmal praktiziert und habe da meinen Mitarbeitern zum Geburtstag gratuliert, und die haben also gestrahlt wie Osram Lichtstudio 2000."

Z: „Das ist da auch zur Sprache gekommen?"
A: „Das ist da auch zur Sprache gekommen. Das sind halt Dinge, wo man einhaken kann, die dem Hause nichts kosten und die zur Zufriedenheit der Mitarbeiter beitragen. Also aus der Sicht hat man einiges an Anregungen mitgenommen."

Z: „Und haben Sie da einmal versucht, einige der Sachen auszuprobieren im Verlauf der letzten Monate?"
A: „Im Laufe der letzten Zeit schon, man versucht es immer wieder einmal um – ja es geht ja darum, Leistungsbereitschaft zu steigern und dies hier also im Dienste des Hauses auszunützen, in Anführungszeichen, – ausnutzen ist ein schlechter Ausdruck, aber ..."

Z: „Was stört Sie direkt an dem Ausdruck?"
A: „Das Wort als solches hat einen negativen Beigeschmack."

Z: „Was könnte man sonst sagen?"
A: „Motivation – in der Richtung; Gehaltserhöhungen, die kann man nicht alle Tage zahlen, Motivation bringt also sicher mehr Zufriedenheit und mehr Leistungsbereitschaft, ohne Kostenaufwand."

Z: „Und da haben Sie also, – die Sache mit den Geburtstagen – was gibts da noch ...?"
A: „Ja, so Kleinigkeiten, was man den Mädchen bei Gelegenheit mal so erzählt, daß sie was Nettes anhat, so in die Richtung, Kleinigkeiten eigentlich, die so das Leben versüßen."

Z: „Also, Sie meinen Aufmerksamkeit?"
A: „Ja Aufmerksamkeiten."

Z: „Und das ...?"
A: „... wirkt Wunder."

Z: „Also das ist Ihre praktische Erfahrung?"
A: „Ja, das ist die praktische Erfahrung. Daß man also nicht so ganz anonym nebeneinander daher lebt, sondern daß man das eine oder andere auch einmal sieht."

Z: „... Und weil Sie ja eben gesagt haben, ‚Ausnützen in Anführungszeichen', haben dann die Mitarbeiter, wenn Sie ihnen gegenüber freundlich sind, Mißtrauen?"
A: „Nein, nein, wenn Sie das richtig anbringen – Übertreibung schadet überall."

Z: „Aber, wenn man es ein bißchen macht ..."
A: „Ja, so in Grenzen. Man kann also nicht, wenn man vom Seminar kommt, so sämtliche Neuerungen da gleich einmal an den Mitarbeitern ausprobieren. Das fällt auf und das macht stutzig. Aber so, wohldosiert, ist es sicher von Nutzen" (S. 1 ff.).

Die Parallelen zum ersten Interview stechen ins Auge. Bemerkenswert ist, daß der Gesprächspartner zwar eingangs äußert, er fasse das im Seminar Gebotene als *Bestätigung* seines bisherigen Tuns auf, im weiteren Verlauf dann aber bestimmte Vorgehensweisen, die er schon im ersten Gespräch als erfolgreiche Gepflogenheiten im ‚trickreichen' Umgang mit den Mitarbeitern darstellt, als durch das Seminar angeregte Neuerungen kennzeichnet. (Hinzuweisen ist auch darauf, daß er das, was er im ersten Gespräch als bewußt kalkuliertes Umgehen mit den Mitarbeitern schildert, hier als „unbewußt" bzw. „intuitiv" einführt; dieser häufig auftretende Aspekt der Selbstdarstellung wird noch ausführlicher zu diskutieren sein). Liegt hier einfach eine nicht weiter hinterfragbare Fehlleistung des Erinnerungsvermögens vor? Das Vergessen der eigenen ‚kunstgerechten' Vorgehensweise bzw. der Darstellung derselben im ersten Interview könnte auch auf das Anliegen zurückgeführt werden, sich – unabhängig vom tatsächlichen Dazugelernt-Haben – als lernwillige und aufnahmebereite Führungskraft darzustellen. Bezüglich der geschilderten „Anregungen" sind nur einige ergänzende Hinweise zur Kommentierung der analogen Aussagen im ersten Interview anzubringen: 1. „Motivation" wird ausdrücklich als Euphemismus für „Ausnutzen" eingeführt; 2. Als Gewähr für die bleibende Naivität der Mitarbeiter gegenüber hintersinnigen Bekundungen von Mitmenschlichkeit wird die ‚Kunst' der richtigen „Dosierung" von Freundlichkeiten angesehen; m.a.W.: Untergebene sind zwar leicht glücklich zu machen – und glückliche Kühe geben ja bekanntlich mehr Milch, zuviel Glück aber macht die Nutztiere „stutzig".

Das Bewußtsein, bestätigt worden zu sein *und* dazugelernt zu haben, kennzeichnet auf den ersten Blick auch die Erinnerung des Gesprächspartners an die Durchführung des wechselseitigen *Feed-back* durch die Seminarteilnehmer. Zunächst ist festzuhalten, daß – anders als in den meisten anderen Interviews – überhaupt von einer eher *unvorteilhaften* Rückmeldung wie „Arroganz" die Rede ist. Diese Bereitschaft, die Zuschreibung eines gemeinhin als negativ angesehenen Zugs zu erwähnen, scheint mit der strikt funktionalen Herangehensweise an das Feed-back, die er bekundet, zusammenzuhängen. Die Frage ‚wie wirke ich?' bzw. ‚wie wirke ich noch wirkungsvoller?'

(im Sinne seiner beruflichen Aufgaben nach ‚außen' und ‚unten') hat für ihn ja auch insofern eine Antwort gefunden, als er sich vorgenommen hat, in gewisser Hinsicht mehr Zurückhaltung in Gesprächen zu üben. Als Bruch in der rein funktionalen Betrachtungsweise von Äußerungen anderer über das eigene Auftreten bzw. die eigene Person könnte aber die spürbare Zufriedenheit mit der Möglichkeit, ‚den Spieß umzudrehen', gesehen werden: daß Rückschlüsse von der Bewertung auf den Bewertenden vorgenommen werden können, scheint er nicht nur innerhalb des immanenten Zusammenhangs funktionaler Person-/Handlungsbeurteilung aufzugreifen, sondern gewissermaßen als ‚Retourkutsche' mit der dazugehörigen Schadenfreude. Dem, was man überspitzt als ‚heimliche Rache' für das Gefühl einer persönlichen Herabsetzung vor Publikum kennzeichnen könnte, ist es vielleicht auch zuzurechnen, daß das Wenden des ‚Spießes' gegen den ‚Angreifer' als ein Verfahren gekennzeichnet wird, das eine größere Hellsichtigkeit erfordere – größer, als er sie der Mehrheit der anderen Teilnehmer zubilligen möchte.

Nimmt man die funktionale Betrachtung und den Gesichtspunkt der Abwehr von Kränkung des eigenen Selbstbewußtseins zusammen, so ergibt sich der Eindruck, daß der Interviewte zwar durchaus Anregungen im Sinne souveräner, kühl-berechnender Selbstdarstellung aufnimmt, die damit in Kauf genommene – aber uneingestandene – Verletzung (vgl. auch den Hinweis auf Korrektur der (negativen?) Urteile im weiteren Laufe des Seminars!) dann aber durch ‚kleinliche' Reflexionen, die die Herabsetzung der anderen beinhaltet, ‚rächt'. Die vom Gesprächspartner konstatierte „überraschende Offenheit" der Seminarteilnehmer relativiert sich vor dem Hintergrund dieser verdeckten Bewertung – zumindest für seine Person; daß er den anderen Teilnehmern ein reziprokes Reflektieren nicht zutraut, ist übrigens eine Art von Fremdbildkonstruktion, die in Analogie zu seiner Vorstellung vom naiven Denken der Untergebenen gegenüber seinen zwischenmenschlichen Gesten gesehen werden kann: er scheint zu glauben, die ‚Schläue', die Hintergedanken auszeichnet, sei sein Privileg. Ob bzw. inwieweit seine ‚Einsicht', Rückmeldungen seien eher zur Bewertung der Urteilenden als zur Bewertung des Beurteilten tauglich, von anderen Teilnehmern geteilt wird, wird in weiteren Interviews noch zu sehen sein (wie anzunehmen, sind auch andere dieser ‚Einsicht' teilhaftig!). Eine weitere Frage ist die, ob besagte ‚Einsicht' nicht vom Trainer expressis verbis vermittelt worden ist, um die Befürchtungen der Teilnehmer gegenüber dem „Feuerstuhl" prophylaktisch zu reduzieren oder um erlittene Verletzungen zu lindern (dies erscheint wahrscheinlich; das Vorgehen des Trainers in Sachen „Feuerstuhl" wird später noch ausführlicher diskutiert).

Im weiteren Verlauf des Interviews hebt der Befragte hervor, Ziel bleibe bei allem Analysieren der anderen die *„Selbstanalyse"*, die an dieser Stelle mit keinerlei unangenehmen Erinnerungen verbunden wird:

A: „Die Seminare sind ja hauptsächlich Selbstanalyse, nicht bloß Analysen der anderen, die damit natürlich auch betrieben werden. Aber es gibt schon den einen oder anderen Hinweis, wo man sagt, ‚das unterläßt Du einmal künftig, Du schaukelst nicht mit dem Fuß oder ...“ (S. 11).

Im Anschluß an das eingangs angeführte Zitat spricht der Interviewte von der Angst anderer vor dem Feed-back (s. 5 ff.); dort findet sich folgende Passage:

A: „Bei Kollegen, die das schon einmal mitgemacht haben, und die kamen eben auch schon mit so vorgefaßten Vorurteilen da herein, mit Feuerstuhl usw., usf..“

Z: „Waren das positive oder negative Vorurteile?“
A: „Eigentlich negative Vorurteile. Da sind also offensichtlich wilde Gerüchte im Hause spazierengegangen , ... ‚moralische Demaskierung‘ und dergleichen, und einzelne haben sich da wohl Schlimmes erwartet oder Schlimmes befürchtet. Ich bin eigentlich unbelastet hinausgefahren.“

Z: „Sie wußten auch, daß es diese Institution gibt?“
A: „Also ich hab nur vom Feed-back gehört und hab mir gedacht, also da läßt Du Dich einmal überraschen. Irgendwie ist das ein Problem, aber man muß im laufenden Geschäftsablauf mit manchem Problemchen fertig werden. Also es hat mich nicht vor irgend welche großen unüberwindlichen Hindernisse gestellt. Aber da kommt auch sicherlich Berufserfahrung und so einiges dazu und zum Teil waren die Leute auch noch nicht mit Führungsaufgaben betreut oder betraut gewesen“ (S. 7).

Auffällig ist, daß hier zwei gegenläufige Erklärungen für die Angst vor „moralischer Demaskierung“ gegeben werden: zu Beginn ist von Vorurteilen auf Basis negativer Vorerfahrungen mit Feed-back die Rede, gegen Ende ist es die Unerfahrenheit von Führungsneulingen, die für Befürchtungen gegenüber dem Feed-back verantwortlich sein soll. Ob er *für sich* solche ‚Entschuldigungen‘ gelten lassen würde? Handelt es sich bei den anderen vielleicht doch letztendlich um persönliche Schwäche und nicht um eine einsichtige Folge von Seminar- bzw. Feed-back-Erfahrung einerseits und Unerfahrenheit mit Seminaren und Führungsaufgaben andererseits?

Zu den *Rollenspielen* im Seminar äußert sich der Gesprächspartner kritisch. Einerseits moniert er den fehlenden persönlichen Bezug der Rollenspielpartner:

A: „Was in den Rollenspielen auch immer ein bißl hinkt, daß man seine Mitarbeiter, mit denen man ständig zu tun hat, daß man die ja nicht auf Grund einer Personenbeschreibung kennt, sondern aus dem täglichen Leben kennt und länger kennt, und da sicher Vorkenntnisse vorhanden sind und der Eindruck vermutlich ein anderer ist“ (S. 9).

Die Feststellung folgt auf eine Passage, in der er sein Handeln in einem der Rollenspiele schildert und konstatiert, daß er auf Grund seiner Erfahrungen mit einer Real-Situation, die Parallelen zu der im Rollenspiel aufwies, zu Schlußfolgerungen bzw. einem Spielverhalten gelangte, das den „Anforderungen“ nicht in optimaler Weise gerecht wurde. Er fährt fort:

A: „Ja, das ist eine künstliche Situation, die so ausarten kann, daß man dadurch nicht alles herausbringt“ (S. 9).

Die geäußerte Kritik an den Prinzipien von Rollenspielen, an ihrer grundsätzlichen Ferne von Alltagssituationen, ist also im Kontext der Einschätzungen zu sehen, selber den ‚Leistungsanforderungen' eines spezifischen Rollenspiels nicht gerecht geworden zu sein. Anschließend bekennt er im Hinblick auf die Video-Mitschnitte von Rollenspielen:

A: „Obwohl man schon in dem Bewußtsein, ja, daß man aufgenommen wird, da versucht, sich einigermaßen konform zu verhalten. Aber es bleiben trotzdem noch Dinge, die man selber beobachten kann" (S. 10).

(Zum Inhalt dieser Beobachtungen vgl. obiges Zitat zur Selbstanalyse). Der Leistungscharakter, den Rollenspiele in den Augen des Interviewten haben, wird nochmals deutlich. Auf der anderen Seite merkt er im Hinblick auf ein weiteres der Rollenspiele im Seminar an:

A: „Das war schon ganz gut ausgeklügelt, (...) war natürlich gerade bei dem Seminar, so mit Konfliktsituationen, auch aufgeladen das ganze, um auch zu dokumentieren, daß das Firmenspiel variabel sein muß. Daß also nicht in jeder Situation kooperativ das Optimum ist, und daß man auch gelegentlich auch einmal auf den Tisch hauen muß, wenn es die Situation erfordert."

Z: „Das war so die Botschaft des Seminars? Die Rollenspiele sind auch so konstruiert worden?"
A: „Die sind auch so gemacht worden."

Z: „Man muß ja auch mal auf den Tisch hauen ..."
A: „Ja, man kann sich nicht alles bieten lassen. Und dabei wurden auch Situationen bewußt hervorgerufen, die in der Praxis eigentlich undenkbar sind."

Z: „Was heißt das?"
A: „Überzeichnet, wo also der Mitarbeiter seinem Chef so frech daherkommt, daß der Chef dann gar nicht anders handeln kann als den letztlich herauszuschmeißen."

Z: „Also, daß unrealistische Unverschämtheiten da quasi programmiert waren?"
A: „Es waren Unverschämtheiten programmiert, (...) was natürlich eine kleine Gemeinheit war, nachdem man also so die ganze Woche den kooperativen Führungsstil gehört hat, und dann kam eben dieser Überraschungseffekt, wie weit geht jetzt eigentlich das Kooperative?" (S. 12).

Der Mangel an Realismus, der hier – wenn auch nicht in kritischer Absicht – festgehalten wird, ist spezifischerer Natur als der, der im oben angeführten Fall thematisiert wurde: nicht Lebensnähe als solche wird hier vermißt, sondern die Berücksichtigung der Vorsicht, die Mitarbeiter gegenüber ihren Chefs walten lassen (vgl. das Schema, Abb. V/2). Gegen den angesprochenen Führungsstil hat der Interviewte übrigens keine Einwände; er sieht keine Gefahr, „daß das zu kooperativ" (S. 13) gesehen wird. (Diesbezüglich wurde im Interview nachgefragt, da, wie noch zu sehen sein wird, der Gesichtspunkt des „*zu* Kooperativen" für eine Reihe der Befragten von erheblicher Bedeutung ist; daß dies im vorliegenden Fall nicht so ist, mag damit zusammenhängen, daß „Kooperation" hier wohl für die dargestellte „menschliche Tour" steht, die den Befragten nach seiner Schilderung ja reibungslos reüssieren läßt).

Tab. V/1: **Übersichtsdarstellung Fall A/prä**

Menschliche Beziehungen in der Hierarchie im subjektiven Bild	Kontrolle	(1) 'Sachzwang' = 'Appellieren an die Vernunft' (2) human-relations als Trick (3) "Glück" und "Übereinstimmung" mit den eigenen Vorgesetzten (4) Emotionen als Folge von Belastungen (5) Streß als Folge von Belastungen Abb.V/1 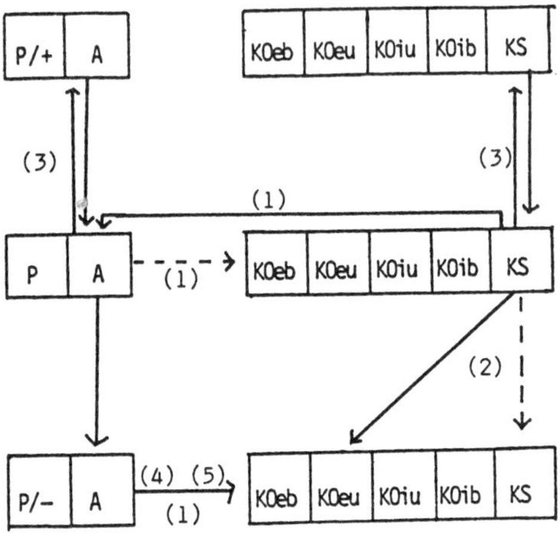
	Moral	(6) 'Der Zweck heiligt die Mittel' ("Manipulation im positiven Sinn", vgl. (2)) (7) das eigene Karriereinteresse wird nicht kaschiert (8) Identifikation mit dem Betrieb erfordert Gegenleistungen des Betriebes
Trainingssituation/Psychologie im subjektiven Bild	Kontrolle	(9) Lernen von Tricks (vgl. (2)) (10) (verdeckter Transfer) (11) Selbstkontrolle: "Zeit der Selbstkritik" (als Floskel) (12) (Therapie = eine modische Schwäche)
	Moral	siehe (9) und (10)
	Betroffenheit – explizit	siehe (9) und (11) (13) Einladung als Hinweis auf bevorstehenden Aufstieg (14) kaum/kein Effekt auf das Privatleben (15) keine Angst vor Blößen (16) Anschließend gezeigter Umsetzungseifer wäre lächerlich (vgl. (10))
	Betroffenheit – implizit	(17) Gefühl des Auserwähltseins (18) Eingeweiht-Werden in Tricks heißt: man hat es nicht nötig, etwas zu lernen und bekommt deshalb Einblick in die Schatzkiste der Führungskunst (vgl. (10))

Tab. V/2: **Übersichtsdarstellung Fall A/post**

<table>
<tr><td rowspan="2">Menschliche Beziehungen in der Hierarchie im subjektiven Bild</td><td colspan="2">Kontrolle</td><td>(1) unbewußtes/intuitives Beherrschen der Kunst der Menschenführung
(2) Motivation = "Ausnützen"
(3) Kunst der Dosierung von 'Streicheleinheiten'
(4) Respekt der Mitarbeiter vor Vorgesetzten</td><td>Abb.V/2
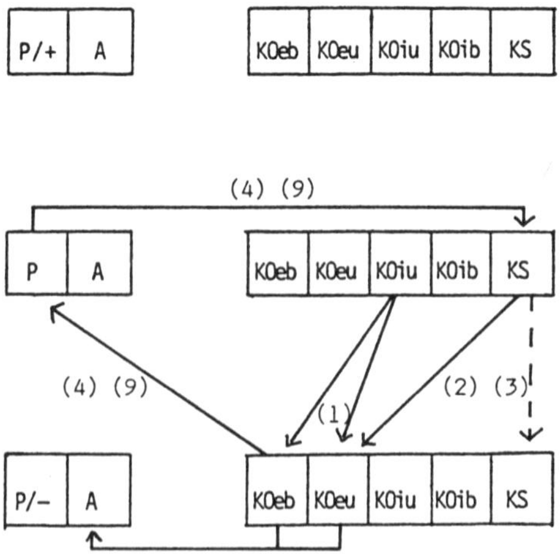</td></tr>
<tr><td colspan="2">Moral</td><td colspan="2">siehe (2)</td></tr>
<tr><td rowspan="4">Trainingssituation/Psychologie im subjektiven Bild</td><td colspan="2">Kontrolle</td><td colspan="2">(5) Rollenspiel realitätsfern (vgl. (12))
(6) Feed-back: funktionelle Kritik (Körpersprache) (vgl. (13))
(7) Tricks (vgl. (1) - (3); vgl. (10), (11) und (14))
(8) geschickte Dramaturgie des Psychologen</td></tr>
<tr><td colspan="2">Moral</td><td colspan="2">(9) der Hinweis, man solle (dürfe) gegenüber vorwitzigen Mitarbeitern autoritär reagieren, wird als unrealistisch (vgl. (4)) betrachtet</td></tr>
<tr><td rowspan="2">Betroffenheit</td><td>explizit</td><td colspan="2">(10) Bestätigung (1)
(11) Anregung (3)
(12) siehe (5) - Bemühen um Leistung und Konformität
(13) siehe (6) - Kritik (implizit) der Kritiker (als Genugtuung)</td></tr>
<tr><td>implizit</td><td colspan="2">(14) souveräne Selbstdarstellung (6), (10) und (11) im Konflikt mit Abwehr von 'Kränkungen' (5/12 und 6/13)
(15) (1), (10) und (11) hängen mit der Zwiespältigkeit zusammen, sich <u>zugleich</u> als lernwillig und lückenlos kompetent darstellen zu wollen</td></tr>
</table>

Im Zusammenhang mit Rollenspielen und kooperativem Stil sei am Rande darauf hingewiesen, daß der Interviewte zu Führungsrichtlinien, die in seiner Firma jeder Führungskraft ausgehändigt werden, feststellt: „Es gibt sicher welche, die das öfter lesen sollten" (S. 14).

Gegen Ende des Interviews äußert er sich sehr lobend über die „fundierte" Darstellung des Trainers sowie seine geschickten Bemühungen, bei Anzeichen von Desinteresse die erneute Aktivierung der Teilnehmer zuwege zu bringen (S. 15 f.).

Er faßt das Seminar als Bestätigung bzw. Bereicherung seines auf die Instrumentalisierung von Freundlichkeit bauenden Führungsstils auf. Zweifel an der reibungslosen Praktikabilität dieses Verhaltens hat das Seminar nicht erzeugt. Die Aussicht auf eine (noch) einnehmende(re) Selbstdarstellung läßt ihm das Akzeptieren von kritischen Rückmeldungen sinnvoll erscheinen; letztere werden von ihm allerdings nicht berichtet, ohne auf die Überzeugung hinzuweisen, letztlich hätten eher die anderen ein ‚schwaches Bild' abgegeben. Die Relativierung des grundsätzlichen Wertes von Rollenspielen erfolgt im Zusammenhang mit der Schilderung eines Mißerfolges bei einem der durchgeführten Rollenspiele.

5.1.2. Fall B

5.1.2.1. Prä[3]

Auf die Frage nach seinem Interesse am Seminar antwortet der Gesprächspartner zunächst weniger mit der Bekundung von persönlichen Anliegen als mit der Wiedergabe des Lernzielkatalogs, der sich im Einladungsschreiben bzw. dem den Teilnehmern zugänglichen Bildungsprogramm der Firma findet (S. 1 f.). Die Frage nach seiner Einschätzung der Prioritäten der Mitarbeiter führt dann zu Aussagen, die einen ersten Hinweis auf das persönliche Interesse am Seminar geben:

B: „. . . und vor allen Dingen, daß man immer ein offenes Ohr für die Mitarbeiter hat, also auch, was den persönlichen Bereich betrifft. Es gibt ja Mitarbeiter, die sind so verschlossen, die kommen nie, aber es gibt Mitarbeiter, die bringen auch ihre persönlichen Probleme und die erwarten sich da auch eine persönliche Unterstützung, daß man wenigstens was sagt, sie also seelisch aufrichtet. Und das ist nicht jedem gegeben; ich weiß nicht, ob man das in einem Seminar lernen kann; es kann einem ja gesagt werden, aber wenn sich einer dagegen stellt und ein großer Egoist ist, dann wird er mit Mitarbeitern nicht so umgehen können."

Z: „Macht sich das dann in der Arbeitssituation auch wieder geltend?"
B: „Selbstverständlich, ich möchte sagen, also bei uns in der Abteilung da ist das Betriebsklima noch gut, was (zögernd) nicht überall der Fall ist" (S. 2).

---

[3] Die Quellenangaben beziehen sich auf Seitenzahlen des Schreibmaschinen-Transkripts.

In dieser Mitteilung über seine Sicht der Bedürfnisse der Mitarbeiter bzw. seinen Umgang mit dem Bedürfnis nach „seelischer Aufrichtung" bei Problemen verschiedener Natur ist ein gewisser Stolz spürbar. Dieser Eindruck wird verstärkt durch den vorgenommenen Vergleich mit anderen Führungskräften, die durch ihr Handeln weniger den genannten Bedürfnissen der Mitarbeiter entgegenkommen. Sein Vergleich mit den von ihm als weniger aufgeschlossen eingeschätzten Kollegen enthält einen Gesichtspunkt, der sich durch das ganze Interview hindurch geltend macht (und noch an weiteren Belegstellen kenntlich werden wird): die Tendenz zu ausdrücklichen *Charakterbeurteilungen* (von anderen Führungskräften); die zentrale Dimension dieser Beurteilungen scheint durch die Extreme ‚große Aufgeschlossenheit (für andere)' einerseits und ‚großer Egoismus' andererseits markiert zu werden. Diese charakterlich-moralische Bewertung von Führungshandeln bzw. Führungskräften führt der Interviewte ausdrücklich mit der Begründung einer erheblichen Skepsis gegenüber der Wirksamkeit von Führungsseminaren an: diejenigen, bei denen eine Veränderung des Handelns erforderlich wäre, sperren sich aus charakterlichen Gründen dagegen. Auf eine Nachfrage, die diesen Punkt anspricht, bestätigt er nochmals sein Urteil über „Egoisten", relativiert es aber bezüglich der Bedeutung dieses „Egoismus" für den betrieblichen Alltag bzw. den Seminarablauf:

B: „Selbstverständlich kann ein Seminar Hinweise geben, aber wenn einer ein Egoist ist und sagt, ‚ich weiß alles besser', der wird sich nie von einem anderen was sagen lassen; aber solche Leute schickt man ja auch nicht auf ein Seminar. Das sind aber wirklich Ausnahmefälle; jeder, der eigentlich in ein Seminar geht, sollte eigentlich die Aufnehmebereitschaft haben" (S. 3).

Immerhin rechnet er aber damit, daß nicht jeder auf dem Seminar im Sinne seiner charakterlichen Maßstäbe gut abschneiden wird; (die ‚überschüssige' Verwendung des „eigentlich" läßt an dieser Stelle ein Unbehagen mit der Mitteilung eines negativen Urteils über mögliche Seminarteilnehmer vermuten); die Erwartung, auf „Egoisten" zu stoßen, wird bei der Antwort auf die Frage nach der erwarteten Atmosphäre im Seminar deutlich:

B: „Eigentlich eine gute kollegiale Atmosphäre, aber es kann schon mal einer dabei sein, der immer drein redet, der sich immer in den Vordergrund spielt, aber das macht mir nichts aus, das soll der ruhig machen. Und das stört ein bißchen. Es gibt halt immer wieder solche Leute, unter 20 ist halt einer dabei. Ich meine, wenn es sachlich richtig ist und er gute Beiträge liefert, ist das durchaus angebracht, aber wenn der dann immer sagt, wir machen das so, und das ist viel besser, dann ist das nicht gut" (S. 6).

Der (charakterliche) Mangel, von dem hier die Rede ist, deckt sich nicht ganz mit der obigen Charakterisierung der „Egoisten": der Gesichtspunkt einer offensiven Darstellung des Besser-Machens – salopp: der Angeberei – ist neu.

Seine Darstellung der eigenen Maximen des Führungshandelns enthält neben der Bekundung von Aufgeschlossenheit bzw. neben der Hervorhebung seiner diesbezüglichen charakterlichen Prädisposition die Vorstellung, eine gute Führungskraft zeichne sich durch „klare Anweisungen" und Vermeidung von „Überlastungen" der Untergebenen aus; beide Aspekte führt er wiederum über die Bedürfnisse der Untergebenen ein (S. 2 f.). Die Vermeidung von „Überlastungen" sieht er allerdings als nicht in seiner Macht stehend an. Das wird bei seinen Aussagen zu *Streß* deutlich:

Z: „Was verstehen Sie unter Streß?"
B: „Streß, wir sind also fest eingebunden ins Geschäft. Schon seit Jahren. Und Streß, ja wenn ein großer Arbeitsdruck ist, man hat eine Menge Akten zu erledigen, es kommt ein Anruf nach dem anderen, Reklamationen, da werden die Leute natürlich sehr, sehr nervös. Das möchte ich schon als Streß bezeichnen – ja und die Reaktion dann, daß dann mal einer am Telefon explodiert und sagt, ja es geht nicht mehr; der eine sagt das eben heftiger, der andere ruhig, kehrt das mehr in sich und erledigt dann einen Akt nach dem anderen ... ja das gibt dann schon Probleme, man ist ja mit jedem Telefonat aus der Arbeit rausgerissen, und man muß einen anderen Akt hernehmen, um die Antwort geben zu können, und dann legt man den wieder weg und muß erst den Faden wieder finden, wo bin ich stecken geblieben, wo mache ich weiter ... Und das ist so, wenn man eine Menge Arbeit liegen hat, dann ärgert man sich, dann frißt man das in sich rein. ‚Jetzt bin ich wieder aufgehalten worden, jetzt komme ich da wieder nicht weiter'."

Z: „Glauben Sie, daß das von Mitarbeiter zu Mitarbeiter verschieden ist?"
B: „Die Reaktion ist verschieden: ein Choleriker, der explodiert halt schnell, und ein Ruhiger, da merkt man gar nichts nach außen... aber der Belastungsdruck, der ist wohl gleich."

Z: „Was sehen Sie für Möglichkeiten zur Bewältigung, zur Reduktion von Streß?"
B: „Streß, ja – ha, ha, wenn der Arbeitsdruck so ist wie im Augenblick, dann kann man nichts machen. Man könnte – freilich könnte man was tun, man könnte sagen, mehr Mitarbeiter, aber jetzt, wo die Arbeit so viel ist, mehr Mitarbeiter, die müßten ja eingearbeitet werden, die Mitarbeiter wären ja wieder aufgehalten, mit dem Einlernen der Neuen, man müßte also die neuen Mitarbeiter frühzeitig einlernen. Aber – man kann ja den Personalstand nicht nach Spitzenbelastungen ausrichten, sondern nach einer normalen Arbeitslage. Aber jetzt haben wir halt den doppelten Zugang wie normal, und da sind halt die Leute sehr, sehr überlastet, das gibt dann Streßsituationen" (S. 4 f.).

Diese anschauliche Schilderung von Aspekten der Arbeitsüberlastung und die anschließenden Reflexionen über die (betriebswirtschaftliche) Unrealisierbarkeit der wünschbaren Entlastung soll hier für sich stehen.

Auf die Frage, ob er an die Existenz wirkungsvoller Manipulationstechniken glaube, antwortet er:

B: „Es gibt das sehr wohl, aber die Leute lassen sich heute nicht mehr manipulieren. Heute kann man nicht mehr autoritär anschaffen, heute muß man seine Anweisungen begründen" (S. 12).

Manipulation wird mit autoritärem Führungsverhalten identifiziert. Dies steht offenkundig nicht nur im Gegensatz zu wissenschaftlichen Definitionen, sondern läuft auch dem alltäglichen Sprachgebrauch zuwider: während Manipulation in der Regel als ein irgendwie verdecktes Einflußnehmen verstanden wird, wird bei „autoritär anschaffen" ein offenes „Du mußt" assoziiert. Es liegt hier also offenkundig eine Verwechslung von „Manipulation" und „Befehl" vor. Eine eindeutige Erklärung für diese Verwechslung dürfte schwer zu geben sein. Möglicherweise spielt es eine Rolle, daß beide Formen des Umgangs mit anderen Leuten als die menschliche Würde (im Zivilleben) verletzend angesehen werden. (Der Blick auf die Entwicklung von ‚Führungsphilosophien' in den letzten Jahrzehnten zeigt, daß „autoritäres Verhalten" auch und gerade im Wirtschaftsleben anrüchig geworden ist). Die Aussage, Manipulationstechniken seien heutzutage nicht praktikabel, da die Mitarbeiter sich nichts „autoritär anschaffen" ließen, könnte also dahingehend gedeutet werden, daß der erforderliche Respekt vor der Würde der Mitarbeiter beides verbietet, weshalb auch beides – nach der Logik, daß nicht sein kann, was nicht sein darf – nicht *möglich* sei. Gegen diese Interpretation spricht allerdings, daß die Formulierung „aber die Leute *lassen sich nicht* mehr manipulieren", auch einen Hinweis auf erfahrenen Widerstand gegen Manipulationsversuche enthalten könnte; es muß offen bleiben, ob die Erfahrung eines Scheiterns von eigenen Manipulationsversuchen (im üblichen Sinn des Wortes) nicht doch in die Aussage hineinspielt. Auf der anderen Seite könnte die Rolle, die er den Untergebenen im Zusammenhang der Manipulation zuweist, auch unter dem Gesichtspunkt gedeutet werden, daß er grundsätzlich seine (moralischen) Überzeugungen als Erfüllung von Wünschen bzw. Bedürfnissen der Untergebenen einführt. Im zuletzt genannten Sinn ließe sich seine Moral als mitarbeiterorientiert kennzeichnen. Diese Kennzeichnung darf aber nicht dahingehend mißverstanden werden, er sehe seine Mitarbeiter als gleichberechtigte selbstverantwortliche Subjekte an, – letzteres fügt sich nicht mit seiner überlegenen ‚väterlichen' Art von Aufgeschlossenheit.

Seine Perspektive der Interaktion mit den Untergebenen taucht auch in seiner Stellungnahme zum Sinn von *Psychotherapie* wieder auf:

B: „Ja, der Psychologe, der müßte – oder er erkennt auch die Schwächen und die Stärken des einzelnen – das müßte er also nach meiner Meinung, ich weiß nicht, ob das Ihre auch ist und der müßte dann sagen, was man besser machen kann: ‚Hier ist eine Schwäche da oder eine Stärke oder eine Überreaktion, Sie müssen daran denken, wenn so eine Situation eintritt, erst ruhig sein und die Situation innerlich verarbeiten und dann erst antworten'. So stelle ich mir das vor. Man ist ja selber so, wenn man mit Mitarbeitern umgehen muß, daß man sich in die einfühlen muß. Und ich glaube, das hat eigentlich damit schon etwas zu tun. Das, was ich vorher schon gesagt habe, wie man den einzelnen behandelt, wie man ihn beruhigt, da ist man eigentlich selber schon auf der Stufe ... so sehe ich also auch den anderen, der die Leitung hat und Psychotherapeut ist, der das ja studiert hat, der müßte das ja vielmehr spürbar machen und tun als ich" (S. 9).

Beide Seiten dieses Vergleiches sind bemerkenswert: Das Thema Psychotherapie wird nicht – wie etwa im Fall A (prä) – zum Anlaß genommen, vermeintliche Schwächen von Therapie-Konsumenten bzw. die eigene

Souveränität gegenüber solchen Schwächen darzulegen, sondern sich bewundernd über die Fähigkeiten des Therapeuten zu äußern (dessen Studium als Ausbildung in Einfühlungsvermögen und Menschenkenntnis angesehen wird). Auf der anderen Seite wird die eigene Tätigkeit als der des Psychotherapeuten verwandt angesehen, wobei die Wortwahl („Stufe") nahelegt, daß diese Identifikation ein Gefühl der Überlegenheit impliziert.

Am Rande sei erwähnt, daß das Knüpfen persönlicher – später eventuell auch geschäftlich nutzbringender – Beziehungen für den Gesprächspartner mit spürbar angenehmen Erwartungen verknüpft ist.

Zusammenfassend läßt sich festhalten, daß der Interviewte sich zu einer überlegen-einfühlsamen Mitarbeiterorientierung bekennt, die er als Charakterfrage ansieht (seine Bemühung um ‚väterliche' Zutraulichkeit ist in der Tat bis in seinen singenden Tonfall hinein spürbar). Das Seminar betrachtet er quasi als ‚Supervision' des eigenen (therapeutischen) Führungsverhaltens durch den Fachmann. Bei aller Sicherheit über die eigenen charakterlichen und damit Führungsqualitäten legt die Tendenz, zögernd zu antworten, aber auch z.B. die Relativierung in Zusammenhang seiner Ausführung zu den „Egoisten", die Vermutung nahe, daß er Angst hat, im Interview etwas ‚Falsches' zu sagen.

5.1.2.2. Post[4]

Die Frage nach dem Gesamteindruck, den das Seminar hinterlassen habe, beantwortet der Gesprächspartner folgendermaßen:

B: „Der Gesamteindruck – also das war das beste Seminar, das ich bisher besucht habe. Das war wirklich ganz gut. Der Herr ... (Trainer) hat also das von der ersten Minute an im Griff gehabt. Aber es war auch so von der Zusammensetzung her, es waren durchwegs nette Kollegen; also so mit Ausnahme von einem, der hat sich ein bißchen ausgeschlossen und hat Bücher dabeigehabt, wollte lesen und wollte ... Das hat er selber gesagt: Er will keinen Kontakt. Das ist jedem freigestellt, das ist ganz klar. Aber das andere – wir haben alles so gemeinsam gemacht und das war also sehr, sehr gut. Und der Herr ... (Trainer) hat das, wie gesagt, richtig im Griff gehabt."

Z: „Und diese Gemeinsamkeit oder der Kontakt war auch nach den Seminarstunden noch da?"
B: „Jawohl, es war ja ein wunderbares Wetter, es war ja im Juli ein Seminar und es war die heiße Periode. Wir haben dann am Abend nicht lange gearbeitet, sondern tagsüber mehr, so daß man wenigstens dann so halb, dreiviertel neun fertig war, und da ist es ja hell bis zehn Uhr, da haben wir dann noch gemeinsame Spaziergänge gemacht; mit Ausnahme von dem einen, der dies nicht wollte. Aber das hat man also auch respektiert. Und das war also recht, recht interessant" (S. 1).

Neben der Zufriedenheit mit der angenehmen, „kameradschaftlichen" (wie er sich später ausdrückt) Atmosphäre, die scheinbar nur durch ein

[4] Die Quellenangaben beziehen sich auf Seitenzahlen des Schreibmaschinen-Transkripts. Interviewtermin: ca. 2 Monate nach dem Training.

‚schwarzes Schaf‘ nicht begrüßt bzw. unterstützt wurde, ist es vor allem Begeisterung über die Souveränität des Trainers, die in diesem ausgesprochen positiven Urteil zum Ausdruck kommt. Der Inhalt dieser Begeisterung wird im weiteren Verlauf des Gesprächs noch ausdrücklich thematisiert werden. Hier sollen aber zunächst Äußerungen zu den Erfahrungen mit Rollenspielen (1.) und ‚Feed-back‘-Runden (2.) wiedergegeben und knapp interpretiert werden.

1. Zum Rollenspiel:

Z: „Ja, was war denn so die wichtigste Erfahrung, die Sie ...?“
B: „Die wichtigste Erfahrung: bei solchen Seminaren macht man immer Rollenspiele.“

Z: „Ja.“
B: „Also man kriegt eine Vorlage, der andere kriegt auch eine Vorlage, und man weiß nicht, was beim anderen drinsteht, und man weiß also nur das andere und da kann etwas ganz, ganz anderes kommen.“

Z: „Ja.“
B: „Und der Herr ... (Trainer) hat ja auch solche Rollenspiele gemacht.“

Z: „Ja.“
B: „Und der hat also zuerst allen gesagt etwa so den Grundriß des Rollenspiels, und dann hat er immer einen Teil rausgeschickt, also der hier einen Partner machen soll, und der andere ist aber dann ganz anders informiert worden als wie man es vorher allgemein gehört hat. Und das war das Hochinteressante, weil man ja da schon weiß, aha – das kommt jetzt und man bereitet sich vor, und dann ist aber der ganz anders informiert, wie der das lenken soll – und dann kommt ganz was anderes raus. Und das ist hochinteressant. Und wenn man also – einmal ist man der, der also allgemein informiert ist und dann rausgeschickt wird, und einmal ist man der, der eben dann dableibt und wieder anders informiert ist. Es kommt also jeder dran, sowohl in der Rolle, als auch in der anderen, und das war hochinteressant. Weil, wenn man so diesen Zettel ansieht, was da drauf steht, dann bereitet man sich also vor. Es geht ja dann ... und dann kommt ganz was anderes, und das war das Hochinteressante, und das ist ja das, was wir auch hier haben: Wenn einer kommt, man weiß ja nicht, was hat der, oder was hat der für Probleme, oder man kann sich es ungefähr vorstellen, und dann kommt doch ganz was anderes – und das war das ganz Hochinteressante“ (S. 2 f.).

Diese *Faszination* läßt die Vorstellung eines geglückten, weil spannenden, Gesellschaftsspiels aufkommen. An dieser Stelle im Interview schließen unmittelbar Aussagen zum Feed-back an, dem damit auch der Rang einer „wichtigen Erfahrung“ eingeräumt wird. Später wird dann auf die „hochinteressanten“ Rollenspiele rekurriert:

Z: „Hm, hm, diesen ersten Punkt, den Sie vorhin gemeint haben, also diese verblüffenden Effekte in den Rollenspielen, daß man ja nicht genau weiß, in welche Situation man kommt ... Was ist so das, was Ihnen so Spaß gemacht hat dran, das ...?“
B: „Ja, zum Beispiel, daß das ganze ein einfaches Rollenspiel ist, und daß man eben dazu Stellung nehmen soll. Da ist zum Beispiel gesagt worden, der will eine Aufbesserung von 100 DM, und der war da nicht da oder eine Prämie von 100 DM, und der war zu dieser Zeit nicht da, wenn diese Sonderarbeit geleistet wurde. Er fühlt

sich aber so gut, daß er glaubt, die auch verdient zu haben, und da muß man ihm das also klar machen, so ist das vorher besprochen worden, das muß man ihm also klar machen, daß also nur der Kreis, der also wirklich Überstunden geleistet hat, diese 100 DM bekommen kann. Ja, das ist eigentlich ganz harmlos. Aber dann wird dem anderen gesagt, er muß ganz massiv auftreten und schreien, und was er schon alles getan hat, und dann ist das eine ganz andere Situation als man sich das eigentlich vorgestellt hat. Und der ist da geimpft worden, daß er schreit, und was er alles einbringen muß, also alles mögliche, was, was man gar nicht erwartet. Und das war also das Faszinierende, und da weiß man wirklich nicht, was man im Augenblick machen soll, wenn einer so massiv auftritt, der sich gar nicht hinsetzt oder, und aufsteht und im Zimmer rumsaust, was tut man dann? Ja, äh, das war der andere, der diesen Teil gehabt hat, der so geschrien hat. Ich bin halt dann auch aufgestanden und bin mit ihm hin- und hergelaufen, hab versucht, ihn auf diese Weise zu beruhigen. Wenn ich jetzt sitzengeblieben wäre und hätte den rumsausen lassen, dann wär ich ja hergeschenkt gewesen. Und das war eigentlich dann das, was ich eigentlich dann richtig gemacht hatte, ist mir jedenfalls dann gesagt worden. Auf diese Weise habe ich ihn tatsächlich ein bißchen beruhigen können, obwohl der sich gar nicht hätte beruhigen dürfen, aber der hat dann aufgegeben. Und das ist ja dann am Videogerät abgespielt worden, und das war also wirklich gut. Also solche Rollenspiele hatte ich früher, bei früheren Seminaren – ich hab ja schon einige besucht – solche Rollenspiele waren da nicht dabei" (S. 6 f.).

Es scheint also nicht nur die Spannung der Rollenspiele gewesen zu sein, die so faszinierend auf den Interviewten gewirkt hat, sondern auch der *Wettbewerbs*charakter, der – zumindest für ihn – damit verbunden war: der Eindruck, selbst gut abgeschnitten zu haben, dürfte zu der betont positiven Erinnerung beigetragen haben (‚beiläufig' wird das gute Abschneiden noch mehrfach erwähnt). Bemerkenswert ist, daß der Interviewte kaum eine Verbindung des geschilderten Rollenspiels zum Alltag sieht, *ohne* dies jedoch als Mangel anzusehen – im Gegenteil:

B: „Aber daß einer so massiv auftritt, wie er da geimpft worden ist, das ist nicht der Fall, und da muß man eben auch fertig werden; es könnte ja bei uns auch einmal so ein Fall eintreten. Und das war also wirklich sehr gut" (S. 7).

(Ob das bedeutet: ‚Relevant oder nicht – Hauptsache man kann zeigen, was in einem steckt?).

2. Zum Feed-back:

B: „Und dann, was auch bei Herrn ... (Trainer) recht interessant war: äh dieser – kennen Sie das – dieser Feuerstuhl (...)? Da sitzt man also so an der Ecke oder an einem Tisch und darf also nicht in den Kreis reinschauen, ... und äh, man hört sich also nach einigen Tagen, wenn man einige Tage zusammen war, wie einen die anderen beurteilen und einschätzen. Und das ist also recht interessant gewesen, und das Abschlußwort hat ja dann immer der Herr ... (Trainer), also das letzte Wort gesprochen. Und das war also phantastisch, wie schnell der den einzelnen erkannt hat, und was er überhaupt darüber sagen konnte. Also wirklich ein Supermann würde ich sagen."

Z: „Hm, weil er einfach die Leute so gut eingeschätzt hat?"

B: „Ja, wirklich, ich mein' da sind auch harte Dinge gekommen, gell, wenn es zu hart geworden ist, da hat der Herr ... (Trainer) ja eingegriffen, damit der nicht beleidigt war. Und es hat ja so eine Rangstufe gegeben, man konnte es selber sagen, ob das jetzt schlimm war oder ob's nicht schlimm war, also so von 1 bis 5 oder bis 6."

Z: „Ja."
B: „Und äh, manche sind also schon, die sind, wenn sich da einer zum Beispiel bei seiner Vorstellung schon ein bißchen hochgespielt hat, was er alles leistet, was er alles gemacht hat, und der ist also da schon ein bißchen gedämpft worden."

Z: „Ja."
B: „Ja, jawohl, wenn sich, wenn sich einer – also das ist dem dann auf diesem Feuerstuhl ganz deutlich gesagt worden, und da kann sich einer ja hernach rechtfertigen, es werden ja auch Fragen gestellt, und da wird zum Beispiel einer vom hohen Roß schon runtergeholt, oder einer, der sehr bescheiden ist, der wird dann ein bißchen hinaufgehoben. Danach wird auch da gefragt, ob er alles so hinnimmt, und das bringt für den einzelnen also schon wirklich was. Und das letzte Wort hat ja immer dann der Herr ... (Trainer) und der sagt das also so treffend. Es war erstaunlich, mit welch guten Worten er die einzelnen beurteilt hat, und zwar schon nach zwei, drei Tagen. Also ausgezeichnet" (S. 2 f.).

Der Psychologe gebietet über beeindruckenden ‚Tiefblick'. Was macht dieser „Supermann" jedoch konkret? Er nivelliert offenkundig „zu harte" Rückmeldungen; gleichwohl wurde „schon ein bißchen gedämpft", „vom hohen Roß schon heruntergeholt", wer es (nach Meinung des Interviewten) verdient hatte – Psychologie als jüngstes Gericht!

Daneben auch die Würdigung der Möglichkeit verändernder Selbstreflexion (‚Wie komme ich an?'); ein Seitenhieb auf das ‚schwarze Schaf' weist auf die positive moralische Qualität dieser Art von Selbstreflexion hin:

Z: „Hm, hm, ja, bei diesem Feuerstuhl – oder wie sagt man – haben Sie den Eindruck gehabt, daß Ihnen selbst oder anderen Teilnehmern da was ganz Neues gesagt worden ist, oder war das schon nicht mehr so ...?"
B: „Das wußte man schon in etwa, aber sagen wir, wenn zum Beispiel jemand dabei ist, der sich gerade am Anfang noch reserviert gibt, dann wird dem das auch gesagt, und das hat tatsächlich die Wirkung, also da muß er ja dann auch Stellung nehmen hernach, das ist ja eine Frage, ob er sich nicht anders geben kann. Dann macht er das hernach, und dann ist der im Kreis tatsächlich auch anders, dann ist er nicht mehr so reserviert. Also man kann die Leute selbst am Feuerstuhl ein bißchen ändern."

Z: „Ja."
B: „Ja, sie werden von den Kollegen so aufgenommen, und dann macht man sich doch Gedanken: bin ich eigentlich so. Es wird ja einem manchmal gesagt, ach, wenn der ist, der ist ja so überspannt, mit dem kann man ja nicht reden, dann sollte man sich eigentlich Gedanken machen: Kann ich das nicht ändern? Und das war eigentlich, das waren eigentlich so Anhaltspunkte. Was kann ich an mir selber ändern? Weil, die sagen das, es ist ja gesagt worden, es soll's ein jeder offen sagen, es soll keiner beleidigt sein. Der soll dann dazu Stellung nehmen, kann er es, kann er es nicht – und man kann das wirklich. Und ich glaube, es ist gar nicht so eine große Überwindung, das zu tun. Nur der eine, der sich ganz ausgeschlossen hat, der konnte das nicht. Und der hat aber von sich aus gesagt, er mag an sich Menschen nicht" (S. 8).

Zurück zur „Kunst" des „Supermanns".

Z: „Ja, also wenn der (Trainer) die Sache also immer im Griff hatte, wie hat er das gemacht, oder was ist seine Kunst gewesen, so ...?"

B: „Was ist seine Kunst? Ja der hatte schon so einen Blick, da hat er schon geschaut, aha, da kommt jetzt was und hat sich das sofort überlegt, hat sofort eingegriffen, hat irgendetwas dazu gesagt. Wenn's recht stark war, hat er's abgeschwächt, und wenn einer recht zahm war, dann hat er gesagt: Na, Sie dürfen schon mehr aus sich rausgehen. Er hat also auch jeden gefordert, der ein bißchen reserviert war."

Z: „Hm."
B: „Also, der hat da alle immer im Blick gehabt."

Z: „Also von vornherein, nicht nur bei diesem einen ‚heißen Stuhl' oder Feuerstuhl oder ...?"
B: „Ja, schon überhaupt, ja und ... äh ... was, ja er hat also das immer beobachtet und wie gesagt, er hat jeden rausgeholt aus der Reserve, hat aber keinen überfordert. Er wußte genau, wo sind die Grenzen, wie weit kann ich den fordern. Also wenn einer sehr reserviert war, dann hat er ihn bis auf ein bestimmtes Maß gefordert. Aber das hat man gemerkt, das hat er nicht gesagt, sondern das hat man gemerkt. Und das war eigentlich sehr schön."

Z: „Also der weiß, wie man die Leute, die nicht aus sich herausgehen, aus der Reserve lockt."
B: „Ja, ja, ja, der weiß das. Und wenn andere was sagen, und einer war, wenn einer recht still war, dann hat er sich gedacht, dann hat er sich wohl überlegt, diese Antwort könnte der auch geben. Dann hat er den genommen. Also wenn's zum Beispiel eine leichtere ... und so hat er den allmählich gefordert. Und das war eigentlich ausgezeichnet, so daß keiner gemerkt hat, der wäre überfordert oder wenn er schwierige Fragen dem gegeben hätte, dann wär das unter Umständen schlecht gewesen. Das hat er nicht gemacht, er hat genau gewußt: wen kann ich was fragen" (S. 9 f.).

Diese Begeisterung für die „Kunst" des Trainers ist wesentlich verknüpft mit dem Bewußtsein, *Einblick in die Geheimnisse* der Kunstfertigkeit zu haben: „man" (er selbst) hat „gemerkt", was „keiner" (wohl die anderen Teilnehmer) „gemerkt hat". Die Begeisterung für den „Supermann" ist also auch Zufriedenheit mit dem eigenen Vermögen, diesem in die Karten blicken zu können. Nochmals: was zeichnet den „Supermann" aus?

Z: „Glauben Sie, das hat er so im Laufe der Jahre gelernt, oder das ist mehr so Persönlichkeitssache ...?"
B: „--- Das, das ist eine Persönlichkeitssache, aber er wird sehr, sehr viel an sich selber auch gearbeitet haben. Und er will an sich immer wieder an sich arbeiten. Und das kommt auch ein bißchen so zum Ausdruck, wenn er sagt: Aha, da hab ich wieder was dazugelernt. Er arbeitet also immer auch an sich selber, ohne daß er das irgendwie betont oder sagt. Aber er wirft zum Beispiel ein: Da hab ich jetzt auch wieder was dazugelernt. Also sieht man, er arbeitet an sich selber auch ständig."

Z: „-- Hm, ja."
B: „Jawohl."

Z: „Also, --- also er beobachtet sehr gut und er arbeitet an sich, er versucht dazuzulernen ..."
B: „Ja, ja."

Z: „Und, ja, wenn was an der Persönlichkeit dran ist, was ist das, was an der Persönlichkeit dran ist ...?"
B: „Was an der Persönlichkeit dran ist? Ja, er hat also, wie er gekommen ist, hat er seine Geräte so aufgestellt, und dann hat er gesagt, er ist eigentlich technisch unge-

schickt, ob ihm jemand helfen kann, hat so ein bißchen ungeschickt getan, ich weiß nicht, war's gespielt oder nicht gespielt, und da kriegt man schon den ersten Kontakt. Da geht's also langsam an, und es steigert sich. Und einer, der hat einen Koffer dabeigehabt, der ist dann gefragt worden, warum er seinen Koffer immer dabei hat, auch wenn der in dem Seminar drin ist. Dann hat er gesagt: Ich hab so viel Arbeit, und wenn das Seminar langweilig gewesen wäre oder langweilig wäre, dann würde ich arbeiten. Und dann hat der Herr ... (Trainer) nur ein kurzes Kartenspiel, also so ein Zauberspiel da vorgeführt und hat ausgerechnet den mehr eingeschaltet. Und der hat sich da so interessiert dafür, wie der das macht, wie der das alles macht und wie der das zaubern kann, und der war dann so fasziniert, der hat dann den Koffer weggelassen. Und der hat dann am Schluß gesagt, er wäre keine Minute zum Arbeiten gekommen, so interessant war das Seminar. Also das sind nur so Erlebnisse aus dem Seminar und das war eigentlich recht interessant. Also schon da, die Aufmerksamkeit zieht ... (Trainer) schon auf sich, wenn er sagt, er ist ungeschickt und stellt sich ungeschickt an. Kann ihm jemand helfen? Dann paßt man doch schon auf, ja was macht der jetzt. Ist er wirklich so ungeschickt, oder ist das nur gespielt? Da kommt man nicht darauf. War das gespielt, oder war's nicht gespielt – man weiß es nicht."

Z: „Sie haben sich zum Beispiel gefragt, ist das jetzt ein Trick von ihm, um eine Atmosphäre aufzubauen ..."
B: „Ja, sicher. Ja, ja. Und das war also wirklich ausgezeichnet. Ganz gleich, ob's gespielt war oder nicht. Das war gut. Der Einstieg war schon gut auf diese Weise. Abgebaut – es haben sich einige angeboten, das abzubauen und ihm zu helfen. Nein, hat er alles allein gemacht. Also muß er doch nicht so ungeschickt sein."

Z: „Hm, das war die Videoanlage, oder ...?"
B: „Ja, ja" (S. 11 f.).

Nochmals: ein „Supermann", dessen Geheimnisse dem Interviewten keineswegs ein ‚Buch mit sieben Siegeln' sind. Das, was einerseits als banale Methode(n) zur Auflockerung des Seminars hinterbracht wird, soll andererseits des Schleiers des Geheimnisses nicht verlustig gehen, wäre damit doch auch die eigene Leistung des Durchschauens in ihrer Bedeutung erheblich gemindert. Daß die bei diesem Zitat eingangs erwähnte Darstellung der eigenen Lernwilligkeit durch den Trainer nicht nach dieser Logik relativiert wird, könnte daran liegen, daß hier der Inhalt der Selbstdarstellung des Trainers dem Interviewten noch ‚besser runtergeht' als das ‚Durchschauen' dieser Selbstdarstellung. Eine weitere Nachfrage zu Vermutungen über den Erwerb der Qualifikation des Trainers wird dann mit Aussagen beantwortet, die relativ direkt die eigenen charakterlichen Qualitäten thematisieren:

Z: „Glauben Sie, das lernt man so an den Universitäten, wenn man Psychologie studiert, oder ...?"
B: „Nein, da gehört auch eine Begabung dazu. Ich kenn das von Kollegen, da wenn einer mit den Untergebenen oder mit anderen nichts zu tun haben will, dann kann er das nicht lernen. Der ist und bleibt reserviert. Also wir haben da einen Kollegen gehabt, der nicht mehr da ist, der wollte auf der Straße schon mit niemandem gehen, nein, er hat seinen eigenen Schritt, der wollte sich schon einmal mit jemand unterhalten, aber wann er das wollte; da wenn zu ihm jemand gekommen ist, nein, der hat zu ihm auch gesagt, ja – machen Sie das, ich mag zu dem gar nichts sagen. Also wenn man alles ablehnt, gell ... ich ... dann muß, glaub ich, sogar eine Krankheit dahinter-

stecken. Ich weiß es nicht. Bei dem ist eine Krankheit dahintergesteckt, aber der war so. Der wollte mit niemandem Kontakt haben. Und so einer kann das auch nicht lernen. Den hat man auch auf Seminare geschickt, aber das kann der nicht lernen. Es gehört schon dazu, daß man bereit ist, das zu machen. Da kann man einiges lernen – aber wenn einer gar nicht bereit ist und immer seine Ruhe will ... Der hat auch gesagt: Ja, Samstag, Sonntag, ich geh nicht aus dem Haus, am liebsten bliebe ich den ganzen Tag im Bett, am Fernsehen, einen kleinen Fernseher ans Bett hin und dann am Montag wieder ins Geschäft, weil ich muß – so ungefähr. Also so einer, glaub ich, kann das nicht lernen. Aber einer, der bereit ist, das zu lernen und das zu machen und auf die Menschen einzugehen – ich glaub, der kann schon etwas lernen oder dazulernen. Aber die Grundlage muß er mitbringen" (S. 14).

Der Referent ist zum Trainer geboren – so manche Führungskraft wird ein mitarbeiterorientiertes Führen aus Charaktergründen nie lernen; kurzum: der Interviewte ist zum souveränen Menschenkenner prädisponiert.

Zum Abschluß seien noch Aussagen zu Manipulation im betrieblichen Alltag wiedergegeben, die offenkundig in Widerspruch zu Äußerungen im ersten Interview stehen; dem folgenden Zitat geht die Schilderung eines ‚Manipulationsspiels' im Training voraus:

Z: „Haben Sie den Eindruck, das kennen Sie so aus dem Alltag?"
B: „Ja, das könnte man sagen, das kennt man schon ein bißchen, ja, man kann also schon wirklich sehr manipulieren. Ja, das hat er also hier auch ganz ausgezeichnet demonstriert."

Z: „Also, daß man jemand doch ja so Hinweise oder ...?"
B: „Hm, hm, und da, wenn der etwas sagt, dann schon etwas sagen, aber immer ganz andere Richtung lenken, und das kann man also schon machen. Das hat von uns vielleicht schon jeder einmal praktiziert."

Z: „Ja, wenn man sich zurückerinnert, hat man so was durchaus ... könnten Sie sagen, Sie hätten so was schon gemacht ...?"
B: „Ja, jawohl, ja, ja. Das hat man schon gemacht. Wenn man, wenn einer recht scharf auftritt, daß man es dann in eine andere Richtung lenkt, oder wenn man irgendwas weiß, schaut, daß man darüber kommt, wo es eben gemäßigter ausfällt dann."

Z: „Hm, hm."
B: „Das, also das hat man schon gemacht. Das wird auch praktiziert, grad, wenn einer recht massiv auftritt."

Z: „Hm, also dann, wenn der, ja also recht laut ist, oder ..."
B: „Hm, ja ja. Ja, dann schaut man, wie man ihn ein bißchen dämpfen kann, spricht vielleicht ein bißchen was Persönliches auch, dann wird das schon gemäßigter."

Z: „Hm, haben Sie denn den Eindruck – oder wenn Sie sich zurückerinnern so an Ihre eigene berufliche Laufbahn, daß Ihnen auch schon einmal so begegnet worden ist von anderer Seite?"
B: „Ja, ja, ja, ja. Das schon, vielleicht nicht so auffallend, aber äh – oder man will jemand gewinnen, für irgendeine bestimmte Aufgabe, und der will unbedingt nicht, dann gibt man ihm so leicht Zuckerl hin, also da, ja dafür ist dann nächstes Mal das, kommen'S da dann nicht dran, oder Sie kriegen dann das oder sind bei der nächsten Aufbesserung dabei, wir brauchen ja solche Leute, oder wir müssen so jemand hinschicken, der also versiert ist, und äh so stellt man dann seine Qualitäten raus – und wenn man seine Qualitäten rausstellt, dann ist er schon geneigter, das zu machen."

Z: „Hm, hm."
B: „Also so ist das aus der Praxis."

Z: „Hm, und wenn Sie sich erinnern, daß es Ihnen vielleicht auch mal so gegangen ist, ist es Ihnen auch in dem Moment aufgefallen, daß jetzt jemand so Ihre Qualitäten rausstellt, um Sie damit zu gewinnen?"
B: „Ja, jawohl, ja, genau so, genau so ist es mir auch schon gegangen."

Z: „Und da haben Sie's in dem Moment, haben Sie sich einfach geschmeichelt gefühlt, oder haben Sie in dem Moment schon gemerkt: Aha, darauf will er raus."
B: „Nein, da hat man sich eigentlich im ersten Moment geschmeichelt gefühlt, und erst hernach merkt man: Ja, der hat ja das nur gesagt, damit man das auch annimmt. Aber, wenns natürlich was ist, was Hand und Fuß hat, dann kann man sich darauf ja voll berufen."

Z: „Ja, dann ist es einem, dann merkt man's zwar nach einiger Zeit, aber ..."
B: „Ja, und das ist mir also schon so gegangen, daß mir dann, weil ich etwas Bestimmtes machen mußte, was also keiner gern gemacht hat, hier in meiner Laufbahn, das ist schon mehr als zehn Jahre zurück, ja da hat man mir schon geschmeichelt und hat mir also Dinge versprochen, die man nicht halten konnte" (S. 4 f.).

Diese Schilderung von manipulativem Handeln im betrieblichen Alltag steht auf den ersten Blick in klarem Kontrast zu der früheren Auskunft, Manipulation (= autoritäres Verhalten) ließen sich die Untergebenen nicht bieten – jenseits der wortwörtlichen Bedeutung fügen sich die Statements jedoch problemlos: wenn es nicht mehr zeitgemäß ist, die Untergebenen zu kommandieren, verlegt man sich eben mehr aufs ‚Einwickeln'! Moralische Bedenken werden an dieser Stelle nicht spürbar. Relativ konkret werden Praktiken des ‚Einwickelns' – von „Zuckerln" für das Anerkennungsbedürfnis bis zu leeren Versprechungen (Karriere) – wiedergegeben. Der Interviewte sieht sich dabei nicht nur als ‚Täter', sondern auch als ‚Opfer'. Festzuhalten ist ein Gesichtspunkt der ‚Opfer'-Perspektive, der erwähnt wird: auch, nachdem er glaubte, gemerkt zu haben, daß man (erfolgreich) versucht hatte, ihn einzuwickeln, sträubte er sich nicht – „aber, wenns natürlich was ist, was Hand und Fuß hat ..."; – könnte das nicht auch so verstanden werden: Ansprüche von Vorgesetzten erfüllt man so oder so besser, wenn man je weiterkommen will ...

Insgesamt läßt sich der Eindruck festhalten, daß die Zufriedenheit des Interviewten mit dem Seminar wesentlich in einer günstigen Bespiegelung des Bildes der eigenen Person bzw. der Vorstellung vom eigenen überlegenen Umgang mit Mitmenschen besteht; der Trainer dient in dieser Bespiegelung als Reflektor. Die moralische Qualität des Auf-Menschen-Eingehen-Könnens scheint im Urteil des Befragten nicht darunter zu leiden, daß dieses Tun nicht zuletzt den Versuch, andere an der Nase zu führen, einschließt: Das bereits im ersten Gespräch betonte „Einfühlen" (in die Schwächen anderer) wird nicht nur in den am Schluß zitierten Aussagen zur Manipulation als Fähigkeit zur Instrumentalisierung anderer dargestellt!

Tab: V/3: **Übersichtsdarstellung Fall B/prä**

Menschliche Beziehungen in der Hierarchie im subjektiven Bild	Kontrolle	(1) Einfühlen in Untergebene (Bedingung guter Charakter der Führungskraft (2) klare Anweisung (3) Vermeidung von Überlastung (4) Manipulation (= Befehl) funktioniert nicht (5) Emotionen (siehe (1)) (6) Streß (siehe (3)) Folge übermäßigen Arbeitsdrucks Abb.V/3 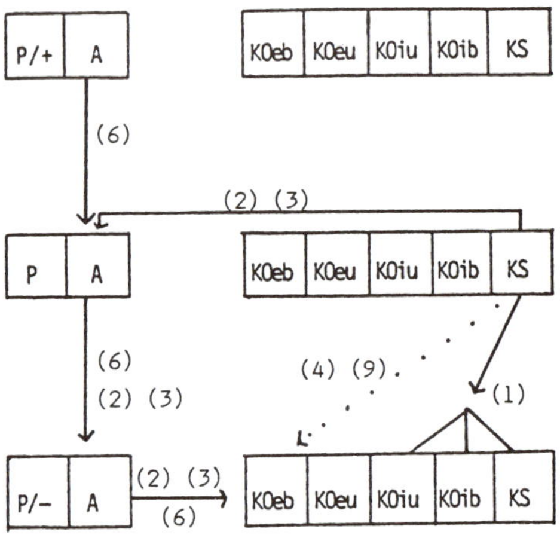
	Moral	(7) gut: Aufgeschlossenheit für andere (vgl. (1)) (8) schlecht: Egoismus (vgl. (1)) (9) Manipulation: Befehle gegenüber Mitarbeitern sind nicht mehr zeitgemäß (Begründung muß sein) (siehe (4))
Trainingssituation/Psychologie im subjektiven Bild	Kontrolle	(10) Menschenkenntnis, Einfühlvermögen (11) (Therapie = Führung; siehe (1), (7) und (10))
	Moral	(12) Seminarerfolg abhängig von Charakter (siehe (1), (7) und (8))
	Betroffenheit: explizit	(13) 'Nachbeten' von Lernzielen (14) Interesse an harmonischer Atmosphäre (15) Erwartung von Wichtigtuern, Angebern, die (14) beeinträchtigen (16) nützliche Kontakte
	Betroffenheit: implizit	(17) Hamrmonie-Ideal (7), (14) im Konflikt mit der Tendenz zur (18) Abwertung anderer (1), (8), (11) und (15)

Tab. V/4: **Übersichtsdarstellung Fall B/post**

Menschliche Beziehungen in der Hierarchie im subjektiven Bild	Kontrolle	(1) Manipulation ist üblich (a) Zuckerl (b) Versprechen (2) Begabung, auf Menschen einzugehen
	Moral	(3) Bekenntnis zur Manipulation ohne moralische Bedenken (siehe (1)) (4) (2) ist eine Charaktersache
Trainingssituation/Psychologie im subjektiven Bild	Kontrolle	(5) Rollenspiele a) spannend b) Bewährung ——> positiver Mangel an Realismus (6) Feed-back: a) nützliche Selbstreflexion (bleibt abstrakt) b) gerechte Ermunterung bzw. Dämpfer (7) der Psychologe als "Supermann": Menschenkenntnis, Dramaturgie
	Moral	siehe (5), (6) und (8)
	Betroffenheit: explizit	(8) harmonisches Erlebnis (9) Bewährung in einem Rollenspiel siehe (5), (6) und (7)
	Betroffenheit: implizit	(10) Selbstbestätigung im kongenialen Reflektieren der Trainerqualitäten (Menschenkenntnis, Umgang mit anderen)

Abb.V/4

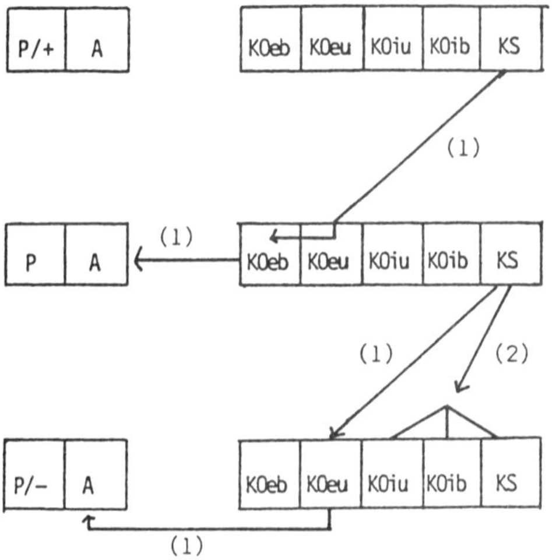

5.1.3. Fall C

5.1.3.1. Prä[5]

Seinen Lerneifer bekundet der Gesprächspartner, indem er die Frage nach *seinem* Interesse am Seminar zum Anlaß nimmt, das Bildungsprogramm der Personalabteilung aus einer Schublade zu ziehen und daraus zu zitieren. Die wiederholte Bitte, *sein* Interesse mitzuteilen, macht ihn daran zunächst nicht irre (10 ff.). Beim Stichwort „Lernziel: Kommunikation" erläutert er dann seine persönliche Erwartung:

„In so einem Seminar, da werden einem die Sachen, die man sonst automatisch gemacht hat, vor Augen geführt. Man kriegt gezeigt, aus den und den Gründen reagiert der Mitarbeiter so. Ich glaube, das wichtigste an so einem Seminar ist, daß man das schematisch und bewußt mal vor Augen geführt bekommt, daß man sagt, frag den anderen, rede mit ihm, wenn man merkt, da ist eine Konfrontation da, was ist los. Das hat man vorher automatisch gemacht, wußte aber nicht, daß dadurch, wenn der andere nie zu Wort kommt, solche Frustrationen aufgebaut werden können. Das ist der wesentliche Punkt in so einem Seminar" (35 ff.).

Unbewußt hat er also bislang schon richtig gehandelt; dies wird dann v.a. noch durch Erinnerungen an ein absolviertes Rhetorik-Seminar exemplifiziert. Der Gesprächspartner fährt dann fort, den Lernzielkatalog vorzulesen; die Zitation wird durch beifällige Kommentare und abstrakte ‚Beispiele' („Erkennen des eigenen Verhaltens" - „Ja, wenn einer ein Choleriker ist ... das muß man dem sagen") ergänzt. Dieses Vorgehen führt auch zu Bekenntnissen zu „Selbstkritik" (deren Notwendigkeit vom Bewußtsein des ‚Unbewußt-Schon-Richtig-Gemacht-Habens" her nicht ganz einleuchtend erscheint):

„... das Selbsterkennen, das Vor-Augen-Führen, wo ist eigentlich der Fehler ..., was man im Unterbewußten vielleicht schon gemacht hat, aber wenn ich weiß, das ist der bessere Weg, dann kann man sich das ja anlernen ..." (80 ff.).

Gegen Ende des Gesprächs äußert sich der Interviewte über Erwartungen und mögliches Verhalten anderer Seminarteilnehmer:

„Mich hat an so manchem Seminar gestört, daß da Leute waren, die immer gescheiter sein wollten, klüger als der Klügste. Ich will aber etwas lernen und nicht von Besserwissern belehrt werden ... Ich möchte als Dummkopf hingehen können und nicht schon wieder brillieren, oder von Mitstreitern in der Luft zerrissen werden" (450 ff.).

Diese Aussage gibt Anlaß zu der Nachfrage, ob ihm eine ‚anonyme' Seminarsituation wünschenswert erscheine:

„Das wär' mir schon lieber, wenn niemand aus demselben Bereich da wäre, ich möcht ja Fehler machen können ... Wobei mir das weniger macht, aber ich habe erlebt, daß andere es sehr schwer gehabt haben, weil sie Angst hatten, die Schlußlaterne zu sein" (490 ff.).

---

[5] Die Quellenangaben beziehen sich auf Bandlaufzahlen des Tonbandmitschnitts.

In diesem Zusammenhang erwähnt der Gesprächspartner, es erscheine ihm sinnvoll, nur Teilnehmer mit gleichem Intelligenzniveau (560 ff.) auf das nämliche Seminar zu schicken. Plakative Bereitschaft zu Selbstkritik und Klagen über die Behinderung dieser Absicht durch andere (angeberische) Teilnehmer mischen sich in den bisherigen Aussagen mit der Bekundung der Gewißheit, richtig zu liegen und im Seminar eine gute Figur zu machen. Die Kategorie des Unbewußten dient als Überbrückung der Kluft zwischen diesen Elementen der Selbstdarstellung (siehe auch unten). *Karriere*wünsche sieht er übrigens bei *anderen* Teilnehmern im Zusammenhang mit dem Seminar:

„Sicher, manche schmücken sich mit Seminaren wie mit Orden. Ich finde nur sinnvoll, dann auf ein Seminar zu gehen, wenn ich das, was da gemacht wird, auch wirklich jetzt brauche."

— Wie er dieses Brauchen sieht, siehe oben.

Vom Seminar erwartet der Interviewte sich u.a. auch „Tips" für die Führungsaufgabe, „die meinen Mitarbeitern natürlich auch nützen" (100). Er brauche Mitarbeiter, die „Engagement" zeigen. Voraussetzung dafür sei Zufriedenheit und Identifikation:

„... die Zufriedenheit der Umgebung, des Arbeitsplatzes und auch das Erfolgserlebnis, das man braucht, und das Sich-Frei-Entwickeln-Können, das spielt eine ganz wesentliche Rolle. Das ist eben auch, was ich als Führungskraft können muß oder erkennen muß, daß ich dann den Mitarbeitern individuell drauf eingehe, daß ich ihm vielleicht eine bisserl längere Leine gebe, daß er sich noch mehr kreativ entfalten kann, oder wenn er mal übers Ziel hinausschießt, daß man eben sagt, den muß ich jetzt zurückholen. Das ist natürlich ganz klar, daß man da eine gewisse Schulung braucht, drum bin ich natürlich für Seminare, die mir noch mehr Führungsverhalten oder noch mehr Führungsgrundsätze vermitteln, schon dankbar. Und es ist natürlich auf der anderen Seite so, daß sich doch im ganzen Führungsstil sich in den letzten Jahrzehnten doch ganz gravierende Änderungen vollzogen haben. Wenn ich mich erinnere, wie ich begonnen hab, da war doch die Hierarchie, und da war praktisch der diktatorische Führungsstil, daß man gesagt hat, ‚Du mach das – und aus, basta!'. Heute will der Mitarbeiter wissen, warum er das machen soll – was ich auch ganz richtig finde, ... dann kann ich erstens mal damit rechnen, daß er seine eigenen Gedanken einbringt, daß er sich viel mehr engagiert ... Die heutigen Mitarbeiter sind mit dem freien Führungsstil aufgewachsen, da kann man nicht im Befehlston, da würde das Arbeitsergebnis mit der Zeit ganz, ganz entscheidend drunter leiden" (130 ff.).

Später formuliert er:

„Ich verstehe mich also nicht als Chef, sondern als Mitarbeiter im Team – Ich weiß nicht, ob das richtig ist, das hat mir noch keiner gesagt. Von meinen Mitarbeitern verlange ich nur, was ich auch selber leiste ... Da muß ich also selbst schon Vorbild sozusagen sein" (230 ff.).

Zur „langen Leine" führt er später aus:

„Als Führungskraft braucht man eben geistiges Rüstzeug, wenn es heißt: ‚Führen nach modernen Richtlinien' ... Und dann ist die Frage, was läßt sich umsetzen ... Sie müssen ja auch auf den Typus des Mitarbeiters eingehen ... Was ich aber teilweise erlebt hab (zögernd) ... Der eine Mitarbeiter verträgt die lange Leine, der andere nicht. Und zwar insofern, der eine, wenn ich dem die lange Leine gebe, der blüht richtig auf, der andere, wenn ich dem die lange Leine gebe – ich rede jetzt nicht von bestimmten Personen – wenn ich dem die lange Leine gebe, der legt sich aufs Ohr. – Ich weiß jetzt nicht, ob Sie das woanders auch schon bestätigen konnten –. Dann nützt der das aus, dann hat der den Führungsstil nicht verstanden. Wenn ich großzügig führe, erwarte ich vom Mitarbeiter als Gegenleistung, ich erwarte auch etwas, einen Einsatz, und wenn der meine Großzügigkeit ausnutzt, dann muß ich versuchen, das zu beseitigen, und das kann eben sein, daß ich das nur beseitigen kann, indem ich den wieder etwas kürzer halte“ (320 ff.).

Kooperation – eine „lange Leine“, die sich bezahlt machen muß! Kooperation – Zeitgeist und Forderung der nicht an Respekt gewöhnten Untergebenen! Kooperation – ein Herzenswunsch jenseits aller Konformität! Expliziter Konformismus mit dem, was als Führungsstil gefragt ist, neben dem kaum glaubwürdigen Verweis auf den ‚rein endogenen‘ Ursprung der Übereinstimmung mit (Führungs-)Geist der Zeit: Darstellung von Nonkonformismus als obligates Moment einer konformen Führungskraft. Das A und O des angeeigneten „geistigen Rüstzeugs“: Instrumentalisierung der Untergebenen zu höchster Leistung.

Das Thema *Manipulation* ist in der Passage zwischen dem ersten und dem letzten Zitat zur „langen Leine“ Gegenstand. Die Praktikabilität von Manipulationstechniken (im wesentlichen als Schmeichelei umschrieben) wird an ihren (relativ) sparsamen Gebrauch geknüpft; dies wird allerdings nicht als Bedingung der Verhinderung von Mißtrauen angesehen, sondern als Bedingung für ein Funktionieren der Manipulation trotz klarem Mißtrauen, nach dem Motto: wenn man es nicht übertreibt, dann merken die Leute zwar, was gespielt wird, machen aber gleichwohl gute Miene zum bösen Spiel. Manipulation wird mit Sich-(widerwillig)Fügen verwechselt:

C: „Es kommt darauf an, von wem sie versucht werden zu manipulieren; wenn es ein Gleichgestellter, kann ich ein anderes Argumentarium ausspielen als wenn es ein Vorgesetzter ist. Bzw. es kommt auch noch auf die Abstufung drauf an, wie hoch der Vorgesetzte abgestuft ist. Je höher der steht, um so mehr muß ich mich manipulieren lassen, auch wenn ich das merke. Ohne daß der Höhergestellte das will, – der will vielleicht im Unterbewußten manipulieren, aber der hat natürlich durch seine Hierarchie eine andere Machtaustragung. Ein Untergeordneter, der wird die Arbeit dann machen, auch wenn sie wissen, das ist Manipulation. Man hat vor einem Vorgesetzten halt immer einen gewissen Respekt – bei jüngeren Mitarbeitern ist das vielleicht anders – und macht die Sachen, am Lehrer hat man Respekt und von den Eltern, das ist einem von den Eltern eingebleut worden. Dieses Verhalten kann man gar nicht mehr ablegen, wenn einem das von Kind an anerzogen ist“ (290 ff.).

Der Interviewte versteht sich zu dem Geständnis, gelegentlich manipuliere er unbewußt (siehe auch unten), manchmal sei es aber einfach unumgänglich, sollte aber eben nicht zu oft ... Seine Leute würden es sicher gelegentlich auch merken, daß er sie manipuliere, würden aber aus persönlicher Zuneigung zu ihrem Chef und aus Dankbarkeit für seine Großzügigkeit „übers

Jahr“ nicht opponieren. Ihm gegenüber also kein widerwilliges Sich-Fügen, sondern ein dankbar ergebenes!

Zum Thema Streß:

Z: „Was ist Streß?“
C: „Da lad' ich Sie mal auf eine Woche hier ein! – Streß, das wird ja heutzutage oft mißbraucht ... Der Mensch erlegt sich 75 % des Streß selber auf ..., wenn einer immer unter Zeitdruck steht – der manövriert sich da selbst rein ... Es ist ja fast ein bisserl ein Aushängeschild, wenn einer sagen kann ‚Ich bin den ganzen Tag im Streß‘, ‚mein Mann ist so im Streß‘“ (410 ff.).

Streß ist also: 1. objektiver Arbeitsdruck – was die eigene Person betrifft; 2. Unfähigkeit bzw. Angeberei – bei anderen.

Auswirkungen des Seminars auf das *Privatleben*?

C: „Sicher, weil, wenn ich mir gewisse Eigenschaften anerziehe oder aberziehe, dann sind sie weg bei mir. Sonst müßte ich ja ein Mensch sein, der praktisch zwei Gesichter hat, ein geschäftliches und ein privates, aber wenn ich –, wenn praktisch eine Fähigkeit anerzogen ist, dann werd ich sie praktizieren, und je länger ich sie praktiziere, desto mehr geht sie in mein Unterbewußtsein ein, und wenn es also im Unterbewußtsein ist, dann kann ich es auch im privaten Leben nicht mehr entfernen“ (600 ff.).

Die Führungskraft ist unteilbar: die Fassade des Berufslebens, die sie entsprechend den Moden der jeweils für opportun gehaltenen Führungsstile aufbaut, will und kann die Führungskraft, die „volle Identifikation“ zu ihrem Lebenszweck (bzw. Karrieremittel) gemacht hat, nicht als solche darstellen: die Fassade *ist* der Charakter (zumindest in der Selbstdarstellung, die aber zum zentralen Thema des Selbst wird). Argument im Kontext dieser Selbstdarstellung ist wiederum *„das Unterbewußte“*, das bereits eingangs dazu diente, die Überzeugung, die Lernziele des Seminars seien lediglich eine Beschreibung dessen, was er ohnehin schon tue, in der gebotenen Bescheidenheit vorzutragen; „das Unterbewußte“, das im Zusammenhang des Themas Manipulation ausgerechnet beim ‚Täter‘ (als Exkulpation?) am Werk gesehen wurde, steht hier nun für die Unmöglichkeit, „zwei Gesichter zu haben“; dies heißt soviel wie: ich bin ein gerader Charakter – so ist nun mal meine Natur. Heuchelei ist bei mir nicht drin – selbst wenn ich wollte! Seine Emotionalität sieht der Befragte dabei durchaus als beherrschbar an: es gebe verschiedene Temperamente, man könne sich aber auf ein (ideales) Mittelmaß hin bewegen, wenn man sich bemühe (90 ff.). *Psychotherapie* ist heute keine Schande mehr; möglicherweise ist sie für Leute mit Problemen „vielleicht“ sogar nützlich (680 ff.).

Abschließend sei hervorgehoben, wie spürbar in den oben wiedergegebenen Aussagen die Gebrochenheit – ja Versatzstückhaftigkeit – einer Identität wird, deren zentrales Bemühen die Selbstdarstellung als geradlinige Führungskraft ist (Das Pathos, mit dem der Interviewte das Wort „identifizieren“ intoniert, scheint durch ein zwischen die beiden ersten Buchstaben eingefügtes „n“ verstärkt zu werden). Es soll nicht unerwähnt bleiben, daß nach Abschalten des Bandes vom Interviewten geäußert wurde, Führen sei wohl nicht in Seminaren erlernbar.

5.1.3.2. Post[6]

Wiederum zeigt das Gespräch große Zufriedenheit mit dem Seminar, die nicht zuletzt Zufriedenheit mit der eigenen Person sein dürfte. In diesem Ergebnis ist der Bericht den beiden vorstehenden Erfahrungsberichten ähnlich; neu ist der Weg des Zustandekommens des positiven Gesamturteils: es wird an andere Aspekte von Selbstdarstellung und -sicht geknüpft. Das zentrale Thema wird u.a. an längeren Ausführungen des Gesprächspartners zu einem Rollenspiel sichtbar:

C: „Oder ein anderes Rollenspiel, das mir auch sehr gut gefallen hat, war folgendes, Sie wissen ja selber, momentan ist, oder praktisch der neue Führungsstil, der kooperative Führungsstil, der Führungsstil der Information, Delegation, der Verselbständigung des Mitarbeiters, ist auch richtig, ich muß also sagen, entspricht auch voll und ganz meiner Mentalität. Ich hab selber in meinen Lehr- und ersten Berufsjahren, das autoritäre Führungsverhalten am eigenen Leib gespürt, und sehr darunter gelitten. Und drum bin ich also voll und ganz auf der Schiene des neuen Führungsstils. Muß aber sagen, eins hat mir ein bisserl gewurmt. Jüngere Mitarbeiter sind natürlich auch voll und ganz auf den neuen Führungsstil eingeschworen, und man hat manchmal den Eindruck, daß man vielleicht bißchen ausgenutzt wird dabei. Das ist eine These von mir, der Mensch sucht immer den Weg des geringsten Widerstandes, das ist bekannt, ja?! Und es gibt auch Menschen, die suchen den Weg der geringsten Arbeit. Und manche Delegation, das setzt natürlich voraus, daß der Mitarbeiter sich echt berufen fühlt, er sagt, der hat mir Verantwortung übertragen, jetzt schau ich auch, daß es wirklich hundertprozentig zufriedenstellend gelöst wird. Das wäre eigentlich das, was ja auch der Grundgedanke des neuen Führungsstils ist und der Delegation. Es gibt aber Leute, die sagen, hat man mir gegeben, muß ich erledigen, am einfachsten und am arbeitssparendsten für mich erledigen. Zack, zack, findet irgendeine Lösung, die aber vielleicht nicht die optimale Lösung ist. Und ich glaube, das ist ein Lernprozeß, daß es das sicherlich noch über Jahrzehnte geben wird, daß der Mitarbeiter sich auch bewußt ist, was Delegation heißt, ich krieg Freiräume, muß aber auch Verantwortungsbewußtsein zeigen, ich darf den Freiraum nicht erst mal für mich ausnutzen, sondern ich muß das Vertrauen, das in mich gesetzt ist, muß ich auch erfüllen, und es muß ein Ansporn sein zu zeigen, wie gut ich das erfüllen kann. Ja? Und, es ist natürlich so, daß von manchem Mitarbeiter tatsächlich, das oftmals zu seinen Gunsten ein bißl ausgenutzt wird, daß der eine sagt, warum muß ich das machen? Ja ich hab es Ihnen gesagt, aus den und den Gründen. Warum muß grad ich das machen? Früher hat es geheißen: Meier, Sie machen das. Warum muß das grad ich machen, ja? Jetzt haben wir in dem Seminar vorher, hab ich also immer gelernt, ja, kooperativer Führungsstil, auf die Wünsche eingehen, und versuchen, praktisch den Mitarbeitern alles zu erklären, und so weiter, man ist sich fast bißl wie ein Bittsteller vorgekommen, ja als Führungskraft! Und in dem Seminar hat man zum Beispiel in

[6] Die Quellenangaben beziehen sich auf Seitenzahlen des Schreibmaschinen-Transkripts. Interviewtermin: etwa zwei Monate nach dem Training.

einem Rollenspiel das mal extrem überzogen. Nämlich insofern, ganz kurze Schilderung: ein Mitarbeiter ging auf ein . . .-seminar" (fachliches) „eins, vier Wochen lang. Wurde dorthin delegiert. Während er nicht da war, ist ein anderer Mitarbeiter ausgeschieden, den der gut kannte, man hat eine Abschiedsparty für den gegeben, und der, der beim Seminar war, war nicht dazu eingeladen. Nächster Fall war, alle Mitarbeiter haben in der Zeit eine Leistungsprämie bekommen, für Überstunden, die aber in der Zeit geleistet worden sind, als der nicht da war. Darauf kam der zurück vom Seminar, hat seinen Vorgesetzten nicht mehr gegrüßt, hat ihm nur patzige Antworten gegeben, war halt sehr widerspenstig. Jetzt war ein Gespräch fällig zwischen dem Mitarbeiter und dem Chef. Ja? Der Chef, der die Rolle des Chefs hatte, hatte wieder die Information, eigentlich nur, der ist widerspenstig, da stimmt was nicht. Ja? Der Mitarbeiter hatte den Auftrag, also das war der Sachverhalt, so und so ist es, deswegen bist Du sauer. Und Du provozierst den Chef so, daß der nimmer ein und aus weiß. Und dann siehst Du mal, wie kooperativ der Chef ist. Und zwar hat der Seminarleiter gesagt, Sie werden sich wundern. Eben durch diese neue Methode, wie Chefs sind, kooperativ bis zur Selbsterniedrigung. Und das ist also auch tatsächlich in dem Gespräch herausgekommen. Ich muß sagen, ich hab da einem Gespräch als Beobachter beigewohnt, und ich hab mich halb krank gelacht. Der hat das auch wunderbar gespielt. Es kam also das Problem aufs Tapet, ja und ja muß ich noch was sagen, muß ich vorausschicken, das . . .-seminar war ein Seminar, das für den überhaupt nicht gepaßt hat, weil der war so und so lange im . . -geschäft, und das was da bekannt wurde, das wußte er schon. Und da kam der Mitarbeiter, der Chef fragt ihn zuerst einmal so kollegial, na wie war's da in . . . beim Seminar und so, da sagt der Mitarbeiter, ja schön, es ist schön, . . . ist eine schöne Stadt, und man konnte da auch abends was anfangen, ich hab schöne Spaziergänge gemacht, in der Mittagspause in der Sonne gelegen. Ja so, das ist schön, daß es Ihnen gefallen hat. Ja, und was war sonst noch? Ja, mei ich hab nette Bekannte kennengelernt und hat also aus dem privaten Bereich erzählt. Er ist nicht auf das Thema eingegangen. Und ich muß sagen, der Chef, der hat sich das da angehört, bis dann endlich einmal nach 'nem gewissen Zeitpunkt, --- also es tät mich aber schon interessieren, Sie sind ja nicht wegen der Freizeit nur dort gewesen, sondern auch wegen dem Seminar. Wie war denn das Seminar, deswegen wir Sie ja hingeschickt haben? Ja, sagt der, das ist ein großer Mist gewesen. Sie sind vielleicht so eine Pfeife, schicken mich auf ein Seminar, wo Sie doch wissen, daß ich das schon so und so viele Jahre mache, und das ist ja doch für mich überhaupt sinnlos gewesen, nutzlos. Vier Wochen sitz ich nutzlos da in . . . draußen, das müssen Sie doch wissen, was schicken Sie mich auf so ein blödes Seminar. Ja, es tut mir leid, daß ich Sie auf das Seminar geschickt hab. Ja, das muß dann ein Mißverständnis sein und so, und der Mitarbeiter trumpft weiter auf: Was heißt hier Mißverständnis, Sie als Chef müssen sich doch vorher informieren, und so, hat ihn richtig niedergemacht. Und das ging dann so weit, daß der Mitarbeiter aufgestanden ist, und hat gesagt: wissen Sie was, mit Ihnen spreche ich gar nicht mehr. Ja, Herr Meier, setzen Sie sich doch hin und beruhigen Sie sich doch wieder. Ja, und außerdem sagt er: Sie können mir eigentlich mal, ich bin jetzt so erregt, daß eine Tasse Kaffee, möchten Sie nicht einmal Ihre Sekretärin eine Tasse Kaffee machen lassen, daß ich da einen Kaffee trinken kann? Ja, werd ich gleich veranlassen, und das haben sie dann vorgespielt; wir haben uns krank gelacht. Und die richtige Lösung wär gewesen, daß er letztendlich den Mitarbeiter rausschmeißt, daß er sagt, bis hierher und nicht weiter, und jetzt raus! Verstehen Sie? Letztendlich dann mit allen Konsequenzen, daß also die Führungskraft auch aufzeigt, wo letztendlich die Grenzen sind. Wie weit der Mitarbeiter, sagen wir mal, gehen kann, und daß er nicht einfach die Moral und das Ansehen des Chefs untergräbt, und der andere im Bewußtsein des kooperativen Führungsstils, immer wieder versucht einzulenken, daß es auch Grenzen gibt, wo der

Chef sagen muß, nein, bis hierher und nicht weiter! Also daß das auch Grenzen hat, und net daß man versucht, immer wieder dem Mitarbeiter willfährig zu sein, und, und, und. Ich muß sagen, das war eine Genugtuung für mich. Bei den anderen Seminaren ist das nie in leisester Stille erwähnt worden, daß es auch Grenzen gibt, wo die Führungskraft, man machts vielleicht im Unterbewußtsein, wenn alles so hoch kommt, wenn man sagt, jetzt aber raus! Aber das ist ja grad das, was bei dem neuen Führungsverhalten grad anerzogen wird, möglichst kooperativ zu führen, im Gespräch, immer wieder das Gespräch suchen und so weiter. Ist ja auch richtig, nur muß es ein Geben und Nehmen sein. Es darf nicht einer dann das ausnützen, und womöglich schon dann ausfallen und frech werden. Und das hat mir also wirklich einmal gut gefallen" (S. 5 f.).

Der Interviewte läßt zwar einfließen, die Dramaturgie dieses Rollenspiels sei – in Relation zur Wirklichkeit – „überzogen", dennoch erhebt er keineswegs den Vorwurf, es ermangle diesem Rollenspiel am gebotenen Realismus; letzteres führte er zu Beginn des Interviews gegen Rollenspiele, wie er sie bislang erlebt hatte, ins Feld (S. 1 f.). Die Darstellung der Führungskraft als Opfer des kooperativen Führungsstils erscheint ihm durchaus berechtigt. Der Erfolg der referierten Rollenspiel-Posse dürfte einerseits dem Umstand zu verdanken sein, daß ein (dem Zeitgeist gemäßes) Heucheln einer kooperativen Gesinnung („meine Mentalität") angesichts der verkehrten Welt eines seinen Chef dominierenden Untergebenen berechtigterweise hinter dem Hervorkehren der Grundlage jedweden *Führungs*-Stils zurücktreten darf: Hierarchie, Oben und Unten. Andererseits macht das Lustige, ja Lächerliche der inszenierten Posse kenntlich, daß auftrumpfende Untergebene gerade nicht die wirkliche Konsequenz eines kooperativen *Führungs*-Stils sind: ein ‚Mitarbeiter, der im Gespräch mit dem Chef gemeinsamen Kaffee anregt, ist bereits Kennzeichen einer ver-rückten Welt; das Oben und Unten der Welt der Hierarchie ist also durchaus noch in Ordnung, sonst erschiene all das ‚Unverschämte', was der Untergebene sich ‚leistet', so unverschämt gar nicht! Die Erinnerung an die Philosophie „lange Leine" (ein Stil, der vom Untergebenen „verstanden" werden muß, will er nicht „kurz" gehalten werden), die im Gespräch vor dem Seminar entfaltet wurde, verdeutlicht die die ‚kooperative Gesinnung' des Interviewten kennzeichnende Mischung aus instrumentellem Kalkül und Gestus der Gnade (die eben verdient sein will). Offenkundig hat sich aber bei ihm Unmut angestaut, da dem geschilderten Rollenspiel ansonsten kaum eine so dankbare Aufnahme zuteil geworden wäre: das ‚Als-ob' von Kooperation bedeutet für den Interviewten offenkundig bereits eine unliebsame Anstrengung, die ihm das Vor-Augen-Führen seiner klaren Machtposition als Seelenbalsam erleben läßt. Dabei dürfte außer Frage stehen, daß dieses ‚Als-ob' in der Tat eine nicht ohne gewisse Anstrengung zu bewältigende Verbiegung darstellt, nur: dieser Verbiegung das Ideal ungenierten Machtgebrauchs entgegenzuhalten, ist eine wenig autonome Form der inneren Aufrichtung des Subjekts. Zur Rechtfertigung einer ‚harten Linie' gegenüber den Untergebenen dient übrigens die Theorie („x") vom Menschen als Wesen, das den „Weg der geringsten Arbeit" wähle:

C: „Es ist wahrscheinlich einfach in der Trägheit des Menschen, nicht des einzelnen, wie gesagt, ich will jetzt keinen von meinen Mitarbeitern irgendwie in geringster Weise diskriminieren, oder so, aber es liegt einfach in der Menschheit, im Menschen möcht ich sagen, und vielleicht stellen wir innerhalb der nächsten fünf oder sechs Jahre fest, daß der rein kooperative Führungsstil doch nicht das Gelbe vom Ei ist, daß ein Zwischending das Bessere wäre" (S. 10).

Die ‚Prognose' am Schluß ist bemerkenswert, wenn man bedenkt, daß der vorhergehende Rollenspiel-Bericht von der Befriedigung darüber durchdrungen war, ex cathedra die Distanzierung vom „rein kooperativen" Führungsstil zugestanden bekommen zu haben.

Die Realität seines „kooperativen" Handelns kommt u.a. auch in der Antwort auf die Frage nach gemeinsamer ‚Aufarbeitung' des Seminars mit den Untergebenen zum Ausdruck:

Z: „Und was anderes, haben Sie mit Ihren Leuten nachher darüber gesprochen, über das Seminar?"
C: „Nee, hab ich nicht gesprochen, weil es ist an und für sich, wie gesagt, wir haben halt kurz gestreift, aber das interessiert an und für sich die auch nicht so sonderlich. Weil, das ist ja ein Seminar, das der Führungskraft zeigen soll, wie sie es machen muß, und die sagen halt dann, wir werden schon sehen, wie er es dann macht."

Z: „Haben Sie den Eindruck, die erwarten irgendwie, daß Sie ...?"
C: „Ja, der eine hat spaßhalber gesagt, bevor ich auf's Seminar gegangen bin, haben wir uns verabschiedet, hat er gesagt, wenn Sie dann aus dem Seminar kommen, dann werden Sie ja gelernt haben, daß Sie uns jeden Tag frische Blumen auf den Tisch stellen. Und da sieht man, der kooperative Führungsstil, fast bis zum Ausnützen. Die Aussage, die war spaßhaft, aber sie zeigt letztendlich, wie der Mitarbeiter das sieht. jetzt hoffentlich lernen Sie noch mehr, daß wir Ihnen noch mehr auf der Nase rumtanzen können. Sie tanzen mir nicht auf der Nase herum, das ist falsch, und darum war das für mich wertvoll, daß man sagt, da Freunde, da ist die Grenze. Aber die Erwartungshaltung der Mitarbeiter ist tatsächlich, der lernt jetzt noch richtig die Kooperation" (S. 19).

Als ob die Subalternität des erwähnten Untergebenen-Scherzes nicht spürbar wäre.

Die *Rollenspiele* werden ansonsten analog zu Fall B (5.1.2.2.) beurteilt: sie waren spannend (S. 2 ff., 11) und boten überdies eine Gelegenheit zu persönlicher Bewährung. Persönliche Bewährung erlaubte in den Augen des Interviewten auch das *Feed-back* auf dem „heißen Stuhl":

C: „Ja, es setzt sich also praktisch einer, also jedes Mal kommt ein anderer dran, der setzt sich auf den Stuhl, außerhalb der Runde. Und dann diskutiert die Runde über die Charaktere der Person. Ich muß sagen, uns war es vorher bißl bang, was wird da kommen? Und wir haben das durchgemacht, und nachher hat jeder gesagt, also das muß er unbedingt beibehalten, das ist ein Punkt, der vielleicht vorher, wenn man es nicht kennt, bißl Schrecken erzeugt, der auch noch bißl Herzklopfen erzeugt, wenn man auf dem heißen Stuhl sitzt, aber wenn das dann beendet ist, geht man hervor, sieht erst, wie schnell der Mitmensch Dich noch in Deinem Wesen erfaßt hat."

Z: „Das war also Ihr Eindruck jetzt, ...?"

C: „Nicht nur meiner, sondern auch der von anderen. Man kann sagen, ein Teilnehmer hat sich ausgeschlossen, der wollte das nicht. Es ist ja auch kein Zwang. Man hat ja gesagt, wer nicht will, braucht nicht ... Aber man kann sagen, die Teilnehmer haben rundweg, war die Trefferquote zwischen 75 und 90 Prozent. Wie er sich wahrscheinlich gegenüber seinen Mitarbeitern gibt, und, und. Der hat vielleicht Probleme, nach außen ist er robust, aber er hat einen weichen Kern, oder daß es geheißen hat, ja, oder der Herr ..., der tut nach außen recht geschäftig, weil er im Endeffekt nicht recht sattelfest ist in seinem Fach. Alle möglichen Sachen, die sind also unverblümt ausgesprochen worden."

Z: „Unverblümt, also das war ganz offen?"
C: „Ganz offen. Da war zum Beispiel einer, der hat sich abgesondert, der ist mit uns abends nicht Biertrinken gegangen, gar nichts. Den haben sie also echt in der Luft zerrissen. Bei uns ist das ein absoluter Außenseiter, ein Menschenfeind, der findet es nicht mal der Mühe wert, daß er mit einem spricht, arrogant ... Der ist dann gekommen und konnte dazu Stellung nehmen. Hat auch Stellung genommen."

Z: „Was ist Ihnen speziell jetzt schwerer gefallen, sich das anzuhören oder über andere Leute was zu sagen?"
C: „Also ich muß sagen, der Pulsschlag war wahrscheinlich schon höher, als ich dran war. Ja, das ist klar. Aber der hat so eine Streßskala. Es sollte jeder mal beurteilen, zwischen eins und fünf oder sechs, wo er stand. Oder wie er den Streß empfunden hat. Da kann man sagen, die meisten waren so drei bis vier, und nach den ersten Fragen ist aber dann die Streßskala so auf zwei abgefallen. Also man kann sagen, nur die Erwartung hat letztendlich mehr gestreßt, als dann das Scherbengericht über einen abgehalten wurde, dann hat das natürlich beruhigt. Und je mehr man gehört hat, man mußte eigentlich immer zustimmen, richtig, richtig, das haben Sie auch richtig erkannt, hat sich der Streß abgebaut ... Und das war das, was die meisten gesagt haben. Mich hat interessiert, wie ich wirke. Wie ich nach außen wirke. Wie mich der andere sieht. Wie er mich erkennt. Ob er mich sympathisch findet, unsympathisch. Was er an mir als Fehler beurteilt, und ich muß eingestehen, das ist tatsächlich das, was ich innerlich schon immer denke, das ist ein Fehler. Oder einer zum Beispiel, dem haben sie gesagt, ja das ist ein netter Kerl, und alles. Er hat ein unmögliches Gangwerk. Er schlurft daher wie ein alter Mann, hat Anzüge an, die ihm zu groß sind. Und da hat er gesagt, sehen Sie, das ist mir bewußt erst in dem Moment aufgefallen, wo es mir die Runde gesagt hat. Ich weiß, ich muß jetzt drauf achten. Dieser Punkt, der ist negativ an mir, und den muß ich jetzt einfach versuchen auszumerzen. Das ist wahr und sehr gut, hat er auch gesagt ... Führungsverhalten hieß das Seminar, und da muß ich ja auch wissen, tatsächlich wie ich wirke. Weil man agiert ja auch ein bißchen, mit dem Auftreten, mit der Gestik, mit dem ganzen Drum-und-Dran."

Z: „Haben Sie den Eindruck, daß Sie da in der Richtung sehr viel Neues erfahren haben über sich oder daß Sie ...?"
C: „Nein, ich hab letztendlich das erfahren, wie ich mich auch sehe, und ich war eigentlich positiv angetan von dem Ding, das ich gesehen hab, daß ich gegenüber anderen doch als sympathisch oder als angenehmer Gesprächspartner wirke. Und es ist vielleicht, es ist ein Feed-back, das man mal braucht. Man glaubt, man machts richtig, aber es sagt einem ja niemand, Du bist ein unsympathischer Typ, mit Dir sprech ich so ungern. Und wenn man sagt, mit dem unterhalten wir uns eigentlich gerne, die Argumente, die er bringt, haben Hand und Fuß ... He, Du bist doch auf dem richtigen Weg" (S. 13 ff.).

Manch anderer mußte sich schon ausgesprochen Negatives anhören; einer gar hat gekniffen ... Das Bekenntnis zum funktionalen Reflektieren des eigenen Auftretens bleibt für die Person des Gesprächspartners abstrakt. Ob er sich von den anderen tatsächlich richtig erkannt („richtig, richtig, das haben Sie auch richtig erkannt") fühlte, mag dahingestellt bleiben. Sicher ist die Zufriedenheit über das positive Urteil über die eigene Person: „ein Feed-back, das man manchmal braucht". Anschließend ist davon die Rede, bei ihm wäre ein Übermaß an Verschlossenheit kritisch angemerkt worden; hier sieht er eine Fehlinterpretation seiner Zurückhaltung im Seminar:

C: „Dann glauben die Leute gleich, Du bist verschlossen, wenn Du nicht hinkommst und mitbabbelst und da sozusagen mit ‚Hurra' in die Runde platzt" (S. 18).

Die positiven Urteile über die eigene Person sind ‚Erkenntnisse', Mißliebiges dagegen Ausdruck grober Fehlschlüsse. Im Kontrast zu den beiden obigen Fällen wird hier insofern defensiv argumentiert, als der Bericht vom Abschneiden der eigenen Person nicht mit der Darstellung des eigenen Durchschauens anderer verknüpft wird. Eine Partzipation an den vermuteten einschlägigen Kompetenzen des Psychologen wird weder dargestellt noch als erstrebenswert betrachtet. Für die spätere Diskussion von Trainingskonzept und Trainerverhalten sei noch das im Zitat erwähnte Verfahren, „Trefferquoten" beim Feed-back zu erheben, hervorgehoben. An dieser Stelle soll hierzu nur noch ergänzt werden, daß vom Gesprächspartner berichtet wird, der Trainer, der die Feed-back-Runde als Schlußredner (vor der Nachfrage an das ‚Opfer') durch seine Kommentare bereicherte („‚so und so, ich seh das eigentlich mehr in der und der Ursache, vielleicht liegt darin die Ursache, aber wir werden hernach fragen'" (S. 16)), habe die „Spitzentrefferquote" (S. 17) erreicht:

C: „Und das war natürlich durch seine Fähigkeiten psychologischer Natur. Wenn er das beruflich macht, ist die Menschenkenntnis eine andere als wie ..." (S. 17).

Zur Seminargestaltung insgesamt erfährt man noch:

C: „Er hat erstmal den Stoff unheimlich interessant und packend gebracht, hat auch immer wieder Beispiele gegeben, hat erzählt zum Beispiel von Erhebungen in Amerika und und, also was er da noch erlebt hat und was da, aus seiner Praxis, was er da Erfahrungswerte geben kann, und das hat unheimlich aufgelockert, und hat letztendlich den Lernprozeß wahnsinnig vertieft. Ich möcht sagen, an dem Seminar, da werd ich in Jahren die Details noch wissen" (S. 12).

Zur ‚Evaluation' der Seminargestaltung:

C: „Weil er dann gefragt hat, er wollte unsre Meinung dann hören, ob er diese Institution des heißen Stuhles beibehalten soll oder nicht. Da haben wir alle dafür plädiert, daß er's auf alle Fälle beibehalten soll. Das kann meines Erachtens nur ein Psychologe machen" (S. 16).

Zusammenfassend kann festgehalten werden, daß das Seminar im vorliegenden Fall in erster Linie als Erlaubnis für eine offene Distanzierung – zumindest im Interview – vom kooperativen Führungsstil aufgefaßt wurde; daneben wird Befriedigung über eine weitgehend positiv aufgenommene Selbstdarstellung spürbar. Auffällig ist die gelöstere Sprache gegenüber dem

Tab. V/5: **Übersichtsdarstellung Fall C/prä**

Menschliche Beziehungen in der Hierarchie im subjektiven Bild	Kontrolle	(1) Kooperation = lange Leine (2) Manipulation teils a) unvermeidlich b) funktioniert als Schmeichelei c) funktioniert als Sich-Fügen (3) Emotionen: beherrschbar (4) Streß a) objektiv (selbst) b) subjektiv (andere) c) Angeberei (andere)	Abb.V/5 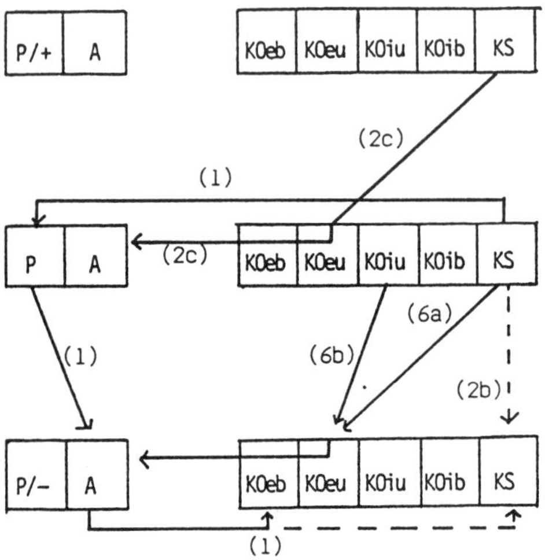
	Moral	(5) Kooperation: a) instrumentell - zahlt sich aus b) Zeitgeist und Untergebenenmentalität:Konformität c) innere Überzeugung (Konformität als Herzenswunsch) (6) Manipulation: a) instrumentell unvermeidbar b) selbst unbewußter Manipulator	
Trainingssituation/Psychologie im subjektiven Bild	Kontrolle	(7) Deklamation der Lernziele (8) Führen nach modernen Richtlinien (9) (Therapie "sieht man heute loyaler")	
	Moral	siehe (7) und (8)	
	Betroffenheit explizit	siehe (7) und (8) (10) unbewußt bereits perfekt (11) Angst andere könnten offene Lernatmosphäre stören, insbesondere die Schwachen einschüchtern (12) Verbesserungsvorschlag für die Rekrutierung: IQ (13) für Anonymität (14) aber keine Angst (15) Interesse am Stoff versus Absitzen (für Karriere) (16) Transfer auf Privatleben, da keine zwei Gesichter	
	Betroffenheit implizit	(17) Kann ich mich als die "moderne Führungskaft", die ich bin, ins rechte Licht setzen? Erscheine ich im Schatten von "Wichtigtuern" als 'graue Maus'?	

Tab. V/6: **Übersichtsdarstellung Fall C/post**

Menschliche Beziehungen in der Hierarchie im subjektiven Bild	Kontrolle	(1) Führungskraft als Opfer des kooperativen Stils	Abb.V/6 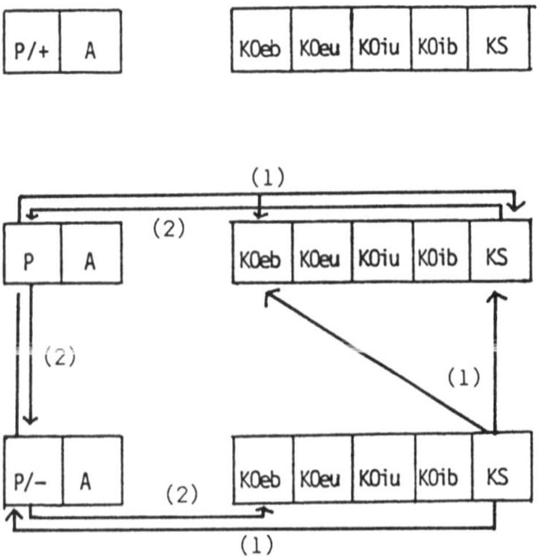
	Moral	(2) a) Zeitgeist wendet sich gegen "kooperative Übertreibung" b) "der Mensch" ist faul und braucht eine feste Hand (innere Überzeugung)	
Trainingssituation/Psychologie im subjektiven Bild	Kontrolle	(3) a) Wie gebe ich mich als Führungskraft (Feed-back) (als Floskel) b) Erfolg bei Rollenspiel und Feed-back	
	Moral	siehe (2) (als Rollenspiel)	
	Betroffenheit explizit	siehe (2) und (3)	
	Betroffenheit implizit	(4) Selbstbestätigung als Bestätigung der Macht der Position (5) Selbstdarstellung leidlich erfolgreich	

ersten Interview: dem förmlichen Wiedergeben von Lernzielen entsprach im ersten Interview ein bemühtes Hochdeutsch; im zweiten Gespräch wird Umgangssprache bzw. bayerischer Dialekt mit größerer Selbstverständlichkeit gebraucht.

5.1.4. Fall D

5.1.4.1. Prä[7]

Die Frage nach dem persönlichen Interesse am Seminar wird wiederum mit abstrakten Bekenntnissen zum ‚Dazu-lernen' beantwortet, wobei in diesem Fall der Schwerpunkt nicht auf einzelnen inhaltlichen Lernzielen, sondern auf der Notwendigkeit des *„Übens"* optimaler Führungsverhaltensweisen liegt (10 ff.). Später betont der Interviewte, er stehe der Frage der *Übertragbarkeit* des im Seminar Geübten auf die Praxis äußerst skeptisch gegenüber; Hindernisse sieht er einerseits in der Unveränderbarkeit von Persönlichkeitseigenschaften (für sich selbst allerdings nimmt er Veränderungsbereitschaft und -fähigkeit in Anspruch!) und andererseits in der Schwierigkeit, im Seminar neu erworbene Verhaltensweisen in die eingefahrenen Umgangsformen des betrieblichen Alltags einzuführen (250 ff.; 290 ff.; II, 85 ff.).

Aufschluß über das, was er sich unter optimaler Führung vorstellt, gibt unter anderem seine Antwort auf die Frage, worauf es den Untergebenen bei der Arbeit hauptsächlich ankomme:

D: „Ich glaube, daß das eben die Zufriedenheit des Mitarbeiters ausmacht, daß er weiß, daß er so geführt wird, daß er selbst Entscheidungen treffen kann, und daß er selbst eben auch von seinem Vorgesetzten erwarten kann, daß der eben auch Entscheidungen trifft, und daß er sich auch vor seinen Mitarbeiter stellt, nicht ihn Sachen machen läßt und ihm dann eins über die Rübe haut; ich glaube, daß das eben das wichtigste ist für die Mitarbeiter, daß er dann eben zufrieden ist, wenn er das Gefühl (Gefühl wird betont) hat, daß man ihm die Freiheit läßt, die er verträgt eben auch" (44 ff.).

Die Notwendigkeit von Über- und Unterordnung liegt demnach nicht zuletzt darin, daß Untergebene offenbar ein geringeres Maß an Freiheit vertragen als Vorgesetzte; vorgebracht wird diese Sicht der Hierarchie mit dem Gestus des Schutzes gegenüber der dem Führer vertrauensvoll folgenden Herde.

Ein weiterer Aspekt der Sicht optimalen Führens findet sich in der Antwort auf die Frage (4) nach der Rolle von Emotionen in der täglichen Zusammenarbeit:

---

[7] Die Quellenangaben beziehen sich auf Bandlaufzahlen des Tonband-Mitschnitts.

D: „Emotionen spielen eine große Rolle – das ist eben auch so ein Punkt, daß man versuchen muß, Emotionen nicht aufkommen zu lassen. Das heißt also, wenn man selbst ein Angriffspunkt ist, daß man eben einfach eine bestimmte Verhaltensweise hat, wenn man schon merkt, daß die Mitarbeiter das nicht so wünschen, dann werden natürlich Emotionen heraufbeschworen, bei Kleinigkeiten oft schon, wo man sagt, bei einem anderen Vorgesetzten, da übersieht man das ... Deswegen soll eben an sich arbeiten, daß die Emotionen nicht aufkommen – von der einen Person her gesehen jetzt ... Insgesamt glaube ich also, daß es mehr negative Emotionen gibt als die positive ... Im geschäftlichen Bereich muß man die Emotionen so gering wie möglich halten ...“ (50 ff.).

Emotionen sind für den Gesprächspartner (zumal, was den „geschäftlichen Bereich“ betrifft) also gleichbedeutend mit Konflikt und Reibereien; Aufgabe der Führungskraft ist u.a., das Aufkommen von Emotionen zu verhindern; d.h. für die Führungskraft selbst, immer wieder zu überdenken, ob sie sich durch ihr eigenes Verhalten gegenüber den Mitarbeitern angreifbar machen könnte.

Die Frage nach wirksamen *Manipulationstechniken* bewirkt zunächst, daß der Interviewte seine Stimme senkt, zögernd mehrmals zu einer Aussage ansetzt, ohne einen Satz zu formulieren, und schließlich mitteilt, er habe sich schon mit dem Thema befaßt, es käme halt immer darauf an, es sei schwierig, dazu etwas genaues zu sagen etc. ... Nach solchen allgemeinen Feststellungen kommt es zu einer Konkretisierung:

D: „Wenn man jemand auf eine andere als seine jetzige Stelle setzen will, wenn man ihn woanders haben will, dann ist es besser, es offen zu sagen ... Aber bei bestimmten Leuten wäre es nicht schlecht, vorausgesetzt man hätte eine gute Technik. Wenn die von sich so eingenommen sind und glauben sie seien die höchsten, aber bringen die Leistung nicht, daß man die dann in eine andere Tätigkeit rein bringt, wo das nichts mehr macht, und der immer noch glaubt, er sei sehr wichtig, weil man ihm das oben entsprechend schmackhaft gemacht hat ... Aber eine gute Technik bräuchte man da ...“

Z: „Wie könnte so eine Technik aussehen?“
D: „Man könnte das ausgestalten, ausschmücken, daß seine alte Arbeit sich so und so entwickelt, und das eine Sackgasse wäre für ihn und die neue Stelle viel besser für ihn ist; man muß da nur aufpassen, daß er dann nicht frustriert wird, weil ihm da zuviel verspricht“ (630 ff.).

Diese ‚Geschichte‘ scheint mit (mehr oder weniger nah) Erlebtem zu tun zu haben: ‚Wegloben‘ als Frage überzeugenden Schmeichelns. Auffällig ist die wiederholte Forderung, es müsse eine „gute Technik“ sein. Das moralische Postulat „Offenheit ist das Beste“, das eingangs eingeführt wird, spielt auch jenseits des Zitierten im weiteren keine Rolle mehr. Die Frage, was denn eine „gute Technik“ sei, provoziert im Zuge einer Konkretisierung des ‚Weglobens‘ die Reflexion auf die ‚kurzen Beine‘, die Lügen zueigen sind.

Die Frage, ob er selbst bereits Opfer eines Manipulationsversuchs geworden sei, beantwortet der Gesprächspartner mit dem Bericht von einer unliebsamen Zusammenarbeit, zu der ihn ein ehemaliger Chef ‚verdonnert‘

habe; nach dem Bericht stellt er jedoch fest, daß man hier „eigentlich“ kaum von Manipulation sprechen könne (695 ff.).

Streß sieht der Interviewte primär situativ bzw. objektiv bedingt („Termindruck“ etc. 136 ff.); diese Perspektive wird relativiert durch den Gesichtspunkt, eine ‚Jobmentalität‘ schütze vor zu starkem Streß, umgekehrt sei das Konkurrieren um gute Positionen eine Streßquelle (196 ff.).

Das Streben, die eigene Position zu halten bzw. eine bessere zu erlangen (als allgemeines Phänomen), spielt indirekt auch bei seinen Vorstellungen von der zu erwartenden Seminaratmosphäre eine Rolle: Kritik ist auf dieser Grundlage eine gefährliche Sache:

D: „Es ist sicher mal ein gespanntes Verhältnis, weil man ja nicht weiß, was passiert. Es hängt also sicher auch ab von der Zusammensetzung der Teilnehmer. Kennen sich viele Leute, dann ist so sicher auch der Hintergrund da, ‚der sieht mich jetzt in einer bestimmten Situation, der sieht mich jetzt, wo mein Verhalten kritisiert wird, analysiert wird, wo gesagt wird, das und das mach ich jetzt falsch‘. Wenn da Mitarbeiter da sind, ich weiß nicht, wenn ein Vorgesetzter und ein Untergebener da sind, dann ist das natürlich ganz schlimm, auch wenn das jetzt auf derselben Ebene ist, wenn die zusammenarbeiten müssen, wird sicher ein sehr gespanntes Verhältnis da sein, und wird jeder suchen, also eben schaun, daß er nicht so kritisiert wird, daß das nicht so rauskommt, das kenn ich also, daß da bestimmte Spannungen, also am Anfang ist bestimmt eine Spannung da. Das liegt dann also am Kursleiter, das ein bißchen aufzulockern, bzw. die Spannung zu heben, aber es kommt eben sehr darauf an, wie die Zusammensetzung ist, wenn Untergebene und Vorgesetzte da sind, ist das ganz schlecht. Ein Untergebener wird seinen Vorgesetzten, gut kommt es darauf an, wie das Verhältnis ist, der wird seinen Vorgesetzten nicht kritisieren da, weil er’s eben weiß, daß er am nächsten Tag zusammenarbeiten muß und da weiß, daß der das an ihm auslassen kann ... Also mir persönlich würde das nichts ausmachen, ich würde auch meinen Vorgesetzten kritisieren, da bin ich also sehr offen, und das weiß man auch, und deswegen ist mir das im Grunde genommen auch wurscht“ (205 ff.).

Die Angst, kritisiert zu werden, als Mensch mit Schwächen zu erscheinen, wird ergänzt durch die Angst vor der ‚Rache‘ derer, die man selbst im Rahmen des Seminars kritisiert: auf Basis der betrieblichen Machtstrukturen könnte das Benennen von Schwächen anderer letztlich den eigenen Schaden bedeuten. Obwohl der Interviewte auch außerhalb der zitierten Passage mehrmals unterstreicht, es gebe hinlänglich Gründe für Sorgen der genannten Art, stellt er sich persönlich als frei von eben diesen Sorgen dar. Dem Trainer, dem im obigen Zitat die Aufgabe zugewiesen wird, die aus dem gegenseitigen Mißtrauen resultierenden Spannungen zu lösen, tritt er gleichwohl ebenfalls mit Mißtrauen gegenüber: es sei nicht abwegig anzunehmen, daß manche Trainer Teilnehmer wegen ihrer Schwächen „in die Pfanne hauen“:

D: „Einmal habe ich eben gehört, daß einer von einem Seminar weggegangen ist, weil er zu sehr kritisiert worden ist von dem Leiter und den Teilnehmern, und der hat sich das dann eben nicht gefallen gelassen und ist gegangen“ (280 ff.).

Neben einer grundsätzlich mißtrauischen Haltung der Teilnehmer gegenüber dem Seminar bzw. untereinander steht das *„persönliche Kennenlernen“*, d.h. das Knüpfen geschäftlich *nützlicher Kontakte:*

D: „Ich kann also viel besser mit einem verhandeln, wenn ich den auch persönlich kenne, dann kann man sich auf einen Punkt treffen“ (346 ff.).

Den *Transfer* des Seminars auf die berufliche Situation sieht der Gesprächspartner wie bereits erwähnt skeptisch: neben der ‚objektiven‘ Eingefahrenheit der Umgangsformen sei hier vor allem die Unveränderbarkeit von Persönlichkeitseigenschaften hinderlich. Daß er sich selbst Veränderbarkeit zubilligt, zeigt die folgende Aussage, die nicht als Antwort auf die einschlägige Frage des Leitfadens, sondern spontan eingebracht wurde:

D: „Diese Seminare, Führungsverhalten, die bringen also auch im privaten Kreis etwas. Das Verhalten, das ich in der Firma mache oder machen sollte, das kann ich eben genauso draußen machen. Eingehen z.B. oder die Fehler des anderen nicht so sehr ins Negative ziehen, sondern eben auf den anderen ... sondern dem anderen seine Neigungen eben auch, wenn man auch denkt, das ist jetzt ein Schmarrn, was Du machst, daß dem seine Neigungen ja auch für ihn wichtig sind und auch da mal ein bißchen zuzuhören“ (455 ff.).

Die überlegene Warte (= abwertende Tendenz) seiner Toleranz gegenüber den Mitmenschen wird auch bei der Stellungnahme zu der Frage, wie er reagieren würde, wenn er erführe, ein Kollege sei in psychotherapeutischer Behandlung, spürbar:

D: „Was besonders Gutes würde ich natürlich nicht denken. – Also ehrlich gesagt, ich würd’ schon eher negativ denken über den ... Vielleicht aber auch ein bißchen mehr Rücksicht nehmen auf den ... Wenn der einen Fehler macht, nicht gleich – bei einem anderen würde man sagen, das ist ein Blödsinn oder so, bei dem würde man sagen, das ist mit der Krankheit ... Aber, ich würd mich dann schon fragen, wenn der seine Sachen nicht mehr ordentlich macht, was will denn der noch hier ...“ (II, 30 ff.).

Zusammenfassend soll der Eindruck wiedergegeben werden, daß der Gesprächspartner sich zwar durchaus vorsichtig taktierend zum Interview gestellt hat, ohne jedoch ein Bild distanzloser Identifikation der eigenen Person mit dem Betrieb zu zeichnen: das wechselseitige Mißtrauen der (konkurrierenden) Individuen in der Hierarchie wird von ihm nicht beschönigt; er selbst stellt sich als reflektierten Taktiker ohne übermäßige Ambitionen und ohne die solche Ambitionen begleitenden Ängste dar. So sieht er sich in einer guten Ausgangsposition für das Seminar, das er primär als unausweichlichen Härtetest zu betrachten scheint.

5.1.4.2. Post[8]

Z: „Was ist denn noch in Ihrer Erinnerung da?“
D: „Ja, was ist da? Das ist also, ich finde, es war also ein sehr gutes Seminar und hat mir auch sehr viel gebracht, ja. Also einmal weil sehr viele unterschiedliche Charak-

tere auch da waren in dem Seminar, es ist auch für die Charaktere rausgekommen, für die einzelnen Leute, und man hat halt auch bei Rollenspielen, die wir also am Schluß des Seminars gemacht haben, gesehen, daß eigentlich der menschliche Aspekt teilweise nicht so sehr berücksichtigt wird, ja. Wenn man also Vorgesetzter-Untergebener spielt."

Z: „Ja."
D: „Das ist eigentlich das, was in dem Seminar noch hängengeblieben ist, ja. Und ich hab es also sehr gut gefunden. Es ist also gut, daß so ein Seminar stattfand."

Z: „Hm. Dieses, dieser menschliche Aspekt, der da so oft zu kurz kommt, wie würden Sie den näher beschreiben?"
D: „Ja, daß man halt, wenn man Vorgesetzter ist, daß man zu wenig auf die menschlichen Aspekte eingeht, ja, seinem Untergebenen gegenüber, daß man eben, wenn negative Erscheinungen da sind, daß man eben nicht, daß man nicht sagt: Na gut, wollen wir schaun, daß man den wieder hinbringt, sondern daß man also auch erforscht, warum diese negativen Erscheinungen sind, daß man die also abstellen kann, oder daß man helfen kann, wenn es also im Gefahrenbereich liegt. Und das wird also zuwenig berücksichtigt, da wird einfach eben gesagt: der muß die Leistung bringen, und die Sache ist erledigt" (1 ff.).

Anschließend berichtet der Gesprächspartner, die „richtige Ursache" sei auch in den Rollenspielen im Seminar nie gefunden worden. Hält er eine solche Ursachenforschung im Alltag für praktikabel?

D: „Ja, wenn man es sich das vornimmt, geht's sicher, aber es ist die Frage, ob man's durchhalten kann. Das macht schon Schwierigkeiten, wenn man das konsequent machen will. Es ist eine schwierige Sache, daß man auf jeden einzelnen persönlich eingeht. Der muß eben seine Sache machen auch, und eben seine Leistung bringen auch. – Und ich würd's da keinem übelnehmen, wenn er – es ist ja auch nicht einfach, man kann nicht sagen, man geht in die Privatsphäre rein, man muß persönlich analysieren, aber dazu muß man wissen, ob der andere das will" (35 ff.).

Das unter dem Motto ‚Ursachenforschung' eingebrachte Desiderat nach mehr Humanitas im Verhältnis Vorgesetzter/Untergebener wird also als kaum realisierbar angesehen. Dabei scheint es dem Interviewten mehr auf die Klarstellung anzukommen, daß ein ‚zu' intensives Eingehen und ‚zu' große Nachsicht mit Problemfällen unrealistisch bzw. unpraktikabel seien, als auf die Mitteilung, er fühle sich (im Alltag) der erwähnten ‚Ursachenforschung' nicht gewachsen: bereits seine ersten Assoziationen zum Seminar enthalten die Zufriedenheit darüber, daß die verschiedenen „Charaktere rausgekommen" seien; Zufriedenheit über die eigene Menschenkenntnis bzw. die eigene Treffsicherheit im „persönlich Analysieren" durchzieht das Interview dann bis zum Schluß. Man gewinnt so den Eindruck, die Forderung nach ‚mehr Menschlichkeit' würde in konformistischer Weise propagiert, um sie als ‚leider' unpraktikabel ‚abzuhaken'. Im unmittelbaren Anschluß an das zuletzt Zitierte verläßt der Interviewte das Thema „der

---

[8] Die Quellenangaben beziehen sich auf Bandlaufzahlen des Tonband-Mitschnitts. Interviewtermin: ca. 5 Monate nach dem Training.

menschliche Aspekt kommt oft zu kurz", um ein Lernziel des Trainings einzubringen, das ihm weniger problematisch erscheint:

Z: „Haben Sie Hilfsmittel an die Hand bekommen für solche Analysen?"
D: „Nein. Man versucht eben, mit den Mitarbeitern ein richtiges Gespräch zu führen, daß man den eben auch was erzählen läßt, was sagen läßt. Es gibt bestimmte Reaktionen, die der Mitarbeiter hat, und da gibt es auch Aggressive und da muß man eben auch entsprechend darauf reagieren; daß man nicht nur die Tour hat, daß man jedem schön tut, sondern man muß vielleicht auch mal jemand rausschmeißen. Das sollte damit auch gezeigt werden."

Z: „Also sowohl auf Probleme eingehen als auch mal ganz hart sein."
D: „Wenn der natürlich frech ist, gar nicht darauf reagiert, wenn der nicht auf die Argumente des Chefs eingeht, dann muß man halt auch mal sagen, jetzt verschwinden'S, das laß ich mir nicht bieten. Nicht immer bloß den gütigen Vater machen. Das zu unterscheiden, ist ein Erfahrungswert, da kann man keine Hilfsmittel geben, man muß halt auf den einzelnen eingehen. Der Mensch ist ja unterschiedlich, das kann man nicht kategorisieren, 1, 2, 3, 4, ..." (50 ff.).

Die Rede vom „Schön-Tun" wirft ein bezeichnendes Licht auf das implizite Urteil über ‚mehr Menschlichkeit'; die Belehrung, daß „auch mal das Autoritäre das Richtige ist", wird von ihm in keiner Weise problematisiert, sondern im weiteren Verlauf des Interviews noch mehrmals beiläufig zitiert. Eine Bewertung der Lernziele des Trainings im Hinblick auf ihre *Praktikabilität* scheint also *nicht* unbedingt mit tatsächlichen *äußeren Hindernissen* zu tun zu haben, sondern vielmehr damit, ob die *Praktizierung dem Urteilenden konveniert.* M.a.W.: der ‚Sachzwang' „eingefahrener Umgangsformen", der bereits im Gespräch vor dem Training als Hindernis der Umsetzung von Gelerntem antizipiert wurde, scheint sehr selektiv wirksam zu sein (bzw. *gemacht* zu werden). In diesem Zusammenhang kann auch gesehen werden, daß der Interviewte es für einen Fehler hielte, nach dem Seminar den Untergebenen Veränderungsabsichten zu signalisieren (330 ff.).

Eingangs wurde bereits eine lobende Erwähnung der *Rollenspiele* zitiert. Nachdem er den Nutzen von Rollenspielen gegenüber dem alltäglichen Agieren nochmals betont hat, kommt es zu folgender Passage:

Z: „Was war daran das besonders Interessante, an den Rollen Chef/Untergebener, wenn man dies mit der Alltagssituation vergleicht? Worin liegt der Vorteil oder das Positive an so einem Rollenspiel?"
D: „Der Vorteil liegt darin, daß gespielt wurde, daß es eben nicht ernst ist. Daß Sie bestimmte Vorgaben bekommen, die Sie im Berufsleben nicht haben. Man bekommt Vorgaben, welche Verhaltensweisen man haben sollte, wenn die und die Reaktion vom Chef kommt. Das geht im Alltagsleben natürlich nicht, da muß ich mich darauf einstellen auf das, was der Untergebene sagt. Da muß ich mich auf jede Situation einstellen. Man ist bei so einem Rollenspiel auch etwas gefeiter, man kriegt eingebleut bzw. vermittelt, wie man sich in bestimmten Situationen zu verhalten hat. Das versucht man dann eben im Rollenspiel zu verarbeiten, man sagt sich, auf die und die Reaktion des Untergebenen muß man sich so oder anders verhalten. Das ist natürlich etwas anderes als im Berufsleben, also in der Praxis. Eben wie gesagt, auch von der Zeit her gesehen, hier setzt man sich eben echt mit dem Untergebenen zusammen,

aber wenn heute im Geschäft irgendetwas passiert, man kriegt das von oben mitgeteilt, aber im Rollenspiel kriegt man verschiedene Situationen mit, da kann man sich dann überlegen, wie man sich verhält, obwohl auch da Theorie und Praxis zweierlei sind. Da kommen auch die verschiedenen Charaktere zum Ausdruck" (130 ff.).

Die Reflexionen zum Lerneffekt des Rollenspiels erscheinen verschwommen bzw. widersprüchlich. Letztlich bleibt: das Rollenspiel war eine gute Gelegenheit, die *Charaktere der anderen zu studieren* (immer, wenn er auf die verschiedenen Charaktere zu sprechen kommt, schmunzelt der Befragte; die Bandaufzeichnung hat das süffisante Auf-der-Zunge-Zergehen-Lassen des Wortes Charaktere (das übrigens mit einem „n" am Schluß gesprochen wird) festgehalten). Die Relevanz des Charakter-Studiums für den Befragten wird auch in folgenden Erinnerungen/Überlegungen zu den Feed-back-Runden spürbar:

D: „Da muß man sich mit den verschiedenen Charakteren befassen, diese rausstellen. Man kann den einzelnen nicht einfach so beurteilen, – beurteilen ist nicht das richtige Wort, man kann nicht in so kurzer Zeit jemand beurteilen, sondern, daß man dem seine Meinung über den kundtut. Es kommt darauf an in den verschiedenen Situationen, wie er sich verhält. Das war auch sehr interessant, daß man gezwungen war, den anderen herauszustellen im negativen und positiven Sinn. Teilweise hat man getroffen, teilweise nicht getroffen – es kommt natürlich immer darauf an, wie ehrlich der Betreffende dann war, daß er das auch zugegeben hat" (170 ff.).

Die Relativierung in Sachen „Beurteilen" (vgl. das „Kategoriesieren 1, 2, 3, 4," oben) scheint von Mahnungen des Trainers herzurühren, jedenfalls macht es den Anschein, der Interviewte nehme diese Relativierung nicht allzu ernst: die Gewißheit, sein Urteil treffe zu, läßt ihn bei Widerspruch durch den Beurteilten eher an dessen Aufrichtigkeit als an der Richtigkeit seines Urteils/seiner Meinung zweifeln. So sieht er sich insgesamt nicht nur ohne Blessuren (durch das Urteil anderer), sondern vor allem als *approbierter Menschenkenner* aus den Feed-back-Runden hervorgegangen:

Z: „Das war insgesamt hilfreich, daß das so mitgeteilt wurde, gegenseitig?"
D: „Ja."

Z: „War das eigentlich unangenehm zu sagen, was man über den anderen denkt?"
D: „Nein. Es sind Leute gewesen, die im Grunde genommen nichts miteinander zu tun hatten. Es wäre problematischer gewesen, wenn es sich um Vorgesetzte oder Gleichgestellte dabei gewesen wären. Aber ich muß sagen, ich persönlich kenne meine Stärken und meine Schwächen, und ich fand mich bestätigt."

Z: „Also, Sie fühlten sich bestätigt durch die Urteile der anderen? Und es war Ihnen auch kein großes Problem zu sagen, wie Sie über die anderen denken, weil Sie im Alltag nichts miteinander zu tun hatten?"
D: „Ja, genau."

Z: „Haben Sie den Eindruck gehabt, daß das, was da an Mitteilungen gelaufen ist, das war aufrichtig, oder?"
D: „Ja, ja."

Z: „Was könnte sein, was man aus so einer Übung mitnimmt, in den Alltag?"
D: „Ja zum einen, daß ich einmal bestätigt worden bin, und der zweite Punkt ist, daß

meine Meinung über die Leute fast immer gestimmt hat, und daß es bestimmte Leute auch gibt, die sich außerhalb einer Norm stellen. Daß die Meinung, die man selber hat, das auch bestätigt wird. Ich habe auch gemerkt, daß ich gut Leute einschätzen kann."

Z: „Das war auch für Sie wertvoll zu erfahren, daß Sie richtig liegen?"
D: „Ja - Ja" (190 ff.).

Dem *Trainer* attestiert der Interviewte, „daß der ein guter Psychologe ist" (245), was am Lösen der zu Beginn gespannten Atmosphäre und an vielfältigen Auflockerungen im Verlauf des Seminars zu sehen sei. Besonders beeindruckend war:

D: „Der weist auch auf eigene Schwächen hin, daß jeder aus der Rolle fallen kann und mal aggressiv sein kann, daß er zum Beispiel, wenn er nach dem Seminar nach Hause kommt, oft gereizt ist, daß es keinen Idealmann gibt, daß er das zugegeben hat ..." (225 ff.).

Das ‚Wir-sind-alle-nur-Menschen' des Trainers findet positive Resonanz – als Provokation zur Selbstkritik scheint es nicht gewirkt zu haben (ob es darauf zielte oder nicht) – die Qualifikation des Trainers ist für den Interviewten zentral mit *manipulativem Geschick* verknüpft. So fährt er nach dem Bericht von einem Rollenspiel, in dessen Verlauf der Trainer einen Teilnehmer verunsichert, um so Manipulation zu demonstrieren, fort:

D: „Der hat zwar behauptet, das wäre das einzige Mal, wo er manipuliert hat, ich behaupte zwar das Gegenteil: er hat auch sonst manipuliert."

Z: „Woran hat man das gemerkt?"
D: „Das kann ich im einzelnen nicht mehr sagen, ich kann nur sagen, daß ich am Schluß das Gefühl gehabt habe - es ist ja auch ganz klar, er will ja auch die Leute irgendwohin bringen" (II, 30 ff.).

Anknüpfend an die Vermutungen über das manipulative Geschick des Trainers wird gefragt, ob die eigene Vorstellung über Manipulation durch das Seminar berührt worden ist:

D: „Er hat natürlich auch gesagt, daß man natürlich nicht manipulieren soll - wenn man es nicht gut kann, das war also die persönliche Lehre, die ich daraus gezogen hab" (II, 50 ff.).

Die Frage, was das für ihn persönlich bedeute, beantwortet er dahingehend, daß er ohnehin noch nie manipuliert habe – „höchstens *unbewußt*"; eine Antwort, die angesichts der Überzeugung, Manipulation sei mit Kalkül und Raffinesse verbunden (siehe auch das erste Interview), verwundern muß; er sieht sich übrigens durch das Seminar gefeiter gegenüber Manipulationsversuchen anderer – „außer er ist natürlich sehr gut" (II, 60).

Der Gesprächspartner hat nicht nur mit seinen Untergebenen nicht über das im Seminar Gelernte gesprochen, sondern auch Gleichgestellten nichts Näheres berichtet:

D: „Die allgemeinen Spielchen, diese Zeichnungen, die man ganz anders sieht, und

Tab. V/7: **Übersichtsdarstellung Fall D/prä**

Menschliche Beziehungen in der Hierarchie im subjektiven Bild	Kontrolle	(1) dem Untergebenen das Gefühl geben, er habe die Freiheit, die er verträgt (2) Manipulation: a) nützliche Schmeichelei b) Problem: gute Technik c) Verwechslung mit Befehl (3) Streß: a) objektiv b) Jobmentalität vs. Streß c) Streß qua Karrieredenken (4) Emotionen: a) störend b) Selbstkontrolle !	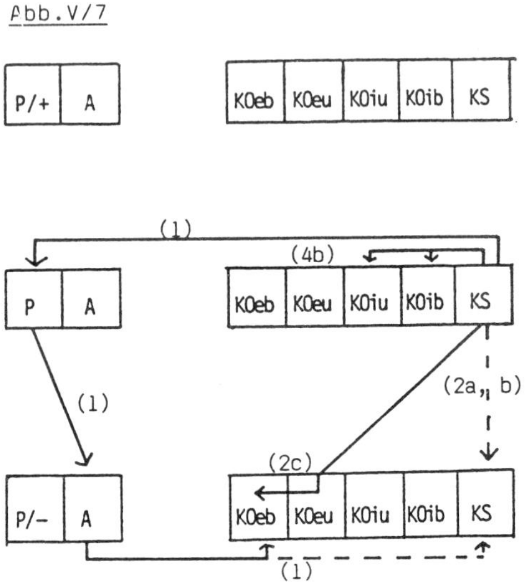
	Moral	(5) der Chef ist seinen Untergebenen Berechenbarkeit schuldig (6) Manipulation: a) in erster Linie ein Problem der "guten Technik" b) Offenheit "an sich" besser c) ein negativer Charakter des Opfers (Eingebildet-Sein) legitimiert Manipulation	
Trainingssituation/Psychologie im subjektiven Bild	Kontrolle	(7) einer Veränderung durch Training stehen a) die Natur (der anderen) und b) die Strukturen entgegen (8) Transfer privat: mehr Toleranz (9) (Therapie: Schwäche als Makel; Berufs-(bzw. Lebens-)Untüchtigkeit)	
	Moral	siehe (7), (8) und (11)	
	Betroffenheit explizit	siehe (7) und (8) (10) Üben der optimalen Verhaltensweisen (11) a) Kritik, Schwäche und Mißtrauen b) er selbst unberührt von a) (12) nützliche Kontakte	
	Betroffenheit implizit	(13) Härtetest, dem man nicht ausweichen kann	

Tab. V/8: **Übersichtsdarstellung Fall D/post**

Menschliche Beziehungen in der Hierarchie im subjektiven Bild	Kontrolle	(1) situativ angemessen, d. h. auch mal autoritär verhalten (2) Manipulation: a) selbst unbewußter Täter b) "gute Technik" das Problem Abb.V/8 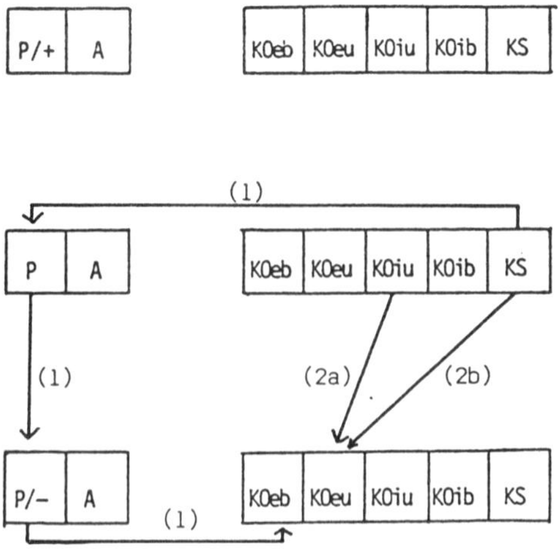
	Moral	(3) Eingehen auf den Menschen im Alltag nicht möglich (4) vs. Kooperationskonformismus: man muß nicht immer "Schön-Tun" (vgl. (1)) (5) Manipulation: a) selbst höchstens unbewußter Täter b) nur wenn man es kann (vgl. (2))
Trainingssituation/Psychologie im subjektiven Bild	Kontrolle	(6) Rollenspiel: Gelegenheit zum Studium (fremder) Charaktere (7) Feed-back: wie (6); Resultat: im Bewußtsein bestärkt, ein Menschenkenner zu sein (8) Trainer als a) geschickter Manipulator b) Mensch mit Schwächen (9) Psychologie als Gag
	Moral	(10) Humanitas Desiderat - aber (3) siehe (1) und (4)! (8b) —> es gibt keinen 'guten Menschen'
	Betroffenheit – explizit	siehe (10) aber auch (2) siehe (1) und (4), (6), (7) und (8) (11) Ergänzung zu (6) und (7): rhetorische Distanzierung von "Kategorisieren" und "Beurteilen" (12) Transfer privat: Toleranz, Kommunikation (13) nützliche Kontakte: nur in geringem Umfang
	Betroffenheit – implizit	(14) das Gefühl der eigenen Überlegenheit bestätigt a) als Menschenkenner b) als legitim autoritärer Vorgesetzter

das ‚Zeichnen Sie mal ein Fünf-Mark-Stück' – diese psychologischen Hintergründe, wenn man das schon kennt, ist das für die dann witzlos" (380 ff.).

— *Psychologie als Gag!* Über die Rollenspiele habe er nicht mit Kollegen gesprochen, da deren ‚richtige Lösung' auf Bitten des Trainers nicht verraten werden sollte (340 ff.). Der Transfer auf das Verhalten im *Privatleben* wird analog zum ersten Interview geschildert: mehr Toleranz, mehr Kommunikation (420 ff.) – ‚Gute Vorsätze', die man immer wieder bekunden kann?

Zusammenfassend sei eine Verschiebung im Verhältnis zum ersten Interview hervorgehoben: der ‚überlegene Menschenkenner' tritt in den Vordergrund, von Distanz zu den betrieblichen Machtstrukturen ist kaum etwas spürbar; das Bewußtsein der eigenen Vorgesetztenmacht wird nicht mehr in erster Linie mit dem Bild des (im möglichen Rahmen) Gewähren-Lassens, sondern primär mit der Kundgabe der ‚Erkenntnis', den Leuten nicht immer „schön tun" zu müssen, dargestellt; letzteres mögen lediglich zwei Ausdrucksweisen für die nämliche Stellung gegenüber Untergebenen sein – allerdings zwei Ausdrucksweisen, die doch verschiedene Akzente tragen: Effiziente Machtausübung bedarf am Ende einer (dem guten Gewissen dienlichen) Aufschönung qua zur Schau gestellter Rücksichtnahme auf das Untergebenenbedürfnis nicht mehr. – Ist am Ende effiziente Machtausübung selbst ein hinlänglicher Grund für ein gutes Gewissen?

5.1.5. Fall E

5.1.5.1. Prä[9]

Bereits zu Beginn des Gesprächs und dann im weiteren Verlauf immer wieder werden stereotype (abstrakte) Klagen bzw. Forderungen wie die folgenden artikuliert: optimales Führen sei heute notwendiger denn je, Führungswissen werde gegenüber Fachwissen immer wichtiger, in Sachen Führungsausbildung läge noch vieles im argen, in der Vergangenheit sei hier viel gesündigt worden, weshalb man heute so viele Führungsprobleme habe (wobei der Interviewte anfügt, er meine hier nicht speziell die eigene Firma). Außerdem müsse sich Führen immer wieder an veränderte Gegebenheiten anpassen: in „turbulenten Zeiten" sei Führen etwas anderes als in nichtturbulenten Zeiten. Der Interviewte zählt zu den Ausnahmefällen, die Titel aus der Managementliteratur zitieren (dem Interviewer wird – positiv – unterstellt, sich hier einreihen zu wollen). Im übrigen sei natürlich ein einzelnes Seminar nur ein Tropfen auf den heißen Stein.

Besonderes Interesse äußert er an (prophylaktischen) Konfliktlösungsstrategien, wobei er „das Konfliktfeld sehr breit" sehe und es „ein bißchen

---

[9] Die Quellenangaben beziehen sich auf Bandlaufzahlen des Tonband-Mitschnitts.

neutralisieren möchte": „Konflikt, das hat so einen negativen Touch, dabei ist das doch ganz normal" – gleichwohl signalisiert er sein Interesse an Konfliktlösungsstrategien nicht ohne die Anmerkung: ... „nicht, daß ich Konflikte hätte" (120 ff.).

Zur Frage nach der Rolle von *Emotionen* in der täglichen Zusammenarbeit:

E: „Also die dürften – dürften eigentlich keine Rolle spielen. Sie spielen natürlich schon eine Rolle; es liegt am Verständnis der Beteiligten, die Emotionen – zu verdrängen ist vielleicht nicht das richtige Wort – nicht hochkommen zu lassen, zu versuchen, rein sachlich das Thema anzugehen, das ist an sich der einzige Weg, denn letztlich sitzen ja Menschen zusammen an einem Tisch, und ich würde das gar nicht unnatürlich finden, wenn Emotionen entstehen, es wäre unnatürlich, wenn keine entstehen, aber man muß sich bewußt sein, daß Konflikte entstehen, wenn man nicht rein sachlich ..." (160 ff.).

Vom Seminar erhofft er sich u.a. ein „Persönlichkeitsbild" von sich, das Auskunft darüber geben solle, ob er Emotionen, Konflikt provoziert.

Streß zerfällt nach Ansicht des Interviewten in positiven und negativen Streß. Letzterer habe eine „Riesenpalette" von Ursachen, die letztlich alle in der Unfähigkeit bzw. einem Ungenügen der Person gründen:

E: „... mangelnde Zieldefinition, mangelnde Motivation ... Mit dem positiven Streß habe ich kein Problem ... Ich glaube zum Beispiel nicht, daß sich der positive Streß negativ auf die Gesundheit auswirkt, diese These, die teile ich nicht. – Ich glaube, daß sich der positive Streß motivierend auf die Persönlichkeit und die Umwelt auswirkt ... Genauso, wie sich der negative Streß sich negativ auf die Umwelt auswirkt und auch auf die Gesundheit negativ auswirkt oder auswirken könnte –– Es gibt ja genug Streß-Kranke ... Aber, wenn man in einer bestimmten Position nicht ein Mindestmaß an Streß, sowohl des einen wie des anderen – bewältigen kann, dann muß man sich fragen, ob man noch richtig auf dem Sessel sitzt" (260 ff.).

M.a.W.: es gibt zwei Arten von Streß – entweder man ist eine gute oder eine schlechte Führungskraft, die gute kennt
a) per definitionem nur „positiven Streß" und hält deshalb
b) den „negativen Streß" ohne weiteres aus.

Die Frage nach *Manipulationstechniken* provoziert ein Zitat:

E: „Ich bin davon überzeugt, daß, wenn sich jemand wirklich intensiv damit beschäftigt, mit Dialektik, daß – das schreibt ja auch der Rupert Lay in seinem Buch – daß das natürlich im Einzelfall natürlich gelingen kann, daß Sie sich Vorteile verschaffen. – Aber, wenn man das zu seinem Berufsethos macht und nur mit Dialektik argumentiert, das würde ich als äußerst bedenklich sehen, es ist ja auch irgendwo nur ein Halbwissen, ein paar Tricks kennt man, – wo ist der Unterschied – es ist natürlich, könnte natürlich die Grenze zwischen einer geschickt angewendeten Dialektik und Manipulation könnte fließend sein, wobei ich Dialektik nicht als Manipulation verstehe. Ich halte also nichts von Tricks, man kann vielleicht mal im Einzelfall ... aber das zum Bestandteil machen der täglichen Auseinandersetzung im Unternehmen, das ist gefährlich."

Z: „Könnten Sie vielleicht ein Beispiel eines Manipulationsversuchs nennen?"
E: „Eines, das sich zugetragen hat oder ein vorstellbares?"

Z: „Was Ihnen einfällt."
E: „Also eines, das sich zugetragen hat, fällt mir jetzt nicht ein --- Ich bin mir unsicher in Ihrer Fragestellung --- wollen Sie jetzt wissen, ob ich in der Lage wäre...?"

Z: „Zum Beispiel, ja ..."
E: „Doch, - doch, ich glaub schon, daß ich dazu in der Lage bin zu manipulieren - Nehmen wir zum Beispiel mal den Teil der Dialektik, also es gibt eine ganz geschickte Fragemethode, mit der Sie Ihren Gesprächspartner verwirren, verunsichern, Sie suchen sich zum Beispiel aus einem dicken Bericht ein Detail raus, das nicht stimmt: ‚Da kann doch der ganze Bericht nichts taugen, wenn...' Es kommt natürlich immer an, in welcher Runde das passiert, wenn da zwei, drei dabei sind, die das durchschauen ..."

Z: „Haben Sie das Gefühl, daß manchmal versucht wird, Sie zum Opfer von solchen Verfahren zu machen?"
E: „Ich bin an sich - letztendlich ist ja Dialektik ein Verfahren zur Führung, und wer Dialektik richtig verwendet, ist sicher auch in der Lage, sich im Führungsverhalten Vorteile zu verschaffen, d.h. wenn ich jemand erlebe, der sehr geschickt das macht - zunächstmal heiligen Respekt und das ist, zu 60 % oder ich weiß nicht, wie die statistischen Dinge sind, teilen sich ja Führungskräfte über ihre Sprache mit... und wer da besser redet, der hat sicher Vorteile für sich und das seh ich aber ganz legal ..."

Z: „Vorher sagten Sie, es gibt einen problematischen Bereich, wo würden Sie die Grenzlinie sehen?"
E: „Das kann ich nicht so pauschal beantworten - in dem Moment, wo Sie als Führungskraft selbst manipulieren wollen und in den Bereich der Manipulation gehen, weil Sie manipulieren wollen und gebrauchen deshalb die und die Form der Dialektik, das ist also - da würd' ich die Grenze ziehen, wenn Sie Dialektik einsetzen als Führungsinstrument, da würd' ich nichts sagen ... (590 ff.).

Das Thema Manipulation ist offensichtlich Anlaß, die eigene Souveränität als Führungskraft herauszustellen; indem der Befragte von „Dialektik" anstelle von „Manipulation" spricht, drückt er dem Gespräch ‚seinen Stempel auf', ohne etwas Konkretes mitzuteilen - außer: Manipulation ist ein Thema, bei dem man ihm nichts vormachen kann. Aussage über das Thema ist zunächst: ob es klappt, hänge von der Qualität des Manipulators ab, Erfolge hätten aber eher kurzfristigen Charakter, weshalb Manipulation auf Einzelfälle zu beschränken sei. Die Bitte um ein Beispiel interpretiert der Interviewte (nach einigem Zögern) in die Frage um, ob er einschlägig kapabel sei: „Doch!" Die Frage, ob er selbst sich auch als Opfer sehe, beantwortet er durch die Bekundung „heiligen Respekts" für geschickte „Dialektiker" - inklusive eines Exkurses über die Relevanz des gesprochenen Wortes für die ‚Führungskraft von heute'. Der Verweis auf die eigene Relativierung des Worts „Dialektik" führt einerseits zu einer Verwahrung gegen Pauschalurteile und andererseits über ein tautologisches Lavieren zu dem Pauschalurteil, der gute Zweck („Führen") sei das Kriterium dafür, ob Manipulation (‚böse') oder Dialektik (‚gut') vorliege.

Die Erwartungen an das Seminar werden über die eingangs erwähnten Floskeln über „Führen in der heutigen Zeit“ und das Interesse an „Konfliktstrategien“ hinaus im wesentlichen durch zwei Stichworte gekennzeichnet: 1.) *„informelle Kontakte“*, 2.) *„ein persönlicher check“*.

Zu 1.) Auch wenn der Interviewte bekundet, er würde es bevorzugen, als der einzige Teilnehmer seiner Firma das Training zu besuchen (195 ff.), erscheint ihm die Möglichkeit zu informellen Kontakten mit anderen Firmenangehörigen sinnvoll bzw. wünschenswert; Kontakte, die von einem in der Vergangenheit absolvierten Seminar herrühren, hätten sich für ihn als nützlich erwiesen (400 ff.). Die Möglichkeit zu informellen Kontakten kennzeichnet er sogar als „unheimlich positiv“:

E: „Eine Gelegenheit, daß man hinter – Sie verzeihen mir das Wort – der Fassade auch den Menschen mal sieht. Jeder spielt ja eine Rolle. Kaum einer, die wenigsten, wird im Berufsleben agieren, wie er als Mensch agieren möchte. – Es ist interessant, mal zu sehen, was bei einem Menschen, mit dem man jahrelang zusammensitzt, vorgeht. Es ist interessant, wenn man mit dem bestimmte Themen, über irgendetwas, nur nicht das Geschäft, redet ... Daß man einfach doch ein bißchen von diesem Menschen mehr ... Man würde mehr von den Reaktionen verstehen, wenn man das Umfeld kennt. Das können Sie ja im alltäglichen Gespräch mit Mitarbeitern z.B. nicht machen ... die könnten ja sagen, der biedert sich an. Und ich würde auch selbst mich fragen: ‚Was geht das andere Leute an, was ich in meinem Privatleben machte?“ (405 ff.).

Im Kontrast zu dieser Aussage steht die Begründung, die der Teilnehmer für einen Transfer des Trainings auf das Privatleben anführt:

E: „... da ist ja kein absoluter Trennungsstrich in der Mitte, irgendwie ist man ja eine Person, eine Persönlichkeit und kann nicht sagen, von Montag bis Samstag bin ich ein ganz ein anderer ...“ (II, 38 ff.).

Zu 2.) Die Antwort auf die Frage, ob Auswirkungen der Trainingsteilnahme auf den beruflichen Werdegang gesehen werden, lautet:

E: „Also ich sehe das schon als Baustein – von beiden Seiten, also der Firma und mir her. Wenn z.B. herauskommt, ich bin nicht streßbelastbar, habe keinen Teamgeist – weiß der Teufel, was alles an negativen Eigenschaften, dann müßte ich mir eigentlich – ich mein, das Seminar ist ja kein Einstufungsseminar – eigentlich für mich *persönlich* überlegen, ob ich mich beruflich im Unternehmen anders orientiere“ (445 ff.).

Das Training als *Härtetest* also, dem sich auszusetzen nicht nur eine Selbstverständlichkeit, sondern sogar der eigene Wunsch ist. Das Sichtbarwerden von eigenen Schwächen wurde vom Gesprächspartner an anderer Stelle (im Zusammenhang mit der Frage der Anonymität des Seminarbesuchs (200 ff.)) als schon deshalb unproblematisch bezeichnet, weil die anderen Teilnehmer ja auch Schwächen hätten.

Psychotherapie (II, 60 ff.) sieht er übrigens als etwas, was viel mehr Leute machen sollten, wie in den USA:

E: „... so wie ich zum Zahnarzt geh, wenn mir der Zahn weh tut, so kann einem der Psychotherapeut in bestimmten Situationen helfen.“

Wenn er von jemand wüßte, daß er in Therapie ist, würde er ihm auch nicht in besonderer Weise gegenübertreten:

E: „Aufmerksamer vielleicht, ob etwas Negatives, das mir aufgefallen ist, sich bessert."

Bemerkenswert ist die abschließende Antwort auf die Frage, ob er sich etwa Negatives bezüglich des Seminars vorstellen könnte: „Ja, daß Konflikte aus dem Berufsalltag ins Seminar getragen werden" (80 ff.) – Was könnte daran negativ sein für eine Konflikten kühl und ohne Rücksicht auf die eigene Person ins Auge blickende moderne Führungskraft? – Diese Bemerkung steht hier für eine Zusammenfassung; einer ‚Abrundung' des Bildes durch eine Schlußbemerkung steht der Ausblick des Verfassers auf die folgende Darstellung des Gesprächs nach dem Training entgegen.

5.1.5.2. Post[10]

In diesem längeren Interview wurde eine Reihe von Themen durch den Gesprächspartner einmal ‚schwarz' und einmal ‚weiß', manches wurde ‚schwarz' und ‚weiß' zugleich dargestellt. Relativierungen blieben nicht ohne Relativierung; im Verlauf des Gesprächs wies der Interviewer auf Widersprüche im Gespräch selbst und vor allem auch auf Widersprüche zum ersten Gespräch hin; dies veranlaßte den Gesprächspartner zu weiteren Proben in der Kunst des Lavierens und Relativierens. Dieser Eindruck über das Interview wird den Auszügen und ihrer Interpretation nicht zuletzt deshalb vorausgeschickt, weil das Sich-Winden die Darstellung der Auszüge einerseits etwas holprig geraten läßt, aber andererseits die Intensität des Sich-Windens aus den Auszügen nicht mehr in vollem Umfang hervorgeht. Auch wenn der Interviewte sich als ausgesprochener „Dialektiker" versteht, und auch wenn er davon berichtet, er habe sich auf dem Seminar quasi ‚inszeniert', so spricht doch die Spürbarkeit des Wunsches nach einer von Überlegenheit geprägten Selbstdarstellung als Telos aller ihrer Windungen für die Einschätzung, der Interviewte sei ein ‚Gefangener' dieser Selbstdarstellung, obgleich natürlich nicht ausgeschlossen werden kann, daß er sich einen souveränen Spaß mit dem sozialwissenschaftlichen ‚Aushorcher' gemacht hat.

Die erste Erinnerung an das Training, die der Interviewte nennt, ist der „Feuerstuhl", d.h. die *Feed-back*-Runde. Er habe sich als einer der letzten dazu gemeldet, sonst sei das ja „witzlos"; so aber hätten die anderen Teilnehmer die Gelegenheit gehabt, tatsächlich etwas „auszupacken", weil sie ja mehr von seinem Gebaren mitbekommen konnten:

---

[10] Die Quellenangaben beziehen sich auf Bandlaufzahlen des Tonband-Mitschnitts. Interviewtermin: etwa vier Monate nach dem Training.

E: „Das verblüffende für mich an dieser Übung, die sich wiederholt durch's Seminar gezogen hat, war, das verblüffende war, daß ich das Gefühl habe, daß dabei nichts Neues für mich rausgekommen ist. Es ist schon irgendwie erstaunlich, daß fremde Gruppenmitglieder, die einen nicht kennen, doch in einer relativ kurzen Zeit – in zwei, drei Tagen sich ein Urteil bilden, in irgendeiner Form oder zumindest, daß es, sage ich jetzt mal, grobrastig paßt, das ist verblüffend. Es ist ein Unterschied, ob ich mit jemand jahrelang zusammenarbeite und der sein Urteil abgibt, oder man in so einer Übung ein relativ gutes Feed-back bekommt. Die Voraussetzung, um sowas zu akzeptieren, ist, daß man sich selbst relativ gut kennt und zu sich selbst ehrlich ist. Wenn diese Voraussetzung nicht gegeben ist, dann verdrängt man ja wieder die negativen Dinge, die auf den Tisch kommen, nicht" (20 ff.).

Später berichtet er, seine Vervollkommnung als Führungspersönlichkeit erreiche er gerade dadurch, daß er sich auf Seminaren ohne Vorbehalte dem stelle, was ihm selbst am eigenen Tun nicht bewußt sei, anderen aber auffalle; wieder später teilt er dann mit, das Feed-back bei diesem Seminar habe ihm gegenüber im wesentlichen aus völlig ungerechtfertigter Kritik bestanden; die (obligatorische) Relativierung dieser Kritik durch den Trainer faßt er als Bestätigung hierfür auf:

E: „Manches war absolut falsch und zwar nicht subjektiv falsch, sondern objektiv falsch. Vom Trainer war das auch eine Riesenleistung, daß er das gemerkt hat. – Na gut, der Mann ist Psychologe, es ist sein Beruf" (240 ff.).

Der Inhalt der richtigen oder falschen Urteile über seine Person wird ebenfalls nicht eindeutig benannt: zunächst ist die Rede davon, es sei für ihn typisch, daß sich andere im ersten Moment von seiner direkten Art zurückgestoßen fühlten, er schaffe quasi mehr Klarheit, als es die (meisten) Leute vertrügen; so sei es auch auf dem Seminar gewesen, es hätte sich gezeigt, daß er mit der Zeit mehr dazugewönne als andere. Bemerkenswert ist, daß er seine direkte Art folgendermaßen auf seine berufliche Sozialisation zurückführt:

E: „Man muß sich eine bestimmte Maske eben zulegen, weil Sie sonst gar keine Chance haben, Ihre Überlegungen und Ideen durchzusetzen. Ein Teil der Gesprächspartner, mit denen man zu tun hat, sind ja auch sehr hart, und wenn Sie sofort einknicken oder nicht mehr den Mut haben, einen neuen Ansatz zu machen oder sich eben scheuen vor einem weiteren Gespräch, weil es Konflikte gibt, weil Emotionen hochgehen, dann darf man meines Erachtens so einen Job nicht machen. Man muß nur aufpassen, daß das nicht umschlägt, daß man nicht zu ähnlich wird. Das ist vielleicht eine Gefahr, aber die muß man eingrenzen. Darüber muß man sich bewußt sein."

Z: „Wenn ich es richtig versteh', zu sehen, daß die Maske eine Maske ist?"
E: „Ja, das muß man sich bewußt machen. Und deswegen hat es auch wenig Sinn, so einen Job über zehn Jahre zu machen. Das sollte man nicht länger als 4, 5 Jahre machen. Dann ist man aus diesem Konfliktfeld wieder heraus, dann muß man was anderes wieder machen. Man kriegt mit der Zeit auch einen bestimmten Ruf, der kann u.U. auch der Sache dienlich sein. Aber der Ruf der Abteilung und der Ruf der einzelnen Mitarbeiter kann darunter schon leiden" (153 ff.).

Die Linie Klarheit-(Härte-)Maske führt dann zu der Mitteilung, das Feedback der anderen habe in unzulässigen Rückschlüssen von seinem beruflichen Gebaren auf sein privates Wesen bestanden; so etwas sei aber unzulässig:

E: „Also vielleicht habe ich da auch eine falsche Vorstellung. Ich glaube, im Beruf hat jeder eine bestimmte Rolle zu spielen. Im Büro muß jeder eine Rolle spielen. An dem Schreibtisch muß ich diese Rolle spielen, und an einem anderen Schreibtisch muß ich wieder eine andere Rolle spielen. Wie stark die Rolle ausgeprägt ist, ist eine andere Sache. Aber man muß überall eine bestimmte Rolle spielen“ (200 ff.).

Seine Vorstellungen von Professionalität (siehe auch den Widerspruch unter „1.) informelle Kontakte“ im ersten Gespräch) sieht er von den anderen Teilnehmern nicht geteilt oder besser: nicht verstanden. Die eigene Stärke und Überlegenheit wird durch dieses Unverstanden-Sein eher hervorgehoben.

Die eigene Stärke läßt sich übrigens auch an der *Angst anderer* vor dem Feed-back demonstrieren:

E: „Ja, also so ohne ist das nicht. Also so unerheblich ist das nicht. Da hat es nämlich einen Konflikt gegeben in dem Seminar, da waren nämlich zwei Kollegen, die beruflich viel miteinander zu tun haben, die zusammen in einem Büro sitzen, die waren nicht bereit, sich diesen Feuerstühlen gegenseitig auszusetzen. Für mich eine völlig unverständliche Reaktion. Ich habe das auch voll kundgetan. Da war ich sehr deutlich. Also ich meine, irgendwo ist das schizophren. Für mich ganz persönlich. Also, wenn da ein Mitarbeiter von mir dabei gewesen wäre, der kennt mich doch sowieso. Mit dem arbeite ich hier drei Jahre zusammen, und dann habe ich plötzlich Hemmungen, daß irgendjemand etwas Negatives über mich sagt. Da kommt doch nichts auf den Tisch als das, was der sich seit drei Jahren über mich denkt ... Also da gab es einen Konflikt; der eine wollte nicht zuhören bei dem anderen, und der andere ging immer wieder raus, wenn da was kam. Insofern müßte man da vorher aufpassen, bei der Zusammensetzung – ich habe das auch in meinen Seminarbericht reingeschrieben – also aufpassen, da müßte mehr Zeit investiert werden, daß man eine Gruppe zusammenkriegt, wo der Konflikt ausgeschaltet ist. Aber ich verstehe es trotzdem nicht. Das hat auch keiner von den anderen verstanden. Okay, das war deren persönliche Entscheidung.“

Z: „Sie sehen bei einer solchen Konstellation gar kein Problem?“
E: „Also jetzt muß ich Sie schon wirklich fragen! – Glauben Sie, daß meine Mitarbeiter etwas anderes erzählen als was dort erzählt worden ist? Im wesentlichen kommen die – sagen wir einmal – Schwachpunkte, die man hat, hier auf den Tisch und kommen dort auf den Tisch. Im Gegenteil, vielleicht wäre das sogar förderlich, also das würde mir persönlich also nichts ausmachen.“

Z: „Ich erinnere mich bei unserem ersten Gespräch, da sagten Sie ‚wenn ich ganz spontan sagen sollte, was mir eigentlich lieber wäre, würde ich eigentlich lieber der einzige von meiner Firma sein‘.“
E: „Ja, ja, das ist vor jedem Seminar so, na, na, das ist vollkommen richtig, aber nach dem Seminar. Na ja, der, der ist Psychologe und vielleicht holt der irgendetwas aus einem raus, vielleicht kommt da irgendetwas auf den Tisch, was man ganz tief im Unterbewußtsein, mit dem man sich da beschäftigt, und das kommt jetzt da auf den Tisch, also um Gottes Willen, also ich hab da schon gewisse, aber nach dem Seminar ... Aus dieser Sicht, mir wär das gleich, wenn da Mitarbeiter dabei sind ... Ich war schon mal vor Jahren in (...), da ging es ja zu bis nachts um drei, wir haben uns so in

der Wolle gehabt, aber mir war das wurscht, da waren (...) (nur Angehörige anderer Firmen), die, die sieht man nie wieder, da kann man echt aus dem vollen schöpfen; firmenintern müssen'S doch eine gewisse Rücksicht nehmen, irgendwo geht es über eine bestimmte Hemmschwelle nicht hinaus, wobei für viele ja das schon eine Riesen-Evolution ist, aber nachher ist es mir immer eigentlich egal" (III, 278 ff.).

Im Anschluß zieht er in Zweifel, ob man auf Seminaren überhaupt „durchschaut" werden könne, weshalb Angst eigentlich ungerechtfertigt sei; er hätte ja auch keine gehabt, andere Teilnehmer des hier behandelten Seminars wären vor Angst jedoch völlig blockiert gewesen, hätten auch kaum anderen etwas Negatives sagen können: „Aber so ein Zirkus wie die" (siehe oben) „gemacht haben, das brauchts wirklich nicht!" Anschließend charakterisiert er die in der Firma üblichen *„Teambildungsseminare"* wie folgt:

E: „Die Seminare, die nennen sich Teambildung. Da ist ein ganzer Verein zusammen, aber da geht es nicht so in die Tiefe, sondern da bespricht man halt, was einen so behindert. Da sagt der eine, ich habe kein Licht am Fenster, und der Nächste sagt, ich habe keinen Parkplatz und der Nächste sagt, der Chef fährt mich immer an, oder irgend etwas. Aber das ist alles an der Oberfläche, das kann man alles ausdiskutieren. Da kann man Kataloge machen: In Zukunft lasse ich Sie immer ausreden ... Aber das geht nicht ab in die Persönlichkeit. Ich darf auch sagen, was mir paßt. Ich kriege zuwenig Informationen von Ihnen und Ihre Unterlagen sind schlecht aufbereitet, usw., usf." (III, 380 ff.).

„Teambildung" = ‚Kooperationsklimbim'! – ‚Mitarbeiterorientierung' als zynischer Instrumentalismus.

Anknüpfend an das oben zitierte Lob der *psychologischen Kompetenz des Trainers* wurde gefragt, was denn das Psychologe-Sein ausmache:

E: „Ich bin skeptisch gegenüber jedem Psychologen. Ich habe es Ihnen auch am Anfang gesagt, weil ich eine Manipulation dahinter natürlich vermute. Das habe ich ihm auch gesagt. Ich passe sehr genau auf, ob dieses Seminar in Richtung Manipulation läuft. Das ist sehr schlimm, wenn Sie also so ein Viertel oder Drittel Psychologe, ist ja wahnsinnig schlimm, weil der versucht, Teilaspekte zu manipulieren. Das gelingt nicht. Man kann als psychologisch geschulter Mensch sicher manipulieren, davon bin ich überzeugt. Wobei ich Manipulieren nicht nur als negativ sehe, sondern auch neutral. Das machen wir ja auch, ich auch. Aber wenn man bestimmte Gesprächspartner kennt, man weiß, auf was sie reagieren und wie die reagieren, dann baut man dementsprechend seine Geschichte auf. Daß man heute schon geschickten Aufbau erstens in der Dialektik, über psychologische Ansätze usw. u.U. so erfolgreich ist, so Gesprächsstrategien, Handlungsstrategien aufbauen kann, das ist gar keine Diskussion mehr. Nur kann natürlich dahinter auch Manipulation stehen. Wobei ich Manipulation wirklich neutral sehe, nicht negativ."

Z: „Was ist ein Halbpsychologe?"
E: „Halbpsychologe ist jemand, der das, was er sich auf zwei, drei Seminaren gelernt hat, versucht umzusetzen und zwar sequentiell und – oder wer ein, zwei Semester das studiert hat und sicher sequentiell etwas machen kann, und das ist eigentlich gefährlich, weil der die ganze Palette nicht abdeckt, also daß wir uns richtig verstehen, den ... (Trainer) seh ich nicht so."

Z: „In dem sehen Sie den vollen Psychologen ...?"

E: „Ja, aber mit einem gewissen Mißtrauen ... Da weiß ich natürlich nie, weil ich diese Palette nicht kenne, weiß ich nie, was steckt dahinter. Warum macht er das jetzt? Warum macht er eine Viertelstunde gar nichts? Das ist mir doch eine gewisse Unsicherheit. Andere Teilnehmer werden nervös, die reagieren natürlich. Ich würde da nie reagieren. Weil ich nicht weiß, welche Reaktion, ob das richtig oder falsch ist. Da macht er mich da sicher unsicher, in so einer Situation. ... Der Psychologe muß es aber wissen, welche Rollenspiele er bringen muß, um eine Gruppe einzustimmen, das ist ja auch wichtig, oder um eine Gruppe so zu motivieren, daß sie bereit sind, innerhalb weniger Tage über ihre Gruppenmitglieder Positives und Negatives zu artikulieren" (265 ff.).

Hier erreicht das Bewußtsein/die Selbstdarstellung *überlegenen Menschenkennertums* eine ‚höhere' Ebene als die in einem Teil der bis hier diskutierten Interviews sichtbar wurde: der Gesprächspartner erreicht gewissermaßen Kongenialität mit dem psychologischen Profi, indem er sich über die „psychologische Halbbildung" des Heeres seiner Kollegen erhebt. Bemerkenswert: Kaum kommt er auf *seine* Unsicherheit zu sprechen, geht er schon über zum herablassenden Hinweis auf die nervöse Reaktion der anderen (im Kontrast zu seiner kühlen Reserve).

Anschließend kommt er auf den Konflikt zwischen sich und den anderen Teilnehmern zurück, den er nun darin begründet sieht, daß er sich auf dem Seminar über sein Privatleben ausgeschwiegen habe:

E: „... während die ausgepackt haben, wie sie ihr Wochenende verbringen, erstens mal interessiert mich das nicht, und zweitens weiß ich nicht, warum ich so einer zusammengewürfelten Gruppe private Dinge über mich erzählen soll" (255 ff.).

Vergleiche dagegen den Wunsch nach „informellen Kontakten" im ersten Interview. Später wird vom Verfasser auf diesen Widerspruch hingewiesen (II, 210). Die Antwort:

E: „Es ist überhaupt kein Widerspruch zwischen Ihrer und meiner Aussage, es ist nur etwas schwer, das für Sie verständlich zu machen. Ich find es nochmal als positiv, daß man im Rahmen eines solchen Seminars sich selbst und andere außerhalb der Fassade kennenlernt, nur ich persönlich bin nicht bereit, also ich bin schon bereit, ich nehm das positiv auf für mich, aber das registrier ich also stillschweigend, ich bin also nicht bereit, mich darüber zu artikulieren und das in ein zu breites Feld rutschen zu lassen. – Nur im begrenzten Rahmen bin ich bereit. – Und das genügt mir zu sehen, aha die liegen gar nicht so falsch, aber ich will da nicht ins Detail gehen. – Insofern ist es für mich schon eine positive Stimulanz – wenn ich es jetzt auch nicht so artikulieren kann, aber ich seh da keine Diskrepanz" (II, 215 ff.).

Anschließend folgt nochmals eine ausführliche Abgrenzung von der Vertrauensseligkeit der anderen Teilnehmer, die beleidigt auf seine Verschlossenheit reagiert hätten:

E: „Ich bin auch nicht bereit, mich abends da dem Geschwätz über die Firma auszusetzen –, 80% stimmt da eh nicht."

Später kommt das Gespräch auf die Nützlichkeit von Kontakten, die im ersten Interview thematisiert worden war (II, 450 ff.); hier redet der Interviewte dann wieder positiv vom Sich-Näher-Kommen, vom Fassade-Fallen-Lassen. Auf die Diskrepanz zu obigen Aussagen aufmerksam gemacht:

E: „Ja, ich merk selber, da ist jetzt ein bißchen der Konflikt drin ..."

Die Fortsetzung bzw. ‚Auflösung' des Widerspruchs liegt darin, daß nach Meinung des Interviewten die anderen bereits dankbar für einige unbedeutende ‚Brocken' aus seinem Werdegang einerseits und für die Gelegenheit, das eigene Herz auszuschütten andererseits, sind.

Der Trainer jedenfalls hat ihn „durchschaut", d.h. er hat (wie bereits erwähnt) die geäußerte Kritik relativiert:

E: „Erkundigt hat er sich bestimmt nicht über mich. Das glaub ich ihm."

Z: „Wie vermuten Sie, daß er das aufgeschlüsselt hat?"
E: „Der ist geschult. Der weiß genau, wenn ich das und das sage, daß ich das und das meine. Oder weil ich mich so gewehrt habe, daß man in mein Privatleben eindringt, das könnte für ihn ein Hinweis gewesen sein, daß das doch anders abläuft, daß ich eben ganz andere private Interessen habe. Und vielleicht, daß auch so verschiedene Gespräche beim Mittagessen, das macht er ja sehr geschickt, das ist gar keine Frage. Also, das ist mir sicher nicht unerklärlich, doch erstaunlich ist für mich dann doch die Kürze der Zeit: 4 Tage ... Das ist für mich erstaunlich, daß ein Mensch in 4 Tagen, der beschäftigt sich ja nicht permanent mit einem, ... und dann doch einen ziemlich haarscharf einschätzen kann. Haarscharf" (370 ff.).

Nach diesem Kompliment an den Psychologen, das anschließend nochmals auf den gesamten Berufsstand ausgedehnt wird (‚Ausbildung in Menschenkenntnis'), berichtet der Interviewte stolz, er sei natürlich nicht „naiv" (wie andere Teilnehmer) in die Rollenspiele hineingegangen, sondern habe sich „etwas zurecht gelegt":

„E: „... ich versuch, in dieses Spiel noch mehr Spiel hineinzubekommen – Im Spiel Chef/Mitarbeiter versuche ich, es dem andern wirklich schwer zu machen, versuche also, meine Persönlichkeit da noch reinzulegen, gebe mich also nicht bedingungslos dem Rollenspiel auf" (II, 25 ff.).
E: „Die meisten anderen versuchen, wirklich die Rolle auszuführen, ich mogle vielleicht ein bißchen ... Ich nehme dann eins mit, daß ich dem Gesprächspartner dann das aufgedrückt habe, was ich wollte, ... auch wenn ich in dem Spiel nur der Mitarbeiter war, nicht der Chef ..."

Z: „Ist das etwas, was Sie auch in der Wirklichkeit machen, gegen einen Vorgesetzten ...?"
E: „Na – also das muß ich – da gibts zunächst mal folgendes: jeder hat im Unternehmen eine feste Position ... die akzeptiere ich voll und ganz, da gibt es für mich überhaupt keine Diskussion, aber ich würde mich dann wehren, ich mußte es in den ganzen Jahren noch nicht machen, also daß der entscheidet, ist klar, aber meine Argumente muß er anhören, aber die Loyalität zum Chef ist gerade in den Zeiten, in denen wir leben, unabdingbar, wenn ich die Loyalität zum Chef dauernd in Frage stelle, dann haben wir ja chaotische Zustände ..." (II, 40 ff.).

Das Bewußtsein, ein luzider Nonkonformist zu sein, in friedlicher Harmonie mit einem resoluten Konformismus gegenüber hierarchischen Strukturen! Die Feststellung, er hätte sich bislang noch nicht gegen Vorgesetzte

Tab. V/9: **Übersichtsdarstellung Fall E/prä**

Menschliche Beziehungen in der Hierarchie im subjektiven Bild	Kontrolle	(1) Manipulation ("Dialektik") ein legitimes Führungsmittel (2) Emotionen = Konflikt —>Selbstkontrolle (3) Streß: a) positiver Streß ≙ gute Führungskraft b) negativer Streß ≙ schlechte Führungskraft	Abb.V/9 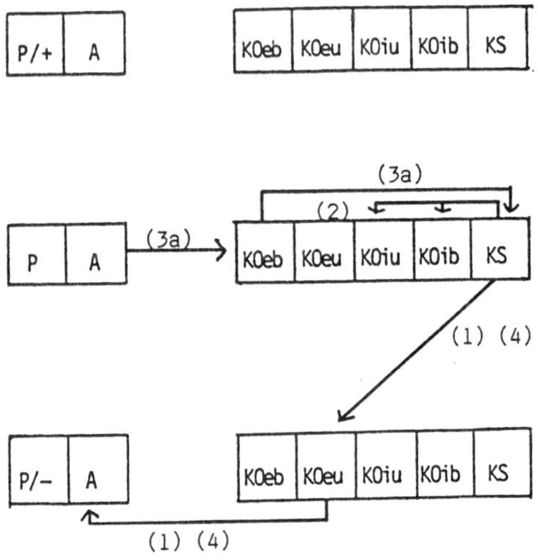
	Moral	(4) Manipulation: a) muß man können bzw. kann er b) zum Führen, nicht zum Manipulieren	
Trainingssituation/Psychologie im subjektiven Bild	Kontrolle	(5) erwünschter Härtetest: "persönlicher check" (vgl. (1) - (4)) (6) (Therapie: sollte sein wie Zahnarztbesuch)	
	Moral	(7) zeitgemäßes Führen - dauernde Lernaufgabe	
	Betroffenheit explizit	siehe (7) (heute wichtiger denn je), (5) (8) ein Seminar reicht für (7) natürlich nicht (9) Interesse an informellen Kontakten - jenseits der "Fassaden" (10) Konfliktstrategien (11) Befürchtung, die Seminaratmosphäre könnte durch Alltagskonflikte beeinträchtigt werden (12) Transfer privat, da Persönlichkeit eine Einheit	
	Betroffenheit implizit	(13) Gelegenheit zur offensiven Selbstdarstellung als 'moderne Führungskraft	

Tab. V/10: **Übersichtsdarstellung Fall E/post**

Abb.V/10

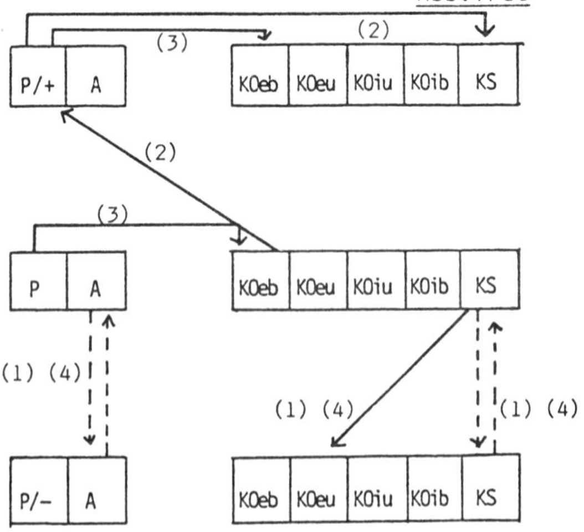

Menschliche Beziehungen in der Hierarchie im subjektiven Bild	Kontrolle	(1) "Teambildung"= wirkungsvolle (Motivation) 'Mätzchen' (2) Respekt vor eigenen Vorgesetzten (3) (eigene) Vorgesetzte auf Einhaltung der Führungsrichtlinien verpflichtbar (siehe Abb.V/10)
	Moral	(4) (1) = pragmatisch legitimiertes Für-Dumm-Verkaufen (5) Konventionen (Hierarchie) müssen von allen respektiert werden
Trainingssituation/Psychologie im subjektiven Bild	Kontrolle	(6) Rollenspiele: souveränes Spiel im Spiel - Überlegenheit (7) Feed-back: a) Akzeptanz/Ablehnung; b) Reserviertheit/Abwertung von Vorsicht; c) Maske/Offenheit (8) psychologische Menschenkenntnis: a) Respekt vor dem Psychologen (Selbstbestätigung); b) Vorbehalte: Manipulation; c) Abwertung von Viertel- und Drittel-Psychologen
	Moral	siehe (12) und (13)
	Betroffenheit explizit	siehe (6), (7) und (8) (9) informelle Kontakte (siehe (7c)): Abwertung der Vertrauensseligkeit anderer (10) Anonymität (siehe (7b)) (11) <u>kein</u> "persönlicher check" - oder doch?
	Betroffenheit implizit	(12) Sich-Winden als Stärkebeweis; Mitmenschen als Würmer (13) neben 'banalem' Konformismus

wehren müssen, widerspricht übrigens der späteren Feststellung, schriftlich fixierte Führungsgrundsätze seien deshalb nützlich, weil man sich im Konfliktfall auf sie berufen könne; einmal sei er als Untergebener in dieser Lage gewesen:

E: „Was Sie jetzt machen, ist absolut gegen die Führungsgrundsätze des Unternehmens gerichtet. Das geht gegen Sie aus ... da können Sie sich mit einer anderen Instanz auseinandersetzen. Aber ich lege da schon Wert darauf, daß sich auch mein Gesprächspartner, und mir ist auch mal ein Mitarbeiter, der ist mit Führungsgrundsätzen anmarschiert. Ganz klar. Man besinnt sich dann auch sofort. Ich kann also nicht gegen die Führungsgrundsätze verstoßen, das geht nicht. Das ist noch schlimmer als wenn Sie fachlich daneben liegen" (IV, 60 ff.).

Die Frage, ob er das Seminar als persönlichen Test betrachte, verneint der Interviewte entschieden. Die Erinnerung an die gegenteiligen Aussagen im ersten Interview beantwortet er folgendermaßen:

E: „Vielleicht müßte man nochmal definieren „check" für wen oder was ... also man bekommt da schon Hinweise ... insofern würd' ich es stehen lassen ... man muß sich heute als Vorgesetzter ja anpassen an die Umwelt ... und da muß ich meine Kanten schleifen ... insofern würde ich es stehen lassen: check, nur nicht als beruflichen check" (II, 160 ff.).

Zusammenfassend kann anknüpfend an die einleitenden Bemerkungen auf die Dialektik hingewiesen werden, die der sich hier darstellenden ‚einsamen Größe' innewohnt: die unterlegenen anderen sind alles andere als gleichgültig - der vermeintlichen Niedrigkeit unablässig nachzuspüren, ist die conditio sine qua non dieses in der eigenen *Un*vergleichbarkeit Schwelgens.

5.1.6. Keine Zusammenfassung: Querschnitte durch die Falldiskussionen A—E (Prä/Post) unter Berücksichtigung weiterer Fälle (F—H/Post und I, J/Prä), ‚kommentiert' durch einen Mitarbeiter der Personalabteilung sowie den Trainer

Die Bedeutung der Erwartungen bzw. grundsätzlicher gesprochen: der Mentalität der Führungskräfte für die Effekte des Trainings, wird durch die vorstehenden Längsschnitte unterstrichen. Bei allen Differenzen beeindruckt zunächst die bei allen Trainingsteilnehmern spürbare Zufriedenheit mit dem Training (die Fälle F—H / post bilden keine Ausnahme). In den Fallinterpretationen wurde kenntlich, daß diese Zufriedenheit in großem Ausmaß Zufriedenheit mit der eigenen Person ist. Belegstellen für dieses Urteil (und andere) sollen hier nicht im Querschnitt nochmals angeführt werden.[11] In abstrakter Weise wird das genannte Urteil in den Stichworten

[11] In diesem Abschnitt werden lediglich Zitate aus den nicht im einzelnen behandelten Fällen F—J und aus den Interviews mit dem ‚Mann aus der Personalabteilung' und dem Trainer ‚beigesteuert'; bei letzteren handelt es sich nicht um Kommentare zu

zur Betroffenheit/implizit/post hervorgehoben. Vergleicht man jeweils diese Stichworte mit denen von Betroffenheit/implizit/prä, so sieht man, daß dieses Ergebnis in einer zwischen Angst (Schwäche zu zeigen) und Selbstsicherheit (bezüglich der Fähigkeit, Stärke zu demonstrieren) angesiedelten (bzw. schwankenden) Erwartungshaltung bereits angelegt war. Der eben genannte Zug der Erwartungen gegenüber Führungstraining wurde von den in 2.1.2.5. referierten Autoren/Praktikern ebenfalls festgehalten. Auch der für die Organisation des in Rede stehenden Trainings verantwortliche ‚Mann aus der Personalabteilung' (im weiteren kurz: der ‚Personalmann'; ein Diplom-Kaufmann) meint:

„Da ist generell das Bedürfnis da zu zeigen, ‚wie gut bin ich', ‚hier hab ich Gelegenheit, mal aufzutrumpfen'" (II, 15 ff.).

Komplementär sieht er einen starken Wunsch, „unauffällig" zu bleiben:

„... es ist ja ein erstaunliches Maß an Mißtrauen vorhanden – na, ja gut, es wird ihnen tagtäglich im Betrieb so vorgelebt, warum sollten sie im Seminar dann anders sein" (480 ff.).

Der Trainer (promovierter Diplom-Psychologe) kennzeichnet die Erwartungen der Teilnehmer folgendermaßen:

„... der Augenmerk der Teilnehmer liegt natürlich total egozentrisch, das ist ganz legitim; aber vor allem noch etwas anderes: quasi ‚ich möchte der Stärkste sein, ich möchte der Bessere sein'; vor allem die Ängste: ‚wie kann ich meine Schwäche kaschieren' ..." (55 ff.).

Trotz dieser Einschätzungen sehen Personalmann und Trainer eine breite Übereinstimmung zwischen Angebot und Nachfrage. Der Personalmann, der als globales Ziel von Führungsfortbildung „mitarbeiterorientiertes Führen" (inklusiv: „nötiger" Autorität; exklusiv: Manipulation) nennt, sagt:

„Ich glaube, wir treffen weitgehend auch das, was die Teilnehmer wollen" (350).

Der Trainer, der möchte, daß „im Gesamtsystem die Kommunikation besser klappt" (50)[12], meint:

„Das variiert zwischen 50 und 90%, daß die Erwartungen sich mit dem Angebot decken" (45 ff.).

Diese harmonische Sicht beider ‚Profis' bezieht sich offenkundig auf die Ergebnisse von Erwartungsabfragen zu Beginn des Trainings; der Trainer:

---

den Ergebnissen der hier vorgelegten Interpretationen, sondern um Befragungen zur Perspektive dieser ‚Profis' auf Teilnehmererwartungen bzw. -mentalität; diese Befragungen lehnten sich thematisch an den Gesprächsleitfaden für die Teilnehmer an; terminlich lagen die Interviews mit den ‚Profis' zwischen den beiden Phasen (prä/post) der Teilnehmerbefragung. Die Interviews F und I werden nach Seitenzahlen des Schreibmaschinentranskripts zitiert, sämtliche anderen Interviews nach Bandlaufzahlen des Tonband-Mitschnitts.

[12] „Mein Primärinteresse ist Humanisierung, wenn die noch zu 'ner Produktionssteigerung führt, ‚Gott sei Dank', dann hab ich noch Glück gehabt" (420 f.).

„Die Ziele sind hauptsächlich auf Einsichtsgewinnung und aber auch Veränderung abgestellt, die auch die Teilnehmer – es ist auch mein Interesse, nur decken sich die Inhalte dann nicht ganz – die die Teilnehmer dann auch formulieren: ‚ich möcht' wissen, was da eigentlich vor sich geht in diesen Dingen'. Aber vor allem: ‚Wie kann ich besser führen?' Die Fragen kommen sehr global: ‚Wie komm ich besser mit den Leuten aus?'; ‚Wie kann ich Konflikte besser lösen?' und solche Dinge: ‚Wie erkenne ich meine Schwäche', ‚Wie kann ich das besser machen'. Das sind so die Hauptinteressen der Leute" (60 ff.).

An dem offenkundigen Widerspruch der hier vom Trainer referierten Floskeln (insbesondere: „‚Wie erkenne ich meine Schwäche'") zu dem, was er selbst unmittelbar vorausgehend (s.o.) über Wünsche und Ängste der Teilnehmer gesagt hatte, läßt sich ablesen, welchen Wert er vermutlich den Erwartungsabfragen beimißt. Der Personalmann wird in dieser Hinsicht sehr deutlich:

„Wir machen bei fast allen – ich kann es also auch von den Kollegen sagen – daß wir so 'ne Eingangsabfrage machen, Erwartungshaltung, ‚wo sehen Sie die Probleme', ‚welche Themen möchten Sie bearbeiten?' – im Sinne der Moderation machen wir da sowas. Jetzt gibt's zwei Dinge dazu: zum einen ist es für die Teilnehmer positiv, wenn sie ihre Erwartungen einbringen können, wenn sie sagen können, ‚wir möchten an dem Thema arbeiten' und – mir geht's ab und zu jetzt speziell auf meinem Seminar auch noch einen Hinweis, ‚gut geh jetzt auf das mal spezieller ein' – nachdem ich jetzt sehr lang im Geschäft bin --- ist eigentlich, also wenn ich da jetzt ganz ehrlich bin, wär's nicht nötig. Weil wir unsere Seminarinhalte mittlerweile so auf die Problemlage der Seminarteilnehmer ausgerichtet haben, daß wir uns das sparen können. Wir machen dies aber aus den Gesichtspunkten der Teilnehmeraktivierung und der Teilnehmermitarbeit heraus. Und die sehen ‚hoppla, das habe ich geschrieben, und das ist auch drangekommen, und der Referent hat Bezug darauf genommen', hat gesagt, ‚Herr Schönhammer, äh, wenn ich mich recht erinnere, haben Sie das Thema eingebracht, ist es jetzt für Sie vollkommen oder befriedigend abgehandelt?' Toll! Wobei wie gesagt, wenn ich ganz ehrlich bin, ist --- nicht ganz koscher für mich ..." (280 ff.).

Bedeutung haben Erwartungsabfragen also eher in dramaturgischer Hinsicht als im Hinblick auf Informationsgewinn.[13] Was veranlaßt den Personalmann aber trotz dieser Auskunft und trotz seiner eingangs zitierten Sicht problematischer Erwartungshaltungen dazu, die ebenfalls oben zitierte Auskunft zu geben: „... wir treffen ..., was die Teilnehmer wollen". Ist es der seinem ‚Job' immanente Zwang, Erfolge in Form von Akzeptanzwerten zu vermelden? Liegt hier auch der Grund für die Widersprüchlichkeit der Auskunft des Trainers?

Soweit grundsätzliche Aussagen von Personalmann und Trainer zu den Erwartungen. Der Eindruck des (professionellen) Die-Kurve-Kratzens in eine optimistische Richtung, der hier aufkommt, wird verstärkt angesichts der Aussagen zum Mentalitätswandel im Laufe des Seminars; der Trainer:

---

[13] Vgl. die entsprechenden Tips von Fletcher (1980) und die grundsätzliche Kritik Wittwers (1982) am ‚Goodwill-Fassaden-Charakter' von firmeninternen Bildungsbedarfserhebungen (siehe hierzu 2.1.2.5.).

„Ja, im Seminar dann, das ändert sich natürlich (. . .) ein Shiften in der Einstellung ist schon möglich, daß sich die nicht mehr als die großen Einzelkämpfer sehen“ (90 ff.);

der Personalmann (nicht nur für diesen einen Seminartyp sprechend):

„Jeder, der dabei war, sagt hinterher, 'ne tolle Sache, müssen wir unbedingt machen‘ (. . .) es ist ein wichtige Erfahrung für unsere Führungskräfte auf den Seminaren, man kann auch mal über seine Fehler und seine Schwächen reden – ohne daß man da gleich wieder eine übergebraten kriegt“ (II, 280).

Obgleich beide nicht direkt einen Einstellungswandel (vom Bedürfnis nach überhöhter Selbstdarstellung zu selbstkritischer Reflexion) postulieren, ist ihr Ausblick doch eher von Zuversicht in dieser Richtung getragen, einer Zuversicht, die am Schluß des Unterkapitels über Evaluation (2.1.2.4.) als selbst bei kritischen (wissenschaftlichen) Kommentatoren der ‚Führungstrainingsszene‘ nicht gänzlich überwunden sichtbar wurde: dort wurde die Metapher von aufbrechenden „Verkrustungen“ referiert. – Nach den dargestellten Längsschnitten drängt sich eher ein konträres Bild auf: das der Verhärtung, der Verhärtung problematischer Selbst- und Fremdbilder von Führungskräften, der Verhärtung ‚schiefer‘ subjektiver Perspektiven auf die menschlichen Beziehungen in der Hierarchie.[14]

Anschließend werden einige Details der obigen Längsschnitte im Querschnitt gestreift; zunächst geht es dabei stärker um Aspekte des Status quo ante, im weiteren dann mehr um das Trainingsgeschehen selbst; ergänzt werden die in diesem Kapitel bereits dokumentierten Aussagen dabei durch Zitate aus weiteren Fällen und durch Perspektiven des Trainers; der Personalmann wird erst zu den abschließenden Bemerkungen wieder hinzugezogen.

Die Interpretation von Kontroll- und Moralvorstellungen hinsichtlich Aktion und Interaktion in der Hierarchie sollen hier auf zwei Brennpunkte hin fokussiert werden: Selbst- und Fremdinstrumentalisierung. Begrifflich soll dabei unmittelbarer als es bei den Falldiskussionen geschah, an die in 3.3. explizierte Anpassungs-Logik geknüpft werden.

5.1.6.1. Selbstinstrumentalisierung

Die Tendenz zur Instrumentalisierung der eigenen Person, also der Unterordnung des eigenen Wollens unter das wahrgenommene Sollen, kommt vor allem in den Aussagen zu den Themen *Streß* und *Emotionen* zur Geltung; daneben bzw. in Verbindung damit sind es die Erwartungen an das Training bzw. die *antizipierte Betroffenheit* und hier beachtenswerterweise die Aus-

[14] Ein gewisser Enthusiasmus in Sachen „Verbesserung der Kommunikation“ ist nur in einem Fall spürbar (Fall G); in diesem Fall war allerdings vor dem Training kein Gespräch geführt worden.

sagen über einen möglichen Transfer auf das *Privatleben*, die Auskunft darüber geben, wie Führungskräfte ihr Engagiertsein in die Subsumtion der eigenen Person (‚mit Haut und Haaren') unter das, was sie für die Erfordernisse ihrer Position halten, zum Ausdruck bringen.

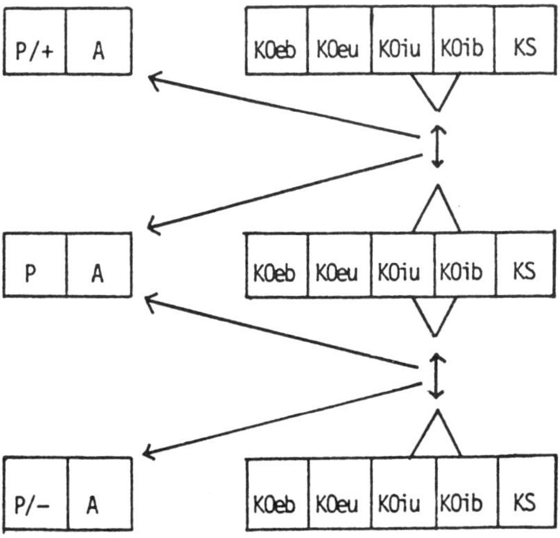

Abb. V/11: Emotionen als Störung

Emotionen werden fast durchgängig (auch bei I, J; eine Ausnahme bildet lediglich B/prä) als Synonym für unliebsame, den reibungslosen Arbeitsablauf störende Erscheinungen betrachtet (siehe Abb. V/11, Psyche vs. Ordnung). Für den einzelnen wird hier die Aufgabe gesehen, ‚sich in den Griff zu bekommen' (siehe Abb. V/12), wobei Unterschiede im Hinblick auf die Praktikabilität dieser Notwendigkeit gemacht werden: Der hier zur Geltung kommende Wert von „Sachlichkeit" bzw. „Rationalität" dürfte keiner der Anpassungslogiken (3.3.) in bevorzugter Weise zuzurechnen sein: dieser Wert ist eine Konvention, der sich alle Typen ‚problemlos' fügen.

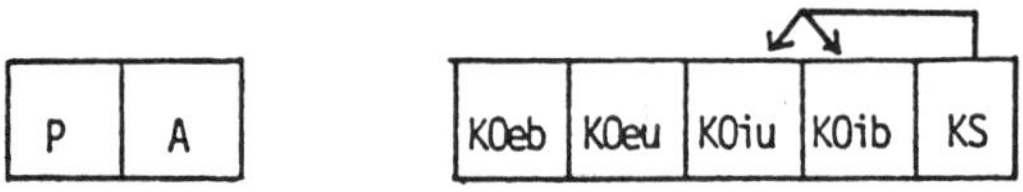

Abb. V/12: Desiderat: Selbstkontrolle

Die Perspektiven auf das Thema *Streß* weisen eine größere Differenziertheit auf. Für A/prä und B/prä ist Streß in erster Linie eine Folge überhöhten

Arbeitsdruckes; sie haben dabei eher ihre Untergebenen als sich selbst im Auge; D/prä sieht sich wohl stärker auch selbst als Opfer ‚objektiven' Stres-

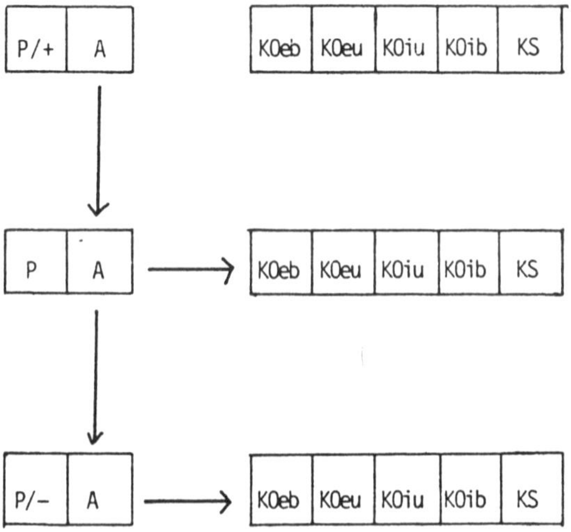

Abb. V/13: ‚objektiver' Streß

ses; C/prä dagegen scheint sich selbst ‚objektivem' Streß ausgesetzt zu sehen, diese Situation anderen aber weniger zuzubilligen (siehe Abb. V/13, jeweils modifiziert); C/prä hält den Streß anderer entweder für Angeberei oder für ‚subjektiv', d.h. selbstverschuldet (auf Basis mangelnder Willensstärke oder mangelnder Fähigkeiten); so sieht auch E/prä den „negativen Streß" (siehe Abb. V/14); J tendiert auch zu dieser Sicht. Wenn J allerdings bekundet, „man darf sich halt nicht stressen lassen" (100), so könnte hier auch eine

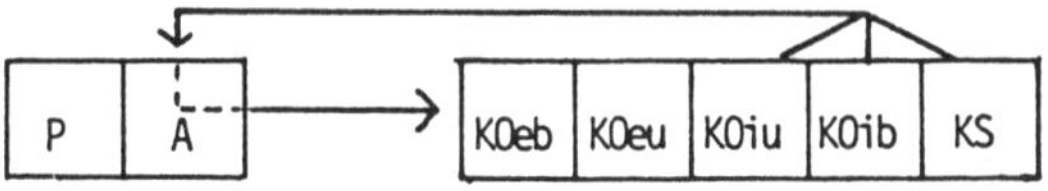

Abb. V/14: ‚subjektiver' Streß: ‚selbstverschuldete' Überlastung

Analogie zu der Haltung von D vorliegen, eine Jobmentalität bilde einen gewissen Schutz gegen Streß (siehe Abb. V/15). D sieht andererseits im Karriere-Denken einen verstärkenden Faktor für Streß; diese Sicht ließe sich unter Abb. V/14 subsumieren. „Positiven Streß" sieht E/prä für die eigene Person: Belastungen ausgesetzt zu sein, ist für ihn gewissermaßen gleichbe-

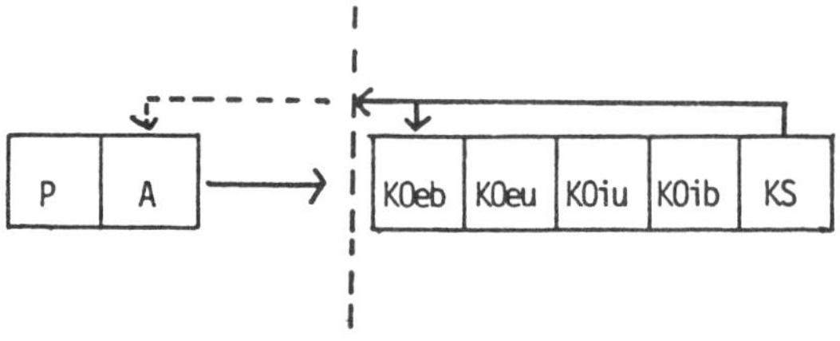

Abb. V/15: ‚Jobmentalität' als ‚Streßfilter'

deutend mit dem Ausüben von Kontrolle – Streß als Bereicherung (siehe Abb. V/16, KOeb = KS). Diese Sicht wird von F geteilt; der allerdings nicht nur pro domo spricht:

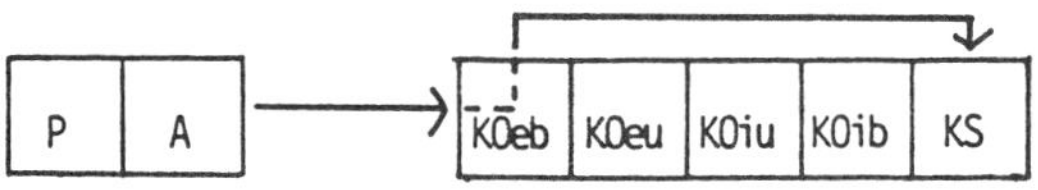

Abb. V/16: Streß als Bereicherung/Beleg subjektiver Kontrollkapazität

F: „Streß am Arbeitsplatz, könnte ich sagen, ist absolut und prinzipiell nichts negativ zu wertendes. Streß am Arbeitsplatz kann für denjenigen, der's verträgt, eine sehr notwendige und belebende und lebendige Situation darstellen, weil umgekehrt beispielsweise ... und vor allem, wenn Sie Streß in dem Sinn verstehen, daß er eine Fülle von Arbeit und von Pflichten und ähnlichem und Aufgaben beinhaltet und Terminen natürlich auch. Wenn der Streß aber auch daher rühren könnte – und das wäre auch eine Streßsituation – daß sich ein Mitarbeiter unterbeschäftigt, unausgelastet vorkommt, dann sehe ich da durchaus eben auch eine Möglichkeit für Streß. Dann ist das wieder ganz eine andere Seite, aber ich glaube, über die brauchen wir ja jetzt wahrscheinlich nicht reden in der heutigen Zeit, wo die Rationalisierung sehr starke Fortschritte macht und die Rationalität im Arbeitseinsatz ist eher von der anderen Variante des Stresses für den Betroffenen oder für jenen da zu sprechen. Ich sehe den Streß grundsätzlich als etwas Belebendes an, etwas zu Bewältigendes, wenn der Arbeitgeber, wenn die Vorgesetzten desjenigen, der dem Streß unterliegt, eine entsprechende Führungs- und Rückkoppelungsmöglichkeit anbietet, dann ist also Streß durchaus bewältigbar. Rückkoppelung in dem Sinn: Laufbahnberatung, Honorierung durch entsprechende Anerkennung, sie muß also nicht immer nur sich in Mark und Pfennig ausdrücken, aber durch entsprechende Anerkennung – dann ist Streß eigentlich eine gesunde Sache, eine Möglichkeit zur Leistungssteigerung. Und Streß ferner ist auch etwas, was mit der inneren Einstellung zu tun hat" (S. 22).

Bei I modifiziert sich diese Perspektive (Abb. V/16) dahingehend, daß ihm für seine Person eine größere Fähigkeit des *gesteuerten* Sich-Dem-Streß-Bewußt-Exponierens wünschbar erscheint:

I: „Um von mir auszugehen, muß ich sagen, daß eine Streßsituation für die Leistungsbereitschaft notwendig ist. Ich glaube aber, daß das Mitarbeiter zu Mitarbeiter und von Kollege zu Kollege unterschiedlich ist. Mit zunehmendem Druck steigt die Leistungsbereitschaft. Das ist ganz sicher. Das ist natürlich auch gefährlich, weil ich merke das an mir, dazu neige, mich in einer ständigen Spannung zu halten. Und die

Gefahr besteht darin, daß man nicht mehr genügend Ruhepausen hat. Man gewöhnt sich sehr an den Streß, daß man sich bewußt schon zur Ruhe, zum Erholen zwingen muß. Das ist auch etwas, was ich mir von diesem Seminar erwarte, daß ich in dieser Richtung weiterkomme. Eine gewisse Ausgewogenheit zwischen Ruhephase und Streßphase" (60 ff.).

Im Anschluß an die in 3.3. dargelegten Überlegungen ließen sich die Perspektiven gemäß Abb. V/13 aber vor allem gemäß Abb. V/15 als ‚indifferente' Sichtweisen fassen, während die Perspektive gemäß Abb. V/16 (vor allem als Selbstcharakterisierung) der Aufsteigerlogik zuzurechnen wäre (vgl. vor allem die Fußnote 68 in 3.3.); die Perspektive gemäß Abb. V/14, die vor allem zur Charakterisierung anderer dient, scheint von verschiedenen Anpassungslogiken gleichermaßen in Anspruch genommen zu werden.

Bemerkenswert ist, daß in *keinem* der Fälle häßliche Züge der menschlichen Beziehungen in der Hierarchie als Streßquelle genannt werden (vgl. 2.1.1.1.2. und 2.1.1.3.; dort insbesondere die Fußnoten 15 und 19).

Im Hinblick auf die *antizipierte Betroffenheit* wurde eingangs bereits auf die (implizite) Relevanz der Dimension *Stärke/Schwäche* hingewiesen; die oft ‚gewundenen' Aussagen zum Wunsch nach Anonymität im Training (meist: ‚an sich wünschenswert, jedoch für mich nicht nötig') sind diesbezüglich z.B. aufschlußreich. Die Erwartung, das Training sei ein *‚Härtetest'*, wird teils aber auch ausdrücklich formuliert, wobei sich neben distanzierteren, d.h. nicht unbedingt begeisterten Aussagen (D/prä, J), auch Aussagen finden, die eine gehörige Selbstverachtung zur Schau stellen (E, I): eine moderne Führungskraft hat nicht zuletzt hart gegen sich selbst zu sein (vgl. die Perspektive gemäß Abb. V/16). Die Perspektiven auf Emotionalität (siehe Abb. V/11 und V/12) stehen in engem Zusammenhang zu dieser Vorstellung. Die Perspektive *Selbstkontrolle/funktionale Selbsterfahrung* (‚wie wirke ich'?) findet in diesem Kontext ihren Platz, wird aber meist erst in den Interviews nach dem Training angesprochen.[15]

Zum Thema *Psychotherapie* zeigten sich – abgesehen von der partiellen Identifikation der Führungstätigkeit mit der Tätigkeit des Therapeuten durch B/prä – abwertende Stellungnahmen zur Schwäche der Hilfebedürftigen (A, D, G)[16] neben Bekundungen von Aufgeschlossenheit (C, E, F, I),

---

[15] G: „Es ist sehr wichtig zu wissen, wie man auf jemand wirkt, wenn man ihm auf die Schnelle gegenübertritt. Das ist meiner Meinung nach der Kernpunkt vom ganzen Seminar – daß man mal von anderen hört, wie die einen sehen – es muß ja nicht stimmen, darum gehts ja auch nicht ..." (140 ff.). Die Reflexion „es muß ja nicht stimmen", die die funktionelle Selbstreflexion hier begleitet, wurde in den obigen Falldiskussionen bereits ausführlicher behandelt; in diesem Überblick wird beim Thema Feed-back darauf eingegangen.

[16] Z: „Was würden Sie über einen Kollegen denken, von dem Sie erfahren haben, daß er in psychotherapeutischer Behandlung ist?"
G: „--- Was ich über den denken würde --- und den würde ich kennen, oder? --- Da

die die Konformität mit dem ‚Geist der Zeit' teils ausdrücklich ansprachen: „Heute sieht man das ..." (C, E); I sah Therapie analog zur Selbstkontrolle der Führungskraft als „Erkennen und Beseitigen von Dysfunktionalität"; lediglich F bemühte sich um eine hypothetische Konkretisierung eines ‚Therapiefalles' in seinem engeren Tätigkeitsbereich; diese Überlegungen liefen im wesentlichen auf die Gewißheit hinaus, man müsse sich sehr genau überlegen, wie man mit einem solchen Kollegen/Untergebenen umgehen solle, man müsse aber auch überlegen, woher man die Information bekommen hätte:

F: „Und da ist es eben um so vorsichtiger auch zu gewichten, will dieser Mitarbeiter, von dem ich das eben gehört hätte, von diesem Dritten, will der da irgendwas Spezielles auch bezwecken. Das müßte man gleichzeitig auch eruieren" (S. 21).

Stärke, Können spielen eine erhebliche Rolle in der Selbstdarstellung von Führungskräften. Diese Selbstdarstellung bildet eine eigentümliche Verbindung mit der Bekundung von *Lerneifer:* Perfektion, Können darzustellen und zugleich der Konvention des Dazulernen-Müssens bzw. -Wollens zu genügen, mündet in die Bekundung der Gewißheit, man sehe im Lernen ein notwendiges Bewußtseinmachen von bislang „intuitiv" bzw. „unbewußt" bereits „richtig" exekutiertem (optimalem) Führungshandeln (A, C). Über Veränderungen mit den Untergebenen zu sprechen (im Sinne einer „Transfersicherung") erübrigt sich: man würde so ja nur den (unzutreffenden) Eindruck erwecken, man sei nicht per se eine optimale Führungskraft.

Die Frage nach dem vermuteten Effekt des Trainings für das *Privatleben* wurde mehrmals als Aufforderung verstanden, die Einheit der eigenen Person herauszustreichen: „Natürlich gibt es da einen Transfer, schließlich habe ich keine zwei Gesichter" (C, E, F und I). Ausdrücklich die gegenteilige

würde ich von dem ja auch wahrscheinlich irgendwelche --- dann muß ich den ja vorher schon gekannt haben, dann muß ich unter Umständen wissen, daß der in irgendeiner Art und Weise Probleme hat, das würde mir ja aufgefallen sein. Da tät ich mir gar nichts denken, da tät ich mir denken, das ist vielleicht die beste Möglichkeit, um hier Probleme loszuwerden, aber --- man steht natürlich der ganzen Geschichte irgendwie skeptisch gegenüber, ne, daß man sagt: ‚Jetzt braucht der einen Psychotherapeuten!' Meistens kennt man das ja gar net. Es gibt wahrscheinlich genügend Menschen, die einen Psychotherapeuten brauchen, die man am Arbeitsplatz kennt und die auch in Behandlung sind, aber die sind gar nicht auffällig, weil diese Probleme laufen ganz woanders."

Z: „Man sieht's nicht ...?"

G: „Man sieht's nicht, es kann im privaten Bereich sein, deswegen muß der im Geschäft net auffallen."

Z: „Und wenn Sie das gerüchteweise hören würden?"

G: „Da tät ich, da wär mir das vollkommen egal, weil wenn er mir nicht auffällt, dann kann der hingehen wohin er will, das ist mir vollkommen egal, verstehen Sie; wenn das irgendeinen Einfluß hätte auf die Tätigkeit, auf, auf Fehlverhalten oder was, na dann wär's was anderes, aber wenn der, wenn des für mich ein Mitarbeiter ist wie jeder andere, dann kann mir des von mir aus sagen, daß er in Behandlung ist, meistens wissen Sie das ja gar nicht. Solang ich das nicht mitkrieg, kann der machen, was er will, ne, wenn der abends ins Puff geht, is mir das auch wurscht ..." (II, 120 ff.).

Auskunft gaben E im 2. Gespräch (in Widerspruch zum 1. Gespräch) sowie G[17].

Die Rede davon, daß man *keine* zwei Gesichter habe, kann auf zweierlei (eng verbundene) Weisen *als* Bestandteil der Berufs-*Fassade* interpretiert werden:

— einmal ist die eigene *Konformität* mit dem, was für das Sollen der Führungstätigkeit gehalten wird, eine zweifelhafte, wenn sie *als Konformismus* auftritt - es kommt darauf an, *Identität* statt *vordergründige Identifikation* zum Ausdruck zu bringen; alle Zweifel an unverbrüchlicher Identität mit dem Beruf werden schließlich ‚erschlagen', wenn die Unmöglichkeit, zwei Gesichter zu haben, noch aus dem eigenen Unbewußten (C) bzw. einem Mangel an persönlicher Kraft[18] ‚deduziert' wird;

— zum anderen steht „Privatleben" für *Offenheit* und Vertrauen, die im Berufsleben (einer Führungskraft) nicht unbedingt eine Selbstverständlichkeit sind, was aber gerade nicht bedeutet, es wäre nicht wünschenswert, dem eigenen beruflichen Agieren diesen *Anschein* zu geben ...

Die Instrumentalisierung der eigenen Person für wahrgenommene Anforderungen der Führungsaufgabe ist im Zusammenhang mit dem Wunsch nach *Karriere* zu sehen. Dieses Motiv wird allerdings kaum offen benannt. Eine Ausnahme bildet A/prä, der die Frage nach Erwartungen hinsichtlich einschlägiger Auswirkungen des Seminars in der Gewißheit seines Auserwähltseins beantwortet. Ansonsten wurde diese Frage ‚unpersönlich' bejaht: die Firma braucht schließlich gute Führungskräfte (C/prä, E/prä, I) - oder ausweichend beantwortet (B/prä, F, J). Der Karrierewunsch anderer wird bei B/prä und C/prä negativ (als Angeberei) angesprochen; D/prä sieht im Karrieredenken (anderer) eine Streßquelle.

Grundsätzlich legen diese Befunde das Urteil nahe, daß - analog zur ersten Interpretationsvariante des Ich-Habe-Keine-Zwei-Gesichter - ein Darstellen des eigenen Wunsches vorwärtszukommen als heikel bzw. inopportun erachtet wird. Die Bedeutung des Karrierewunsches bei den Seminarteilnehmern wurde übrigens von Personalmann und Trainer deutlich hervorgehoben. Diese Zwiespältigkeit wurde in 3.3. bereits folgendermaßen gekennzeichnet: nach Aufsteigerlogik ist man um des Karriereerfolges willen intrinsisch motiviert!

---

[17] G: „Führung - darum geht es nicht im Privaten; im Privaten geht es nur um Kommunikation, im Beruf ist Kommunikation mit Führung verbunden (...) im Privaten macht man mehr Kompromisse."

[18] F: „In der Beziehung ist kein Graben zwischen Verhalten im privaten Bereich und Verhalten im dienstlichen Bereich. Ich meine, wenn da ein Graben vorhanden ist, dann bedarf es sicherlich einer sehr, sehr starken Persönlichkeit. Aber ob sie positiv zu werten ist, das steht auf einem anderen Blatt, ja, hier einen vollkommen anderen, eine vollkommen andere Verhaltensweise an den Tag zu legen" (S. 18).

5.1.6.2. Instrumentalisierung anderer

Die eigene Machtausübung im Rahmen der Hierarchie sehen die Führungskräfte zeitgemäß, d.h. „kooperativ". Der Trainer urteilt:

„Die wollen mir alle zeigen, was sie für superkooperative Chefs sind, und da kommen dann die Beispiele..., wobei sie da ungewollt Dinge erzählen, die genau das Gegenteil zeigen. – Aber die lernen sofort: ‚Aha, das Gute ist jetzt das, so heißt jetzt das Spiel, Kooperation ist jetzt das Tolle, das Positive ... Das ist schon, bevor die auf das Seminar kommen – die waren ja schon auf anderen Seminaren" (400 ff.).

Der *Inhalt* der *Konvention* „kooperatives Führen" bildet jedoch nicht – wie dies im Urteil des Trainers anklingt – unbedingt einen Gegensatz zu einem auf Unterordnung pochenden Umgang mit den „Mitarbeitern" (Abb. V/17); dies wurde bei der Diskussion von Führungsstilvarianten in 2.1.1.3. bereits herausgearbeitet. Die Aussagen der Interviewten reflektieren den *instrumentellen Gehalt* der Konvention „kooperativer Stil":

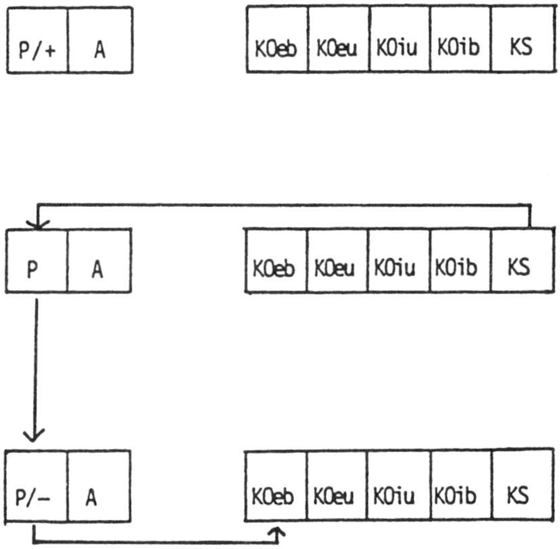

Abb. V/17: „Autoritärer Führungsstil"

— der „Sachzwang" („Vernunft") als nicht hinterfragbare Macht, der alle gleichermaßen ausgesetzt seien, wird als *probate Sprechweise für Anweisungen* an Untergebene genannt (A/prä, F[19]). Der Verweis auf externale Kontrolle, der man selbst ausgesetzt sei, erfolgt hier in einem exkulpativen

[19] F: „Ja, ich versuche, auch negative Empfindungen, die in Gesprächen ja immer wieder einmal auftauchen, ja, und auf die sachliche Basis, auf die Zwänge zurückzuführen" (S. 17). Vgl. auch B/prä: „heutzutage muß man seine Anweisungen begründen ...".

Sinn (Abb. V/18, Strichelung); wie man an A/prä ersehen kann, verträgt sich solch eine Argumentation durchaus mit dem Bewußtsein, in der eigenen Beziehung ‚nach oben' gleichermaßen wie die eigenen Vorgesetzten in der Rolle des Kontroll-Subjekts zu sein.

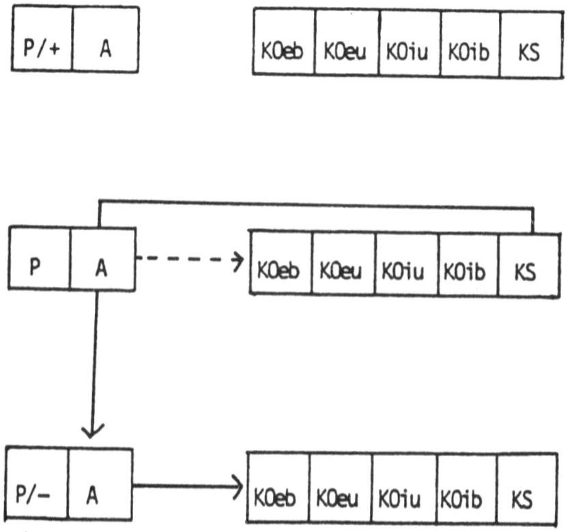

Abb. V/18: „Sachzwang"

— Kooperation wird andererseits auch un-verschämt als „lange Leine" charakterisiert (C/prä, H; Abb. V/19), ohne einen Zweifel daran zu lassen, daß die gewährte ‚Freiheit' in einer erhöhten Leistungsbereitschaft der an selbiger Leine Geführten ihre conditio sine qua non hat. An C läßt sich studieren, wie das Bemühen, die Konformität mit dieser ausdrücklich instrumentell gemeinten Konvention herauszustreichen, dazu führt, der eigenen Mentalität eine kooperative Ethik als höheres Prinzip zuzuschreiben. D formuliert die *Bedingtheit* der Untergebenen-Freiheiten als Bedürfnis der Untergebenen selbst: man müsse dem Untergebenen das Gefühl geben, er habe die Freiheit, „die er verträgt".

— Der konventionelle Instrumentalismus „kooperativen Führens" wird aber auch offen als manipulativ gekennzeichnet. So antwortet J auf die Frage, welchen Effekt er sich für sein persönliches Durchsetzungsvermögen verspreche:

„Wir werden sicher mit Praktiken bekannt werden, die man bei seiner täglichen Arbeit im Umgang mit den Mitarbeitern verwenden kann, zumal man heute ziemlich stark Rücksicht nehmen muß auf den Arbeitnehmer und in gewisser Hinsicht da auch Dinge, die man früher härter gesagt hat, etwas feiner verkleidet also heute, und ich nehme an, daß man in dieser Hinsicht gewisse Dinge in diesem Seminar erfahren wird" (420 ff.).

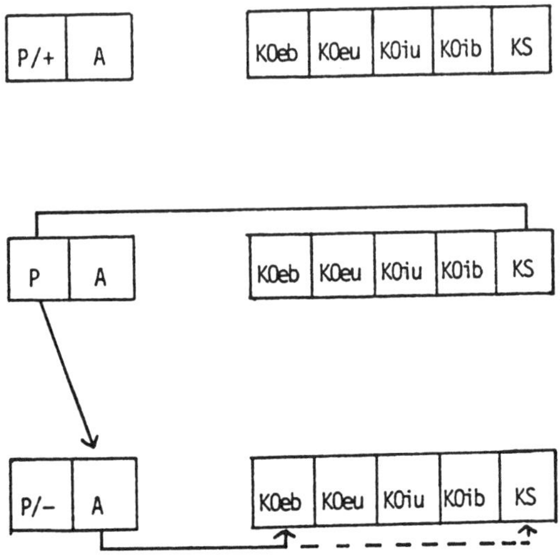

Abb. V/19: „Lange Leine"

Über Veränderungen nach dem Training nicht mit den Untergebenen sprechen zu wollen, kann in diesen Kontext (Abb. V/20) eingeordnet werden.

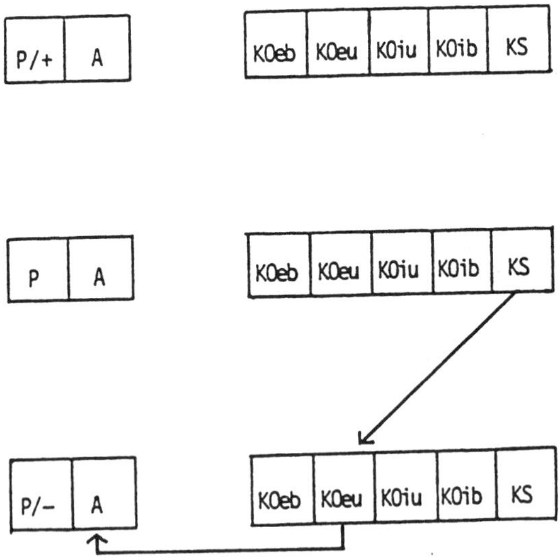

Abb. V/20: „Feiner verkleiden"

Manipulation wird aber keineswegs in allen Fällen mit der durch kooperative Stilelemente „feiner verkleideten" Objekteigenschaft der Untergebenen gleichgesetzt. Im Unterschied zu Kooperation wird Manipulation von allen Befragten (prä) als ‚eigentlich' böse bzw. gegen die menschliche Würde verstoßend charakterisiert; dieses Urteil kommt wohl auch in den Verwechslungen bzw. Vermischungen von Manipulation und autoritärem Auftreten zum Ausdruck (B/prä, C/prä, D/prä). Andererseits wird in den Interviews vor dem Training mit Ausnahme von B von allen Gesprächspartnern ausgesagt, Manipulation sei („manchmal") ein unabdingbares Führungsmittel, dessen Ausübung zu den eigenen Kompetenzen gehöre. Dieser *Instrumentalismus* scheint wiederum den Charakter einer *Konvention* für Führungskräfte zu haben, einer Konvention, die in ‚friedlicher Koexistenz' mit dem Konformismus mit dem höheren Wert der Aufrichtigkeit existiert. Ein Bekenntnis zur Konvention manipulativen Führens bei gleichzeitiger Exkulpation erlaubt wiederum die Kategorie des Unbewußten (Abb. V/21). Der eigene Konformismus mit dem konventionellen Instrumentalismus wird im Falle der Manipulation neben der Relation von *Sollen* und *Wollen* aber auch stark durch das Verhältnis von *Sollen* und *Können* geprägt; es hat den Anschein, daß man glaube, man könne seine Untergebenen zu unbewußten Objekten äußerer Kontrolle machen – salopp: sie für dumm verkaufen – weil man diese Fähigkeit als zum Eignungsprofil einer Führungskraft gehörig erachtet. Der Eindruck der *Selbstüberschätzung* der Interviewten bzw. ihrer Unterschätzung der Untergebenen in diesem Zusammenhang drängt sich auf, wenn man die näheren Um- und Beschreibungen des Manipulationsvorgangs in Betracht zieht (insbesondere A/prä); auch die Vermischungen und Verwechslungen von Manipulation und Befehl und die Bekundungen, man selbst sei sich manipulativen Einflußversuchen ‚von oben' durchaus schon bewußt geworden, ohne sich den jeweiligen Zielen zu entziehen (insbesondere C/prä) (Abb. V/22), weist darauf hin, daß Unterordnung bzw. Kontrolle in der Hierarchie wohl oftmals einen banaleren Charakter haben als es sich eine in ihrer machiavellistischen Kontrollpotenz sonnende Führungskraft einbilden mag (vgl. 3.1.2.3.).[20]

Welche Veränderungen zeigen sich hinsichtlich der Urteile über Kooperation und Manipulation nach dem Training?

Das *‚Kooperations-Bild'/post* zeigt bemerkenswerte Züge: C/post und D/post fühlen sich merklich vom ‚Joch' des „Immer-Schön-Tun-Müssens" (D/post) entlastet, wobei C/post offenkundig angeregt durch ein Rollenspiel des Trainings zu einer Schilderung der Arbeitssituation gelangt, die *ihn* an

[20] Derartige Verzerrungen der Wahrnehmung der Kontrollkräfte in den menschlichen Beziehungen in der Hierarchie – man fühlt sich an Witze über listige Skinner-Ratten erinnert – könnten durch die Veranschauichung der Kontrollkräfte aus verschiedenen Perspektiven auf sinnfällige Weise demonstrierbar gemacht werden.

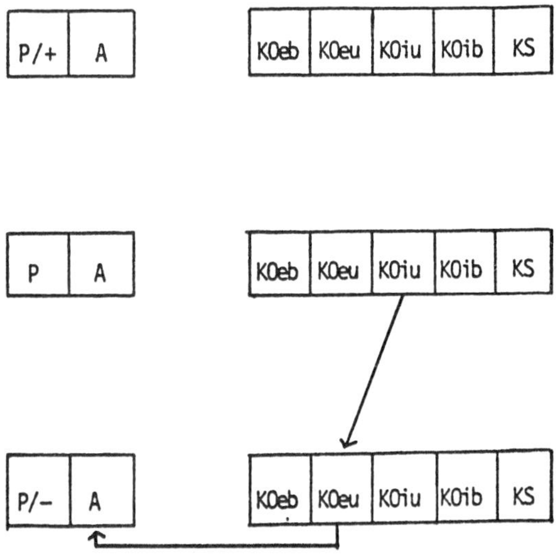

Abb. V/21: Unbewußte Manpulation

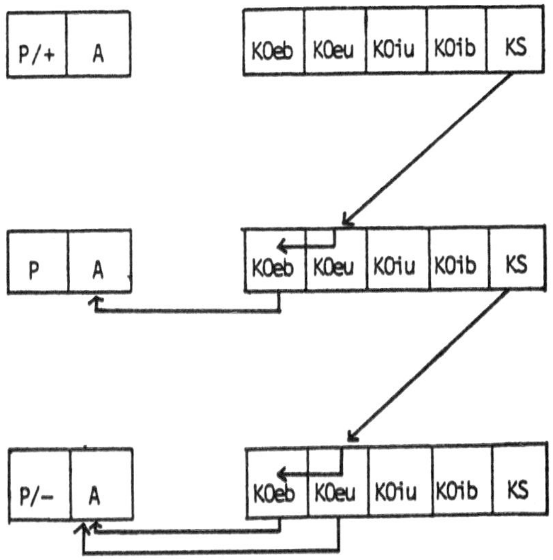

Abb. V/22: Täuschung – des Kontrolleurs oder des Kontrollierten

der „langen Leine", an der er seine Untergebenen führt, zappelnd darstellt. B/post und E/post nehmen zur Frage pro und kontra Kooperation keine Stellung; A/post betont gegenüber der ‚verkehrten Welt' der Rollenspielposse vom ‚aufmüpfigen Untergebenen' den normalen Respekt Untergebener gegenüber Vorgesetzten (Abb. V/23). Bei F-H ist ein Vergleich mit

‚vorher' nicht möglich: F bekennt sich zum Sachzwang (s.o.), G strahlt einen gewissen ‚Kommunikationsenthusiasmus' aus, H sieht den „kooperativen Führungsstil" als „Leitmotiv" des Trainings, ohne daß dieses „Leitmotiv" als „Ideal gepredigt" worden wäre (die Schilderung, die H gibt[21], umschreibt „Kooperation" mit so etwas wie einer individualisierten Kommunikationstaktik – für die er in Anspruch nimmt, zur Wahrung der Menschenwürde beizutragen; an anderer Stelle im Interview bekennt H sich zur „langen Leine" (s.o.)).

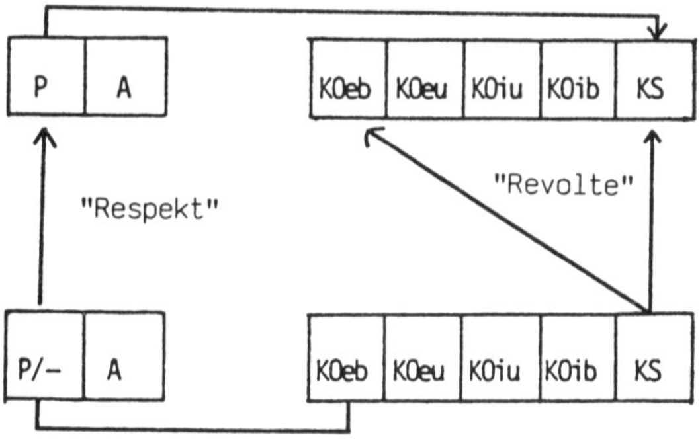

Abb. V/23: Untergebenenrespekt oder -„revolte"

Die „Kunst" des Trainers bestand hier scheinbar darin, die richtigen Angebote zu machen, Angebote, die jeweils selektiv wahrgenommen wurden. Zu dem von C und D wahrgenommenen Angebot ist allerdings zu sagen, daß es dem Bedürfnis anstelle des konventionell-instrumentellen „Schöntuens" den Macht-Haber, der sie sind, herauszukehren, in bedenklicher Weise entgegenkommt (siehe die Falldiskussion C/post); für eine Würdigung der von ihm konstruierten Posse ist zu bedenken, daß der

---

[21] Z: „Also gerade im Zusammenhang mit autoritärem Führungsstil, hat denn Führungsphilosophie, hat sowas eine Rolle gespielt in dem Seminar?"
H: „Sicherlich, sicherlich, wobei ... von vornherein offen sagte, er neigt zum kooperativen Führungsstil, man müßte es mal mit dem versuchen, aber daß man sein Verhalten natürlich vom Erwartungsbild des Gegenübers abhängig machen sollte. Also das war nicht so, daß er ein bestimmtes Ideal gepredigt hätte, sondern das hat man dann auch sehr schnell bei den Gesprächen vorgeführt bekommen, daß man ein Ideal probieren muß und im Zweifel, wenn man das Gegenüber weniger kennt, zunächst ein bißchen vorsichtig ist, um auch dessen Erwartungsmuster, vielleicht durch ein paar Versuchsballons rauszukriegen, um dann darauf eingehen zu können. Das war übrigens etwas, was ich persönlich auch daraus gezogen hab, so Versuchsballons und

Trainer nach eigenen Worten (s.o.) den „kooperativen Geist“, den ihm die Führungskräfte präsentieren, für wenig glaubwürdig hält.

Das *Manipulations-Bild/post* zeigt folgende Veränderung: A bekundet neben der Wiederholung seiner Vorstellung, ein geschickter human-relations-Manipulator zu sein, er manipuliere wohl oft unbewußt; B bekennt sich ganz selbstverständlich dazu, am allgemeinen manipulativen Umgang mit Untergebenen teilzuhaben, nachdem er im ersten Gespräch die Praktikabilität von Manipulation geleugnet hatte; C thematisiert Manipulation nicht; D wiederholt die Überzeugung, das Problem sei „eine gute Technik“, und teilt gleichzeitig mit, er selbst manipuliere (wenn überhaupt) unbewußt. E verändert seine Ansichten zum Thema „Dialektik“ nicht; das Interview E/post besteht über weite Strecken in der Schilderung des eigenen Hochgefühls, das sich dem Bewußtsein verdankt/verdankte, die anderen Teilnehmer wie Marionetten behandelt zu haben. F berichtet (s.u.) von einem für ihn überzeugenden Demonstrationsspiel in Sachen Manipulation im Lauf des Seminars, ohne manipulativem Handeln eine Bedeutung für seine Führungstätigkeit zuzumessen. G hält Manipulation für schlecht aber unvermeidbar; das Seminar erschien ihm als Infragestellung von

---

immer wieder mal ein bißchen Rückkoppelung zu kriegen, welches Erwartungsmuster liegt da eigentlich bei dem Gegenüber vor. (...)“.

Z: „Solche Versuchsballons, können Sie die noch konkretisieren, wie Sie sich das vorstellen können, wie man das so im Alltag macht, so Versuchsballons abzuschießen, also so Sie jetzt in Ihrer Abteilung?“

H: „Ja, also das ist natürlich – hm –, Sie können natürlich versuchen, mit der neuen Kraft, die Sie anlernen, also so Bürohilfen oder Sekretärin, die Sie noch nicht so richtig kennen. Da wissen Sie nicht, wie reagieren die auf Kritik, und man will sie natürlich nicht gleich verschrecken, oh, was für ein Chef, der verlangt aber was, und manche haben dann Angst und machen's dann gerade völlig falsch, aber man kann das dann schon mal ab und zu gezielt mal so 'n Ballon loslassen, jetzt mach ich mal 'ne knappe, direkte Kritik, wie reagiert sie drauf und sich dann entsprechend einstellen, daß man sie dann ein bißchen kennenlernt.“

Z: „Hm.“

H: „Das ist schon wichtig.“

Z: „Ja, ja. Also bei der Führungsphilosophie, sagten Sie, war jetzt der kooperative Führungsstil favorisiert, ohne den zum einzigen ...“

H: „Ja, wesentlich als Leitmotiv herausgestellt war, dem anderen seine Menschenwürde zu wahren. Also nicht nur dem Gegenüber, sondern auch sich selber. Das hat mich schon beeindruckt. Das hat er sehr konsequent vertreten, und es war auch glaubwürdig, daß sich das in der Praxis durchsetzen läßt. Davon konnte er uns alle überzeugen.“

Z: „Also in allem darauf zu achten, daß man – ja, wie macht man das, die Menschenwürde ...?“

H: „Ja also, daß niemand in seiner Persönlichkeit runtergesetzt wird.“

Z: „Wie macht man das?“

H: „Ja also, daß man Kritik nicht so anbringt, daß er es als Kritik an der Person versteht, sondern nur an bestimmtem Verhalten oder an der Arbeit, was er ändern kann. Daß aber keiner ihm sein Selbstwert als Persönlichkeit runtergesetzt wird. Das hat er ganz hervorragend im Hintergrund immer wieder angeführt“ (S. 9 f.).

manipulativen Praktiken. H sieht sich als unbewußt manipulierenden, der manchmal merke, daß er manipuliere, weil das Gegenüber (= Opfer) verstimmt sei; auf Nachfrage äußert er:

H: „Aber wie gesagt, man ist irgendwie kein Heiliger, und es gibt durchaus Situationen, wo man auch aus so 'nem Seminar mal 'ne kleine Manipulationstechnik, die man weiß, jetzt auch bewußt anwendet, aber wie gesagt, das muß auch mal sein" (S. 16).

Die Vorstellung, man manipuliere unbewußt (vgl. Abb. V/21), die sich bei A/post, C/prä, D/post und H findet, erscheint widersinnig: eine gezielte Täuschung von anderen ohne Absicht? Manipulation ‚aus Versehen'? Daneben ist bei den Genannten ja auch immer von Kalkulation und Technik die Rede! Bei A/post könnte die Behauptung, unbewußt, „intuitiv" zu manipulieren, seinem ‚understatement' zugerechnet werden; bei D und H liegt es näher, diese Behauptung im Sinne einer Exkulpation zu interpretieren.

Bevor die Stellungnahme des Trainers zu seiner Abhandlung des Themas Manipulation angeführt wird, sei die Schilderung eines Demonstrationsspiels des Trainers zur Manipulation durch den Teilnehmer F wiedergegeben:

F: „Das, was also ganz am Anfang, die Möglichkeit der Maniulation und diese zu erkennen, war uns eigentlich bewußt geworden, daß sie sehr, sehr schwer ist. Das führt auf den Sektor - das war eben in Form eines Rollenspieles, das der Seminarleiter selbst mit zwei Teilnehmern gemacht hat, wo er manipuliert hat. Er konnte also haargenau uns bereits vorher das Ergebnis und die Richtung seiner Manipulation und die Wirkung seiner Manipulation sagen - den übrigen Teilnehmern - und das hat er tatsächlich sehr gut geschafft dann. Man sieht, man kann manipulieren."

Z: „Und wie ging das da in diesem, also wie lief das ab oder was war der Trick dabei?"
F: „Tricks waren sowohl von den Fragestellungen her als auch von Infragestellen gewisser Antworten, die der Teilnehmer dieses Rollenspieles gemacht hat."

Z: „Ja."
F: „Und das ist eigentlich den unvorbereiteten beiden Rollenspielern sehr rasch gelungen, auch nervös zu werden und auf diesen Trick hereinzufallen. Das ist dann ferner durch entsprechende Mimik, Gestik dem Seminarleiter gelungen, sein Rollenspiel in der von ihm gewünschten Richtung zu führen. Das ist also ziemlich rasch gewesen, ja."

Z: „In diesem Rollenspiel war also der Seminarleiter der Manipulator oder?"
F: „Ja, ja der war der Manipulator."

Z: „War er der Vorgesetzte oder in welchem Verhältnis standen die Rollenspieler zueinander?"
F: „Ja, ja er war Vorgesetzter in der Weise, daß er Begriffe erklären ließ, die insgesamt nicht sehr einfach zu definieren sind und dann eben entsprechend zu diskutieren sind, ja das war ‚Manipulation' das eine, das zweite weiß ich jetzt momentan nicht mehr."

Z: „Also sie sollten diesen Begriff ‚Manipulation' erklären?"
F: „Genau, ja, ja. Manipulation, den sollten sie erklären und sie sollten sich vorher entscheiden: ‚Manipulation' und ‚Kommunikation', soviel ich weiß. Sie, die Rollenspieler, sollten sich vorher entscheiden, welcher Begriff ihnen als der leichter und leichter zu Definierende erscheint, und den durften sie als erster dann entsprechend

wiedergeben und durch entsprechendes Nicken und" ... (Telefon) ... „und durch entsprechende Mimik, Gestik und durch zustimmende Worte und auch immer mehr in die gleiche Richtung führende Fragen, die die Antworten eigentlich schon vorweggenommen haben, ist als erster der, das positive Erlebnis und das Erfolgserlebnis für den sogenannten Mitarbeiter entstanden. Und dann wurde die Manipulation in der Weise bei dem zweiten Fall, wo man dann an den schwierigeren Begriff - nee - zuerst der schwierigere, so war's, zuerst der schwierigere Begriff, und dann sollte der leichtere Begriff entsprechend definiert werden und erörtert werden. Und der sogenannte, aus der Sicht des Teilnehmers leichtere Begriff, der wurde dann in Frage gestellt bzw. die Begriffserklärungen dazu und die Antworten dazu. Und es war sehr interessant, wie eben durch entsprechende kritische Gestik, Mimik, durch Zurücklehnen, durch teilweise Ablenken, durch Brille Herabnehmen und immer kritischere Einstellung, sogenannte nach außen zur Schau getragene kritischere Einstellung, der arme Prüfling da verunsichert worden ist, und man hat das dann durch entsprechende Kameraaufzeichnung gesehen, daß sich dann der Manipulierte, und er war ja in diesem Fall tatsächlich manipuliert, daß der sich sofort anpaßt, in der Weise, daß er unsicher wird, ja die Hände irgendwohin verschränkt, daß er sich dann vielleicht so versetzt, wobei darüber sehr, sehr zu diskutieren wäre, ob das eine Abwehrgeste ist oder nicht. Auf jeden Fall ist es gelungen, den Teilnehmern das Erfolgserlebnis zu vermitteln, daß er eigentlich in dem schwierigeren Begriff, den er herausgesucht hatte, daß er da erfolgreicher sein konnte als in dem weniger schwierigen. Und das war natürlich ein negatives Erlebnis zunächst einmal, bis er darauf hingewiesen worden ist, daß das eine bewußte Manipulation war" (S. 14 ff.).

Die Äußerungen des Trainers zur Manipulation sind in dem Interview, das der Verfasser mit ihm führte, eingebettet in Aussagen zu Vorstellungen der Teilnehmer über die Psychologie. Nicht zuletzt war hier die Rede von dem Stereotyp des Durchschauen-Könnens (vgl. 2.1.2.5. und 3.1.2.2.). Der Trainer hob hervor, dieses Stereotyp bemühe er sich (erfolgreich)[22] u.a. durch sein Verhalten beim ‚heißen Stuhl' (s.u.) und durch Ironisieren der verbreiteten Überinterpretationen non-verbalen Verhaltens (300 ff.) abzubauen. Anschließend erwähnt er sein Manipulationsspiel, ohne es zu schildern; er kommentiere es im Training folgendermaßen:

Trainer: „Einmal geht das vielleicht, aber der merkt das natürlich, der fühlt sich sauunwohl, und der Kontakt überhaupt ist damit natürlich sehr belastet. Und deswegen überlegt Euch mal, für das, was Ihr hier lernen wollt, ist das überhaupt nicht sinnvoll - kann natürlich sehr effektiv sein in dem und dem Fall - aber das will ich genau hier nicht vermitteln, und das mach ich ganz klar."

Z: „Der Zauber, der da drin steckt, der wird von den Teilnehmern sehr bewundert..."
Trainer: „Sicher, das ist sehr beeindruckend."

Z: „Wenn Sie dann sagen, so geht das nicht, so kommt man auf keinen grünen Zweig, oder wie auch immer, wie stellen die sich das vor? Haben Sie den Eindruck, die sagen: ‚Ja, ja - gut', aber es ist doch der größte Wunsch, auch so ein Zauberer zu werden."
Trainer: „Also das, das glaub ich sehr wohl, weil ich es auch für etwas allgemein Menschliches halte - warum werden wir letztlich Psychologen? Ich kann die rational von einigen Dingen überzeugen, aber daß dieser Zauber da ist, daß dieser Wunsch da

[22] Trainer: „Das Stereotyp oder das Vorurteil gegen Psychologen wird sehr verändert am Ende des Seminars" (270 ff.).

ist, daß wir alle diese Machtbedürfnisse haben, die wir darin vielleicht dann artikulieren und ausleben können, das glaub ich sehr wohl."

Z: „Erzählen die Teilnehmer dann, daß sie das auch schon mal so ungefähr hingebracht haben?"

Trainer: „Nee, die übernehmen die rationale Argumentation eigentlich völlig und sagen dann: ‚Aha, da hat der mich manipuliert!' Und ich hab immer große Schwierigkeiten zu zeigen, ich sag, Ihr tut das auch permanent, und zwar jetzt nicht bewußt, keiner will sich ja da als der böse Bube sehen und ich definier Manipulation ja negativ und bring meine Wertung da völlig mit ein und sag, das ist alles bloß subjektiv, Ihr müßt Euch Euer eigenes Bild machen ... Für mich gehört zur Manipulation dazu, daß das bewußt gemacht wird. Aber ich unterstelle Euren Vorgesetzten nicht, daß die das bewußt machen, so wie Ihr auch ständig andere verunsichert, auch wenn Ihr das gar nicht wollt. (...)"

Z: „Wenn das unterstellt ist, alle wollen zaubern, könnte ich mir vorstellen, daß Teilnehmer zeigen wollen, daß sie das ‚know how' schon ‚drauf' haben ..."

Trainer: „Nein, aber, weil das negativ besetzt ist ... wollen die mir alle zeigen, was sie für superkooperative Chefs sind und da kommen dann die Beispiele ... wobei sie ungewollt da Dinge erzählen, die genau das Gegenteil zeigen ..." (326 ff.).

Ob gewollt oder nicht: die Darstellung der Manipulationskunst in besagtem Spiel kokettiert mit den Teilnehmervorstellungen vom hintersinnigen und übermächtigen Psychologen; daß die nachgeschobene moralische Distanzierung daran nichts ändert, scheint dem Trainer bewußt zu sein. Daß der Trainer (seinem Bericht nach) anschließende Darstellungen der Teilnehmer, sie seien selbst oft das Opfer von Manipulation, durch das Postulat „unbewußten Manipulierens" ‚abwürgt', steht im Widerspruch zu seiner eigenen Definition von Manipulation; allerdings macht dieses Vorgehen den oben genannten Befund verständlich. Warum der Trainer die in dieser Wendung seiner Argumentation implizierte Verharmlosung der Absichten der Teilnehmer und anderer Akteure in der Hierarchie vornimmt, kann nur gemutmaßt werden: Will der Trainer es verhindern, den Ruf eines Miesmachers zu erlangen? Im Ergebnis scheint die gewählte Art und Weise, das Thema Manipulation zu behandeln, jedenfalls die Machtphantasien – oder besser (s.o. zur Selbstüberschätzung im Kontext der Manipulation): Phantastereien – der Teilnehmer anzuregen und zugleich eine Gewissensentlastung (‚es ist ja unbewußt') anzubieten. Nach dem oben zum Kooperations-Bild/post Festgehaltenen ist hier somit ein weiterer zweifelhafter ‚Zufriedenheitsbaustein' gefunden.

Die vor dem längeren Trainerzitat erwähnte Gewißheit des Trainers, nach dem Seminar sei das Stereotyp vom übermächtigen, tiefblickenden Psychologen korrigiert, trifft also nicht nur nach den Ergebnissen der obigen Falldiskussionen nicht zu; im Gegenteil scheint diese Psycho-Fiktion durch das Vorgehen des Trainers regelrecht gefördert zu werden.[23] Ob dies vom

[23] Wie die Falldarstellungen gezeigt haben, wird von den Teilnehmern in diesem

Trainer zielbewußt kalkuliert ist, kann, wie bereits betont, hier nicht geklärt werden. Es sei hier nur darauf verwiesen, daß eine in 2.1.2.5. zitierte Literaturstelle (Fletcher, 1980) auch schon der Vorstellung, der Psychologie ermangele die Relevanz, geschickt zu begegnen empfahl, zur Korrektur der Durchblicker-Erwartung jedoch keine Hinweise gab.

Anschließend (und in Fortsetzung der ‚Trainerschelte', die wohlgemerkt nicht nur bezogen auf die äußere Qualifikation, sondern, wie sich teils schon gezeigt hat und teils noch zeigen wird, auch vom Prozedere her keinen Außenseiter - vgl. 2.1.2.5. – trifft) sei noch auf die Befunde zum Rollenspiel und zum Feed-back eingegangen.

5.1.6.3. Reflexionen über Rollenspiel und Feed-back

Die *Rollenspiele* wurden von den Teilnehmern weithin als anregend und spannend empfunden; diese Charakterisierung erfolgt teils in ausdrücklicher Abhebung zu früheren Rollenspielerfahrungen (B/post, C/post, H). Das positive Urteil bezog sich auf

a) die geschickte Dramaturgie überhaupt (B, C, F, H)
b) spezielle Inhalte (‚verkehrte Welt'-Posse, C)
c) den eigenen Erfolg (B, C)
d) die Ermöglichung eines eigenen souveränen Studiums anderer Charaktere (D)
e) die eigene Fähigkeit zum souveränen ‚Meta-Spiel' (E).

Kritisch äußerte sich lediglich A (im Kontext eines Mißerfolgsberichts).

zu a): Durch eine geschickte Dramaturgie kann vielleicht verhindert werden, daß Rollenspiele den Teilnehmern ‚fade' erscheinen (vgl. 2.1.2.3.3.). Die Gefahr, die hier liegt, ist offenkundig die der Verselbständigung von Spaß und Spannung gegenüber dem Realitätsgehalt der Spielsituation.[24]

zu b): Hier wird der in a) problematisierte Realitätsverlust an einem speziellen Inhalt eindringlich vor Augen geführt.[25]

Kontext auf banale Strategien hingewiesen, die ihren Wert in erster Linie als (vom jeweils Interviewten) *durchschautes* Geheimnis haben. Vgl. auch folgende ‚Beobachtung' von H: „... Ich mein', der ... (Trainer) dominiert natürlich ziemlich stark, dann hatten wir einen (...) Abteilungsdirektor auch mit sehr großer Erfahrung, der sich als Pendant eventuell hätte aufbauen können, was ... (Trainer) aber damit schön abblockte, daß er also z.B. ihm die Führungsrolle dann überließ bei der Beurteilung, wie das Essen ist, also das war ein großer Gourmet, und dann hat er da auch immer so 'n bißchen ihn darin unterstützt" (S. 6).

[24] In diesem Sinne sind auch jenseits des Rollenspiels bestimmte Darbietungsweisen und auch -inhalte in Zweifel zu ziehen, die sich unter die Rubrik „Psychologie als Gag" subsumieren ließen (vgl. insbesondere D/post, aber auch 2.1.2.3.1 und 2.1.2.5.). – Ist das routinemäßige Präsentieren optischer Täuschungen nicht eher ein (zugleich unterhaltendes) Alibi für die Provokation von selbstkritischer Reflexion der Wahrnehmung der menschlichen Beziehungen in der Hierarchie?!

zu c): Ein grundsätzliches Problem von „lösbaren Rollenspielen" ist es, daß die Akteure weniger auf das zu achten angehalten werden, was sich bei ihnen oder ihren Mitspielern tut als auf das Plazet für eine mehr oder weniger richtige Lösung.

c) ist aber auch bei einer anderen Gestaltung der Rollenspiele denkbar. Weitgehend unabhängig von der Gestaltung des Rollenspiels sind die unter *d)* und *e)* angeführten Haltungen. Das hier zu a) und b) Angemerkte läßt sich als Fund bei der Suche nach ‚Zufriedenheitsbausteinen' verbuchen. Das, was

---

[25] Die Art, in der H dieser Inszenierung einen besonders hohen Realitätsgehalt zumißt, bestätigt eher die genannten Zweifel: „... aber ich muß sagen, das Seminar war ganz hervorragend, und zwar lag das daran, daß der ... (Trainer) seine Rollenspiele so geschickt aufgezogen hat, mit kleinen Zusatzinformationen, die immer nur eine Gruppe dann kriegte, daß sie nach 'ner Zeit auch anfingen, sich selber zu spielen. Ja, es ist also nicht nur so, daß man dann nach 'ner Zeit sich immer noch überlegt hätte, was wird eigentlich erwartet, wie sollte ich mich verhalten, sondern er hat seine Zusatzinformationen so geschickt da einfließen lassen, daß sie irgendwie dann in Situationen gerieten, wie sie es vorher nie geglaubt hätten" (S. 1). „Wir hatten also beispielsweise da 'nen Teilnehmer, von dem man eigentlich nie erwartet hätte, daß der sich auf der Nase herumtanzen läßt. Jetzt hatte der aber so ein gespieltes Mitarbeitergespräch, und derjenige, der den Mitarbeiter spielte, hatte so geschickte Zusatzinformationen gekriegt, der soll den geschickt und gezielt verarschen; wie weit der es eigentlich mit sich treiben läßt. Und vorher war ja auch immer wieder von kooperativem Führungsstil gesprochen worden: der geriet immer zwangsläufiger in die Zwickmühle, und hinterher wußte man immer genau an ganz bestimmten Stellen des Gesprächs, da hat er immer die Kurve noch kratzen können. Aber, diesen einen Augenblick verpaßt, und schon – nicht, aber so, wie gesagt, lief die Sache so schief, daß der sich völlig auf der Nase 'rumtanzen ließ, bis er dann zum Schluß den doch noch 'rausschmiß, aber das war dann nicht mehr ganz so überzeugend. Ja, wie gesagt, wo der Ausdruck ‚gespielt', der hinkt ein bißchen, das lag an der hervorragenden Informtionstechnik von dem ... (Trainer). Ja, normalerweise, bei so ganz ordentlichen Seminare, da bekommen Sie also genau Ihre Rolle auseinandergesetzt, was Sie spielen sollen. Und da halten Sie sich dann schon dran, und mein Gott, so halbwegs realistisch ist das dann natürlich trotzdem, und Sie können in dem Videorekorder dann trotzdem sagen, es lag an diesen Verhaltensweisen, daß das Gespräch nicht so richtig gelaufen ist. Aber wie der das eben macht, mit diesen verteilten Informationen, wird's wesentlich realistischer und Sie sagen: der ‚Aha-Effekt' ist nachhaltiger. Ich weiß nun nicht, in wieweit Sie das Konzept vom ... (Trainer) kennen."

Z: „Ich kenn's vom Hören."

H: „Na ja, Sie haben auch wahrscheinlich schon mit ihm gesprochen."

Z: „Was ist es, was es für Sie so realistisch macht, in dem Moment. Sie sagen, die Informationen sind's, die Technik des Informierens."

H: „Ja, daß Sie also unvollständige Informationen bekommen, wie es in der Realität ja auch der Fall ist. Daß der Ihnen also nicht sagt, so direkt, also Sie spielen jetzt den renitenten Mitarbeiter, sondern der sagt dem, so jetzt machen wir uns mal 'nen kleinen Spaß, das weiß der nicht. Es ist jetzt Ihre Aufgabe, den soweit zu bringen, daß er Sie entweder 'rausschmeißt oder sich alles gefallen läßt."

Z: „Also so eine Offenheit der Situation in dem Moment."

H: „Das wußte aber natürlich derjenige, der das Gespräch als Leitender führte, nicht. Und das war also wirklich hochinteressant, weil das zwei Partner waren, wo ich niemals gedacht hätte, daß der sich lange auf der Nase herumtanzen läßt" (S. 4 f.).

zu c) angemerkt wurde, sollte eine derart programmierte Affirmation der Konkurrenzmentalität der Teilnehmer fragwürdig erscheinen lassen.

Der Trainer selbst räumt ein, das Problem des Angstabbaus habe eine zentrale Bedeutung für das Rollenspiel. Seiner Erfahrung nach sei die Angst gegen Ende der Trainingswoche so weit reduziert, daß sie praktisch keine Rolle mehr spiele (110 ff.). U.a. gelinge dies durch folgende Klarstellung:

„... ich mache klar, bei mir sind die Rollenspiele sehr schwer angelegt, so schwer, daß kaum einer die 100% hinbringen kann, ‚wenn Ihr sie hinbringt, dann freut Ihr Euch zwar, aber Ihr lernt überhaupt nichts dabei, Ihr fallt hier alle auf die Nase bei mir' – das wird also von vorneherein proklamiert, ‚Du lernst aus Deinen Fehlern hundertmal mehr als aus Deinen Erfolgserlebnissen'" (175 ff.).

Dieses Bestreben, das Konkurrieren als Grundlage der Angst zu sistieren, steht in einem gewissen Spannungsverhältnis zu der prinzipiellen Anlage der Rollenspiele (s.o.). Die angestrebte offene Lernatmosphäre scheint weniger eine Reflexion des eigenen Handelns im Rahmen der Hierarchie fördern zu sollen als die Plausibilität bestimmter Lösungen durch ‚trial and error' besser darstellbar machen zu helfen. Die Aufforderung, ‚Leute macht hier (!) ruhig Fehler' (bzw. der „Universalitätsfaktor" bei der Interpretation von Fehlern) affirmiert mit ihrem impliziten Ideal des souveränen Führenden die Quelle der Angst (vgl. die Kritik an Hoepfners Strategievorstellungen in 2.1.2.5.).

Das *Feed-back* bzw. der „heiße Stuhl" ist den Teilnehmern in positiver Erinnerung wegen

a) nützlicher Informationen zur funktionalen Selbstreflexion (A, B. F, G, H), wobei diese Interessenbekundung eher floskelhaft anmutet; lediglich A äußert sich hierzu konkreter (Stichwort: heimliche ‚Rache an Kritikern'),
b) des als gerecht empfundenen Auf- und Abgewertet-Werdens anderer Teilnehmer (B),
c) des eigenen guten Abschneidens (C, F[26]),

---

[26] F: „Ja, äh, ganz besonders wichtig erschien mir, daß es für jeden einzelnen Teilnehmer oder in diesem Fall für mich persönlich, sehr konkrete Möglichkeiten gab, selbst zu entdecken" (S. 1).
F: „... wo man erkennen konnte: Aha, so denken also Leute aufgrund ihrer Eindrücke über mich, solch ein Bild machen sie sich, und das ist natürlich ein ganz wesentlicher Beitrag für eine sowohl Selbstkritik, ja, die man üben kann, als auch für entsprechende Maßnahmen daraus, die man selbst ergreifen kann."
Z: „Ist Ihnen da, haben Sie den Eindruck, ist Ihnen da was ganz Neues gesagt worden hier in dieser Rückkoppelung oder waren das Sachen, die Sie eigentlich wußten?"
F: „Ja, nein, das ist nichts ganz Neues gewesen, und es war auch bei den anderen Teilnehmern eigentlich so, daß man offensichtlich so sensibilisiert worden ist, daß die Trefferquote – danach wurde nämlich jeder der Beurteilten oder der Entdeckten gewissermaßen dann gefragt, wie hoch sei die Trefferquote der Vermutungen dieser Gruppe. Die wurde häufig bis zu 90, 95% angegeben. Unter 60, 70% würde ich sagen, fast nie. Meistens 80, 90%. Und das kann ich also auch für mich an sich sagen, und es war sicherlich in dem Fall, wo eine größere Anzahl von positiven Merkmalen ent-

d) der Bestärkung in dem Bewußtsein, ein guter Menschenkenner zu sein (A, B, D, E),
e) der (größeren) Angst anderer Teilnehmer (alle),
f) des eigenen schlechten Abschneidens (im Sinne unverstandener Größe) (E),
g) des kongenialen Mitvollzugs der Urteile des Trainers bzw. der Dramaturgie und der Psycho-Logik des Feed-backs (A, B, F: siehe die Fußnote 16).

Die Strategie des Trainers, durch „Trefferquoten" und abmildernde ‚Schlußworte' die Akzeptanz des Feed-back zu erhöhen, mag von den Teilnehmern in abstrakter Weise als Königsweg zur Selbstkritik reflektiert werden (siehe z.B. die Fußnote 16) oder als Entlastungsangriff auf die Feed-back-Geber begrüßt werden (A), eine kritische Reflexion des eigenen Interagierens in der Hierarchie ist keines von beiden: im ersten Fall entläßt das Feed-back Leute, die über Selbstkritik, aber nicht über sich selbst zu reflektieren gelernt haben; im zweiten Fall wird in unmittelbarer Weise das Gewahrwerden unliebsamer ‚Wahrheiten' abgebogen. Insgesamt hat diese Strategie nach den vorliegenden Befunden eine kritische Selbstreflexion nicht bewirkt (zumindest nicht in feststellbarer Weise). Im Gegenteil hat das Feed-back in der praktizierten Form Überhöhungen des Selbstbildes der Teilnehmer veranlaßt (dies sei allerdings nicht als Verursachung mißverstanden!). An dieser Stelle ist an die widersprüchliche Behandlung des Feed-back in der Literatur zu erinnern (2.1.2.3.4.), um zu unterstreichen, daß dem Trainer bei seinem Vorgehen sicher nicht ohne weiteres der Vorwurf zu machen ist, er verstoße gegen die Regeln der Kunst. Die bei W. S. Geißler (1980, S. 5 ff.) vollständig dokumentierten Spielanweisungen, die Vopel (1976) zum „heißen Stuhl" gibt, stehen

---

deckt worden ist, auch ein positives Erlebnis. (...) Daß man also gerade bei diesen wenigen Prozenten, wo man das Gefühl hat: ja, da haben die eigentlich auch Recht. Das hab ich an mir selbst noch gar nicht entdeckt, und das dürfte aber durchaus zutreffen, daß man da in erster Linie ja arbeiten soll. Nicht zur Selbstbestätigung auf die 80 oder 90% getroffenen Kriterien, die entdeckt worden sind, selbstgefällig zu schauen, sondern gerade bei dem Rest und bei den kritischen Punkten. Da hab ich also die wichtigsten Ansatzpunkte, aber ich bin mir dessen bewußt, daß dadurch die Schwierigkeiten persönlich so richtig erst einmal anfangen" (S. 2).

Z: „Sie sagten, es ist sicher angenehmer, wenn da mehr Positives dabei ist als Negatives."

F: „Es ist freilich, ja, einem selbst, ja ..."

Z: „Wie ist es Ihnen da gegangen, jemand anders sein Urteil sagen zu müssen? Hatten Sie den Eindruck, daß es Ihnen gelungen ist, dem ungeschminkt ins Gesicht zu sagen, wie haben Sie ihn darauf vorbereitet?"

F: „Ja, wissen Sie, das war eines der wichtigsten Resultate aus diesem Seminar, generell selbst zu erkennen und ein Gespür dafür zu kriegen, wieviel Wahrheit oder welchen Grad an Wahrheit verträgt der andere, der Gesprächspartner, und das gilt ja für die Mitarbeiterführung generell. Und wenn man da eine gewisse Abstufung auch von Beurteilungs- und Entdeckungskriterien vornimmt und die Worte entsprechend abwägt, dann, bin ich der Meinung, kann man das schon in einer weitgehend ungeschminkten, aber durchaus sehr differenzierten Weise ausdrücken" (S. 3).

allerdings im Gegensatz zu dem vom Trainer inszenierten ‚Nachtarock‘, der durch „Trefferquote“ und Trainerschlußwort erkennbar wird. Wie bereits unterstrichen, kann keine der gängigen Spielanweisungen den Anspruch besserer wissenschaftlicher Fundierung erheben. Der Verweis auf die konkurrierende Spielanweisung von Vopel soll hier verdeutlichen, daß der Trainer die Tendenz von Feed-back-Regeln zur Relativierung von Kritik in besonderem Maße zu seinem Anliegen zu machen scheint. Zudem weisen die Äußerungen des Trainers zu seinem Verhalten beim Feed-back wiederum auf das Problem des Kokettierens mit Tiefblickerwartung der Teilnehmer hin:

Trainer: „... da horchen sie sehr genau hin, was sagt der Psychologe. Ich mach das immer klar, daß meine Meinung eine unter anderen ist. Ich hau manchmal sehr daneben, sehr zur Freude und Entlastung der Teilnehmer. Meine Trefferquote ist dann aber zwangsläufig doch ein bißchen höher und dadurch wird mehr Gewicht drauf gelegt“ (135 ff.).

(Könnte das Bedingungsverhältnis von „Trefferquote“ und Respekt vor dem Trainer nicht auch umgekehrt interpretiert werden?). Daß sein Eingreifen zur Korrektur des vorgängigen Psychologenbildes beitrage, wird vom Trainer ausdrücklich hervorgehoben:

Trainer: „... das wird bei mir noch mal verstärkt durch mein Verhalten beim heißen Stuhl - das (das Verhalten der Teilnehmer, d. Verf.) ist dann eigentlich nicht mehr ängstlich und nicht sehr aggressiv; aber da können Dinge kommen, die ich versuche, sehr gepuffert zu formulieren, wo die Leute aber sagen, der sieht vielleicht doch manchmal ein bißchen mehr“ (255 ff.).

Der Psychologe geht aus dem Feed-back als der große Durchblicker, der überlegene Stratege hervor; die Teilnehmer berichten, wie zu sehen war, über ihre Triumphe, Triumphe (weithin) stereotyper Selbstüberschätzung, Triumphe eines Selbstgefühls konfektionierter Einzigartigkeit, die sich nicht zuletzt im Abwerten der eigenen Spiegelbilder bewährt – und darin ad absurdum führt. Daß der Trainer den Teilnehmern mitgeteilt hat, was er über ihre Erwartungen, über ihre Mentalität denkt (siehe vor allem den Beginn dieses Abschnittes 5.1.6. sowie die Aussagen über die ‚Kooperationsgesinnung‘ in 5.1.6.2.), darf bezweifelt werden. Auch dabei findet der Trainer sich wohl in Gesellschaft mit vielen Kollegen; er ist weit entfernt davon, ein Außenseiter zu sein (vgl. 2.1.2.5.). Laut Auskunft des Personalmannes hat übrigens gerade das Seminar dieses Trainers einen besonders „guten Ruf“ bei den Führungskräften der Firma; durch „Mund-zu-Mund-Propaganda“ sei eine wachsende Neugier erzeugt worden:

Personalmann: „... auch mal in sich reinzuschauen, wenn einer ein bißl wagemutig ist; und die Leute kommen aus dem Seminar: Hm! Da ist mir heiß und kalt geworden“ (130 ff.).

Als letztes noch ein Hinweis des Personalmannes auf die relative Narrenfreiheit für solche Trainingsveranstaltungen:

„... manches, was hier läuft, da können wir froh sein, daß der Vorstand nicht weiß, was sich konkret abspielt, sonst würden wir sofort wieder zurückgepfiffen“ (II, 275 ff.).

Was der Vorstand nicht vermag, das vollbringt offenbar der (Zufriedenheits-)Erfolgszwang, unter dem Trainer stehen, auf dem Wege einer unmittelbaren Orientierung am Konsumentenbedürfnis: eine Provokation kritischer (Selbst-)Reflexion scheint ein zu heißes Eisen zu sein; Führungskräfte zum Erleben dessen, was sie sind, zu verführen, scheint als ein in jeder Hinsicht *entzaubernde*s Tun von der Geschäftsgrundlage der Trainer her nicht gerade nahegelegt zu werden.

5.2. Führungskräfte der Firma II/Seminar II

Sämtliche Quellenangaben beziehen sich auf Seitenzahlen von Schreibmaschinentranskripten. Der Abstand zwischen Erst-Gespräch (kurz vor dem Seminar) und Zweit-Gespräch beträgt zwischen 1 und 3 Monate (vgl. 4.2.1.).

5.2.1. Fall K

5.2.1.1. Prä

Z: „Was interessiert Sie speziell an diesem Führungstraining?“ – Es folgt eine längere Pause: der Interviewte sucht das Programm in seinem Schreibtisch, überfliegt das Programm. Er referiert einige Aspekte des Programms, u.a.:
K: „... man ja hier vielleicht in Erfahrung bringen kann, wie wirkt das eigene Führungsverhalten auf die Mitarbeiter, wie kommt es an. Vor allen Dingen dann, wenn dann praktisch zu sehen, ist es denn richtig, und es werden hier, dann nehme ich dann – nehm ich an – Lösungsbeispiele gebracht und dann kann man auch mit Sicherheit dann erkennen, ob das in der Praxis letztlich umsetzbar ist; das würde also da (...) sehen“ (S. 1).

Hier werden in einem Atemzug zwei Gesichtspunkte genannt, deren Zusammenhang nicht unmittelbar einleuchtet: (funktionale) Selbsterkenntnis einerseits und die praktische Umsetzbarkeit von „Lösungsbeispielen“ andererseits. Wie sich noch zeigen wird, dürfte die Relativierung von „Lösungsbeispielen“ an der Frage, „ob das in der Praxis letztlich umsetzbar ist“, nicht als Relativierung des Nutzens (funktioneller) Selbsterkenntnis gemeint sein: der Gesprächspartner bringt hier seine Konformität mit einem der Lernziele zum Ausdruck und meldet – in zunächst mißverständlich übergangsloser Weise – einen Vorbehalt gegen andere Lernziele, für die hier die „Lösungsbeispiele“ stehen, an. Zunächst sei der Strang: „wie wirkt ...“ verfolgt:

Z: „Sie sagten vorher, für den ersten Teil wäre es sehr wichtig, daß Sie so erfahren, wie sieht der Mitarbeiter mich?“
K: „Ja.“

Z: „Sie glauben, diese Rückkopplung durch Kollegen kriegen Sie in diesem Seminar? Haben Sie schon mal in der Art schon mal, eine Rückkopplung bekommen, in einem anderen Seminar, derartige Hinweise, wie der Mitarbeiter Sie sieht?"
K: „Nein, nicht, nur aus den eigenen Reihen, da gibt es also schon Rückkopplungen, (...), aber um letztendlich die Bestätigung zu bekommen, ob das wirklich so ist, das müßte man eigentlich woanders herkriegen."

Z: „Es ist so, daß man es so zwar was merkt mit den Gesprächen (...), aber es ist nicht so ganz ..., daß alles auf den Tisch kommt, quasi ...?"
K: „Ich würde es mal so sagen, es ist nicht die letztendliche Bestätigung vielleicht, weil ja die wahrscheinlich auch dann gewisse Politik betreiben, das soll man nicht unterschätzen bei dem ganzen Ding, ich würde also schon sehen."

Z: „Wenn man das so in der täglichen Arbeit eine Rückkopplung bekommt, dann ..."
K: „Man muß es einfach sehen, daß es ja ein gewisses Abhängigkeitsverhältnis gibt, und wo es gegeben ist, spielt also Politik mit rein, das sehe ich also ganz bestimmt so."

Z: „Und das setzt halt aus, wenn man im Seminar ist, wo keine direkten Vorgesetzten oder Untergebenen zusammen da sind? Glauben Sie, daß diese Politik, dieses Vorsichtige, daß dies so ganz draußen ist im Seminar, daß es sich weitgehend ausschalten läßt, sagen wir mal so?"
K: „Ich hoffe es zumindestens."

Z: „Ja, wo sehen Sie die Chancen, und wo sehen Sie die Probleme dabei?"
K: „Also, in dem Seminar, meinen Sie dann?"

Z: „Ja, ja."
K: „--- Ja Probleme sehe ich insofern: auch da im Prinzip nicht, was weiß ich, die hundertprozentige Bestätigung da irgendwo gegeben, einfach deswegen nicht, wenn ich also z.B. drandenke, wer da alles dabei ist, das sind also Logistiker, Einkäufer, Fertigungsleute, und es gibt also immer gewisse Abhängigkeiten - und selbst wenn, also auch da wird man dann ja 'ne bestimmte Vorsicht, glaube ich, walten lassen, weil einfach die Gefahr besteht, wenn man in manchen Dingen zu massiv offen ist, daß sich dann der andere doch irgendwo zu gegebener Zeit revanchiert, das sehe ich also durchaus da irgendwo, auch da wird auch irgendwo eine gewisse Zurückhaltung, Politik da dahinter sein, - aber vielleicht nicht so stark wie eben bei den eigenen Mitarbeitern" (S. 1 ff.).

So recht scheint er nicht zu glauben, er habe in dem Training Gelegenheit zu erfahren, wie er (als Führungskraft) wirke: *taktische Rücksichten* sieht er nicht nur als prägend für Mitteilungen von Untergebenen an Vorgesetzte, sondern auch für den Kontakt zwischen Führungskräften verschiedener Abteilungen des Betriebes; er selbst nimmt sich hiervon nicht aus bzw. spricht nicht abwertend über Mißtrauen und Taktik. Implizit ist allerdings mit dieser Antizipation der Seminarsituation die eingangs bekundete Erwartung relativiert.

Der Gesprächspartner wechselt im unmittelbaren Anschluß an die zitierte Stelle das Thema, nachdem der Interviewer/Verfasser den Gesichtspunkt einer relativen Offenheit zwischen Vorgesetzten paraphrasierend aufgegriffen hatte:

Z: „Die Atmosphäre, die dann dort herrschen wird, wird dadurch geprägt sein, daß es einerseits ein bißchen lockerer zugeht ..."

K: „Ich finde das vor allen Dingen gut, daß es heute die Möglichkeit gibt, auf solchen Seminaren auf der gleichen Ebene, sagen wir es einmal so, einige Tage zusammenzusein, sich letztendlich untereinander besser kennenzulernen – als Endkonsequenz für die Firma muß da was Positives rauskommen, da bin ich also überzeugt davon."

Z: „Meinen Sie, daß mehr das Einfach-Kennenlernen eine Rolle spielt, oder daß man offen über die Probleme redet?"
K: „Wichtig wäre, offen über die Probleme zu reden, weil das letztendlich zum gegenseitigen Verständnis also beiträgt, und das müßte sich meiner Meinung nach positiv auswirken, das ist auch meine Erfahrung."

Z: „Da haben Sie in dem Sinne schon positiv was ‚mitgenommen' von anderen Seminaren?"
K: „Mit Sicherheit, wenn man sich halt untereinander kennt, dann fallen auch manche Dinge leichter, nicht ..."

Z: „So ganz einfach, daß man bestimmte Schwellen nicht mehr überwinden muß, am Telefon ...?"
K: „Ja gut, da hätt' ich eigentlich keine Probleme. Es ist immer von Vorteil, wenn man jemand persönlich kennt, man hat also eine ganz andere Vorstellung vom Menschen; es sind manche Dinge leichter umsetzbar. Ich meine, ich merke es ja auch im Umgang mit (...) und so, wenn man die selber kennt, dann geht halt das oder andere halt doch besser. Ich kann natürlich nicht jeden Tag kommen und kann sagen, ich hab des äh Problem, weil dann wird's Routine, dann ist es auch weg" (S. 3 f.).

Der Themenwechsel könnte bedeuten: nun wird ein Aspekt angesprochen, der den Interviewten stärker interessiert. Eine andere mögliche Deutung: der Gesprächspartner möchte nun einen fraglos gesicherten Nutzeffekt ansprechen, möchte, überspitzt formuliert, dem Eindruck entgegenwirken, er selbst halte das Training für nutzlos. Nach Eindruck des Verfassers vermischen sich beide Stoßrichtungen. Die Nachfrage: „Kennenlernen" oder ‚offen Reden', wird unmittelbar mit einem Bekenntnis zum ‚offen Reden' beantwortet; diese Antwort scheint jedoch eine durch die Frage suggerierte Ablenkung vom Thema des Interviewten zu sein, dem er sich anschließend wieder zuwendet. Dieses Thema läßt sich als ‚Kontaktpflege in instrumenteller Absicht' umschreiben. Bemerkenswert ist die Mitteilung der strategischen Überlegung, eine (zu) extensive Instrumentalisierung von Kontakten sei zweckwidrig. Wird hier eine strategische Assoziation ‚naiv' mitgeteilt, oder ist weniger die Strategie als der Stratege das eigentliche Thema?

Die Frage: „wie wirke ich ..." wird im Kontext einer anderen Frage nochmals virulent:

Z: „Können Sie sich, es geht ja um Führungsverhalten, können Sie sich vorstellen, daß das Seminar auch Auswirkungen aufs Privatleben, das Verhalten im Privatleben ...?"
K: „Zweifelsohne im Bezug auf Auftreten, im Bezug auf die Kinder, das eine oder andere da mitkriegt an Psychologie, das versucht man ja auch im Privatbereich zu testen. Das bringt meiner Meinung nach auf jeden Fall was; oder, was weiß ich, vom Auftreten her, in der Umgangssprache, im Umgang allgemein, das hat mit Sicherheit Auswirkungen, die vielleicht nicht unmittelbar sichtbar werden, aber andere vielleicht doch registrieren ..."

Z: „... daß die größere Sicherheit als Führungskraft auch in einer größeren Sicherheit im Privatleben ...?"
K: „Zweifelsohne, mit solchen Seminaren wird man ja sicherer."

Z: „War das Ihre Erfahrung bisher?"
K: „Das ist meine Erfahrung, ja. Wenn ich also so mein Werdegang so vorbeiziehen lasse, dann muß ich also sagen, je mehr ich also hier geschult worden bin, je mehr ich mit Leuten umgehe, spreche, umso sicherer wird das" (S. 9 f.):

(Kommentar zur Gesprächsführung: die „größere Sicherheit als Führungskraft" wird dem Gesprächspartner bedauerlicherweise in den Mund gelegt; sinnvoller wäre die Nachfrage nach dem Inhalt der vage eingeführten „Auswirkungen" gewesen. Gleichwohl:) Lerneffekt in Sachen Psychologie steht hier weniger für offensive Dominanz als für den eher defensiven Wunsch, die gewonnene Statur möge Anerkennung finden.

Der Gegenstand des Vorbehalts, „ob das in der Praxis letztlich umsetzbar ist", kommt in der Antwort auf die Frage nach erwarteten Trainerqualifikationen zur Sprache:

Z: „--- Was erwarten Sie sich in dem Zusammenhang von den Fähigkeiten oder Qualifikationen des Referenten oder derjenigen Leute, die das leiten?"
K: „--- die also schulen? Da erwarte ich eigentlich, daß neben der Theorie, die da gelehrt, verkauft wird, daß die Theorie auch in der Praxis letztlich anwendbar und umsetzbar ist. Ich will ein Beispiel geben: bei uns war es eigentlich üblich, oder ist in den letzten Jahren also sehr viel von kooperativem Führungsstil die Rede gewesen, das hört sich zwar alles wunderschön an, äh ist auch irgendwo sinnvoll, nur wenn Sie das aber in der letzten Konsequenz anwenden wollen, dann brauchen Sie etwa die dreifache Zeit, zum anderen und das Ergebnis ist im Prinzip dasselbe, und das ist nicht in jedem Fall praktizierbar."

Z: „Es ist einfach umständlicher, uneffizienter ...?"
K: „Ja, Sie haben nicht die Zeit, darum müssen Sie hier wahrscheinlich 24 Stunden herinsitzen."

Z: „Hm, was wär' das, was die Zeit schluckt dabei?"
K: „Ja einfach das Diskutieren, weil Sie müßten ja im kooperativen Sinne Übereinstimmung herbeiführen."

Z: „Hm, und das ist – weil die Ausgangspositionen erst einmal nicht übereinstimmen...?"
K: „Sehr unterschiedlich sind, ja. Es hängt ja dann teilweise auch, wie soll ich sagen, mit Willen, Verständnis zusammen, der eine kapiert schneller und der andere viel weniger, das muß man einfach sehen, es ist ja nicht jeder gleich."

Z: „Da gibt es einfach ...; für Sie ist's von daher eine Notwendigkeit ..."
K: „Ja, irgendwann muß ich sagen, jetzt haben wir genug diskutiert, jetzt, egal wie es läuft, jetzt machen wir es so, wie ich es haben will; das ist aber gar nicht kooperativ, daß weiß ich schon, aber es sind manche Dinge nicht umsetzbar."

Z: „Haben Sie da mit den, weil sie das ja so, wie Sie sagen, viel geredet worden ist davon, haben sicher auch Mitarbeiter das dann so im Ohr, den kooperativen Führungsstil; haben Sie mit denen darüber schon mal geredet, warum Sie glauben, daß das ..., warum Sie der Meinung sind, das ist halt nur in Grenzen durchführbar, oder das hat seine klaren Grenzen?"

K: „Mit den Mitarbeitern? Ja sicher. Es ist ja so, wenn ich hier meine Herren da hab, da gibt es auch unterschiedliche Meinungen, wir können ja nicht den ganzen Tag diskutieren über irgendein Thema, dann am Abend stellen wir fest, daß wir immer noch einen dagegen haben, irgendwann muß ich hergehen, muß das letztlich abrechnen, muß sagen okay, nachdem wir uns nicht einigen können, müssen wir das so und so machen, und damit hätte er praktisch die Rückkopplung: wir machen es so, und ich erwarte letztendlich, daß auch der, der dagegen ist, das dann mitträgt. – Es geht ja im Prinzip, läuft ja das bei meinem Vorgesetzten auch nicht anders, der erwartet ja dann auch von mir, daß ich dann loyal zu ihm steh, trotzdem daß ich vielleicht gegensätzlicher Meinung bin, daß ich also eher ... (...)."

Z: „--- Wäre es Ihnen lieber, wenn insgesamt weniger von den diesen kooperativen Führungsstil so ...?"
K: „Es gibt mittlerweile eine andere Richtung, und die heißt ‚situatives Führen' und das heißt also sowohl als auch ..."

Z: „Das heißt, daß man jetzt das nicht mehr so ...?"
K: „Nicht mehr so in den Vordergrund stellt wie jetzt vielleicht die letzten sechs, sieben Jahre, da ist nur kooperativ gepredigt worden, ich sehe das also absolut als sinnvoll an, ich wende es aber auch an, aber ich kann es aber nicht in der letzten Endkonsequenz anwenden, weil es einfach zu zeitraubend ist."

Z: „Sie sagten, es ist gepredigt worden, und konnte dann nicht praktiziert werden; und jetzt wird es realistisch auch propagiert, oder ...?"
K: „Ja, und das erwarte ich mir letztlich auch, das erwarte ich im Prinzip von jedem Seminar, daß die Theorie auch in der Praxis anwendbar ist; ich mein', Theorie schön und gut, es hilft mir bloß nix, wenn ich nichts anfangen kann damit... Der, der dafür sorgen muß, daß die Arbeit läuft, das sind halt wir, sind halt die Führungskräfte eben" (S. 4 ff.).

Die Praxis blamiert die ‚Theorie': ein „kooperativer Führungsstil" höre sich zwar „wunderschön" an, sei „auch irgendwo sinnvoll", liefe aber letztlich auf (endloses) Reden statt Handeln hinaus. – *Ist das nicht auch eine Theorie von Praxis?* Eine Theorie, die bestehende Entscheidungsstrukturen durch das (fiktive) Schreckbild vom endlosen Diskutieren legitimiert? Eine Theorie, die die eigenen Vorbehalte gegen eine *bestimmte Praxis* dadurch glaubt, unangreifbar machen zu können, daß sie dieser Praxis die Möglichkeit, Praxis zu sein, abspricht. Diese Theorie, die die Partizipation an Entscheidungen zum letztlich unüberwindlichen Hindernis von Entscheidung stilisiert, ergänzt der Gesprächspartner durch zwei Argumente, die seine eigene Stellung in der Hierarchie konkreter reflektieren: 1. müsse er selbst auch gehorchen und 2. trügen die Führungskräfte ja auch die Verantwortung dafür, daß die Arbeit läuft. Beide Argumente leben vom Hinweis auf das eigene Unterworfensein unter den hierarchischen status quo. Beide Argumente implizieren also die ‚Weigerung', sich eine Änderung (im Sinne der „gepredigten" kooperativen „Theorie") der eigenen Relation nach ‚oben' vorzustellen. Das (vergröberte) Gesamtbild von „Kooperation" bzw. „Theorie": gehorchen müssen, aber nicht befehlen dürfen; verantwortlich für Ergebnisse sein, aber keine Ergebnisse durchsetzen können. Diese Vorstellung dokumentiert gewiß die Belastung, die ‚Kooperation als Stil', also die letztlich eventuell pseudopartizipative Praxis, für die Führungskräfte jeweils mit sich bringt. Bezeichnend ist allerdings der Ausweg, der dem Gesprächspartner aus dem Spannungsfeld von Hierarchie und ihr (instrumentalistisch) subsumierten „kooperativem Stil" vorschwebt bzw. zusagt: den kooperativen Sermon in Ehren solle man die Praxis „‚situativem Führen'" überlassen – der Zweck heiligt die Mittel; diese vom Interviewten als aktuelle „Theorie" eingeführte Legitimation des Gebrauchs der mit seiner Position verbundenen Macht scheint offenbar problemlos „in der Praxis umsetzbar". Diese Stellung zu Kontrolle und Moral in der Hierarchie kann unter Einbezug der zu Beginn zitierten Stelle als prophylaktische Immunisierung gegen eventuelle ‚Belehrungen' im Training betrachtet werden.

Drei weitere Aspekte der Perspektive des Interviewten auf die Arbeitssituation seien noch erwähnt:

1. Ein gutes Betriebsklima sei notwendig, da *Arbeit an sich* schon *unerfreulich* genug sei:

K: „... sicher ist es notwendig, ein gutes Betriebsklima zu haben, das ist mir absolut mit 'n Schwerpunkt, daß man gut miteinander auskommt, daß man gern da hergeht. Arbeit tut im Prinzip keiner gern, aber es muß halt sein, aber dann soll's doch einigermaßen auch Freude machen, soweit man da von Freude sprechen kann. Nicht, daß da einer mit Widerwillen da hergeht, bloß weil er den anderen nicht sehen will" (S. 6 f.).

2. *Streß* resultiere aus unkontrollierbaren Einflüssen auf das eigene Arbeitsergebnis:

K: „... Man bemüht sich im Prinzip, richtig zu planen, und dann stellt man fest, daß man die Tage umsonst gearbeitet hat. Das ist nicht sehr zufriedenstellend teilweise" (S. 8).

Trotz Unkontrollierbarkeit würde man aber zur Verantwortung gezogen:

K: „... wir sind im Endeffekt die Buhmänner, das kann gehen, wie es will ..." (S. 8).

3. Auf unmittelbare Nachfrage bejaht der Befragte zwar eine Rolle von *Manipulation* im Umgang mit Untergebenen, bei der Bitte um Konkretisierung verläßt er jedoch die Relation Vorgesetzter/Untergebener:

Z: „Können Sie irgendwie ein Beispiel nennen, wo das ...?"
K: „Wie ich die Mitarbeiter manipulieren kann?"

Z: „Ja, oder wo Sie sich selber als Opfer sehen eventuell."
K: „Als Opfer könnte man sich sehen, wenn falsche Darstellungen verbreitet werden, oder plötzlich Gerüchte aufkommen, so was gibt es, ich mein, ich persönlich habe ich es nicht erlebt, und das führt ja dann soweit teilweise, daß, wenn man halt, was weiß ich, zum Chef rennt und den dann da versucht anzuschwärzen, und dann kommt über den die Rückkopplung, dann hat man wieder erhebliche Zeit aufzuwenden, um das wieder richtig zu stellen ..." (S. 9).

Manipulation als intrigantes Verhalten gegenüber Konkurrenten. Die Distanzierung von persönlicher Betroffenheit könnte im Gegenteil als Hinweis auf eine solche interpretiert werden. Hervorzuheben ist jedoch, daß

Manipulation von Untergebenen offenkundig kein Selbstdarstellungsaspekt des Befragten ist.

Zu *Therapie:*

Z: „Eine ganz andere Frage, es ist ja Psychologie, um die es da ein bißchen geht, da assoziiert man ja leicht auch Psychotherapie und so, Behandlung. Wenn Sie jetzt von jemand wüßten aus der Abteilung oder von irgendjemand aus dem Betrieb, der ist, der hat sich in so eine Behandlung begeben, was würden Sie sich davon denken, was würde Ihnen dazu spontan einfallen?"
K: „Zunächst würde mir einfallen, daß das bedauerlich ist. Im Prinzip könnte das jedem passieren, deswegen würde ich nicht annehmen, daß das ein Vollidiot ist oder so - mit Sicherheit nicht" (S. 11).

Daß der formelle Aspekt des Seminarbesuchs unter dem Gesichtspunkt der eigenen *Karriere* von Relevanz ist, wird vom Gesprächspartner offen ausgesprochen:

K: „Ich muß sagen, ich bin bisher noch aus keinem Seminar herausgegangen mit dem Gefühl, das wäre sinnlos gewesen, das wäre nicht sinnvoll gewesen, das muß ich also ehrlich sagen. Ich habe immer was mitgenommen, also Positives mitgenommen, und so hoffe ich auch, daß letztlich dies was bringt."

Z: „Kann es umgekehrt - Ihnen hat es genützt für Ihre Führungspraxis - glauben Sie, daß es auch umgekehrt so ein Bedürfnis gibt von Führungskräften, diese Schulungen zu machen, weil man das machen muß, damit es weiter geht mit dem Aufstieg?"
K: „Das wird bei dem einen oder anderen sicherlich vorhanden sein, und wenn man die Führungskräftestruktur der ... (Firma) z.B. kennt, dann weiß man also, daß gewisse Voraussetzungen eben da sein müssen, und das sind z.B. auch solche Schulungen oder solche Seminare, und wenn Sie die nicht haben, dann haben Sie eben keine Chance; wenn ich nach oben will, dann muß ich zwangsläufig das eine oder andere halt mitdurchlaufen, daran kommt man nicht gut vorbei."

Z: „Das ist also doch so ein Muß auch in der Hinsicht?"
K: „Ja, mit Sicherheit, ich meine, das hängt vom Einzelnen ab. Ich brauche da nicht hingehen, ich muß mir dann aber, wenn ich das öffentlich sage, im klaren sein, daß hier der Weg beendet ist, das muß ich auch sehen, es besteht auch ein gewisser Zwang" (S. 10 f.).

Zusammenfassend sei hervorgehoben: 1. Konformität mit den Lernzielen des Seminars schließt auch nur vordergründige Akzeptanz einer Relativierung der eigenen Machtausübung nicht ein. 2. Das Bekenntnis, durch Seminare habe er an ‚Format' gewonnen, geht nicht mit Leugnung des Der-Karriere-Wegen-Seminare-Absitzen-Müssens einher. 3. Das gezeichnete Bild der Arbeitssituation (vor allem Konkurrenz und Mißtrauen) weist auf eine Perspektive (ernüchterter) Distanziertheit hin.

5.2.1.2. Post

K: „Ja, ich möchte sagen, der Eindruck von diesem Seminar war schon überwiegend positiv. Es sind natürlich sehr viele Aspekte (...) drin, die ich im Laufe der Jahre auf jeden Fall irgendwo mitbekommen habe."

Z: „Hm."
K: „Das wär das eine, und das andere ist, daß zum Beispiel der (...) (Trainer) (...) – das ist also mein Gefühl da – sehr weit geht, und wenn er dann aus praxisnahen Beispielen heraus in die Enge getrieben wird, dann auch zugibt und sagt, man kann das nicht so machen." (...)

K: „Ja, nein, in seiner Ansicht, kooperativ zu führen, in seiner Theorie sehr weit geht und sagt, im Prinzip müßte alles ausdiskutiert werden, das ist in der Praxis nicht machbar. Das können Sie nicht machen, da können wir über einen Fall hier acht Tage diskutieren, dann haben wir immer noch keine Einigung."

Z: „Hm."
K: „Also irgendwann muß man auch sagen, jetzt reicht's, Schluß, Aus, Ende. So machen wir's! Egal wie das läuft."

Z: „Hm, also er hat zunächst mehr die Idealvorstellung, man müßte alles ...?"
K: „Ja, er vertritt also wirklich die ideale Richtung, in der, in dem ganzen Ding da."

Z: „Hm, ja."
K: „Und erst dann, wenn man also wirklich unmittelbar aus der Praxis raus mit bestimmten Thesen konfrontiert, dann sagt er also, ja, man muß selbstverständlich situativ entscheiden. Und da müßte ich, meine ich also von der heeren Methode her, vielleicht ein bißchen gleich von Anfang an, ein bißchen mehr auf die Praxis eingehen."

Z: „Hm, hm. Das war also für Sie das ganz Wesentliche ...?"
K: „Das war also das Wesentliche, ja."

Das einleitende Schon-Überwiegend-Positiv relativiert sich in diesem Zitat, wie im ganzen weiteren Interview, in zweifacher Hinsicht: 1. habe das Training dem Gesprächspartner kaum/nichts Neues gebracht, 2. sei er (wie befürchtet) mit einem Übermaß an „Theorie" (= Kooperation als Norm des Führungshandelns) konfrontiert worden.

Der erste Punkt wird später aufzugreifen sein. Zunächst wird das im zweiten Punkt Angesprochene aufgegriffen und über den Verlauf des Gesprächs hin verfolgt.

Es erübrigt sich, die Interpretation der vorgebrachten Vorbehalte gegen „kooperative Theorie" hier nochmals ausführlich vorzunehmen; diesbezüglich wird an die Überlegungen in 5.2.1.1. angeknüpft. Die Vorbehalte des Interviewten werden hier nun ausdrücklich als Klage über mangelhafte Qualifikation des Trainers vorgebracht. Den Begriff des „situativen Führens", der vom Interviewten bereits beim ersten Gespräch als Ausweis seiner Informiertheit über zeitgemäßes Führen eingebracht wurde, wird hier in einer etwas altklug wirkenden Weise als Stolperstein für den Referenten gekennzeichnet: ‚peinlich, daß erst die Praktiker den Referenten auf diese zeitgemäße, praxisgerechte „Theorie" hinweisen mußten!' Die ‚späte Einsicht' des Trainers wird noch mehrfach erwähnt; z.B.:

K: „Wie gesagt, am Anfang (...) da ist mir einfach die Theorie zu weit gegangen und wie gesagt, wenn man dann also mit praxisnahen Beispielen gekommen ist, dann hat

er plötzlich gesagt: Ja, das muß man natürlich auch anders oder kann man auch anders machen."
(...)
K: „... Ich meine auch die Lernbeispiele, die er also da gebracht hat, sicherlich praxisnah, das kommt also immer wieder vor. Nur, die Lösungsansätze, die dann er verwendet, im Endeffekt für richtig empfunden hat oder als richtig dargestellt hatte, die waren halt dann schon weit am Idealpunkt" (S. 4).

Neben der Genugtuung über das ‚Nachgeben' des Trainers macht diese Stelle deutlich, daß „praxisnah" ein Prädikat ist, das der Interviewte nur für „Theorie" zu vergeben bereit ist, die sein Tun affirmiert bzw. legitimiert. Als Argument gegen die „Theorie" des Trainers führt der Interviewte anschließend die Meinungsvielfalt im Training an; dieser Hinweis, der per se wohl gegen den Trainer bzw. gegen Kooperation sprechen soll (‚da könnte man ja ewig diskutieren!'), mündet ironischerweise in die – auf ihre Weise natürlich auch gegen den Trainer und seine „Theorie" sprechende – Feststellung, die Diskussion sei nützlich gewesen, da sie den Standpunkt des Trainers relativiert habe:

K: „Ja, was meinen Sie, was da alles für Meinungen zusammenkommen, wenn halt da 18 Leute zusammensitzen, dann ist es halt schwierig, die alle unter einen Hut zu kriegen. Das geht halt dann an, zuerst ist ja die Gruppenarbeit – Sie wissen das ja wahrscheinlich sowieso – läuft das so, man bildet sich eine Einzelmeinung und schätzt also den Fall persönlich ein, und dann werden also Gruppen gebildet, und dann gibt's also innerhalb ... Erstens gibt's einmal bei der Einzelmeinung bei 18 Leuten mit Sicherheit neun, zehn verschiedene Auffassungen oder Meinungen zu dem Thema. Faßt man das Ding dann in Gruppen zusammen, dann haben Sie mit Sicherheit drei gegensätzliche Gruppenmeinungen. Und als vierte Meinung kommt dann er (...) (Trainer) mit seiner Idealvorstellung. Und da gab's also dann schon heiße Diskussionen. Dann kam also auch raus, daß das, was er letztlich anbietet, nicht unbedingt das Nonplusultra ist, sondern, daß man das durchaus auch anders machen kann und zu einer anderen Entscheidung ..." (S. 4 f.).

Als ‚schwaches Bild' des Trainers wird erwähnt, er habe sich einmal nur noch durch die Berufung auf die Führungsrichtlinien zu helfen gewußt:

K: „... da ist er irgendwie in die Ecke getrieben worden, und dann hat er gesagt mehr oder weniger: Was wollen Sie denn? Das steht auch da drin: erklärtes Ziel des Unternehmens" (S. 13).

Was macht die Schwäche aus, die hier andeutungsweise bemäkelt wird? Deutet es auf mangelnde Stehkraft hin, auf die Buchstaben der Führungsrichtlinien zu pochen, wenn die Praktikabilität der „Theorie" massiv in Zweifel gezogen wird? Oder liegt es daran, daß die Führungsrichtlinien selbst nicht ernstzunehmen sind? Liegt man also richtig, wenn man nichts von den Führungsrichtlinien hält?

K: „Ja, sie haben also schon einiges verändert. Sie sind natürlich damit, auf dem Papier, manche Personen nicht ändern – die können Sie ja deswegen nicht erschlagen, bloß weil der nicht will."

Z: „Hm, hm."

K: „Das Problem haben Sie tagtäglich irgendwo. Sie haben ja nicht immer Gleichstarke, und so ist es halt da auch. So muß ich das halt sehen."

Z: „Diese Leitlinien sind ja von ganz oben nach unten gekommen, also ..."
K: „Ja zwischen dem, was auf dem Papier steht und was da mit dem Papier gewollt wird und was unten gemacht wird, da klaffen Welten. Das hängt aber wie gesagt letztlich, wie steht der einzelne Bereichsleiter zu dem Thema. Von denen muß ja das mitgetragen werden, und solange das nicht der Fall ist, funktioniert das nicht. Kann das nicht funktionieren" (S. 14).

Weil die eigenen Vorgesetzten die Führungsrichtlinien „nicht mittragen", ist das „Papier" von geringer Bedeutung. Dies spricht – wie das Weitere noch belegen wird – sowohl gegen das „Papier" bzw. die „Theorie", für die es steht, als auch gegen die Vorgesetzten. M.a.W.: der Gesprächspartner spielt nicht nur die „Praxis" gegen die „Theorie" aus (i.e.: die Gepflogenheiten gegen Veränderungsvorstellungen bzw. -„ideale"), sondern führt auch umgekehrt die „Theorie" gegen die „Praxis" ins Feld, wobei „Praxis" diesmal für die Gepflogenheiten der eigenen Vorgesetzten steht:

K: „Ja, gut. Es gibt vielleicht auch eine kritische Anmerkung, was die ganzen Seminare letztlich betreffen: was hilft das, wenn dieser sog. mittleren Führungsschicht, der irgendein Führungsstil – egal welcher – gepredigt wird, der aber dann von den getragen wurde. (...)."

Z: „Hm, und dieses da, wird das nicht so praktiziert oder ist das ...?"
K: „Ja, da gibt's eine Reihe von Beispielen. (...), das geht ja beim Bereichsleiter irgendwo an. Der sagt: Das interessiert mich überhaupt nicht. Bei mir wird das so gemacht! Punkt, Aus, Ende, Amen. Oder such Dir irgendeinen anderen Job. Ich kenn da die Leute."

Z: „Und äh ..."
K: „Da muß man doch zunächst rein, wenn ich also hier was verändern möchte. Ich werde mich doch hüten, und jeder andere auch wahrscheinlich."

Z: „Hm, denen jetzt damit zu kommen."
K: „... mit irgendeinem Thema zu kommen, wenn ich genau weiß, der ist anderer Meinung. Ich kann doch den nicht umpolen."

Z: „Hm."
K: „Oder ich kann doch hier nichts einführen, mit dem er nicht einverstanden ist. Das muß ich schon so deutlich sagen, ich mein ..."

Z: „Haben Sie den Eindruck, daß die nicht so unter die Mangel genommen werden?"
K: „Das weiß ich nicht. (...)."

Z: „Aber jedenfalls steht fest, daß ..."
K: „Ich glaube nicht, daß man das denen nicht so verkauft. Nur, was hilft denn das, wenn der nicht umsetzt, ja wenn der nicht umsetzt, dann hilft doch das nichts."

Z: „Hm, und das ist auch der Eindruck gewesen, von ...?"
K: „Ich kenn hier einen Bereichsleiter, da wenn Sie einen Termin brauchen, da müssen Sie ungefähr sechs Wochen warten. Da frage ich Sie, was das Ganze soll."
(...)
K: „Ich meine, das ist auch ein Lerneffekt, den ich halt im Laufe der Zeit da mitbekommen habe" (S. 10 f.).

Wie an folgendem Zitat deutlich wird, ist es nicht ohne Lavieren möglich, auch noch die eigenen Untergebenen für die Schelte der höheren Vorgesetzten zu zitieren, da dabei ja nicht die eigene Rolle ins Zwielicht geraten soll:

K: „... Da kommen natürlich von meinen Mitarbeitern her, da kommen auch so Meinungen auf, und der sagt: das verstehe ich nicht, da drüben wird das so gemacht und gelehrt wird eigentlich ganz was anderes, in den Führungsleitsätzen steht eigentlich auch ganz was anderes drin, nur machen tun wir's halt irgendwie nie."

Z: „Hm."

K: „Und es liegt halt sehr viel an dem, der da dransetzt. Ich meine, wir selber hier haben zum Beispiel keine Probleme" (S. 12).

Die Untergebenen klagen, daß „wir" die Ideale nicht verwirklichen; andererseits gibt es eigentlich *bei ihm* keine Probleme; und das, obwohl er gar nicht so kann wie er will:

K: „(...) Wie soll ich denn das umsetzen, wenn da vorn einer dran ist, der ganz anderer Meinung ist. Ich kann ja hier nichts machen, wo der nicht einverstanden ist. Ich muß also sagen, irgendwo wär ich ja dumm, wenn ich dauernd gegen die Wand da rede" (S. 15).

Soweit die Dialektik von Macht und Ohnmacht – eine Dialektik, die, wie bei der Interpretation des Interviews/prä schon angedeutet, sicherlich durch die „Sandwich-Position" mittlerer Führungskräfte und den instrumentellen Charakter von Führungsstil-Moden ‚angeregt' wird; eine *Notwendigkeit* für die sichtbar gewordene widersprüchliche Selbstdarstellung im Charakter der beruflichen Situation zu sehen, hieße nach Überzeugung des Verfassers jedoch, dem exkulpativen Telos dieser Selbstdarstellung auf den Leim gehen.

Der „überwiegend" positive Eindruck, den das Seminar hinterlassen habe, wurde im eingangs angeführten Zitat bereits auch durch den Hinweis auf die Bekanntheit vieler Aspekte des Inhalts relativiert. Diese Relativierung impliziert im Unterschied zur Kritik der „Theorie" jedoch nicht unbedingt Distanz zu den Lernzielen. Im Gegenteil könnte diese Aussage so verstanden werden: ‚Das Seminar war für mich nicht besonders begeisternd, weil ich schon längst weiß (und kann), was solche Seminare Führungskräften beibringen sollen':

K: „(...) das waren also wesentlich neue Aspekte, was ich da gehört habe, waren da eigentlich nicht drin, was ich nicht im Laufe der letzten (...) Jahre da irgendwo mitbekommen habe. Ja, sicherlich gibt es da auch neue Gedankenansätze und so, wo es sich meiner Meinung nach durchaus lohnt, darüber nachzudenken, und man wird auch das eine oder andere mit Sicherheit in der Praxis umsetzen und ausprobieren, und ich meine, das ist wahrscheinlich auch eine wesentliche Erkenntnis. Man soll sich also im Prinzip doch nicht scheuen, wenn man also Probleme hat, die halt in einem gewissen Gremium – ich kann nicht mit jedem über das gleiche Thema diskutieren – einfach darüber locker zu diskutieren. Das bringt in jedem Fall was, und das lernt man ja da auch. Das ist auch ein positives Ding, was ich da mitgenommen habe."

Z: „Hm, also, daß Sie dort gelernt haben, bestimmte Sachen mit bestimmten Leuten eher zu besprechen?"

K: „Ja, also sagen wir, von der Methode her einfach die Erkenntnis gewonnen hab', und das kann man auch sicher in der Praxis umsetzen, und ich mach das auch, indem daß ich also – wenn wir da ein schwieriges Thema irgendwo haben, ich kann natürlich nicht jede Position da irgendwo diskutieren, aber wenn ich ein schwieriges Thema hab', daß man das einfach in einem bestimmten Kreis diskutiert und das ist ja dann persönliche Erfahrung, und dann kann man ja abschätzen, bringt das was, bringt das nichts und so" (S. 2 f.).

Die Relativierung des ‚Gewinns' am eigenen Erfahrungsschatz wird wiederum relativiert: natürlich kann man (d.h. auch er) das eine oder andere ... Die Frage, die sich hier stellt: ist dieses Bekunden prinzipieller Offenheit mehr als eine Floskel? Im Kontext einer Interviewpassage über den Wert von Rollenspielen, die vom Interviewten u.a. als Bebilderung der „Theorie" betrachtet werden, stellt sich die Aufgeschlossenheit folgendermaßen dar:

Z: „Was ist so Ihr Eindruck, was können Sie aus solchen Rollenspielen für sich herausziehen, was können Sie da gewinnen?"
K: „--- das ist auf Anhieb so ein bißchen schwierig zu beantworten, würde ich meinen. Ich möchte nicht ausweichen, aber ... ich weiß nicht, das muß erst, glaub ich, die Zeit da mit sich bringen, um ... vielleicht muß es auch ein bißchen setzen zuerst."

Z: „Hm, also Sie haben den Eindruck, das ist jetzt natürlich sehr schwer zu sagen, daß ..."
K: „Ja, ich glaub schon. Und vor allen Dingen, das da in der tagtäglichen Arbeit umzusetzen, ich glaub', das ist noch ein bißchen früh, darüber etwas zu sagen. Man muß ja das eine oder andere doch erst ausprobieren" (S. 5).

Die Frage, was er „ausprobieren" möchte, beantwortet er damit, das könne er erst sagen, wenn er „das eine oder andere" ausprobiert habe: Man ist offen, auch wenn man nicht weiß – und wohl auch nicht wissen will – wofür.

An einer späteren Stelle wird doch noch ein konkreter Lerneffekt angesprochen:

K: „Ja, auch wenn's zufällig ist, aber manche Dinge fallen halt doch wesentlich leichter dann."
(...)

Z: „Können Sie irgendwas Spezielles sagen, was Ihnen jetzt da erleichtert wird?"
K: „--- Ich hab's ja vorher schon einmal einen Punkt angeschnitten, z.B.: Problemfelder also wirklich diskutieren. Ja, oder z.B., wenn sich da zwei in die Haare kriegen, man lernt halt da oder hat mehr Fingerspitzengefühl, wie muß man das anpacken."

Z: „Um sie wieder auseinanderzukriegen?"
K: „Um sie erst wieder auseinanderzukriegen und zweitens wieder so weit zu bringen, daß sie hier die Arbeit halt leisten, die sie da machen sollten."

Z: „Hm, und was ist da für, was gibt's für eine Technik oder was ist da für eine Idee vorgeschlagen worden, wie man das, wie man das angeht?"
K: „Ja, so konkret da gar nicht. Das kam nur einmal in einem Rollenspiel irgendwo sehr schön raus. --- Ich kann jetzt nicht mehr sagen, in welchem das war. Vielleicht müßte ich da noch einmal reinschauen. Aber ich meine halt einfach, das Hintergrundwissen, wenn's ein Problem gibt – Aha, da hast du schon mal was gehört, und da war

der Fall vielleicht so ähnlich gelagert, und notfalls hätte man auch Unterlagen dann, aber man handelt ja mehr gefühlsmäßig. Das bleibt ja irgendwo da haften."

Z: „Also, daß man ein bißchen ein Gefühl kriegt für solche Situationen da ...?"
K: „Ja, ja."

Z: „Hm. Ja, wie ist also – ich versuch, das ein bißchen zu verstehen jetzt eben – also Sie haben einen Fall, da haben sich zwei in den Haaren und da war so ein Rollenspiel ..."
K: „Ja, ich könnte ja hier folgende Methode anwenden, daß ich es ganz einfach sage: Du hast recht, und Du hast unrecht. Es geht also dann im Prinzip darum, beide Seiten zu hören, gerecht zu wägen und dann zu sagen, zu entscheiden. Zu irgendeiner Meinung kommt man ja dann. Nicht nur einfach impulsiv zu sagen, Du hast recht, und Du hast unrecht. Man geht also mehr in die Details dann da rein. Und man lernt damit Sicherheit aus solchen Rollenspielen, daß man sich also in ernsthaften Konfliktfällen bis ins Detail rein mit dem, mit der Thematik befassen muß. Ja, über alle Fakten und Dinge einfach nachdenken muß" (S. 16 f.).

Der nebenbei angesprochene Lerneffekt: Aufgeschlossenheit für die „wirkliche" Diskussion von Problemfeldern steht in Widerspruch zu einem Teil der obigen Aussagen zur „Theorie". Das, was über die Fähigkeit, mit Konflikten umzugehen, ausgeführt wird, bleibt zunächst bei der Feststellung, *daß* diesbezüglich etwas ‚mitzunehmen' war, stehen. Auf nochmaliges Nachbohren wird als Lerneffekt ausgewiesen, man dürfe bei Konfliktfällen eben nichts überstürzen. Im Zusammenhang mit dem Material, auf das der Gesprächspartner im obigen Zitat („vielleicht müßte ich da noch einmal reinschauen") verweist, heißt es dann:

K: „(...) Da ist sehr viel Theorie dabei. Ich meine, das mag ja wunderschön ausschauen, wenn einer sagt, da müssen Sie chronologisch nach den und den Punkten gewisse Dinge abhandeln ..."

Z: „Hm, aber es ist nicht machbar, oder ... das bringt nichts unbedingt ...?"
K: „Ja, erstens ist es sehr zeitaufwendig, und zweitens ist es mit Sicherheit nicht immer notwendig, gewisse Reihenfolgen einzuhalten. Ich meine, dann kennt man ja auch wahrscheinlich die Mitarbeiter, man weiß auch, wie man jeden da irgendwo anpacken muß. Das spielt ja alles mit eine Rolle."

Z: „Und das ist ...?"
K: „Das mach ich ja bei den Kindern auch, die sind ja auch unterschiedlich und das muß ich halt anwenden können, in dem Sinn."

Z: „Das ist einfach Ihre Erfahrung mit den bestimmten Menschen, die da wichtig sind? Wichtiger als jetzt so ein Schema, wie man vorgehen soll?"
K: „Und, mein Gott, die Erfahrung gibt mir eigentlich recht, daß das, so wie ich das bisher gehandhabt habe, daß das nicht allzu schlecht sein kann. Ich meine, ich weiß, ich hab (...) Kinder und (...) Mitarbeiter und da kennen Sie jeden einzelnen dann" (S. 18).

Wie ihm die Erfahrung recht gibt, erhellt folgende Stelle:

K: „Und wie gesagt, da kommt's halt dann sehr darauf an, wie schätzt man den da ein, ja und man weiß ja ganz genau, wie man's im Prinzip macht, wie man's im Prinzip anpacken muß."

Tab. V/11: **Übersichtsdarstellung Fall K/prä**

Menschliche Beziehungen in der Hierarchie im subjektiven Bild	Kontrolle	(1) Führungsstil a) Kooperation nicht praktizierbar (Reden statt Handeln) b) auch ich muß gehorchen c) Hauptsache: der Laden läuft d) die Lösung: situativ Führen (2) keine offene Rückmeldung durch Untergebene (3) gutes Klima macht das Arbeiten erträglicher (4) Manipulation = Intrige (5) Streß: Mangel an Kontrolle über das Arbeitsergebnis	Abb. V/24 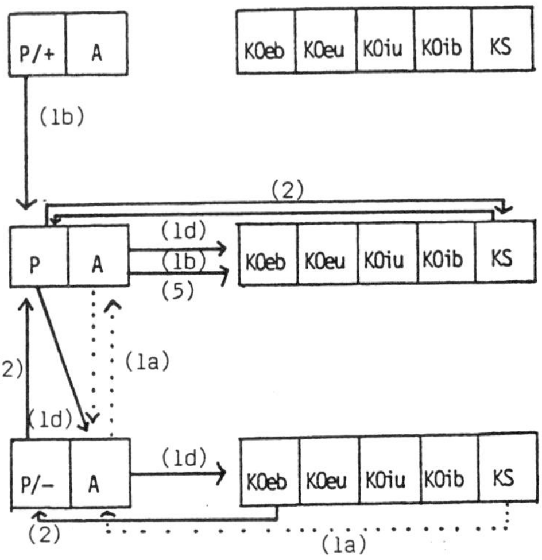
	Moral	(6) Pragmatismus (1a, 1c) und Gerechtigkeit (1b) sprechen gegen den kooperativen Stil (7) die Arbeit hat prinzipiell instrumentellen Charakter (extrinsische Motivation) ((3) (8) Mißtrauen ist eine selbstverständliche Begleiterscheinung von Hierarchie (2) und Konkurrenz	
Trainingssituation/Psychologie im subjektiven Bild	Kontrolle	(9) Lernen: wie wirke ich ... (2) (10) Ziel: Auftreten verbessern (11) Befürchtung: (1a) (12) Hoffnung: (1d) (13) (Therapie: bedauerlich, Pech)	
	Moral	siehe (11) und (12) siehe (9) und (10) im Zusammenhang mit (8)	
	Betroffenheit – explizit	siehe (9), (10), (11) und (12) (14) nützliche Kontakte (15) selbstverständlicher Zusammenhang mit der Karriere	
	Betroffenheit – implizit	(16) zwischen Konformität und Distanzierung	

Tab. V/12: **Übersichtsdarstellung Fall K/post**

Menschliche Beziehungen in der Hierarchie im subjektiven Bild	Kontrolle	(1) Partzipation an Entscheidungen: Reden statt Handeln (2) (antikooperativ) rigide eigene Vorgesetzte (3) sich nicht den Kopf einrennen (4) die Führungskraft braucht Menschenkenntnis	Abb. V/25 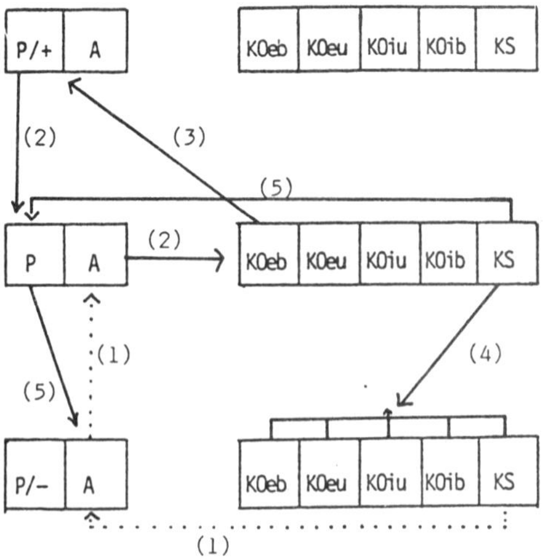
	Moral	(5) Pragmatismus verbietet Partizipation (1) (6) rigide Vorgesetzte verhindern Partizipation (2) und (3)	
Trainingssituation/Psychologie im subjektiven Bild	Kontrolle	(7) "Anregungen" oder (ohnehin überflüssiger) 'alter Schnee'? (8) "Praxis" versus "Theorie": Referentenbelehrung	
	Moral	siehe (5), (6) und (8)	
	Betroffenheit – explizit	(9) Zufriedenheit als Floskel (7), (8) (10) Karriere - wenn schon sonst nichts (11) Rollenspiel gemäß (7) und (8)	
	Betroffenheit – implizit	(12) zwischen Konformität und Reaktanz	

Z: „Hm, ja."
K: „Das ist natürlich was anderes, wenn ich heute neu zu einer Firma komme, dann muß ich halt da auch ein gewisses Einfühlungsvermögen entwickeln und irgendwann, wenn ich ein bißchen Menschenkenntnis habe, werde ich ja sehr bald kapieren, wie ich den einzelnen einzuschätzen habe. Und daraus muß ich, aus den Erfahrungen muß ich halt meine Lehren ziehen. Und danach wird sich im Prinzip immer was abwickeln."
(...)
K: „... die Hauptkriterien, glaube ich, sind ja nach wie vor irgendwo Auftreten, wie sie angezogen sind. Es gibt da so ein Sprichwort: ‚Der erste Eindruck ist immer der beste'. Das stimmt in den meisten Fällen auch. Das ... das erste Gefühl, das ist also, glaube ich, da bei mir eben sehr stark ausgeprägt."

Z: „Das ist also das Gefühl."
K: „Nicht, es gibt bei mir vom Gefühl her auch Leute, die mag ich einfach nicht. Der hat mir nie was getan, und da hab ich aber das Gefühl, den, mit dem kannst Du nicht auskommen. Das erweist sich auch in der Regel in der Praxis. Da kann man dann sachlich nicht zusammenarbeiten."

Z: „Also daß, wenn Sie so zurückschauen, einmal sehen, Sie hatten da das und das erste Gefühl und wie hat sich's weiterentwickelt, dann haben Sie so den Eindruck, das hat sich in der Regel bestätigt, oder ..?"

K: „Ja."

Z: „Oder damit sind Sie ganz gut gefahren, mit dieser Intuition ..."
K: „Das will ich damit sagen, ja" (S. 15 f.).

Der proklamierte Lerneffekt, „nicht nur einfach impulsiv" Bewertungen von Situationen und Personen vorzunehmen, wird durch die Darstellung der (durch den Erfolg bestätigten) Überzeugung, der (eigene) erste Eindruck sei der beste, konterkariert. Der Bericht über die Erfahrung der Bestätigung des ersten Eindrucks durch die weitere Zusammenarbeit läßt sich als Paradebeispiel für die Gefahr einer self-fulfilling prophecy ansprechen.

Die Bekundung des Etwas-Mitgenommen-Habens wird letztlich der Darstellung des Es-Nicht-Nötig-Habens untergeordnet. Was er sich vom Seminar verspricht, hatte er auch schon zuvor relativ klar vom Inhalt abgegrenzt:

Z: „... War irgendwie was, was Ihnen besonders gefallen hat noch oder ...?"
K: „Ja, ich möchte da mal kurz auf die Teilnehmer vielleicht eingehen. Es waren also mindestens, ich glaube, daß ich nicht übertreibe, 80%, die so was das erstemal mitgemacht haben. Die haben sich natürlich eine andere Rückkopplung verlangt als wie wir. Die sehen das ganz anders. Die sehen das vielleicht wesentlich positiver als ich."

Z: „Ja, daß Sie da als ‚alter Hase' so ein bißchen, Sie kennen's schon.... Da fehlt auch deswegen die Begeisterung ...?"
K: „Ja, sicher. Gut, man muß ja auch sehen, daß auf dem Weg nach oben bestimmte Voraussetzungen halt da sein müssen. Unter anderem gehört dieses (...) (Seminar) da dazu. Man kann sagen, und aus dem Aspekt heraus ...", (S. 9).

Der Interviewte ist offenkundig unzufrieden mit dem absolvierten Seminar: es sei unsinnige („man kann nicht ewig diskutieren") bzw. die Rigidität seiner Vorgesetzten außer acht lassende „Theorie" geboten worden; was ansonsten zu lernen war, kannte er schon; abgesehen davon hat er ohnehin im Gefühl, wie man mit Leuten (und Kindern) umgeht; der demonstrative Hinweis auf die eigene ‚prinzipielle Aufgeschlossenheit' mischt sich mit solchen Aussagen ebenso wie mit der Bekundung, der formelle Seminarbesuch sei für das Weiterkommen eben unabdingbar. Im wesentlichen waren die Inhalte dieses Erfahrungsberichts bereits in den Erwartungen antizipiert worden. Die Distanziertheit des Befragten zeigt im zweiten Gespräch Züge von Reaktanz.

5.2.2. Fall L

5.2.2.1. Prä

Seine persönlichen Prioritäten im Hinblick auf den Inhalt des Seminars umschreibt der Gesprächspartner folgendermaßen:

L: „--- Zuerst würde ich da nennen eh Fälle, oder sagen wir mal: das Trainieren oder Erlernen von Fällen, die sich im Alltag, von Situationen, die sich im Alltag ergeben, die man vielleicht auf die eine oder andere Art und Weise dann besser lösen kann; sagen wir mal: direkte Anwendung in der Praxis wäre mein Wunsch."

Z: „So normale Situationen, die schwierig sind im Alltag, daß man die ...?"
L: „Ja, ja. Jetzt ist natürlich alles, was in einem Seminar gemacht wird, oft rein theoretisch."

Z: „Ja, ja."
L: „Die Schwierigkeit liegt meines Erachtens immer darin, daß man die Fälle, die man vielleicht aus der Theorie, aus Büchern oder eben — gespielte Situationen, daß sich die im Alltag nicht so wiederholen, wie man sie vielleicht im Seminar oft wiederfindet." (S. 1).

Anders als im voranstehend dargestellten Fall wird der Vorbehalt gegen Seminare, das Gebotene sei „oft rein theoretisch" in diesem Fall nicht im Hinblick auf einen spezifischen Inhalt von „Theorie" konkretisiert. Der *Vorbehalt gegen die „Theorie" konzentriert sich auf die Methode* („Fälle" bzw. Rollenspiele, die der Befragte implizit unter „Fälle" subsumiert):

L: „... Man kann das auch, glaube ich, begründen, weil wenn Sie Fallstudien betreiben, die Situationen, die Konfliktsituationen vorher beschrieben sind, was nun eigentlich oder, welche Partei was ... welche Konfliktsituationen darstellen soll. Das heißt, Sie haben also die Möglichkeit, sich genau darauf vorher einzustellen, was Sie sagen wollen, wie Sie reagieren wollen, man kann das ja schon spielen, ob das nun in der Praxis immer so ist, weiß ich nicht, weil sich ja vieles erst aus der Situation heraus ergibt. Man ... Sie bekommen ja oft, sagen wir mal, oder, die Meinungsbildung entsteht ja oft während eines Gespräches" (S. 4).

Mit diesem eher formellen Einwand gegen Falldiskussionen bzw. Rollenspiele ist – wie an der unmittelbaren Fortsetzung der zitierten Stelle deutlich wird – die Erwartung einer (negativen) persönlichen Betroffenheit verbunden:

L: „Und dann haben Sie gar nicht mehr die Möglichkeit, sagen wir mal, sich vorher eine Strategie festzulegen, zu sagen, jetzt versuche ich mal, so und so die Kurve zu kriegen."

Z: „Das ist einfach das Festgelegtsein und, und die wohldefinierten Rollen ..."
L: „Ja, ja, ja, also, das, das ist immer das, was mich so ein bißchen an der, an der ganzen Sache stört, muß ich sagen. Ich bin derjenige, der den Buhmann spielen soll, und der andere soll mich dann wieder aufs richtige Gleis bringen, nicht? Und jeder hat fünf Minuten Bedenkzeit vorher, also ich, das finde ich also nicht so besonders günstig, muß ich sagen, ja, zumindest für die Praxis hier nicht so gut anwendbar."

Z: „Die Probleme in der Praxis sind doch andere ...?"
L: „Die sind, die ergeben sich mehr aus der Situation heraus, ja, zumindestens, meine ich, unsere Schwierigkeiten, wenn man welche hätte" (S. 4 f.).

An einer späteren Stelle – bei der Beantwortung der Frage, ob er sich etwas vorstellen könne, was ihm in der Seminarsituation schwerfällt – äußert der Interviewte:

L: „––– Ich würde mich hart tun, ... wenn ich Situationen darstellen müßte, die ich im Grunde genommen, so auch während der Arbeit oder im Privatleben, verabscheue. Also, wenn ich in einem, in Fallbeispielen Personen darstellen müßte, oder soll, die mir persönlich, also, gar nicht, gar nicht liegen, das wäre mir unangenehm, oder: empfinde ich als unangenehm, nur, sagen wir mal, wenn ich mich mit irgendwas identifizieren muß, was mir im Grunde genommen zuwider ist, das empfinde ich also nicht als angenehm."

Z: „Also, wenn es so um Begegnungen mit ..., wer sind diese unangenehmen ...?"
L: „Eh, zum Beispiel aggressivere Charaktere, zum Beispiel."

Z: „Zum Beispiel: Ihr Gegenüber in dem Alltag, in dem Alltagsbeispiel wäre ein aggressiver Charakter und Sie sollten ..."
L: „... und ich soll ihn darstellen. Wäre mir unangenehm, muß ich sagen, wenn ich das machen muß. Kann ich im Grunde genommen auch nicht."

Z: „Haben Sie es schon einmal ...?"
L: „Ich habe immer das Gefühl, daß ich da nicht sehr gut aussehe, auch, weil ich's nicht kann."

Z: „Sie haben das schon mal, so durchgespielt, also erlebt, solche Situationen?"
L: „Ja, ja, ja, ja, sicherlich, ja. Aber ich muß jedesmal sagen: das sind Dinge, wenn Sie mich fragen, was ich nicht mag in einem Seminar, sind es Dinge, die ich ..., wenn ich sie spielen muß, weil man eben sagt: ja, Du machst es, dann mach ich's schon, aber ich, mir selbst ist es sehr unangenehm, muß ich sagen" (S. 25 f.).

Die Bekundung der Sorge, „daß ich da nicht sehr gut aussehe", trägt sich hier als Hinweis auf die eigenen (positiven) charakterlichen Qualitäten vor. Die Antizipation von Kritik wird so mit einer Immunisierung verknüpft: ‚wenn ich schlecht aussehe, so nur deshalb, weil ich ein anständiger Kerl bin!' Die *Sorge, Schwächen zu zeigen* bzw. zu haben, wird auch in der Antwort auf die Frage nach seiner möglichen Reaktion auf das Bekanntwerden einer *psychotherapeutischen Behandlung* eines Kollegen/Mitarbeiters spürbar:

L: „Ja, was ich von dem, was ich von der Person denken würde, wenn ich wüßte, die, die hat, die, oder muß zum Psychiater?"

Z: „Ja, oder zum Psychologen."

L: „Ja, ja, --- ja, ich meine, das, das ist eine schwierige Frage, finde ich, eh, wenn man, oder dafür, wenn man hört, daß in Amerika, jeder seinen Psychologen hat und jeder Psychologe seinen Psychologen, dann meine ich manchmal, irgendetwas stimmt in der ganzen, an der ganzen Richtung nicht mehr, ja? Ich habe, muß ich sagen, ich habe ein ungutes Gefühl, wenn ich das, wenn ich das höre, weil ich mit mir selbst bin ich im reinen. Ich, vielleicht meint einer, daß ich auch einen nötig hätte, ich weiß es nicht, nur ich persönlich habe nie mit mir selbst Schwierigkeiten. Es gibt Leute, die haben mit sich so viel, mit sich selbst so viele Probleme, daß, ja, sie ja oft einen Psychologen notwendig haben. So, so, so kenne ich's bei meinem privaten Bereich vielleicht, ja? Daß die Leute, die meistens mit sich Probleme haben, auch, sagen wir mal, neigen, zum Psychologen zu gehen, um sich, um sich zu unterhalten oder um vielleicht, sagen wir mal, das eine oder andere, oder ja, besprechen zu können, und da etwas erwarten, das vielleicht in, in, ich weiß nicht, ihre Denkart etwas anders aufbaut. Finde ich immer schade. Ich habe also, muß ich sagen, das das Gefühl, das, das tut mir leid, daß das sein muß, ja? Aber oft sage ich mir: es kommt, ich kann nur so denken, weil ich mit mir selbst, meine ich immer, im klaren bin. Somit als Antwort muß ich sagen: mir tun die Leute im Grunde genommen nur, nur leid, weil's, weil's so ist, ich sehe aber nichts Schlechtes da dran. Ich kann die Situation also einfach nicht nachempfinden, weil ich's noch nie, noch nie auch, auch noch keinen, keinen Gedanken daran verschwendet habe, mal, oder: nicht verschwenden mußte einfach, weil's ich selbst, habe es noch nie nötig gehabt. Ich habe also, wenn ich Probleme hatte, habe, mit mir selbst am besten lösen können. Wenn das einer nicht schafft, ich weiß es nicht. Also insofern kann ich die Frage also nicht ganz objektiv wiedergeben. Ich weiß es nicht, wie Sie das jetzt beurteilen."

Z: „Das kann wohl keiner ganz objektiv wiedergeben."

L: „Ich meine, man kann's ja nur von sich selbst sagen. Ich empfinde so und so ..."

Z: „Ja, ja."

L: „Und eh, ich habe noch keine Situation erlebt, aus der ich vielleicht für mich keinen Ausweg mehr mehr alleine sehe. Mich hat auch niemand darauf aufmerksam gemacht, daß ich mal einen aufsuchen soll, muß ich sagen. Ich sehe es als als, es tut mir leid für die Leute, die das machen müssen, oder machen, mehr kann ich dazu nicht sagen" (S. 28 ff.).

Die Lektüre dieses Zitats vermittelt den Eindruck, der Gesprächspartner fühle sich dazu gedrängt zu beweisen, daß er so etwas „nicht nötig" habe.

Zurück zu den Erwartungen gegenüber dem Führungstraining. Einen impliziten Vorbehalt gegen etwaige Hinweise zur Erhöhung der Interaktionskompetenz enthält die folgende Theorie der Sozialisation des Miteinander-Umgehens:

L: „Eh, es ist so, manche Menschen können, müssen es ja erst lernen, miteinander umzugehen, kooperativ zu arbeiten. Es ist ja nicht so, daß jeder das von vornherein be-, kann oder beherrscht. Das kommt ja ganz auf die Familiensituation oder ja, was, was, wo kommt der, aus welcher Familie kommt der her, oder, oder tja, welche Ausbildung hat man, Groß- oder Kleinfamilie mit mehr Kindern, oder die Kinder, die, sagen wir mal, aus kinderreichen Familien kommen, die beherrschen das meines Erachtens wesentlich besser als wie, wie wie Einzelkinder, nicht?"

Z: „Hm, hm."
L: „Ich glaube, daß daß das ist immer dem Mitarbeiter, sagen wir mal, ob er Geschwister hat, hatte oder nicht, kann man auch daraus ersehen, wie sie sich hier geben."

Z: „Ob sie hier kooperativ sind oder ..."
L: „Ja, ja."

Z: „Aufgeschlossen oder Einzelgänger ...?"
L: „Ja, ja. Obwohl es dann auch erlernbar ist, nicht? Aber es ist, es ist, man merkt es direkt an den Charakteren."

Z: „Das ist zunächst mal so die Basis, auf der dann alle Korrekturen stattfinden ...?"
L: „Ich, mir fällt das nur jetzt in dem Zusammenhang ein, und ich habe gerade darüber nachgedacht, ich weiß von Leuten, und wenn ich mir das echt in den Kopf zurückrufe, das sind Einzelkinder gewesen. Das waren immer die Leute, mit denen man, vielleicht nicht so gut konnte als wie mit anderen, wo es flüssig von der Hand geht, und es waren die meisten, die auch, wo ich weiß, die haben Geschwister. Vielleicht ist da was dran, ich weiß es nicht. Ich meine, ich sehe es ja auch an meinen eigenen Kindern, daß die besser auskommen mit anderen Kindern, die auch Geschwister haben" (S. 16 f.).

Die Wendung: „Obwohl es dann auch erlernbar ist, nicht?" erscheint als pflichtgemäß eingeschobenes Bekenntnis in die überzeugt vorgetragene Reflexion, mit der Familiensituation sei die Entscheidung für oder gegen die Fähigkeit zur Kooperation im Grunde ‚gelaufen'. Diese Reflexion schloß die Beantwortung der Frage ab, ob er sich einen Effekt des Seminarbesuchs für das *Privatleben* vorstellen könne. Zunächst hatte der Gesprächspartner diese Frage u.a. mit der Vorstellung beantwortet, der in der Arbeit gewohnte „Führungsstil" mache sich auch im Privatleben geltend (S. 15). Die Überlegungen zu Einzelkind versus Geschwister weisen auf die Überzeugung hin, den tieferen (charakterlichen) Grund für die Art des Miteinander-Umgehens zu kennen.

Der Charakter anderer Seminarteilnehmer steht bei der Beantwortung der Frage, ob er sich im Hinblick auf die Seminarsituation etwas Unangenehmes vorstellen könne, im Vordergrund:

L: „Ja, ein Seminar, ein gelungenes Seminar, meine ich, fällt und steht ja oft mit der Zusammensetzung der Teilnehmer. Ich habe Seminare erlebt, die waren ganz gelungen, weil die Personen zusammengepaßt haben, und ich habe Seminare erlebt, die waren also, die haben mir persönlich überhaupt nicht gefallen – da kommen wir vielleicht dann zur Antwort – weil mir vielleicht auch die Personen nicht gefallen haben, die dort dann teilgenommen haben an dem Seminar. Personen zum Beispiel, es gibt Leute, die zu jedem Thema was zu sagen haben, die sich ewig in den Vordergrund schieben, die stundenlang reden, so was, so was gefällt mir überhaupt nicht. Und es gibt Leute, die irgendwelche persönlichen Dinge da austragen. Gefällt mir auch nicht. Also wenn so, wenn Sie mich so fragen, wenn solche Dinge in einem Seminar im Teilnehmerkreis ausgetragen werden, dann würde es mir nicht gefallen. Wenn es rein sachbezogen bleibt, die ganze Angelegenheit, dann würde's mir schon gefallen" (S. 23).

Was in dieser Erwartung/Befürchtung hinsichtlich des Charakters anderer Teilnehmer mitschwingt, ist die Sorge, Konflikten ausgesetzt zu werden. Diese Sorge ist vor dem Hintergrund der Bemühungen des Befragten, ein harmonisches Bild der Arbeitssituation zu zeichnen, zu sehen. Diese Bemühung schließt – im Widerspruch zu den eben zitierten Erwartungen im Hinblick auf andere Seminarteilnehmer – die Leugnung von Konkurrenzerscheinungen ein („... Konkurrent ist für mich ... das Wort ‚Konkurrent' ist, also, ich weiß nicht, schlecht, für mich sind's Kollegen ...") (S. 27). Diese Bemühung wird auch an folgender Stellungnahme zur Frage nach der Bedeutung von *Manipulation* im Kontext von Führung deutlich:

L: „Hm, nein, an und für sich nicht. Das Wort ‚manipuliert', das würde ich also nicht verwenden. Es gibt sicher Situationen, die einer, wenn er es gut beherrscht, und wenn er es gut verwertet, was er auf so einem Seminar und von so einer Person, von dieser Person bekommt, rhetorisch da, das im Vorteil ist, würde ich sagen. Aber gewisse, eine Art der Frage, eine Art der, der Antwort kann ich, kann ich geben, die sagen, sagen wir mal, die ich vielleicht sonst nicht hätte. Also insofern muß ich sagen, manipuliert nicht, aber man lernt dadurch, gewissen Situationen entweder die Schärfe oder was anderes zu nehmen. Eben durch rein rhetorische Dinge. Also insofern, ich würde mich da nicht manipuliert fühlen, muß ich sagen, durch solche Dinge" (S. 17 f.).

Die Nachfrage, ob ihm vielleicht doch manipulative Umgangsweisen geläufig seien, wird dann allerdings bejaht. Dazu später.

Eine Verbindung der Harmonisierungsbestrebungen und des Urteils, charakterliche Mängel seien für Konflikte im Unternehmen verantwortlich, enthält folgende Schilderung (erfolgreicher) eigener Bemühungen zur Verbesserung des Betriebsklimas:

L: „Ich habe in der Vergangenheit öfter das, folgendes gemacht: wenn ich gemerkt habe, daß, sagen wir mal, insgesamt so ein bißchen nicht mehr paßt, dann habe ich vorgeschlagen, daß wir abends mal essen gehen oder kegeln gehen oder so etwas, und ich habe festgestellt, daß danach das Klima wesentlich günstiger war wie vorher. Also, es gehört meines Erachtens da irgendwie mal ein, ein Ventil rein, was nicht immer nur innerhalb des Betriebes zu suchen ist, sondern auch mal außerhalb. Da ist, muß ich sagen, München dafür eine ganz gute Gelegenheit, im Frühjahr, wenn Sie so wollen, auch mal aufs Starkbierfest gemeinsam zu gehen, und und im Herbst aufs Oktoberfest, hilft ungemein. Ich muß sagen, hilft wirklich ungemein. Ich habe noch nicht erlebt, daß während dieses Abends da irgendwelche, sagen wir mal, Streitigkeiten ausgetragen worden sind."

Z: „Also einfach mal so ein Abteilungsausflug gewissermaßen, der so Luft schafft."
L: Ja, locker, ja" (S. 7 f.).
(...)
L: „... es gehört auch ein bißchen, sagen wir mal, ein geschicktes Ein ... es spricht nicht jeder auch nach Feierabend über den Betrieb. Wenn einige Leute bei sind, die das auch verstehen, das Gespräch in andere Bahnen zu lenken, dann dann läuft es ganz gut" (S. 8 f.).
(...)
L: „Ja, ja, das wird langweilig dann, das, ich meine, jeder kennt ja das im Grunde genommen, und wenn man dann noch darüber redet, sehr langweilig für den Ein-

zelnen, das merkt man schon. Aber man muß das halt versuchen, so in eine andere Bahn, deswegen sprach ich auch, sagen wir mal, von Kegeln oder so etwas, weil dann andere Tätigkeiten ..."

Z: „... etwas anderes ..."
L: „Ja, ja, das lenkt ab, einfach ..." (S. 9).
(...)
L: „Von meiner früheren Tätigkeit her, kann ich sagen, da war es ähnlich, aber da waren die Gegebenheiten, sagen wir mal, oder gleich hinter, da waren ähnliche Voraussetzungen, daß einmal im Jahr ein sogenanntes Volksfest da war, wo, wo eben alles hinging. Und da meine ich auch, das war immer wie ein, ein, ja ein Gewitter, was echt bereinigend auf gewisse Dinge wirkte."

Z: „Aber ohne, daß es gedonnert ...?
L: „... ohne, ohne daß es, man es, es gibt immer Charakter, die auch, sagen wir mal, an solchen Abenden da irgendetwas austragen. Das gibt's mit Sicherheit. Aber da muß man dann auch eben sehen, daß das unterbleibt, nicht? Das gibt es schon, ja. Ich habe persönlich, muß ich sagen, nie Probleme damit gehabt" (S. 10).

Die optimale Methode, mit Problemen umzugehen, ist demnach ihre Leugnung: Jubel, Trubel, Heiterkeit!

Zur *Manipulation:* Auch wenn die Verwendung des Wortes Manipulation unterbleiben sollte (weil Manipulation sich nicht in das Idealbild (geschwisterlichen?) Kooperierens fügt), äußert der Interviewte auf Nachfrage:

L: „Hm, ja Manipulation, wissen Sie, wenn man gewisse Meinungen, gewisse Meinungen einfach, ja, also wenn gewisse, wenn eine gewisse Meinung in einer bestimmten Sache oder Richtung durchgedrückt werden soll, dann würde ich es als Manipulation betrachten. Wenn das aber von vornherein schon feststeht, daß man's so machen will, ja, und trotzdem, sagen wir mal, vielleicht, das so versucht darzustellen, daß wir das also, als, als demokratischen Meinungsprozeß hinterher wiederholen, aber von vornherein wir, sagen wir mal, unsere Meinung schon gebildet haben, dann würde ich es als Manipulation auffassen, des Einzelnen dann, dem ich dann ... (Telefonat) ... ja, Manipulation. Also, das würde ich als Manipulation auch der Mitarbeiter empfinden. Wenn ich hier meine Meinung habe und gehe hin und sage: was haltet ihr davon? Und gehe dann trotzdem nicht davon ab."

Z: „Also, wenn ich so tue, als käm's auf sie an, auf Ihre Meinung."
L: „Ja, ja. So ist es. Ja."

Z: „Aber ich weiß schon ..."
L: „... was ich will. Ja, so, das würde ich dann als manipulieren, als Manipulation betiteln. Aber derartige Dinge, ich würde es, ich versuche, es nicht zu praktizieren, muß ich sagen, man, man neigt schon mal dazu, zugegeben. Aber ich versuche zumindestens immer noch, sagen wir mal, so weit flexibel zu sein, daß ich's sagen kann, wenn jetzt das Argument kommt, dann müssen wir das auch hernehmen. Also, aber man neigt, man kann schon mal dazu neigen, das ist wahr, ja."

Z: „Ja, dann, wenn man das Gefühl hat, oder ab und zu ist so was drin, oder geht's in die Richtung so ein bißchen, wie reagieren die Mitarbeiter darauf, oder haben Sie das Gefühl, die ...?"
L: „Wenn sie es merken, sind sie sehr ungehalten. Ich meine, sie sind ja nicht dumm. Das ist ganz klar. Und, und wenn sie merken, daß man sowieso seine feste Meinung hat, kriegt man oft zur Antwort: ja, warum fragen Sie uns eigentlich noch? Ja, sicher,

das kommt in jedem Fall, und, und das höre ich mir dann nicht gerne an, wenn ich dann nur zur Antwort kriege: warum fragen Sie uns da noch? Also, das ist schon schlecht. Und ich meine, das, das sind auch so Situationen, wo ich eben gerade sage, man neigt schon mal dazu, daß man eine Meinung hat und die dann, vielleicht auch sehr schwer von abgeht und fragt sie trotzdem, kriegt man das als Antwort, ja. Dann sollte man vielleicht seine Mitarbeiter, vielleicht gar nicht fragen, ich weiß es nicht, um diesen Situationen aus dem Weg zu gehen, aber dann heißt es wieder: macht eigene Entscheidungen" (S. 18 ff.).

Manipulation = Pseudopartizipation. Offen autoritäres Verhalten erschiene dem Befragten als der klarere Weg, den er allerdings in Konflikt mit (Führungsstil-)Konventionen sieht. Die Frage, ob er selbst sich bereits in der Rolle des Opfers von Manipulation befunden habe, beantwortet er dann mit der Aussage, er sehe sich des öfteren in der Rolle des widerwilligen Befehlsempfängers:

L: „Ja. Ich meine, daß, ich glaube, das liegt in der Natur der Sache einfach. Denn, z.B., Entscheidungen, die, der, die vom Vorstand getroffen werden, die man irgend, in irgendeiner Form ja weitergeben muß, also wirklich Entscheidungen, die aber im Nachhinein, ja, ja, die, sagen wir mal, ich weiß im Moment nicht, ja im Stabliniensystem, wenn man, je tiefer man kommt, je mehr dieses, diese Entscheidung eigentlich ausgearbeitet, verfeinert oder verfolgt werden muß, desto mehr Arbeit und Widersprüche oder was sich da alles ergeben kann, entdeckt man. Da kommt man auch mal ins Zweifeln, sagen, ja war die Entscheidung nun so richtig, ist es, kann ich das eigentlich so weitergeben? Da kommt man schon in Situationen, wo man sagt: das behalte ich jetzt lieber für mich, oder: das erzähle ich jetzt gar nicht, was da jetzt gemacht worden ist, oder ich fange mit meinem Vorgesetzten Diskussionen an, sage: Mensch, können wir das nicht anders machen? Gibt's denn nicht eine andere Möglichkeit, das auf anderem Wege hier zu verbreiten? Da gibt's schon, sicherlich, Dinge, die mit denen kann man sich oft nicht so identifizieren, wie man's vielleicht sollte. Die gibt es, ja" (S. 21 f.).
(...)
L: „Wenn ich weiß, ich kann ohnehin nichts mehr ändern an solchen Entscheidungen, dann habe ich teilweise ein Gefühl der Ohnmacht. Also, wenn ich weiß, ich bin sowieso jetzt nur auch nur Befehlsempfänger in dem Fall, und ich sehe das aber ganz anders, dann habe ich ein Gefühl der Ohnmacht. Dann sage ich: es tut mir leid, ich kann ja sowieso nichts dran ändern. Aber gefallen tun mir solche Situationen ja ganz und gar nicht. Und ich kann mir auch vorstellen, daß die Leute, also denen ich Entscheidungen weitergeben muß, ähnlich empfinden. Ich meine, das weiß ich also zu gut bei mir, das, wie ich diese Situation selbst empfinde. Es kommt nicht allzu oft vor, aber es kommt öfter vor, des öfteren mal vor, müßte man sagen" (S. 22).

Abschließend sei noch auf die nicht ganz ungebrochene Liebe des Befragten zu *Arbeitsstreß* hingewiesen:

Z: „... wie sehen die Mitarbeiter den Streß?"
L: „Die Mitarbeiter, die ich, hier arbeiten, bei uns arbeiten, meine ich beinahe, die lieben Streß. Sagen wir mal, es kommt immer darauf an, wie man Streß eigentlich definieren soll, was sind Streß-Situationen? Ich liebe, ich mag keine Arbeit, wo sich nichts rührt, muß ich mal sagen, ja? Je mehr sich rührt, desto lieber ist mir das Ganze. Und es ist bei den Mitarbeitern, die hier tätig sind, genau der gleiche Fall. ... glaube ich, diese, diese Streß-Situationen, das ist, das muß man also wirklich von Mensch zu

Mensch sehen. Es, diese Tätigkeit, die wir machen, die kann nicht jeder. Es sind schon verschiedene Leute gescheitert, weil sie es einfach nicht bewältigen können, weil zu viele verschiedene Tätigkeiten plötzlich da sind. Sie können sich nicht mit einem Thema beschäftigen, sagen, so jetzt mache ich auch hier, dies ziehe ich mal durch von vorne bis hinten. Das geht nicht. Sie haben mindestens, sie müssen vier- oder fünfgleisig fahren. Und, wer das liebt, der kann hier arbeiten. Wer das nicht kann, der scheitert also oft. Das muß ich also sagen. Jetzt ist die Frage, was da draus Streß ist und und nicht, das kann ich auch nicht beantworten."

Z: „Also, es ist zunächst einmal viel los ..."
L: „Ja, es ist sehr genehm. Nein, es ist nicht unangenehm. Deswegen sage ich, wenn man sagt, also nur das ist als Streß zu verstehen, was auf einen unangenehm wirkt, dann würde ich sagen, ist die Arbeit kein Streß, aber wenn es von der Fülle der Tätigkeiten her, kann das schon Streß sein, weil man sich nicht auf die Dinge selbst konzentrieren kann, sondern es muß alles nebeneinander herlaufen (...) und sagen wir mal, es erfordert also ein weites, ein weit gefächertes Denken und Spektrum, nicht?"

Z: „Hm, ja."
L: „Also der Typus von Mensch, der hier tätig ist, der bleibt auch meistens da. Und derjenige, der das nicht ab kann, der wird auch schnell wieder weggehen" (S. 11 f.).

Je größer die Belastung, desto größer die Bestätigung des eigenen Wertes?! Daß die eigene Souveränität aber durchaus unter Belastungen auch leidet, wird in der ersten Antwort auf die Frage nach einem möglichen Effekt des Trainings auf das *Privatleben* sichtbar:

L: „--- Ja, das ist, glaube ich, schwierig zu beantworten. Ich versuche, zumindestens hier für meine Tätigkeit, wenn ich, wenn ich das Haus (Firma) verlassen habe, daß ich, also, die Arbeit von dem trenne, was ich privat habe. Daß, sagen wir mal, ein gewisser Stil, den man hier pflegt, ein Arbeitsstil, daß der auch, auch aufs Privatleben Einfluß hat, das, das glaube ich auch. Wenn sich die Familie damit identifizieren kann, ist es gut, wenn sie es nicht kann, kriegt man Schwierigkeiten. Wenn man in einem Seminar lernt, sagen wir mal, auch Streß-Situationen oder Arbeits-Situationen von Privat-Situationen zu trennen, kann das sinnvoll sein, wenn man, ansonsten meine ich, muß jeder ja irgendwie mit fertig werden. Also ich finde, das ist nicht einfach."
(...)
L: „Ich versuche immer, wenn ich die Türe zumache, so ist es jetzt, das war's. Du hast Dich zwar geärgert hier, aber das kann ich mir bis morgen früh aufheben. Das ist natürlich schlecht, wenn man dann heimkommt, und den Ärger, den merkt man einem gleich an, nicht? Also, ich versuche das zumindestens nicht nach außen zu tragen. Einfach ist das nicht. Ich weiß nicht, ob man da, ob's da in Seminarform oder ob es hier überhaupt etwas gibt, um der, dieser, derartigen Situationen aus dem Weg zu gehen. Ich weiß es nicht. --- Ist die Frage so beantwortet? Oder? Wie ...?" (S. 13 f.).

Fragen des Interviewten, wie hier: ‚Entspricht die Antwort den Erwartungen?' finden sich übrigens mehrfach im Laufe des Gesprächs.

Im Hinblick auf das Seminar soll zusammenfassend auf die Verbindung von selbstgewissem Desinteresse an Belehrung und gleichzeitiger Angst, vorgeführt zu werden, hingewiesen werden. Im Hinblick auf die Arbeitssituation sei die widersprüchliche Verbindung von Harmonisierung, charakterlicher Abwertung anderer und Verweisen auf konfliktgeladene (Über-/ Unterordnungs-)Beziehungen festgehalten.

5.2.2.2. Post

L: „... sehr praxisnah auch die, anhand dieser Fallbeispiele (...) fand ich das Ganze sehr gut auf die Praxis bezogen. Wenn Sie so wollen, war ich (...) rundum zufrieden, muß ich sagen, für mich persönlich."

Z: „Sie waren ja nicht so unmittelbar, so unbedingt ganz sicher, daß es Sie befriedigen würde, vorher, wenn ich mich erinnere."
L: „Ja, ich war richtig, wußte nicht, was, was mich, was mich erwartet. Wenn man das jetzt im Nachhinein, oder: die Frage wird ja wahrscheinlich sein: was können Sie dafür anwenden, nicht, oder? Ich weiß nicht."

Z: „Ja, das interessiert mich auch, was Sie glauben, daß da ...?"
L: „Sagen wir mal, soll ich es jetzt so beantworten, wie ich mich fühle? Also, ich muß sagen, ich fand es, sagen wir mal, praxisgerecht. Ich fand's anwendbar für die Praxis, für mich persönlich, war ich ganz zufrieden ja" (S. 1).

Hier wird bereits eine leichte Relativierung der Bekundung des Rundumzufriedenseins spürbar. In der Forsetzung wird diese Relativierung explizit thematisiert:

Z: „Und können Sie das konkretisieren, was Sie da jetzt an Punkten mitnehmen, von denen Sie sagen: die will ich jetzt umsetzen?"
L: „Ja, ein Großteil dessen, was dort gelehrt worden ist, ist ja sagen wir mal, oder: bestand ja da drin, sagen wir mal, da, das Umsetzen eines kooperativen Führungsstils. Oder: wie wird überhaupt geführt? Und dann, da sah ich oder: sah, ich war der Meinung, daß ich derartige Dinge früher auch schon praktiziert habe, sagen wir mal, während des Lehrgangs oder nach dem Lehrgang muß ich sagen, daß ich zwar der Meinung war, daß ich so etwas praktiziert habe, aber nach, nachdem ich mir das eben angehört habe, muß ich sagen, man kann noch vieles anders machen. Sagen wir mal, ich müßte daraus, also, wenn ich was ändern will, muß ich mich selbst auch ändern. Das kann man also definitiv sagen. Das fängt an, ich meine, ich habe den Eindruck, muß ich sagen, daß alle Kursus-Teilnehmer Schwierigkeiten hatten, das Wort oder überhaupt den Begriff „Delegieren" in die Tat umzusetzen. Ich finde, nicht der theoretisch hört sich das alles ganz gut an, aber in der Praxis, das Delegieren vom Theoretischen her in die Praxis umsetzen, dadrin bestand, meine ich, bei jedem, das war aus der abschließenden Diskussion also, da zu hören, jeder die Schwierigkeit hatte, das theoretisch Erlernte auch in die Praxis umzusetzen. Das kann auch vielleicht nur funktionieren, meine ich, daß, wenn man eine ganze, also eine ganze Linie zu dem Lehrgang schicken würde. Und ich meine Linie mit: angefangen vom Bereichsleiter, Hauptabteilungsleiter, Abteilungsleiter und Sachbearbeiter, und die schicken Sie auf den Lehrgang und sagen: so, jetzt mit dem gleichen Wissensstand, gebe ich oder: jeder hat jetzt den gleichen Wissensstand. Dann kann man so etwas praktizieren. Wenn ich jetzt allein hingehe, und meine Vorgesetzten praktizieren das nicht so, was ich praktizieren will, krieg ich automatisch Schwierigkeiten" (S. 2 f.).

Gerade die eingangs attestierte Praxisnähe wird also in Zweifel gezogen: „Delegation", wie sie im Seminar empfohlen worden sei, könne nicht in die Praxis umgesetzt werden. Soweit es im Zitat ausgeführt ist, werden die eigenen Vorgesetzten diesbezüglich als Haupthindernis angesehen; ein Hindernis, das eventuell bei gleichzeitigem Seminarbesuch der ganzen Linie zu überwinden sei. Die Thematisierung der Notwendigkeit zur Selbstkritik mündete nach dem abstrakten Bekenntnis zu solchem Tun in den Hinweis, alle Teilnehmer seien übereingekommen, die „Praxis" stehe eben der „Theorie" entgegen. Der Verweis auf die eigenen Vorgesetzten als Hindernis von Veränderungen ist allerdings nur ein Aspekt des „Praxis"-Arguments des Gesprächspartners:

Z: „Haben Sie den Eindruck, daß das, was Sie jetzt so sagen, also, daß das ideal wäre: man soll möglichst die ganze Linie hinschicken?"
L: „Das wäre mit Sicherheit der Idealzustand, muß ich sagen, und zwar gemeinsam. Ich glaube, es wird sogar praktiziert, daß die, daß die oberen Führungskräfte diese Seminare genauso haben. Nur also, die Schwierigkeit, die sich für uns ergibt, ist eigentlich, oder meine, wir können von mir sprechen, der Unterschied zwischen Theorie und Praxis. Wir haben lange Zeit in dem Seminar abends diskutiert, was ist eigentlich „Delegation"? Was kann man darunter verstehen? Sagen wir mal, rein vom klassischen Sinne, (...), ist es für mich oder war's für keinen anwendbar. Dann haben wir uns nachher nach längerer Diskussion hier quasi auf Formeln geeinigt, das das kann man akzeptieren, das kann man auch in die Praxis umsetzen, nicht? Nämlich delegieren heißt: zu erreichen versuchen, daß der Mitarbeiter über seine Entscheidung, also sich über seine Entscheidung verantwortlich fühlt" (S. 3).

Bemerkenswert an dieser *„Formel" für praktikable Delegation* von Entscheidung ist zunächst die weitgehende *Übereinstimmung mit der Definition von „Manipulation"*, die der Interviewte im Gespräch vor dem Seminar einbrachte. Der Verweis auf die Vorgesetzten tritt an dieser Stelle deutlich in den Hintergrund. Anstelle dieses Verweises wird eher im Sinne einer ‚technischen' Praktikabilität argumentiert. Noch deutlicher wird das im Anschluß:

L: „Ja, wir haben uns an und für sich hier die Entscheidung verantwortlich fühlen, das heißt auch: die Verantwort ..., die Entscheidung treffen, wie soll das funktionieren, ja? Wenn ein Sachbearbeiter hier ein Problem löst und auch eine Entscheidung trifft letztendlich, müßte er ja theoretisch die Entscheidung auch, sagen wir mal, vertreten können. Das heißt: wohin soll er sie vertreten? An die nächst höhere Stelle? Oder? Letztendlich hat ja, wenn man so will, wenn man die Konsequenz daraus nimmt, dann müßte der Sachbearbeiter dem Vorstand berichten und sagen: ich habe mich so entschieden, wenn Sie so wollen."

Z: „Und das halten Sie für unrealistisch?"
L: „Ich halte es, es ist in der Praxis auch nicht machbar, theoretisch. Aber wenn wir uns so einigen können: delegieren, wie wir das dann hier gesagt haben, heißt, daß ich die Mitarbeiter so beeinflussen kann, daß sie sich für ihre Entscheidungen verantwortlich fühlen ..."

Z: „Ohne daß Sie es tatsächlich sind ..." (S. 4).

Als Selbstkritik bleibt die Überzeugung, bislang habe er zuviel selbst gearbeitet:

L: „Für mich persönlich heißt, hat's geheißen, oder: ich muß es überdenken, daß ich dazu geneigt habe, oder: dazu neige, einfach verschiedene Dinge einfach selbst zu machen. Eben weil ich, sagen wir mal, aus meiner Art heraus, mir das oft zu langwierig erscheint, da sage ich: ehe ich das dem gebe, mache ich es lieber selbst. Und da meine ich, da muß man an sich arbeiten, daß man sagt, ich gebe das trotz allem meinen Leuten und lasse aber auch denen das Gefühl, daß sie eben für die Entscheidung ein, das, was sie dort erarbeiten, sagen wir mal, geradestehen müssen. Also, mehr Mitarbeiter führen als wie selbst arbeiten" (S. 6).

Daß nicht nur ‚technische Probleme' einer reziproken Interaktion mit Untergebenen entgegenstehen, zeigt die Aufnahme der im Seminar gegebenen Anregung, sich *durch die eigenen Untergebenen kritisieren zu lassen:*

L: „Der ... (Trainer) meinte, wir sollten uns, wenn ich das richtig verstanden habe, mit unseren Mitarbeitern oder von unseren Mitarbeitern kritisieren lassen. In in gewissen Situationen, was nicht also, „kritiseren" ist nicht der richtige Ausdruck, sondern: beurteilen lassen."

Z: „Also, Sie sollten quasi so ein Beurteilungsgespräch mal mit umgekehrter Stoßrichtung führen?"
L: „So, ja. Das fand ich also schlecht anwendbar."

Z: „Was ist denn, warum glauben Sie, daß das so wenig anwendbar ist?"
L: „Ich kann das auch, nicht, daß ich davor Angst hätte, sagen wir mal, daß, daß man wer weiß was zu hören bekommt, wenn ich das mit jedem Einzelnen mache ..."

Z: „Ja."
L: „... dann funktioniert das. Aber ich hatte das vielleicht so verstanden, daß das im Gesamtrahmen gemacht werden soll. Und damit, ich habe das vielleicht jetzt auch gar nicht mehr so richtig im Kopf mit diesen ..." (S. 17 f.),

Die Nachfragen machen den Interviewten in der Darstellung seiner ablehnenden Haltung gegenüber einer Beurteilung durch Untergebene offenkundig unsicher. Seine Reaktion legt die Vermutung nahe, er interpretiere die Nachfrage als Verdacht des Interviewers, die Ablehnung entspringe persönlicher Schwäche. Im unmittelbaren Anschluß an das Zitat wechselt der Interviewte das Thema. Später wird dann nochmals nachgefragt:

Z: ... daß andere, daß man jetzt sich selber beurteilen lassen soll von seinen Untergebenen, das war ..."
L: „... das war ein Hinweis des, des Referenten, wo ich sagte, ich kann mir im Moment noch nicht denken, daß das, sagen wir mal, in der Masse, man diese Gespräche, Einzelgespräche, die hat man ja öfter, und ich meine, da nehmen ja auch die Mitarbeiter kein Blatt vor den Mund, sagen halt: da bin ich nicht mit einverstanden, wie Sie es machen oder was Sie machen. Das ist klar, aber ..."

Z: „Sind, sind das grundsätzliche Urteile quasi über Ihre Person: Herr (...) (Name), ich sehe Sie so und so ...?"
L: „Nein."

Z: „... oder ist das mehr so was: jetzt hier an dem Punkt ..."
L: „Fachliche Dinge."

Z: „... fachliche Dinge."
L: „In der Regel sind das fachliche Dinge."

Z: „Es ist nicht quasi so eine Umkehrung dessen, was Sie einmal im Jahr mit Ihren Mitarbeitern machen?"
L: „Meinen Sie die Beurteilungsgespräche?"

Z: „Ja, ja."
L: „Nein, auch diese Beurteilungsgespräche sind in der Regel, kennt jeder, wiederholen sich jedes Jahr, die Mitarbeiter sind lange da, jeder weiß genau, sagen wir mal, welche Schwächen er hat und welche Stärken er hat, und ich habe da an und für sich, ich sehe, muß ich sagen, noch nie irgendwelche Schwierigkeiten auch in der Beurteilungsdurchsprache gehabt, daß einer, daß das einer nicht akzeptiert hat."

Z: „Ja. Und haben Sie da mal so dran gedacht, das umgekehrt zu erbitten, daß ...?"
L: „Nein, bisher nicht, bisher nicht."

Z: „Käme Ihnen, das kommt Ihnen ein bißchen komisch vor?"
L: „Ja, mir persönlich käme es im Moment ein bißchen komisch vor. Ich wüßte ..., ich muß sagen, ich wüßte auch nicht, weil ich, es paßt, es paßt alles nicht in den, den Rahmen, wie wir hier verschiedene Dinge handhaben. Das ist die Schwierigkeit, die ich habe, wenn das gesamte Führungsverhalten auch unserer, meiner Vorgesetzten anders wäre, könnte ich mir vorstellen, daß man das machen kann" (S. 20 f.).

Der Interviewte schwankt hier zwischen der Beteuerung, eine Beurteilung durch Untergebene sei für ihn kein Problem, ‚eigentlich' praktiziere er etwas Ähnliches ohnehin schon, und der Bekundung, so etwas sei unvorstellbar. Letzteres wird dann wiederum in die Verantwortung der eigenen Vorgesetzten verwiesen. Daß tatsächlich die Angst vor dem Vorgesetzten den Ausschlag für die Haltung des Interviewten gibt, kann nicht ausgeschlossen werden:

L: „Ich könnte mir vorstellen, daß, wenn ich sowas machen würde, sagen wir mal, als Beispiel, ich würde sagen: jetzt kommt mal her und schreibt auf einen Zettel, wie ihr mich findet, hier oder was euch nicht an dem, an der, nicht an der Preson, sondern an dem, an dem Führungsstil paßt, und das kommt raus, dann würde ich hier wer weiß was anzetteln, ja? Ich sehe, weil das einfach nicht in den Gesamtkomplex hineinpaßt."

Z: „Und Sie meinen, es würde auch in den Ohren Ihrer Vorgesetzten irgendwo ...?"
L: „Die würden sicherlich stutzig werden und sagen: was macht der denn da plötzlich, ja?"

Z: „Der probt so quasi den Aufstand?"
L: „Ja, oder ich weiß es ja nicht. Ich meine, das sind Dinge, die müßte man mit meinem Vorgesetzten auch mal besprechen. Ich weiß aber mit Sicherheit, daß die anders denken. Das kann ich jetzt schon sagen" (S. 22).

Nach einer nochmaligen Nachfrage wird allerdings kenntlich, daß die Behauptung der Position und ihrer Privilegien auch jenseits der Sorge, bei den eigenen Vorgesetzten durch unkonventionelle Interaktionsformen mit Untergebenen ins Gerede zu kommen, ein für die Haltung des Interviewten relevantes Bedürfnis ist:

Z: „Hm, hm, ja also, zu den nochmal auf diesen Punkt mit der Beurteilung durch die Mitarbeiter, der so für Sie so fremd ist, diese Vorstellung, diese Anregung, die da gegeben wurde. Also, einerseits haben Sie gesagt, wäre es, das paßt gewissermaßen nicht ins Haus, es wäre eine ganz neue Sache, und insofern ..."

L: „Vielleicht wird's in anderen Abteilungen gemacht, sagen wir mal, ich kann's mir im Moment für uns hier schlecht vorstellen."

Z: „Und was würden Sie, also wenn Sie jetzt weniger an das denken, daß das so eine auch für Vorgesetzte quasi fragwürdige Sache wäre vielleicht, was wäre für Sie selber so fragwürdig daran, so unangenehm vielleicht?"
L: „Ich hätte da persönlich keine Hemmungen, daß, oder mir wäre es nicht unangenehm, wenn so etwas gemacht werden würde. Ich würde den Dingen schon ins Auge sehen können, muß ich sagen, ohne da gleich dran zu zerbrechen, wenn man da kritisiert wird. Also, mir würde das persönlich nichts ausmachen. Auf der anderen Seite muß ich sagen: wenn meine Vorgesetzten von mir das gleiche verlangen würden, sie würden sagen: paßt auf, alle Abteilungsleiter können hier mich als Hauptabteilungsleiter jetzt kritisieren. Würde ich auch ganz gerne mal tun. Weil ja auch gewisse Dinge vielleicht, oder des öfteren anders sehe, nicht? Aber ich darf das auch nicht" (S. 24).

Das Bisherige ist geprägt von den (inkonsistenten) Anstrengungen des Interviewten, sich gegen das Ansinnen, er möge Orientierungen seines Handelns revidieren, zu immunisieren. Darin mögen sich die Widersprüche von hierarchischer Struktur und Appellen zu kooperativem/partizipativem Vorgesetztengebaren reflektieren; wie im Kontext des vorausstehenden Falles bereits betont, sollte allerdings gesehen werden, daß dieser Hintergrund vom Interviewten selbst im Dienste einer Distanzierung von der Verantwortung für das eigene Tun eingebracht wird. Die sozialpsychologische Reflexion dieses sozialpsychologischen Modus von Selbstdarstellung hat zu berücksichtigen, daß *Distanzierung von Verantwortung und das ‚Kleben' an Machtprivilegien sich hier ergänzen.* M.a.W.: gegenüber der Bekundung der Ohnmacht im Hinblick auf eine Veränderung der Struktur ist (bei aller Plausibilität!) Skepsis geboten, wenn zugleich das Sich-Einnisten in der Hierarchie sichtbar wird.

Die Immunisierung gegen eine kritische Selbstreflexion qua Verweis darauf, andere (eben die eigenen Vorgesetzten) hätten es vielleicht noch nötiger, dürfte auch mit den gewunden wirkenden Formulierungen verbunden sein, neben Selbsterkenntnis sei auch mehr Aufschluß über die Gründe für das Handeln der eigenen Vorgesetzten wünschenswert:

L: „Ja, ich sage: warum ich so handle, das habe ich relativ leicht erkannt, warum ich so handle, daß ich auch nicht richtig gehandelt habe, im Sinne jetzt dieses Seminars. Das habe ich schnell erkannt. Was ich nicht erkannt habe aus dem Seminar, auch: warum meine Vorgesetzten vielleicht etwas anders handeln, oder daß sie nicht so handeln. (...) Schön fände ich das, wenn, sagen wir mal, ich aus dem Seminar käme und sage: so, ich weiß jetzt über mich selbst Bescheid, ich weiß jetzt auch über meine Vorgesetzten Bescheid, warum das so, warum die so handeln. Das wäre ein Ziel für mich, aber ..." (S. 15).

Von drei Gesichtspunkten sei nun noch kurz berichtet: *1.* die Beurteilung eines Tests, der im Seminar benützt wurde; *2.* die Beurteilung von Übungen zur Veranschaulichung von Kommunikationsproblemen; *3.* die Beurteilung der Falldiskussion bzw. ihrer Vorzüge gegenüber dem Rollenspiel.

Tab: V/13: **Übersichtsdarstellung Fall L/prä**

Menschliche Beziehungen in der Hierarchie im subjektiven Bild	Kontrolle		(1) Pseudo-Partizipation ist a) manipulativ b) durchschaubar c) eine Norm (2) Mangel an eigenen Partizipationsmöglichkeiten (3) Konflikte a) entspringen charakterlichen Mängeln b) sind durch Ablenkung zu lösen (4) Streß a) liebe ich b) läuft mir ins Privatleben nach	Abb. V/26 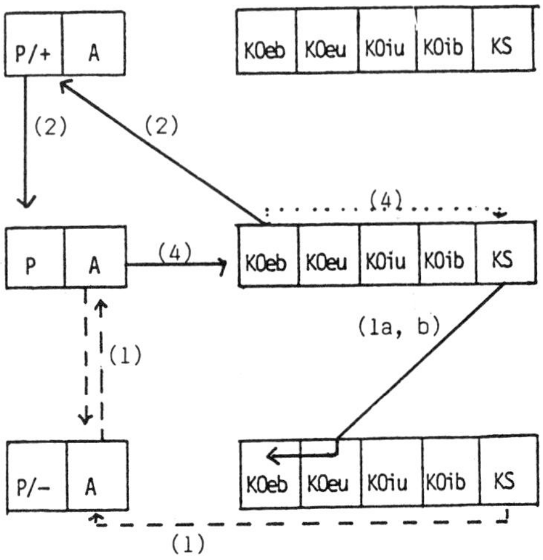
	Moral		(5) 'Häßliche Sachen' darf man nicht sehen bzw. benennen: Konflikte (3b), Konkurrenz, Manipulation (6) lieber autoritär als pseudopartizipativ (1)	
Trainingssituation/Psychologie im subjektiven Bild	Kontrolle		(7) Rollenspiel als (unangenehmer) Härtetest (8) abstrakter Vorbehalt: Praxisferne (9) (Therapie: 'ich hab's nicht nötig')	
	Moral		(10) Miteinander-Umgehen-Können eine (sozialisationsbedingte: Geschwister!) Charakterfrage (11) Angeberei und Rivalität bei anderen Teilnehmern	
	Betroffenheit	explizit	siehe (7), (8) und (11)	
		implizit	(12) zwischen Angst und (selbstgewisser) Distanz	

Tab. V/14: **Übersichtsdarstellung Fall L/post**

Menschliche Beziehungen in der Hierarchie im subjektiven Bild	Kontrolle	(1) Delegation von Verantwortung a) scheitert an den Strukturen bzw. den eigenen Vorgesetzten b) ist überhaupt abwegig c) ist als "Als-Ob" praktikabel (2) Kritik durch Untergebene ist abwegig a) wie (1a) b) wie (1b) bzw "ich darf es ja auch nicht"	Abb. V/27 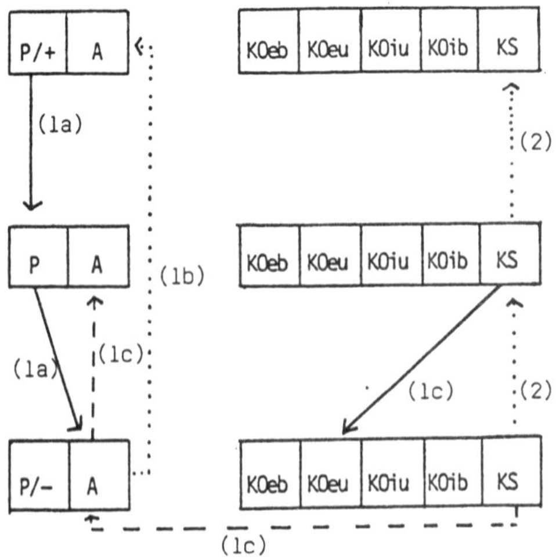
	Moral	siehe (1) und (2)	
Trainingssituation/Psychologie im subjektiven Bild	Kontrolle	siehe (1) und (2)	
	Moral	siehe (1) und (2) (3) Test-Konformismus	
Betroffenheit	explizit	(4) vordergründiges Lob (5) Vorwurf der Praxisferne (6) angenehm: Falldiskussionen statt Rollenspiel	
	implizit	(7) zwischen Erleichterung und angestrengter Abwehr	

Zu 1.) Von einem Test bezüglich des eigenen Führungsverhaltens berichtet der Befragte, daß er

L: „... im Test eben immer versucht habe, a) kooperativ und b) eben, sagen wir mal, dieses Führen der Mitarbeiter und zwar eben: delegieren versucht habe, konsequent zu verfolgen" (S. 9).

Im Kontext dieser Aussage ist spürbar, daß dieser Umgang mit dem Test lediglich auf ein konformes Verhalten im Seminar zielte; das geschilderte Testverhalten widerspricht ja auch den oben diskutierten Vorbehalten des Gesprächspartners gegen Delegation von Verantwortung. Mehrfach wird im Kontext des Berichts über den Test dann festgehalten, man hätte auch mit einer ‚autoritären Linie' gut abschneiden können, was man vorher natürlich nicht ahnen konnte ...:

L: „So kam das raus, ja das war also interessant, an und für sich, daß er nachher sagte: wenn Sie auch autoritäre, autoritär entscheiden oder wie auch immer, aber wenn Sie Konstanz in dem ganzen drin haben, dann ist es nicht übel. Dann gab's so Sonderpunkte oder was weiß ich, und dann kam trotzdem ein gutes Ergebnis raus. Aber gut, ich meine, das, das war nicht, das für mich, sagen wir mal, so sehr entscheidend war" (S. 9).

Zu 2.):

L: „... Kommunikation miteinander, wie kommuniziere ich mit dem und, und was gab's da zu tun. Z.B. das Bearbeiten des, wir hatten ein Beispiel gemacht, ein Bild wurde in fünf verschiedene Größen, und jeder aus der Gruppe bekam eben nur einen Streifen zu sehen dieses Bildes und mußte seinem Nachbarn, quasi zur Linken und zur Rechten oder, beziehungsweise dann der gesamten Gruppe beschreiben, was er gesehen hat, und die Gruppe mußte in sich, von dem, was sie jetzt von den Einzelpersonen gehört hatte, ein Bild machen und das auch zeichnen. War nicht schlecht, muß ich sagen. Was aber, ich meine, das ist mehr oder weniger ein Gag für mich, nicht, das Ganze. Aber das hat auch immer ein paar Stunden in Anspruch genommen. Ich meine, mir leuchtet schon ein, wenn an einem Projekt, also, verschiedene Personen unterschiedlichen Wissensstandes sitzen und man soll jeden einzelnen auf die gleiche Basis bringen, das ist also nichts Einfaches" (S. 12).

Zu 3.):

L: „Ich fand's gut, daß diese Fallbeispiele eben schriftlicher Natur, durchlesen, durchdenken, beantworten ... fand ich sehr gut."

Z: „Hm."
L: „Ich fand es besser, diese Fallbeispiele eben auf einem Blatt Papier zu haben, als wenn man die da im Zwiegespräch oder so, als diese, diese Schauspielertätigkeit."

Z: „Rollenspiel ..."
L: „... Rollenspiel. Find ich nicht gut."

Z: „Gab's aber wohl auch darin?"
L: „Gab's auch, ja. Wir haben eins mal gemacht, aber das war auch, ergab sich ganz kurz, aber dies, diese in schriftlicher Form dargestellt ... Sie hatten mehr Zeit, Sie konnten sich das alles besser überlegen, auch die Konsequenzen aus verschiedenen Dingen. Fand ich viel besser als wie das, was, äh, sonst bei Rollenspielen gemacht wird. Das ist, wenn da, da ist einmal was gesagt, ja? Dann wird es zwar hinterher noch

ver..., gef..., sagen wir mal, kritisiert und auseinandergepflückt, aber trotzdem, der, der Lerneffekt ist da, finde ich, bei weitem nicht so groß wie jetzt bei diesem, bei dieser Art. Ich fand das gut. Ich wüßte auch nicht, was man da anders machen könnte. So wenn, wenn's noch eine Methode gäbe, eben zu sagen: Mensch, jetzt meine Vorgesetzten kann ich auch besser verstehen, dann fände ich's großartig, aber das habe ich im Moment da nicht gefunden" (S. 15 f.).

Zu erinnern ist in diesem Zusammenhang an zweierlei: erstens an die Vorbehalte gegenüber Falldiskussionen, die im Gespräch vor dem Seminar mit dem nämlichen Argument, das hier nun zum Lob dient, als realitätsfern eingestuft wurden; zweitens an die im Erst-Gespräch artikulierte Sorge, in Rollenspielen vorgeführt zu werden. Vor diesem Hintergrund läßt sich das eben Zitierte als die Mitteilung auffassen, der befürchtete Härtetest sei ausgeblieben; Falldiskussionen mögen zwar „rein theoretisch" sein – sofern dies für Nicht-Persönlich-Tangiert-Werden steht, scheint dies durchaus nicht nur schlecht zu sein. Als Einschränkung des Lobes kann der letzte Satz aufgefaßt werden: wenngleich die Aufforderung zur Selbstkritik, die den Fallbeispielen immanent war, allem Anschein nach auf angenehme Weise abstrakt blieb, so fehlte dem Gesprächspartner wohl doch die Kritik an ‚denen da oben'.

Zusammenfassend kann festgehalten werden: Relativierungen der Macht seiner Position führt der Interviewte durch den Verweis auf die Relativität dieser Macht ad absurdum; allerdings zeigt die „Opferrolle" deutliche Brüche. Positiv wird verbucht, daß sich Befürchtungen bezüglich des Kritischer-Beurteilung-Ausgesetzt-Seins als unberechtigt erwiesen haben.

5.2.3. Fall M

5.2.3.1. Prä

Z: „Was Sie sich von der Trainingsveranstaltung, wo Sie jetzt hingehen, erwarten? Was Sie glauben, was für Sie dabei herauskommen könnte?"
M: „Einmal speziell, wie gesagt, ein gewisses Führungsverhalten, das man eben tagtäglich im Betrieb braucht, irgendwelche praktischen Beispiele zu sehen oder eben neuere Erkenntnisse, auf dem Gebiet tut es immer wieder eine ganze Menge, weil, das ist eine ganz neue Wissenschaft, so sehe ich das zumindest ist, und da ist es für mich ganz interessant, was man da wieder an neuesten Erkenntnissen hat, die man wiederum in der Praxis, tagtäglich in der Arbeit verwirklichen kann. Das ist für mich des so ganz grober Rahmen, was ich mir jetzt vorstelle. Ich laß mich jetzt dann zunächstmal ganz, ich kenn den Rahmen nur ungefähr, verschiedene Fragestellungen, die ganzen Fragen, die hier auftauchen in diesen einzelnen Seminaren dann, laß ich mich mal überraschen, wie es sich entwickelt, ich kann mir sonst so gar nichts vorstellen. Ich nehme halt an, ich erfahre da Sachen, wie man sich eben wieder in seinem ganzen Führungsverhalten auf den neuesten Stand bringen kann, inwieweit man was falsch macht, oder inwieweit man was verbessern kann und so was in der Richtung, und das tagtägliche Zusammenarbeiten mit den Mitarbeitern und mit den Leuten da sinnvoller, unsere ganze Zusammenarbeit sinnvoller gestalten, ob man vielleicht Fehler macht, die man vielleicht gar nicht so, im Laufe der Jahre, wenn man das

immer wieder tagtäglich macht, irgendwo Fehler macht, die vielleicht gar nicht sein müßten, bloß wenn man das mal von der anderen Seite hört, sich mal selber Gedanken macht, sich eine gewisse Selbstkritik dann macht, daß man dann sagt, okay, das könnt' ich eigentlich anders machen, wenn man es mal weiß - gut, ich kann eben den Wissensstand, den ich jetzt hab, und wenn man eben neuere Sachen dazukriegt, so neue Information, dann denkt man vielleicht ganz anders darüber. Das wäre so grob der Rahmen, was ich mir darunter vorstelle, dann" (S. 1).

Hier wird merklich eine größere Aufgeschlossenheit gegenüber dem Training artikuliert als in den beiden voranstehenden Erst-Gesprächen. Das Interesse am „neuesten Stand" der Führungsforschung wird im weiteren Verlauf des Gesprächs allerdings eingeschränkt:

M: „Das sind sehr viel theoretische Sachen eben auch, und eben Idealvorstellungen, so wird eben vorgetragen bei so Kursen, also was vom theoretischen Ablauf her sein sollte, aber dann kann man sagen, dies oder jenes, ein Verhaltensmuster geben in etwa, aber man kann schon einen großen Faden, den richtigen Faden für die tägliche Praxis muß man sich selber raussuchen. Genauso wenn Sie heute womöglich in der Schule lernen Sie eine ganze Menge Stoff, in der Praxis brauchen Sie dann nur mehr so ein schmales Stück dann, und das Stück muß man sich halt raussuchen, was man für seine eigene Arbeit braucht, und das muß man dann anwenden, meine ich auch. Alle paar Jahre tut sich da ja bestimmt eine ganze Menge da, nicht, wo es sich ändert, das ganze Führungsverhalten, das war früher gar kein Thema, in der Schule ..." (S. 3).

„Theoretische Sachen" und „Idealvorstellungen" erregen die Skepsis des Gesprächspartners, der gleichwohl ein bleibendes Interesse an Neuerungen zeigt. Die vorgebrachte Relativierung wird zugleich mit dem Hinweis verbunden, man müsse eben sehen, was man sich „raussuchen" könne. Relativierung ist hier also nicht von vornherein gleichbedeutend mit Distanzierung. (Als einziger Gesprächspartner aus sämtlichen in 4.2.1. genannten Interviews spricht der Befragte übrigens den „Moderator-Gedanken" an: Vermittlung des Gelernten an Untergebene, die selbst Führungsaufgaben haben). Einschränkungen des Interesses am „neuesten Stand" der Forschung werden im Zuge der Beantwortung der Frage nach erwünschten Trainerqualifikationen stärker hervorgehoben:

M: „... die Referenten kenn ich nicht, er soll halt nicht, wie soll ich das sagen, in so ein lehrerhaften Art vorgetragen werden, so einer schulmeisterlichen Art vorgetragen werden, weil das bringt einfach nichts, weil man geht ja doch hin, um irgendetwas für seinen Betrieb zu gewinnen oder für sich selber ja auch, irgendetwas mit zu gewinnen auch, und man ist ja tagtäglich dann, würde ich sagen, mit den Problemen beschäftigt hier, im Hause, dann muß es dann nicht sein, das muß es nicht sein, daß einer so lehrmeisterlich, es gibt nämlich so Referenten, die einfach nur dastehen und ihr Zeug runterlesen und ohne groß in die Breite zu gehen oder in die Tiefe zu gehen, eins der Probleme hier, darzustellen, das wäre das Interessante, wie wird man sich verhalten, wenn sich das und das auftritt, eben so Probleme aus der Praxis eben bringt, und das meine ich, wenn einer auf so was eingeht, dann ist die Atmosphäre auch glaube ich schon anders, als wenn einer nur bloß so schulmeisterliche Art und Weise an den Tag legt, das glaube ich, ist das richtige; ..." (S. 8).

(...)

M: „... es hilft ja nicht, wenn er zu sehr theoretisiert, dafür sind wir ja alle keine Führungspädagogen oder -psychologen, wir müssen im Betrieb unsere Arbeit machen, und da meine ich, da sollen diese Beispiele, die da kommen, so praxisnah aufbereitet sein, die man dann wieder anwenden kann, weil ich ja erwarte, für meine Arbeit hier was verwenden und auch anwenden kann. Es nützt mir nichts, wenn ich neueste führungspsychologische Theorien lerne, das ist vielleicht am Rande ganz interessant, was es alles für Möglichketien gibt, so Ausflüge, was es da alles für Arten gibt, aber es soll schon so dargestellt werden, daß jeder von den Teilnehmern es irgendwie auch anwenden kann, wenn er in der Schule irgendetwas lernt, Mathematik, was für komplizierte Rechenmethoden und Schritte, und dann fragst Dich, was kann ich in der Praxis eigentlich damit anfangen, nur um des Lernens Willen es gelernt zu haben ..." (S. 10).

Die Vorbehalte gegen eine ‚Kopflastigkeit' des Seminarinhalts werden in keiner Weise konkretisiert. Allerdings gewinnt man den Eindruck, daß genau das, was eingangs als Gegenstand besonderen Interesses angesprochen worden war: neueste Forschungsbefunde – im weiteren eher als Marginalie eingestuft wird. Abschließend betont der Befragte nochmals:

M: „Man ändert sich ja, ganz klar, das ist eine Lernphase, die ihn immer wieder mitnimmt, ich bin schon der Meinung, daß man, wenn man den Willen hat, damit aktiv mitzutun, bin ich schon der Meinung, daß man hier eine ganze Menge mitnehmen kann ..." (S. 17).

Was der Gesprächspartner im Kontext der persönlichen Lernwünsche über den Wandel menschlicher Bedürfnisse sagt, klingt ein wenig nach einem Echo (Maslow!) von früheren Seminarbesuchen:

M: „Man will es also doch versuchen dann, für die Arbeit was zu kriegen, das den Ablauf einfach führungsmäßig besser zu kriegen, es ändert sich ja immer wieder, der ganze Mensch ändert sich ja immer, die Bedürfnisse von Menschen sind ja auch immer anders. Früher ist man zur Arbeit gegangen, um seine kleinsten Bedürfnisse zu befriedigen, daß man zum Essen, zum Schlafen und zum Trinken hat, heute gibt es ganz andere Aspekte, warum man überhaupt noch in die Arbeit geht, zwar immer noch wegen des Geldes Willen, es soll aber auch was anderes reingehen, das Geld ist dann ... ab einer gewissen Höhe geht man sowieso wegen ganz was anderes rein, um sich zu verwirklichen, seine Ideen darzubringen ..." (S. 10).

Die folgende Stelle bringt Reflexionen über das Bedürfnis nach *human-relations* ausdrücklich in Zusammenhang mit dem Enthusiasmus, der diesbezüglich durch Seminare erzeugt werde:

Z: „Was würden Sie sagen, mit den Leuten, mit denen Sie hier zu tun haben, Ihren Mitarbeitern, was ist denen besonders wichtig?"
M: „Das ist einfach so, Prioritäten bei den Leuten speziell bei uns, das ist es im wesentlichen so, es will wieder als die grundlegendsten Bedürfnisse, es will jeder einfach als Mensch behandelt werden, und es tut einfach jedem gut, als wenn man den ganzen Tag auf ihm rumhackt, das haut einfach nicht hin, genauso, wenn man ab und zu mal sagen muß, „das habt, ist prima, das habt Ihr jetzt sauber gemacht, okay in Ordnung", das tut einfach jedem gut, das ist ganz klar, ob das ein kleines Kind oder ein Erwachsener wahrscheinlich, es ist überall im Prinzip dasselbe. Das ist eben so, das wird in der täglichen Arbeit einfach sehr stark vernachlässigt, weil man es selbstverständlich das ganze, daß einer seine Arbeit in Ordnung macht. Wie es uns genauso geht, wie unser Vorgesetzter, der kommt auch nur daher, wenn es etwas zu schimpfen gibt, oder

wenn es irgendetwas ist, und in der täglichen Routine, geht des einfach unter. Wenn man mal wieder so ein Seminar mitmacht, dann ist man voller Ideale, voller Ideen, die einem da mitgegeben werden, dann macht man es in der nächsten Zeit besonders gut, dann denkt man sich wiederum, Herr Gott, des hätt'st jetzt net sagen brauchn', dann versucht man das beim nächsten Mal wieder, „okay, das habt Ihr ordentlich gemacht", dann ist der einfach ganz anders motiviert, man kann dann auch von den Leuten mal ab und zu mehr verlangen, als was im Rahmen des Üblichen ist, dann sind auch die Leute viel gewillter, wenn man einigermaßen gutes Verhältnis zueinander hat. Ich glaube, das Wesentliche für die Leute eben, daß man eben sagt, die sind in der Zeit, wo sie im Betrieb sind, in den 8 Stunden, ist doch fast der Großteil vom ganzen Tag, mit Arbeitskollegen, mit Vorgesetzten und Führungskräften zusammen, daß man sich das Leben da untereinander nicht schwerer macht als notwendig, nicht. Praktisch, wenn man jeden als Mensch behandelt, wie man so einen Kollegen oder wie man sonst unter Freunden oder sonst Leuten umgeht" (S. 4).

Der *instrumentelle Charakter* einer Behandlung von Untergebenen, „wie man sonst unter Freunden oder sonst Leuten umgeht", wird nicht verschwiegen:

M: „Dann sind sie auch viel gewillter, wie ich schon sagte eben, ein bißchen mehr zu tun, für seinen Bereich einzustehen dann ..." (S. 4 f.).

Kritik falle auf fruchtbaren Boden, wenn man „auch mal den Leuten einfach positiv kommt":

M: „Das ist so das, was ich so sehe, was den Leuten an sich und das ist an sich immer wieder, daß man das eben macht als Führungskraft, daß man auch mal den Leuten einfach positiv kommt, nicht bloß immer Kritik austeilt, es gibt auch manchmal wieder Sachen, wo man echt sagen muß, da haben wir jetzt Scheiße gebaut..." (S. 5).

Kritik sei auch leichter möglich, wenn man selbst Kritik durch die Untergebenen akzeptiere:

M: „... kann man auch mit den Leuten viel eher mit denen kritischer reden, wenn sie auch wieder kritisch reden können. Ich bin der Meinung, daß man da vielleicht einfach auf so, bestimmt aber mit einem anderen Ton reden kann, nicht nur den großen Macker rauskehren muß, sondern mit den Leuten, wenn es nicht notwendig ist, einfach normal reden kann einmal, das meine ich, da fährt man ganz gut. Es gibt ja auch genug Beispiele auch, man sieht ja den Vergleich bei anderen Kollegen auch, da weiß man, was die für ein Auftreten haben, wie die mit ihren Leuten umgehen, unnahbar, den großen Chef da rausspielen, vielleicht auch mit Recht, doch oft, wenn sie der Meinung sind, sie sind der und der, das ist auch dem sein Recht, aber ich mein, da spürt man dann doch dort und da so, „den kannst Du vergessen" und so, solche Sprüche kommen dann doch ans Tageslicht, das sagt doch wieder eine ganze Menge aus, das will ich mir eben sparen, will da einfach versuchen, eben da ein gutes Verhältnis zueinander zu bringen, zu bekommen" (S. 6).

‚Amtsautorität' von Kollegen bzw. eigenen Vorgesetzten erscheint dem Befragten als wenig geeignetes Mittel, den Respekt der Untergebenen zu erringen. Dieses Plädoyer für ein quasi gleichberechtigtes Interagieren von Vorgesetzten und Untergebenen wird ergänzt um die Klage über ein mangelndes Selbstbewußtsein vieler Untergebener:

M: „... der eine ist eben sehr empfindlich, der andere ist sehr sensibel, der andere ist robust, der tut sich da leichter, wahrscheinlich dann schon. Der andere ist sensibel, der hört aus jeder, sei es bloß Veränderungen, wenn man sagt, man will jetzt das und das, wenn man so Gruppengespräche macht (...) jetzt wollen wir das probieren, oder es kommt ein neuer Mann, dann hat jeder Angst schon wieder, irgendwas, der andere sagt „Was?", wie soll ich da Angst haben, wenn da jetzt ein Neuer kommt, da habe ich keine Angst"; die anderen sehen schon wieder, der könnte schon wieder besser sein, der könnte mich schon ablösen, die sind da ängstlicher, solche Extreme ... andere sind selbstsicher und so, sind also robuste Naturen, sind also selbstbewußt ..."

Z: „Ist das so verbreitet, daß die Leute diese Angst um ihre Posten ...?"
M: „Ja, genau; (...) dann gibt's diese Gerüchte, auch wenn es gar nicht zur Debatte steht, wenn man bei uns nicht mal im hintersten daran gedacht hat, dann machen die sich schon im vornherein Gedanken. Von Haus aus schon irgendwie so eine negative Geisteshaltung, es sind aber Leute, die grundsätzlich überall Pessimisten oder negative Einstellungen haben, so im Privaten auch irgendwo dann, sehr übervorsichtig, sie trauen sich nichts zu entscheiden: „Mensch, wenn da was passiert, wenn wir das jetzt zulassen, dann müssen ..., was da alles auf uns zukommen kann", aber ein anderer würde wieder großzügig, wenn es auch einige Male daneben geht, dann sagen: „ja, gut, das müssen wir mitverkraften, das müssen wir halt mittragen" und dann geht es schon irgendwo" (S. 11 f.).

Diese Schilderung von selbstbewußten bzw. überängstlichen Untergebenen findet sich übrigens im Zuge der Antwort auf die *„Psychotherapiefrage":*

Z: „Sie haben angesprochen, Psychologie – etwas ganz anderes, wenn Sie erführen, irgendein Mitarbeiter oder irgendein Kollege aus der Firma, der sei beim Psychologen gewesen oder in Behandlung gewesen, was würden Sie dazu denken?"
M: „Ja, (verlegenes Lachen) irgendeine psychologische Behandlung? Was soll ich mir da denken, mit dem stimmt etwas nicht. Normalerweise, das ist die normale Reaktion, das würde mir genauso gehen, ohne jetzt größer darüber nachzudenken, aber meistens wir haben auch schon in den eigenen Reihen so Leute, die sind schon seelisch sehr schwer angeschlagen oft auch, es sind Auswirkungen da, die aber nicht in so einer Behandlung sind, aber denen es so nicht gut geht, so Leute, aber die schleppen ihr seelisches Bündel da, ihren seelischen Druck immer mit rum ..." (S. 10 f.).

Wie ist das in diesen Kontext eingebettete Urteil über mangelndes Selbstbewußtsein von Untergebenen zu bewerten? Wird hier geleugnet, daß die Abhängigkeit der Untergebenen Gründe etwa für Sorgen um den Erhalt der Stelle impliziert? Wird hier das Ideal von human-relations, denen die Abhängigkeitsbeziehungen in keiner Weise mehr anzumerken sind, (jenseits des ja auch angesprochenen instrumentellen Werts einer derartigen Perspektive bei Untergebenen) als das angesprochen, was man sich von der Praxis ‚normaler Menschen' erwarten sollte? – Auch andere Stellen – die Themen Streß und Konflikt betreffend – machen deutlich, daß der Gesprächspartner einerseits zwar ‚objektive' Ursachen benennt – sowohl Streß als auch Konflikte sieht er beispielsweise im Kontext der Kontrolle von Untergebenen durch Vorgesetzte (S. 2 und S. 7) – andererseits aber eher subjektive Schwächen für unerfreuliche Erscheinungen des betrieblichen Alltags verantwortlich macht. Seine Aufgabe gegenüber der Überängstlichkeit von Untergebenen sieht er jedenfalls im „irgendwie immer gut zureden":

M: „... man kann natürlich nicht sagen, geh mal zum Psychiater, mein Chef sagt, ich spinn, so ungefähr, das wäre wahrscheinlich das Verkehrteste, dann würde man wahrscheinlich alles kaputtmachen" (S. 14).

Die Möglichkeit, eine unangenehme Arbeitssituation durch Positions- bzw. Firmenwechsel zu verlassen, thematisiert der Befragte ebenfalls in seiner Antwort auf die ‚Psychotherapiefrage':

M: „Es gibt ja genügend so Fälle, wir haben auch Wechsel von Leuten untereinander da, sagen, bin ich froh, daß ich weg bin, oder da möchte ich unbedingt weg, denn mit dem kann ich nicht zusammenarbeiten, oder mit dem komme ich nicht aus, der sitzt mir dauernd drauf, es gibt auch die privaten Spannungen untereinander auch, „den kann ich nicht verputzen", und müssen aber trotzdem mit dem zusammenarbeiten, und der andere sagt, „weißt was, da gehe ich woanders hin, dann sehe ich Dich nicht mehr". Wenn Sie mal irgendwo in einer größeren Position sind, dann können Sie nicht alle halbe Jahr sagen, „jetzt weißt, jetzt gehe ich woanders hin, das interessiert mich nicht mehr, da muß man irgendwie schaun, daß man zurechtkommt und doch einen Dialog findet, ob man will oder nicht" (S. 11).

Hier wird implizit eine unliebsame aber unausweichliche Abhängigkeit von der eigenen Position angesprochen.

Zuletzt sei noch berichtet, wie sich der Befragte zum Thema *Manipulation* äußert:

M: „Eine gewisse Manipulationstechnik, vielleicht bewußt nicht, aber im Unterbewußtsein, wie es halt so im menschlichen, täglichen Leben eben auch gibt, daß man irgendwie überall schaut, daß man für seine Gruppe und für sich selber, für seine Familie oder auch im Betrieb irgendwo des versucht, ist ganz klar, mehr oder weniger wahrscheinlich unbewußt, oder wie würde ich sagen, aber direkt so, daß man nur rein manipulatorisch vorgeht, daß sagt so, den will ich jetzt ja hinbiegen, das geht auch wahrscheinlich gar nicht, weil ja die Leute nicht alle dumm sind, aber es ist wahrscheinlich so, ich bin der Meinung, daß das führt auch einen nicht weiter, wenn man momentan auch Anfangserfolge dahin kommen würde, aber auf die Dauer, glaube ich, wird man doch bald durchschaut und drum, wie gesagt, im Unterbewußtsein vielleicht, ja, daß man so was macht ganz automatisch irgendwie, aber bewußt, daß man direkt sagt, das müssen wir so machen, damit wir die reinlegen können, damit man die auf seine Seite zieht, das nützt auch dem Betrieb nicht viel, man muß doch untereinander muß man doch sehr lange zusammenarbeiten, auch mit den anderen Abteilungen, drum sage ich immer wieder, auch wenn's zu sachlichen Differenzen kommt oder auch persönliche Differenzen kommen, man muß doch wieder zusammenarbeiten, dann hat es keinen Sinn (...), die sind ja auch nicht dumm, drum hat es keinen Sinn ... es läuft mit Sicherheit nicht lange. Es ist im täglichen Leben auch so ... Im allgemeinen soweit es im betrieblichen Belange, da hinbiegen kann, überblicken kann, dann macht man es bewußt nicht. Für mich, ich, ich ziehe die Sache nicht vor, es gibt bestimmt Stellen, wo es notwendig ist, in so Parteien oder was, daß man was versucht in der Presse oder irgendwo, gut, dann übernimmt man halt eine Meinung und die, wenn das eben glaubhaft erscheint, ist man ja schon manipuliert, wenn man das ganz streng nehmen will, so würde ich das sehen, wenn Sie selber die Erfahrung machen, dann irgendetwas erreichen, würde ich schon sagen, daß wir das gemeinsam machen, und das wird sogar im großen und ganzen hier in meinem näheren Arbeitsbereich" (S. 14 f.).

Was hier über Manipulation geäußert wird, hat wiederum den Anklang eines Echos von Belehrungen im Verlaufe früherer Seminarbesuche. Inhaltlich sei der exkulpative Aspekt („unbewußt") sowie die ‚Kritik' mit Hilfe eines instrumentellen Maßstabs („nicht dumm"; „nicht langfristig") hervorgehoben. Als exkulpativ könnte auch der Hinweis auf die Universalität („Presse", „Politik") von Manipulation interpretiert werden; dieser Hinweis könnte allerdings auch lediglich die Reproduktion eines dem ‚kritischen Zeitungsleser' anstehenden Stereotyps darstellen. Was im zitierten ‚Rundschlag' in Sachen Manipulation *fehlt:* der instrumentelle Charakter von ‚freundschaftlicher Behandlung', der, wie belegt, ja ausdrücklich thematisiert wurde. Abschließend spricht der Befragte übrigens von sich aus – mehr oder weniger scherzhaft – einen Lerneffekt für manipulatives Verhalten im Privatleben an:

M: „Man profitiert dann auch irgendwo indirekt auch privat davon, es formt einen ja irgendwie auch, man bildet sich eine Meinung und sein Verhalten wird auch da mitgeformt irgendwo. Man sucht sich des aus, was „das kann man anwenden", sei es, daß man die Frau beeinflußen kann entsprechend, oder sonst irgendwas ..." (S. 16 f.).

Zusammenfassend sei die mit Vorbehalten gemischte Aufgeschlossenheit des Interviewten festgehalten. Ängste oder Profilierungsbemühungen werden nicht spürbar. Die Reflexionen des Interviewten über eine ‚Psychopathologie des Arbeitslebens' beinhalten widersprüchliche Aussagen zu strukturellen ‚Häßlichkeiten'; die Funktion einer positiven Darstellung der eigenen Stärke jedoch scheint den Äußerungen über Schwächen anderer – nach Empfinden des Verfasseres – nicht zuzukommen.

5.2.3.2. Post

Als positives Erlebnis nennt der Befragte zunächst den „ganzen Rahmen" von den örtlichen Gegebenheiten bis zu den Kontakten mit anderen Führungskräften der Firma. Erst dann kommt er auf den Inhalt zu sprechen; hier stellt er fest, es seien „schon manche Aspekte dabei" gewesen, „die eben schon aus der Praxis sind" (S. 1). Die Relativität, die in diesem Lob anklingt, erweist sich durch den weiteren Verlauf des Gesprächs als höfliche Umschreibung für die Überzeugung, die Praxisrelevanz des Gebotenen sei minimal gewesen. Das zuletzt genannte Urteil erstreckt sich auf Lernziele (1.) wie auf Methoden (2.) des Seminars.

Zu 1.) Wie in den beiden zuvor diskutierten Fällen wird auch hier die *Praktikabilität des Lernziels „Delegation von Verantwortung" grundsätzlich in Zweifel gezogen.* Eingeleitet von einem Bekenntnis zur eigenen Lernbereitschaft wird dies z.B. im folgenden Zitat deutlich:

M: „Ich war schon sehr, ich bin ja auch mit einer positiven Erwartungshaltung hingegangen, wenn schon mit einer negativen Erwartungshaltung hingeht, dann wird's ja auch meistens nichts. Es ist ganz gut gelaufen und, na gut, es gibt nun manche Aspekte über gewisse Details oder einzelne Gesichtspunkte, die man einfach ganz anders, von der Überlegung her, seine Überlegung ganz anders gesehen hat (...) so kommt dieses z.B. wo ich unwahrscheinliche Probleme hatte, mit dieser eigentlichen Delegationsaufgabe eigentlich, daß des, daß es schon soweit mitgeht, daß man auch voll die Entscheidung mit allein machen muß und auch dann die Folgen und Konsequenzen auch für sich allein tragen muß, da bin auch also nicht ganz konform, das war der einzige Punkt, der ein bißchen, wo ich mit anderen Kollegen, die auch sehr (...) wo man schon sagen muß, also das, das funktioniert aus meiner Sicht und aus der Sicht der anderen Kollegen in der Praxis eigentlich nicht so, in der Realität einfach; es ist zwar von der theoretischen Sicht aus vielleicht, ist es konsequent, daß der alleine die Entscheidungen trägt bis rauf und der auch dann von oben ohne den Zwischenträger, z.B. den Vorgesetzten auch direkt die Konsequenzen ..., aber das wäre die Theorie, aber in der Praxis schaut es doch meistens anders aus, daß jeder den nächsten anderen fragt und die Hierarchie hinauf und herunter geht, und der, dessen Vorgesetzter oder mein Mitarbeiter halt Mist baut (...), weil es mein Mitarbeiter war, da kann ich nicht sagen, wie das so angeklungen ist: der da unten, wenn der Chef kommt: „was habt Ihr denn da wieder gemacht" – „der Mayer war's". Da bin ich gedanklich nicht ganz konform gegangen, das haben wir auch durchdiskutiert" (S. 2).

Der Befragte berichtet, er habe ungeachtet seiner Meinung, das Lernziel sei mit der gegebenen Hierarchie unvereinbar, gleich nach Rückkehr in die Firma einschlägige Realisierungsversuche unternommen:

M: „Aber wir haben auch darüber gesprochen, ich hab gesagt: das haben wir so und so gehört da, und wir wollen das mal probieren einfach: versucht mal, ein Problem ganz allein zu lösen, ich mische mich gar nicht ein, dann könnt Ihr es von mir aus ... Automatisch kommen die Leute dann doch immer wieder her, die wollen es doch wieder, kommen und sagen ja schauen'S wenigstens an und was meinen Sie jetzt dazu; mich interessiert's dann selber auch, was rausgekommen ist, und dann sagt man doch wieder ja, obwohl man jetzt weiß, nach der Delegationslehre, da sollten wir sagen, okay, das hast' jetzt so gemacht, machst' mal so weiter, aber trotzdem denkt man, das hätt' ich ein bißchen anders gemacht (...) und da ist es, da merkt man dann schon, daß die Leute es gar nicht so von sich aus, gar nicht so wollen, wollen sie es gar nicht, oder sie können es auch gar nicht, weil man das gar nicht so trainiert hat, man muß es halt versuchen des, ich habe das bei ein paar Sachen ausprobiert, es wird nicht überall funktionieren, das ist ganz klar, aber bei ein paar Sachen habe ich das mal probiert ..." (S. 4).

Nicht zuletzt Unwille bzw. Unfähigkeit des Untergebenen habe – abgesehen von der eingestandenen eigenen Tendenz, an gewohnten Kontrollmodi festzuhalten – einem Erfolg seiner Erprobung neuer Weisen der Delegation entgegengestanden. Anschließend wird allerdings deutlich, daß es ihm auch gar nicht sinnvoll erscheint, die Untergebenen (etwa durch Übung) zu entsprechendem Handeln hinzuführen:

M: „... aber wo ich am meisten Probleme hatte, war wie gesagt, diese eine Delegationslehre eben, daß man eben den Mitarbeiter, den unmittelbaren Mitarbeiter total Entscheidungsfreiheit geben muß, erst dann eingreifen muß, wenn man so wie es geheißen hat, Gefahr für das Unternehmen sieht, das war mir eben ein bißchen, da bin ich eigentlich sozusagen total von der Sache total isoliert, und ich weiß gar nichts über das Problem, auch z.B. daß der Mann, der direkt unter meiner Ebene sich mit dem übernächsten Vorgesetzten darüber über das Thema unterhalten soll, da sag ich mir, für was bin da ich noch da, zum Führen oder was, da bin ich irgendwo in Konflikt gekommen, oder daß der Übernächste dann, sich dann doch mit dem darunter wieder unterhält, dann frag ich mich, dann braucht's mich dann gar nicht mehr oder so. Auch wenn dann die Prügel einzustecken sind, daß man dann nicht mehr über mich klagen, sondern, daß man dann sagen kann, das hat der da unten gemacht, damit bin nicht ganz konform gegangen, also wenn der Chef kommt und sagt, was habt's denn da wieder gemacht, dann muß ich sagen zur Antwort: „Passen's auf Chef, das habe ich nicht gemacht, das hat der gemacht." Das habe ich auch diskutiert, auch mit unserem Chef, aber ..., die Realität ist dann doch anders ..., ich kann doch nicht sagen, so quasi, das interessiert mich nicht, was der gemacht hat, ich weiß gar nicht, was der gemacht hat, sie müssen doch irgendwo wissen, was die Leute gemacht haben, müssen ihnen Ziele geben, Aufgaben geben, die sie lösen können, wenn Sie aber nicht wissen, was dabei rausgekommen ist, dann können Sie zwar sagen, das habe ich nicht gewußt, was der gemacht hat, dann wird mir wieder vorgeworfen, das ist ja Ihre Aufgabe, das zu wissen, was der gemacht hat. Darum ist es ja heute so in der Praxis, wenn Sie heute was schreiben und Sie schreiben was, dann will Ihr Chef das einfach, zumindest gegengezeichnet haben, daß er inhaltlich einverstanden ist" (S. 5).

Hier wird nach Eindruck des Verfassers nicht nur auf Hindernisse hingewiesen, die Bemühungen zur Änderung der Interaktion von Vorgesetzten und Untergebenen nicht übersehen dürfen, hier wird auch auf der Selbstverständlichkeit – ja: Natürlichkeit – hierarchischer Über- und Unterordnung insistiert: „da sag ich mir, für was bin ich noch da, zum Führen, oder was?!" Im übrigen sei er mit seinen bisherigen Gepflogenheiten auch gut mit seinen Leuten ausgekommen:

M: „... im Endeffekt hat man gesagt: „machen wir es so und so", dann ist es so gemacht worden, deswegen ist es nicht so gewesen, wie es jetzt in dem Kurs gesagt worden ist: die Leute wären deswegen schlecht motiviert, so könnten sie sich nicht selbst verwirklichen. Diesen Eindruck habe ich nicht gehabt; ich habe ein recht gutes Auskommen mit meinen Leuten" (S. 4).

Entsprechend fällt sein zusammenfassendes Urteil über die Relevanz von Führungsfortbildung überhaupt aus:

M: „Was dann in der Wirklichkeit von Ihnen verlangt wird ... Es muß einfach so sein, daß Ihr Laden läuft, denn ... je weniger Probleme Sie mit Ihrem Personal haben, desto klarer ist die Sache einfach. Wie Sie das machen, situativ, kooperativ oder autoritär ... Es heißt dann vielleicht: „das ist ein ‚wilder Hund'" oder was, wie der mit seinen Leuten umspringt ... Aber wenn die mitspielen – da fragt Sie kein Mensch mehr danach ..." (S. 19 f.).

Die Aufgeschlossenheit des Befragten relativiert sich vor dem Hintergrund solcher Überzeugungen erheblich, auch wenn die Darstellungen von Aufgeschlossenheit sowie von Versuchen, die Lernziele im eigenen Tun wirksam werden zu lassen, nicht den Eindruck machen, der Befragte ‚lüge einem ins Gesicht'. Die *Aufgeschlossenheit* kann so als Art von *Heuchelei* interpretiert werden, die *Selbstbetrug* einschließt.

Die Zufriedenheit über die reibungslose Unterordnung seiner Untergebenen ist übrigens auch im Kontrast zu den Klagen über einen verbreiteten

Mangel an Selbstbewußtsein bei Untergebenen (siehe Erst-Gespräch) von Interesse: die *Unterordnung* wird als *Selbstverständlichkeit* genommen – die *Subalternität,* die diese Unterordnung begleitet, empfindet der Gesprächspartner als (eines erwachsenen Menschen) *unwürdig.*

Zu 2.) Die zuletzt genannte Zwiespältigkeit kommt auch in den (kritischen) Ausführungen zu Rollenspielen zum Ausdruck:

Z: „Sie sagen, das halt ist so durchgespielt worden, diese Spiele, wie haben Sie die erlebt?"
M: „Das ist recht unterhaltsam, möchte ich sagen; das ist einfach ganz klar, wie soll ich sagen, eine sehr praxisnahe, find ich es persönlich nicht, zwar eine ganz nette Auflockerung, weil doch ein jeder eine gewisse schauspielerische Haltung da mitreinlegt, weil in Wirklichkeit, ich erlebe es ja tagtäglich, wenn Sie heute mit einem reden, der ein Mitarbeiter von Ihnen ist, (...) man muß fast sagen, es sind ganz wenige selbstbewußte Kerle dabei, die sagen, das ist mir wurscht, mit dem rede ich genauso, mir ist es auch lieber, wenn man ganz normal unter erwachsenen Leuten spricht, jetzt unabhängig von der Autorität her, aber der Großteil, des merken'S den Leuten direkt an, diese Scheu zu nehmen, weil sie die quasi hier, die eingesetzte Autorität einfach sind, kraft Ihres Amtes, sind Sie einfach eine Autorität und jetzt reden Sie mit dem auch, und jetzt merken'S, die Leute sind irgendwie verschüchtert oder irgendwas, obwohl man das gar nicht will, man will genau das Gegenteil, man redet den Leuten zu, ‚Ihr seid doch auch erwachsene Leute, wir können doch unter uns Männer reden, so ganz normal, wie man es sonst versucht, aber es sind die allerwenigsten, die hier dann auf das einsteigen. Die meisten sind in einer gewissen Reserviertheit einfach immer .."

Z: „Die sehen einfach ..."
M: „Das spürt man einfach, bis auf wenige Ausnahmen, die kein so ein Autoritätsbewußtsein haben, so ein Selbstbewußtsein, das ist mir ganz wurscht, ob er der Vorstand ist, wär mir auch wurscht, es sind auch wenige, es sind auch irgendwo menschlich oder verhaltensmäßig bedingt einfach, man hat einfach ein Obrigkeitsgefühl, der eine hat's mehr, der andere hat's weniger, sei es kindheitsbedingt, oder sei es sonst wie sehr starken Vater, oder irgendwas, dann ist das vielleicht irgendwo mitentscheidend, oder wie das so in der Richtung läuft. Aber das spürt man schon."

Z: „Das ist das, was im Spielen einfach fehlt?"
M: „Es wird also gespielt, daß ein Kollege von mir, als Beispiel, der Abteilungsleiter, und ich bin dem sein Gruppenleiter, komme auf die Rhetorik, auf die, wir sind doch irgendwo gleichwertig, in Wirklichkeit ist es doch ein bißchen anders, wenn sie gleichwertig sind, es waren lauter Abteilungsleiter drinnen, es wurde dann so gespielt, daß wer die besseren schauspielerischen Fähigkeiten hat, der eine ist da nicht so gut angekommen, weil der andere ihm richtig eine draufgegeben hat, oder weil der so redegewandt war und die besseren Argumente hatte, und dann ist das einmal so gespielt worden, dann hat man gemerkt, einmal war der Vorgesetzte der, der zufällig eben auch die besseren Argumente, und bei zwei Spielen war, daß der eine Mitarbeiter dem Chef praktisch nur Vorwürfe gemacht, der hat sich so an die Brust geklopft: „Ja, Sie haben schon recht", obwohl die Vorwürfe ganz anders hätten sein müssen, man ist in der Natur, ist es meistens etwas anders, wenn man merkt, daß man in die Bredouille kommt als Vorgesetzter, dann übt man doch irgendwo unterbewußt Druck aus dann ..." (S. 8 f.).

Zu Beginn dieses Zitats ist von der Abhängigkeit der Untergebenen die Rede; zugleich wird schon dort bedauert, daß es nur „wenige selbstbewußte Kerle" bei den Untergebenen gebe; es schließen Vermutungen über die Ontogenese von „Obrigkeitsgefühl" an; schließlich wird dem Rollenspiel angekreidet, es sehe davon ab, daß man als Vorgesetzter „irgendwo unterbewußt einen Druck aus(übt)", wenn „man in die Bredouille kommt": Über- und Unterordnung ist dem Befragten eine Selbstverständlichkeit – die Subalternität der Mehrheit der Untergebenen erscheint ihm als mehr oder weniger störender Schönheitsfehler der Interaktion zwischen ‚eigentlich' „erwachsenen Leuten". Eine Praxisrelevanz von Vorgesetzter-Untergebener-Rollenspielen, die von faktisch Gleichgestellten ausgeführt werden, vermag der Befragte also nicht zu sehen, weil er überzeugt ist, mit dem Faktum der Hierarchie bzw. dem Faktum der subalternen Gesinnung Untergebener sei in den realen Vorgesetzten-Untergebenen-Beziehungen bereits ‚alles gelaufen':

M: „... diese Fallbeispiele, ist so ganz unterhaltsam, mal grundlegend zu sehen, zu sehen, wie sowas läuft, oder wie manche dort Fehler machen, sei es, daß nur der Chef redet, oder daß nur der andere nur redet, es kommt eben darauf an auf den einzelnen, die beiden Schauspieler, drum sage ich, für die Realität ist es eigentlich wenig und im Betrieb eigentlich wenig anwendbar. Wenn's woanders sind in einem Team, wo vielleicht, wo's nicht im Betrieb drin ist, oder wenn es keine Hierarchie gibt, in einem Verein, wo es fünf gleiche Mitglieder da sind, die irgendwas beschließen sollen, da wird es wahrscheinlich, da schaut es wieder ganz anders aus, weil keiner vor dem anderen ein Autoritätsgefühl haben braucht, der eine, der ist für die Sparte zuständig, der andere ist für den ... jeder will irgendetwas und jeder, wer die besseren Argumente dann hat so vielleicht, da wird es vielleicht ehrlicher jetzt da, weil sie alle auf gleicher Ebene sind. Aber dort ist es doch mehr schauspielerisch ..." (S. 9 f.).

Angesichts der Betonung der praktischen Bedeutung der hierarchischen Beziehungen – nicht zuletzt für den eigenen Umgang mit ‚Mitarbeitern' – wirkt die Klage über den mangelnden ‚Mumm' von Untergebenen zynisch: ‚die da unten' sind abhängig – und das sollen sie auch bleiben – ihre unterwürfigen Charaktere jedoch sind eine Zumutung!

Ein weiterer Gesichtspunkt der Kritik an Falldiskussionen (die teils als Synonym für Rollenspiele figurieren) ist der Umstand, daß die Reflexion hier vom Zwang zum unmittelbaren Handeln befreit:

M: „Ja, aber man hat halt unwahrscheinlich viel Zeit gehabt dafür, man hat sehr viel diskutieren können dabei, in der Praxis müssen Sie ja viel schneller handeln, da haben'S nicht die Zeit, so daß Sie sagen, da reden wir jetzt mal einen halben Tag drüber – obwohl man sich vielleicht mehr Zeit nehmen müßte. Ein paar Aspekte sind schon dabei, wo man sich eben schon wieder fragen muß, kann man da irgendwas anwenden, so in der Richtung" (S. 3).
(...)
M: „Das ist dann von der Gruppe bearbeitet worden. Das ist was, des ist, des, was wir in der Wirklichkeit auch nicht haben, Sie lesen auch vorher nicht, so, wenn der jetzt kommt, den freß ich jetzt, Sie wollen erst mal hören, was los ist, weil Sie den Fall nicht

Tab. V/15: **Übersichtsdarstellung Fall M/prä**

Menschliche Beziehungen in der Hierarchie im subjektiven Bild	Kontrolle	(1) Menschlichkeit a) ist ein Bedürfnis auch im Arbeitsleben b) lohnt sich (vs. Dünkel) (2) Manipulation a) nur unbewußt b) Opfer nicht dumm langfristig nicht praktikabel c) siehe aber (1b)! (3) Streß und Konflikte: a) Konkurrenzfolge b) Folge von Schwäche (4) höhere Position bindet	Abb.V/28
	Moral	(5) Humanität a) ein wertvolles Prinzip und b) ein nützliches Mittel zum Zweck (6) Manipulation: Exkulpation (2a) und Relativierung des Nutzens (2b)	
Trainingssituation/Psychologie im subjektiven Bild	Kontrolle	(7) "Neue Erkenntnisse", "Selbstkritik" etc. (8) Problem: Praxisrelevanz (9) wichtig: aktive Aneignung (10) (Therapie: "Stimmt was nicht"; hätten viele nötig ('Psychopathologie des Arbeitslebens') (3b))	
	Moral	(11) im Kontext mit (8) und (9) Vorbehalt gegen mögliche "Schulmeisterei" durch Referenten	
	Betroffenheit explizit	siehe (7), (8), (9) und (11)	
	Betroffenheit implizit	(12) Aufgeschlossenheit mit Vorbehalten; angstfrei	

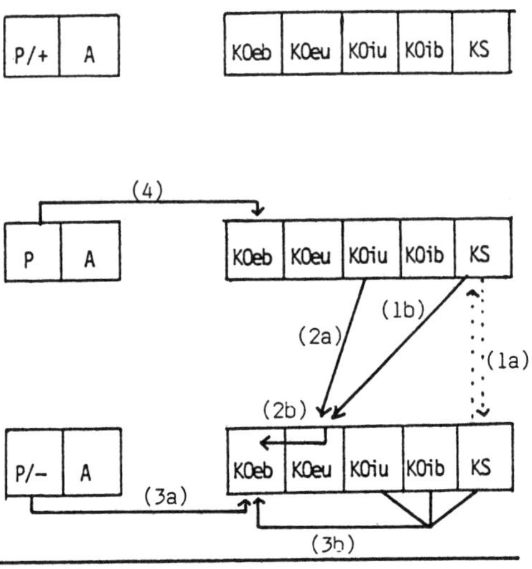

Tab. V/16: **Übersichtsdarstellung Fall M/post**

Menschliche Beziehungen in der Hierarchie im subjektiven Bild	Kontrolle	(1) Delegation von Verantwortung a) scheitert an mangelndem 'Format' der Untergebenen b) scheitert an dem hierarchischen status quo c) verträgt sich nicht mit dem Sinn (der Existenzberechtigung)der eigenen Position	Abb.V/29 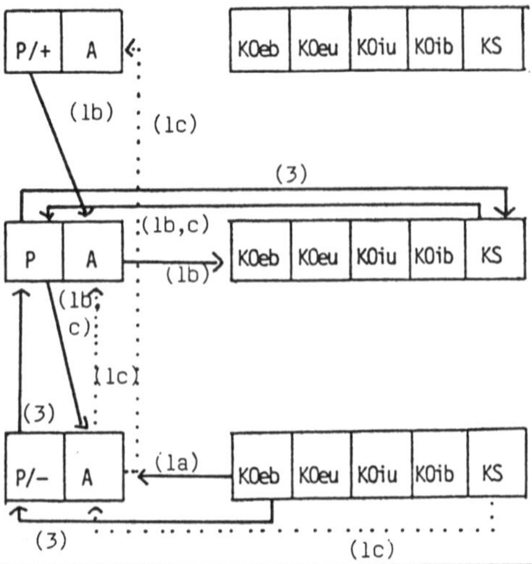
	Moral	(2) funktionierende Unterordnung ("Zufriedenheit") ist das Entscheidende (1a, c) (3) Bedauern der Unterwürfigkeit der Untergebenen ('unwürdig' für "erwachsene Leute") (1a)	
Trainingssituation/Psychologie im subjektiven Bild	Kontrolle	(4) Rollenspiele: unrealistische Gaudi - die Abhängigkeit fehlt vgl. (2), (3) (5) Fälle: unrealistische Distanz (6) Test: spielerische Konformität mit der unrealistischen "Theorie" vgl. (1)	
	Moral	siehe (4), (6)	
	Betroffenheit – explizit	(7) vordergründige Zufriedenheitsbekundung (8) aber: "Praxis" versus "Theorie": (4), (5) und (6) (9) angenehm: Abwechslung, Kontakte	
	Betroffenheit – implizit	(10) Aufgeschlossenheit neben der festen Gewißheit: alles muß bleiben wie es ist	

so genau kennen, wie er sich das gedacht hat, warum das so war und seine Schilderung einfach mal hören. Die Vorbereitung, die gibt's in der Realität auch nicht. Es ergibt sich dann oft aus den Gesprächen, in den meisten Fällen sind es irgendwelche Bekannte, leider Gottes meistens immer dieselben dann, kennt man dann schon seine Leute, dann, ja der Mayer, muß mit dem wieder ich reden, da weiß man schon, auf was man losgeht dann ..." (S. 11).

In beiden angeführten Zitaten ist die Nichtidentität der Methoden, die eben reale Probleme aus der Distanz verdeutlichen sollen, mit der alltäglichen Situation bereits ein hinreichender Grund dafür, die Methoden als „Theorie" ‚abzuhaken'. Am Rande wird übrigens auch hier der Test erwähnt, dessen listig-konformistische Bearbeitung dem Befragten wohl ein gewisses intellektuelles Vergnügen bereitet hat; eine „Mordsgaudi" bereitet zu haben, wird ja auch den Rollenspielen zugebilligt. Daß die Diskrepanz zwischen den Antworten im Test und der eigenen Praxis damit kommentiert wird, man falle eben immer wieder in den „alten Trott" (S. 14) zurück, mutet nach allen aufgeführten inhaltlichen Einwänden gegen die Lernziele und Lehrmethoden des Seminars als rein floskelhaftes Bekenntnis zum Dazu-Lernen. Die Antwort, die der Gesprächspartner auf eine Nachfrage an diesem Punkt gibt, ersetze hier ausnahmsweise eine Zusammenfassung:

Z: „Was glauben Sie, was könnte man da machen, daß man nicht so schnell wieder in den Trott reinkommt?"
M: „Da können Sie bloß einfach, meiner Meinung nach, immer wieder, wie gesagt, intensiv schulen, schulen und nochmals schulen. Es muß natürlich auch einer das wollen, das ist ganz klar, wenn einer von Haus aus mit der Erwartung, das ist alles Blödsinn, dann kannst den 100 Jahre schulen, dann bringt es auch nichts. Es muß dann schon einer ehrlich den Willen haben, da mitzuarbeiten" (S. 15).

– Auch ein „ehrlicher Wille" kann in sich gebrochen und heuchlerisch sein: ihm ein einziges Mal den Spiegel vorzuhalten, könnte vielleicht mehr bringen als ...

5.2.4. Querschnitte durch die Fälle K—M (unter Rekurs auf 5.1.6.)

Auffällig ist zunächst die bei allen drei Gesprächspartnern – nach vordergründigen Zufriedenheitsbekundungen – zum Ausdruck kommende Unzufriedenheit mit dem Seminar. Dieser Befund steht in Kontrast zu den Daten in 5.1. Gleichwohl läßt sich insofern ein gleichsinniges Resultat beider Teil-Befragungen festhalten[27] als auch bei K—M kaum von einem Aufbrechen

[27] Einer der zwei hier nicht dargestellten Prä/Post-Fälle/Seminar II enthält starke Gemeinsamkeiten mit K—M, der andere zeigt deutliche Abweichungen in Richtung Zufriedenheit und Enthusiasmus; letzterer Befund sollte nicht ‚unter den Teppich gekehrt' werden, um etwa ein ‚beweiskräftigeres' Belegmaterial vorweisen zu können: das angestrebte Verständnis der festgestellten Unzufriedenheit bei Seminar II leidet jedoch nicht unter diesem hier ausdrücklich aufgewiesenen Mangel an Repräsen-

von „Verkrustungen" die Rede sein kann: auch bei K—M scheint es eher zutreffend, von Verhärtungen ‚schiefer' subjektiver Perspektiven auf die menschlichen Beziehungen in der Hierarchie zu sprechen: Nicht dem Kundengeschmack zu willfahren, ist also – anders als es die Schlußbemerkungen in 2.1.2.4. und 5.1.6. vielleicht nahegelegt haben – offenkundig keine Garantie dafür, daß problematische Bilder der Interaktion in der Hierarchie ‚angekratzt' würden. Konkrete Gemeinsamkeiten und Differenzen der Perspektiven der Fälle aus 5.1. und aus 5.2. kommen anschließend zur Sprache; die Darstellung orientiert sich an der Gliederung von 5.1.6. Analog zu den „Zufriedenheitsbausteinen" in 5.1.6. wird dabei (im Zusammenhang mit den Erwartungen) nach „Unzufriedenheitsbausteinen" zu suchen sein.

5.2.4.1. Selbstinstrumentalisierung

Das Thema „Emotionen" wurde in keinem der Fälle K—M (prä) ausdrücklich angesprochen. Berührungspunkte zu den ‚Emotions-Befunden' in 5.1.6. zeigen die Äußerungen zum Thema *„Konflikt"* bei L/prä und M/prä: das „Innere" des Individuums als Konfliktursache; hier ist allerdings weniger eine Erscheinung gemeint, die die Befragten selbst betrifft, als ein Phänomen, das bei anderen zu beobachten sei: charakterliche Hindernisse für eine reibungslose Interaktion; implizit ist hier ein Hinweis auf die eigene Selbstkontrolle enthalten (vgl. Abb. V/11 und 12).

Streß wird von K als ‚objektiver' Streß (vgl. Abb. V/13) angesprochen; als belastend wird hier ausdrücklich die mangelnde Kontrollierbarkeit betrachtet. L „liebt" Streß, sieht Streß also als Bereicherung/Beleg subjektiver Kontrollkapazität (Abb. V/16), wobei allerdings Hinweise auf ein Leiden unter der faktischen Unkontrollierbarkeit nicht fehlen: Streß als leider nicht kontrollierbarer Beleg der eigenen Kontrollkapazität (siehe Abb. V/26). M sieht Streß wie auch Konflikte durch eine Verbindung der Konkurrenzsituation mit persönlicher Überängstlichkeit/Schwäche erzeugt: hier mischen sich also eine Variante der Perspektive ‚objektiver' Streß (Abb. V/13) und die Perspektive ‚subjektiver' Streß: ‚selbstverschuldete' Überlastung (Abb. V/14) zur Perspektive ‚subjektiver Konkurrenzstreß' (siehe Abb. V/28). – Zur näheren Diskussion der Selbstdarstellungslogik der verschiedenen Streßperspektiven siehe 5.1.6.

Als Mittel *funktioneller Selbsterfahrung* reflektiert K/prä das Training (im Sinne der vorgegebenen Lernziele); es wird allerdings deutlich, daß er offene Rückmeldung nicht erwartet; daneben versichert er, durch derartige Veran-

tativität; umgekehrt hätte eine ausführliche Interpretation des ‚Abweichlers' sich – aus Gründen, die hier nicht darzulegen sind – nicht mit den bei Firma II erforderlichen zusätzlichen Maßnahmen zum Schutz der Anonymität der Gesprächspartner vertragen (vgl. 4.2.1.).

staltungen an ‚Format' gewonnen zu haben. L/prä spricht ausdrücklich von der Sorge, in Rollenspielen *schlecht auszusehen;* er tut dies nicht ohne den Verweis, so mache sich im Grunde seine (charakterliche) Stärke geltend; diese charakterliche Stärke impliziert übrigens seine Erhabenheit über die Notwendigkeit zu Führungsfortbildung („Geschwister"!). „Selbstkritik" wird bei M/prä lediglich eingangs floskelhaft erwähnt; Bewährung im *‚Härtetest'* ist bei ihm weder in einem offensiven noch in einem defensiven Sinn Thema der Selbstdarstellung; das Bekunden von Lerneifer scheint von M/prä auch nicht als (unstandesgemäßes) Geständnis mangelnder Souveränität reflektiert zu werden.

Das für die Dimension Stärke/Schwäche aufschlußreiche Thema *„Psychotherapie"* wird von K/prä mit einer kurzen Bemerkung quittiert: ein Mißgeschick, das jedem zustoßen könnte; K sieht hier wohl eine Schwäche, ohne dies als Anlaß zu einer kontrastierenden Darstellung seiner Stärke zu nehmen. L/prä nimmt die Frage zum Anlaß, wortreich zu bekunden, *er* habe so etwas nicht nötig. M/prä bildet hier (bezogen auf alle überhaupt vom Verfasser Befragten (siehe 4.2.1.)) eine Ausnahme: er wüßte viele Kandidaten für eine solche Behandlung; inwieweit hier eine zynische Perspektive auf Untergebene vorliegt, hat der Fall-Längsschnitt gezeigt.

Das ‚Ich-Habe-Keine-Zwei-Gesichter' spielt bei keinem der Befragten eine Rolle; eine gesonderte Darstellung anderer „Transfer/privat"-Antworten wird hier nicht vorgenommen.

Karriere ist für K/prä ein selbstverständlicher Gesichtspunkt des Seminarbesuchs; K/post sieht hier den (letztlich) einzig (rein formellen) positiven Effekt. Für L/prä ist Karriere ein heikles Thema: Konkurrenz ist für ihn einerseits ein Tabu-Wort, andererseits antizipiert er Angeberei und Rivalität (anderer Teilnehmer) im Seminar. Einen Zusammenhang von Seminar und Karriere/Konkurrenz thematisiert M/prä nicht. – Zur Interpretation des Karriereaspekts der Selbstdarstellung siehe 5.1.6.

5.2.4.2. Instrumentalisierung anderer

Die markanten Unterschiede zwischen 5.1. und 5.2. betreffen diesen Punkt: 1.) das ‚Kooperationsbild/post' bei K—M weist auf den entscheidenden ‚Unzufriedenheitsbaustein' hin; 2.) Manipulation ist (als solche) weder vor noch nach dem Seminar ein ausdrückliches Element positiver Selbstdarstellung – der machiavellistische Gestus fehlt.

Zum Thema *Kooperation* (siehe Abb. V/24, 26 und 28): K weist bereits im Erst-Gespräch einen kooperativen/partizipativen Führungsstil in das Reich der „Theorie": „im Prinzip wunderschön" – aber man kann nicht immer nur reden ... Diese Argumentation wird in 5.2.1.1. detailliert kommentiert; die

Fadenscheinigkeit von Argumentationen für einen „situativen Führungsstil", den auch K/prä verficht, wurde auch an verschiedenen Punkten im theoretischen Teil deutlich gemacht (z.B. Fußnote 24 in 2.1. und in 2.1.2.4.). Daß unter dem Motto vom „situativen Führen" prinzipiell der Führungskraft bzw. deren „Flexibilität" Verantwortung für v.a. strukturell bedingte Reibungen zugemutet wird, ist für K/prä kein Thema; er sieht sich umgekehrt durch Appelle zu kooperativem/partizipativem Führen auf untragbare Weise in die Pflicht genommen. Durch den Hinweis, ihm selbst obliege es ja auch, seinem Vorgesetzten zu gehorchen, reklamiert er den Gebrauch der (Macht-)Befugnisse seiner Position (siehe Abb. V/24). L/prä sieht die (bzw. seine) Partizipationspraxis weitgehend als Pseudo-Partizipation (Abb. V/26); einerseits würde er klare Unterordnungsbeziehungen bevorzugen; andererseits klagt er für seine Preson über mangelnde Partizipationsmöglichkeiten (vgl. zu diesem Aspekt die gegen Ende von 2.1.1.3. erwähnten Umfrage-Befunde). M/prä erwähnt, eine Behandlung von Untergebenen „als Menschen" (einschließlich der Erlaubnis, den Vorgesetzten zu kritisieren) sei ein (instrumentell) erfolgreiches Führungsmittel.

Nach dem Seminar ist für alle drei „Delegation von Verantwortung" das zentrale Thema (siehe Abb. V/25, 27 und 29). Grundsätzlich sind sich alle einig: das ist „Theorie", das taugt nicht für die „Praxis"! Mit einer gewissen Plausibilität verweisen alle auf die eingefahrene hierarchische Praxis als Hinderungsgrund. Neben dem Verweis auf Strukturen (alle) wird diesbezüglich der rigide Charakter der eigenen Vorgesetzten (K, L) bzw. das mangelnde Format, die mangelnde Reife der eigenen Untergebenen (M) hervorgehoben. Zugleich wird aber jeweils auch ein ‚Kleben' an den Privilegien der eigenen Position deutlich (siehe dazu die Fallinterpretationen!). Letzteres verleiht den Klagen über äußere Veränderungshindernisse einen heuchlerischen Charakter.

Daß „graue Theorie" einen 1. unsinnigen und 2. gegen Kritik immunisierenden Topos darstellt, wurde bereits im 3. Kapitel unterstrichen (3.1.1.; 3.1.2.2.). In 2.1.2.3.1. wurde nachdrücklich argumentiert, „Theorie" im Training müsse keineswegs bedeuten, die Teilnehmer würden lediglich unverbindlich mit Appellen und/oder mehr oder weniger interessanten Kenntnissen berieselt.[28]

Was läßt sich aus den Äußerungen von K—M nun über die in Seminar II gebotene „Theorie" (mit mehr oder minder großem Vorbehalt) schließen? – Dem Bedürfnis nach einer Legitimation der eigenen Machtausübung wurde offenkundig nicht entgegengekommen; umgekehrt scheint auch nicht eine Kritik pseudo-partizipativer Bemühungen Thema gewesen zu sein (L/post

[28] Siehe hierzu auch die Kritik reduktionistischer Begriffe von Interaktionskompetenz in 2.1.2.2. (im Kontext mit 3.3.) sowie die abstrakteren Überlegungen in 3.2.

kennzeichnet Pseudo-Partizipation, die er selbst im Erst-Gespräch ausdrücklich als manipulativ gekennzeichnet hatte, als die einzig mögliche ‚Verdolmetschung‘ der „Theorie“ in die „Praxis“!); möglicherweise reduzierte sich die „Theorie“ auf den Appell, die einzelnen Führungskräfte mögen Verantwortung delegieren; einen solchen quasi ‘in der Luft hängenden‘ Appell[29] mit pseudo-partizipativen Tendenzen (vgl. 2.1.1.3.) in Verbindung zu bringen, dürfte nicht ganz von der Hand zu weisen sein; daß die Führungskräfte einen derartigen Appell durch das Deuten auf den status quo von sich weisen, liegt nahe; daß dieses „theoretische“ Trainingselement in beschriebener Weise zum ‚Unzufriedenheitsbaustein‘ werden konnte, ist aber wesentlich auch durch den *Unwillen* der Führungskräfte zur Änderung der menschlichen Beziehungen in der Hierarchie konstituiert; die „Theorie“ mag also als ‚verlogen‘ zu kennzeichnen sein – die heuchschlerischen Ohnmachtsbekenntnisse der Führungskräfte sind deshalb nicht weniger ein (möglicher) Stein des Anstoßes. Das Gesagte Führungskräften aufzuweisen, wäre womöglich ein Stück „Theorie“, das sie nicht nur verärgert, sondern vielleicht auch – durch Vorhalten des Spiegels – ein neues Licht in ihr Fremd- und Selbstbild bringen könnte. Die Erinnerung an einschlägige ‚Zufriedenheitsbausteine‘ im Falle von Seminar I (5.1.6.2.) möge hier zur Betonung grundlegender Gemeinsamkeiten der Führungskräfte von Firma I und II genügen.

Zum Thema *Manipulation:* K/prä mißt Manipulation keine Relevanz für die Relation Vorgesetzter/Untergebener zu. K/post spricht das Thema nicht an. L/prä tabuisiert das Thema; auf Nachfrage kennzeichnet er Pseudo-Partizipation als Manpulation. L/post hat – ohne dies mit dem Stichwort Manipulation in Verbindung zu setzen – als Lehre aus dem Seminar gezogen: „den Mitarbeitern das *Gefühl* vermitteln, sie trügen Verantwortung“! M/prä manipuliert „höchstens unbewußt“ und beherrscht die Kritik von Manipulation vom instrumentellen Standpunkt aus; als Transfer/privat-Hoffnung erwähnt er gleichwohl (scherzhaft?!): „die Frau beeinflussen“; den von ihm propagierten instrumentellen Wert von human-relations bringt er nicht mit dem Stichwort Manipulation in Verbindung. M/post thematisiert Manipulation nicht.

Die Gründe für die ins Auge stechende Differenz[30] hinsichtlich der Bedeutung von Manipulation für die Selbstdarstellung in den Erst-Gesprächen bei Seminar I und bei Seminar II können hier nur gemutmaßt werden: existiert in

[29] Vgl. Fußnote 6/1. Kap. und Fußnote 25/2.1.; siehe in diesem Kontext das, was L/post zum ‚Schnipsel-Spiel‘ mitteilt; vgl. auch, was in Fußnote 14/5. Kap. zu ‚Psychologie als Gag‘ gesagt ist.

[30] Bezogen auf Tab. 1 zentriert sich bei den Teilnehmern von Seminar II die Erwartung eher um 3a, während die Erwartungen und Berichte der Teilnehmer von Seminar I eher um 3b zentriert sind.

beiden Firmen ein verschiedenes Stereotyp von einer potenten Führungskraft; ist im Falle von Firma I die spezielle Kunde entscheidend, die dem Seminar voraneilt; gilt das umgekehrt für Firma II/Seminar II; oder ist lediglich auf Grund der kleinen Stichproben ein entsprechendes Trugbild entstanden?

Die Aussagen zu Falldiskussionen und Rollenspielen sollen hier nicht gesondert aufgegriffen werden; diese Aussagen flankierten im Falle von Seminar II in erster Linie die Angriffe auf die „Theorie". Feed-back analog zum „heißen Stuhl" in Seminar I war offenkundig nicht Inhalt von Seminar II. – Eine grundsätzliche Anmerkung soll an die obigen Ausführungen zu „Theorie" und ihrer Rezeption durch die Teilnehmer noch angeschlossen werden: das Thematisieren von Transfer-Problemen (etwa der Hinweis auf den sog. „Bumerang-Effekt"; vgl. 2.1.2.4.) sollte die hier deutlich gewordenen Tendenzen von Teilnehmern, sich für unverantwortlich zu erklären, reflektieren: derartige Maßnahmen zur „Transfersicherung" können einer Immunisierung gegen Veränderungsaufforderungen wohlfeile Argumente liefern.

6. Ausblick

Die vorliegenden Befunde über im Kontext von Führungsfortbildung erhobene Perspektiven von Führungskräften auf die menschlichen Beziehungen in der Hierarchie weisen in verschiedener Hinsicht auf ein fragwürdiges Zusammenspiel von Trainingsinhalt und Mentalität der Führungskräfte hin. Diese Befunde sollen hier nicht nochmals aufgeführt werden. Es sei lediglich das grundsätzliche Ergebnis festgehalten, daß sich nicht feststellen ließ, den Führungskräften sei tatsächlich ihr jeweils ‚schiefes' Bild der menschlichen Beziehungen in der Hierarchie vor Augen geführt worden. Den Führungskräften einmal ‚den Spiegel vorzuhalten', erschiene dem Verfasser als bedenkenswerte Alternative zu den Angeboten/Anforderungen, die in Seminar I und II von den Führungskräften wahrgenommen wurden. Das im 5. Kapitel dargestellte Material kann nicht nur zur Begründung dieser Vorstellung herangezogen werden, sondern gibt auch eine Idee davon, was Inhalt einer solchen Re-flexion sein könnte.

Die konkreten Perspektiven, die die vorliegenden Befunde enthalten, sind natürlich nicht *repräsentativ* für *die* Führungskraft bzw. für *die* mittlere Führungskraft im sozio-kulturellen Umfeld „Bundesrepublik in den 80er Jahren"; dies wird u.a. schon an den verschiedenen Akzenten der Darstellungen in 5.1. und 5.2. deutlich: Welche Vielfalt von Zügen der Mentalität von Führungskräften hätte wohl erst eine umfangreichere Feldarbeit vor Augen führen können! Andererseits soll hier der Überzeugung Ausdruck gegeben werden, daß auch die Auseinandersetzung mit wenigen Einzelfällen Aufschlüsse zu liefern vermag, denen der Charakter der *Allgemeinheit* nicht mit dem Hinweis auf fehlende Repräsentativität streitig gemacht werden sollte: Eine Interpretation von Einzelfällen, die sichtbar macht, wie Aspekte der analysierten Mentalität in Zusammenhang mit Erscheinungen des sozio-kulturellen Umfeldes stehen, ist *allgemein* in einer Weise, die sich der Subsumtion unter die gängige Differenzierung ideographisch vs. nomothetisch sperrt. Es ist die Hoffnung des Verfassers, in den aufeinanderbezogenen theoretischen und empirischen Ausarbeitungen der vorstehenden Kapitel in nachvollziehbarer Weise einen Schritt in diese Richtung gegangen zu sein.

Künftige Bemühungen um eine Erweiterung der Phänomenologie der Mentalität von Führungskräften sollten nach dem Gesagten neben dem wünschenswerten Ausbau der Feldarbeit in die ‚Breite' und ‚Tiefe' die weitere gedankliche Durchdringung des sozio-kulturellen Umfeldes nicht minder als Aufgabe betrachten.

Studien zur Mentalität von Individuen bzw. Gruppen von Individuen berühren immer auch die Frage nach „Wahrheit und Relativität des reflexiven Subjekts“, eine Frage, die in diesem Buch ja durch den Begriff „Mentalität“ *bezeichnet* wurde, ohne allerdings bereits auch nur hinlänglich präzise *formuliert* worden zu sein …

Literatur

1. Aus Gründen der Übersichtlichkeit bzw. des leichteren Auffindens wurde das Erscheinungsjahr in dieser Literaturliste unmittelbar nach dem/den Autor(en) aufgeführt. Eine nochmalige Nennung nach dem Erscheinungsort unterblieb. Lediglich bei Zeitschriften wird das Erscheinungsjahr noch ein weiteres Mal aufgeführt.

2. Einigen Verweisen auf ausländische Zeitschriftenartikel liegt weder dieser Artikel noch eine andere ‚normale' Veröffentlichung zugrunde, sondern lediglich das Abstract einer Datenbank. Allgemeinverbindliche Zitationsregeln für diesen Fall gibt es – trotz zunehmender Inanspruchnahme derartiger Informationsdienste – noch nicht. In der folgenden Liste wird in solchen Fällen zunächst der Artikel nach dem üblichen Verfahren zitiert und anschließend ergänzt: „Zit. nach: PSYCINFO". (Die Abstracts von PSYCINFO entsprechen denen der „Psychological Abstracts").

Acham, K. (1980): Sozialwissenschaft und Wertgeschehen. Zur Rolle normativer Gehalte im Erkenntnisprozeß. In: Topitsch (1980), S. 165-195.

Adorno, T. W. (1973): Gesammelte Schriften. Bd. 6. Frankfurt/Main.

- u.a. (1950): The Authoritarian Personality. N.Y.

Ajzen, I., *Fishbein,* M. (1978, Orig. 1973): Einstellungs- und normative Variablen als Prädikatoren für spezifische Verhaltensweisen. In: Stoebe, W. (Hg.) (1978): Sozialpsychologie I. Darmstadt, S. 404-443.

Alberg, T., *Schmidt,* J. (1980): Trainingsbedingte Modifikation der psychischen Verhaltensregulation. In: Vorwerg, M., Schröder, H. (1980). Bd. II, S. 151-220.

Albert, H. (1971): Plädoyer für kritischen Rationalismus. München.

Allerbeck, M. (1977): Ausgewählte Probleme der Führungsforschung. Diss. München.

Allport, G. W. (1971): Die Natur des Vorurteils. Köln.

Althaus, D. (1979): Zur Psychopathologie des Alltagslebens am Arbeitsplatz. Frankfurt/Main.

Andrejewa, G. M. (1979): Probleme der angewandten Forschung in der Sozialpsychologie. In: Andrejewa, G. M., Vorwerg G. (1979), S. 9-18.

- Vorwerg, G. (Hg.) (1979): Sozialpsychologie in der sozialistischen Praxis. Berlin.

Andrisani, P. J., Nestel, G. (1976): Internal-external control as contributor to and outcome of work experience. In: Journ. of Applied Psychology 1976, 61, S. 156-165.

Anweiler, O. (Hg.) (1978): Erziehungs- und Sozialisationsprobleme in der Sowjetunion, der DDR und Polen. Hannover.

- u.a. (1971): Europäische Bildungssysteme zwischen Tradition und Fortschritt. Mühlheim/Ruhr.

Arbeitsgesetzbuch der DDR. Berlin, 1980.

Argyle, M. (1972, Orig. 1969): Soziale Interaktion. Köln.

Argyris, Ch. (1980): Inner Contradictions of Rigorous Research. N.Y. u.a.

- (1976): Increasing Leadership Effectiveness. N.Y. u.a.

Arndt, H. J., *Fassbender,* S., *Hellwig,* H. (1968): Weiterbildung wirtschaftlicher Führungskräfte an der Universität. Düsseldorf und Wien.

Arndt, J. (1976): Im Mittelpunkt steht der Mensch. Arbeitsorganisation in der DDR. In: Michel, K. M., Wieser, H. (Hg.) (1976): Arbeitsorganisation - Ende des Taylorismus? Berlin, S. 159-169.

Asanger, R., *Wenninger,* G. (Hg.) (1980): Handwörterbuch der Psychologie. Weinheim, Basel.

Aschenbach, G. (1981): Zu Einwänden gegen „aufklärerische" Bildungsbemühungen. In: Kempf, W., Aschenbach, G. (1981), S. 72-119.

- (1981 a): Kritische Meinungsbildung als Grundlage für Konfliktforschung. In: Kempf, W., Aschenbach G. (1981), S. 147-180.

- (1981 b): Grundzüge einer Befragungstheorie. In: Kempf, W., Aschenbach, G. (1981), S. 399-417.

Autorenkollektiv Wissenschaftspsychologie (1975): Materialistische Wissenschaft. Köln.

Averill, J. R. (1973): Personal Control over Aversive Stimuli and its Relationship to Stress. In: Psychological Bulletin 80, 1973, S. 286-303. Zit. nach Braukamnn, W., Filipp, S.-H. (1981).

Axmacher, D. (1974): Erwachsenenbildung im Kapitalismus. Frankfurt/Main.

Bach, G. R., *Molter,* H. (1976): Psychoboom. Wege und Abwege moderner Psychotherapie. Köln.

Bahro, R. (1980): Plädoyer für schöpferische Initiative. Zur Kritik von Arbeitsbedingungen im real existierenden Sozialismus. Köln.

- (1980 a): Die Alternative. Reinbek.

- (1977²): „Ich werde meinen Weg fortsetzen." Eine Dokumentation. Köln und Frankfurt/Main.

Ballstaedt, S. P. (1982): Dokumentenanalyse. In: Huber, G. L., Mandl, H. (1982), S. 165-176.

Bandura, A. (1976): Lernen am Modell. Ansätze zu einer sozial kognitiven Lerntheorie. Stuttgart.

Bannister, D. (1977): The Logic of Passion. In: Ders. (1977): New Perspectives in Personal Construct Psychology. London u.a., S. 21-37.

Barton, A. H., *Lazarsfeld,* P. F. (1979): Einige Funktionen von qualitativer Analyse in der Sozialforschung. In: Hopf, Ch., Weingarten, E. (1979), S. 41-89.

Bass, B. M. (1960): Leadership, Psychology and Organizational Behavior. N.Y.

- Barrett, G. V. (1972): Man, Work and Organizations. An Introduction. Boston.

Baumeister, R. F. (1982): A Self-Presentational View of Social Phenomena. In: Psychological Bulletin, 91, 1982, 1, S. 3-26.

Beck, A. T. (1979): Wahrnehmung der Wirklichkeit und Neurose. München.

Beck, U. (Hg.) (1982): Soziologie und Praxis. Soziale Welt. Sonderband 1. Göttingen.

Beckard, R. (1970): Wandel in einer dezentralisierten Organisation. In: Gruppendynamik, 3, 70, S. 363. Zit. Nach: Vorwerg, M. (1971 d).

Becker, H. (1980): Organisationsentwicklung und Gruppendynamik in der betrieblichen Praxis. In: Neubauer, R., v. Rosenstiel, L. (1980), S. 869-894.

Becker, H. S., *Geer,* B. (1979, Orig. 1960): Teilnehmende Beobachtung: Analyse qualitativer Felddaten. In: Gerdes, K., (1979), S. 158-183.

Beckerath, P. G., *Sauermann,* P., *Wiswede,* G. (Hg.) (1981): Handwörterbuch der Betriebspsychologie und Betriebssoziologie. Stuttgart.

Belitz, L. (1971): Training der Koordinationsfunktion. In: Vorwerg, M. (1971 c), S. 103-129.

Bell, D. (1975): Die nachindustrielle Gesellschaft. Frankfurt/Main.

Belwe, K. (1979): Mitwirkung im Industriebetrieb der DDR. Opladen.

Bendix, R. (1960, Orig. 1956): Herrschaft und Industriearbeit. Untersuchungen über Liberalismus und Autokratie in der Geschichte der Industrialisierung. Frankfurt/ Main.

Benne, K. B. (1972): Geschichte der Trainingsgruppe im Laboratorium. In: Bradford, L. P., u.a. (1972), S. 95-154.

- Bradford, L. P., Lippitt, R. (1972): Die Laboratoriumsmethode. In: Bradford, L. P., u.a. (1972), S. 35-67.

Benninghaus, H. (1976): Ergebnisse und Perspektiven der Einstellungs- und Verhaltensforschung. Meisenheim/Glan.

Berg, L. (1981): Bemerkungen zum Japan-Phänomen. In: Personal, 33, 6, 1981, S. 226-229.

Berger, H. (1974): Untersuchungsmethode und soziale Wirklichkeit. Frankfurt/ Main.

Bergler, R. (1982): Psychologie in Wirtschaft und Gesellschaft. Köln.

- Six, B. (1972): Stereotype und Vorurteil. In: Graumann, C. F. (1972), S. 1371-1432.

Bergmann, J. (1982): Industriesoziologie – eine unpraktische Wissenschaft. In: Beck, U. (1982), S. 397-416.

Berkel, K. (1980): Konfliktstile von Führungskräften. Ergebnisse und Probleme der Messung von Konfliktverhalten. In: Probleme und Entscheidung, 25, 1980, S. 1-36.

Berne, E. (1970): Spiele der Erwachsenen. Psychologie der menschlichen Beziehungen. Reinbek.

Bernholz, P. (1975): Grundlagen der politischen Ökonomie. 2. Band, Tübingen.

Berthold, H. J., u.a. (1980): Schulung von Führungskräften – eine empirische Untersuchung über Bedingungen und Effizienz. In: Zeitschrift für Organisation, 4, 1980, S. 221-229.

Bertram, H. (1980): Moralische Sozialisation. In: Hurrelmann, K., Ulich, D. (Hg.) (1980), S. 717-744.

Beyer, A., *Lauterbach,* G., *Mann,* R. (1970): Wirtschaftswissenschaften. In: Lades, H., Burrichter, C. (Hg.) (1970): Produktivkraft Wissenschaft. S. 253-284. Hamburg.

Bintig, A., u.a. (1976): Kritische Einführung in die Sozialpsychologie. Weinheim und Basel.

Blake, R. R., *Mouton,* J. S. (1982): How to choose a Leadership style. In: Training & Development Journ., 36, 2, 1982, S. 38-47. Zit. nach: PSYCINFO.

Blumer, H. (1979, Orig. 1969): Methodologische Prinzipien empirischer Wissenschaft. In: Gerdes, K. (1979), S. 41-62.

Boesch, E. E., *Eckensberger,* L. H. (1969): Methodische Probleme des interkulturellen Vergleichs. In: Graumann, C.-F., (1969), S. 515-566.

Böttcher, H. R. (1975): Zur Problematik psychisch und vegetativ beeinträchtigter Leiter. In: Wiss. Ztschr. Friedrich-Schiller Univ. Jena, Ges.- und sprachwiss. R., 24, 4, 1975, S. 505-522.

Bogomolowa, N. N., *Zyganowa,* R. I. (1979): Erfahrung mit der Anwendung der Inhaltsanalyse bei der Untersuchung von Problemen der Qualifizierung von Leitern in der Produktion. In: Andrejewa, G. M., Vorwerg, G. (1979), S. 85-94.

Bornemann, E. (1967): Betriebspsychologie. Wiesbaden.

Bosetzky, H. (1980): Macht und die möglichen Reaktionen der Machtunterworfenen. In: Reber, G. (1980), S. 135-150.

Bosshardt, H. G. (1981): Methodische Überlegungen zum Problem der Erfassung naiver Verhaltenstheorie. In: Zt. f. Soz.psych., 12, 1981, S. 49-64.

Bowakow, N. (1982): Sozialgeographische Mentalitätskonzepte. Unveröff. Zulassungsarbeit, München.

Bradford, L. P. (1972): Trainer Intervention: Fallepisoden. In: Ders. u.a. (1972), S. 157-182.

- *Gibb,* J. R., *Benne,* K. D. (1972): Ausblick auf die Zukunft. In: Dies. (1972 a), S. 429-439.

- *Gibb,* J. R., *Benne,* K. D. (Hg.) (1972 a): T-Gruppentheorie und Laboratoriumsmethode. Stuttgart.

Brandstädter, J. (1981): Begriffliche Voraussetzungen der Moralpsychologie. In: Kempf, W., Aschenbach, D. (1981), S. 231-254.

- (1980): Vom Sein zum Sollen in der Theorie des moralischen Urteils: Wege, Schleichwege, Irrwege. In: Eckensberger, L. H., Silbereisen, R. K. (1980), S. 133-144.

- (1977): Normen. In: Herrmann, T., u.a. (1977), S. 327-334.

Braukmann, W., *Filipp,* S.-H. (1981): Personale Kontrolle und die Bewältigung kritischer Lebensereignisse. In: Filipp, S.-H. (Hg.) (1981): Kritische Lebensereignisse. München u.a., S. 233-251.

Braune, P., u.a. (1979): Eine Vergleichsuntersuchung zur subjektiven Repräsentation unterschiedlicher Formen von Gruppentraining. In: Mitteilungen des DGVT, 11, 3, 1979, S. 504-531.

Bromme, R., *Hömberg,* E. (1981): Was wird untersucht bei der Rekonstruktion subjektiver Theorien von Lehrern? Papier zum Kolloquium (1981).

- *Hömberg,* E. (1976): Einführende Bemerkungen zum Problem der Anwendung psychologischen Wissens (Technologieproblem). Bielefeld.

Bronfenbrenner, U. (1981): Die Ökologie der menschlichen Entwicklung. Stuttgart.

- (1972): Zwei Welten. Kinder in USA und UdSSR. Stuttgart.

– (1961): The Mirror Image in Soviet-American-Relations. In: Journ. of. Social Issues, 17, 1961, S. 46-59. Zit. nach: Ostermann, A., Nicklas, H. (1976).

Bruggemann, A., *Groskurth,* P., *Ulich,* E. (1975): Arbeitszufriedenheit. Bern u.a.

Brunner, E. J. (1982): Interpretative Auswertung: In: Huber, G. L., Mandl, H. (1982): S. 197-216.

Buluschek, P. (1978): Aspekte des Menschenbildes in der Gruppendynamik. Versuch einer Analyse der ideengeschichtlichen Grundlagen. Diss., Salzburg.

Butollo, W. (1980): Über das Dilemma der Psychotherapie-Forschung. Psychologische Arbeiten aus dem Institut für Psychologie der LMU München.

Calder, B. J., *Staw,* B. M. (1980): Selbstwahrnehmung von intrinsischer und extrinsischer Motivation. In: Herkner, W. (1980), S. 363-375.

Carver, C. S., *Scheier,* M. F. (1981): Attention and Self-Regulation: A Control-Theory Approach to Human Behavior. N.Y.

Charlton, M., *Jungjohann,* Ch. (1980): Eine Inhaltsanalyse bei Comics unter Verwendung von Kohlbergs Stufendefinition. In: Eckensberger, L. H., Silbereisen, R. K. (1980), S. 433-443.

de Charms, R. (1976): Motivation in der Klasse. München.

– (1968): Personal Causation. N.Y. und London.

Cicourel, A. V. (1970): Methode und Messung in der Soziologie. Frankfurt/Main.

Clajus, H.-D. (1970): Neuer Führungsstil in Wirtschaft und Verwaltung. In: Partizipation. Aspekte politischer Kultur. Opladen, S. 184-195.

Clauss, G. (1980): Naive und wissenschaftliche Psychologie: Über persönlichkeitspsychologisches Alltagswissen. In: Vorwerg, M. (Hg.) (1980): Zur psychologischen Persönlichkeitsforschung 3, Berlin, S. 73-89.

Clees, O. (1978): Sozialismusforschung in der BRD. Köln.

Collins, B. E. (1982): Vier Komponenten des IEC-Fragebogens von Rotter. In: Mielke, R. (1982 a), S. 139-155.

Cooley, G. H. (1922): Human Nature and the Social Order. N.Y. Zit. nach: Oerter, R. (1982 b).

von Cranach, M., u.a. (1980): Zielgerichtetes Handeln. Bern u.a.

Cooper, C. L. (1981): Streßbewältigung: Person, Familie, Beruf. München u.a.

Correll, W. (1976): Motivation in Führung und Verkauf. München.

Dachler, H. P., *Wilpert,* B. (1980): Dimensionen der Partizipation. In: Grunwald, W., Lilge, H.-G. (1980), S. 80-89.

Dahrendorf, R. (1957): Soziale Klassen und Klassenkonflikte in der industriellen Gesellschaft. Stuttgart.

Damus, R. (1973): Entscheidungsstrukturen und Funktionsprobleme in der DDR-Wirtschaft. Frankfurt/Main.

Dann, H.-D. (1981): Was man bei der Überprüfung der Handlungswirksamkeit subjektiver Theorien alles falsch machen kann. Papier zum: Kolloquium (1981).

Däumling, A. M. (1981): Gruppendynamik: Eine Bewegung oder ein Instrument? In: Gruppendynamik, 12, 1, 1981, S. 19-29.

Deinert, W.: (1983): Mein Freund der Plan. In: Die Zeit vom 25.3.1983.

Dettenborn, H., *Seidel,* D. (1974): Wirtschaftliche Fehlentscheidungen – Entscheidungspsychologische Grundlagen und Konsequenzen für Recht und Leitung. Berlin.

Deutsch, M. (1962): Cooperation and Trust: Some Theoretical Notes. In: Jones, M. R. (Ed.): Nebraska Symposion on Motivation, 10, S. 275-319. Zit. nach: Zand, D. (1977).

Deutschland, H. (1981): Aktiver Mitgestalter des Sozialismus. In: Einheit, Berlin, 2, 1981, S. 195-197.

Devereux, G. (1967): Angst und Methode in den Verhaltenswissenschaften. München.

Dokument und Analyse (6, 1982): Was bringt Weiterbildung im Betrieb? S. 39 f.

Dickson, J. W. (1982): Top Managers' Beliefs and Rationales for Participation. In: Hum. Rel., 35, 3, 1982, S. 203-217.

Dilthey, W. (1957): Gesammelte Schriften. Bd. 5. Stuttgart.

Döbert, R., *Nunner-Winkler,* G. (1978): Performanzbestimmende Aspekte des moralischen Bewußtseins. In: Portele, G. (1978 a), S. 101-121.

– *Nunner-Winkler,* G. (1975): Adoleszenzkrise und Identitätsbildung. Frankfurt/M.

Dorst, B. (1981): Das Problem der Qualifikation und der Kompetenz in der Gruppendynamik. In: Gruppendynamik, 12, 1, 1981, S. 49-58.

– (1981 a): Humanistische Psychologie und Gruppendynamik. In: Theorie und Praxis der sozialen Arbeit, 23, 12, 1981, S. 454-459.

Dreher, E. (1980): Handlungsplanung als Komponente kognitiver Sozialisation. Diss. Augsburg.

Dreher, M. (1980): Theoretische und methodologische Grundlegungen zur Erfassung der Realitätskonstruktion im Kontext von Planung. Diss. Augsburg.

Dummer, W. (1968): Spezifische Konstellationen und Persönlichkeitsmerkmale bei beruflich überforderten Psychotherapie-Patienten. In: Szewczyk, H. M. (Hg.) (1968): Konflikte im Beruf. Berlin, S. 115-120.

Ecke, A. (1971): Erfahrungsbericht über das Verhaltenstraining sozialistischer Leiter. In: Vorwerg, M. (1971), S. 110-125.

Eckensberger, L. H. (1982): Eine metamethodologische Bewertung psychologischer Theorien unter einer kulturvergleichenden Perspektive. In: Lantermann, E. D. (1982), S. 9-28.

– *Lonner,* W., *Poortinge,* Y. H. (1979): Cross-Cultural Contributions to Psychology. Lisse.

– *Reinshagen,* H. (1980): Kohlbergs Stufentheorie der Entwicklung des moralischen Urteils: Ein Versuch ihrer Reinterpretation im Bezugsrahmen handlungstheoretischer Konzepte. In: Eckensberger, L. H., Silbereisen, R. K. (1980), S. 65-131.

– *Silbereisen,* R. K. (Hg.) (1980): Entwicklung sozialer Kognitionen. Stuttgart.

Eden, D., *Leviatan,* U. (1975): Implicit Leadership Theory as a Determinant of the Factor Structure Underlying Supervisory Behavior Scales. In: Journ. of Applied Psychology, 60, 6, 1975, S. 736-741.

Engelking, M. (1981): Training, betriebliches. In: Beckerath, P. G., u.a. (1981), S. 354-359.

Enzle, M. E. (1980): Self-Reception of Motivation. In: Wegner, D., Vallacher, R. R. (1980), S. 55-79.

Epstein, S. (1979): Entwurf einer integrativen Persönlichkeitstheorie. In: Filipp, S.-H. (1979), S. 15-45.

Etzioni, A. (1961): A Comparative Analysis of Complex Organizations. N.Y.

Ewert, O. (1983): Entwicklungspsychologie des Jugendalters. Stuttgart.

Faucheux, C., *Amado,* G., *Laurent,* A. (1982): Organizational Development and Change. In: Ann. Rev. Psychol., 33, 1982, S. 349-370.

Feil, Ch., *Schönhammer,* R. (1983): Mentalität und Vorurteil. Ausländische Kinder aus der Sicht von Erzieherinnen. München.

Fetscher, I. (1980): Von Kronstadt bis Danzig. In: L'80, 16, 1980, S. 22-33.

– (1967): Karl Marx und der Marxismus. München.

Feyerabend, P. (1983^2): Wider den Methodenzwang. Frankfurt/Main.

Fiedler, F. E. (1979): Führungstraining. In: Psychologie heute, 6, 2, 1979, S. 34-39.

– (1967): A Theory of Leadership Effectiveness. N.Y. Zit. nach: Meleghy, T. (1980).

Fietkau, H.-J. (1981): Sozialforschung und Alltagserwartung. In: Fietkau, H.-J., Görlitz, D. (1981), S. 25-39.

– *Görlitz,* D. (1981): Umwelt und Alltag in der Psychologie. Weinheim und Basel.

Filipp, S.-H. (Hg.) (1979): Selbstkonzept-Forschung. Stuttgart.

– (1979 a): Entwurf eines heuristischen Bezugsrahmens für Selbstkonzept-Forschung: Menschliche Informationsverarbeitung und naive Handlungstheorie. In: Dies. (1979), S. 129-152.

Fischer, P. M. (1982): Inhaltsanalytische Auswertung von Verbaldaten. In: Huber, G. L., Mandl, H. (1982), S. 179-196.

Fittkau, B., *Müller-Wolf,* H.-M., *Schulz v. Thun,* F. (1980^2): Kommunizieren Lernen (und Umlernen). Braunschweig.

– (1974): Notwendigkeit und Möglichkeiten von Kommunikations- und Verhaltenstraining für Lehrer und Erzieher. In: Fittkau, B., Müller-Wolf, H. M., Schulz v. Thun, F. (Hg.) (1974): Kommunikations- und Verhaltenstraining. München, S. 15-55.

Flanagan, J. C. (1961): Leadership Skills: Their Identification, Development and Evaluation. In: Petrullo, L., Bass, B. M. (Ed.) (1972): Leadership and Interpersonal Behavior. N.Y. Zit. nach: Argyle, M. (1972).

Fleishmann, E. A., *Harris,* E. F. (1972): Muster des Führungsverhaltens und die Beschwerde- und Fluktuationsrate von Arbeitnehmern. In: Kunczik, M. (1972), S. 246-259.

Fletcher, C. (1980): Industrial, Commercial, and Public Service Contexts. In: Radford, J., Rose, D. (Ed.) (1980): The Teaching of Psychology. John Wiley & Sons Ltd., S. 305-323.

Franke, H. (1978): Organisationspsychologie als wissenschaftliche Disziplin: In: Mayer, A. (1978), S. 332-349.

French, W. L., *Bell,* C. H. jr. (1977): Organisationsentwicklung. Stuttgart.

Frese, M. (1979): Industrielle Psycho-Pathologie. In: Groskurth (1979 a), S. 47-77.

Freud, S. (1971): Abriß der Psychoanalyse. Reinbek.

Frey, D., *Benning,* E. (1983): Das Selbstwertgefühl. In: Mandl, H., Huber, G. L. (1983), S. 148-182.

Friedrich, C. (1975): Sozialistische Betriebsdemokratie in der DDR. Frankfurt/Main.

Frindert, R., *Gentner,* J. (1979): Zu einigen Problemen des Selbstbildes in Arbeitsbrigaden. In: Andrejewa, G. M., Vorwerg, G. (1979), S. 42-52.

- *Böhm,* G. (1975): Über den Zusammenhang von Kollektiventwicklung und Gruppennormen des interpersonellen Verhaltens. In: Vorwerg, M. (1975), S. 33-45.

Früh, W. (1981): Inhaltsanalyse. Theorie und Praxis. München.

Fürntratt, E. (1969): Untersuchungen zum Image der Psychologie in Deutschland: III. Die Vorstellungen verschiedener Gruppen von den im Studium der Psychologie gestellten Anforderungen. In: Psychol. Beitr. XI, 4, 1969, S. 509-522.

Gachowetz, H., *Schiepke,* G. (1982): Der Beobachter als Attributionsquelle. Zur Übernahme von Kausalattributionen durch den Handelnden. In: Zt. f. Soz.Psych., 3, 1982, S. 209-216.

Gadamer, H.-G. (1960): Wahrheit und Methode. Grundzüge einer philosophischen Hermeneutik. Tübingen.

Gadenne, V. (1983): Erkenntnisverhalten von Personen im Alltag. In: Zt. f. Soz. Psych., 14, 1983, S. 83-87.

Gaus, G. (1981): Wir machten die DDR zu unserer Ersatz-KP. In: Die Zeit vom 11.9.1981.

Gaitanides, M. (1976): Industrielle Arbeitsorganisation und technische Entwicklung. Berlin und N.Y.

Gebert, D. (1983): Motivation und Führung. In: Zt. f. Organiasation, 1, 1983, S. 12-18.

- (1981): Belastung und Beanspruchung in Organisationen. Stuttgart.
- (1980): Organisationsentwicklung. In: Hoyos, C., u.a. (1980), S. 282-292.
- (1974): Organisationsentwicklung. Stuttgart.
- (1972): Gruppendynamik in der betrieblichen Führungsschulung. Berlin.
- *von Rosenstiel,* L. (1981): Organisationspsychologie. Stuttgart.

Geis, F. L. (1979): Machiavellianism: A Cross-Cultural Perspective of Manipulative Social Behavior. In: Eckensberger, L. H., u.a. (1979), S. 151-162.

Geißler, K. A. (1981): Gruppendynamik: Ende einer Hoffnung oder Hoffnung ohne Ende? In: Gruppendynamik, 12, 1, 1981, S. 30-35.

Geißler, U. (1975): Der Zusammenhang zwischen der Fähigkeit zur Entscheidungsfundierung und dem handlungswirksamen Entscheidungsresultat. In: Wiss. Zt. Friedrich Schiller Univers. Jena, Ges.- und Sprachwiss. R., 24, 4, 1975, S. 449-459.

Geißler, W. S. (1980): Über die Möglichkeiten, die Probleme und die Grenzen, alle Einrichtungen einer gruppendynamischen Übung auf das Individuum zu erfassen, zu kategorisieren und einzuschätzen. Diss. Marburg.

Genser, G. V. (1977): Erziehungswissen von Eltern. In: Schneewind, K. A., Lukesch, H. (1977), S. 27-43.

Gerdes, K. (Hg.) (1979): Explorative Sozialforschung. Einführende Beiträge aus „Natural Sociology" und Feldforschung in den USA. Stuttgart.

- (1979 a): Einleitung. In: Ders. (1979), S. 1-15.

Geulen, D.(1977): Das vergesellschaftete Subjekt: Zur Grundlegung der Sozialisationstheorie. Frankfurt/Main.

Ghiselli, E. E., *Braun,* C. W. (1955): Personal and Industrial Psychology. N.Y. u.a.

Gibb, J. R. (1972): Der gegenwärtige Stand der T-Gruppentheorie. In: Bradford, L. P., u.a. (1972 a), S. 183-206.

- (1972) a): Vertrauensklima. In: Bradford, L. P., u.a. (1972) a), S. 301-336.

Giernalczyk, U., *Koschek,* M. (1978): Alltagsfeedback - Aspekte des Sendens und Empfangens. In: Gruppendynamik, 9, 3, 1979, S. 170-182.

Gigerenzer, G. (1981): Implizite Persönlichkeitstheorien oder quasi-implizite Persönlichkeitstheorien? Eine Begriffserklärung und eine Validitätsstudie zu individuellen impliziten Theorien. In: Zt. f. Soz.Psych., 12, 1981, S. 65-80.

Glaeßner, G. J. (1977): Herrschaft durch Kader - Leitung der Gesellschafts- und Kaderpolitik in der DDR. Opladen.

Glaser, B. G., *Strauss,* A. L. (1979, Orig. 1955): Die Entdeckung gegenstandsbezogener Theorie: Eine Grundstrategie qualitativer Sozialforschung. In: Hopf, Ch., Weingarten, E. (1979), S. 91-111.

Goldthorpe, J. H., u.a. (1970): Der ,wohlhabende' Arbeiter in England. Band I. Industrielles Verhalten und Gesellschaft. München.

- u.a. (1971): Der ,wohlhabende' Arbeiter in England. Band III. Der ,wohlhabende' Arbeiter in der Klassenstruktur. München.

Gordon, Th. (1982): Managerkonferenz. Reinbek.

Görlitz, D. (1981): Entwicklungsresistenz von Theorien und Alltagsmeinungen. In: Fietkau, H. J., Görlitz, D. (1981), S. 41-65.

Graf, H. P. (1983): Scientific Enterprise Management in the Socialist Economy: the Case of the German Democratic Republic with some Comparisons. Diss. Genf.

Graumann, C. F. (1976): Die ökologische Fragestellung - 50 Jahre nach Hellpachs „Psychologie der Umwelt". In: Kaminski, G. (Hg.) (1976): Umweltpsychologie. Stuttgart, S. 21-25.

- C. F. (Hg.) (1972): Handbuch der Psychologie. Bd. 7. Sozialpsychologie, 2. Halbbd. Göttingen.

- (1969): Sozialpsychologie. Ort, Gegenstand und Aufgabe. In: Ders. (1969 a), S. 3-80.

- (Hg.) (1969 a): Handbuch der Psychologie. Band 7. Sozialpsychologie. 1. Halbband, Göttingen.

- *Métraux,* A. (1977): Die phänomenologische Orientierung in der Psychologie. In: Schneewind, K. A. (1977), S. 27-53.

- *Willig,* R. (1983): Wert, Wertung, Werthaltung. In: Thomae, H. (Hg.) (1983): Theorien und Formen der Motivation. Enzyklopädie der Psychologie. Themenbereich C: Theorie und Forschung. Serie IV. Motivation und Emotion. Band 1. Göttingen.

Greif, S. (1976): Effekte gruppendynamischer Trainingsprogramme. In: Zt. f. Soz. Psych., 7, 1976, S. 327-339. Zit. nach: Semmer, N., Pfäfflin, M. (1978).

Grochla, E. (1980): Unternehmensorganisation. Reinbek.

Groeben, N. (1982): Entwurf eines Moralprinzips zur Generierung von Menschenbildannahmen in der Psychologie. In: Seeger, F., Stadler, M. (Hg.) (1982): Die gesellschaftliche Verantwortung der Psychologen II. Darmstadt. S. 122-142.

- *Scheele*, B. (1981): Einige Sprachregelungsvorschläge für die Erforschung subjektiver Theorien. Papier zum: Kolloquium (1981).

- *Scheele*, B. (1977): Argumente für eine Psychologie des reflexiven Subjekts. Darmstadt.

- *Westmeyer*, H. (1975): Kriterien psychologischer Forschung. München.

Groskurth, P. (1981): Der Arbeitsplatz als Schule der Nation. In: Psychologie heute, Sonderband, 1981, S. 192-199.

- (1979): Berufliche Sozialisation als entscheidende Grundlage der Persönlichkeitsentwicklung. In: Ders. (1979 a), S. 7-19.

- (Hg.) (1979 a): Arbeit und Persönlichkeit. Reinbek.

- (1975): Zur Systemanalyse der ‚neuen Formen der Arbeitsgestaltung'. In: Groskurth, P., Volpert, W. (1975): Lohnarbeitspsychologie. Frankfurt/Main, S. 197-297.

Grunwald, W., *Lilge*, H.-G. (Hg.) (1980): Partizipative Führung. Betriebswirtschaftliche und sozialpsychologische Aspekte. Bern und Stuttgart.

Gutmann, G. (Hg.) (1983): Das Wirtschaftssystem der DDR. Stuttgart.

- (1981): Volkswirtschaftslehre. Eine ordnungstheoretische Einführung. Stuttgart u.a.

Habermas, J. (1983): Moralbewußtsein und Kommunikatives Handeln. In: Ders.: Moralbewußtsein und Kommunikatives Handeln. S. 127-206. Frankfurt/M.

- (1976): Moralentwicklung und Ich-Identität. In: Ders.: Zur Rekonstruktion des Historischen Materialismus. Frankfurt/Main, 1976, S. 63-91.

Hack, L. (1977): Subjektivität im Alltagsleben. Zur Konstitution sozialer Relevanzstrukturen. Frankfurt/Main, N.Y.

- u.a. (1979): Leistung und Herrschaft. Soziale Strukturzusammenhänge subjektiver Relevanz bei jungen Industriearbeitern. Frankfurt/Main.

Hacker, W. (1980^3): Allgemeine Arbeits- u. Ingenieurspsychologie. Berlin.

- *Timpe*, K.-P., *Vorwerg*, M. (Hg.) (1973): Arbeitsingenieur- und sozialpsychologische Beiträge zur sozialistischen Rationalisierung. Berlin.

Hartmann, H. A. (1983): Was ist sozial an der Moral? Moralität, Moral und Ethik – sozialwissenschaftlich betrachtet. In: Lind, G. (1983): Moralisches Urteil und soziale Umwelt. Weinheim, Basel, S. 7-24.

Hartmann, H. (1982): Gesellschaftliche Bedingungen der angewandten Organisationspsychologie. In: Beck, U. (1982), S. 477-510.

- *Bock-Rosenthal*, E., *Helmer*, E. (1973): Leitende Angestellte. Neuwied. Berlin.

Hauschild, J., *Gemünden*, H. G. (1980): Ziele von Unternehmen. In: Hoyos, C. u.a. (1980), S. 427-434.

Haußer, K., *Krapp*, A. (1979): Wissenschaftstheoretische und methodologische Implikationen einer pädagogischen Theorie des Interesses. In: Z.f.Päd. 25, 1, 1979, S. 61-79.

- *Mayring*, P., *Strehmel*, P. (1981): Praktische Probleme bei der Inhaltsanalyse offen erhobener Kognitionen. Papier zum: Kolloquium (1981).

Heckhausen, H. (1980): Motivation und Handeln. Berlin u.a.

Hegel, G. W. F. (1970): Phänomenologie des Geistes. Suhrkamp Werkausgabe Bd. 3, Frankfurt/Main.

- (1970): Grundlinien der Philosophie des Rechts. Suhrkamp Werkausgabe Bd. 7, Frankfurt/Main.

- (1970): Enzyklopädie der philosophischen Wissenschaft I. Suhrkamp Werkausgabe Bd. 8, Frankfurt/Main.

- (1970): Enzyklopädie der philosophischen Wissenschaft III. Suhrkamp Werkausgabe Bd. 10. Frankfurt/Main.

Heider, F. (1977): Psychologie der interpersonalen Beziehungen. Stuttgart.

Heinen, E. (1981): Informationswirtschaft. In: Heinen, E. (1981 a), S. 772-921.

- (Hg.) (1981 a): Industriebetriebslehre. Wiesbaden.

Heinz, W. R. (1980): Berufliche Sozialisation. In: Hurrelmann, K., Ulich, D. (1980), S. 499-519.

Heller, A. (1980): Theorie der Gefühle. Hamburg.

Hellpach, W. (1954³): Einführung in die Völkerpsychologie. Stuttgart.

Helm, J. (1981): Selbstverwirklichung als Therapieziel? In: Helm, J., u.a. (1981), S. 153-166.

- *Rösler*, H.-D., *Szewczyk*, H. (Hg.) (1981): Klinische Psychologie. Theoretische und ideologische Probleme. Darmstadt.

Henry, W. E. (1949): The Business Executive: A Study of the Psychodynamics of A Social Role. In: Amer. J. Sociol., 54, 1949, S. 286-291. Zit. nach: Thomae, H. (1968).

Hérault de Séchelles, M. J. (1929): Die Theorie des Ehrgeizes (ohne Ort).

Herkner, W. (Hg.) (1980): Attribution. Psychologie der Kausalität. Bern u.a.

- (1980 a): Attribution. Psychologie der Kausalität. In: Ders. (1980), S. 11-86.

Herrmann, T. (1979): Psychologie als Problem. Stuttgart. Zit. nach: Gebert, v. Rosenstiel (1981).

- (1977): Psychologie und das kritisch-pluralistische Wissenschaftsprogramm. In: Schneewind, K. (Hg.) (1977), S. 55-69.

- u.a. (Hg.) (1977 a): Handbuch psychologischer Grundbegriffe. München.

- (1976): Die Psychologie und ihre Forschungsprogramme. Göttingen u.a.

Hersey, P., *Blanchard*, K. H. (1982): Grid Principles and Situationalism: Both A Response to Blake and Mouton. In: Group & Organization Studies 7, 2, 1982, S. 207-210. Zit. nach: PSYCINFO.

Hess, W. (1978): Humanisierung der Unternehmensführung aus der Sicht des Unternehmers. In: Rich, A., Ulich, E. (Hg.) (1978): Arbeit und Humanität. Königstein/Ts., S. 206-217.

Hettwer, H. (1976): Das Bildungswesen in der DDR. Köln.

Heymann, H. W. (1982): Zur Erforschung subjektiver Unterrichtstheorien von

Mathematiklehrern. Überlegungen zu einer empirischen Studie. In: Unterrichtswissenschaft, 2, 1982, S. 154-164.

Hiebsch, H. (1973): Perspektiven und Aufgaben der Psychologie in der entwickelten sozialistischen Gesellschaft. In: Hiebsch, H., Sprung, L. (Hg.) (1973): Aufgaben, Perspektiven und methodologische Grundlagen der marxistischen Psychologie in der DDR. Berlin, S. 11-22.

- *Vorwerg,* M. (Hg.) (1980[2]): Sozialpsychologie. Berlin.

- *Vorwerg,* M. (1980 a): Allgemeine Grundlagen der Sozialpsychologie. In: Hiebsch, H., Vorwerg, M. (1980), S. 15-55.

Hille, B. (1981): Möglichkeiten sozialwissenschaftlicher Vergleiche zwischen beiden deutschen Staaten. In: Psychol. Rundschau, 3, 1981, S. 180-199.

- (1977): Berufswahl und Berufslenkung in der DDR. In: Jaide, W., Hille, B. (1977 a), S. 26-49.

Himber, G. (1980): Westliches Management aus DDR-Sicht. Die Auseinandersetzung mit westlichen Führungsmethoden und Managementtechniken in der DDR. Erlangen.

Hinrichs, J. R. (1976): Personnel Training. In: Dunnette, M. D. (Ed.): Handbook of Industrial and Organizational Psychology. Chicago (1976), S. 829-860. Zit. nach: Stocker-Kraichgauer, G. (1978).

Ho, D. Y. F. (1979): Psychological Implications of Collectivism: With Special Reference to the Chinese Case and Maoist Dialectics. In: Eckensberger, L. H., u.a. (1979), S. 143-150.

Hobbensiefken, G. (1980): Berufsforschung. Opladen.

Hoepfner, F. G. (1973): Transferprobleme des Managertrainings. In: Gruppendynamik, 4, 1973, S. 266-272.

Hof, H.-J. (1983): Motivationale Probleme der intensiven Nutzung des Arbeitskräftepotentials. In: Gutmann, G. (1983), S. 103-119.

Hofer, M., *Dobrik,* M. (1978): Die Rolle von Fehlattribution von Ursachen bei der Handlungssteuerung des Lehrers. In: Görlitz, D., Meyer, W.-U., Weiner, D. (Hg.) (1978): Bielefelder Symposium über Attribution. Stuttgart, S. 51-63.

Hoff, E.-H., *Hohner,* H.-U. (1983): Was heißt autonomes Leben und Handeln? In: Psychosozial 20, S. 9-29.

- *Hohner,* H.-U. (1982): Zur Operationalisierung von Formen des Kontrollbewußtseins. In: Preiser (Hg.) (1982): Kognitive und emotionale Aspekte politischen Engagements. Weinheim u. Basel, S. 125-129.

Hofstetter, H. (1980): Die Leiden der Leitenden. München.

Hohner, H.-U. (1983): Zwischen Kontrolle und Ohnmacht in einem zunehmend restriktiven Arbeitsmarkt. Thesen zur psychologischen Bestimmung von Kontrollbewußtsein. Manuskript 1983.

- (1982): Ursachenzuschreibung (Locus of control) und betriebspolitisches Engagement. In: Preiser (Hg.) (1982): Kognitive und emotionale Aspekte politischen Engagements. Weinheim u. Basel, S. 130-147.

- *Hoff,* E.-H. (1983): Prävention und Therapie: Zur Modifikation von objektiver Kontrolle und Kontrollbewußtsein. In: Psychosozial 20, S. 30-47.

– *Walter,* H. (1981): Ursachenzuschreibung (Locus of control) bei Arbeitern und Angestellten. Einige Empirische Befunde. In: Psychol. Beiträge, Bd. 23, S. 392-407.

Holler, M. J., Tully, C. J. (1981): Arbeit und Mensch. Vom reduzierten Maß der Humanität in der Arbeit. München.

Holzkamp, K. (1973): Verborgene anthropologische Voraussetzungen der allgemeinen Psychologie. In: Gadamer, H.-G., Vogler, P. (Hg.): Neue Anthropologie Bd. 5, Stuttgart, München, S. 237-283.

– (1973 a): Sinnliche Erkenntnis – historischer Ursprung und gesellschaftliche Funktion der Wahrnehmung. Frankfurt/Main.

– (1972): Kritische Psychologie. Frankfurt/Main.

Holzkamp-Osterkamp, U. (1978^2): Grundlagen psychologischer Motivationsforschung, Bd. 2. Frankfurt, N.Y.

Hopf, Ch. (1982): Norm und Interpretation. Einige methodische und theoretische Probleme der Analyse subjektiver Interpretationen in qualitativen Untersuchungen. In: Zt. F. Soz., 11, 3, 1982, S. 307-329.

– (1979): Soziologie und qualitative Sozialforschung. In: Hopf, Ch., Weingarten, E. (1979), S. 11-37.

– *Weingarten,* E. (Hg.) (1979): Qualitative Sozialforschung. Stuttgart.

Horkheimer, M. (1963): Über das Vorurteil. Köln, Opladen.

Hoyos, C. Graf (1982): Lassen sich Theorien sicheren Verhaltens in praktische Sicherheitsarbeit umsetzen? In: Bericht der 24. Fachtagung zur arbeits- und betriebspsychologischen Fortbildung in der BRD. Duisburg, S. 15-34.

– u.a. (Hg.) (1980): Grundbegriffe der Wirtschaftspsychologie. München.

Hron, A. (1982): Interview. In: Huber, G. L., Mandl, H. (1982), S. 119-140.

Huber, G. L., *Mandl,* H. (Hg.) (1982): Verbale Daten. Eine Einführung in die Grundlagen und Methoden der Erhebung und Auswertung. Weinheim, Basel.

– – (1982 a): Verbalisationsmethoden zur Erfassung von Kognitionen im Handlungszusammenhang. In: Dies. (1982), S. 11-42.

Huesmann, L. R., *Levinger,* G. (1976): Incremental Exchange Theory: A Formal Model for Progression in Dyadic Social Interaction. In: Berkowitz, L., Walster, E. (1976): Equity Theory: Toward a General Theory of Social Interaction. S. 192-230.

Humm, F. A. (1978): Die Ermittlung von Ausbildungsbedürfnissen von Führungskräften als Grundlage für Schulungsmaßnahmen. Diessenhofen.

Hummel, L., *Land,* W. (1979): Initiativen zur Ausarbeitung und Erfüllung anspruchsvoller Planziele. In: Einheit, 4, 1979, S. 350-356.

Humpert, W. (1981): Gesagt – Getan? Methodische Möglichkeiten der Erfassung subjektiver Aggressionstheorien und ihrer Handlungsrelevanz. Papier zum: Kolloquium (1981).

Hurrelmann, K., *Ulich,* D. (Hg.) (1980): Handbuch der Sozialisationsforschung. Weinheim, Basel.

Inglehart, (1980): Sozioökonomische Werthaltungen. In: Hoyos, C., u.a. (1980), S. 409-419.

Irle, M. (1975): Lehrbuch der Sozialpsychologie. Göttingen.

– (1970): Führungsverhalten in organisierten Gruppen. In: Mayer, A., Herwig, B. (1970), S. 521-551.

Jacobi, J. (1971): Die Seelenmaske. Einblicke in die Psychologie des Alltags. Olten.

Jaide, W. (1977): Arbeitszufriedenheit bei Jugendlichen in der DDR und in der Bundesrepublik Deutschland. In: Jaide, W., Hille, B. (1977 a), S. 50-68.

– *Hille,* B. (1977): Über Probleme und Möglichkeiten interkultureller Vergleiche bei Jugendlichen in der Bundesrepublik Deutschland und der DDR. In: Jaide, W., Hille, B. (1977 a), S. 9-25.

– *Hille,* B. (Hg.) (1977 a): Jugend im doppelten Deutschland. Opladen.

Janich, P. (1981): Ist Psychologie auf der Grundlage technischer Rationalität als Wissenschaft möglich? In: Kempf, W., Aschenbach, G. (1981), S. 419-441.

Jones, E. E., *Nisbett,* R. E. (1971): The Actor and the Observer: Divergent Perceptions of the Causes of Behavior. In: Jones, E. E., u.a.: Attribution: Perceiving the Causes of Behavior. Morristown, N.J. (1971). Zit. nach: Snyder, ., u.a. (1980).

Jung, P. (1980): Attributionstheoretische Aspekte der Entwicklung sozialer Kognitionen. In: Eckensberger, L. H., Silbereisen, R. K. (1980), S. 185-210.

Kaftan, B. (1971): Ein möglicher praktischer Ansatz sozialpsychologischen Trainings sozialistischer Leiter. In: Vorwerg, M. (1971): S. 100-109.

Kamphaus, G. (1980): Veränderung der Personbeurteilung als Folge unterschiedlicher Trainingsverfahren. Erlangen-Nürnberg.

Kant, I. (1974): Über den Gemeinspruch: Das mag in der Theorie richtig sein, taugt aber nicht für die Praxis. In: Schriften zur Geschichtsphilosophie, Reclam-Ausgabe, S. 118-165.

Kärn, M. (1978): Vorsicht Stufe! Ein Kommentar zur Stufentheorie der moralischen Entwicklung. In: Portele, G. (1978 a), S. 81-100.

Keller, M. (1980): Soziale Kognition, moralisches Urteil und Ich-Prozesse. In: Eckensberger, L. H., Silbereisen, R. K. (1980), S. 163-183.

Kelly, G. A. (1955): The Psychology of Personal Contructs. Vols I und II. N.Y. Zit. nach: Bannister, D. (1977).

Kempf, W., *Aschenbach,* G. (Hg.) (1981): Konflikt und Konfliktbewältigung. Bern u.a.

– *Aschenbach,* G. (1981 a): Zu Aufgaben und Gegenstand der Psychologie. In: Dies. (1981), S. 13-27.

Keupp, H. (1976): Abweichung und Alltagsroutine. Hamburg.

Klapprott, J. (1980): Zur Vergleichbarkeit unterschiedlich begründeter Gruppentrainings. Prozesse, Prinzipien und Auswirkungen. In: Gruppenpsychotherapie und Gruppendynamik, 15, 1/2, 1980, S. 132-155.

– (1975): Die Anatomie von Einstellungen. Stuttgart.

Klaus, G., *Buhr,* M. (1972): Marxistisch-leninistisches Wörterbuch der Philosophie. Reinbek. Zit. nach: Brunner, E. J. (1982).

Klein, W. (1983): Das Kombinat – Eine organisationstheoretische Analyse. In: Gutmann, G. (1983), S. 79-101.

Klema, Ch. (1973): Trainingsprogramm für sozialistische Leiter (Selbsttraining sozialen Verhaltens). In: Hacker, W., u.a. (1973), S. 170-172.

Klis, M. (1970): Überzeugung und Manipulation. Wiesbaden.

Kobasa, S. C. (1979): Stressful Life Events, Personality and Health: An Inquiry into Hardiness. In: Journ. of Personality and Social Psychology, 37, 1, 1979, S. 1-11.

– *Maddi,* S. R., *Kahn,* S. (1982): Hardiness and Health: A Prospective Study. In: Journ. of Personality and Social Psychology, 42, 1, 1982, S. 168-177.

Koch, H.-U. (1973): Training von Strategien zur Lösungsfindung bei sozialen Konflikten. In: Hacker, W., u.a. (1973), S. 168-170.

Köckeis-Stangl, E. (1980): Methoden der Sozialisationsforschung. In: Hurrelmann, K., Ulich, D. (1980), S. 321-370.

Koester, P. (1971): Zur Anwendung der Kybernetik. System- und Organisationswissenschaft bei der Analyse, Gestaltung und Leitung der sozialistischen Gesellschaft in der DDR. Diss. Heidelberg.

Kohlberg, L. (1979): Eine Neuinterpretation der Zusammenhänge zwischen Moralentwicklung in der Kindheit und im Erwachsenenleben. In: Baltes, P. B./Schaie, K. W. (Hg.): Entwicklungspsychologie der Lebensspanne, Stuttgart, S. 379-407.

Kohlberg, L. (1976): Moral Stages and Moralization. The Cognitive-Developmental Approach. In: Lickona, T. E. (Ed.) (1976): Moral Development and Behavior. N. Y. Zit. nach: Eckensberger, L. H., Reinshagen, H. (1980).

– *Turiel,* E. (1978): Moralische Entwicklung und Moralerziehung. In: Portele, G. (1978 a), S. 11-80.

Kohli, M. (1978): „Offenes“ und „geschlossenes“ Interview: Neue Argumente zu einer alten Kontroverse. In: Soziale Welt, 1, 1978, S. 1-25.

Kohn, M. L., (Lüscher, K.; Hg.) (1981): Persönlichkeit, Beruf und soziale Schichtung. Stuttgart.

Kohn, V., *Parker,* T. C. (1972): The Value of Expectations in Management Development. In: Training and Development Journ. 26, 6, 1972, S. 26-30. Zit. nach: PSYCINFO.

Kolloquium (1981): „Analyse und Modifikation subjektiver Theorien von Lehrern.“ Kolloquium vom 4.-6.10.1981 in Konstanz. Papiere zwischenzeitlich veröffentlicht in: Dann, H.-D., u.a. (Hg.) (1981): „Analyse ...“. Konstanz.

Korman, A. K. (1967): Self-Esteem as Moderator of the Relationship between Self-Perceived Abilities and Vocational Choice. In: Journ. of Applied Psychol. 51, 1967, S. 65-67. Zit. nach: Scheller, R., Heil, F. E. (1979).

Kossakowski, A. (1983): Aufgaben der Psychologie in Theorie und Praxis: Bericht vom 6. Kongreß der Gesellschaft für Psychologie der DDR. In: Sozialistische Arbeitswissenschaft, 2, 1983, S. 108-116.

– (1980): Psychologie in der gesellschaftlichen Praxis. In: Ders. (1980 a), S. 14-35.

– (Hg.) (1980 a): Psychologie in der gesellschaftlichen Praxis. Berlin.

Kowalewsky, W. (1980): Training von Führungskräften. In: Neubauer, L., Rosenstiel, L. v. (1980), S. 363-377.

Kraak, B. (1968): Auswirkungen von Psychologieunterricht auf soziale und pädagogische Vorurteile. Weinheim u.a.

Krampen, G. (1982): Differentialpsychologie der Kontrollüberzeugung. Göttingen.

– (1980): Machiavellismus und Kontrollüberzeugung als Konstrukte der generalisierten Instrumentalitätserwartungen. In: Psychologische Beiträge, 22, 1980, 128-144.

Krapp, A. (1979): Prognose und Entscheidung. Weinheim, Basel.

Krappmann, L. (1975[4]): Soziologische Dimensionen der Identität: Stuttgart.

Krause, A. (1971): Training der Dispositionsfunktion. In: Vorwerg, M. (1971 c), S. 183-197.

Kremers, J. (1960): Scientific Psychology and Naive Psychology. An Experimental Investigation of the Study of Psychology on Practical Knowledge of Man. Groeningen. Zit. nach: Groeben, N., Scheele, B. (1977).

Kroner, B. (1980): Psychologismus. In: Asanger, R., Wenninger, G. (1980), S. 372-382.

Kruglanski, A. W. (1982): Kognitive Sozialpsychologie: Eine Betrachtung zum kognitiven Pluralismus und Irrationalismus. In: Z.f.Soz.Psych. 13, 1982, S. 150-162.

– (1980): Lay Epistemo-Logic-Process and Contents. In: Psychol.Review, 87, 1980, S. 70-87.

Kruse, L. (1980): Privatheit als Problem und Gegenstand der Psychologie. Bern.

Kubicek, H. (1982): Sozialtechnologien des Managements – Humane Strategien zur Arbeitsintensivierung und Herrschaftssicherung. In: Gewerkschaftliche Monatshefte, 3, 1982, S. 143-152.

Kühn, H. (1980): Bürgerliche Psychologie in der Bundesrepublik Deutschland. Berlin.

– *Junghänel,* K. (1980): Bürgerliche Persönlichkeitspsychologie in der Krise. Berlin.

Kuhn, P. S. (1973): Die Struktur wissenschaftlicher Revolutionen. Frankfurt/Main.

Kunczik, M. (1972): Führung – Theorien und Ergebnisse. Düsseldorf, Wien.

Kupsch, P. U., *Marr,* R. (1981): Personalwirtschaft. In: Heinen, E. (1981 a), S. 529-664.

Kussmann, T. (1974): Sowjetische Psychologie auf der Suche nach der Methode. Bern u.a.

– (Hg.) (1971 a): Bewußtsein und Handlung. Probleme und Ergebnisse der sowjetischen Psychologie. Bern u.a.

– (1971): Vorwort: In: Ders. (1971 a), S. 10-19.

Ladensack, K. (1981): Methodische Probleme bei der Analyse und Gestaltung der Leitertätigkeit. In: Sozialistische Arbeitswissenschaft 2, 1981, S. 105-113.

Lander, H. J. (1979): Lineare Prä-Posttest-Analyse. In: Vorwerg, M. (Hg.) (1979): Zur psychologischen Persönlichkeitsforschung Bd. 2. Berlin.

Lange, L. (1971): Einstellungs- und Verhaltensänderung als Aufgabe der Sozialpsychologie für die Entwicklung sozialistischer Persönlichkeiten. In: Vorwerg, M. (1971), S. 11-22.

Langer, M. (1981): Die Vicary-Studie. Einstellungen von Studenten zu einem umstrittenen Forschungsergebnis. Unveröffentl. Diplomarbeit. München.

Lantermann, E. D. (Hg.) (1982): Wechselwirkungen. Göttingen u.a.

– (1983): Kognitive und emotionale Prozesse beim Handeln. In: Mandl, H., Huber, G. L. (1983), S. 248-281.

– (1980): Interaktionen. Person, Situation und Handlung. München.

Laucken, U. (1982): Aspekte der Auffassung und Untersuchung von Umgangswissen. In: Schweizerische Zeitschr. f. Psychologie und ihre Anwendung, 41, 2, 1982, S. 87-113.

– (1977): Psychologisches Wissen und ... z.B. Curriculum-Konstruktion. In: Laucken, U., Schick, A. (1977), S. 77-162.

– (1974): Naive Verhaltenstheorie. Stuttgart.

– *Schick,* A. (Hg.) (1977): Didaktik der Psychologie. Stuttgart.

Laufer, H. (1983): Ist kooperatives Führen noch zeitgemäß? In: Perosnal, 1, 1983, S. 20 f.

Lauterbach, G. (1973): Zur Theorie der sozialistischen Wirtschaftsführung in der DDR. Opladen.

Lazarus, R. S. (1966): Psychological Stress and the Coping Process. N.Y.

Leavitt, H. J. (1979²): Grundlagen der Führungspsychologie. Individuum – Gruppe – Organisation. München.

Lechler, P. (1982): Kommunikative Validierung. In: Huber, G. L., Mandl, H. (1982), S. 243-258.

Lefcourt, H. M. (1982²): Locus of Control. Current Trends in Theory and Research. Hillsdale, N.J., London.

Lefton, R. E., *Buzzota,* V. R. (1980): Trainers, Learners and Training Results. In: Training & Development Journ., 34, 11, 1980, S. 12-14. Zit. nach: PSYCINFO.

Lehmenkühler, A., *Roscher,* H., *Theis,* W. (1976): Feedback: Anmerkungen zu Funktion und Form. In: Sader, M., u.a., (1976), S. 85-128.

Leiter-Kollektiv-Persönlichkeit (1979): Handbuch für die sozialistische Leitungstätigkeit. Berlin (4. Aufl.).

Leithäuser, T., *Volmberg,* B. (1979): Anleitung zur empirischen Hermeneutik. Psychoanalytische Textinterpretation als sozialwissenschaftliches Verfahren. Frankfurt/Main.

Lemke, Ch. (1980): Persönlichkeit und Gesellschaft. Zur Theorie der Persönlichkeit in der DDR. Opladen.

Lempert, W. (1982): Moralische Urteilsfähigkeit: Ebenen, Stufen, Anwendungsbereiche und Anwendungsbedingungen, Entwicklungspfade und Entwicklungskontexte. Zur Explikation und Extrapolation logischer und soziologischer Implikationen der Theorie Kohlbergs. In: Zeitschrift für Sozialisationsforschung und Erziehungssoziologie, 2, (1982), 1, S. 113-126.

– (1981): Moralische Sozialisation durch den „heimlichen Lehrplan" des Betriebs. In: Zeitschrift für Pädagogik, 27, (1981), 5, S. 727-738.

Leont'ev, A. N. (1980³): Probleme der Entwicklung des Psychischen. Königstein/Ts.

– (1977): Tätigkeit, Bewußtsein, Persönlichkeit. Stuttgart.

– (1967): Aktuelle Entwicklungen der sowjetischen Psychologie. In: Kussmann, T. (1971 a), S. 21-43.

Lerner, M. J. (1975): The Justice Motive in Social Behavior: Introduction. In: Journ. of Social Issues 31, 3, 1975, S. 5 ff.

Lewin, K. (1968³): Lösung sozialer Konflikte. Bad Nauheim.

– (1920): Die Sozialisierung des Taylorsystems. Berlin.

– *Lippit,* R., *White,* R. K. (1939): Patterns of Aggressive Behavior in Experimentally Created Social Climates. In: Journ. Soc. Psychol. 10, 1939, S. 271-299. Zit. nach Gebert, D., v. Rosenstiel, L. (1981).

Liebow, I. E. (1979, Orig. 1967): Eine Felderfahrung im Rückblick. In: Gerdes, K. (1979), S. 16-28.

Liegle, L. (1980): Kulturvergleichende Ansätze in der Sozialisationsforschung. In: Hurrelmann, K., Ulich, D. (1980), S. 197-225.

– (1972): Vorwort. In: Bronfenbrenner, U. (1972), S. 7-10.

Lieser, J. (1972): Der Mensch im Mittelpunkt? Thesen und Dokumente zur Mitbestimmung. Köln.

Lilge, H.-G. (1980): Wertgrundlagen partizipativer Führung. In: Grunwald, W., Lilge, H.-G. (1980), S. 50-72.

Lim, H. (1982): A Japanese Agenda for Management Development. In: Training & Development Journal, 36, 3, 1982, S. 62-67. Zit. nach: PSYCINFO.

Lind, S. (1977): Individuum und Gesellschaft. Kritische Analyse ausgewählter Themen der Sozialwissenschaft der DDR. Diss. Berlin.

Lisch, R., *Kriz,* J. (1978): Grundlagen und Modelle der Inhaltsanalyse. Reinbek.

Little, B. R. (1972): Psychological Man as Scientist, Humanist and Specialist. In: Journ. of Experimental Research in Personality 6, 2-3, 1972, S. 95-118.

Lorenzer, A. (1974): Die Wahrheit der psychoanalytischen Erkenntnis. Ein historisch-materialistischer Entwurf. Frankfurt/Main.

Lössl, E. (1970²): Die betriebliche Personalorganisation. In: Mayer, A., Herwig, B. (1970), S. 441-493.

Lucke, D. (1977): Ich-Stärke als Berufsqualifikation? In: Beck, U., Brater, M. (Hg.) (1977): Die soziale Konstitution der Berufe, Bd. 2. Frankfurt/Main, N.Y., S. 237-249.

Ludz, P. Ch. (1980): Mechanismen der Herrschaftssicherung. Eine sprachpolitische Analyse gesellschaftlichen Wandels in der DDR. München, Wien.

– (1977²): Ideologiebegriff und marxistische Theorie – Ansätze zu einer immanenten Kritik. Opladen.

Luhmann, N. (1973): Vertrauen. Stuttgart.

– (1968): Zweck – Herrschaft – System. Grundbegriffe und Prämissen Max Webers. In: Mayntz, R. (Hg.): Bürokratische Organisation. Köln, Berlin, S. 36-55.

Lukasczyk, K. (1960): Zur Theorie der Führerrolle. In: Psychol. Rundschau, 11, 1960, S. 179-188.

Lukesch, H., *Zecha,* G. (1978): Neue Handlungsforschung. Programm und Praxis gesellschaftskritischer Sozialforschung. In: Soziale Welt 1, 1978, S. 26-43.

Macharzina, K., *von Rosenstiel,* L. (Hg.) (1974): Führungswandel in Unternehmung und Verwaltung. Wiesbaden.

Macher, F. (1981): Ergonomie – ein Teilgebiet der sozialistischen Arbeitswissenschaften. In: Sozialistische Arbeitswissenschaft, 4, 1981, S. 260-266.

Management Wissen (1983, 4): Mit dem richtigen Training Wege für den Vorsprung finden. Charaktersache. S. 15-18.

– (1983, 4): „Wie reagieren Sie auf Streß?", S. 8 f.

manager magazin (1982, 8): Die Kosten der Hierarchie, S. 74-81.

– (1982, 9): Der Weg nach innen, S. 95-107.

– (1975, 1): Ausbildung, die große Verschwendung, S. 86 ff.

Mandl, H., *Huber,* G. L. (Hg.) (1983): Emotion und Kognition. München.

Mannheim, K. (1964): Wissenssoziologie. Auswahl aus dem Werk. Berlin und Neuwied.

– (1952): Ideologie und Utopie. Frankfurt/Main.

Mansilla, H. C. F. (1973): Systembedürfnis und Anpassung – zur Kritik sozialistischer Verhaltenssteuerung. Frankfurt/Main.

Marcuse, H. (1964): Die Gesellschaftslehre des sowjetischen Marxismus. Neuwied und Berlin.

Marx, K. (1972): Das Kapital, Bd. I. Marx-Engels Werke (Dietz) Bd. 23, Berlin.

Matthews, K. A. (1982): Psychological Perspectives on the Type A Behavior Pattern. In: Psychological Bulletin, 91, 2, 1982.

Maurer, T. (1982): Der Einfluß der Bedarfsdiagnostik auf Transfer und Transferstabilisierung von Schulungsmaßnahmen. Unveröffentl. Diplomarbeit, München.

Mayer, A. (Hg.) (1978): Organisationspsychologie. Stuttgart.

– *Herwig,* B. (Hg.) (1970^2): Handbuch der Psychologie, Bad. 9. Betriebspsychologie. Göttingen.

Mayntz, R. (1962): Versuch eines Vergleichs. Nachwort zu Presthus, R. (1962).

Mayo, E. (1945): The Social Problems of an Industrial Civilization. Boston, Mass. Zit. nach: Weinert, A. B. (1981).

McGregor, D. (1970, Orig. 1960): Der Mensch in der Unternehmung. Düsseldorf. Zit. nach: v. Rosenstiel, L. (1980).

Meinefeld, W. (1980): Einstellung. In: Asanger, R., Wenninger, G. (1980), S. 92-99.

Meleghy, T. (1980): Die Kontingenztheorie effektiver Führung nach Fiedler. In: Morel, J., u.a. (1980), S. 74-119.

Merten, K. (1981): Inhaltsanalyse als Instrument der Sozialforschung. In: Analyse und Kritik. Zt. f. Sozialwiss., 8, 1981, S. 48-63.

Mertens, W., *Fuchs,* G. (1978): Krise der Sozialpsychologie. München.

Merton, R. K., *Kendall,* P. L. (1979): Das fokussierte Interview. In: Hopf, Ch., Weingarten, E. (1979), S. 171-204.

Messing, M. (1978): Arbeitszufriedenheit im Systemvergleich. Eine empirische Untersuchung an Bau- und Montagearbeitern in beiden Teilen Deutschlands. Stuttgart u.a.

Meyer, M. (1977): Zur verhaltensmodifizierten Effizienz gruppendynamischer Verfahren. Der Einfluß eines Trainingsprogramms auf Kreativität und Selbstbild der Teilnehmer. Diss. Göttingen.

Meyer, W.-U. (1982): Internale – externale Bekräftigungskontrolle, Ursachenzuschreibung und Erwartungsänderung – Einige Anmerkungen. In: Mielke, R. (1982 a), S. 63-75.

Mielke, R. (1982): Locus of control – Ein Überblick über den Forschungsstand. In: Dies. (1982 a), S. 15-42.

– (1982 a): Interne/externe Kontrollüberzeugung. Bern u.a.

Minssen, F. (1981): „Bewegung" oder „Instrument"? 25 Jahre Gruppendynamik im deutschsprachigen Raum. In: Gruppendynamik, 12, 1, 1981, S. 13-18.

Montada, L. (1977): Moralisches Verhalten. In: Herrmann, T., u.a. (1977), S. 287-296.

de Montaigne, M.: Die Essais. Reclam-Ausgabe 1980, Stuttgart.

Morel, J., *Meleghy,* T., *Preglan,* M. (1980): Führungsforschung. Kritische Beiträge, Göttingen u.a.

Moreno, I. L. (1959): Gruppenpsychotherapie und Psychodrama. Stuttgart. Zit. nach: Schützenberger, A. (1975).

Moscovici, S. (1979): Sozialer Wandel durch Minoritäten. München u.a.

– (Hg.) (1976): Forschungsgebiete der Sozialpsychologie. Bd. 2. Königstein/Ts.

– (1975): Der Mensch in der Interaktion: passive Reaktionsmaschine oder wahrnehmungsaktives Subjekt. In: Ders. (1975 a), S. 39-64.

– (Hg.) (1975 a): Forschungsgebiete der Sozialpsychologie. Bd. 1. Königstein/Ts.

Moser, H. (Hg.) (1979): Politische Psychologie. Weinheim, Basel.

Mühlbauer, K. R. (1980): Sozialisation. München.

Müller, W. R., *Hill,* W. (1980): Die situative Führung. In: Grunwald, W., Ligle, H.-G. (1980), S. 129-161.

Mummendey, A., u.a. (1982): Aggressiv sind immer die anderen. Plädoyer für eine sozialpsychologische Perspektive in der Aggressionsforschung. In: Zt. f. Soz. Psych. 13, 1982, S. 177-193.

Nell-Breuning, O. v. (1969): Mitbestimmung – Wer mit wem? Freiburg u.a.

– (1968): Streit um Mitbestimmung. Frankfurt/Main.

Neubauer, R., *Rosenstiel,* L. v. (Hg.) (1980): Handbuch der angewandten Psychologie. Bd. 1. Arbeit und Organisation. München.

Neubauer, W. (1982): Dimensionale Struktur der impliziten Führungstheorie bei Vorgesetzten. In: Psychologie und Praxis, 26, 1982, S. 1-11.

Neuberger, O. (1983): Leicht veränderte Fassung von Ders. (1982): In: Psychologie und Praxis, 27, 1983, S. 22-23.

– (1982): Führung als widersprüchliches Handeln. In: Bericht der 24. Fachtagung zur arbeits- und betriebspsychologischen Fortbildung in der BRD. (1982), S. 175-204.

– (1981): Mitarbeitergespräch. In: Beckerath, P. G., u.a. (1981), S. 269-273.

– (1980): Das Mitarbeitergespräch. Persönlicher Informationsaustausch im Betrieb. Goch.

– (1980 a): Führung und Macht. Entwurf einer „Alltagstheorie der Führung". In: Reber, G. (1980), S. 151-179.

– (1977): Organisation und Führung. Stuttgart u.a.

– (1976): Führungsverhalten und Führungserfolg. Berlin.

– (1974): Theorien der Arbeitszufriedenheit. Stuttgart u.a.

Neudecker, M. (o.J.): Die innerbetriebliche Führungskräfteschulung – Eine explorative Studie ihrer Effizienz. Manuskript zum Diss.-Vorhaben, München.

Neumann, J. (1981): Effektive Leistungsorganisation und -tätigkeit unterstützt die Bildung von Arbeitskollektiven. In: Sozialistische Arbeitswissenschaft, 2, 1981, S. 131-136.

Neumann, Ph. (1971): Der ‚Sozialismus als eigenständige Gesellschaftsformation'. Zur Kritik der kritischen Ökonomie des Sozialismus und ihrer Anwendung in der DDR. In: Enzensberger, H. M., Mickel, K. H. (Hg.) (1971): Übergänge zum Sozialismus. Berlin, S. 96-142.

Neuner, G. (1980): Wege der Erziehung zur sozialistischen Persönlichkeit. In: Sozialismus und Persönlichkeit. (1980) Berlin, S. 206-221.

Nicklas, H., u.a. (1978): Vorurteile und stereotype Muster in Schulbüchern. In: Karsten, A. (1978): Vorurteil. Ergebnisse psychologischer und sozialpsychologischer Forschung. Darmstadt, S. 351-374.

Nieder, P. (1980): Führung in Organisationen. In: Hoyos, C., u.a. (1980), S. 194-208.

Niehoff, W. (1982): Zum Verhältnis der Argumentationslogik der marxistisch-leninistischen Soziologie zu ihrer gesellschaftlichen Relevanz. Diss. Osnabrück.

Niehuis, E. (1973): Analyse der Erwachsenenbildung in der BRD und der DDR. Heidelberg.

Nietzsche, F.: Ausgewählte Werke in drei Bänden. (Hanser) Bd. II, München 1966.

Niketta, R. (1982): Theoretische Ansätze kognitiver Kontrolle und das locus of control Konzept. In: Mielke, R. (1982 a), S. 76-100.

Nuttin, J. M. (1975): Einstellungsänderung und Rollenspiel. In: Moscovici, S. (1975 a), S. 103-154.

Oerter, R. (1983): Emotion als Komponente des Gegenstandsbezugs. In: Mandl, H., Huber, G. L. (1983), S. 282-315.

– (1982): Interaktion als Individuum-Umwelt-Bezug. In: Lantermann, E. D. (1982), S. 101-127.

– (1982 a): Zur Entwicklung der Motivation und Handlungssteuerung. In: Oerter, R., Montada, L. (1982), S. 567-632.

– (1982 b): Jugendalter. In: Oerter, R., Montada, L. (1982), S. 242-313.

– (1978): Zur Dynamik von Entwicklungsaufgaben im menschlichen Lebenslauf, in: Ders. (Hg.) (1978) Entwicklung als lebenslanger Prozeß, Hamburg, S. 66-110.

– (1970): Struktur und Wandlung von Werthaltungen. München.

– *Dreher,* E., *Dreher,* M. (1977): Kognitive Sozialisation und subjektive Struktur. München.

– *Montada,* L. (Hg.) (1982): Entwicklungspsychologie. München.

Oese, W. (1983): Das Programm „Forschung zur Humanisierung des Arbeitslebens" – Wirklichkeit oder Illusion. In: Sozialistische Arbeitswissenschaft, 1, 1983, S. 34-43.

Oesterreich, R. (1981): Handlungsregulation und Kontrolle. München u.a.

Oevermann, U. u.a. (1979): Die Methodologie einer ‚objektiven Hermeneutik' und ihre allgemeine forschungslogische Bedeutung in den Sozialwissenschaften. In: Soeffner, H.-G. (1979), S. 352-434.

Oser, F. (1981): Moralisches Urteil in Gruppen. Frankfurt/Main.

Ostermann, Ä., *Nicklas,* H. (1976): Vorurteile und Feindbilder. München.

Ottomeyer, K. (1980): Gesellschaftstheorien in der Sozialisationsforschung. In: Hurrelmann, K., Ulich, D. (1980), S. 161-193.

– (1977): Ökonomische Zwänge und menschliche Beziehungen. Soziales Verhalten im Kapitalismus. Reinbek.

– *Scheer,* K.-D. (1976): Rollendistanz und Emanzipation. In: Bruder, K. J., u.a. (1976): Kritik der pädagogischen Psychologie. Reinbek, S. 39-73.

Packard, V. (1964): Die wehrlose Gesellschaft. Düsseldorf, Wien.

Patemann, C. (1970): Participation and Democratic Theory. Cambridge, Mass. Zit. nach: Wall, T. D., Lischeron, J. A. (1980).

Pausenberger, E. (1972[2]): Führungsstile. In: Degelmann, A. (Hg.) (1972): Organisationsleiter-Handbuch. München, S. 165-181.

Pelikán, J. (1980): Lehren aus dem „polnischen Sommer". In: L'80, 16, 1980, S. 5-21.

Pestalozzi, H. A. (1982): Interview: Einmaleins des Managers. In: Wirtschaftswoche, 26, 6, 1982, S. 62-64.

Peters, H. R. (1980): Politische Ökonomie des Marxismus. Anspruch und Wirklichkeit. Göttingen.

Piontkowski, U. (1976): Psychologie der Interaktion. München.

Pligt, J. van der (1981): Actors' and Observers' Explanations: Divergent Perspectives or Divergent Evaluations? In: Antaki, Ch. (1981): The Psychology of Ordinary Explanations of Social Behavior. London, S. 97-118. Zit. nach: Mummendey, A., u.a. (1982).

Pöhlmann, R. (1979): Längsschnittuntersuchungen im Kollektiv eines sozialistischen Industriebetriebs. In: Andrejewa, G. M., Vorwerg, G. (1979), S. 23-41.

– *Vorwerg,* G. (1979): Die Gestaltung sozialpsychologischer Beziehungen im Arbeitskollektiv – ein planmäßiger Leitungsprozeß. In: Andrejewa, G. M., Vorwerg, G. (1979), S. 66-73.

Pohl, R. (1980): Psychologisierung des Alltags. In: Asanger, R., Wenninger, G. (1980), S. 370-375.

Popper, K. (1966): Die Logik der Forschung. Tübingen.

Portele, G. (1981): Entfremdung bei Wissenschaftlern. Frankfurt/Main, N.Y.

– (1980): Moralisches Urteilen bei Wissenschaftlern verschiedener Disziplinen. In: Eckensberger, J. H., Silbereisen, R. K. (1980), S. 445-456.

– (1978): ‚Du sollst das wollen'. Zum Paradox der Sozialisation. In: Ders. (1978 a), S. 147-168.

– (Hg.) (1978 a): Sozialisation und Moral. Neuere Ansätze zur moralischen Entwicklung und Erziehung. Weinheim, Basel.

Preglau, M. (1980): Organisation, Führung und Identität. In: Morel, J., u.a. (1980), S. 133-169.

Presthus, R. (1962): Individuum und Organisation. Typologie der Anpassung. Frankfurt/Main.

Prewo, R., *Ritstert,* J., *Stracke,* E. (1973): Systemtheoretische Ansätze in der Soziologie. Eine kritische Analyse. Reinbek.

Pross, H., *Boetticher,* K. W. (1971): Manager des Kapitalismus. Frankfurt/Main.

Rammstedt, O. (1979): Zur soziologischen Reorientierung am Subjekt. In: Moser, H. (1979), S. 259-286.

Reber, G. (Hg.) (1980): Macht in Organisationen. Stuttgart.

Reppel, R. (1980): Die Weiterbildung betrieblicher Führungskräfte – unter besonderer Berücksichtigung der Eisen- und Stahlindustrie. Bochum. Zit. nach: Maurer, T. (1982).

Rexilius, G., *Grubitzsch,* S. (Hg.) (1981): Handbuch psychologischer Grundbegriffe. Mensch und Gesellschaft in der Psychologie. Reinbek.

Richardson, S. A., u.a. (1979, Orig. 1965): Die ‚Suggestivfrage'. Erwartungen und Unterstellungen im Interview. In: Hopf, Ch., Weingarten, E. (1979), S. 205-231.

Riemann, G. (1979): Zur empirischen Erfassung von Alltagswissen. Ein Beispiel aus der Obdachlosenforschung. In: Soeffner, H.-G. (1979), S. 127-139.

Riesman, D. (1956, Orig. 1950): Die einsame Masse. Hamburg.

Ritsert, J. (1972): Ideologiekritik und Inhaltsanalyse. Frankfurt/Main.

Rösler, H. D., *Regel,* H. (1980): Beiträge der Psychologie zur Gesunderhaltung des Menschen. In: Kossakowski, A. (1980 a), S. 112-125.

Roethlisberger, F. J., *Dickson,* W. J. (1939): Management and the Worker. Cambridge, Mass. Zit. nach: Rosenstiel, L. v., u.a. (1979).

Rokita, W. (1981): Menschenkenntnis. In: Rexilius, G., Grubitsch, S. (1981), S. 659 f.

Rosenkind, A. H. (1981): Werte und Macht. München.

Rosenstiel, L. v. (1981): Führung. In: Psychologie des 20. Jahrhunderts. Bd. XIII. Anwendung im Berufsleben, S. 802-835.

– (1980): Grundlagen der Organisationspsychologie. Stuttgart.

– (1980 a): Humanisierung der Arbeit – Schlagwort, Alibi, Programm. In: Ders., Weinkamm, M. (1980), S. 11-22.

– (1980 b): Organisationspsychologie. In: Hoyos, C. Graf, u.a. (1980), S. 41-57.

– (1975): Die motivationalen Grundlagen des Verhaltens in Organisationen – Leistung und Zufriedenheit. Berlin.

– (1974): Voraussetzungen des Erfolgs eines Organizational-Development-Programms. In: Macharzina, K., Rosenstiel, L. v. (1974), S. 111-114.

– *Neumann,* P. (1982): Einführung in die Markt- und Werbepsychologie. Darmstadt.

– u.a. (1982): Betriebsklima heute. München.

– *Molt,* W., *Rüttinger,* B. (1979^4): Organisationspsychologie. Stuttgart u.a.

Rotter, J. B. (1982): Einige Probleme und Mißverständnisse beim Konstrukt der internen vs. externen Kontrolle der Verstärkung. In: Mielke, R. (1982 a), S. 43-62.

– (1954): Social Learning and Clinical Psychology. Englewood Cliffs, N.Y. Zit. nach: Lefcourt, H. M. (1982).

Rubinstein, S. L. (1972[6]): Sein und Bewußtsein. Berlin.

- (1959): Grundlagen der allgemeinen Psychologie. Berlin.

Rüppell, M. (1979): Einzelfallanalyse und Subjekt. In: Petermann, F., Hehl, F.-J. (1979): Einzelfallanalyse. München u.a., S. 286-297.

Rüttinger, R. (1980): Transaktionsanalyse (Arbeitsheft zur Führungspsychologie). Heidelberg.

Sader, M. (1979[2]): Psychologie der Gruppe. München.

- (1969): Rollentheorie. In: Graumann, C. F. (1969 a), S. 204-231.

- *Schäubel,* W., *Theis,* W. (Hg.) (1976): Verbesserung von Interaktion durch Gruppendynamik. Münster.

- *Sieland,* B. H., *Theis,* W. (1976): Ein Grundkonzept für ein Interaktionstraining. In: Sader, M., u.a. (1976), S. 1-58.

Salz, R. (1971): Training zur Lösung sozialer Konflikte im Entscheidungsverhalten. In: Vorwerg, M. (1971 c), S. 157-181.

Scheier, M. F., *Carver,* C. C. (1980): Individual Differences in Self-Concept and Self-Process. In: Wegner, D. M., Vallacher, R. R. (1980), S. 229-251.

Scheller, R., *Heil,* F. E. (1979): Berufliche Entwicklung und Selbstkonzepte. In: Filipp, S. H. (1979), S. 253-271.

Schick, A. (1977): Zur Einführung. In: Laucken, U., Schick, A. (1977), S. 11-15.

Schiefele, H., *Prenzel,* M. (1983): Interessengeleitetes Handeln - Emotionale Präferenz und kognitive Entscheidung. In: Mandl, H., Huber, G. L. (1983), S. 217-247.

Schienstock, G., *Müller,* V. (1978): Organisationsentwicklung als Verhandlungsprozeß. In: Soz. Welt, 4, 1978, S. 375-393.

Schier, R. (1980): Selbstkontrolle als Regulationsprozeß. In: Vorwerg, M., Schröter, H. (1980), Bd. II, S. 99-150.

Schlee, J. (1981): Beobachtungen zur Modifikation subjektiver Theorien von Lehrern. Papier zum: Kolloquium (1981).

Schmale, H. (1983): Psychologie der Arbeit. Stuttgart.

Schmidt, J. (1979): Möglichkeiten der Erfolgskontrolle und Ergebnisse des Trainings der Denkbeweglichkeit für Nachwuchs- und Leitungskader der sozialistischen Industrie. In: Vorwerg, M. (Hg.) (1979): Zur psychologischen Persönlichkeitsforschung, Bd. 2. Berlin.

Schnecke, R. (1971): Training der Informationstransformation. In: Vorwerg, M. (1971 c), S. 131-156.

Schneider, D., *Kuda, R. F. (1969): Mitbestimmung. München.*

Schneider, H.-D. (1978): Sozialpsychologie der Machtbeziehung. Stuttgart.

Schneewind, K. A. (1982): Persönlichkeitstheorien I. Darmstadt.

- (1982 a): Familiäre Aspekte der Selbstverantwortlchkeit. In: Mielke, R. (1982), S. 199-221.

- (Hg) (1977): Wissenschaftstheoretische Grundlagen der Psychologie. München, Basel.

- (1977 a): Zum Verhältnis von Psychologie und Wissenschaftstheorie. In: Ders. (1977), S. 11-25.

– *Lukesch,* H. (1977): Familiäre Sozialisation. Probleme, Ergebnisse, Perspektiven. Stuttgart.

Schnotz, W. (1982): Rekonstruktion von individuellen Wissenstrukturen. In: Huber, G. L., Mandl, H. (1982), S. 220-239.

Schönhammer, R. (1981): Sozialistische Rationalisierung und persönlichkeitsfördernde Arbeitsbedingungen – Anspruch und Wirklichkeit. Unveröff. Dipl.Arbeit, München.

Schönwälder, M. (1976): Führungsfortbildung und organisatorischer Wandel. Diss. Münster.

Schreyögg, G. (1980): Das Fiedlersche Kontingenzmodell der Führung: Eine humane Sozialtechnologie? In: Grunwald, W., Lilge, H.-G. (1980), S. 162-127.

Schröder, H., *Vorwerg,* M. (1978): Soziale Kompetenz als Zielgröße für Persönlichkeitsstruktur und Verhaltensmodifikation. In: Vorwerg, M. (1978), S. 48-63.

Schtscherbizki, W. W. (1981): Die wissenschaftlich-technische Revolution und die Leitung der gesellschaftlichen Prozesse. In: Sowjetwissenschaft. Gesellschaftswissenschaftliche Beiträge, 2, 1981, S. 161-174.

Schülein, J. A. (1981): Selbstreflexion. In: Rexilius, G., Grubitzsch, S. (1981), S. 943-948.

Schulz, P. (1982): Person – Umwelt – Interaktion und Streß. In: Hoefert, H.-W. (1982): Person und Situation. Interaktionspsychologische Untersuchungen. Göttingen u.a., S. 44-66.

Schütz, A. (1972): Gesammelte Aufsätze. Bd. 2. Studien zur soziologischen Theorie. Den Haag.

Schützenberger, A. (1975): Einführung in das Rollenspiel. Stuttgart.

Schunter-Kleemann, S. (1980): Zwischen bürgerlicher und sowjetischer Ideologie. In: Psychologie heute, 6, 1980, S. 74-81.

Schwarz, K. (1975): Soziale Rückinformation und individuelle Reaktion. In: Vorwerg, M. (1975), S. 113-125.

Schwarzer, R. (1983): Angst. In: Mandl, H., Huber, G. L. (1983), S. 123-147.

– *Schwarzer,* Ch. (1981): Subjektive Theorie als Produkt der kognitiven Auseinandersetzung des Lehrers mit seinen Berufsanforderungen. Papier zum: Kolloquium (1981).

Seeger, F. (1977): Relevanz und Entwicklung in der Psychologie. Darmstadt.

Seifert, K. H. (1980): Beruf und berufliche Enwicklung. In: Hoyos, C., u.a. (1980), S. 582-591.

Seligman, M. E. P. (1979): Erlernte Hilflosigkeit. München u.a.

Semin, G. R., *Thomas,* M. R. (1982): Die soziale Funktion von Peinlichkeitsäußerungen. In: Gruppendynamik, 4, 1982, S. 259-273.

– u.a. (1981): Alltagswissen als implizite Basis für „wissenschaftliche" Persönlichkeitstheorien: Eine sozialpsychologische Untersuchung. In: z.f.Soz.Psych., 12, 1981, S. 233-242.

Semmer, N., *Pfäfflin,* M. (1978): Interaktionstraining. Weinheim, Basel.

Sepstrup, P. (1981): Methodological Developments in Content Analysis? In: Rosengren, K. E. (Ed.): Advances in Content Analysis. Beverly Hills, London, S. 133-158.

Shepard, H. A. (1972): Teilnehmende Beobachtung. In: Bradford, L. P., u.a. (1972), S. 412-428.

Sieland, B. (1978): Wann wird verfügbares Feedbackverhalten eingesetzt? In: Gruppendynamik, 9, 3, 1978, S. 159-169.

– (1976): Methodologie der Trainingskontrollen. In: Sader, M., u.a. (1976), S. 171-199.

– *Schäuble,* W. (1976): Training und Transfer. In: Sader, M., u.a. (1976), S. 129-169.

Siebert, H. (1979): Vergleichende Erziehungswissenschaft. Erwachsenenbildung in internationaler Sicht. In: Ders. (Hg.) (1979): Taschenbuch der Weiterbildungsforschung. Baltmannsweiler, S. 56-77.

– (1970): Erwachsenenbildung in der Erziehungsgesellschaft der DDR. Düsseldorf.

Smith, D. E. (1979²): K. ist geisteskrank. Die Anatomie eines Tatsachenberichts. In: Weingarten, E., Sack, F., Schenkein, J. (1979²): Ethnomethodologie. Beiträge zu einer Soziologie des Alltagshandelns. Frankfurt/Main, S. 368-415.

Smith, E. R. (1982): Beliefs, Attributions, and Evalutions: Nonhierarchical Models of Mediation in Social Cognition. In: Journ. of Personality and Social Psychology, 43, 2, 1982, S. 248-259.

Snyder, M. L., *Stephan,* W. G., *Rosenfield,* D. (1980): Selbstgefälligkeit und Attribution. In: Herkner, W. (1980), S. 209-221.

Soeffner, H.-G. (Hg.) (1979): Interpretative Verfahren in den Sozial- und Textwissenschaften. Stuttgart.

– (1979 a): Interaktion und Interpretation. Überlegungen zu Prämissen des Interpretierens in den Sozial- und Textwissenschaften. In: Ders. (1979), S. 328-351.

Sombart, W. (1955⁴): Der moderne Kapitalismus. Dritter Band. Das Wirtschaftsleben im Zeitalter des Hochkapitalismus. Berlin. Zit. nach: Wachtler, G. (1979): Humanisierung der Arbeit und Industriesoziologie. Stuttgart u.a.

Sontheimer, K., *Bleek,* W. (1979⁵): Die DDR. Politik, Gesellschaft, Wirtschaft, Hamburg.

Spector, P. E. (1982): Behavior in Organisations as a Function of Employee's Locus of Control. In: Psych. Bulletin, 91, 3, 1982, S. 482-497.

Starke, H., *Weise,* K., *Wiese,* H. (1979): Einige Bemerkungen zur Situation der Gruppenpsychotherapie. In: Probleme und Ergebnisse der Psychologie, 71, 1979, S. 39-48.

Steinle, C. (1980): Zur Implementation partizipativer Führungsmodelle. In: Grundwald, W., Lilge, H.-G. (1980), S. 286-314.

– (1978): Führung. Grundlagen, Prozesse und Modelle der Führung in Unternehmungen. Stuttgart.

Sternberger, D., u.a. (1970): Aus dem Wörterbuch des Unmenschen. München.

Stiefel, R. Th. (1982): Managementtraining – eine besondere Form von Entertainment? In: Harvard manager, 3, 1982, S. 30-37.

– (1982 a): Erfolgreiches Teilnehmerverhalten in Seminaren. In: Personal, 34, 1, 1982, S. 19-22.

Stirn, H. (1980): Arbeitswissenschaft. Opladen.

Stocker-Kreichgauer, G. (1978): Ausbildung und Training in der Unternehmung. In: Mayer, A. (1978), S. 170-200.

Stogdill, M. R. (1948): Personal Factors Associated with Leadership. In: Journ. Psychol., 25, 1948, S. 35-71. Zit. nach: Rosenstiel, L. v. (1980).

Straßburger, J., *Zimmermann,* H. (1976): Parteilichkeit in der DDR-Forschung? Zu einem polemischen Beitrag von Detlef Herrmann. In: Deutschland Archiv 3, 1976, S. 252-256.

Strauss, E. H., *Dummer,* W. (1981): Verhaltenstherapie ohne Persönlichkeit? In: Helm, J., u.a. (1981), S. 184-200.

Strümpel, B. (1980): Interkulturelle Differenzen wirtschaftlichen Verhaltens. In: Hoyos, C., u.a. (1980), S. 567-576.

Stumme, W. (1975): Psychische Erkrankung. Im Urteil der Bevölkerung. München.

Super, D. E. (1953): A Theory of Vocational Development. In: American Psychologist, 8, 1953, S. 185-190. Zit. nach: Scheller, R., Heil, F. E. (1979).

Taylor, F. W. (1911): The Principles of Scientific Management. N.Y. Zit. nach: Weinert, A. B. (1981).

Tennstedt, K.-Ch. (1981): Veränderbarkeit subjektiver Theorien. Papier zum: Kolloquium (1981).

Theis, W. (1979): Angewandte Gruppendynamik. Was kommt nach dem Boom? In: Psychologie heute, 6, 2, 1979, S. 45-53.

- (1976): Zur Kritik an der Gruppendynamik. In: Sader, M., u.a. (1976), S. 241-266.

Thom, A. (1918): Das Problem der sozialen Determiniertheit psychopathologischer Entwicklungen aus der Sicht der marxistisch-leninistischen Persönlichkeitstheorie - methodologische und sozialpolitische Aspekte. In: Helm, J., u.a. (1981), S. 42-51.

- (1978): Philosophische Überlegungen zur Stellung des Subjekts in der Persönlichkeitstheorie. In: Vorwerg, M. (1978), S. 33-47.

Thomae, H. (1977): Psychologie in der modernen Gesellschaft. Hamburg.

- (1977 a): Vorwort. In: Leont'ev (1977), S. 7 f.

- (1974): Konflikt, Entscheidung, Verantwortung. Stuttgart u.a.

- (1972): Kulturelle Systeme als Sozialisationsvariablen. In: Graumann, C. F. (Hg.) (1972): Handbuch der Psychologie. Band 7. Sozialpsychologie. 2. Halbband. Göttingen, S. 715-747.

- (1968): Das Individuum und seine Welt. Eine Persönlichkeitspsychologie. Göttingen.

- *Feger,* H. (1969): Hauptströmungen der neueren Psychologie. Bern.

Thomas, A. (1983): Zur Beziehung zwischen psychologischer Forschung und der Anwendung ihrer Ergebnisse in der arbeits- und betriebspsychologischen Praxis (Leicht veränderte Fassung von ders., 1982). In: Psychologie und Praxis, 2, 1982, S. 87-93.

- (1982): Probleme der Anwendung wissenschaftlicher Ergebnisse der Psychologie in der arbeits- und betriebspsychologischen Praxis. In: Bericht der 24. Fachtagung zur arbeits- und betriebspsychologischen Fortbildung in der BRD. Düsseldorf, 1982, S. 545-558.

Thomas, K. (1982): Gruppenboom und politische Verantwortung. In: Gruppendynamik 1, 1982, S. 31-44.

Thurstone, L. L., *Chave,* E. J. (1978, Orig. 1929): Theorie der Einstellungsmessung. In: Karsten, A. (Hg.) (1978): Das Vorurteil. Darmstadt, S. 13-34.

Toebe, P., *Harnatt,* J., *Schwemmer,* O., *Werbik,* H. (1977): Beiträge der konstruktiven Philosophie zur Klärung der begrifflichen und methodischen Grundlagen der Psychologie. In: Schneewind, K. A. (1977), S. 93-115.

Töpfer, J. (1980): Unsere Gewerkschaftsarbeit ist lebendige Machtausübung. Zit. nach Deutschland, H. (1981).

Topitsch, E. (Hg.) (1980[10]): Logik der Sozialwissenschaft. Königstein/Ts.

Traub, R. (1976): Lenin und Taylor. Die Schicksale der „wissenschaftlichen Arbeitsorganisation" in der frühen Sowjetunion. In: Michel, M., Wieser, H. (Hg.) (1976): Arbeitsorganisation – Ende des Taylorismus?, Berlin, S. 146-158.

Traxel, W. (1974[2]): Grundlagen und Methoden der Psychologie. Bern. u.a.

Trebesch, K. (1983): Organisatoren und Organisationsentwicklung. Selbstverständnisse, Mißverständnisse und Perspektiven. In: Z.f. Organisation, 2, 1983, S. 85-89.

Truskie, S. D. (1982): Getting the most from Management Development Programs. In: Personnel Journ., 61, 1, 1982, S. 66-68. Zit. nach: PSYCINFO.

Turiel, E. (1977): Konflikt und Übergangsprozesse der Entwicklung der Moral Jugendlicher. In: Döbert, R., Habermas, J., Nunner-Winkler, G. (Hg.): Entwicklung des Ich. Köln 1977, S. 253-269.

– (1977 a): Entwicklungsprozesse des moralischen Bewußtseins des Kindes. In: Döbert, R., Habermas, J., Nunner-Winkler, G. (Hg.): Entwicklung des Ich. Köln 1977, S. 115-149.

Tzeng, O. C. S., *Tzeng,* C.-H. (1982): Implicit Personality Theory: Myth or Fact? An Illustration of how Empirical Research can miss. In: Journ. of Personality, 50, 2, 1982, S. 223-239.

Ulich, D. (1982): Das Gefühl. Eine Einführung in die Emotionspsychologie. München.

– (1982 a): Interaktionsbedingungen von Verbalisation. In: Huber, H., Mandl, G. L. (1982), S. 43-60.

Udris, I. (1981): Streß in arbeitspsychologischer Sicht. In: Nitsch, I. R. (Hg.) (1981): Streß, Theorien, Untersuchungen, Maßnahmen, S. 391-440.

Vallacher, R. R. (1980): An Introduction to Self Theory. In: Wegner, D. M., Vallacher, R. R. (1980), S. 3-30.

Vogt, W. (1979): Politische Ökonomie. In: Habermas, J. (Hg.) (1979): Stichworte zur ‚geistigen Situation der Zeit'. 1. Band: Nation und Republik. Frankfurt/Main. S. 381-407.

Voigt, D. (1975): Soziologie in der DDR. Köln.

– (1973): Montagearbeiter in der DDR. Eine empirische Untersuchung über Industrie-Bauarbeiter in den volkseigenen Großbetrieben. Darmstadt, Neuwied.

Volmerg, U. (1978): Identität und Arbeitserfahrung. Eine theoretische Konzeption zu einer Sozialpsychologie der Arbeit. Frankfurt/Main.

Vopel, K. W. (1976[2]): Interaktionsspiele. Hamburg. Zit. nach: Geißler, W. (1980).

Vorwerg, G. (1979): Stellung und Aufgaben des Sozialpsychologen im sozialistischen Industriebetrieb. In: Andrejewa, G. M., Vorwerg, G. (1979), S. 19-31.

- (1975): Sozialpsychologische Beziehungen zwischen Gruppen. In: Vorwerg, M. (1975), S. 16-32.
- (1973): Sozialpsychologische Verhaltensanforderungen an sozialistische Leiter. In: Hacker, W., u.a. (1973), S. 143-147.
- (1971): Führungsfunktion in sozialpsychologischer Sicht. Berlin.
- *Marischka*, E., *Vorwerg*, M. (1980): Führungsfunktion. In: Hiebsch, H., Vorwerg, M. (1980), S. 133 ff.
- *Vorwerg*, M. (1980): Persönlichkeits- und sozialpsychologische Grundlagen der Leitung sozialer Prozesse. In: Kossakowski, A. (1981 a), S. 54-65.

Vorwerg, M. (1980): Grundlagen einer persönlichkeitspsychologischen Theorie des Verhaltens. In: Vorwerg, M. Schröder, H. (1980), Bd. I, S. 10-97.

- (Hg.) (1978): Zur psychologischen Persönlichkeitsforschung. Bd. I. Berlin.
- (Hg.) (1975): Beiträge zu sozialpsychologischen Untersuchungsmethoden. Jena.
- (1975 a): Methodische Besonderheiten der sozialpsychologischen Forschung. In: Ders. (1975), S. 7-15.
- (1973): Aufgaben und Zielstellungen der Forschung zum sozialpsychologischen Verhaltenstraining. In: Hacker, W., u.a. (1973), S. 153-158.
- (Hg.) (1971): Psychologische Probleme der Einstellungs- und Verhaltensänderung. Berlin.
- (1971 a): Sozialpsychologische Grundlagen der Verhaltensänderung. In: Vorwerg. M. (1971), S. 60-70.
- (1971 b): Methodische Grundlagen des Verhaltenstraining. In: Vorwerg, M. (1971 c), S. 7-36.
- (Hg.) (1971 c): Sozialpsychologisches Training. Jena.
- (1971 d): Ideologische Standortbestimmung. In: Vorwerg, M. (1971 c), S. 69-76.
- *Schröder*, H. (Hg.) (1980): Persönlichkeitspsychologische Grundlagen interpersonalen Verhaltens. Bd. I und Bd. II. Leipzig.
- *Vorwerg*, G. (1980): Sozialpsychologie in der DDR. In: Klix, F., Kossakowski, A., Mäder, W. (Hg.) (1980): Psychologie in der DDR. Berlin, S. 80-91.

Wächter, H. (1983): Organisationsentwicklung. Notwendig, aber paradox. In: Z.f. Organisation, 2, 1983, S. 61-66.

Wahl, D. (1982): Handlungsvalidierung. In: Huber, G. L., Mandl, H. (1982), S. 259-274.

- (1981): Psychologisches Alltagswissen im Unterricht. In: Fietkau, H.-J., Görlitz, D. (1981), S. 67-90.

Wahl, K., *Honig*, M.-S., *Gravenhorst*, L. 61982): Wissenschaftlichkeit und Interessen. Frankfurt/Main.

Wall, T. D., *Lischeron*,, J. A. (1980): Zum Begriff der Partizipation. In: Grunwald, W., Lilge, H.-G. (1980), S. 73-79.

Weber, M. (1968^3): Gesammelte Aufsätze zur Wissenschaftslehre. Tübingen.

- (1964): Wirtschaft und Gesellschaft. Studienausgabe. Köln.

Wegner, D. M., *Vallacher,* R. R. (1980): The Self in Social Psychology. N.Y., Oxford.

Weiner, B., u.a. (1971): Perceiving the Causes of Success and Failure. In: Jones, E. E., et. al. (Eds.) (1971): Attribution: Perceiving the Causes of Behavior. Morristown, N.J.. Zit. nach: Carver, C. S., Scheier, M. F. (1981).

Weinert, A. B. (1981): Lehrbuch der Organisationspsychologie. München u.a.

Weinert, B. (1975): Die persönlichkeits- und gruppenpsychologische Bedeutung des sozialen Verhaltens des Leiters. In: Wiss. Zeitschr., Friedrich Schiller Univ., Jena, Ges.- und Sprachwiss. R., 24, 4, 1975, S. 431-438.

Weinert, F. E. (1979): Über die mehrfache Bedeutung des Begriffes „entwicklungsangemessen" in der pädagogisch-psychologischen Theoriebildung. In: Brandtstädter, J., Reinert, G., Schneewind, K. A. (Hg.) (1979): Pädagogische Psychologie. Probleme und Perspektiven. Stuttgart, S. 153-180.

– (1978): Kommentar zum Beitrag von Hofer und Dobrik. In: Görlitz, D., Meyer, W.-U., Weiner, B. (1978): Bielefelder Symposium über Attribution. Stuttgart, S. 65-69.

Weiss, H.-P. (1977): Zum Vergleich von Alltagspsychologie und wissenschaftlicher Psychologie. Diss. St. Gallen.

Weiss, H. M., *Adler,* S. (1981): Cognitive Complexity and the Structure of Implicit Leadership Theories. In: Journ. of Applied Psychology, 66, 1, 1981, S. 69-78.

Weitzig, J. K. (1979): Gesellschaftsorientierte Unternehmenspolitik und Unternehmensverfassung. Berlin, N.Y.

Whitbourne, S.-K., *Weinstock,* C. S. (1982): Die mittlere Lebensspanne. München.

Wicklund, R. A., *Frey,* D. (1980): Self-awareness theory: When the Self makes a Difference. In: Wegner, D. M., Vallacher, R. R. (1980), S. 31-54.

Wilpert, B. (1980): Mitbestimmung in Organisationen. In: Hoyos, C., u.a. (1980), S. 237-246.

Wilson, T. P. (1982): Qualitative „oder" quantitative Methoden in der Sozialforschung. In: Kölner Zt. f. Soz. u. Soz.psych., 34, 1982, S. 487-508.

Will, H. (1982): Ansätze praxisnaher Evaluation betrieblicher Aus- und Weiterbildung. In: Bericht der 24. Fachtagung zur arbeits- und betriebspsychologischen Fortbildung in der BRD. Düsseldorf, 1982, S. 329-340.

Wirtschaftswoche (1982, 26): Bildungsziele: Ständig auf der Suche. S. 46-49.

Wiswede, G. (1981): Führung. In: Beckerath, P. G., u.a. (1981), S. 169-180.

– (1981 a): Kommunikation. In: Beckerath, P. G., u.a. (1981), S. 226-231.

– (1981 b): Betriebsklima. In: Beckerath, P. G., u.a. (1981), S. 110-113.

– (1980): Motivation und Arbeitsverhalten. München, Basel.

Witte, E., *Kallmann,* A., *Sachs,* G. (1981): Führungskräfte der Wirtschaft. Stuttgart.

Wittwer, W. (1982): Weiterbildung im Betrieb. Darstellung und Analyse. München u.a.

Witzel, A. (1981): Naive Verhaltenstheorie. In: Rexilius, G., Grubitzsch, S. (1918), S. 699-707.

Wochnik, M. (1975): Problemskizze zur Theorie und Praxis der Psychologie in der Sowjetunion. In: Wiss. Ztschr. Friedrich Schiller Univ. Jena, Ges.- u. Sprachwiss. R., 24, 4, 1975, S. 525-542.

Wörterbuch der Ökonomie – Sozialismus (1981), Berlin.

Wolf, H. E. (1981): Zu einigen Problemen der Entwicklung der Psychologie in der DDR. In: Deutschland Archiv, 14, 9, 1981, S. 385-401.

Wolf, H. E. (1979): Kritik der Vorurteilsforschung. Versuch einer Bilanz. Stuttgart.

Wunderer, R., *Grunwald,* W. (1980): Führungslehre. Bd. I: Grundlagen der Führung. Berlin, N.Y.

Yankelovich, D. (1981): Wer hat noch Lust zu arbeiten? In: Lebens-Wandel. Die Veränderung des Alltags. Psychologie heute, Sonderband, 1981, S. 186-191.

Zaleska, M. (1976): Die Probleme der Führung. In: Moscovici, S. (1976), S. 105-153.

Zand, D. E. (1977): Vertrauen und Problemlösungsverhalten von Managern. In: Lück, H. E. (1977): Mitleid, Vertrauen, Verantwortung. Stuttgart, S. 61-74.

Zetterberg, H. L. (1980): Angewandte Sozialforschung in der Praxis. In: Topitsch, E. (1980), S. 451-458.

Zillmer, H. v. (1980): Psychologen im Beruf. Weinheim, Basel.

Zimmer, D. E. (1982): Hilfe – Was soll ich hier oben? In: Warum, 9, 1982, S. 58-61.

Zuckermann, M. (1979): Attribution of Success and Failure revisited, or: The Motivational Bias is alive and well in Attribution Theory. In: Journ. of Personality, 47, 1979, S. 245-287.

Zündorf, L. (1981): Hierarchie. In: Beckerath, P. G., u.a. (1981), S. 192-197.

Anhang I

Gesprächsleitfaden (Teilnehmer)

1. Wie wurde über die bevorstehende Veranstaltung informiert? Welche Kenntnisse bzw. Fertigkeiten werden im Programm als zentrale Lernziele herausgestellt? Wo liegt der Schwerpunkt des eigenen Interesses? Wie ist das vermutlich bei anderen Teilnehmern?
2. Was sind nach ihren Erfahrungen wichtige Konfliktursachen im täglichen Arbeitsablauf?
3. Worauf kommt es den Mitarbeitern (Untergebenen) bei der Arbeit hauptsächlich an?
4. Welche Rolle spielen Emotionen in der täglichen Zusammenarbeit? Sollte sich diesbezüglich etwas ändern? Wenn ja: wo liegen Schwierigkeiten für solch eine Änderung, bzw. wo werden gangbare Wege gesehen?
5. Was ist Streß? Was sind seine Ursachen, was seine Folgen? Wer ist (besonders) anfällig? Wie ist Streß zu bewältigen?
6. Welche Atmosphäre wird im Weiterbildungsseminar erwartet? Was wäre vergleichbar (eventuell hier Kontaktmöglichkeiten in anderem Zusammenhang - z.B. Betriebsausflug - ansprechen)?
7. (Was ist der Sinn von Psychotherapie?) Wie wäre vermutlich die persönliche Reaktion, wenn von einem Kollegen/Untergebenen bekannt würde, er sei in psychotherapeutischer Behandlung?
8. Welcher Einfluß geht von der Teilnahme auf den künftigen beruflichen Werdegang aus? Welches Verhalten wird von den Teilnehmern erwartet? Welche Rolle wird vermutlich die Firmenphilosophie im Zusammenhang des Seminars spielen?
9. Welche Eigenschaften bzw. Qualifikationen beim Referenten wären besonders wünschenswert?
10. Welchen Einfluß könnte die Teilnahme auf das persönliche Durchsetzungsvermögen im betrieblichen Alltag haben?
11. Gibt es wirkungsvolle Manipulationstechniken? Wie sind sie beschaffen (Beispiele!)? Von welchen Bedingungen hängen ihre Wirkungen ab? Hat der Teilnehmer Manipulationstechniken erlernt (Quellen?) bzw. angewandt? Sieht er sich selbst als Opfer von Manipulation(sversuchen)? Gibt es Techniken der Manipulationsabwehr? Worin bestehen sie?
12. Sind Auswirkungen der Teilnahme auf das private Leben vorstellbar?
13. Welche sonstigen Auswirkungen sind möglich?
14. Sind irgendwelche negativen Auswirkungen der Teilnahme vorstellbar? Besteht die Gefahr, sich Blößen zu geben, die später ausgenützt werden könnten?

Anhang II

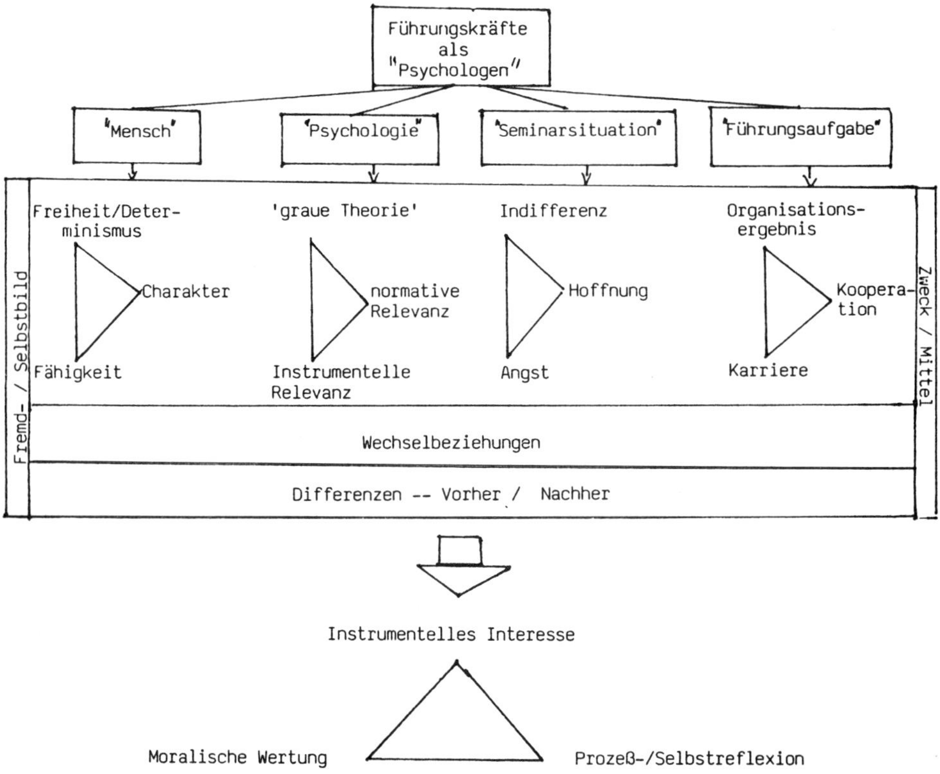
Führungskräfte
als
"Psychologen"
"Mensch"
"Psychologie"
"Seminarsituation"
"Führungsaufgabe"
Freiheit/Determinismus
Charakter
Fähigkeit
'graue Theorie'
normative Relevanz
Instrumentelle Relevanz
Indifferenz
Hoffnung
Angst
Organisationsergebnis
Kooperation
Karriere
Fremd- / Selbstbild
Zweck / Mittel
Wechselbeziehungen
Differenzen -- Vorher / Nachher
Instrumentelles Interesse
Moralische Wertung
Prozeß-/Selbstreflexion

Anhang III

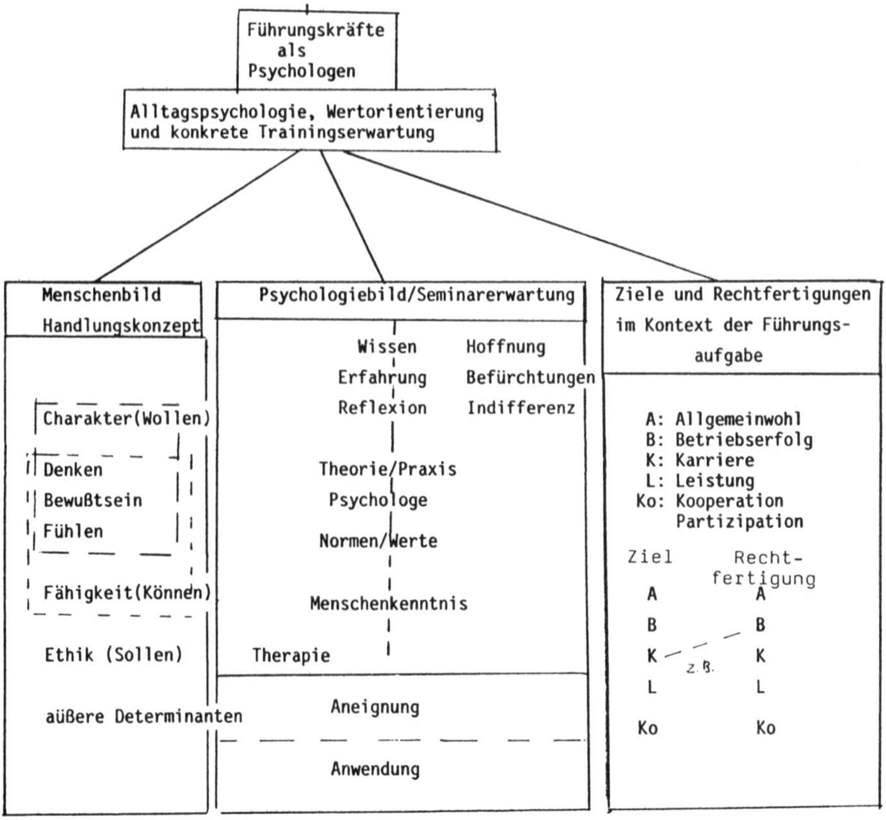
Führungskräfte als Psychologen
Alltagspsychologie, Wertorientierung und konkrete Trainingserwartung
Menschenbild
Handlungskonzept
Charakter(Wollen)
Denken
Bewußtsein
Fühlen
Fähigkeit(Können)
Ethik (Sollen)
äußere Determinanten
Psychologiebild/Seminarerwartung
Wissen
Erfahrung
Reflexion
Hoffnung
Befürchtungen
Indifferenz
Theorie/Praxis
Psychologe
Normen/Werte
Menschenkenntnis
Therapie
Aneignung
Anwendung
Ziele und Rechtfertigungen im Kontext der Führungsaufgabe
A: Allgemeinwohl
B: Betriebserfolg
K: Karriere
L: Leistung
Ko: Kooperation
Partizipation
Ziel
Recht-
fertigung
A
B
K
L
Ko
z.B.

Anhang IV a

Interesse am Seminar

3	4	
		"unsachlich"
		Teilnahme wegen Karriere
		Abwechselung gegenüber dem Alltag
		Gelegenheit, nützliche Kontakte zu knüpfen
		Gelegenheit, Freundschaften zu schließen
		Gelegenheit, "Klatsch" aus anderen Abteilungen/Bereichen zu erfahren
		Gelegenheit zur Selbstdarstellung
		"sachlich"
		Wunsch nach Anonymität
		man lernt nie aus
		Gelegenheit, eigene Fehler zu finden
		Kommunikation muß man lernen
		Mißverständnisse aufdecken
		Lernen, besser mit Mitarbeitern auszukommen
		Lernen, besser mit Kollegen auszukommen
		Lernen, besser mit Vorgesetzten auszukommen
		Menschenkenntnis verbessern
		Einfühlungsvermögen verbessern
		Durchsetzungsvermögen verbessern
		Auftreten verbessern
		Tricks, Kniffe für den Umgang mit Mitarbeitern
		Tricks, Kniffe für den Umgang mit Kollegen
		Tricks, Kniffe für den Umgang mit Vorgesetzten
		Härtetest der eigenen Führungsqualitäten
		Hilfe für drückende persönliche Probleme
		Anregung zur Beseitigung von Problemen
		Führungsphilosophie kennenlernen
		Bestätigung für kooperativen Stil erhalten
		Bestätigung für die eigene Relativierung des kooperativen Stils erhalten

Anhang IV b

Ziele (latent; manifest)

Z = tatsächliches Ziel; D = nach außen dargestelltes Ziel

		Selbst		Vorgesetzte		Mitarbeiter		Kollegen =Seminarbesucher	
		Z	D	Z	D	Z	D	Z	D
Allgemeinwohl									
Betrieb									
Karriere									
Leistung	Sachlich								
	Leitung								
befriedigende Tätigkeit									
Kooperation,Partizipation									
keine Überlastung									
sicherer Arbeitsplatz									

Anhang IV c

Trainer - Qualität (IST / SOLL)

IST	SOLL	Mangel	Begeistert	
				Ausbildung; Studium
				Menschenkenntnis
				Einfühlungsvermögen
				Persönlichkeit
				Manipulationskunst
				Erzeugen einer Atmosphäre der Offenheit
				Begeisterungsfähigkeit
				Brechen offenen Widerstandes
				Einbezug passiver Teilnehmer
				Praktische Erfahrung im Betrieb
				Aufzeigen von Schwächen
				Relativieren von Schwächen

Anhang IV d

e = eigen
f = fremd

Aspekte / Themen	Stress e	Stress f	Konflikte e	Konflikte f	Emotionen e	Emotionen f	Vertrauen e	Vertrauen f	Mißtrauen e	Mißtrauen f
ausdrücklicher Zusammenhang zu Thema Nr.										
von sich aus angesprochen										
auf unmittelbare An-/Nachfrage										
auf unmittelbare An-/Nachfrage:Ausweichen										
auf unmittelbare An-/Nachfrage:Zögern										
Thema tabuisiert										
Thema abstrakt behandelt										
Thema konkret behandelt										
Thema vermischt/verwickelt mit Thema Nr.:										
Thema widersprüchlich behandelt										
Thema erregt Skepsis										
Thema erregt Begeisterung										
Thema der Hoffnungen										
Thema der Befürchtungen										
Thema Ich-Nah behandelt										
Thema distanziert behandelt										
Selbstdarstellung-positiv: Keine Probleme										
Selbstdarstellung-negativ: Probleme, Fehler										
Erklärung: kausal										
Erklärung: final										
Erklärung: personal, Fähigkeit, stark (z.B. intelligent) (U)-unbewußt										
Erklärung: personal, Fähigkeit,schwach (z.B. dumm)										
Erklärung: personal, Charakter, stark/gut										
Erklärung: personal, Charakter, schwach/böse										
Erklärung: situativ, ungünstig										
Erklärung: situativ, günstig										
Erklärung: ausdrücklich, Wechselwirkung										
Erklärung: ausdrücklich, Wechselwirkung: eher personal										
Erklärung: ausdrücklich, Wechselwirkung: eher situativ										
Bewertung: pragmatisch: nützlich										
Bewertung: pragmatisch: schädlich										
Bewertung: konformistisch: positiv (z.B. "tut man")										
Bewertung: konformistisch: negativ (z.B. "tut man nicht")										
Bewertung: ethisch: gut										
Bewertung: ethisch: böse										
Veränderung soll sein										
Veränderung soll nicht sein										
Veränderung ist möglich										
Veränderung ist unmöglich										
Erwartung an Psychologie im Kontext des Themas: positiv										
Erwartung an Psychologie im Kontext des Themas: negativ										

Anhang IV d (Fortsetzung)

e f Offenheit	Täter Manipulation Opfer	e Selbsterfahrung Selbsterkenntnis f	e Feed-back (Akzeptanz) f	e Therapieeinschätzung f	e Macht / Hierarchie f	e autoritäres Verhalten f	e Kooperatives Führen f	e Karriere, Konkurrenz f	e Verhältnis: Beruf/Privatleben f	e Rollenspiel f	e Fallmethode f	e "Theorie" f	e Anwendung f

Soziologische Schriften

1. **Wandel und Beständigkeit im sozialen Leben.** Von L. v. Wiese. 70 S. 1964. DM 11,60

2. **Die Logik des Experiments in den Sozialwissenschaften.** Von W. Siebel. 253 S. 1965. DM 38,60

3. **Methodologische Aspekte des Idealtypus.** Von J. Janoska-Bendl. 116 S. 1965. DM 19,80

4. **Sozialnatur und Sozialstruktur.** Von J. Wössner. 110 S. 1965. DM 19,80

5. **Jugend zwischen Tradition und Demokratie.** Von H. Lenné. 230 S. 1967. DM 39,80

6. **Institution und Veranstaltung.** Von W. Lipp. 216 S. 1968. DM 46,80

7. **Das Problem der Prognose in der Soziologie.** Von A. Kühn. 195 S. 1970. DM 46,80

8. **Restloses Erkennen.** Von A. Dumasy. 257 S. 1972. DM 48,60

9. **Max Weber und China.** Von A. Zingerle. 180 S. 1972. DM 38,60

10. **Gesellschaftsstruktur und Rolle der Frau.** Von I. Schumacher. 149 S. 1972. DM 29,60

11. **Utopie und Technik.** Von W. Trautmann. 150 S. 1974. DM 38,60

12. **Soziologische Wahrheit zwischen subjektiver Tatsache und wissenschaftlichem Werturteil.** Von E. Klausa. 87 S. 1974. DM 22,60

13. **Mensch und Kapitalismus bei Max Weber.** Von B. Meurer. 177 S. 1974. DM 48,—

14. **Traditionale Werte im Entwicklungsprozeß.** Von F. Kandil. 278 S. 1975. DM 76,—

15. **Strukturprobleme einfacher Interaktionssysteme.** Von E. Lange. 146 S. 1975. DM 39,60

16. **Nation und Nationalliteratur.** Von S. Tömmel. 278 S. 1976. DM 68,—

17. **Der rhetorische Charakter sozialer Ordnung.** Von St. Wolff. 322 S. 1976. DM 76,—

18. **Gewerkschaftliche Führungsgruppen.** Von Cl. W. Witjes. 422 S. 1976. DM 98,—

19. **Gurvitch und die soziale Realität.** Von M. Henze. 178 S. 1976. DM 59,60

20. **Totale Institution Schiff.** Von R. Lisch. 112 S. 1976. DM 29,60

21. **Prozesse wirtschaftlicher Differenzierung.** Von R. von Gizycki. 151 S. 1976. DM 49,80

22. **Beziehungen zwischen dem normativen und dem produktiven Aspekt einer Demokratisierung der Wirtschaft.** Von J. Block. 210 S. 1977. DM 56,—

23. **Freiheit und Pluralismus.** Von A. Gehring. Hrsg. von B. Niemann. 160 S. 1977. DM 48,60

24. **Konflikte zwischen sozialen Systemen.** Von B. Wagner. 298 S. 1978. DM 78,—

25. **Die Problematik des sozialen Lernens in Schulreformplänen in der Bundesrepublik Deutschland von 1965 bis 1975.** Von K. Lang. 162 S. 1978. DM 48,—

26. **Autorität und Motivation im Industriebetrieb unter den Bedingungen des institutionellen Wandels.** Von U. Wagner. 174 S. 1978. DM 48,—

27. **Einheit und Zwiespalt.** Von P. Christian. 158 S. 1978. DM 49,80

28. **Herrschaft und Legitimität.** Von H. Speer. 185 S. 1978. DM 58,—

29. **Struktur und Wandel der Polizei.** Von G. Endruweit. 220 S. 1979. DM 76,—

30. **Person — Struktur — Organisation.** Von C. Wagner. 142 S. 1979. DM 39,60

31. **Studien über Philosophie der Natur- und Sozialwissenschaften.** Von B. Panahi. 109 S. 1979. DM 36,—

32. **Eigentumssoziologie.** Von A. Burghardt. 80 S. 1980. DM 28,—

33. **Die Zeitstrukturen sozialer Systeme.** Von W. Bergmann. 307 S. 1981. DM 88,—

34. **Revolution und Evolution.** Von R. Hamann. 161 S. 1981. DM 44,—

35. **Gesellschaftliche Evolution als kollektiver Lernprozeß.** Von Ch. Lau. 154 S. 1981. DM 44,60

36. **Die Perfektion des Mitgliedes.** Von J. Grünberger. 128 S. 1981. DM 40,—

37. **Soziale Probleme und soziale Indikatoren.** Von H. H. Bohle. 233 S. 1981. DM 78,—

38. **Das Modische.** Von U. H. A. Schwarz. 161 S. 1982. DM 64,—

39. **Theorie des Alltags.** Von G. Prodoehl. 286 S. 1983. DM 98,—

40. **Herrschaft und Liebe.** Zur Soziologie der Familie. Hrsg. von W. Siebel. 325 S. 1984. DM 118,—

41. **Westdeutsche Soziologie 1945 - 1960.** 447 S. 1984. DM 98,—

42. **Wirtschaftsstruktur und Semantik.** 278 S. 1984. DM 80,—